12. Bestandsverzeichnis

Mikrofilmarchiv
der deutschsprachigen Presse e. V.

12th Catalogue

Microfilm Archives
of the German Language Press

MIKROFILMARCHIV der deutschsprachigen Presse e. V.
Geschäftsführer: Prof. Dr. Hans Bohrmann
c/o Institut für Zeitungsforschung der Stadt Dortmund
    Königswall 18
    44122 Dortmund
    Tel.: 0231 / 5 02 32-49
    Fax: 0231 / 5 02 60-18
    E-Mail: mfa@stadtdo.de

Manfred Pankratz

MIKROFILM ARCHIV

der deutschsprachigen Presse e. V.

12. Bestandsverzeichnis
2010

Bibliografische Information der Deutschen Nationalbibliothek
Die Deutsche Nationalbibliothek verzeichnet diese Publikation in der
Deutschen Nationalbibliografie; detaillierte bibliografische Daten
sind im Internet über http://dnb.d-nb.de abrufbar.

Herausgeber:
MIKROFILMARCHIV der deutschsprachigen Presse e. V.
c/o Institut für Zeitungsforschung der Stadt Dortmund
Königswall 18
44122 Dortmund

Bearbeitung, Satz und Redaktion:
Manfred Pankratz M. A.

ISSN 0170-4990
ISBN 978-3-89158-528-3

Umschlaggestaltung: Schriftsetzerei – Karsten Lange, Berlin
Druck: buchbücher.de, Birkach
Produktion: VISTAS media production, Berlin

Inhaltsverzeichnis

Table of Contents   Page

Table des Matieres

Indice   Página

9b. Verzeichnis der Original- und Duplikatfilme Franzburg – Zwönitz/ZZ

FRANZBURG

3998.
Nachrichtenblatt des Pommerschen Landbundes
1924 - 1932 (L) 9
9

FRAUSTADT (WSCHOWA, PL)

3999.
Fraustädter Kreisblatt
Vlg. in Lissa
1865 - 1867 1w
(1 Ro) 1w
Dm 11

4000.
Gemeinnütziger Hausschatz
1851 - 1852, 26.6. 1w
(1 Ro) 1w
Dm 11

4001.
Local-Blatt für Fraustadt und die Umgegend
1845, 3.4. - 1847
1849, 5.7. - 29.12. 1w
(1 Ro) 1w
Dm 11

4002.
Posen-Schlesische Grenz-Zeitung
UT: Fraustädter Volksblatt
(28.10.1848 - 30.6.1944 nachgew.)
1939, 2.1. - 31.3.
1941, 1.10. - 1942, 30.6.
1943, 3.7. - 1944, 30.6. (L) 1w
(3 Ro) 1w
Dm 11

4003.
Volksblatt für den Fraustädter Kreis
1862 - 1866 1w
(2 Ro) 1w
Dm 11

FRECHEN

4004.
Frechener Tageblatt
1925, 29.5. - 1935 Fre 1

4005.
Frechener Volkszeitung
1911, 3.1. - 1914, 27.6. Fre 1

FREDERICKSBURG, TX (USA)

4006.
Fredericksburger Wochenblatt
1922, 6.4. - 1926 (L)
1928
1930 - 1940, 21.8. 212
(7 Ro) 212
Dm 11

FREIBERG, SACHSEN

4007.
Berg- und Hüttenmännische Zeitung
Freiberg, Sachsen, Nordhausen, Leipzig
Vlg. 1842 in Nordhausen
Vlg. 1843 - 1863 in Freiberg
Vlg. ab 1864 in Leipzig
1851 - 1852 GB-
(1 Ro) LO/N38
1842 - 1844
1846 - 1847
1849 GB-
1851 - 1904 LO/N38

4008.
Freiberger Anzeiger
16.5.1849: Freiberger Anzeiger und Tageblatt
(2.3.1848 - 6.5.1945)
1848, 2.3. - 1945, 4.5. 14
14
105

4009.
Freie Presse
HA in Chemnitz/Karl-Marx-Stadt
1963 - 1990, 31.8. (L) 14
(69 Ro, nur Lokalteil)
1971 - 1990, 31.8. (L) 105
(nur Lokalteil)
Fb 65
1971 ff. (L, nur Lokalteil) 14

4010.
Freyberger gemeinnützige Nachrichten für das Chursächsische Erzgebirge
1807: Freiberger gemeinnützige Nachrichten
für das Königlich Sächsische Erzgebirge
1800 - 1848, 26.2. 14
(20 Ro) 14
105

1800 - 1804
1805 (L), 1806 46

4011.
Mitteilungen des Freiberger Altertumsvereins
1860 - 1942 **14**
(8 Ro) 14
59

4012.
Neues Leben
1919/20 - 1921/22 1a

4013.
Sächsische Zeitung
ab 9.3.1991 Ausg. für Freiberg / Brand-
Erbisdorf
HA in Dresden
1945, 9.11. - 1946, 11.4. (MPF)
1946, 1.6. - 1952, 18.8. (MPF)
1991, Nr. 1 - 13.10. 14
(nur Lokalteil)

4014.
Volks-Zeitung
1933: Volkszeitung für das Osterzgebirge
sozialdemokratisch
1923 (E)
1931 - 1933 (LL) **B 479**
B 479

4015.
Volksstimme
HA in Chemnitz/Karl-Marx-Stadt
1952, 15.8. - 31.12. (MPF) 14
(nur Lokalseiten)

FREIBURG (ELBE)

4016.
*Freiburger Wochenblatt und Kehdinger An-
zeiger*
1.1.1913: Freiburger Zeitung und Kehdinger
Anzeiger
1878, 22.6. - 1943 (LL) 495
Lün 4

FREIBURG, BR.

4017.
Der Ächte Schwarzwälder
1832, 2.5. - 29.12. **31**
(1 Ro) 31

4018.
Der Alemanne
UT: Kampfblatt der Nationalsozialisten Oberbadens
1931, 1.11. - 1945, 20.4. (L) **25**
25
Dm 11

4019.
Der Alemanne / B-Nord
1942, 2.9. - 1943, 31.3. 31

4020.
Der Alemanne / Freiburg-Land
1943, 1.4. - 1944, 26.11. (L) 31

4021.
Der Alemanne / Ost-West
1942, 2.9. - 1943, 28.2. 31

4022.
Alemannische Heimat
1934, 21.1. - 1940, 27./28.1. **25**
25
31

4023.
*Badische akademische Blätter : Wochen-
schrift für d. Interessen d. Hochschulen
Freiburg, Heidelberg u. Karlsruhe*
1.1889/90 - 2.1890 (L) 25
(MPF)

4024.
Der badische Gewerkschafter
1946, Juni - 1947
1949 (L) **Bo 414**
(1 Ro)
34
Bm 3
Bo 133
1946, Juni - 1947
1949, Juni - 5.12. M 352

4025.
Badische Zeitung
(1.2.1946 ff.)
1968 ff. **101b**
(ca. 12 Ro/Jg) 101b
1947, 8.1. - 1950
1951, 2.7. - 1952, 30.6.
1953, 15.1. - 1956, 29.6.
1960, 29.1. - 1963 **Dm 11**
(19 Ro bis 1956) Dm 11
1946, 1.2. ff. 25
31

1992 - 1997	101a
1968 - 1995	1w
1949, Jan. - Juni	Bo 153
1988, 15.4. - 1990	6
1946, 1.2. - 31.5.	GB-
1947, 17.1. - 28.2.	LO/N38

4026.
Badische Zeitung
Ausg. Donaueschingen und Konstanz
HA in Freiburg
1947, 8.1. - 1948, 31.10.
1949, 29.10. - 1966, 31.3.   31
                                    31

4027.
Badische Zeitung
Vbg.: Ortenau und Kinzigtal
1947, 8.1. - 1954, 31.3.   31
                                    31

4028.
Badische Zeitung
Ausg. Nordbaden
HA in Freiburg, Br.
1947, 8.1. - 23.12.   31
(1 Ro)   31

4029.
Badische Zeitung / BW
Ausg. Waldshut, St. Blasien, Bonndorf...
1972, 1.4. - 1981   31
                                    31

4030.
Badische Zeitung / E
Ausg. Emmendingen und Elztal
ab 15.10.1949 Ausg. Breisgauer Nachrichten
ab 1.4.1972 Ausg. Kreis Emmendingen, Elztal
1947, 10.1. - 1948, 31.10.
1949, 15.10. - 1995, 30.11.   31
(102 MF = 204 DF)   31

4031.
Badische Zeitung / FL
Ausg. Breisgauer Nachrichten
1947, 8.1. - 1981   31
                                    31

4032.
Badische Zeitung / K
Ausg. Kaiserstuhl, Emmendingen
1.8.1978: Badische Zeitung / KA
(8.5.1978 - 1984)
1978, 8.5. - 1981   31
                                    31

4033.
Badische Zeitung / L
Ausg. Lörrach und das Wiesental
17.5.1949 Ausg. Anzeiger für Wiesental und Hochrhein
15.10.1949 Ausg. Wiesental- und Oberrheinbote
2.1.1958 Ausg. Wiesental und Hochrheinbote
2.1.1970 Ausg. Wiesental und Markgrafschaft
1.4.1972 Ausg. Gebiet Lörrach und Umgebung
1947, 8.1. - 1981   31
                                    31

4034.
Badische Zeitung / Länderausg.
1949 - 1957   31
                                    31

4035.
Badische Zeitung / LZ
Ausg. Wiesental- und Hochrheinbote
ab 2.1.1970 Ausg. Wiesental und Markgrafschaft
ab 1.4.1972 Ausg. Bezirke Schopfheim, Zell
1958 - 1981   31

4036.
Badische Zeitung / M
Ausg. Markgräfler Nachrichten
ab 1.4.1972 Ausg. Bezirk Müllheim
1949, 15.10. - 1981   31
(45 Ro)   31

4037.
Badische Zeitung / NE
Ausg. Breisgauer Nachrichten
ab 1.4.1972 Ausg. Kreis Emmendingen, Nördlicher Breisgau
1971, 1.10. - 1981   31
(45 MF = 90 DF)   31

4038.
Badische Zeitung / R
Ausg. Rheinfelden, Grenzach...
1977, 1.11. - 1981   31
                                    31

4039.
Badische Zeitung / S
anfangs Ausg. Wiesental- und Hochrheinbote
2.1.1970 Ausg. Hochrhein und Hotzenwald
1.4.1972 Ausg. Gebiet Säckingen, Wehr
später Ausg. Bad Säckingen, Waldshut
1947, 8.1. - 1981   31
(1958 - 1981: 80 MF = 160 DF)   31

4040.
Badische Zeitung / WK
Ausg. Weil, Kandern...
1973 - 1995, 30.11.   **31**
     31

4041.
Basis : Freiburger Studentenzeitung
1.1971 - 2.1972   25
     25

4042.
Breisgauer Bote
1.1.1853: Breisgauer Zeitung
1849, 1.11. - 86.1934, 20.1. (L)
(F: 1916, Jan. - Feb. u. Juli -   25
Dez.)   25
     Dm 11
     31
Beilage(n):
Extrablatt
1871, 28. u. 29.1.
1877, 24.1.   31
Kreisverkündigungs-Blatt für
den Kreis Freiburg
1840, 1.11. - 1862   25
1869 - 1879   25
1840, 1.11. - 1862   25
1869 - 1874, 9.8.   31

4043.
Bulletin officiel du Gouvernement Militaire de Bade
1945, 28.5. - 1946, 30.11.   25
     25

4044.
Die Feierstunde
1921 - 1933, 11.3. (L)   25
     25
     31
     Bo 133

4045.
Freiburger Bote für Stadt und Land
1865, 22.4. - 1868, 20.11.
1896 - 1921   25
     25
     Dm 11
     31
Beilage(n):
Illustriertes Sonntags-Blatt
1921 - 1922 (LL)   61

4046.
Freiburger Nachrichten
(5.9.1945 - 29.1.1946)
1945, 5.9. - 1946, 29.1.   25
     25
     31
     Dm 11

4047.
Freiburger Studentenzeitung
1930 - 1937/38
1951 - 1970 (L)   25
(Sondernr. FSZ tw. mitverfilmt)   25

4048.
Freiburger Tagespost
8.1.1934: Tagespost
(1.1.1908 - 29.2.1940 u. 17.10.1949 -
31.3.1950)
1949, 17.10. - 1950, 31.3.   **31**
     31
1911 - 1940, 29.2.
1949, 17.10. - 1950, 31.3.   25
     25
     Dm 11
Beilage(n):
Deutsche Jugendkraft (ab 1930:
Sport und Volk)   25
1925 - 1931   25
Frau und Leben   25
1931 - 1939, 24.8.   25
Im Herrgottswinkel   25
1920 - 1937   25
Jugend und Volk   25
1932, 27.1. - 1934, 5.6.   25
     16
     31
Der Oberbadische Landwirt (ab
19.9.1935: Der Oberbadische
Bauer)   25
1931 - 1938, 2.3.   25

4049.
Freiburger Theater-Journal
1983, Okt. - 1999, Juli   25
     25

4050.
Freiburger Wochenbericht
1952, 21.3. u. 24.12.
1953, 8.1. - 1955, 23.9.   **31**
(1 Ro)   31

4051.
Der Freisinnige
1832, 1.3. - 25.7.   25
                                                         25

4052.
Freyburger Zeitung
1802: Allgemeines Intelligenz- oder Wochenblatt für das Land Breisgau und die Ortenau
1808: Großherzoglich-Badische privilegirte
Freyburger Zeitung
3.11.1810: Freiburger Wochenblatt
1.7.1848: Neue Freiburger Zeitung
1852: Freiburger Zeitung
1934, Nr. 5: Freiburger Zeitung und Handelsblatt
1935, Nr. 276: Freiburger Zeitung und Wirt-
schaftsblatt
1940, Nr. 60: Freiburger Zeitung
(21.1.1793 - 28.2.1943)
1848 - 1849   **Dm 11**
(3 Ro)   **Dm 11**
1784
1793, 21.1. - 1798 (L)
1800 - 1943, 28.2. (L)   25
                                                         25
1848 - 1849   21
1793, 21.1. - 1943, 28.2.   24
                                                         31
1848, Juli - 1849   188/211
Beilage(n):
Freiburger Unterhaltungs-Blatt   25
1832 - 1848   25
                                                         31
Beilage zur Unterhaltung   25
1851, 6.7. - 1852   25
                                                         31

4053.
Gazette officielle du Gouvernement Militaire
du Pays de Bade (Zone Française)
1945, 28.5. - 4.10.   25

4054.
Die Gegenwart
Freiburg, Br., Frankfurt/M.
1946 - 1958   **Bo 414**
(8 Ro, Jahresregister mitverfilmt)
1947, 30.6. - 1948, 15.12. (L)
1951, 1.6. - 1954, 18.12.
1955, 15.1.   GB-
1956 - 1957   LO/N38

4055.
Großherzoglich-Badisches Oberrheinisches
Provinzial-Blatt
1803 - 1855   31
(23 Ro)   31

4056.
Die Herberge
UT: Blätter für Heimatvertriebene unter uns
1949, 21.10. - 1950, 24.2.   25
                                                         25

4057.
Die Kommenden
1946, 1.10. - 1957, 25.12.   24
(3 Ro)   24

4058.
Kreisverkündigungs-Blatt für den Kreis Frei-
burg
UT: Amtl. Verkündigungs-Blatt für d. Großh.
Amts- u. Amtsgerichtsbezirke Breisach, Em-
mendingen, Ettenheim, Kenzingen, Staufen u.
Waldkirch
1869 - 1879   25
                                                         25

4059.
Kriegszeitung der Bremer Gesellschaft zu
Freiburg i. Br.
1915 - 1919   Bre 1

4060.
Die lustige und denckwürdige Corresponden-
ce
[Freyburg]
1699   **Dm 11**
                                                     Dm 11

4061.
Nachbarn = Voisins = Nochbere
1999: RegioTriRhena
(1985 - 2004)
1.1985 - 6.1987
6.1989 - 34.2004   25
                                                         25

4062.
Nachrichtenblatt des Kreises Baden
1925 - 1928   25
                                                         25

4063.
Oberrheinische illustrirte Ausstellungs-
Zeitung
1887   25
                                              25

4064.
Oberrheinische Zeitung
(1.7.1842 - 12.7.1849)
1848, 10.1. - Dez.   31
(1 Ro)   31
1849, Nr. 103 - 155   B 479
                                          B 479
1842, 1.7. - 1849, 12.7.   Dm 11
(10 Ro, tw. auch MFA)   Dm 11
                                              21
                                              25

4065.
Oberrheinischer Kurier
auch: Oberrheinischer Courier
29.12.1883: Neuer oberrheinischer Kurier
1863 - 1885
1887, 4.1. - 1888, 28.12.   25
                                              25
                                              31
                                          Dm 11
1865 - 1866 (L)   B 479
Beilage(n):
 Unterhaltungsblatt des Oberrhei-
 nischen Couriers   25
1864, 3.4. - 1866 (L)   25
                                              31
1865 - 1866 (L)   B 479

4066.
Süddeutsche Zeitung für Kirche und Staat
(5.4.1845 - 1848)
1847 - 1848   31
(1 Ro)   31
                                          Dm 11
(2 Ro)   Dm 11
                                          21/32c
                                             468
                                         188/211

4067.
Südwest-Rundschau / Breisgau
1954, 17.4. - 1959, 1.10.   31
(14 Ro)   31

4068.
Südwest-Rundschau / Oberland
1954, 22.4. - 1959, 1.10.   31
(14 Ro)   31

4069.
Südwestdeutsche Volkszeitung für christliche
Politik und Kultur
Stadtausg.
1947, 15.2. - 1949, 14.10.   31
                                              31
1947, 6.8. - 1948, 7.4. (L)   GB-
1948, 20.5. - 1949, 14.10. (L)   LO/N38

4070.
Südwestdeutsche Volkszeitung für christliche
Politik und Kultur
Landesausg.
(24.8.1946 - 30.8.1947)
1946, 24.8. - 1947, 26.2.
1947, 3.5. - 14.6. u. 26.7. - 30.8.   31
                                              31

4071.
Südwestdeutsche Volkszeitung für christliche
Politik und Kultur
Ausg. Freiburg-Land
1947, 8.3. - 15.11.
1949, 2.2. - 14.10.   31
                                              31

4072.
Theater-Journal
1999, Nr. 10: Szenen
1983, Okt. - 2001, Nr. 10   25
(2 Ro)   25

4073.
Verkündigungs-Blatt für die Stadtgemeinde
Freiburg
26.6.1868: Freiburger Tagblatt
1868, Nr. 13 - 1869?: Freiburger Tageblatt
(4.7.1833 - 30.9.1921)
1904 - 1921, 30.9.   25
                                              25
1849   Dm 11
(1 Ro)   Dm 11
                                          21/32c
                                             468

4074.
Verkündigungsblatt für die Großh. Amts- und Amtsgerichtsbezirke Breisach, Emmendingen, Ettenheim, Stadt- und Landamt Freiburg, Kenzingen, St. Blasien, Staufen, Triberg und Waldkirch
1863: Amtliches Verkündigungsblatt für die Großh. Amtsbezirke Breisach, Emmendingen, Ettenheim, Stadt- und Landamt Freiburg, Kenzingen, St. Blasien, Staufen, Triberg und Waldkirch

1849, 1.11. - 1863	25
	25

4075.
Das Volk
15.4.1954: Südwest-Rundschau
(3.7.1946 - 31.3.1961)

1946, 3.7. - 1961, 31.3.	31
(22 Ro ab 15.4.1954)	31
1947, 17.9. - 1948	
1949, Apr. - 1951, 6.2.	24
(3 Ro)	24
1947, 17.9. - 1948	
1949, 4.6. - 1951, 6.2.	Bo 133
1949, 8.1. - 1951, 31.5. (L)	GB-
1951, 2.8. - 29.9. (L)	LO/N38

4076.
Volkswacht
UT: Tageszeitung für d. werktät. Volk Oberbadens
(1.7.1911 - 16.3.1933)

1.1911, 1.7. - 23.1933, 16.3.	25
	25
	31
	Bo 133
	Dm 11

BAD FREIENWALDE

4077.
Freienwalder Blick

1963, 8.5. - 1964, 5.12.	Bo 174
(1 Ro)	

4078.
Oberbarnimer Kreisblatt
bis 1924: Freienwalde
1938 - 1940, 30.9.

1941, 1.4. - 1943, 30.6. (L)	1w
(9 Ro)	1w
	Dm 11

4079.
Oberbarnimer Kreisblatt / Amtliche Bekanntmachungen
bis 1924: Freienwalde
1891 - 1907

1909 - 1910	1w
(2 Ro)	1w
	Dm 11

FREISING

4080.
Freisinger Tagblatt
Seit 23.4.1968 BA v. Münchner Merkur
(27.8.1949 ff.)

1981 ff.	101b
(15 Ro/Jg)	101b
1952, 3.11. - 1968, 30.4.	MFA
(42 Ro)	
1992 - 1997	101a

FREISTADT (KOZUCHÓW, PL)

4081.
Der Freistädter Bote
später: Freystadt (Niederschlesien)

1846 u. 1848	1w
(1 Ro)	1w
	Dm 11

4082.
Freistädter Kreisblatt
später: Freystadt (Niederschlesien)
25.5.1839: Kreis-Wochenblatt für Freistadt und Neusalz
25.5.1846: Kreis-Wochenblatt für den gesammten Freistädter Kreis
13.4.1864: Freistädter Wochenblatt für Stadt und Land
1834 - 1839
1846 - 1847
1849
1853 - 1854

1857, 1864, 1867	1w
	1w
	Dm 11

4083.
Für Volk und Vaterland
auch: Freystadt (Niederschlesien)
1920, Okt.
1921, Feb. - 1922, Aug.

1923 (L)	1w
(1 Ro)	1w
	Dm 11

FREITAL

4084.
Sächsische Zeitung
HA in Dresden
1952 (MPF)
1971 ff. (L)   14

4085.
Windberg-Kurier
Freital, Tharandt
1963, 1.5. - 1965, 20.12.   **Bo 174**
(1 Ro)

FREIWALDAU (JESENÍK, CZ)

4086.
Deutscher Volksfreund
Früher: Volksbote
Freiwaldau u. Jägerndorf
1929, 20.4. - 1938   212
(6 Ro)

4087.
Mährisch-Schlesische Presse
1928, 31.10. - 1938   212

4088.
Neue Freiwaldauer Zeitung
1936, Nr. 1 - 13 (L)   46

FRESNO, CA (USA)

4089.
California Post
1920, 13.5. - 1924, 1.5.
1925, 19.11. - 1927, 3.11.   212
(2 Ro)   212
                                    Dm 11

4090.
California Vorwärts
1922, 2.8. - 1938, 25.8. (L)   212
(4 Ro)   212
                                    Dm 11

FREUDENSTADT

4091.
*Schwarzwälder Post / Freudenstädter Kreis-
bote*
30.9.1950: Schwarzwälder Bote / Freudenstädter Kreiszeitung
12.2.1960: Schwarzwälder Bote / F
1.4.1967: Schwarzwälder Bote / Freudenstädter Kreiszeitung
1946, 15.10. - 1960 (L)
1973, 2.7. - 1979   **24**
(79 Ro)   24
1977 ff.   **101b**
(ca. 8 Ro/Jg)   101b
                                      31
1992 - 1997   101a

FREUDENTHAL (BRUNTÁL, CZ)

4092.
Freudenthaler Zeitung
1920, 29.5. - 1921, 5.2.   **212**
(1 Ro)   212

**FREYSTADT I. WESTPR. (KISIELICE,
PL)**

4093.
Freystädter Tageblatt
1923 - 1924, 31.3.   **1w**
(1 Ro)   1w
                                    Dm 11

FRIEDBERG, HESSEN

4094.
*Allgemeines Friedberger Wochenblatt für
Stadt- und Landleute*
1819: Gemeinnütziges Wochenblatt für Friedberg und die Gegend
1828: Wochenblatt für Friedberg und die Gegend
13.9.1834: Friedberger Wochenblatt zu den
Wetterauer Anzeigen
1809, 2.10.
1811 - 1835, 1.8.   **MFA**
                                    Dm 11
                                     283

4095.
Amtliche Bekanntmachungen der Stadt
Friedberg
1945, 3.4. - 1949, 23.7.   MFA
                                   Dm 11
                                   283

4096.
Deutsche Volkswacht
Vlg. in Offenbach
1894, 3.10. - 1907, 11.12.
(7 Ro, Beilagen Der Hessische   MFA
Bauer u. Spinnstube mitverfilmt)
                                   Dm 11
                                   283

4097.
Friedberger Allgemeine
1954 - 1973   101b

4098.
Friedberger Anzeigenblatt
1949, 6.5. - 23.7.   MFA
                                   Dm 11
                                   283

4099.
Hessen-Kurier
1948, Nr. 3 (31.7.), Nr. 6 (20.8.),
Nr. 8 (30.9.)   MFA
                                   Dm 11

4100.
Hessische Heimat
1950, 10.5. - 1960, 24.12.   MFA

4101.
Intelligenzblatt für die Provinz Oberhessen
Friedberg, Hessen, Darmstadt
1854: Friedberger Intelligenzblatt
19.9.1866: Anzeiger für Oberhessen
5.1.1869: Oberhessischer Anzeiger
(4.1.1834 - 29.3.1943 u. 30.7.1949 -
29.4.1950)
1834, 4.1. - 1943, 28.3.
1949, 30.7. - 1950, 29.4.   MFA
(Beilage mitverfilmt)
                                   Dm 11
                                   283
                                   Nau 2

4102.
Neue Friedberger Zeitung für Stadt und
Land
1896, 1.3. - 1920   MFA
(14 Ro)
                                   Dm 11
                                   283

Beilage(n):
Sonntags-Blatt
1898 - 1902
(1 Ro)   MFA
                                   Dm 11
                                   293

4103.
Neue Tageszeitung (NTZ)
1908 - 1914, Juni
1914, Aug. - 1915, März
1915, Juli - 1934, 17.3.   MFA
(45 Ro m. Beilagen)
                                   Dm 11
                                   283

Beilage(n):
Illustrierte Kriegschronik
1914 - 1917 (L)   MFA
                                   Dm 11
                                   283

4104.
Oberhessische Tageszeitung
HA in Gießen
1936, 3.1. - 1938, 30.6.
1940 u. 1942 (L)   MFA
(14 Ro)
1933, 1.7. - 1939, 22.5.   Dm 11
                                   283
1933, Juli - 1943, Mai   26

4105.
Organ der Taubstummen- und Blindenanstal-
ten in Deutschland und den deutschredenden
Nachbarländern
1855, Juli - 1915   Dm 11

4106.
Wetterauer Anzeigenblatt
1948, 25.3. - 1949, 29.4.   MFA
                                   Dm 11
                                   283

4107.
Wetterauer Nachrichten
1948, 24.12. - 1949 (L)   MFA
(2 Ro)

4108.
Wetterauer Volksblatt
1848, 28.6. - 1849, 30.6.   MFA
(1 Ro)
                                   Dm 11
                                   283

4109.
Wetterauer Zeitung
1950, 3.5. - 1977   MFA
1978 ff.   101b
(ca. 9 Ro/Jg)   101b
1992 - 1997   101a
1950, 3.5. - 30.12.   Dm 11
1950, 3.5. ff.   283
1950, 3.5. - 2001   Nau 2

FRIEDEBERG (STRZELCE KRAJEŃSKIE, PL)

4110.
Friedeberger Kreisblatt
(4.7.1842 - 1943?)
1842, 4.7. - Dez.
1847 - 1848
1929, Jan. - März, Okt. - Dez.
1930, Juli - Dez.
1931, Okt. - Dez.
1932, Apr. - Sep.
1933, Jan. - 1.10.
1934, Jan. - 1.4.
1934, Juli - 1937, Sep.
1938, Okt. - 1939, März
1939, Juli - Dez.
1940, Juli - 1941, Juni
1941, Okt. - 1942, Juni
1943, Jan. - Juni   1w
(22 Ro, tw. Beilagen mitverfilmt) 1w
                                   Dm 11

4111.
Wochenblatt für die Kreise Friedeberg und Arnswalde
1862, 9.10. - 1863   1w
(1 Ro)   1w
                                   Dm 11

FRIEDEK-FRIEDBERG (FRÝDEK-MISTEK, CZ)

4112.
Deutsche Beskidenzeitung
1934, 14.4. - 1937, Feb.   212
(1 Ro)

4113.
Deutsche Volkswehr
1930, 24.5. - 1933   212
(3 Ro)

FRIEDLAND <OSTPREUSSEN> (PRAVDINSK, RUS)

4114.
Friedländer Kreisblatt
Vlg. in Heilsberg
1857 - 1863 (L)   1w
(2 Ro)   1w
                                   Dm 11

FRIEDLAND (MECKLENBURG)

4115.
Friedländer Zeitung
1938,139 - 1943, 30.6. (L)   28
(8 Ro)   28

FRIEDLAND, ISERGEBIRGE (FRÝDLANT, CZ)

4116.
Friedländer Zeitung
1938, 5.1. - 31.12.   212
(1 Ro)   212
                                   124

FRIEDRICHSHAFEN

4117.
Württembergisches Seeblatt
1852: Seeblatt für Stadt und Land
21.12.1864: Seeblatt
1934: Verbo Seeblatt
1.4.1942: Donau-Bodensee-Zeitung
8.9.1945: Seeblatt für Kreis und Stadt Friedrichshafen
4.12.1945: Schwäbische Zeitung / 03 HA in Leutkirch
1946, 4.1. ff.
(bis 1974 109 Ro, zahlreiche tw. lückenhafte Beilagen mitver-   24
filmt)
1845 - 1945, 14.4. (L)
1945, 8.9. - 20.10.
1946 ff.   24

1945, 4.12. - 1946, 31.5. (L)
1946, 11.10. - 13.12.
1947, 14.1. - 24.10. (LL)
1949, 8.1. - 1950 (L)   GB-
                                     LO/N38
1845 - 1937, 30.6.
1938 - 1945, 14.4.
1945, 8.9. - 20.10. (L)   352
1845 - 1848
1852, 1.1. - 10.7.
1861 - 1937, Juni
1938 - 1945, 14.4.
1945, 8.9. - 20.10.   Dm 11
1845 - 1848
1852, 1.1. - 10.7.
1861 - 1937, Juni
1938 - 1945, 14.4.
1945, 8.9. - 20.10.
1946 u. 1998   Fh 1
2000 - 2002   Sam 2
Beilage(n):
Illustrirtes Sonntagsblatt, ab
1897: Seerosen
1895 - 1913   24
                                     352
                                     Fh 1
                                     Dm 11
Der Erzähler am See
1862 - 1865
1867 - 1868
1870 - 1872   24
                                     Dm 11
                                     352
                                     Fh 1
Das Leben im Bild
1925 (L)   24

FRIEDRICHSTADT

4118.
Der Dittmarser und Eiderstedter Bote
weitere Titel: Eiderstedter Wochenblatt
Friedrichstädter Intelligenzblatt
Friedrichstädter Wochenblatt
1799, 27.6. - 1846
1850 - 1852
1855 - 1856
1858 - 1869
1871 - 1882
1884 - 1941, 30.5.   **68**
                                     68
1799, 27.6. - 1846
1850 - 1852
1855 - 1856
1858 - 1869
1884 - 1898   Fdt 1

4119.
Die Woche
1954, 17.9. - 1970, 29.5. (L)   8
(3 Ro)   8

FRIELENDORF

4120.
Frielendorfer Zeitung
1921, 1.10. - 1933 (L)
1935 - 1937, 20.3.
(12 Ro, Beilage Das Leben im   4
Bild mitverfilmt)   4
                                     34
                                     Dm 11

FRITZLAR

4121.
Fritzlarer Zeitung
1888, 4.9. - 1920   4
(20 Ro, Beilagen mitverfilmt)   4
                                     34
                                     Dm 11

4122.
Hessische Allgemeine (HNA)
HA in Kassel
26.6.1991: Fritzlar-Homberger Allgemeine.
HNA
1977 ff.   **101b**
(ca. 8 Ro/Jg)   101b
1992 - 1997   101a

4123.
Kreis-Anzeiger
2.7.1885: Fritzlarer Kreis-Anzeiger
27.3.1937: Kreisblatt für den Kreis Fritzlar-
Homberg
1876 - 1887, Okt. (L: 1885)
1888 - 1895
1899 - 1914
1916, 16.11. - 1944, 30.6.   4
(43 Ro)   4
                                     34
                                     Dm 11

4124.
Wochenblatt für den Verwaltungsbezirk
Fritzlar
1850, 5.1. - 1851, 13.9.   4
(1 Ro)   4
                                     34
                                     Dm 11

FRITZOW (WRZOSOWO, PL)

4125.
Evangelisches Gemeindeblatt für die Kirchspiele Fritzow und Klaptow
Fritzow (Wrzosowo, PL), Klaptow (Kloptowo, PL)
Vlg. in Belgard
1920 - 1941, März   **9**
     9

FÜNFKIRCHEN (PECS, H)

4126.
Landespost
1927, 27.2. - 1935, 25.12.   **212**
(3 Ro)

FÜRSTENAU

4127.
Fürstenauer Anzeiger
1909, 5.1. - 1935   Os 2

FÜRSTENBERG (HAVEL)

4128.
Fürstenberger Anzeiger
UT: Tageszeitung (Lokalblatt) für Fürstenberg
mit Ravensbrück und Umgegend
(1.1889, Sep. - 55.1943, 30.6.)
1938,139 - 1943, 30.6. (L)   **28**
(6 Ro)   28

FÜRSTENFELDBRUCK

4129.
Fürstenfeldbrucker Tagblatt
BA v. Münchner Merkur
1987 ff.   **101b**
(15 Ro/Jg)
1992 - 1997   101a
1988 ff.   101b

FÜRSTENWALDE

4130.
Gaselan-Echo
BPO Chemie- und Tankanlagenbau
Verl. in Frankfurt/Oder
1977 - 1990 (MPF)   186

4131.
Märkische Volksstimme / Fürstenwalde
Kreis Fürstenwalde
HA in Potsdam
1951, 2.9. - 1952, 10.8. (L)   **MFA**
(2 Ro, nur Kreisseiten)
     186

4132.
Pneumant-Profil
BPO Reifenkombinat
1978 - 1990 (MPF)   186

FÜRTH

4133.
Central-Anzeiger
1.10.1896: Fürther Central-Anzeiger
2.1.1913: Fürther Zeitung
(1.1.1883 - 31.3.1920 u. 1.7.1920 -
31.12.1933?)
1883 - 1919   226

4134.
Chas
in kyrill. Schrift
1946, 19.12. - 1947, 7.1.   **GB-**
1947, 27.4. - 1949, 1.7.   **LO/N38**
     GB-
     LO/N38

4135.
Fürther Bürger-Zeitung
BA v. Fränkische Tagespost, Nürnberg
1879 - 1880   226

4136.
Fürther Nachrichten
BA v. Nürnberger Nachrichten, Nürnberg
(1.12.1948 ff.)
1977 ff.   **101b**
(13 Ro/Jg)   101b
1978, 1.6. - 2009, 30.6.   **MFA**
1992 - 1997   101a
1946? - 1956
1978, 1.6. ff.   226

4137.
Fürther Neue Zeitung
13.4.1920: Fürther Volksblatt
20.4.1920: Bayerische Volkszeitung
HA in Nürnberg
2.8.1920: Fürther Neue Zeit
23.9.1925: Fürther Anzeiger
1920, 1.4. - 1925, 31.8.
1925, 23.9. - 1939, 31.10.   226

4138.
Fürther Tagblatt
NA d. "Nürnberger Zeitung"
(25.5.1838 - 31.1.1934)
1848 - 1849   **Dm 11**
(1 Ro)   Dm 11
     21
     188/211

4139.
Nordbayerische Zeitung
BA v. Fränkische Tageszeitung, Nürnberg
1939, 1.7. - 1945, 15.4. (L)   226

FÜSSEN

4140.
Füssener Blatt
1964, Juni - 1968, Sep.   101b

FULDA

4141.
Bauernstimme
1929: Kurhessischer Bauer
1924 - 1939, Nr. 9   **4**
     4
1924 - 1929   66

4142.
Fuldaer Beobachter
1932, Nr. 8: NS-Beobachter für Vogelsberg,
Schlitzerland, Fulda und Rhön
Vlg. in Steinbach-Hallenberg
1929/30 - 1932 (L)   66

4143.
Fuldaer Politische Zeitung
1832: Fuldaer Zeitung
1831, 16.9. - 1832, 20.6. (L)   **66**
(Beilage Kastalia mitverfilmt)   66
     34
     Ful 4

4144.
Fuldaer Volkszeitung
1945, 31.10. - 22.12.
1946 - 1948
1949, 13.1. - 1974, 29.6.   **MFA**
(85 Ro)
1945, Nr. 1 - 16   **66**
     34
1945, 31.10. - 1947, 15.4.
1948, 27.1. - 1949, 28.11. (L)   **GB-**
1950, 5.1. - 1952, 14.2.   **LO/N38**
1945, 31.10. - 1974, 29.6.   66

4145.
Fuldaer Zeitung <1874>
(2.1.1874 - 28.3.1945 u. Probennr. v. 17. u.
24.3.1951, dann 1.4.1951 ff.)
1874 - 1945, 28.3.
1969 ff.   **101b**
(ca. 9 Ro/Jg)
1951, 17.3. - 1968   **MFA**
(57 Ro)
1874 - 1945, 28.3. (L)   34
1874 - 1945, 28.3. (L)
1951, 17.3. ff.   66
1992 - 1997   101a
1969 ff.   101b
1988 ff.   Ful 4
Beilage(n):
Buchenblätter
1920, 9.1. - 1931
1933 - 1942   **101b**
     34
     66

4146.
Fuldaische wochentlich Policey- und Com-mercien-Anzeigen
1771: Fuldaische wochentliche Polizei-,
Kommerzien- und Zeitungsanzeigen
1802, Nr. 43: Fürstlich-Oranien-Nassau-
Fuldaische wöchentliche Polizei-, Kommer-
zien- und Zeitungsanzeigen
1804: Fuldaisches Intelligenzblatt
1811: Intelligenzblatt für das Departement
Fulda
1814: Fuldaisches Intelligenzblatt
1.8.1815: Provinzial-Blatt für das Großherzogthum Fulda
1822: Wochenblatt für die Provinz Fulda
1849, Nr. 14: Wochenblatt für den Verwaltungsbezirk Fulda
1851, Nr. 38: Wochenblatt für die Provinz
Fulda

1866, Nr. 87: Wochenblatt des vorhinnigen
Regierungsbezirkes Fulda
1869: Kreisblatt
1873: Fuldaer Kreisblatt
30.4.1920: Fuldaer Tageblatt
1765 - 1922, 30.8. (L)   66
                                                66
                                                34

4147.
Journal von und für Deutschland
1784 - 1786
1787, Juli - 1790
1791, Juli - 1792, Apr.
1792, Juni - Dez.   46
(10 Ro)   46

FURTWANGEN

4148.
Furtwanger Nachrichten
1899 - 1905 (L)
1907 - 1910 (L)
1912 (L)
1915 - 1935 (L)   MFA
(24 Ro, Beilagen mitverfilmt)
                                          Fn 2

4149.
Schwarzwälder Gewerbehalle
23.9.1911: Neues Schwarzwälder Tagblatt
1911 (L)
1913 - 1914 (L)   MFA
(4 Ro)
                                          Fn 2

**GABLONZ, NEISSE (JABLONEC NAD
NISOU, CZ)**

4150.
Deutsche Zeitung
1933, 21.10. - 1934, 13.10.   212
(1 Ro)
                                   124

4151.
Gablonzer Tagblatt
1935, 1.5. - 1938   212
(5 Ro)   212
                                   124

4152.
Volkswehr
1927, 12.2. - 1933, 14.10.   212
(3 Ro)   212
                                   124

GADEBUSCH

4153.
Gadebusch-Rehnaer Zeitung
1938, 18.6. - 1941, 1.6.   28
(4 Ro)   28
1936 - 1939 (L)   33
(6 Ro)   33
                                 Dm 11

4154.
Schweriner Volkszeitung
HA in Schwerin
1960, 1.9. - 1990   33
(23 Ro, nur Kreisseiten)   33

GAGGENAU

4155.
Badener Tagblatt
Ausg. Murgtal
24.12.1948: Badisches Tagblatt
HA in Baden-Baden
1947, 2.9. - 1959
1960, 1.7. - 1981   31
(71 Ro)   31

4156.
*Südwestdeutsche Volkszeitung für christliche
Politik und Kultur / M*
Ausg. M = Murgtal
HA in Freiburg, Br.
1947, 3.5. - 9.8.   31
                                    31

GAILDORF

4157.
Haller Merkur
Gaildorf, Schwäbisch Hall
5.1.1863: Amts- und Anzeigeblatt für das O-
beramt Gaildorf und die Umgegend
5.1.1864: Der Kocherbote
Vlg. anfangs in [Schwäbisch-] Hall
ab 1864 in Gaildorf
1830 - 1943, 31.3. (L)   Dm 11
                                    357

GAISHORN (A)

4158.
Allgemeine Schutzhüttenzeitung für die Ost-
alpen
Gaishorn (A), Wien (A)
ab 1940 in Wien
1929/30 - 1943   101a
(2 Ro)   101a

GAMMERTINGEN

4159.
Lauchert-Zeitung
1876, 4.10. - 1877, 15.4.
1879, 12.7. - 1943, 31.3.   Sig 4
                                           24

BAD GANDERSHEIM

4160.
Gandersheimer Kreisblatt
1983, 1.6. ff.   101b
(5 Ro/Jg)   101b
1992 - 1997   101a

GARDELEGEN

4161.
Altmark-Zeitung
Gardelegen, Klötze
HA in Salzwedel
1992 ff.   101b
(8 Ro/Jg)   101b
1992 - 1997   101a

4162.
Gardeleger Altmark Echo
1962, 3.2. - 1967, 30.3.   Bo 174
(1 Ro)

GARDEN CITY, HERTFORDSHIRE (GB)

4163.
Renaissance
Garden City, Hertfordshire (GB), London
(GB)
(Juli - Okt. 1941)
1941, Juli - Okt.   Dm 11
(1 Ro)   Dm 11
                                          739

GARDING

4164.
Eiderstedter Anzeigenblatt
1949, 1.3. - 30.9.   8
(1 Ro)   8

4165.
Eiderstedter Nachrichten
1864, 8.5. - 1874
1876 - 1945, 25.5.   68
                                          68
                                        Dm 11

GARMISCH-PARTENKIRCHEN

4166.
Garmisch-Partenkirchener Tagblatt
BA v. Münchner Merkur
1977 ff.   101b
(13 Ro/Jg)   101b
1945, 2.1. - 14.4.   MFA
(1 Ro)
                                        Dm 11
1945, 2.1. - 4.4. u. Nov. - Dez.   12
1992 - 1997   101a

4167.
Hochland-Bote
1945, 19.12. - 30.8.
1946, 18.10. - 24.12.
1947, 24.1. u. 14.2.   GB-
1948, 6.4. - 1950, 21.3.   LO/N38
(L)

GARRIN (CHARZYNO, PL)

4168.
Evangelisches Gemeindeblatt : Garrin
Vlg. in Belgard
1920 - 1941, März   9
                                           9

GARTZ (ODER)

4169.
Gartzer Zeitung
1892 - 1926   9
                                           9

GASSEN (JASIEŃ, PL)

4170.
Gassener Tageblatt und Anzeiger
Regionalausg. v. Sommerfelder Tageblatt
Vlg. in Glogau
1923 (L)
1925, 1.1. - 31.3.
1925, 3.6. - 1926, 30.9.   1w
(4 Ro)   1w
                                 Dm 11

4171.
Gassener Wochenblatt
BA v. Sommerfelder Anzeiger
1922, 1.4. - 1924, 30.3. (L)   1w
(2 Ro)   1w
                                 Dm 11

GEBWEILER, ELSASS (GUEBWILLER, F)

4172.
Die Belchenstimme
1902: Gebweiler Anzeiger
auch: Gebweiler Volksblatt
1896, 10.12. - 1908, 20.3. (L)   ACRPP

4173.
Gebweiler neueste Nachrichten
1935, Jan. - 29.6.   ACRPP

4174.
Gebweiler Tagblatt
1906 - 1918, 16.11.   ACRPP

4175.
Mülhauser Tagblatt
HA in Mülhausen, Elsaß
1942, 11.3. - 1944, 19.11.   ACRPP
1944, 1.7. - 31.10.   31

GEELONG (AUS)

4176.
Die Rundschau
1954, 1.11. - 1960, Nr. 10   212
(2 Ro)   212

GEILENKIRCHEN

4177.
Geilenkirchener Volkszeitung
BA v. Aachener Volkszeitung
1957, 2.11. - 1959, 30.6.   Dm 11
                                 Dm 11

4178.
Geilenkirchener Zeitung
1878, 26.1. - 1902, 27.9.
1903, 1.4. - 19.12.
1905, 11.1. - 1906, 6.10. (L)
1910 - 1911, 30.9.
1912, 17.1. - 1913, 10.12. (L)
1914, 3.1. - 26.9.
1915, 5.1. - 18.12.
1917, 5.12. - 13.12.
1918, 16.1. - 25.5.
1920, 4.7. - 27.12.
1921, 4.1. - 28.6.
1923, 3.7. - 31.12.
1925, 9.1. - 25.3.
1926, 5.1. - 30.9.
1927, 4.1. - 31.3.
1928, 14.1. - 23.4. u. 29.6. -
31.10.
1929, 3.1. - 29.3.
1930, 1.4. - 30.6. u. 25.7. - 30.9.
1931, 5.2. - 7.2. u. 1.4. - 31.12.
1932, 2.2. - 29.9.
1933, 15.2. - 30.12. (L)
1934, 1.3. - 30.6. u. 19.11. -
15.12.
1935, 5.1. - 30.3.
1936 (L)
1937, 2.4. - 30.6.   Glk 1
Beilage(n):
Heimatblätter
1925 - 1934 (L)   61
(1 Ro)   61

4179.
Gemeinnütziges Wochenblatt für Geilenkirchen und die Umgegend
Geilenkirchen, Heinsberg
6.1.1838: Gemeinnütziges Wochenblatt für
Geilenkirchen, Heinsberg und die Umgegend
1845   Dm 11
                                 Dm 11
1836
1837, 1.4. - 1844
1846 - 1847
1849 - 1866   5
(8 Ro)

1836
1837, 1.4. - 1847
1849 - 1866   5

4180.
Rur-Wurm-Nachrichten
1.7.2003: Heinsberger Nachrichten
BA v. Aachener Nachrichten
1988 ff.   **101b**
(9 Ro/Jg)   101b
1992 - 1997   101a

GEISLINGEN A.D. STEIGE

4181.
Eesti Post
Geislingen a.d. Steige, Neu-Ulm
[Estland Post]
ab 6.12.1950 in Neu-Ulm
1948, 1.9. - 1952, 13.8.   **GB-**
(2 Ro)   **LO/N38**

4182.
Geislinger Zeitung
ab 1968? BA v. Südwest-Presse, Ulm
1987 ff.   **101b**
(6 Ro/Jg)   101b
1980 - 1994   **24**
(105 Ro)
1980 ff.   **24**
Beilage(n):
Kirchenfenster
2008 ff.   **24**
(Vbg.: Göppingen, Geislingen)   24

GEITHAIN

4183.
Leipziger Volkszeitung
HA in Leipzig
18.10.2003: Fusion mit Bornaer Ausg. zu
Leipziger Volkszeitung, Ausg. Borna-
Geithainer Zeitung, s. dort
1996, 11.5. - 2003, 17.10.   **101b**
       101b
1971 - 1991
1996, 2.5. - 2003, 17.10. (L)   **14**
(nur Lokalseiten)
1996, 11.5. - 1997   101a

GELDERN

4184.
Gelderner Post
1945, 4.11. - 1949, 20.9.   Ged 2
       Ged 1
       Stl 1

4185.
Geldernscher Anzeiger
1862, 19.2. - 29.3.   Ged 1

4186.
Geldernsches Wochenblatt
1857 - 1859, 19.11.
1860
1863 - 1866   **5**
       5
1828 - 1907 (L)   Ged 2
1834 - 1837
1839
1841 - 1875
1877 - 1878
1880 - 1907   Ged 1
1829 - 1907 (L)   Stl 1

4187.
Kreis-Blatt
1.7.1863: Amtliches Kreisblatt für den Kreis
Geldern
25.3.1870: Geldern'sche Zeitung
1868 - 1869
1873 - 1874
1879 u. 1886
1891 - 1892
1917, Juli - Dez.   **61**
(7 Ro)
1852, 8.1. - 1854, 25.11.
1862, 2.4. - 1864
1866 - 1882
1884
1886 - 1889
1891 - 1912
1914 - 1919, 30.6.   **61**
       Ged 1

4188.
Niederrheinische Landes-Zeitung
1921 - 1922
1923, Juli - Dez.
1924, Juli - Dez.
1928, Jan. (Jub.-Ausg.)   **61**
(4 Ro)   61

1908 - 1924, 29.6.
1925 - 1936   Ged 2
      Ged 1
      Stl 1

4189.
Rheinische Post
HA in Düsseldorf
1946, 2.3. - 1947 (L)
1951 - 1971   Ged 2
      Stl 1

4190.
Westdeutsche Land-Zeitung / A
1935, 1.1. - 29.9.
1936, 1.8. - 1942, 24.7. (L)   Ged 1

4191.
Westdeutsche Land-Zeitung / B
1937 - 1943, 31.3.   Ged 2
      Ged 1
      Stl 1

4192.
Die Windmühle
1949, Nr. 1 - 30   61
(1 Ro)   61

GELNHAUSEN

4193.
Gelnhäuser Anzeiger
1933, 2.11. - 1934, 16.1.
1934, 19.2. - 1935, 18.10.   4
(5 Ro)   4
      34
      Dm 11

4194.
Kinzig-Bote
1.1.1901: Gelnhäuser Zeitung
1889, 2.4. - 1915, 1.5.   4
(26 Ro, Beilagen mitverfilmt)   4
      34
      Dm 11

4195.
Kreis-Blatt
2.1.1919: Gelnhäuser Tageblatt
1876 - 1910, 30.6.
1910, 1.8. - 1929
1930, 1.7. - 1935, 30.11.
1949, 4.8. - 1950, 2.3.   4
(66 Ro, Beilagen mitverfilmt)   4
      34
      Dm 11

4196.
Tages-Zeitung für den Kreis Gelnhausen
1.6.1928: Gelnhäuser Nachrichten
1925, 4.2. - 1928, 31.3.
1928, 1.6. - 1929
1930, 28.1. - 1933, 31.5.   4
(18 Ro, Beilagen mitverfilmt)   4
      34
      Dm 11

GELSENKIRCHEN

4197.
Arbeiter-Zeitung für Gelsenkirchen und Umgebung
Ausg. f. d. Stadt Buer
BA v. Ruhr-Echo, Essen
KPD
(? 1922 - 7.9.1923)
1923, 2.5. - 14.5. u. 30.8. - 10.9.
(L)   Dm 11
(1 Ro)   Dm 11
1922, 20.9. - 1923, 7.9.   Ge 2
      Ge 2

4198.
Aufklärung
1951 - 1952, H. 6 (L)   Dm 11
      Dm 11

4199.
Buersche Zeitung <1949>
NA v. "Recklinghäuser Zeitung"
Vlg. Bauer
(22.10.1949 - 30.9.2006)
1949, 22.10. - 1967 (MPF)   Ge 2

4200.
Emscherbote
UT: Stadtzeitung für Gelsenkirchen
Periodizität: mtl.
(1977 - 1978?; 1980 - 1984)
1977 - 1978 (MPF)
1980 - 1984 (MPF)   61

4201.
Gelsenkirchener Allgemeine Zeitung
(1.12.1903 - 31.8.1944)
1921, Feb. - 1928, März   **Ge 2**
1914, 21.7. - 31.12
1915, 1.4. - 1916, 31.3.
1916, 2.10. - 1917, 31.3.
1931, 1.4. - 30.6.   **MFA**

1932, 1.7. - 30.9.
1933, 1.1. - 30.6.
1943, 1.10. - 31.12.   **MFA**
(8 Ro)
                Dm 11
1903, 1.12. - 1928, Sep.
1929 - 1944, 31.8.   **Ge 2**

4202.
Gelsenkirchener Nachrichten
Vlg. in Gelsenkirchen-Buer
1952, 1.4. - 30.6.
1953, 1.4. - 30.6.   **MFA**
(1 Ro)
                Dm 11

4203.
Gelsenkirchener Volkszeitung
Nov. 1904: Volkszeitung
(?1899 - 1905?)
1903, 1.5. - 1904, Nov. (L)   **Ge 2**
(2 Ro)
1903, 1.5. - 1905, 31.3. (L)   **Ge 2**

4204.
Gelsenkirchener Zeitung
1928, Juli - 1933, Juni   **Ge 2**
1902 - 1940, 30.6.   **Ge 2**
(mit Ergänzungen auf MPF)

4205.
Nationalzeitung
HA in Essen
1933, 1.3. - 1936
1937, Juli - 1944, 31.3.   **Ge 2**
(MPF)

4206.
Neue Westfälische Zeitung
fungierte als Nachrichtenblatt der alliierten
Militärbehörden
(Nr. 29 v. 18.9.1945 nachgew. - 19.3.1946)
1945, 18.9. - 1946, 19.3.   **Ge 2**

4207.
Neuer Westfälischer Kurier / GE-Horst
UT: Horster Volkszeitung
HA in Werl
(16.2.1950 - 31.3.1954)
1950, 16.2. - 1954, 31.3. (L)   **MFA**
(9 Ro)
                Ge 2

4208.
Neueste Nachrichten
UT: Tageblatt für das westliche Kohlenrevier
1.4.1928: Buersche Volkszeitung
1.1.1934: Vestische Neueste Nachrichten
[Gelsenkirchen-] Buer
(27.11.1919 - 30.6.1940)
1922, 18.2.
1932, 1.10. - 1934, 30.6.
1934, 1.10. - 31.12.   **MFA**
(6 Ro)
                Dm 11

4209.
Der Reichsfreund
3.11.1878: Nationale Emscherzeitung
11.10.1879: Emscherzeitung
(1876 - 31.12.1904)
1876, 8.1. - 1877, 27.9.
1878, 3.11. - 31.12.
1879, 2.7. - 1884
1886 - 1888, 30.4.
1888, 2.7. - 1892, 30.6.
1893 - 1904   **MFA**
(gesamter Bestand lückenhaft)
                Ge 2
                Bm 53

4210.
Ruhr-Echo
Ausg. Gelsenkirchen, Buer, Bochum
HA in Essen
1929, 2.1. - 1933, 21.2.   **Ge 2**

4211.
Ruhr-Nachrichten
HA in Dortmund
1957, 1.10. - 30.12.
1958, 5.4. - 1966   **Dm 11**
                Dm 11

4212.
Ruhr-Nachrichten [GE-Buer]
bis 21.10.1949 keine getrennten Gelsenkirchener Lokalteile
ab 22.10.1949 Ausg. abwechselnd "Gelsenkirchen" u. "Gelsenkirchen-Buer" benannt
UT ab 1.4.1954: Buersche Volkszeitung
UT ab Feb. 1957: Buerscher Anzeiger
UT ab Juni 1958: Ausg. Buer

die Buersche Ausg. wurde am 31.3.1966 eingestellt
es folgte eine Gesamtausg. "Gelsenkirchen"
HA in Dortmund
(1.3.1949 - 30.5.2006)
1957, 1.10. - 1958, 30.11. (L)	**Dm 11**
	Dm 11
1952, 4.3. - 1953	**6**
	6

4213.
Ruhrwacht
26.11.1919: Ruhrwarte
USPD
Red. in Buer (Buer wurde am 1.4.1928 nach
Gelsenkirchen eingemeindet)
(Nr. 2 v. 16.9.1919 - 3.4.1920 nachgew., v.
24.1. - 9.2.1920 verboten)
1919, 16.9. - 1920, 3.4.	**Ge 2**
(2 Ro)	Ge 2

4214.
Ruhrzeitung
Hrsg., Red. u. Druck: 12. amerikanische Hee-
resgruppe / Detmold
Hrsg., Druck u. Vlg. ab 23.6.1945: Britische
Besatzungsbehörde / Essen
1945, 26.5. - 1946, 13.4.	**Ge 2**
(1 Ro)	Ge 2

4215.
Schalker Zeitung
Vbg.: Schalke, Heßler, Bismarck, Bulmke,
Hüllen, Gelsenkirchen
(1874 - Juni 1918)
1903, 2.5. - 1918, Juni	Ge 2
1903, 2.5. - 14.7. (L)	Dm 11

4216.
Union / Gelsenkirchen
(Räteorganisation)
3.1921 - 4.1924 (E)	**B 479**
	B 479
Beilage(n):	
Der freie Bergarbeiter	**B 479**
1921 - 1922 (E)	B 479

4217.
Volkswille
Vbg.: Gelsenkirchen, (Herne-) Wanne-Eickel,
(Bochum-) Wattenscheid
1929 - 1933, 27.2.	Ge 2
	Bo 133

4218.
Volkszeitung für Buer und Umgebung
1905: Buersche Zeitung
Buer wurde am 1.4.1928 nach Gelsenkirchen
eingemeindet
(? 1881 - 30.6.1940)
1927 - 1940, 30.6. (L)	**Ge 2**
(31 Ro)	
1909, 19.5. - 1914, Juni	
1915 - 1940, 30.6. (L)	Ge 2

4219.
Westdeutsche Allgemeine (WAZ) / BU
Ausg. für GE-Buer, GE-Horst, Westerholt
HA in Essen
1991 ff.	**101b**
(10 Ro/Jg)	101b
1949, 22.10. - 1990	
(ab Aug. 1988 nur noch Lokal-	**Ge 2**
teil)	
1952, 1.12. - 1970	**6**
1952, 1.12. - 1970	
1991 ff.	6
1992 - 1997	101a
1949, 22.10. - 1990 (MPF)	
1991 ff.	
(ab Aug. 1988 nur noch Lokal-	Ge 2
teil)	

4220.
Westdeutsche Allgemeine Zeitung
27.6.1948: Westdeutsche Allgemeine (WAZ) /
GE
HA in Essen
1978, 1.9. ff.	**101b**
(ca. 8 Ro/Jg, später 10 Ro/Jg)	101b
1948, Apr. - 1990	**Ge 2**
1952, 1.12. - 1970	**6**
1952, 1.12. - 1970	
1989 ff.	6
1992 - 1997	101a
1948, Apr. - 1990 (MPF)	
1991 ff.	Ge 2
2003, 13.2. - 31.12.	Dm 11

4221.
Westdeutsches Tageblatt
HA in Dortmund
(31.7.1948 - 16.5.1950)
1950, Jan. - 16.5.	Ge 2

4222.
Westfälische Rundschau / G
HA in Dortmund
(20.3.1946 - 2.1.1975)
1951, 17.3. - 1970   **6**
(L, nur Lokalteil)   **6**
1946, 20.3. - 1975, 2.1.   **Ge 2**
(70 Ro)
1946, 20.3. - 1968   Ge 2
(zusätzlich ab 1965 als MPF)
1961 - 1962   Dm 11

4223.
Westfälischer Beobachter
(1.7.1940 - 19.3.1945)
1944, Apr. - Juni   **Ge 2**
1940, 1.7. - 1945, 19.3.   Ge 2

4224.
Westfalenpost
am 1.3.1949 v. "Ruhr-Nachrichten" übernommen
1946, Apr. - 1949, Feb. (MPF)   **Ge 2**
                                       Ge 2

GENF (CH)

4225.
IMB-Auto-Nachrichten
1959 - 1960   **Bo 133**
                                       Bo 133

4226.
IMB-Kurznachrichten
1966, Nr. 4: IMB-Nachrichten für Presse und
Gewerkschaftler in den Betrieben
1972, Nr. 15: Nachrichten für Gewerkschaftler
in Betrieben und Büros
1975, Nr. 17: IMB-Nachrichten
2000: Metal world
1956
1958 - 1969 (L)
1970 - 1999   **Bo 133**
                                       Bo 133

4227.
Neue Schweizer Zeitung
(3.9.1859 - 18.2.1860)
1859, 11   B 479

4228.
Der Rebell
Organ der Anarchisten deutscher Sprache
1881 - 1886   Bo 133

4229.
Völkerbund
1933 - 1938 (L)   **M 352**

4230.
Der Völkerbund
1849, 1 - 1850, 2   Bo 133

GENGENBACH

4231.
Der Kinzig-Bote
1942, 3.9. - 1943, 30.3.
1950 - 1981   **31**
                                       31

GENTHIN

4232.
Betriebszeitung Fanfare
auch: Fanfare
Waschmittelwerk
1971, 14.1. - 1990, 2.10. (L)   **3**
(4 Ro)   **3**
                                       Dm 11

4233.
Genthiner Wochenblatt
1.4.1936: Genthiner Tageblatt
(29.6.?1853 - 30.3.1943)
1853, 6.7. - 1859
1861 - 1862
1864 - 1865
1866, 20.1. - 23.6.
1867 - 1874
1876 - 1884, 19.6.
1888
1890 - 1915
1917
1919 - 1925
1926, 1.7. - 1933
1934, 2.7. - Dez.
1936 - 1938, 30.6.
1939 - 1940, 29.6.
1943, 7.1. - 30.3.   Gen 5

4234.
Genthiner Zeitung und Bote im Lande Jeri-
chow
Nr. 69, 1941: Der Mitteldeutsche / Genthiner
Zeitung
HA in Magdeburg
(1883 - 31.3.1943)
1885
1886, 14.1. - 1887
1889 - 1893 (L)
1895 - 1897
1900 - 1904 (L)
1905, 12.1. - 1909
1911 - 1913
1920
1930, 1.1. - 16.3.
1931
1933 - 1935
1937 - 1940
1941, 23.3. - 28.11.
1942 - 1943, 31.3.   Gen 5

4235.
Volksstimme
2.1.1992: Genthiner Volksstimme
Druck und Vlg. anfangs in Burg
ab 22.3.1952 Vlg. "Volksstimme" in Magdeburg
ab 1.4.1955 Vlg. u. Druck in Magdeburg
1949 ff.   Gen 5

GERA

4236.
Aufrichtig-deutsche Volks-Zeitung
1796: Aufrichtigdeutsche Volks-Zeitung
1798: Aufrichtig-teutsche Volks-Zeitung
15.7.1800: Neue privilegirte Geraische Zeitung
1812: Geraische Zeitung
1.7.1848: Fürstlich Reuß-Geraische Zeitung
2.10.1866: Fürstl. Reuß Geraer Zeitung
12.11.1918: Geraer Zeitung
1.2.1938: Geraer Zeitung - Geraer Beobachter
(3.1.1795 - 12.4.1945)
1795 - 1799   **46**
(5 Ro)   46
1795 - 1796, 3.12.
1797, 4.7. - 1799
1800, 15.7. - 1813, 16.11.
1815, 6.1. - 1939, 12.6.   Dm 11
                                     Ga 21

4237.
Deutsche Eisenbahn
UT: Ein Volksblatt für Entschiedenheit und
Fortschritt
1849 (LL), 1851 (LL)   **B 479**
                                     B 479

4238.
Die Frauen-Zeitung
UT: Ein Organ für die höheren weiblichen
Interessen
1849, 1.4.   **B 479**
                                     B 479
1851, Nr. 1 - 1852, Nr. 25   36

4239.
Die Frauen-Zeitung
Gera, Großenhain
UT: Ein Organ für die höheren weiblichen
Interessen
Titel auch: Die deutsche Frauenzeitung
Red.: Louise Otto
(Apr. 1849 - 1852,104)
1851 - 1852,25   **36**
(1 Ro)   36

4240.
Geraer Tageblatt
1874, 1.5. - 1925, 18.3.   Ga 21

4241.
Heimat-Blätter
1909, Apr. - 1939, Blatt 8   Ga 21

4242.
Langenberger Wochenblatt
(Gera-) Langenberg
Vlg. in Köstritz
1898 - 1920   Ga 21

4243.
Ostthüringer Arbeiter-Zeitung für die Kreise
Gera, Greiz, Schleiz
KPD
1924 - 1929, 30.9. (L)   **B 479**
                                     B 479
1926, 27.7. - 8.8.   Dm 11
Beilage(n):
Heraus mit den politischen Ge-
fangenen
1924, Nr. 1 - 3
1925 - 1927 (L)
1928, Nr. 1   **B 479**
1924 - 1928 (L)   Bo 133
Der Krieg   **B 479**
1925, Nr. 1 - 3   B 479

Der Textil-Prolet
1928, Nr. 1 **B 479**
1929, Nr. 2 - 4 B 479

4244.
Ostthüringer Tribüne
SPD
1922 - 1933, 4.3. **Bo 133**
Bo 133
1922, Juli - 1933, 6.3. Ga 21

4245.
Tribüne
sozialdemokratisch
HA in Weimar
1945, 17 - 20 (E) **B 479**
B 479

4246.
Der Volksfreund
1794 **46**
(1 Ro) 46

4247.
Volkswacht
18.1.1990: Ostthüringer Nachrichten
1.7.1991: Ostthüringer Zeitung
(15.8.1952 ff.)
1992 ff. **101b**
1962, 29.1. - 28.6. (L) **188/211**
(2 Ro)
1952 - 1990, 29.9. **B 479**
B 479
1954, 2.8. - 1990, 29.9. **Bo 174**
(77 Ro)
101b
1992 - 1997 101a
1989 - 1990, 29.9. 180
1954 - 1985 739
1953 - 1962 27
1954, Aug. - 1990, 31.5. 188/211
1995 ff. Dm 11
1952, 15.8. - 1991 Ga 21

4248.
Wohlfahrtszeitung der Teutschen
1798 - 1799 **46**
(1 Ro) 46

GERABRONN

4249.
Hohenloher Tagblatt
BA v. Südwestpresse, Ulm
1983 ff. **101b**
(ca. 8 Ro/Jg) 101b
1980 - 1983, 31.5. **24**
(23 Ro)
1980 ff. 24
1992 - 1997 101a

GERDAUEN
(SCHELESNODOROSCHNY, RUS)

4250.
Gerdauer Kreis-Blatt
1882, 6.10. - 1885, 19.12.
1888, 7.1. - 1889, 28.9.
1891
1893 - 1895 (L) **1w**
(3 Ro) 1w
Dm 11

4251.
Mitteilungsblatt
1947, Nr. 1 - 1951, Nr. 30 Gö 169

GERSFELD

4252.
Gersfelder Kreisblatt
1883, 22.8. - 1931
1934 - 1941, 28.3. **4**
(30 Ro, Beilagen mitverfilmt) 4
34
66
Dm 11

GERVIN (GORAWINO, PL)

4253.
Evangelisches Gemeindeblatt für das Kirch-
spiel Gervin
Vlg. in Belgard
1920 - 1941, März **9**
9

GESEKE

4254.
Geseker Zeitung
1892 - 1945, 31.3. (L, MPF)
1949, 2.11. - 1972 (MPF) Ges 1

GETTORF

4255.
Gettorfer Nachrichten
1895 - 1939, 15.9. **68**
68

GEVELSBERG

4256.
Ennepethal-Zeitung
19.8.1902: Gevelsberger Zeitung
16.12.1938: Gevelsberger Zeitung Milsper-
Voerder Zeitung
15.10.1949: Gevelsberger Zeitung
2.1.1958: Gevelsberger Zeitung. Ennepetaler
Zeitung
ab 30.12.1972 BA v. Westdeutsche Zeitung,
Wuppertal
(30.12.1874 - 13.4.1945 u. 19.10.1949 -
31.12.1980)
1949, 15.10. - 1980 (L) **MFA**
(149 Ro)
1949, 15.10. - 1957 Dm 11
1895 - 1945, 13.4.
1949, 15.10. - 1979 Gev 1
1958 - 1980 6
1976, 15.4. - 14.5. Enp 1
Beilage(n):
Der Ennepesträßer
1958 - 1971 6

GIDDINGS, TX (USA)

4257.
Giddings Deutsches Wochenblatt
1921, 15.12. - 19.12.
1923 - 1924
1926, 5.8. - 1933, 21.12.
1935 - 1938, 22.12. (L) **212**
(6 Ro) 212
Dm 11

GIENGEN, BRENZ

4258.
Brenztal-Bote
BA v. Südwestpresse, Ulm
1975 ff. **24**
(101 Ro 1975 - 1990) 24

GIESSEN, LAHN

4259.
Anzeigeblatt für die Stadt Gießen
2.1.1868: Gießener Anzeiger
(4.1.1840 - 31.5.1943 u. 25.8.1949 ff.)
1969 ff. **101b**
(ca. 11 Ro/Jg) 101b
1848 - 1849 **Dm 11**
(1 Ro) Dm 11
361
1840 - 1867
1968 - 1970 (L)
1976 ff. 26
1992 - 1997 101a
2005 - 2007 Gi 64

4260.
Gießener Beiträge zur deutschen Philologie
1946 18

4261.
Gießener Freie Presse
3.1.1966: Gießener Allgemeine
1976, 4.5. ff. **101b**
(ca. 11 Ro/Jg) 101b
1946, 25.1. - 1947, 25.11.
1948, 5.10. - 1949, 6.10. **Dm 11**
(2 Ro) Dm 11
1992 - 1997 101a
1976, 1.12. - 1984
2005 - 2007 Gi 64
1946, 18.1. - 1947, 14.4. GB-
1948, 27.1. - 1949, 14.11. LO/N38

4262.
Gießener Zeitung
1943, 1.6. - 1945, 26.3. 17
26
460
Dm 11

4263.
Der jüngste Tag
1848, 6.3. - 30.12. **MFA**
1848, 6.3. - 30.6. (L) 26
460
1848, 6.3. - 28.6. Dm 11

4264.
Oberhessische Tageszeitung
Ausg. Gießen, später tw. Ausg. Wetterau, Vo-
gelsberg, Ausg. Nord, Ausg. N, Ausg. Süd,
Ausg. S
1933, 1.7. - 1943, 30.5.   26
                                                Dm 11
                                                 283

GIFHORN

4265.
Aller-Zeitung
1987 ff.   **101b**
(7 Ro/Jg)   101b
1852, 4.8. - 1863
1865 - 1866
1868 - 1877
1879 - 1895
1897 - 1945, 6.4.   **Lün 4**
(78 Ro)   Lün 4
                                                Dm 11
1992 - 1997   101a

4266.
Gifhorner Tageszeitung
1907, 15.12. - 1916
1917, Juli - 1921, Juni
1922 - 1931, Juni
1932 - 1935, 29.6.   **Lün 4**
(38 Ro)   Lün 4
                                                Dm 11
1907 - 1935   35

GLADBECK

4267.
Gladbecker Morgenpost
1952 - 1954, 28.6. (MPF)   Gld 1

4268.
Gladbecker Volkszeitung
Gladbeck, Herne
2.1.1951: Gladbecker Stadtanzeiger
10.10.1953: Ruhr-Nachrichten
HA in Dortmund
Ausg. für Gladbeck, Herne, Wanne
1957, 2.10. - 30.12.
1958, 1.4. - 1960   **Dm 11**
                                                Dm 11
1949, 6.9. ff. (MPF)   Gld 1

4269.
Neuer Westfälischer Kurier
HA in Werl
1946, 6.9. - 1949, 12.10. (MPF)   Gld 1

4270.
Westdeutsche Allgemeine Zeitung
27.6.1948: Westdeutsche Allgemeine (WAZ) /
GL
HA in Essen
1991 ff.   **101b**
(ca. 10 Ro/Jg)   101b
                                                   6
1992 - 1997   101a
1948, 3.4. - 1987, 31.1. (MPF)   Gld 1

4271.
Westfälische Rundschau / GB
Gladbeck, Bottrop, Dorsten
Ausg. GB = Gladbeck, Bottrop, Dorsten
HA in Dortmund
1951, 17.3. - 1964, 30.4. (L)   **6**
(nur Lokalteil)   6
1961 - 1962   Dm 11
1957 - 1964, 30.4.   Dot 1
1952 - 1964, 30.4. (MPF)   Gld 1

GLASHÜTTE

4272.
Müglitztal-Nachrichten
1893 - 1941, 31.5. (L)   **14**
(27 Ro)   14
                                                 Gh 4

GLATZ (KLODZKO, PL)

4273.
Glatzer Kreisblatt
(7.1.1843 - 1928?)
1843, 8.8. - 1846
1928   **1w**
                                                  1w
                                                Dm 11

4274.
Glatzer Land
Heimatkundliche Monatsschrift
1928,1-9
1929,1-12   Mb 50

4275.
Grenzwacht
1936, 2.1. - 31.3. u. 1.10. - 31.12.
1937, 1.10. - 31.12.
1938, 1.7. - 30.9.
1939, 2.10. - 1941, 30.6.
1941, 1.10. - 30.12.   **1w**
(7 Ro)   1w
    Dm 11

4276.
Vierteljahresschrift für Geschichte und Heimatkunde der Grafschaft Glatz
Vlg. in Habelschwerdt
1.1881/82 - 10.1890/91   Mb 50

4277.
Volksblatt für die Grafschaft Glatz
(4.1.1840 - 1861?)
1844 - 1847   **1w**
(1 Ro)   1w
    Dm 11

GLAUCHAU

4278.
Freie Presse
HA in Karl-Marx-Stadt/Chemnitz
1971 - 1990, 31.8. (L)   14
(nur Lokalteil)

4279.
Glauchauer Nachrichten
1878 (L)   **B 479**
    B 479

4280.
Neuer Anzeiger für Glauchau und Umgebung
1848 - 1849   30

4281.
Volksstimme
HA in Chemnitz/Karl-Marx-Stadt
1946, 20.5. - 1952 (MPF)   14
(nur Lokalseiten)
1955 - 1962 (L)   188/211

GLEIWITZ (GLIWICE, PL)

4282.
Deutsche Ostfront
1935, Sep. - Okt.
1935, 31.12. - 1936, 29.2.   **1w**
    1w
    Dm 11

4283.
Neues Gleiwitzer Intelligenz-Blatt
1907, 5.1. - 31.12.
1910 - 1911
1912, 2.7. - 31.12.
1915, 1.7. - 31.12.   **1w**
(6 Ro)   1w
    Dm 11

4284.
Die oberschlesische rote Fahne
KP Oberschlesien
1921, Nr. 231   **B 479**
    B 479

4285.
Oberschlesische Volksstimme
1926, 14.11. (Jub.-Ausg.)   **1w**
(1 Ro)   1w

4286.
Der Oberschlesische Wanderer
(1.4.1828 - 26.1.1945)
1833
1835 - 1836
1840 - 1842
1854
1916, 1.1. - 29.6.
1922, 1.7. - 30.12.
1923, 30.6. - 31.12.
1924, 1.4. - 30.6.
1925, 2.1. - 30.4.
1927, 1.4. - 30.6.
1928, 1.5. - 31.5.
1933, 1.7. - 31.8.
1934, 30.4. - 30.6.
1935, 2.5. - 29.6. u. 1.11. - 31.12.
1936, 1.11. - 30.12.
1937, 1.9. - 31.10.
1938, 1.4. - 30.9.
1939, 1.11. - 1940, 31.3.
1940, 1.7. - 31.12.
1943, 1.7. - 1944, 30.9.   **1w**
(17 Ro)   1w
    Dm 11

4287.
Tost-Gleiwitzer Kreisblatt
(5.1.1843 - 1935?)
1843 - 1844
1848
1850 - 1851
1925 - 1935 (L)   **1w**
(3 Ro)   1w
    Dm 11

GLOGAU (GŁOGÓW, PL)

4288.
Glogauer Kreisblatt
1847   1w
                                             1w
                                             Dm 11

4289.
Glogauer Stadt- und Landbote
1.1.1891: Neue Niederschlesische Zeitung
(2.1.1836 - 28.2.1934)
1845 - 1847
1855 - 1856   1w
                                             1w
                                             Dm 11
1836 - 1860
1903 - 1907
1908, 20.3. - 12.6.
1909
1911, 10.1. - 29.6.
1912, 17.1. - 1913, 5.7.
1921
1927 - 1928
1931 u. 1933   12
Beilage(n):
Illustriertes Unterhaltungsblatt
1908, 12 - 1909, 32
1911 - 1913, 26   12
Amtliches Kreisblatt
1913, 2 - 33   12
Anzeiger für Landwirtschaft und
Kleingartenbau
1921
1927 - 1928
1931   12
Niederschlesischer Hausfreund
1921   12
Niederschlesischer Sport
1927 - 1928
1931 u. 1933   12
Am Heimatherd
1927 - 1928   12
Die Ostmark
1927 - 1928   12
Das Blatt der Jugend
1927 - 1928   12
Der Landbund
1927 - 1928   12

4290.
Mittelschlesischer Anzeiger
(3.1.1894 - 1897?)
1894
1895, 2.7. - 1896   1w
(4 Ro)   1w
                                             Dm 11

4291.
Der Niederschlesische Anzeiger
später: Niederschlesischer Anzeiger
(23.6.1809 - 1939)
1811, 5.7. - 27.12.
1848, 11.1. - 27.12. (L)   46
(4 Ro)
1819
1821 - 1822
1826
1836 - 1837
1842
1890, 2.5. - 31.8.
1891, 1.1. - 30.4.
1893, 1.1. - 30.4.
1894, 1.5. - 31.8.
1897, 1.1. - 30.6.
1900, 1.9. - 1901, 30.4.
1903, 1.1. - 30.6. u. 1.10. - 31.12.
1904, 1.4. - 30.6.
1906, 1.5. - 31.8.
1909, 1.7. - 30.9.
1911, 2.5. - 31.8.
1912, 3.1. - 30.4.
1913, 1.5. - 31.8.
1914, 1.10. - 31.12.   1w
(20 Ro)   1w
                                             Dm 11
1948 (L)   21
1848   188/211
1811, 5.7. - 27.12.
1848, 11.1. - 27.12. (L)   Gö 169

4292.
Nordschlesische Tageszeitung
1938, Okt. - Dez.
1940, Apr. - Juni
1941, Apr. - Juni
1942, Juli - Dez.   1w
                                             1w
                                             Dm 11

4293.
Schlesische Provinzialblätter
1785 - 1806
1808 - 1835
1836 (L)
1837 - 1849
1862 u. 1867   46
1862 u. 1867   Gö 169

GLÜCKSTADT

4294.
De Eekboom
Glückstadt, Berlin, Hamburg
anfangs: De Eekbom
niederdeutsch
Vlg. ab 1884 in Berlin, ab 1916 in Hamburg
(1883 - 1934)
1884   1
(1 Ro)   1
1883 - 1885, 17.5.
1897 - 1934, 15.12.   MFA
(10 Ro)
                 18
                 33

4295.
Glückstädter Anzeiger
1960, 23.1. - 1965 (L)   8
(1 Ro)   8

4296.
Glückstädtische Fortuna
3.1.1801: Glückstädtsche Fortuna
2.1.1858: Glückstädter Fortuna
1794 - 1945, 5.5.
1946, 4.1. - 1970   68
                 68
1794 - 1795
1796 (L)
1797 - 1800   46
1794 - 1945, 5.5.
1946, 4.1. - 1950 (L)   Dm 11
Beilage(n):
  Extrablätter   68
1914, 25.7. - 1918, 10.11.   68
               Dm 11

4297.
Holsten-Anzeiger
1963, 30.3. - 1964, 16.10.   8
(1 Ro)   8

4298.
Lübecker Hanseat
1962, 10.11. - 1963, 23.3. (L)   8
(1 Ro)   8

4299.
Schleswig-Hollsteinisches Magazin
1757   46
             68

4300.
Schleswig-Holsteinische Anzeigen
1789 - 1797
1799 - 1800   46
             46

GNADENFREI (PIŁAWA GÓRNA, PL)

4301.
Patriotisches Wochenblatt für Stadt und Land
Ortsname auch: Oberpeilau
1880
1882 - 1884
1887 - 1891 (L)   1w
(4 Ro)   1w
           Dm 11

GNOIEN

4302.
Bürger- und Hausfreund <1853>
Gnoien, Dargun
(1.1853 - 88.1941)
1853 - 1863
1938, 16.6. - 1941, 27.12.   28
(9 Ro)   28

GOCH

4303.
Der kleine Coco
1910 - 1913   46
             46

4304.
Niederrheinisches Volksblatt
1884
1907, 1.1. - 27.6.
1908, 8.1. - 1909, 30.6.
1923, 28.2. - 30.6.
1924, 10.1. - 21.3.
1927, 7.11. - 7.12.   Gk 2

1930, 17.2. - 31.12.
1932, 31.8. - 31.12.
1934, 12.3. - 15.5.   Gk 2

GÖPPINGEN

4305.
Arbeiter-Zeitung
1867, Nr. 2 - 1868, Nr. 5   B 479
    B 479

4306.
Freie Volkszeitung
1910, 24.9. - 1912, 13.10.
1913 - 1919, 30.6.
1920 u. 1921
1923 - 1928
1929, 3.11.
1933, 1.3. - 10.3.   Dm 11
    Bo 133
    Göp 3

4307.
Der Heimkehrer
Göppingen, Bonn
Göppingen u. (Bonn-) Bad Godesberg
1951, Sep. - 1955
1959 - 1983, 15.12.   281
(8 Ro)

4308.
Der Hohenstaufen <1868>
1868 - 1876
1880 - 1889
1891, 1893, 1894
1896 - 1902
1904 - 1905, Juni
1906 - 1927
1928, Juli - 1932, 30.9.
1933 - 1936, 30.6.   Dm 11
    Göp 3

4309.
Intelligenz-Blatt für die Oberamtsstadt Göppingen
1827, Nr. 25: Intelligenz-Blatt für die Oberamtsstadt und den Bezirk Göppingen
20.5.1829: Wochenblatt für die Oberamtsstadt und den Bezirk Göppingen
3.1.1849: Göppinger Wochenblatt
2.1.1902: Göppinger Zeitung
1.10.1937: Der Hohenstaufen
1827, 16.5. - 1945, 22.2.   Dm 11
    Göp 3

4310.
IWZ
1961, 1.4. - 1973, 24.2.   24
1967, 21.5. - 1968, 30.3.   31

4311.
Neue Württembergische Zeitung : NWZ
Ausg. Göppinger Kreisnachrichten
1978 ff.   101b
(ca. 8 Ro/Jg)   101b
1992 - 1997   101a
1946, 2.8. - 1947, 30.9.
1947, 16.12. - 1949, 30.7. (L)   GB-
1949, 12.11. - 1950, 6.7.   LO/N38

4312.
Stuttgarter Zeitung / R
Ausg. Kreis Göppingen
HA in Stuttgart
1996, 18.4. - 2002
2008 ff.   24
    24

GÖRLITZ

4313.
Amtliche Bekanntmachungen mit Anzeigen für die Stadt Görlitz
1948, 23.1. - 27.2.   1
    1
1948, 23.1. - 1950   14
    14

4314.
Der Anzeiger
6.1.1803: Neuer Görlitzer Anzeiger
14.1.1808: Görlitzer Anzeiger
14.1.1876: Görlitzer Nachrichten und Anzeiger
1.2.1929: Vereinigte Görlitzer Nachrichten und Niederschlesische Zeitung
1.1.1932: Görlitzer Nachrichten und Niederschlesische Zeitung
(3.1.1799 - 31.3.1943)
1818 - 1819
1826, 1828, 1833
1859 - 1860
1867 - 1868 (L)
1870 - 1871
1874, Jan. - Juni, Okt. - Dez.
1876, 16.1. - 30.6.
1876, Okt. - 1877
1918, 1.10. - 31.12.
1929, 1.2. - 31.3.
1933, 1.1. - 31.3.   1w
    1w

1933, 1.7. - 31.12.	
1934, 1.10. - 1935, 31.3.	
1936, 1.7. - 30.9.	
1937, 1.10. - 1938, 30.6.	
1939, 2.5. - 30.6.	
1941, 2.1. - 31.3.	
1942, 1.5. - 31.8.	
1943, 2.1. - 31.3.	
	1w
	1w
1799, 3.1. - 1943, 31.3.	**14**
(238 Ro)	14
	Gl 2
	Dm 11
1821, 1827, 1829	
1831 - 1837	
1840 - 1841	
1844 - 1845	
1848	
1850 - 1852	
1856 - 1858	
1863, 1865, 1868	
1874 - 1887, 30.6.	
1904 - 1905	12

4315.
Ausstellungs-Zeitung

1884, 12.6. - 1885, 29.9.	**14**

4316.
Courbière-Blätter

1925 - 1926	**14**
(1 Ro)	14
1925	Gl 2

4317.
Freies Wort
USPD Schlesiens

1921, 1.1. - 31.3.	**1w**
(1 Ro)	1w
	Dm 11

4318.
Görlitzer Anzeiger <1945>

1945, 7.6. - 1948, 16.1.	**14**
(2 Ro)	14
1947, 7.3. - 1948, 16.1.	**1**
	1
	1w

4319.
Görlitzer Anzeiger und Vergnügungsblatt
auch: Görlitzer Vergnügungs-Anzeiger und
Eisenbahn-Zeitung

1885	**14**
(1 Ro)	14
	Gl 2

4320.
Görlitzer Haus- und Grundbesitzerzeitung

1924 - 1927	
1929 u. 1939	**14**
(1 Ro)	14
1924 - 1939	Gl 2

4321.
Görlitzer Landbund

1926	**14**
(1 Ro)	14
1925	Gl 2

4322.
Görlitzer Tageblatt
anfangs: Görlitzer Tageblatt und Anzeiger
1.1.1863: Niederschlesische Zeitung
(1.10.1856 - 31.1.1929)

1856, 1.10. - 1929, 31.1.	**14**
	14
1856, 16.10. - 1857	
1858, 1.4. - Dez.	
1861, 3.4. - 1865, Juni (L)	
1872	
1873, Jan. - Juni, Okt. - Dez.	
1874, 1.4. - Dez.	
1877, 1885 (L)	
1896, Okt. - Dez.	
1897, 2.7. - 1898, Juni	
1899, Juli - Sep.	
1900, Apr. - Juni	
1901, Juli - Dez.	
1904, Okt. - Dez.	
1905, Apr. - Juni, Okt. - Dez.	
1906, Apr. - Juni	
1908, Okt. - Dez.	
1910, Apr. - Juni	
1911, Juli - 1913, Sep.	
1914, Jan. - März	
1915, Apr. - Juni, Okt. - Dez.	
1923	
1924, Apr. - Mai	
1927, Apr. - Sep.	
1928, Jan. - Juni	
1929, Jan.	**1w**
	1w
	Dm 11
1856, 1.10. - 1929, 31.1.	Gl 2

Beilage(n):
Feuilleton
1850, Okt. - 1851, Juni
(1 Ro)   **Bo 414**

4323.
Görlitzer Volkszeitung
(28.1.1899 Probe-Nr. u. 1.2.1899 - 4.3.1933)
1899, 28.1. - 1933, 4.3.   **14**
(71 Ro)   **14**
     Gl 2
     Bo 133

4324.
Görlitzer Vororts-Zeitung
1898, 1.5. - 1900   **14**
(2 Ro)   **14**
     Gl 2

4325.
Görlitzer Zeitung
1891, 26.11. - 1892, 30.9.   **14**
(2 Ro)   **14**
     Gl 2

4326.
Görlitzer Zeitung für die Lausitz
1862
1864 - 1865   **14**
     Gl 2

4327.
Kreisblatt des Görlitzer Kreises
5.1.1924?: Kreisblatt des Görlitzer Landkreises
1934: Kreisblatt des Landkreises Görlitz
1840 - 1842
1924 u. 1928
1931 - 1936   **1w**
(3 Ro)   **1w**
     Dm 11

4328.
Der Kumpel an der Friedensgrenze
Braunkohlenwerk Oberlausitz
[Görlitz-] Hagenwerder
1965 - 1972
1990 (E)   **B 479**
     B 479

4329.
Landskron-Echo
1963, 3.5. - 1967, 8.3.   **Bo 174**
(1 Ro)

4330.
Lausitzer Rundschau
1946, 20.7. - 1947   **Bo 174**
(1 Ro)
     M 352
1946, 20.5. - 31.5. (MPF)
1946, 2.7. - 1952, 14.8. (MPF)   1w
1946, 20.5. - 1952, 30.6. (MPF)   14
(nur Lokalseiten)
1946, 20.7. - 1947 (L)   180
     188/211

4331.
Lausitzer Zeitung und Görlitzer Nachrichten
1850, 1.9. - 1857   **14**
(6 Ro)   **14**
1850
1852 - 1857   Gl 2

4332.
Lausizische Monatsschrift
1793 - 1799   **14**
(5 Ro)   **14**
     129

4333.
Nea Toy Görlitz
1916, 3.11. - 1918, 28.11.   Gl 2

4334.
Neue lausizische Monatsschrift
1800 - 1808   **14**
(9 Ro)   **14**
     129

4335.
Neuer Görlitzer Anzeiger<1877>
(Probe-Nr. 20.9.1877 u. 2.10.1877 - 9.5.1941)
1910, 1.1. 30.6.
1911, 1.1. - 30.6.
1914, 1.1. - 31.3.
1918, 1.1. - 30.6.
1920, 1.7. - 1921, 30.6.
1923   **1w**
     1w
1877, 20.9. - 1941, 9.5.   14
     Gl 2
     Dm 11
1918, 19.1. - 10.10. (L)   GB-
     LO/N38

4336.
Neues lausitzisches Magazin
1822 - 1844
1846 - 1941   **14**
(21 Ro)   **14**

4337.
Ober-Lausitzischer Beitrag zur Gelehrtheit
und deren Historie
1739 - 1743 **46**
(ein Jg. o. Datum, vmtl. 1742)
Gö 169

4338.
Oberlausitzer Frühpost
1.5.1934: Oberlausitzer Tagespost
1932, 1.10. - 1945, 5./6.5. **14**
(36 Ro) 14
1943, 1.4. - 1944, 30.6. **1w**
(1 Ro) 1w
Dm 11
1932 - 1945, 6.5. Gl 2
1944, 26.5. - 4.8. (LL) GB-
LO/N38
Beilage(n):
Sonderwerbungen und -beilagen
1936 - 1937 Gl 2

4339.
Oberlausitzer Tagespost / Görlitz-Land
1940
1943 - 1944, 30.6. (L) **14**
(4 Ro) 14
1940
1943 - 1944 Gl 2

4340.
Sächsische Zeitung
HA in Dresden
1946, Jan. - 18.5. **14**
1952, 15.8. - 31.12. (MPF)
1971 ff. (L) 14
(nur Lokalteil)
1971 - 1988
1990 - 1992
1996 - 1997 Gl 2
(nur Lokalseiten)

4341.
Sächsische Zeitung / Görlitz und Oberlausitz
HA in Dresden
1946, 3.5. - 19.5. (MPF) **14**
(nur Lokalteil)

4342.
Sächsische Zeitung / Görlitz-Land
HA in Dresden
1952, 15.8. - 31.12. (MPF)
1971 - 1979 (L)
1991, 9.3. - Nr. 260 **14**
(nur Lokalteil)

1971 - 1979
1989 u. 1991 Gl 2
(nur Lokalseiten)

4343.
Spartacus
Red.: Karl Liebknecht, Leo Jogiches
1916, 20.9. - 1919, 1 **B 479**
B 479

4344.
Volksstimme
HA in Dresden
1946, 1.4. - 11.4. **14**
14

4345.
Der Wegweiser
1832 - 1834
1837 - 1839 **14**
(3 Ro) 14
1832 - 1834 (L)
1837 - 1839 30
1832 - 1839 Gl 2

GÖTTINGEN

4346.
Abendpost
Ausg. Süd-Hannover
1947, 6.2. - 1949, 3.3. **MFA**
(1 Ro)

4347.
Allgemeines Provinzialblatt
1850, 10.10. - 1851, 6.1. Gö 171

4348.
Annalen der Naturgeschichte
1791, 1. Stück (MPF) **46**

4349.
Der Bürger
1732, Mai - Sep. **46**
(1 Ro) 46

4350.
Departemental-Blätter
1808, 11.7. - 1813, 29.12. Gö 171

4351.
Deutsche Volkszeitung
Ausg. Südhannover
1947, 25.3. - 1949, 23.8. **MFA**
(2 Ro)

4352.
Fanfare
1932?: Göttinger Fanfare
1931, 1.11. - 1933, 23.3. (L)   MFA
(1 Ro)
                                        7

4353.
Freie Blätter aus Göttingen
1848, 20.3. - 21.6.   Gö 171

4354.
Die Freunde
1752 (MPF)   46

4355.
Der Freymaurer[...]
1790, H. 1 (MPF)   46

4356.
Gemeinnützige Briefe
1739   **46**
(1 Ro)   46

4357.
Gesellschaftliche Bemühungen, der Welt die
christliche Religion anzupreisen
Göttingen, Gotha
1772 - 1773   **46**
(1 Ro)   46

4358.
Göttingensche Wochenzeitung für Stadt und
Land
1848, 4.4. - 4.10.   MFA
(1 Ro)
                                        7
                                    21/32c

4359.
Göttingensches Bürgerblatt
1848, 17.6. - 1849, 4.1.   Gö 171

4360.
Göttinger Anzeigenblätter
1931, 15.11. - 1933, 25.2.   MFA
(1 Ro)

4361.
Göttinger Anzeiger <1881>
1.10.1882: Göttinger Freie Presse
1.1.1891: Göttinger Anzeiger
(15.10.1881 - 31.10.1903)
1893, 1.1. - 30.6.   MFA
(1 Ro)

1881, 15.10. - 1889
1891 - 1902   7
                                     Gö 171

4362.
Göttinger Blick
1969, 15.1. - 1992   MFA
(20 Ro)
                                     Gö 171

4363.
Göttinger Bote
1903, 28.11. - 1905   Gö 171

4364.
Göttinger deutscher Bote
1907, 26.1. u. 6.2.
1907, 1.8. - 31.12.   MFA
(1 Ro)
1903 - 1914   7
1905, 21.9. - 1914, 30.4.   Gö 171
(L: 1907)
Beilage(n):
Neue Lesehalle
1910 - 1914   7
Hannoverscher Landmann
1910 - 1911 (E)   7

4365.
Göttinger deutscher Bote / Sonntagsblatt
1906 - 1907
1909 - 1910   7

4366.
Göttinger Echo am Freitag
1970, 10.4. - 2.10.   MFA
(1 Ro)

4367.
Göttinger Freizeit-Magazin
1983, 30.7. - 1991, 12.6.   MFA
(4 Ro)
                                     Gö 171

4368.
Göttinger Leben
1925, 1.10. - 1936, 28.6.   MFA
(2 Ro)

4369.
Göttinger Mitteilungsblatt
18.8.1945: Amtliche Bekanntmachungen
1945, 20.4. - 1950, 25.3.   7
                                     Gö 171

4370.
Göttinger Nachrichten
1.6.1940: Südhannoversche Zeitung
1933, 1.9. - 1945, 8.4.   7
1933, 20.5. - 1945, 8.4.   Gö 171
Beilage(n):
Volkstum und Heimat
1935 - 1936   7

4371.
Göttinger Presse
BA v. Hannoversche Presse
22.4.1971: Göttinger Allgemeine
BA v. Hessische Allgemeine, Kassel
1949, 1.9. - 1974   7
     Gö 171

4372.
Göttinger Rundschau und Anzeigen
1857 - 1858, 30.6.   Gö 171

4373.
Göttinger Tageblatt <1889/1949>
(5.8.1889 - 18.4.1943 u. 27.10.1949 ff.)
1976 ff.   **101b**
(ca. 8 Ro/Jg)   101b
1889, 6.8. - 1905
1949, 27.10. - 1975   **MFA**
(170 Ro)
1889, 5.8. - 1943, 18.4. (L)
1949, 27.10. ff.   7
1952 - 1982   46
1992 - 1997   101a
1903, 1.7. - 31.12.
1906, 3.1. - 1943, 18.4.
1976 ff.   Gö 171
Beilage(n):
Ärztliche Rundschau
1927 - 1928   7
Deutscher Luftsport
1934   7
Georgia Augusta
1922   7
Göttinger Familienblatt
1906 - 1912   7
Der Hain
1950   7
Hainbund
1919 - 1923   7
Hausfreund
1921 - 1922   7
Die junge Front
1929 - 1930   7
Juristische Rundschau
1927 - 1928   7

Kunst und Wissenschaft   7
1921 - 1922
Landmanns Wochenschau
1936 - 1937   7
Technische Rundschau
1927 - 1928   7
Volk und Wehrmacht
1935 - 1939   7

4374.
Göttinger Tageblatt und Anzeiger für
Göttingen und die Umgegend
1856, 27.8. - 24.12.   Gö 171

4375.
Göttinger Universitäts-Zeitung
Forts.: Deutsche Universitäts-Zeitung
(Dez. 1945 - Okt. 1949)
1945, 11.12. - 1949, 28.1. (L)   **GB-**
     LO/N38
     GB-
     LO/N38

4376.
Göttinger Unterhaltungsblatt
1850: Unterhaltungsblatt für Göttingen und
die Umgegend
1855: Unterhaltungs- und Anzeigenblatt
für Göttingen und die Umgegend
1847, 6.10. - 1862, 30.12.   Gö 171

4377.
Göttinger Woche
1985, 28.6. - 1990, 12.10.   **MFA**
(2 Ro)
     Gö 171

4378.
Göttinger Zeitung
(19.10.1859 - 15.4.1935)
1869, 1.7. - 27.12.
1870, 1.7. - 31.12.
1874, 1.7. - 1878
1922   **MFA**
(9 Ro)
1864, 4.1. - 1935, 26.4. (L)   7
     Gö 171
Beilage(n):
Alt-Göttingen
1933, 29.9. - 1935, 20.4.
(1 Ro)   **MFA**
     7
Die Frau in Heim und Beruf
1920 - 1922
1924 - 1934   7

Für Reise und Wanderung
1920 - 1921 (L)   7
Göttingen heute
1934, 6.7. - 1935, 28.3.
(1 Ro)   **MFA**
1934 - 1935   7
Göttinger Jugend
1923 - 1928   7
Göttinger lustige Blätter
1922   7
Kreisblatt für den Landkreis
Göttingen
1918   7
Land- und forstwirtschaftliche
Zeitung für Südhannover
1905 - 1916   7
Landwirtschaft und Gartenbau
1919 - 1921   7
Sonntags-Blatt zur Unterhaltung
und Belehrung
1914 - 1917   7

4379.
Göttingische Anzeigen von gemeinnützigen
Sachen
1768, 1.3. - 1778, 25.12.   Gö 171
(L: 1778/79)
Beilage(n):
Göttingische gelehrte Beyträge
zum Nutzen und Vergnügen
1768   35

4380.
Göttingische Policey-Amts Nachrichten
1755 (L), 1756, 1757 (L)   **46**
(1 Ro)   46
1755, 4.7. - 1757, 11.7.   Gö 171

4381.
Göttingische Zeitungen von gelehrten Sachen
1753: Göttingische Anzeigen von gelehrten
Sachen
1802: Göttingische gelehrte Anzeigen
1739 - 1801 (L, MPF)   1
                                     6
                                     15
                                     16
                                     18
                                     24
                                     25
                                     28
                                     46
                                     66
                                     180
                                     464
                                     466

1739 - 1801 (L, MPF)   467
                                     468
                                     473
                                     700
                                     715
1753 - 1801 (L, MPF)   7
                                     188
                                     385
Beilage(n):
Index
1753 - 1782 (MPF)   6
                                     18
Zugabe
1770 - 1782 (MPF)   46

4382.
Göttingisches Wochenblatt
1819: Göttingensches Wochenblatt
2.1.1868: Göttinger Tageblatt
(1.1.1814 - 1870)
1870, 2.1. - 4.11. (L)   **MFA**
(1 Ro)
1814 - 1870 (L)   7
1814 - 1869   Gö 171
Beilage(n):
Extrablatt
1848 - 1849, Nr. 4   7
Öffentliches Wochenblatt
1814
1816 - 1819   7

4383.
Hannoversche Neueste Nachrichten
Ausg. Südhannover
1946, 3.7. - 1949, 23.8.   **MFA**
(2 Ro)
                                     Gb-
                                     LO/N38

4384.
Hannoversche Presse
HA in Hannover
1946, 19.7. - 1949, 30.8.   **MFA**
(2 Ro)
1946, 19.7. - 1951 (L)   Gb-
                                     LO/N38

4385.
Hannoversche Volksstimme
Ausg. Südhannover
3.12.1948: Niedersächsische Volksstimme
1946, 16.8. - 1947, 14.10.
1948, 16.1. - 1949, 10.11.   **MFA**
(2 Ro)

4386.
Der Hauslehrer
1775   46

4387.
Hessische/Niedersächsische Allgemeine
HA in Kassel
1975 - 1992
(6 Ro, nur Regionalseite "Süd-
niedersachsen" bzw. "Kreis Göt-   **MFA**
tingen")
                                    Gö 171

4388.
Historisches Journal von Mitgliedern des
Königlichen Historischen Instituts zu Göttin-
gen [...]
1772 - 1781   46

4389.
Kommunistische Arbeiterzeitung
Kommunistischer Bund
1971 - 1973   **Bo 133**
(1 Ro)   Bo 133

4390.
Magazin für Thiergeschichte [...]
1790 u. 1794 (MPF)   46

4391.
Meisterstücke Moralischer Abhandlungen
Englischer und Deutscher Sittenlehrer
1754 u. 1757   **46**
(1 Ro)   **46**

4392.
Minerva
1741   **46**
(1 Ro)   **46**

4393.
Neue wöchentliche Nachrichten
(1.1788, Jan. - 2.1789, Dez.)
1788, 14.7.   **A 100**
                                     A 100

4394.
Neue Zeitblätter
1795 (MPF)   46

4395.
Neues Europa
1947 - 1949 (L)   **M 352**

4396.
Niedersächsische Morgenpost
1924 - 1931, 15.11. (L)   7
                                    Gö 171
Beilage(n):
Deutsche Jugend
1928   7

4397.
Niemand
1756 (MPF)   46

4398.
Norddeutsche Zeitung
HA in Hannover
1948, 3.8. - 1949, 26.10.   **MFA**
(2 Ro)

4399.
Oeconomische Nützlichkeiten, Vortheile und
Wahrheiten für Naturkunde, Land-
wirthschaft und Haushaltungen
1790 - 1792 (MPF)   46

4400.
Sammlung juristisch-philosophisch- und
critischer Abhandlungen
1742 - 1743 (MPF)   46

4401.
Die Siebte am Sonntag
1987, 11.10. - 1991, 3.2.   **MFA**
(2 Ro)
                                    Gö 171

4402.
Die Spinnstube
1919, 30.8. - 1935, Apr.   **MFA**
(3 Ro)
1919 - 1923
1931 - 1932
1934 - 1935   7

4403.
Spot
1975, 24.4. - 1977, 1.4.   **MFA**
(1 Ro)

4404.
Stadt und Land
1858, 3.7. - 1859, 31.3.   Gö 171

4405.
Südhannoverscher Anzeiger
BA v. Hannoversche Allgemeine Zeitung
1949, 25.8. - 26.10.   MFA
(1 Ro)
                                              Gö 171

4406.
Tecklenburgs Heimatkalender
1910 - 1941   MFA
(2 Ro)

4407.
Volksblatt
auch: Göttinger Volksblatt
(19.9.1919 - 28.2.1933)
1921, 1.4. - 1923, 30.11.
1933, 2.1. - 28.2.   MFA
(4 Ro)
1920
1924 - 1932 (L)   7
1920, 30.6. - 31.12.
1924, 3.1. - 1932   Gö 171
Beilage(n):
Erwerbslosentribüne
1930 - 1931   7
Für unsere Frauen
1924 - 1932   7
Für unsere Jugend
1924 - 1931   7
Für Unterhaltung und Bildung
1924 - 1932   7
Der Spatz
1927 - 1932   7
Volk und Zeit
1924 - 1925
(Vlg. in Hannover)   7
Wirtschaft und Politik in der
Gemeinde
1924 - 1925   7

4408.
Volkswarte
1849, 10.2. u. 27.10.   MFA
1849   7

4409.
Wöchentliche Nachrichten
1735, 14.2. - 26.12.   Gö 171

4410.
Der Zerstreuer
1737 (MPF)   46

4411.
Zwischen Harz und Weser
1953, 14.2. - 1961, 28.12.   MFA
(1 Ro)

GOLDAP (GOLDAP, PL)

4412.
Goldapper Kreis- und Unterhaltungsblatt
früher: Goldapp
6.4.1846: Goldapper Kreisblatt
1908?: Goldaper Kreisblatt
10.7.1843 - 1847
1856 - 1858
1860 - 1872 (L)
1908 - 1914, 4.11.
1916, 6.4. - 1929 (L)   1w
(10 Ro)   1w
                                              Dm 11

GOLDBERG (MECKLENBURG)

4413.
Goldberger Tageblatt
UT: Verkündigungsblatt für den Stadtbezirk
und den Amtsbezirk Goldberg i. Mecklenburg
(1871 - 30.6.1943)
1938, 139 - 1941
1943, Jan. - 30.6.   28
(8 Ro)   28

GOLDBERG (ZŁOTORYJA, PL)

4414.
Goldberg-Haynauer Kreisblatt
1917 (L)
1927 - 1928   1w
(3 Ro)   1w

4415.
Goldberger wöchentlicher Anzeiger
1839 - 1840   1w
(1 Ro)   1w
                                              Dm 11

4416.
Der Wochenbote
1843 - 1844   1w
(1 Ro)   1w
                                              Dm 11

GOLDINGEN (KÚLDIGA, LV)

4417.
Der Anzeiger für Goldingen und Windau
1927, 5.11. - 1929 (L)   212

GOLLNOW (GOLENIÓW, PL)

4418.
Der Gollnower Bote
1863 - 1866
1892 - 1894
1897, 1900, 1902
1906
1914 - 1915   9
                                        9

GOMMERN

4419.
Der Bohrkumpel
1959: Der Erdölpionier
1963: Im Tempo der Zeit
Erdöl Erdgas Gommern
1956 - 1961, Okt. (L)
1962 - 1990, 26.6. (L)   3
(3 Ro)   3
                                     Dm 11

GORNAU

4420.
Dorfnachrichten für Gornau
SED
1946, 17. - 31.8.   B 479
                                     B 479

GOSLAR

4421.
Goslarsche Zeitung
(1.11.1949 ff.)
1976 ff.   101b
(ca. 8 Ro/Jg)   101b
                                     Gos 7
1992 - 1997   101a

GOTHA

4422.
Der Anzeiger
1.7.1793: Der Reichsanzeiger
19.9.1806: Allgemeiner Anzeiger der Deutschen
2.1.1830: Allgemeiner Anzeiger und National-Zeitung der Deutschen
2.1.1850: Reichsanzeiger der Deutschen
(3.1.1791 - 26.6.1850)
1794, 1795 (L)
1796 - 1797
1798 (L)
1800 - 1809
1826 - 1837   46
(45 Ro)
1838 - 1848   46
1811, Jan. - Juni
1812 - 1824
1826 - 1848   Dm 11

4423.
Arbeiterwille
KPD
Kreise Schleusingen, Schmalkalden, Hildburghausen, Zella-Mehlis
1928, Apr. - Mai (E, nur Beil.)
1930, Feb., März, Mai   B 479
                                     B 479

4424.
Deutsche Zeitung für die Jugend und ihre Freunde
1784, 34. Stck: Deutsche Zeitung
später: National-Zeitung der Deutschen
1807: National-Zeitung der Teutschen
1796/97
1801 - 1803
1816   1w
(1 Ro)
1796/97
1801 - 1803
1805 - 1807
1809 - 1811   31
(3 Ro)   31
1784 - 1786, Nov.
1787 - 1795   46
(6 Ro)
1784 - 1786, Nov.
1787 - 1797
1801 (E)
1802 - 1803 (L)
1805 - 1807
1809 - 1811   46
1784 - 1796/97   1w

1801 - 1803
1816

4425.
Für unsere Kleinen
1884 - 1885 (L)
1887 - 1888 (L)
1891, Nr. 7 - 9   46
    46

4426.
Generalanzeiger für das Herzogtum Gotha
1.8.1917: Generalanzeiger für das Herzogtum
Gotha, Eisenach und Umgegend
1915, 3.3. - 1918, 9.11. (L)   **Bo 133**
(mit Unterhaltungsbeilage 1915)   Bo 133
Beilage(n):
Landwirtschaftlicher Ratgeber   **B 479**
1915, 3   B 479
1915 (L)
1917 - 1918, 7.7. (L)   **Bo 133**

4427.
Gothaer Tagespost
BA v. Thüringische Landeszeitung, Weimar
1993 ff.   **101b**
(2 Ro/Jg)   101b
1993 - 1997   101a

4428.
Gothaer Volksfreund
BA v. Thüringer Tribüne, Erfurt
1920, 4.11. - 1933, 27.2. (L)   Bo 133
Beilage(n):
Illustrierte Beilage
1930, 18.4.   Bo 133
Siedlung und Garten
1923 (L)   Bo 133
Sozialistische Kultur
1924, 24.10. - 1925 (L)
(Vlg. in Erfurt)   Bo 133
Wohnungsbau und Miete
1931 - 1932 (L)   Bo 133
    16

4429.
Gothaische gelehrte Zeitungen
1774 - 1804 (MPF)   1
    6
    15
    16
    24
    25
    28
    66
    180

    464
    466
    468
1774 - 1804 (MPF)   473
    715
Beilage(n):
Ausländische Literatur
1787, Nr. 1 - 4 (MPF)   24

4430.
Gothaisches Tageblatt
1875, Nr. 113 - 127   **B 479**
    B 479

4431.
Gothaisches Volksblatt <1891>
1.5.1894: Volksblatt für die Herzogtümer
Sachsen-Koburg-Gotha
1.7.1896: Gothaisches Volksblatt
2.10.1898: Volksblatt für die Herzogtümer
Coburg und Gotha
1.7.1908: Gothaer Volksblatt
1.4.1924: Thüringer Volksblatt
Vlg. ab 1.7.1930 in Erfurt
(1.1.1891 - 6.2.1915 u. 11.11.1918 -
24.2.1933)
1893 - 1933 (E)   **B 479**
    B 479
1891 - 1915, 6.2.
1918, 11.11. - 1933, 24.2. (L)   **Bo 133**
    Bo 133
1893 - 1897, 31.3. (L)
1930, 2.6. - 1933, 15.2. (L)   63
(Beilagen mitverfilmt)
    Dm 11
    Ef 31
1908 - 1935 (L)   27
Beilage(n):
Der Erwerbslose
1929, Aug.   Bo 133
Der junge Kommunist   **Bo 133**
1921 - 1922, 3 (L)   Bo 133
Der Konsument   **Bo 133**
1923 - 1925 (L)   Bo 133
Die proletarische Frau   **Bo 133**
1921 - 1922, 3   Bo 133
Die rote Erde   **Bo 133**
1923, 1.5.   Bo 133
Tribüne der proletarischen Frau   **Bo 133**
1921, 1 - 9   Bo 133
Wirtschaftliche Rundschau   **Bo 133**
1921, 29.11.   Bo 133
Materialien zum Reichsparteitag   **B 479**
1929, 31.1.   B 479
    Bo 133
Geschäftsanzeiger für Erfurt,   Bo 133

Gotha und Umgebung
1931 (L)

Illustrierte Beilage
1930, Apr.
(Vlg. in Gotha u. Erfurt)   Bo 133
Junger Pionier
1932, Nr. 1 u. 3   Bo 133
Rote Signale
1932, 17.2. - 13.4. (L)   Bo 133
Der Stürmer
1925, 1.8.   Bo 133
Unterhaltungsbeilage
1894, Nr. 1 - 1897
1908   **Bo 133**
1912 - 1913   Bo 133
1915, 1 - 4   **B 479**
                                   B 479

4432.
Der Gummiwerker
VEB Gummikombinat Thüringen-
Waltershausen
1967 - 1972, Nr. 15   **B 479**
                                   B 479
1983 - 1986   27
1961 - 1982   32

4433.
Mitteldeutsche Allgemeine
HA in Kassel
1993 ff.   **101b**
(2 Ro/Jg)   101b
1993 - 1997   101a

4434.
Privilegirte Gothaische Zeitung <1770>
5.4.1831: Gothaische Politische Zeitung
1.1.1835: Gothaische Zeitung
1.1.1845: Privilegirte Gothaische Zeitung
1.12.1849: Gothaische Zeitung
(2.1.1770 - 31.12.1918)
1814, 4.1. - 1918 (L)   39
                                   Dm 11
1827 - 1844
1854 - 1867, Jan. (L)
1867, Mai - 1892 (L)
1900   70

4435.
Der Rathgeber für alle Stände in Angelegen-
heiten, welche die Gesundheit, [...] betreffen
1799 - 1803   **46**
(2 Ro)   46

4436.
Theaterkalender auf das Jahr...
1776 - 1800   46

4437.
Der Thüringer Landbund
1921: Amtsblatt der Landwirtschaftskammer in
Thüringen
1920 - 1934   **101a**
(14 Ro)   101a

4438.
Wahlzeitung der Kommunisten für Westthü-
ringen
1924, 15.1. - 12.2.   Bo 133

BAD GOTTLEUBA-BERGGIESSHÜBEL

4439.
Lokal-Anzeiger für die Städte Gottleuba,
Berggießhübel, Liebstadt und deren Umge-
bung, sowie für die angrenzenden Ortschaf-
ten Böhmens
24.(?).12.1914: Anzeiger für die Städte Gottleuba, Berggießhübel, Liebstadt und deren
Umgebung, sowie für die angrenzenden Ortschaften Böhmens
später: Anzeiger und Heimatblatt für Bad Gottleuba, Kneippkurort Berggießhübel, Liebstadt
und umliegenden Dörfer, sowie die benachbarten Ortschaften des Sudetengaues
9.1909 - 41.1941, 31.5. (L)   14
(14 Ro)   14
Beilage(n):
Illustriertes Unterhaltungsblatt
1937 - 1940,49   14
(Vlg. in Augsburg, 3 Ro)
Fremdenblatt Kneipp-Kurort
Berggießhübel : Amtliches Organ
der Städtischen Kurverwaltung
Berggießgübel
1939, 31.3. - 15.12.
1940, 10.5. - 21.12.   14
(1 Ro)   14

GOTTSCHEE (KOČEVJE, SLO)

4440.
Gottscheer Zeitung
1938, 1.10. - 20.12.   **212**
(1 Ro)   212

GRABEN-NEUDORF

4441.
Badische Hardt
1949, 3.9. - 1976, 22.8.
1979, 1.9. - 1980 (L)   31
(25 MF = 49 DF)   31

GRABOW (ELDE)

4442.
Elde-Zeitung
1938, 17.6. - 1943, 30.6.   28
(8 Ro)   28

GRÄFELFING

4443.
Ärztliche Praxis
Beilage(n):
GfE-Ernährungspraxis
1995 - 1997   77
Extra
1998 - 2001   77

GRÄFENHAINICHEN

4444.
ZW-Echo
auch: ZWG-Echo
Nr. 12 1991: ASTA-Echo
1966, 18.2. - Sep. (L)
1967 - 1971, Nov. (L)
1972 - 1973, Aug.
1974, Jan. - Nov. (L)
1975 - 1980, Okt. (L)
1981 - 1985, Nov.
1987 - 1991, 3.6. (L)   3
(3 Ro)   3
                                       Dm 11

GRANSEE

4445.
Märkische Volksstimme
1963, 1.1. - 18.4.
1965, 26.9. - 1990, 2.10. (L)   MFA
(13 Ro, nur Kreisseiten)

4446.
Neue Granseer Zeitung
1963, 19.4. - 1965, 25.9.   Bo 174
(1 Ro)

GRASLITZ (KRASLICE, CZ)

4447.
Graslitzer Grenzbote
1933, 5.10. - 14.12.   212
(1 Ro)   212

GRAUDENZ (GRUDZIADZ, PL)

4448.
Der Gesellige
1837 - 1840
1914, 1.4. - 1915, 31.3.
1924, 1.4. - 30.9. (L)
1925, 1.1. - 31.3. (L)
1927, 1.1. - 31.3.
1928, 1.7. - 30.9. (L)
1929, 3.4. - 1930, 30.9.
1931, 1.7. - 1932, 30.6.
1932, 1.10. - 1933, 30.6.
1934 - 1935, 31.3.
1935, 1.7. - 31.12.
1936, Okt. - 1937, 1.1.
1938, 1.4. - 31.12.   1w
(35 Ro)   1w
                                       Dm 11
1914, 1.4. - 1915, 31.3.
1918, 1.10. - 1919, 30.3.   1

4449.
Graudenzer Anzeiger für Stadt und Land
1849 u. 1852   1w
                                         1w
                                       Dm 11

4450.
Kreisblatt des Königlichen Landrathsamts zu Graudenz
1834, 1.2. - 20.12.
1836, 2.1. - 22.12.
1839   1w
(1 Ro)   1w
                                       Dm 11

4451.
Weichsel-Post
(1.4.1921 - 1927)
1922, Sep. - 1926, März   212

GRAVENSTEIN (GRAASTEN, DK)

4452.
Nordslesvigs Good Templar
1893 - 1898   68
                     68

GRAZ (A)

4453.
Allgemeines Zeitungsblatt für Innerösterreich
1796 (L) u. 1800 (L)   46

4454.
Europaeische Zeitung
24.1.1722: Posttäglich-Grätzerisch-
Außfliegender Mercurius
1780: Grätzer Merkur
1789: Grazer Merkur
1721, Aug. - 1760
1780
1789 - 1792   46

4455.
*Der Feyerabend für Berg- und Hüttenmän-
ner, Forst-, Jagd- und Landwirthe*
1819   46

4456.
Gräzer Bürgerzeitung
1796: Grätzer Bürgerzeitung
1792, 1796 (L)   46

4457.
Grazer Bauernzeitung
1792: Bauernzeitung
Okt. 1795: Der Biedermann
1796: Der Steyerische Biedermann
1791 - 1792
1794
1795, Jan. - Juni
1795, Okt. - 1796, Juni   46

4458.
*Grazer litterarisch-ökonomisches Wochen-
blatt*
11.7.1787: Grätzer litterarisch-ökonomisches
Wochenblatt
1787   46

4459.
Grazer Tagblatt
1906, Mai   1w
(1 Ro)   1w

4460.
Grazer Zeitung <1787>
2.6.1787: Grätzer Zeitung
1871: Grazer Zeitung
1787 - 1804
1805 (L)
1806 - 1818
1819 (L)
1820 - 1853
1854 (L)
1855 - 1866
1867 (L)
1868 - 1880
1881 (L)
1882 - 1924   46
Beilage(n):
Der Aufmerksame
1820 (E)   46
Volksfreund
1848 - 1849 (E)   B 479
Grazer Abendpost
1863 - 1866   46

4461.
*Montan-Zeitung für Oesterreich-Ungarn und
die Balkanländer*
1897 - 1906   **GB-**
(5 Ro)   **LO/N38**

4462.
Neues Grazer Tagblatt
1923, Okt. - Dez.   1w
(1 Ro)   1w

4463.
Tagespost
1911, Juni   1w
(1 Ro)   1w

4464.
*Das Wochenblatt für die Innerösterreichi-
schen Staaten*
1775   46

4465.
*Zeitung für Damen und andere Frauenzim-
mer*
1794: Damenjournal
1795: Frauen-Journal

1796: Frauen-Zeitschrift
1797: Frauen-Journal
1792 - 1797   46

GREEN BAY, WI (USA)

4466.
Green Bay Volks Zeitung
Wochenblatt
1874, 28.5. - 19.11.
1876, 23.3. - 20.7.   19

GREIFENBERG (GRYFICE, PL)

4467.
Amtsblatt des Kreises Greifenberg i.
Pommern
1926 - 1931   9
     9

4468.
Greiffenberger Kreis-Blatt
Greifenberg (Gryfice, PL), Treptow <Rega>
(Trzebiatów, PL)
auch: Greifenberger Kreisblatt
1844 - 1850
1888
1893, 5.1. - 13.3.
1894 - 1895 (L)
1901
1905 - 1910
1915 - 1921
1924 - 1926
1929, Okt. - Dez.   9
     9
1844, 6.7. - 1847   1w
(1 Ro)   1w
     Dm 11

4469.
Rega-Bote
Vlg. in Treptow
DNVP
1927, 4.12. - 1928, 13.5.   9
     9

GREIFENHAGEN (GRYFINO, PL)

4470.
Amtliches Kreisblatt für die Kreisstadt Grei-
fenhagen und Umgebung
1927 - 1931   9

4471.
Kreis-Blatt für die Kreis-Stadt Greifenhagen
und deren Umgegend
27.4.1836: Kreis-Blatt für die Kreis-Stadt
Greifenhagen und Umgegend
31.7.1844?: Greifenhagener Kreis-Blatt
später: Greifenhagener Zeitung
1916?: Greifenhagener Kreiszeitung
1836, 6.4. - 28.12.
1844, 31.7. - 1848, 27.12.
1849, 4.4. - 1850
1890 (L), 1895, 1897
1901, 1903
1906 - 1909
1914 - 1921 (L)
1924 - 1926
1929
1934, 2.7. - 31.12.   1w
     1w
1836, 6.4. - 28.12.
1847 - 1849, Sep.
1909, 16.1. - Dez.
1914 - 1921 (L)
1924 - 1926
1929
1934, Juli - Dez.   Dm 11
1838 - 1839
1844 - 1849, Sep.
1889 - 1890 (L), 1895, 1897
1901, 1903
1906 - 1908, 31.3.
1909
1914 - 1921
1924 - 1926
1929
1934, Juli - Dez.   9

GREIFFENBERG (GRYFÓW ŚLĄSKI, PL)

4472.
Der Greif
1.7.1919: Niederschlesische Volkszeitung "Der
Greif"
1910, 11.6. - 1912
1916 - 1919   1w
(7 Ro)   1w
     Dm 11

4473.
Wochenblatt der Nachbarstädte Greiffenberg,
Friedeberg, Liebenthal und deren Umgegend
1849 - 1851 (L)   1w
(1 Ro)   1w
     Dm 11

GREIFSWALD

4474.
Greifswalder gemeinnütziges Wochenblatt für
den Bürger und Landmann[...]
1794, Juni - 1795, Mai   **46**
(1 Ro)   46

4475.
Greifswalder Tageblatt <1992>
1992   **101b**
     101b
     101a

4476.
Greifswalder Volkszeitung
BA v. Der Vorpommer, Stralsund
(1.8.1922 - 16.2.1933)
1922, 1.8. - 1933, 16.2. (L)   **Bo 133**
     Bo 133
     9

4477.
Greifswalder wöchentlicher Anzeiger
5.1.1822: Greifswalder Wochenblatt
(teils auch nur "Wochenblatt")
1.4.1851: Greifswalder Kreis- und Wochenblatt
22.11.1864: Greifswalder Wochenblatt
1875: Greifswalder Tageblatt
1.7.1907: Tageblatt für Vorpommern
(1.11.1814 - 30.9.1921)
1816 - 1817
1819 - 1855
1857 - 1875
1886, 1.1. - 24.7.
1887
1888, 1.5. - 29.8.
1896, 15.1. - 3.10.
1897, 10.1. - 30.9.
1900, 6.1. - 1902
1907, Juli - Dez.
1909, 5.1. - 3.6.
1912, Jan. - 6.9. (L)
1914, Jan. - Jun.
1915
1916, Juli - 1921, 30.9.   **9**
1814, 1.11. - 1883
1885 - 1892
1894 - 1905
1907, Juli - Dez.
1909 - 1914, 30.6.
1915, 2.2. - 1921, 30.9.   9

1814, 1.11. - 1883
1885 - 1886
1888 - 1892
1894 - 1905
1909 - 1914, 30.6.
1915, 2.2. - 1921, 30.9.   Dm 11
Beilage(n):
Greifswalder fidele Blätter
1910   9
     Dm 11
Juristischer Ratgeber
1911, Juli - 1914, Juli   9
     Dm 11
Roman-Beilage
1913 - 1917   9
     Dm 11
Sonntagsbeilage
1877 - 1907   9
     Dm 11
Die Welt im Bild
1911, Juli - 1916
(Vlg. in Stuttgart)   9
     Dm 11

4478.
Greifswalder Zeitung
anfangs: Kreis-Anzeiger
ab 2.12.1935 BA v. Pommersche Zeitung,
Stettin
1877 - 1884, 9.9.
1885
1887 - 1889, 10.7.
1891
1897, Jan. - Juni
1898 - 1904
1906 - 1907
1908, Juli - 1910
1911, 4.7. - 10.9.
1912, Aug. - Dez.
1915 - 1918, Juni
1919 - 1921
1923
1927 - 1928, Juni
1929 (L)
1935, Nov. - 1936, Juni
1936, Aug. - 1938
1939, Feb. - 1942, Juni
1942, Okt. - Dez.
1943, Juli - 1944, Okt.   **9**
     9
1905 - 1913 (E)
1921 (E)
1933, 2.5. - 31.8.
1934, 2.7. - 31.7.
1934 - 1944 (E)   **1w**
     1w

1945, Jan.
1945, 2.2. - 29.4. (E, L)
(2 Ro)   1w
                                     1w
                                  Dm 11
1904, 1.7. - 31.12.
1907, 1.1. - 30.6.
1914 - 1917 (L)
1918, 2.7. - 1919
1920, 1.7. - 1921, 30.6.
1922 - 1925 (L)
1926, 1.7. - 1932, 30.9.
1933 - 1934, 30.9.   Gr 106
Beilage(n):
Für Stadt und Land
1911, 3.7. - 26.12.   Dm 11

4479.
Greifswaldisches Wochen-Blatt von
allerhand gelehrten und nützlichen Sachen
1743   46
                                     46

4480.
Der Hungrige
Erwerbslosen-Zeitung
1931, 7 - 19 (E)   B 479
                                  B 479

4481.
Neue Greifswalder Zeitung
1962, 7.7. - 1965   Bo 174
(1 Ro)

4482.
Ostsee-Zeitung
HA in Rostock
1996 ff.   9
(1996 - 1997 nur Lokalteil)   9

4483.
Pommersche Sammlungen
1782 - 1784
1786   46
1783 - 1786   Gö 169

GREIZ

4484.
Reußische Volkszeitung
SPD
(1.4.1893 - 6.3.1933)
1919, Nr. 46   B 479
                                 B 479

4485.
Thüringenpost
Greiz, Zeulenroda
HA in Schleiz
1994 - 1996   Hf 1
(24 Ro)   Hf 1

GREVEN

4486.
Grevener Anzeiger
1953, 5.2. - 1970   6
                                     6

4487.
Münstersche Zeitung / 1 B
Greven, Emsdetten
1978: Münstersche Zeitung / 15
1951 - 1970   6
                                     6

GREVENBROICH

4488.
Geschäfts- und Unterhaltungsblatt für den
Kreis Grevenbroich und dessen Umgebung
1855?: Grevenbroicher Kreisblatt
1858: Grevenbroicher Kreisblatt und Organ für
die Gilbach
29.12.1861: Grevenbroicher Kreisblatt und
landwirthschaftlicher Anzeiger für das Jülicher
Land
9.8.1863: Grevenbroicher Geschäfts- und Unterhaltungsblatt
3.10.1866: Grevenbroicher Kreisblatt
1832, 4.7. - 1834
1855, 7.1. - 1863
1865 - 1867
1869   5
(9 Ro)   5
1832, 4.7. - 1838
1842
1844 - 1845   1w
                                    1w

4489.
Grevenbroicher Zeitung
1913, Apr. - 1922, März
1923, Apr. - 1925, März   61
                                   61
                                 Dom 1

GREVENMACHER (L)

4490.
Obermosel-Zeitung
(2.7.1881 - 1.10.1040; 2.7.1945 - 3.4.1948)
1881, 2. 7. - 1940, 1.10.   **Lux-**
1945, 2.7. - 1948, 3.4. (L)   **AN**
                                          Lux-AN

GREVESMÜHLEN

4491.
Grevesmühlener Zeitung : Zeitung für
Klütz und Dassow
UT: Anzeigenblatt der Behörden in
Grevesmühlen und im Kreis Schönberg
67.1938, 17.6. - 72.1943, 30.6.
(L)   **28**
(7 Ro)   28

GRIMMA

4492.
Die Ameise
1833 - 1848 (L)   **14**
(14 Ro)   14
                                                15
1836   30
Beilage(n):
Nacht-Eilwagen
1836 (E)   **14**
1837 - 1847 (L)   14

4493.
Amtliche Bekanntmachungen für den Kreis
Grimma
1945, 1.11. - 1951, 27.4.   **14**
(2 Ro)   14
                                             Gm 5

4494.
Anzeigen für den Kreis Grimma
(16.3.1946 - 30.1.1948)
1946, 16.3. - 1948, 30.1.   **14**
                                                14

4495.
Constitutionelle Staatsbürgerzeitung
(1.1.1833 - 31.3.1848)
1833 - 1848, 31.3. (L)   **14**
(12 Ro)   14

4496.
Grimmaisches Wochenblatt für Stadt und
Land
8.1.1820: Grimmaisches Wochenblatt
10.1.1829: Grimmaisches Wochen- und
Intelligenzblatt
4.1.1834: Grimmaisches Wochen- und
Anzeigeblatt
1.10.1881: aufg. in: Nachrichten für Grimma
(1.10.1881 - 24.1.1946)
1813 - 1946, 24.1.   **14**
(148 Ro)   14
                                             Gm 5
Beilage(n):
Grimmaer Pflege
1922 - 1944, 7/8 (L)   **14**
(3 Ro)   14
                                             Gm 5
Sippe und Heimat
1937 - 1941, Nr. 2   **14**
(1 Ro)   14
                                             Gm 5
Zeitbilder   **14**
1939, 7.1. - 23.12. (L)   14

4497.
Leipziger Volkszeitung
HA in Leipzig
(19.5.1946 - 14.11.1947)
1947, Nr. 114   **B 479**
                                              B 479

4498.
Leipziger Volkszeitung / Gr
Grimma, Wurzen
HA in Leipzig
durch Fusion am 1.2.2003 mit Ausg. Mulden-
tal-Zeitung (Wurzen) neue Ausg.
Leipziger Volkszeitung / Muldentaler Kreiszeitung
1993 ff.   **101b**
                                              101b
1949, Nr. 129   **B 479**
                                              B 479
1971 ff. (L)   14
(nur Lokalseiten)
1993 - 1997   101a

4499.
Neue Nachrichten für Grimma
1993 ff.   **101b**
(2 Ro/Jg)   101b
1993 - 1997   101a

4500.
Der Schul- und Ephoral-Bote aus Sachsen
Okt. 1840: Der Schulbote aus Sachsen
1845: Sächsische Schul-Zeitung für Schulleh-
rer und Schulfreunde
1847: Sächsische Schulzeitung
Vlg. später in Leipzig, Wurzen, Dresden
auch als Beilage zu "Die Ameise"
(1835 - 1933, Nr. 14)

1840 - 1933, Nr. 14	**Bo 133**
	Bo 133
1835 - 1836	
1838 (L)	
1840 - 1933, Nr. 14 (L)	14
(63 Ro)	14
1835 - 1836	
1838 (L)	
1840 - 1932	15

Beilage(n):
Literaturblatt zur Sächsischen

| Schul-Zeitung | 14 |
| 1845, Jan. - Nov. | 14 |

4501.
Unser Planet
1844: Der Wandelstern

| 1833 - 1834 (L) | |
| 1846 - 1848 | 30 |

GRIMMEN

4502.
Grimmer Kreis-Wochenblatt

| 1855 - 1856 | 46 |
| (1 Ro) | |

4503.
Ostsee-Zeitung
HA in Rostock

| 1995, 1.9. ff. | 9 |
| (nur Lokalteil) | 9 |

GRODNO (BY)

4504.
Grodnoer Zeitung

| 1915 - 1917 (E) | 1w |

GRONAU

4505.
Gronauer Nachrichten und Volkszeitung
1954, Nr. 188: Gronauer Zeitung
BA v. Ruhr-Nachrichten, Dortmund

1953 - 1957	6
	6
1949, 27. u. 29.8., 10.10.	
1949, 23.11. - 31.12.	
1951, 2.1. - 30.6.	**MFA**
(1 Ro)	
	Dm 11

4506.
Münstersche Zeitung / 6
Gronau, Ahaus
Münsterländische Zeitung, Ahauser Kreisblatt,
Gronauer Grenzkurier
HA in Münster

| 1951 - 1953, 31.10. | 6 |
| | 6 |

4507.
Westfälische Nachrichten
Ausg. Altstätte, Gronau, Epe
HA in Münster

1953, 5.2. - 1970	6
(nur Lokalteil)	6
	Bok 1

4508.
Zeno-Zeitung
Vbg.: Ahaus, Gronau, Epe

1934, 2.1. - 30.4.	**MFA**
(1 Ro)	
	Dm 11

GRONAU, HANN.

4509.
Leine-Deister-Zeitung

1988 ff.	**101b**
(5 Ro/Jg)	101b
1992 - 1997	101a

GROSS JESTIN (GOSCINO, PL)

4510.
Evangelisches Gemeindeblatt Groß Jestin
Vlg.: Kolberger Tageblatt

| 1930/31 - 1941, März | 9 |
| | 9 |

GROSS KAROL (CAREIMARE, RO)

4511.
Sathmarer Schwabenpost
Forts.: Sathmarer Deutsche Zeitung
1938, 15.1. - 1941, 25.12.   212
(1 Ro)   212

GROSS STREHLITZ (STRZELCE OPOLSKIE, PL)

4512.
Groß Strehlitzer Kreis-Blatt
1915
1918 - 1920
1923 - 1926 (L)   1w
(2 Ro)   1w
                                   Dm 11

GROSS-GERAU

4513.
Heimat-Zeitung des Kreises Gross-Gerau
14.2.2002: Groß-Gerauer Echo
1978 ff.   101b
(ca. 8 Ro/Jg)   101b
1992 - 1997   101a

GROSS-KIKINDA (VELIKA KIKINDA, SER)

4514.
Groß-Kikindaer Zeitung
1902, 17.8. - 21.12.   212
(1 Ro)   212

GROSS-UMSTADT

4515.
Odenwälder Bote
1.10.1927: Groß-Umstädter Zeitung
1870, 20.7. - 1871, 1.7. (L)
1874, 18.4. - 1927 (L)
1928, Juli - 1940, 30.7. (L)   460
                                   Dm 11

GROSS-WARDEIN (ORADEA, RO)

4516.
Deutsche Mitteilungen
1931, 10.1. - 20.6.   212
(1 Ro)   212

GROSS-WARTENBERG (SYCÓW, PL)

4517.
Groß-Wartenberger Kreisblatt
1908 - 1913
1922 - 1925   1w
(5 Ro)   1w
                                   Dm 11

GROSSALMERODE

4518.
Großalmeroder Zeitung [Vlg. Dittmar]
Großalmerode, Witzenhausen
Vlg. Dittmar in Großalmerode
1898, 6.1. - 30.6.   4
(1 Ro)   4
                                    34

4519.
Großalmeroder Zeitung [Vlg. Vogt]
Vlg. Vogt in Hessisch-Lichtenau
1898, 26.10. - 1910 (L)   4
                                     4
                                    34
                                    46
                                   Dm 11

GROSSBETSCHKEREK (VELIKI BEČKEREK, SER)

4520.
Banater Beobachter
1943, 17. - 29.9.   212
(1 Ro)   212
1942, 3.7. - 1943, 31.8. (L)   1w
(3 Ro)   1w
                                   Dm 11

4521.
Banater Rundschau
1938, 2.10. - 25.12.   212
(1 Ro)   212

4522.
Neue Zeit
1931, 1.1. - 29.9.   212
(1 Ro)

GROSSENHAIN

4523.
Sächsische Zeitung
HA in Dresden
1946, 2.3. - 11.4. (MPF, Ausg.
Großenhain, Riesa)
1946, 23.7. - 1952 (MPF)
1971 ff.   14

4524.
Das Wespen-Nest
1807: Groß-Hayner Wochen-Blatt für Stadt-
und Landbewohner
1808: Der Gesellschafter
1809: Mannigfaltigkeiten und Altes und Neues
aus Großenhayn
1810: Der Gesellschafter
1812: Großenhayner wöchentliches Unterhaltungsblatt
2.1.1813: Großenhayner wöchentliches Un-
terhaltungs- und Intelligenzblatt
4.1.1817: Großenhayner Unterhaltungs- und
Intelligenz-Blatt
2.1.1841: Großenhainer Wochenblatt
28.3.1846: Großenhainer Unterhaltungs- &
Anzeigeblatt
2.4.1893: Großenhainer Tageblatt
1805, 6.5.
1807 - 1808
1812 - 1815
1817 - 1819
1821 - 1829
1831 - 1838
1840 - 1945, 20.4. (L)   **14**
(160 Ro)   14
     Ghn 1

GROSSHANSDORF

4525.
Baltische Briefe : BB
UT: unabhängiges Nachrichtenblatt des Bal-
tentums in der freien Welt
1949, 7 - 11   MB 50

GROSSKAYNA

4526.
Aufwärts
Braunkohlenwerk
1952 - 1968, 21.3. (L)   **3**
(4 Ro)   3
     Dm 11

GROSSSCHÖNAU

4527.
Oberlausitzer Presse
1850, 30.5. - 1945, 7.7. (L)   **14**
(41 Ro)   14
     124

GROTTAU (HRÁDEK NAD NISOÚ, CZ)

4528.
Grenzland-Zeitung
1929/30, 4.1. - 1937   **212**
(4 Ro)   212
     124

GROTTKAU (GRODKÓW, PL)

4529.
Oberschlesische Monatsschrift
1788, Juli - 1789, Juni   **46**
     Gö 169

GRÜNBERG (ZIELONA GÓRA, PL)

4530.
Grünberger Kreis- und Intelligenzblatt
1867 - 1868   **1w**
     1w
     Dm 11

4531.
Grünberger Kreisblatt
1920 - 1932, 24.9.   **1w**
     1w
     Dm 11

4532.
Grünberger Wochenblatt
(2.7.1825 - 1944)
1825, 2.7. - 1828
1830 - 1831
1832, 7.4. - 1840
1842 - 1862, 10.11.
1863 - 1865
1867 - 1871
1873, 1.1. - 28.9.
1939, 2.1. - 1.10.
1941, 1.10. - 1942
1943, 1.7. - 1944, 29.2. (L)   **1w**
(20 Ro)   1w
     Dm 11

GUALEGUAYCHÚ (RA)

4533.
Der Landbote
1950, 4.10. - 1953, 12.8.
1956, 5.12. - 1960
1961, 1.3. u. 14.5.
1961, 4.10. - 1969, 1.10.
1970 - 1971, 3.11.   212
                                       212

GUATEMALA (GCA)

4534.
Deutsche Zeitung
1932, 17.9. - 1940, 5.5. (L)   212
(3 Ro)   212
                                      Dm 11

GUBEN

4535.
Gubener Anzeiger
1881, 2.10. - 1883 (L)   1w
                                      Dm 11
1881, 2.10. - 1886 (L)   1w

4536.
Gubener Tageblatt
(1806 - 30.4.1936)
1876 - 1878, 30.4.
1878, 29.8. - 31.12.
1879, 1.7. - 1880
1884 - 1885
1888, 1892, 1895
1900 - 1902
1905, 1.1. - 30.6.
1906, 1.4. - 1908
1911, 1.1. - 30.6.
1916, 1.1. - 30.6.
1918
1924, 1.7. - 30.9.
1933, 1.4. - 30.6.   1w
                                       1w
                                      Dm 11

4537.
Gubener Zeitung
ab Juni 1935 Ausg. A, ab 3.5.1943 Ausg. für
Guben u. Fürstenberg/Oder
(1.1.1869 - 1945?)
1871 - 1874
1881
1883 - 1923, Juni
1924 - 1934, März
1934, Juli - 1944   1w
                                       1w
                                       186
                                      Dm 11
                                      Po 24
Beilage(n):
Aus unserer Heimat
1933, 4.5. - 1935, 21.11.   Dm 11

4538.
Neue Gubener Zeitung
1966: Lausitz-Kurier
1963, 23.2. - 1966, 27.7.   **Bo 174**
(1 Ro)

4539.
Stimme der Freundschaft
BPO Chemiefaserwerk
Verl. in Neustrelitz
1973 - 1990 (MPF)   186

4540.
Verbotene Kinematographen-Bilder
1914 - 1917   **MFA**
(2 Ro)

GUDENSBERG

4541.
Gudensberger Zeitung
1905, 5.10. - 1909, 15.4.
1913 - 1919
1922 - 1928
1930 - 1936, 24.12.   4
(9 Ro, Beilagen mitverfilmt)
                                        34
                                      Dm 11

GÜNS (KÖSZEG, H)

4542.
Günser Zeitung
1929, 6.1. - 1938   212
(3 Ro)

GÜNZBURG

4543.
Der aufrichtige Bote aus Schwaben
1799, Feb. - 1800, 10.4. (MPF)   46

4544.
Augsburger Zeitung
1.9.1948: Günzburger Zeitung
BA v. Augsburger Allgemeine
1978 ff.   **101b**
(ca. 9 Ro/Jg)
1992 - 1997   101a
1946 - 1948, 13.9.   Gzb 1
1954 - 1973
1978 ff.   101b

4545.
Günzburger Tagespost
(23.10.1948 - 27.2.1951)
1948, 23.10. - 1951, 27.2.   Gzb 1

4546.
Günzburger Wochenblatt
9.7.1862: Wochenblatt für die Städte Günz-
burg und Burgau
1869: Günz- und Mindel-Bote
1822 - 1917
1919, 1921, 1923
1925, 1927, 1929
1931   Gzb 1

4547.
Schwäbisches Volksblatt
1.9. 1933: Günzburger National-Zeitung
1.6.1940: Schwäbisches Volksblatt
(1.7.1912 - 20.4.1945)
1918, 1920, 1922
1924, 1926, 1928
1930
1932 - 1933, Aug.
1934 - 1945, 20.4.   Gzb 1

GÜSTROW

4548.
Deutsche Taubstummen-Zeitung
Güstrow, Schwerin
1902, 1.7. - 1912   Dm 11

4549.
Güstrowsches Gemeinnütziges Wochenblatt
2.1.1839: Güstrowsches Wochenblatt
2.1.1849: Güstrower Zeitung
3.4.1920: Mecklenburgische Tageszeitung
1817, 7.6. - 1944   **33**
(156 Ro)   33
1933 - 1938   28
1817, 7.6. - 1860 (L)
1862 - 1899 (L)
1900, 1.7. - 1902, 9.12. (L)
1903 - 1907
1908, 1.7. - 1932 (L)
1933, 1.2. - 30.10.
1933, 1.12. - 1935
1938 - 1939 (L)
1940, 31.12. - 1942, 30.6.
1943 - 1944   Dm 11

4550.
Güstrowsches Wochenblatt <1781>
1781, 1.6. - 1782, 15.3.   **28**
(1 Ro)   28

4551.
Schweriner Volkszeitung
HA in Schwerin
1953 - 1990   **33**
(40 Ro, nur Kreisseiten)   33

GÜTERSLOH

4552.
Freie Presse / C
Gütersloh, Rheda-Wiedenbrück
Ausg. C = Gütersloh, (Rheda-) Wiedenbrück
HA in Bielefeld
(3.4.1946 - 30.6.1967)
1952 - 1967, 1.7. (L)   **6**
   6
1946, 3.4. - 1967, 30.6.   Gtl 1

4553.
Die Glocke / D/E
Vorkriegszeit: Die Glocke / C
HA in Oelde
1951 - 1970   **6**
   6
1978, 1.9. ff.   **101b**
(8 Ro/Jg)   101b
1992 - 1997   101a
1929, Juli - 1944?   810

4554.
Gütersloher Zeitung
25.10.1921: Gütersloher Zeitung und Tageblatt
2.12.1935: Westfälische Zeitung / B
1947?: Gütersloher Zeitung
HA in Bielefeld
Gütersloh, ab 1.11.1922 in Bielefeld

1951 - 1960, 30.9.	**6**
	6
1914, 29.6. - 1918, 29.6.	
1953, 1.7. - 30.12.	**MFA**
(7 Ro)	
	Dm 11
1890, 28.3. - 1944, 31.8. (MPF)	**Gtl 1**
Beilage(n):	
Extrablatt	
1914 - 1916 (MPF)	**Gtl 1**

4555.
Neue Gütersloher Zeitung
25.9.1890: Gütersloher Tageblatt

1890, 25.9. - 1921, 10.10. (MPF)	**Gtl 1**

4556.
Neue Westfälische
HA in Bielefeld

1992 - 2002, 30.6.	**6**
1967, 3.7. - 1978 (MPF)	
1979 ff.	**Gtl 1**

4557.
Westfälische Neueste Nachrichten

1935, 15.8. - 1936, 30.9. (MPF)	
1944, 1.9. - 1945, 1.1. (MPF)	**Gtl 1**

4558.
Westfalen-Zeitung
Gütersloh, Rheda-Wiedenbrück, Verl, Harsewinkel
HA in Paderborn
24.1.1953: Gütersloher Morgenblatt
BA v. Westfalen-Blatt, Bielefeld
Benennung teils auch: Westfalenblatt

1951 - 1970	**6**
	6
1946, 15.5. - 1967 (MPF)	**Gtl 1**

GUHRAU (GÓRA, PL)

4559.
Anzeiger an der Schlesisch-Posener Grenze
5.1.1915: Guhrauer Anzeiger an der Schlesisch-Posener Grenze

1901 - 1902	
1905	
1909 - 1910	
1915 u. 1917	**1w**
(5 Ro)	**1w**
	Dm 11

GUMBINNEN (GUSSEW, RUS)

4560.
Amts-Blatt der Königlich-Litthauischen Regierung / Amtsblatt
1815: Amts-Blatt der Königlich-Preußischen Litthauischen Regierung / Amtsblatt
Nr. 30 1816: Amts-Blatt der Königlich-Preußischen Regierung zu Gumbinnen / Amtsblatt
1918: Amtsblatt der Regierung zu Gumbinnen / Amtsblatt
1935: Amtsblatt des Regierungspräsidenten in Gumbinnen / Amtsblatt

1811 (L)	
1812 - 1813	
1815 (L)	**46**
(4 Ro)	
1811, 15.5. - 1943, 2.1.	**1**
	Dm 11

4561.
Amts-Blatt der Königlichen Preußischen Regierung zu Gumbinnen / Öffentlicher Anzeiger
1918: Amtsblatt der Regierung zu Gumbinnen / Öffentlicher Anzeiger
1935: Amtsblatt des Regierungspräsidenten zu Gumbinnen / Öffentlicher Anzeiger

1840 - 1863 (L)	
1864, 3.2. - 1890	
1894 - 1896	
1902 - 1908	
1911	
1914 - 1915	
1917 - 1926	
1928 u. 1930	
1932 - 1933	
1937 - 1939	
1940, 18.5. - 1943, 2.1.	**1**
	Dm 11

Beilage(n):
Sonderbeilage
1914 - 195
1917
(3 Ro) **1**
Dm 11

4562.
Gumbinner Allgemeine Zeitung
1943, 4.1. - 30.6. (L)
1943, 9.7. - 1944, 30.6. **1w**
(2 Ro) **1w**
Dm 11

4563.
Gumbinner Kreisblatt
1908 - 1914 (L)
1925 - 1930 (L) **1w**
(4 Ro) **1w**
Dm 11

4564.
Der Hausfreund
1842 - 1847 **1w**
(2 Ro) **1w**
Dm 11

4565.
Intelligenzblatt für Litthauen
1.4.1859: Preußisch-Litauische Zeitung
Apr. 1939: Altpreußische Volkszeitung
(6.1.1812 - 31.3.1943)
1844, 17.5. - 11.11.
1912, 6.1. (Jub.-Nr.) **46**
(1 Ro)
1819
1825 - 1826, 30.6.
1828, 4.1. - 30.6.
1830, 1.1. - 28.6.
1831 - 1839, 28.6. (L)
1840
1842 - 1848 (L)
1916
1938, 1.4. - 30.9.
1940 - 1942, 30.6. (L) **1w**
(37 Ro) **1w**
Dm 11
1844, 17.5. - 11.11.
1912, 6.1. (Jub.-Nr.) **Gö 169**
Beilage(n):
Verwaltungsbericht des Kreises
Gumbinnen auf das Jahr... **1w**
1907 - 1908 **1w**
Dm 11

GUMMERSBACH

4566.
Agger-Blatt
4.1.1843: Kreisblatt für Gummersbach
14.1.1843: Gummersbacher Kreisblatt
1.1.1849: Gummersbacher Kreis- und Intelligenzblatt
1.1.1850: Gummersbach-Waldbröler Kreis- und Intelligenzblatt
1.1.1851: Gummersbacher Kreisblatt
14.12.1869: Gummersbacher Zeitung
Vlg. anfangs in Solingen
(1.10.1835 - 1936)
1835, 1.10. - 1836
1853 - 1862 (L) **5**
(5 Ro) **5**
1836 - 1885, 26.9. (L)
1898
1900 - 1936 (L) **227**

4567.
Oberbergische Volks-Zeitung
Ausg. O (Gummersbach) v. Kölnische Rundschau
1978, 1.9. ff. **101b**
(ca. 7 Ro/Jg) **101b**
1950, 1.6. - 1955, 19.1. **MFA**
(12 Ro)
Dm 11
1992 - 1997 **101a**

4568.
Oberbergischer Anzeiger
auch: Gummersbacher Anzeiger
Vlg. in Engelskirchen
1882 - 1926 (L) **227**

4569.
Oberbergischer Bote
Vlg. in Köln
1933, 6.12. - 1939
1940, 1.4. - 1942, 30.9. **5**
(24 Ro) **5**
1933, Juli - 1944, Jan.
1944, 3.4. - Okt. **227**

4570.
Rheinisch-Westfälische Rundschau
Ausg. Oberbergisches Land
BA v. Westfälische Rundschau, Dortmund
1952, 26.3. - 1962, 29.9. **6**
6
1961 - 1962, 29.9. Dm 11

4571.
Volksstimme
HA in Köln
1948 - 1950   227

GUTTSTADT (DOBRE MIASTO, PL)

4572.
Heilsberger Kreisblatt
Vlg. in Heilsberg?
1884
1886 - 1891 (L)
1893 - 1895
1898 - 1899
1901 - 1906 (L)   1w
     1w
     Dm 11

HAAG

4573.
Neu-eröffneter Welt- und Staatsspiegel
[d.i. Leipzig]
1709 - 1716   MFA
(9 Ro)
     46

HABELSCHWERDT (BYSTRZYCA KŁODZKA, PL)

4574.
Habelschwerdter Kreisblatt
später: Kreisblatt des Kreises Habelschwerdt
1843, 5.7. - 1848
1907 - 1918
1927, 6.1. - 1936   1w
(8 Ro)   1w
     Dm 11

HACHENBURG

4575.
Rhein-Zeitung / F
Hachenburg, Montabaur
UT Westerwälder Zeitung
Vbg.: Hachenburg, Montabaur, Westerburg
HA in Koblenz
1992 ff.   929

HADERSLEBEN (DK)

4576.
Dannevirke
Haderslev Avis
1838 - 1840/41
1844/45
1860 - 1863
1868, 1.7. - 1874
1876 - 1878
1883 - 1893
(Originalfilme nur tw. vorhan-   68
den)   68

4577.
Lyna
1797 - 1840   68
1797 - 1848   Dk-
     700400

4578.
Schleswigsche Grenzpost
weitere Titel: Folkebladet, Haderslebener Folkebladet
1879 - 1880
1882 - 1907
1909
1914 - 1920, 26.6.   68
     68

HAGEN, WESTF.

4579.
Amtliches Mitteilungsblatt
1945, 23.5. - 1950, 4.3.   Hag 6
(1 Ro)   Hag 6
     Dm 11

4580.
Bergisch-Märkische Zeitung
HA in Wuppertal
(28.6.1934 - 30.4.1938)
1934, 28.6. - 30.9.
1936, Jan. - Juni
1936, Okt. - 1937, März
1937, Juli - Sep.
1938, Jan. - 30.4.   Hag 6
     Hag 6
     Dm 11

4581.
Folkwang
1921 - 1922   M 352

4582.
Der Gemeinnützige
24.11.1949: Neue Hohenlimburger Zeitung
1.10.1975: Westfalenpost / HL
UT: Neue Hohenlimburger Zeitung
Ausg. [Hagen-] Hohenlimburg
auch: Westfalenpost / KH
UT: Hohenlimburger Nachrichten
HA in Hagen
(22.9.1869 - 30.6.1943 u. 24.11.1949 ff.)
1958 - 1962 **Dm 11**
1955, Nr. 249 - 306 **6**
1949, 24.11. - 1950 **Hag 6**
1951 - 1957
1963 - 1992 (L)
(175 Ro; L in 1990 u. 1991 durch **MFA**
Westfälische Rundschau ersetzt)
1993 ff. **101b**
101b
1955, Nr. 249 - 306
1993 ff. 6
1993 - 1997 101a
1869, 22.9. - 1943, 30.6. (L)
1949, 24.11. - 1962
1975, 1.10. - 31.12. Dm 11
1869, 22.9. - 1943, 30.6. (L)
1949, 24.11. - 1950
1963 - 1992 (L) Hag 6

4583.
Hagener freie Presse
(1.12.1894 - 31.5.1899?)
1898 - 1899, 31.5. **Hag 6**
Hag 6
Dm 11

4584.
Hagener Neues Tageblatt
(1.10.1952 - 31.12.1954)
1952, 11.10. - 1954 **MFA**
(6 Ro)
Dm 11

4585.
Hagener Volkszeitung
11.3.1881: Westfälische Post
10.3.1894: Westfälisches Tageblatt
(30.8.1874 - 28.6.1934)
1874, 22.9. - 25.12. (L) **1w**
1w

1888 - 1893
1894, 2.7. - 1921
1923, 2.7. - 1928, 30.6.
1929, 1.10. - 1930, 31.3.
1931, 1.4. - 30.6.
1932, 2.1. - 30.9.
1933
1934, 3.4. - 27.6. **Hag 6**
(83 Ro) Hag 6
Dm 11

4586.
Handwerkszeitung
1958, 3.1. - 1961, 1.9.
1963, 11.5. - 1966 **Dm 11**
1949, 8.1. - 1957 **MFA**
(4 Ro)
1949, 8.1. - 1961, 1.9.
1963, 11.5. - 1966 Dm 11

4587.
Hasper Volksblatt
1.4.1875: Hasper Zeitung
1869, 11.9. - 1941, 30.5.
1949, 19.11. - 1950 **Hag 6**
(87 Ro) Hag 6
1951 - 1957 **101b**
(18 Ro) 101b
1869, 11.9. - 1941, 30.5.
1949, 19.11. - 1960, 31.8. Dm 11
(1958 - 1960 nur Lokalteil)

4588.
Der Hausfreund
1.12.1841: Hagener Kreisblatt und
Märkischer Hausfreund für Stadt und Land
1853: Hagener Kreisblatt
1.1.1864: Hagener Zeitung
(11.3.1826 - 13.4.1945)
1872, Nr. 1 - 150 **1w**
1848 **Dm 11**
(1 Ro)
1888, 4.1. - 1901 **Wit 2**
(23 Ro) Wit 2
1829, Jan. - Juni
1830 (L)
1832 - 1834 (L)
1837 - 1839
1845 - 1848
1849 (L wg. Belagerungszustand
in Hagen)
1850 - 1887, 30.6.
1887, 27.7. - 1927, 10.12.
1928 - 1945, 13.4. **Hag 6**
Hag 6
1863, 31.12. - 1945, 13.4. 1w

1845 - 1887, 30.6.
1887, 27.7. - 1927, 10.12.
1928, 2.1. - 1945, 13.4.   Dm 11

4589.
Hermann
(1.2.1814 - 31.8.1819)
1814 (L)   **Dm 11**
                                  Dm 11
1814, 1.2. - 1819, 31.8. (L)   **Hag 6**
                                  Hag 6
1814 - 1815 (E)   Swm 1

4590.
Neue Hohenlimburger Zeitung <1902>
1902, 24.9. - 1914, 30.6.
1925 - 1933   **Hag 6**
                                  Hag 6
                                  Dm 11

4591.
Neuer Westfälischer Kurier
HA in Werl
1948, 17.9. - 1949, 31.8. (L)   Hag 6

4592.
Der Pazifist
Hagen, Westf., Berlin, Hannover
4.4.1925: Das andere Deutschland
1951, Nr. 1 - 8: Ohne uns
anfangs in Hagen, bis 1933 in Berlin, ab
7.8.1948 in Hannover
1921 - 1933, 11.3.   **46**
(4 Ro)
1947 - 1949 (L)   **M 352**
                                  M 352
1925 (E)
1930 - 1933, 4.3.
1948 (E)   **MFA**
(2 Ro)
1921 - 1923
1925 (E)
1926 - 1933, 4.3.
1947, 2.8. - 20.12.
1948 (L)
1951 - 1969   Dm 11
1921 - 1923 (L)
1929 - 1932   Bo 133
1951 - 1969   188/211
1921 - 1923
1926 - 1933, 4.3.   Hag 6
1947, 2.8. - 10.12.
1948
1951 - 1969, Juni   46
1921 - 1933, 4.3.
1947, 2.8. - 1969 (L)   Bm 3

4593.
Rote Erde
HA in Bochum
3.5.1933: Westfälische Landeszeitung / H
HA in Dortmund
1934, März
1934, 1.7. - 1942
1945, 6.1. - 8.4. (L)
(nur Lokalteil, Filme enthalten
Ausgabenmix mit den Unter-
scheidungsbuchstaben: HEBG,
A, D, DH, H, L, AB, B, B*, He,   **MFA**
DC, W, G)
1932, 6.8. - 1938, 15.2. (L)
1938, 16.5. - 30.6.
1939
1940, 1.4. - 29.6.
1941, 1.4. - 31.12.
1944, 1.1. - 30.6.   **Hag 6**
(35 Ro)   Hag 6
1932, 6.8. - 1942 (L)
1944, 1.1. - 30.6.
1945, 6.1. - 8.4. (L)   Dm 11
(z.T. nur Lokalteil)

4594.
Rote Tribüne
Hagen, Westf., Lüdenscheid
Vlg. in Remscheid
8.10.1927: Freiheit
HA in Düsseldorf
1922, Nr. 18 - 1932 (L)   **B 479**
                                  B 479
1922, 21.1. - 1930 (L)
1931, 1.4. - 1933, 20.2. (L)   **Hag 6**
                                  Hag 6
                                  Dm 11
                                  Bo 133
                                  Hag 6
1922, 21.1. - 1924, 15.3.
1924, 1.7. - 1930
1931, 1.4. - 1933, 20.2.   Bm 3

4595.
Schweiss und Qual
KPD, Hüttenwerk Haspe
1950, Dez. - 1951, Nr. 1
1956 - 1957 (E)   **B 479**
                                  B 479

4596.
Volks-Echo / Westfalen-Süd
Vbg. ab 15.10.1953:
Hagen, Ennepe/Ruhr, Mark Sauerland
HA in Detmold u. Bielefeld
KPD
1951 - 1956, 31.3.   **MFA**
(12 Ro)
                                        486

4597.
Volksstimme für Westfalen und Lippe
16.1.1920: Mitteilungsblatt
5.2.1920: Volksstimme
s.a. Volksstimme / Lüdenscheid ab 1923
(1918 - 30.11.1922)
1919, Apr. - Sep.
1920, Jan. - 30.6.
1921, 1.4. - 30.6.
1922, Okt. - Nov.   **Bo 414**
                                        Hag 6
1919 - 1921   Bo 133
Beilage(n):
Unterhaltungs-Beilage
1919 - 1921 (L)   Bo 133

4598.
Westdeutsche Allgemeine (WAZ)
HA in Essen
1952, 1.12. - 1953, 31.10.   **6**
                                              6

4599.
Westdeutsche Rundschau
HA in Wuppertal
1948, 28.10. - 24.12.   Hag 6

4600.
Westdeutsche Volkszeitung
1935: Tremonia / D
HA in Dortmund
(1.10.1893 - Okt.1944?)
1898 - 1902, 19.12.
1907 - 1919, Juni
1919, Okt. - 1920, Juni
1920, Okt. - 1921, März
1921, Juli - Sep.
1922, Juli - Dez.
1923, Apr. - Juni
1924, Juli - 1925
1926, Juli - 1927, Juni
1928, Jan. - Sep.
1929, Apr. - Juni u. Okt. - Dez.
1930, Apr. - 1931, März
1931, Juli - 1934, 25.4.

1936, Dez. - 1944, 1.10.   **Hag 6**
                                              Hag 6
                                              Dm 11

4601.
Westdeutsches Tageblatt
HA in Dortmund
(24.8.1946 - 31.7.1963)
1946, 24.8. - 1949, Juni
1949, Okt. - 1950   Hag 6

4602.
Der westfälische Demokrat
1919 - 1925 (MPF)   6

4603.
Westfälische Rundschau / H
HA in Dortmund
1951, 17.3. - 1970   6
(nur Lokalteil)
1990 ff.   **101b**
(ca. 10 Ro/Jg)   101b
1946, 20.3. - 1950   **Hag 6**
(6 Ro)   Hag 6
1951, 17.3. - 1970 (nur Lokalteil)
1990 ff.   6
1992 - 1997   101a
1946, 20.3. - 1950
1961 - 1962   Dm 11

4604.
Westfälische Rundschau / HH
Ausg. HH = (Hagen-) Hohenlimburg
1963, 8.10. - 1970   6
(nur Lokalteil)
1991 ff.   **101b**
(10 Ro/Jg)   101b
1963, 8.10. - 1970 (nur Lokalteil)
1991 ff.   6
1992 - 1997   101a

4605.
Westfalenpost / R
Hagen, Westf., Soest
Ausg. R = Hagen, tw. auch:
Ruhr-Nachrichten / Hagener Tageblatt
1957: Ausg. Hagen, Ennepe-Ruhr-Kreis
1979: Ausg. Hagener Zeitung
Vlg. in Soest, ab 29.4.1950 in Hagen
(26.4.1946 ff.)
1950, 3.1. - 31.3.
1951, 18.1. - 1976   6
                                        6
1977 ff.   **101b**
(7 Ro/Jg, später 10 Ro/Jg)   101b

1946, 26.4. - 1949, 29.6.	
1958 - 1975, 19.2.	
1975, 17.12. - 1993, 6.5.	**Dm 11**
(1958 - Sep. 1987 nur Lokalteil)	
1951, 1.10. - 1952, März	
1952, Juli - 1953, Juni	
1954 - 1957	**MFA**
(9 MF = 18 DF)	
1946, 26.4. - 1950	**Hag 6**
(5 Ro)	
1992 - 1997	101a
1946, 26.4. ff.	Dm 11
(1958 - Sep. 1987 nur Lokalteil)	
1946, 26.4. - 1950	
1993 ff.	Hag 6

HAGENAU (HAGUENAU, F)

4606.
Hagenauer Anzeiger
1889 - 1892, 24.9. (L)   **ACRPP**

4607.
Hagenauer Zeitung
1890 - 1918 (L)   **ACRPP**

4608.
Der Republikanische Wächter
1795, 7.10. - 4.12. (L)
1796, 5.9.   **ACRPP**
1795, 7.10., 10.10., 4.12.   25
     36

4609.
Sankt Arbogastus Blatt
1904: Der Unterländer
1908: Der Unterländer Kurier
1898, 24.9. - 1918 (L)   **ACRPP**

4610.
Straßburger Neueste Nachrichten
Ausg. Nord I, Hagenau
1942, 1.5. - 1944, 1.11. (L)   31

HAGENOW

4611.
Hagenower Echo
Vlg. in Rostock
1963, 31.10. - 1968, 27.3.   **Bo 174**
(1 Ro)

4612.
*Öffentlicher Anzeiger für den Kreis Hagenow
und die Amtsgerichtsbezirke Hagenow und
Wittenburg-Zarrentin*
Hagenow, Wittenburg, Zarrentin
Ausg. B, Wittenburger Kreisblatt
1938, 17.6. - 1940, 31.5.   **28**
(5 Ro)   28

4613.
Schweriner Volkszeitung
HA in Schwerin
1952, 15.8. - 1990   **33**
(35 Ro, nur Kreisseiten)   33

HAIFA (IL)

4614.
Orient
(31.3.1942 - 7.4.1943)
1942, 31.3. - 1943, 7.4.   **Dm 11**
     180
     18
     5
     291
     468
     739
     188/211
     Bo 133

HAINICHEN

4615.
Freie Presse
HA in Karl-Marx-Stadt/Chemnitz
ab 1.8.1994 als Ausg. Mittweidaer Zeitung
1971 ff. (L)   14
(nur Lokalteil)

4616.
Volksstimme
HA in Chemnitz/Karl-Marx-Stadt
1952, 15.8. - 31.12. (MPF)   14
(nur Lokalseiten)

HALBERSTADT

4617.
Bau-Echo
1960, 5.2. - 1963, 27.6. (L)   **3**
(1 Ro)   3
     Dm 11

4618.
Betriebsecho
Press- und Stanzwerk Raguhn/Halberstadt
1955, 14.1. - 1961, 8.12. (L)   3
(1 Ro)   3
                                       Dm 11

4619.
Blätter für den Harz und dessen Umgegend
1840 u. 1843   30

4620.
Der Bürger
1779 - 1780   Hs 8
(Register mitverfilmt)

4621.
Freiheit
HA in Halle, S.
UT: Mitteldeutsche Tageszeitung
1946, 19.4. - 1947, 31.7.   Hs 8

4622.
Gemeinnütziges Wochenblatt für Halberstadt und die Umgegend
1841 (L)   30

4623.
Gemeinnütziges Wochenblatt für Halberstadt und die Umgegend
1841 (L)   30

4624.
Halberstädter Allgemeine Zeitung
1.9.1917: Halberstädter Tageblatt
(1902 - 28.2.1932)
1902 - 1905, 30.6.
1917 - 1932, 28.2. (L)   3
1902, 1.10. - 31.12.
1904 - 1905, 30.6.
1919, 2.3. - 1932, 28.2.   Bo 133

4625.
Halberstädter Arbeiterzeitung
28.7.1900: Arbeiterzeitung
28.9.1900: Volkszeitung
1898, Nr. 1a - 1900, 26.7. (L)   B 479
                                       B 479

4626.
Halberstädter Nachrichten <1943>
1943, 1.10. - 1944, 29.12.   Hs 8

4627.
Huy-Fallstein-Echo
Vlg. in Magdeburg
1962, 20.1. - 1967, 23.3.   Bo 174
(1 Ro)

4628.
Intelligenzblatt für den Bezirk des Königlichen Appelationsgerichts zu Halberstadt
4.1.1870: Halberstädter Intelligenzblatt und Zeitung
1.1.1882: Halberstädter Zeitung und Intelligenzblatt
(4.1.1815 - 31.3.1943)
1822
1828 - 1936, 31.3.
1936, 1.7. - 1943, 31.3.   Hs 8

4629.
Der Maschinenbauer
1961, 31.5. - Juni
1962 - 1967, Nov. (L)
1968 - 1969, Sep. (L)
1970 - 1972, Mai (L)
1973, Jan. - Okt. (L)
1974, Jan. - Aug. (L)
1975 - 1988, Nov. (L)
1989 - 1990, 13.6. (L)   3
(4 Ro)   3
                                       Dm 11

4630.
Der Planzeiger
VEB Halberstädter Fleisch- und Wurstwarenwerke
1961 - 1986, 30.10. (L)   3
(3 Ro)   3
                                       Dm 11

4631.
Unser Ziel
RAW
1960 - 1989, 18.12. (L)   3
(6 Ro)   3
                                       Dm 11

4632.
Volksstimme
2.1.1992: Halberstädter Volksstimme
HA in Magdeburg
1948 (E)   B 479
                                       B 479
1947, 2.8. ff.   Hs 8

4633.
Volkszeitung für die Wahlkreise Halberstadt,
Oschersleben, Wernigerode und Calbe, A-
schersleben
SPD
(30.9.1900 Probe-Nr., 2.10.1900 - 1901)
1900, 30.9. - Nr. 75 (L)   **B 479**
       B 479

HALDENSLEBEN

4634.
Haldensleber Rundschau
1963, 29.1. - 1967, 21.3.   **Bo 174**
(1 Ro)

4635.
Der Mitteldeutsche
HA in Magdeburg
1934, 1.4. - 1936
1937, 31.8. - 1938
1941 - 1945, 11.4.   Hal 7

4636.
Stadt- und Landbote
1885
1888 - 1889, 29.6.
1890, Jan. - Jun.
1892 - 1904
1905, Juli - Dez.
1907 - 1908
1909, Juli - 1935, 30.4.   Hal 7

4637.
Volksstimme
HA in Magdeburg
1948, 18.5. - 1974 (L)   Hal 7

4638.
Wochenblatt für die Kreise Neuhaldensleben,
Gardelegen und Wolmirstedt und den Amts-
gerichtsbezirk Calvörde
1892, 2.7. - Dez.   **1w**
       1w
1819 - 1823
1828 - 1831
1833 - 1939
1940, Juli - Dez.
1942 - 1943, 23.4.   Hal 7

HALLE, S.

4639.
Die Aktuelle Hallesche Umschau
später: Die Aktuelle Wochenzeitung
1962, 5.10. - 1965, 7.12.
1966, 5.4. - 1969, 26.11.   **Bo 174**
(1 Ro)

4640.
Amtliche Mitteilungen des Saalkreises
1947, 21.11. - 1951   3
       3

4641.
Aufwärts
Chemische Werke Buna
1950 - 1958 (L)
1972 - 1975, Nr. 47
1977 - 1987, Nr. 99   **B 479**
       B 479
1948, 5.11. - 1995, 5.10. (L)   3
(22 Ro)   3
       Dm 11

Beilage(n):
Aufwärts   **B 479**
1985, 1   B 479

4642.
Bahn frei
Waggonbau Ammendorf
1950, 25.2. - 1995, 18.12. (L)   3
(4 Ro)   3
       Dm 11

4643.
Beobachter im Saaletal
1931, 1932 (E)
1934 - 1940   3
1934 - 1940   3

4644.
Braunkohle
1902, 5.4. - 1910, 22.3.   **GB-**
(6 Ro)   **LO/N38**
       GB-
       LO/N38

4645.
Die Braunkohle
BKW Ammendorf
1950, Nov. - 1953, 24.2.
1961, 9.2. - 1968, 3.1. (L)   3
(3 Ro)   3
       Dm 11

4646.
Druckhaus Echo
Druckhaus "Freiheit"
1975 - 1989 (L)	3
(1 Ro)	3
	Dm 11

4647.
Energie
Energieversorgung Halle
1967, 6.1. - 1990 (L)	3
(4 Ro)	3
	Dm 11

4648.
Filmtechnik
Halle, S., Berlin
Apr. 1943: Kinotechnik und Filmtechnik / B
Vlg. nur 1943 - 1944 in Berlin
1947: Filmtechnik und Lichtspielvorführer
1929 - 1944
1947, Okt. - 1948, Juni	**MFA**
(5 Ro)	
	109
1929 - 1944	30
	706
	M 472
1925,1 - 1928,4	B 1528

4649.
Freiheit / Halle, S.
bis 16.7.1958: Mitteldeutsche Tageszeitung
"Freiheit"
17.3.1990: Mitteldeutsche Zeitung
(17.4.1946 ff.)
1946, 16.4. - 1968, 12.6.
1969 - 1970, 31.10.
1971 - 1973, 30.6.
1974, 1.3. - 1975 (L)
1991 - 1994, 20.4.
1994, 5.8. - 31.12.	3
1992 ff.	**101b**
(7 Ro/Jg)	
1946, 5.7. - 1947	
1953, März - 1990	**Bo 174**
(88 Ro)	
1950, 10.5. - 1951, 20.6.	
1953, 7.11. - 31.12.	
1967, 14.2.	**MFA**
(3 Ro)	
1946, 5.7. - 1947 (L)	**Bo 414**
(2 Ro)	
1946, 16.4. - 1952, 30.9. (MPF)	1w
1946, 7 - 1947	Bo 153

1946, 16.4. - 1994	Ha 179
(v. 8.3. - 31.3.1966 nur Loka-	
lausg. Dessau)	
1946, 16.4. - 1947, Juni	
1947, Aug. - 1953, 30.6.	
1954 - 1994	
(1964: 1.Hj. aus Eisleben, Hett-	
stedt, Bitterfeld, Wittenberg,	
Saalkreis, Dessau; 1969, Okt. -	3
Dez. Ausg. Dessau)	
1946, 5.7. - 1947	
1989 - 1991, 9.2.	
1993, 23.2. - 2000	12
1991 (L)	
1992 - 1997	101a
1946, 5.7. - 1951, 30.8.	
1989 - 1990	180
1946, Nr. 163 ff.	101b
1946, 16.4. - 1947 (L)	
1953, 2.3. - 1996 (L)	188/211
1946, 16.4. - 1990, Nr. 239	B 479
1946, 5.7. - 1947	
1989 - 1990	M 352
1946, 11.6. - 1947, 20.9. (LL)	GB-
	LO/N38
1946, 16.4. - 31.12.	
1947, 1.7. - 1949 (L)	
1950, 1.7. - 31.12.	
1980 - 1983	
1986, 1.7. - 1987	
1989 - 1990, 16.3.	Dm 11

4650.
General-Anzeiger / Abendblatt
1916, 18.7. - 1918, 20.3.	3
	Dm 11

4651.
General-Anzeiger / Extrablatt
1915, 22.5. - 1916	3
	Dm 11

4652.
General-Anzeiger / Kriegszeitung
1914, 24.8. - 1918, 12.11.	3
	Dm 11

4653.
General-Anzeiger / Sonderausgabe
1914, 14.10. - 1916, 17.7.	3
	Dm 11

4654.
General-Anzeiger für Halle und den Saal-
kreis
1.6.1918: Hallische Nachrichten
(Verbot v. 15. - 29.3.1920)
1889, 22.3. - 1919, 30.9.
1920, 2.1. - 13.3. u. 30.3. - 30.4.
1920, 1.7. - 1926
1927, 1.7. - 1944, 31.3.   **3**
                         3
1918, 8.11. - 30.11.   **Dm 11**
(1 Ro)
1889, 22.3. - 1919, 30.9.
1920, 2.1. - 13.3. u. 30.3. - 30.4.
1920, 1.7. - 1926
1927, 1.7. - 1932   Dm 11
1889, 9.8. - 1917, 29.12.
1918, 5.6. - 1931, Sep.
1931, Nov. - 1942
1943, Apr. - 1944, 31.3.   Ha 179
Beilage(n):
Hallesche Familien-Blätter
1913, 17.8., 31.8., 7.9., 12.10.   Ha 179
Welt im Bild
1915 - 1917   Ha 179

4655.
General-Anzeiger für Halle und den Saal-
kreis / Kriegszeitung
1915
1917 - 1918   Ha 179

4656.
Glück auf
BKW Mulde-Nord
1967, 13.3. - 22.7. (L)   **3**
(1 Ro)   3
                         Dm 11

4657.
Güterwagen
DR GbF
1962, 18.8. - 1970, Nov. (L)
1972 - 1974, Aug. (L)
1975 - 1989, 7.11. (L)   **3**
(5 Ro)   3
                         Dm 11

4658.
Hallesche Zeitung <1848>
Okt. 1848: Hallesche demokratische Zeitung
Vlg. in Leipzig
(6.7.1848 - Dez. 1849 erm.)
1848, 6.7. - Nr. 67   **B 479**
                         B 479

Beilage(n):
Der Wächter an der Saale   **B 479**
1848 (LL)   B 479
1848   30

4659.
Hallescher Kurier
1848, 24.6.   **1**
                         1

4660.
Hallische Kino-Zeitung
1919, 25.7. - 1923, 7.12.   **MFA**
(3 Ro)
                         3

4661.
Hallisches patriotisches Wochenblatt
3.1.1856: Hallisches Tageblatt
2.1.1872: Hallesches Tageblatt
(1856 - 30.6.1892)
1799, 5.10. - 1888   **GB-**
(52 Ro)   **LO/N38**
                         GB-
                         LO/N38

4662.
Jahrbuch für Photographie und
Reproductionstechnik
1887 - 1920   **MFA**
(9 Ro)

4663.
Der Karosseriebauer
Halle, S., Aschersleben
1959 - 1961, Nov. (L)
1962 - 1975, Sep. (L)
1976 - 1989 (L)   **3**
(5 Ro)   3
                         Dm 11

4664.
Der Kumpel
BKW "Geiseltal Mitte"
1960 - 1965, 10.9.   **3**
(1 Ro)   3
                         Dm 11

4665.
Kurier
1975 - 1990, Nr. 6: BMK-Kurier
Bau- und Montagekombinat
1966 - 1991, 24.10. (L)   **3**
(5 Ro)   3
                         Dm 11

4666.
Der Kurier
1.1.1835?: Der Courier
1.1.1851: Der Hallische Courier
1.7.1851: Hallische Zeitung
1.7.1893: Hallesche Zeitung
(1828? - 15.4.1930)
1828 u. 1830
1832 - 1833
1835 - 1850 (L)
1851, Juli - 1856
1870, 1.10. - 31.12.
1874 - 1930, 15.4.   3
(Beilagen mitverfilmt)   3

4667.
KWP-aktuell
Kombinat Wassertechnik und Projektierung
1983, 24.10. - 1989, 11.12. (L)   3
(1 Ro)   3
     Dm 11

4668.
Das Läutewerk
1964, Nr. 5: Flügelrad
Reichsbahndirektion Halle
1963, 22.2. - 1990, 20.12. (L)   3
(5 Ro)   3
     Dm 11

4669.
LDZ: Liberal-Demokratische Zeitung
2.7.1990: Hallesches Tageblatt
BA v. Leipziger Volkszeitung
(18.12.1945 - 1995)
1945, 18.12. - 1953, Nr. 251
1954, 23.8. - 1990
1992 - 1994   3
     3
1967, 5.4. - 1972, 13.4. (E)   **188/211**
1946, 6.3. - 1947, 31.3.
1954, 3.8. - 1990   **Bo 174**
(69 Ro)
1946, 6.3. - 26.10.
1947 (L)   **Bo 414**
(1 Ro)
1945, 18.12. - 1954   **1w**
     1w
1991 - 1995   **101b**
(5 Ro/Jg)
     101a
1947   Bo 153
1946, 12.6. - 1947 (LL)   GB-
     LO/N38

1946, 6.3. - 26.10.
1947
1989 - 1990   180
1954, Aug. - 1990, 30.6.
1991 - 1995   101b
1955 - 1990 (L)   188/211
1946, 6.3. - 1947   M 352

4670.
Leuna
1927, 25.5. - 1931, 30.7.   3
     3

4671.
Lokalanzeiger für Halle-Nord
1928, 25.10. - 1929   3

4672.
Mitteldeutsche Neueste Nachrichten
NDPD
Vlg. in Halle, S., ab 1956 in Leipzig
(14.7.1952 - 30.6.1990)
1955, 1.9. - 30.9.   **MFA**
(1 Ro)
1989 - 1990, 30.6.   180
1957 - 1985   739
1957 - 1990, Juni   188/211
1956, Nr. 252 - 1990, Juni   101b

4673.
Mitteldeutscher Kurier
(2.10.1923 - 28.2.1925)
1923, 2.10. - 1925, 28.2.   3
     3

4674.
Mitteldeutsches Echo
März 1932: Illustriertes rotes Echo
1930, Nr. 13 - 1931, Nr. 34 (LL)
1932 (E), 1933 (E)   **B 479**
     B 479

4675.
Nachrichtenblatt für die deutsche Bevölke-
rung
SMAD d. Provinz Sachsen in Halle (Saale)
1945, Nr. 3 - 7.8. (L)   **B 479**
     B 479

4676.
Neue Hallesche Zeitung
1850 - 1856   3
     3

4677.
Der Neue Weg
CDU
(16.12.1945 - 31.1.1992)
1961, 1.7. - 31.12.	**188/211**
1954, 1.7. - 1990, 17.12.	**Bo 174**
(66 Ro)	
1954, Juli - 1992, Jan.	**101b**
1992, 2.1. - 31.1.	101a
1989 - 1990, 17.12.	180
1946, 18.6. - 1947, 14.1. (L)	GB-LO/N38
1945, 16.12. - 1990, 17.12.	3
1954, Juli - 1992, 31.1.	101b
1954 - 1992, 31.1. (L)	188/211

4678.
Observationes biblicae
(M. Aug. Hermann Franckens...)
1695, Jan. - Aug.	24

4679.
Der PF-Impuls
Deutsche Post Halle
1964, 4.2. - 1989 (L)	3
(7 Ro)	3
	Dm 11

4680.
Die Pumpe
Pumpenwerke Halle
1964, 14.1. - 1989 (L)	3
(5 Ro)	3
	Dm 11

4681.
Die Republik
1924 (E)	**B 479**
	B 479

4682.
Saale-Zeitung
2.1.1934: Mitteldeutschland
(1867 - 15.5.1941)
1873 - 1941, 14.5. (L)	3
	3
1873 - 1890, 30.9.	
1891 - 1918, 31.10.	
1919 - 1923, 30.11.	
1924 - 1937	Dm 11
1873 - 1875	
1886, Apr. - 1888, März	
1888, Okt. - 1890, Nov.	
1891 - 1894, Sep.	
1895 - 1897, Sep.	Ha 179

1897, Okt. - 1898, März	
1899, Apr. - Juni	
1900, Apr. - Juni, Okt. - Dez.	
1901, Apr. - 1902, Sep.	
1903, Jan. - Juni, Okt. - Dez.	
1904, Apr. - Sep.	
1905	
1906, Apr. - Sep.	
1907 - 1908, Sep.	
1909, Jan. - Sep.	
1910, Juli - 1911, März	
1911, Juli - Sep.	
1912, Nov. - 1913	
1914, Apr. - Juni, Okt. - Dez.	
1915, Apr. - 1918, Sep.	
1919 - 1923, Nov.	
1924 - 1941, 14.5.	Ha 179

Beilage(n):
Kriegs-Sonderausgaben
1914, 19.11. - 1917, 17.5.	Dm 11

4683.
Saale-Zeitung / Abendausgabe
1914, Okt. - 1915, Apr.	Ha 179

4684.
Das Signal
RAW Halle
1954, 9.9. - 1958, Sep. (L)	
1959, Jan. - Juni	
1962 - 1989, 13.7. (L)	3
(5 Ro)	3
	Dm 11

4685.
Starkstrom
Halle, S., Leipzig
Starkstromanlagenbau
1956, 5.10. - 1957, 17.4. (L)	
1961, Nr. 9	
1965, Sep. - Dez.	
1967 - 1972 (L)	
1977 - 1991, 15.3. (L)	3
(3 Ro)	3
	Dm 11

4686.
Der Straßenbahner
1970: Der Nahverkehr
Verkehrsbetriebe Halle
1963, 24.9. - 1990, Juni (L)	3
(4 Ro)	3
	Dm 11

4687.
Die Taktstraße
Zeitung für die Bauschaffenden der Stadt Halle
/ WBK
1962, 13.4. - 1989, 19.12. (L)   3
(9 Ro)   3
    Dm 11

4688.
Die Trasse
SBTK Halle
1967, 6.11. - 1989, 25.9. (L)   3
(4 Ro)   3
    Dm 11

4689.
Tribüne für Magdeburg-Anhalt
Halle, S., Magdeburg
1921, 14.5. - 30.6.   3
    3
1922, Nr. 180   B 479
    B 479

4690.
Union / Halle, S.
Vbg.: Halle, Berlin, Brandenburg
2.1922 - 3 1923 (E)   B 479
    B 479

4691.
Unser Werk
Maschinenfabrik Halle
1950, Jan. - Sep. (L)
1951 - 1975, Nov. (L)
1976 - 1989 (L)   3
(8 Ro)   3
    Dm 11

4692.
Verkehrs-Echo
VEB Kombinat Kraftverkehr
1964, 13.1. - 1990, 4.4. (L)   3
(5 Ro)   3
    Dm 11

4693.
Volksblatt / Wahlzeitung der USPD im Bezirk Halle - Merseburg
1924, 17.4. - 24.4.   Bo 133

4694.
Volksblatt <1920>
3.1.1921: Der Klassenkampf
USPD / KPD
(2.11.1920 - 16.2.1933)
(Verbotszeiten: 25.3. - 3.9.1921, 6. - 14.10. u.
21.10. - 4.11.1923, 20.11.1923 - 28.2.1924,
21.12.1924 - 18.1.1925, 20.9. - 16.10.1931)
1921, 3.1. - 31.3.
1921, 1.7. - 1923
1924, 1.4. - 1933, 16.2. (L)   3
    3
1920, Nr. 247 - 306 (L)
1933, Aug.   B 479
    B 479
1920, 2.11. - 1933, 16.2. (L)   Bo 133
Beilage(n):
Die Kommunistin
s. sep. Aufnahme   Bo 133
Golgatha
1924 - 1927   Bo 133
Der rote Stern
s. sep. Aufnahme   Bo 133

4695.
Volksblatt für Halle und den Saalkreis
1.8.1891: Volksblatt
SPD
(1.4.1890 - 1920 u. 1.10.1922 - 23.2.1933 u.
6.9.1945 - 15.4.1946)
1945, 6.9. - 1946, 15.4. (L)   B 479
    B 479
1890, 1.4. - 1920
1922, 2.10. - 1933, 23.2. (L)
1945, 8.9. - 1946, 15.4.   3
    3
    Bo 133
    Dm 11
1917, 1918 (L)
1919, 1920 (L)   46
1910 - 1915
1945, 6.11. - 1946, 10.4.   Z 5
1945, 6.9. - 1946, 15.4.   Hs 8
Beilage(n):
Der Sonntag
1932, Nr. 17 - 32   Bo 133
Zur Unterhaltung und Belehrung
(ab 1909, Nr. 2: Unterhaltungsbeilage)
1899 - 1902 (E)
1905 - 1917, 21.7. (L)   Bo 133

4696.
Volksstimme <1917>
SPD
(1.6.1917 - 30.9.1922)
1917, 1.6. - 1921   3
1917, 1.6. - 1922, 14.9.   3
1917, 1.6. - 1922, 30.9.   Bo 133
    Dm 11
Beilage(n):
Frauenwelt
1921 - 1922 (L)   Bo 133
Der Gesellschafter
1920, Nr. 1 - 36   Bo 133

4697.
Volkszeitung <1921>
Halle, S., Merseburg
USPD
(1.1.1921 - 30.9.1922)
1921, 1.1. - 30.9.
1922, 1.4. - 30.9.   3
1921 - 1922, 30.9. (L)   46
(3 Ro)
    Bo 133
    Dm 11
1921 - 1922, 30.9.   3
Beilage(n):
Mitteilungsblatt der freien Gewerkschaften in Halle und im
Saalkreis
1921, 1.3.
(auch als Beilage zur "Volksstimme")   Bo 133

4698.
Volkszeitung <1945>
KPD
(25.7.1945 - 15.4.1946)
1945, 25.7. - 1946, 15.4.   3
    3
    B 479
    B 479
1945, 25.7. - 1946, 15.4. (L)   180
    Z 5
    Hs 8
1945, 3.9. - 2.10.   Bo 133
Beilage(n):
Lernen, Arbeit, Spiel   **B 479**
1945, Nr. 2 - 1946, Nr. 15   B 479

4699.
Der Wehrwolf
15.7.1933: Vollendung
1924 - 1934, 21.10.   1w
(4 Ro)   1w
    Dm 11

4700.
Der Westphälisch-ökonomischen Societät
zu Hamm, vermischte Abhandlungen zur
Beförderung der Oekonomie, [...]
1793 - 1794   46

4701.
Wochenblatt für Schulen
1781, Jan. - Sep.   **46**
(1 Ro)   46

4702.
Wöchentliche Hallische Frage- und
Anzeigungsnachrichten
13.8.1731: Wöchentliche Hallische Anzeigen
1729, 1.8. - 1732
1734 - 1745   3
(10 Ro)   3
    46

4703.
Wöchentliche Relation
1731: Hallische wöchentliche Relation...
1709 - 1738
1741 (E)   **46**
(6 Ro)
1718, 28.5.   **A 100**
    A 100
1709 - 1738   29

4704.
Das Wort
zeitw. Ersatz f. "Klassenkampf"
unabhängige Zeitung für Mitteldeutschland
(1.1.1923 - 28.2.1925)
1923 - 1924, 29.12.   3
    3
1923 (L)   B 479

4705.
Zeitschrift des Landwirtschaftlichen Central-
vereins der Provinz Sachsen
1899: Landwirtschaftliche Wochenschrift für
die Provinz Sachsen
1852 - 1855
1857 - 1858
1864 - 1911
1913 - 1919   **Bo 414**
(16 Ro)

HALLE, WESTF.

4706.
Freie Presse
HA in Bielefeld
1952 - 1967, 1.7. (L)   6
                               6

4707.
Haller Kreisblatt
1958 - 1960, 31.8.   **Dm 11**
1960, 1.9. - 1972 (L)   **MFA**
(51 Ro)
1949, 2.11. - 1957 (kl. L.)   **101b**
(20 Ro)   101b
1949, 2.11. - 1960, 31.8. (kl. L) Dm 11
1960, 1.9. - 1972 (L)   6

4708.
Westfälische Zeitung / B
UT: Anzeiger für den Kreis Halle
HA in Bielefeld
1925, 25.9. - 1960, 30.9.   6
                               6

HALTERN

4709.
Ruhr-Nachrichten
Halterner Zeitung
HA in Dortmund
1957, 1.10. - 1959, 29.6.   **Dm 11**
                               Dm 11
1951, 3.8. - 1952, 11.11.   6
                               6

4710.
Tageszeitung für das Lippegebiet Dorsten
und Haltern
Haltern, Dorsten
BA v. Westfälische Nachrichten, Münster
1953, 5.2. - 1956, 21.3. (L)   6
                               6
1947, 1.10. - 1949, 30.8.   Dot 1

4711.
Westdeutsche Allgemeine (WAZ) / HL
HA in Essen
1991 ff.   **101b**
(ca. 12 Ro/Jg)   101b
                               6
1992 - 1997   101a

HALVER

4712.
Allgemeiner Anzeiger
1949, 29.10. - 1957
1992 ff.   **101b**
(6 Ro/Jg; bis 1957 20 Ro)   101b
1932 - 1933, 30.6.
1958 - 1960, 30.8.   **Dm 11**
1949, Nov.
1960, 30.6. - 1972, 3.12.   **MFA**
(47 Ro)
1960, 30.6. - 1972
1991 ff.   6
(Beilagen mitverfilmt)
1992 - 1997   101a
1932 - 1933, Juni
1949, 29.10. - 1960, 30.8. (L) Dm 11

4713.
Halversche Zeitung
2.5.1934: Das Sauerland
1932, Juli - Dez.   **Dm 11**
(1 Ro)
1882, 4.1. - 1886 (L)
1888, 4.1. - 1894 (L)
1897 - 1898 (L)
1901 (L)
1903 - 1908 (L)
1910, 3.1. - 30.6.
1911 - 1923 (L)
1926 - 1929, 17.6. (L)
1931, 3.1. - 30.6.
1932, 2.1. - 30.6.
1933 - 1934, 30.6.   **MFA**
(45 Ro, Beilagen mitverfilmt)
1882, 4.1. - 1886
1888, 4.1. - 1894
1897 - 1898
1901
1903 - 1908
1910, 3.1. - 30.6.
1911 - 1923
1926 - 1929, 17.6.
1931, 3.1. - 30.6.
1932 - 1934, 30.6.   Dm 11
(alle Filme m. kl. Lücken)

HAMBURG

4714.
L'Abeille du Nord
(Hamburg-) Altona
1606 (LL)   46

4715.
Abhandlung von dem Geldumlauf in anhaltender Rücksicht auf die Staatswirtschaft und Handlung
Hamburg, Kiel
1784: Schriften über Staatswirtschaft und Handlung
1780 u. 1784   46
     18

4716.
Die Aerzte
Die deutsche Gesundheits-Zeitung
1785 - 1786   **46**
(2 Ro)   46
     18

4717.
Aktueller Fernsehdienst : afd
Nr. 33, 1975: AFD aktueller Medien-Dienst
Vlg. ab März 1958 in Frankfurt, M., ab
3.8.1966 in Bad Homburg v. d. Höhe, ab
1.6.1971 in München, ab 11.7.1977 in Berlin
1955, 15.9. - 1978, März   **MFA**
(13 Ro)
     F 228
     18

4718.
Allgemeine Deutsche Theater-Zeitung
Hamburg, Leipzig
1809: Archiv für Theater und Literatur
1810: Archiv für Literatur und Kunst
1807, 6.10. - 1810 (L)   46
     466
     18

4719.
Allgemeine europäische Correspondenz das Interesse der Staaten und Völker betreffend
(Hamburg-) Altona
1797 - 1798 (E, MPF)   46

4720.
Allgemeine Predigerzeitung
Hamburg, Leipzig
1790 - 1791   46
     18

4721.
Der allgemeine und alles-verbessernde Patriot
1727, Dez. - 1728, Feb. (MPF)   46

4722.
Allgemeines Journal für Industrie, Handel und Schiffahrt
Hamburg, Leipzig
1840, Nr. 45   **B 479**
     B 479
Beilage(n):
Polytechnisches Beiblatt   **B 479**
1840, Nr. 45   B 479

4723.
Allgemeines oekonomisches Magazin
1782 - 1783 (MPF)   46

4724.
Almanach aller um Hamburg liegenden Gärten
1792 (MPF)   46

4725.
Alsterpost
(1950 - 1954)
1950 - 1954   **18**
(1 Ro)   18

4726.
Der Alte Deutsche
1730 (MPF)   46

4727.
Altonaer Nachrichten <1850>
1.1.1856: Nordischer Courier und Altonaer Nachrichten
1.1.1864: Altonaer Nachrichten
9.8.1924: Altonaer neueste Nachrichten
20.6.1925: Altonaer Nachrichten
1.4.1938: Hamburger neueste Zeitung
(20.6.1850 - 31.5.1941?)
1917, Sep. - Dez.   **1w**
(1 Ro)   1w
1850, 20.6. - 1922, 30.6.
1924, 9.6. - 1938, 31.3.   **18**
1929 - 1941, 31.5.   **68**
     68

1850, 20.6. - 1918, 31.3.
1924, 9.8. - 1938, 2.1.
(tw. Morgenausg., Abendausg. u.   Dm 11
Abend- u. Morgenausg.)

1850 - 1873
1875 - 1937   H 46
1850, 20.6. - 1922, 30.6.
1924, 9.6. - 1941, 31.5.   18

4728.
Altonaer Tageblatt, Norddeutsche Nachrich-
ten
UT: Erste Abendausgabe
1.6.1937: Norddeutsche Nachrichten / Erste
Abendausg.
5.9.1939: Norddeutsche Nachrichten
1.2.1940: Norddeutsche Nachrichten / T
1934, 1.9. - 1943, 27.2.   18
                                               18
1919, 12.5. - 31.12.   Dm 11

4729.
Altonaer Tageblatt, Norddeutsche Nachrich-
ten / Norddeutsche Ausgabe
12.4.1935: Altonaer Tageblatt, Norddeutsche
Nachrichten / 2. Abendausgabe
UT: Norddeutsche Ausgabe
1935 - 1937, 31.5.   18
                                               18

4730.
Altonaische Gelehrte Anzeigen
1.1763: Altonaischer gelehrter Mercurius
1.1773: Neuer gelehrter Mercurius
6.1.1780: Altonaischer gelehrter Mercurius
[Hamburg-] Altona
1763 - 1786   MFA
                                               18
1757 - 1758 (L)   46
                                               17

4731.
Altonaische Relation
(Hamburg-) Altona
1673 - 1674 (E)
1683, Aug. - 1684, Juni (L)
1685 - 1686, Nov. (L)
1687 - 1688 (L)
1689 (E)
1694, Apr. - Juni (L)
1695, Jan. - Okt. (L)
1696   46
                                                46
                                                18

4732.
Amtsblatt der Stadt Altona
[Hamburg-] Altona
1920, 3.12. - 1933, 30.6.   18
                                               18
                                               H 46
1923 - 1924
1926 - 1928
1930 - 1933, 30.6.   H 250

4733.
Die andere Zeitung
1967, 5.1. - 1969, 27.2.   Dm 11
1955, 15.5. - 1966   MFA
(9 Ro)
1956 - 1965   18
1955, 12.5. - 1969, 27.2. (L)   B 479
                                               B 479
1955, Mai - 1969, 27.2.   18
1955, 12.5. - 1966, 22.12.
1967, 5.1. - 1969, 27.2.   Dm 11

4734.
Antifaschistische Front
Kampforgan aller Werktätigen Altonas
[Hamburg-] Altona
1933, Sep./Okt.   B 479
                                               B 479

4735.
Die Arbeiterin
1890, 20.12. - 1891 (L)   46
(1 Ro)
                                               Bo 133
                                                18

4736.
Arbeiterkampf
8.1.1989: AK Arbeiterkampf
26.8.1992: Analyse & Kritik
Kommunister Bund (KB)
1971, Dez. - 2007, 14.12.   MFA
(20 Ro)
                                                18

4737.
Arbeiterzeitung
(Hamburg-) Harburg-Wilhelmsburg
1934, Nr. 4   B 479
                                               B 479

4738.
Archiv aller bürgerlichen Wissenschaften
zum Nutzen und Vergnügen [...]
1804 - 1806   **46**
(3 Ro)   46
                                                18

4739.
Archiv der Schwärmerey und Aufklärung
(Hamburg-) Altona
1788   46
                                                18

4740.
Artistische Nachrichten
Hansa-Theater
1896, Aug. - 1897, Sep.
1898, Feb. - März
1899, Aug. - 1914, Okt.
1915, Jan.   **MFA**
(2 Ro, Beilagen mitverfilmt)
                                              Dm 11
                                                706
                                               H 46

4741.
Ausländischer Potentaten Krieges- und Stats-
Beschreibung
1685 (E, MPF)   46

4742.
Die Auswahl
1783 (MPF)   46

4743.
Barbier- und Friseur-Zeitung
1895 - 1896, 20   **B 479**
                                             B 479
1902/03, 1 - 11   Bo 133

4744.
Barmbek-Uhlenhorster Lokal-Anzeiger
1951, 24.5. - 23.11.   **18**
                                                18

4745.
Der Bauwerkmeister
1929 - 1932 (L)   Bo 133
                                                18

4746.
Der Beobachter an der Elbe
1865, 1.4. - 30.9.   **68**
                                                68
                                                18

4747.
Bergedorf-Sander Volksblatt
1929 - 1932, 16.7.   18

4748.
Bergedorfer Nachrichten
1881 - 1886 (E)   **18**
(1 Ro)   18

4749.
Bergedorfer Zeitung
(15.9.1883 - 28.2.1943; 1.10.1949 ff.)
1976, 3.5. ff.   **101b**
(ca. 6 Ro/Jg)   101b
1941 - 1943, 28.2.
1949, 1.10. - 1976   **18**
1883, 15.9. - 1919
1929 - 1932
1941 - 1943, 28.2.
1949, 1.10. - 2004, 19.4.   18
1992 - 1997   101a
1883, 15.9. - 1920
1929 - 1943, 28.2.   **H 46**

4750.
Beyträge zu neuen Erfahrungen der Rechts-
und Gesetzkunde [...]
(Hamburg-) Altona
1795 (MPF)   46

4751.
Beytrag zur Erhaltung munterer und ernst-
hafter Gesellschaften
1767, Mai - 1768, Okt. (MPF)   46

4752.
Bild / Bundesausg.
1995
2000, 1.9. ff.   Dm 11
2001 - 2003   Bo 153

4753.
Bild-Zeitung
13.9.1971: Bild
(24.6.1952 ff.)
1975 - 1981, 14.7.   **101b**
                                              101b
1952, 24.6. - 1999, 30.6.   **MFA**
(238 Ro)
1952, 24.6. ff.   **Bo 174**
(bis 2002 249 Ro)
1999, 1.7. - 2007, 31.8.   **18**
1976 - 1988   30
1976 ff.   31
1962 - 1989
1992 ff.   46

1968 ff.	700
1988 - 1994	706
1988 ff.	739
1952, 25.6. - 1964, 30.6.	
1975 - 1981, 14.7.	
1995, 1.4. - 1998 (L)	
1999, 1.7. ff.	Dm 11
1984 ff.	M 352
1952, 24.6. - 2001	38/421
1952, 24.6. ff.	18
1952, 24.6. - 1998	Bo 133
1952, 24.6. - 2000	Bo 153
	Bo 174
1952, 24.6. - 1954, 30.6.	
1967, 2.5. - 1969, 30.9.	6

4754.
Billstedter Anzeiger

1953, 5.7. - 1979, 20.12.	18
(13 Ro)	18

4755.
Das Blatt der Wohltätigkeit

1806, 11.1. - 28.6.	
1808, 2.7. - 17.9.	46
(1 Ro)	
	18
1806, 16.8. (MPF)	46

4756.
Blinkfüer

1952, 5 - 1969, 13	B 479
	B 479
1956 - 1969	18
	18

Beilage(n):
Zeitgeschichtliche Dokumentati-

on	B 479
1964 - 1969, Jan. (L)	B 479
Extrablatt	B 479
1961, Nov. - 1968, Aug. (L)	B 479

4757.
Bramfeld-Poppenbüttler Zeitung
29.8.1932: Norddeutsche Nachrichten
UT: Ausgabe Bramfeld-Poppenbüttel

1905, 25.10. - 1934, 21.2. (L)	18
(55 Ro)	18

4758.
Bramfelder Lokal-Anzeiger
1970, Nr. 39: Lokal-Anzeiger LAZ
Vbg.: Hamburg-Bramfeld
6.10.1994: Lokal-Anzeiger
Vbg.: Bramfeld, Walddörfer

1952, 29.3. - 1998, Juli	
1999 - 2001, 21.12.	18
	18

4759.
The British Mercury

1787, Apr. - Dez.	
1789, Juli - 1790, Sep.	46
(3 Ro)	46
	18

4760.
Buchhändlerzeitung

1779 - 1781	46
	18

4761.
Der Chymische Warsager

1747, 11.11. - 1748, 23.3. (MPF)	46

4762.
*Cimbrisch-Hollsteinische Antiquitäten-
Remarques*

1719 - 1720, Jan. (MPF)	46

4763.
Critica Musica

1722/23, T. 1 - 4	Dm 11
	Dm 11

4764.
Der critische Musicus

1737 - 1740	46
	18

4765.
Curiöser Welt-Mercurius

1701 (MPF)	46

4766.
Dänische Blätter
(Hamburg-) Altona

1795 - 1796	46
	46
	18

4767.
Dammtor-Zeitung
1938, Jan./März
1949, Nov. - 1995, Okt.   **18**
    18

4768.
Denckwürdigkeiten der Welt
Hamburg, Leipzig
1707 (MPF)   46

4769.
Derer Universal-Historien Continuation[...]
1685   46
    18

4770.
Deutsch-Israelitische Gemeinde
1925 - 1937, Nr. 4 (L)   18

4771.
Deutsche Auswanderer-Zeitung
1921: Allgemeine deutsche Auswanderer-Zeitung
1919, 30.4. - Dez.
1920, Juli - 1921   **1w**
(1 Ro)   1w

4772.
Deutsche Hotel-Nachrichten
1933   **1**
    1

4773.
Der Deutsche im Auslande
1934, Nr. 6
1936, Nr. 18
1937 - 1939, Nr. 9   **M 352**
    B 1527

4774.
Deutsche Metallarbeiter-Zeitung
DMV-Gruppen im Gebiet Wasserkante
1936, 2   **B 479**
    B 479

4775.
Deutsche Opposition
1951, Nr. 12 - 29
1952, Nr. 1 - 17 u. 19 - 28   **M 352**
    M 352
    18

4776.
Deutsche Verkehrszeitung DVZ
(1.7.1947 ff.)
1947, 10.7. - 1988   **281**
(77 Ro)
1989 - 2003   **MFA**
(59 Ro, Beilagen mitverfilmt)
1947, 10.7. - 2003   18
1947, Juli - 1977   180

4777.
Deutsche Warte
UT: Allgemeine Arbeiterzeitung
(4. - 25.7.1880)
1880, 4. - 25.7.   **B 479**
    B 479
    18

4778.
Der deutsche Zuschneider
1911 - 1922
1925 - 1938   **Bo 133**
    Bo 133
1911
1914 - 1915   **B 479**

4779.
Deutscher Beobachter
1951   **18**

4780.
Deutscher Kinder-Almanach
1788 (MPF)   46

4781.
Deutscher Kinderfreund
1879, Okt. - 1880, Sep.
1891 - 1892, Sep.
1905, Okt. - 1906, Sep.
1907, Okt. - 1908, Sep.   **46**
    46
    18

4782.
Deutsches Magazin
1791 - 1800   **46**
(4 Ro)

4783.
Das dicke Fell
Amtsanzeiger der Räterepublik Barmhorst,
Uhlenbeck, Eilenbeck
1919, Nr. 1   **B 479**
    B 479

4784.
Disquisitiones philosophicae[...]
1706 (MPF), 1707   46

4785.
Eimsbütteler Anzeiger
1974, März - 1976, März   18
    18

4786.
Eimsbütteler Lokal-Anzeiger
1952, 5.4. - 1967, 6.1.   18
    18

4787.
Eisenbahn-Journal
(Hamburg-) Altona
1835 - 1837   46
    46
    18

4788.
Der Elbwart
1927 - 1929 (L)   18

4789.
Die Engländer in der Ostsee
1807, Sep. u. Okt. (MPF)   46

4790.
The English Magazine[...]
1774 - 1780   46
    18

4791.
Die Entscheidung
1920 - 1921   **46**
    18

4792.
Eppendorf-Winterhuder Nachrichten
1883, 2.10. - 1905, 9.12. (L)   18
(24 Ro)   18

4793.
Eppendorfer Lokal-Anzeiger
1973, Juni - 1975, März/Apr.   18
    18

4794.
Erste Internationale Kinematographen-Zeitung
1908, 25.3.   **MFA**
    18

4795.
Etwas zum Thee und Kaffee für Teutschlands Mädgen und Jünglinge
1784 (L)   **46**
(1 Ro)   **46**
    18

4796.
Die Europäische Fama
1685, Aug. - Dez. (L)
1687, Jan. - Juli (L)
1688 (E)
1689, Jan. - Nov. (L)
1695 (E)   **46**
    46
    18

4797.
Die Europäische Relation
[Hamburg-] Altona
1676 - 1677 (E)
1688 (E) u. 1698 (E)
1701 - 1702
1703 (E)   **46**
(11 Ro)   **46**
1688 - 1690
1694 - 1685
1698 - 1699
1701 - 1703   **18**

4798.
FFF-Press
1952, Juli - 1966, 22.12.   **MFA**
(25 Ro, Beilagen mitverfilmt)
    F 228
    18

4799.
Financial Times / deutschspr. Ausg.
(21.2.2000 ff.)
2000, 21.2. ff.   **101b**
(ca. 9 Ro/Jg)   101b
2000, 21.2. - 2001, 30.11.   Dm 11
2000 ff.   18
2000, 21.2. - 2003, 8.4.   6
2006, 20.7. - 31.12.   30
2000, 21.2. - 2007   281

4800.
Finkenwärder Nachrichten
29.8.1932: Norddeutsche Nachrichten
UT: Finkenwärder Nachrichten
23.11.1933: Finkenwärder Nachrichten
2.1.1934: Altonaer Tageblatt, Norddeutsche
Nachrichten
UT: Finkenwärder Nachrichten, Ochsenwärder
Zeitung
1.6.1937: Norddeutsche Nachrichten
UT: Finkenwärder Nachrichten, Ochsenwerder
Zeitung
1.2.1940: Norddeutsche Nachrichten / F
1951?: Norddeutsche Nachrichten
UT: Finkenwerder Nachrichten, Ochsenwerder
Zeitung
1879 - 1881
1883 - 1920, 26.4.
1926, 19.6. - 1943, 27.2.
1951 - 1957, Nr. 86 (L)   **18**

4801.
Freideutsche Jugend
1916 - 1919   **M 352**
(16 mm-Film)
1916 - 1919 (L)   30

4802.
Die Freie Gewerkschaft
1922 - 1930 (L)   18
1922 - 1930 (L)   Bo 133

4803.
Freie Zeitung
1867, 18.12. - 1870 (E)   **B 479**
                                  B 479
1867, 18.12. - 1871 (L)   361
                                  Bo 133

4804.
Der Freihafen
(Hamburg-) Altona
1838 - 1944   **12**
                                  12
                                  30
                                  30

4805.
Freiwirtschaftliche Zeitung
1927, Nr. 1 - 1929, Nr. 8 (L)   **MFA**
(1 Ro)
                                  Dm 11

4806.
Funk-Wacht
1933, 31.12. - 1941, 31.5.   **MFA**
(13 Ro)
                                  F 228
                                  18

4807.
FZ. Freiwirtschaftliche Zeitung
1924 - 1933 (L)   **46**
                                  18

4808.
Gazette de Hambourg
1800, 17.3. - 22.4.   46

4809.
*Gemeindeblatt der Deutsch-Israelitischen
Gemeinde zu Hamburg*
1925, 10.5. - 1938, 12.8.   **Dm 11**
(1 Ro)   Dm 11
                                  18
1925 - 1937 (L)   46
                                  16
                                  He 116
                                  19
                                  824
                                  B 1539
                                  H 227
                                  H 250
                                  30
                                  Kn 125

4810.
Gemeinnützige Correspondence
1766, Apr. - Okt.   46
                                  18

4811.
*Gemeinnützige Nachrichten aus dem Reiche
der Wissenschaften und der Künste*
1768   46
                                  18

4812.
Gemeinnützige Unterhaltungs-Blätter
Hamburg, Berlin
10.4.1811: Privilegirte gemeinnützige Unterhaltungsblätter
18.1.1812: Hamburgisches Unterhaltungsblatt
25.1.1812: Hamburgische Unterhaltungs-
Blätter
6.1.1813: Hamburgisches Unterhaltungsblatt
1826: Der Freischütz
ab 1861? in Berlin
1811 - 1813   **46**
(1 Ro)   46

1828 - 1852 **18**
(2 Ro)
1831 - 1848
1850 - 1851
1853, 1861, 1864
1867 - 1873 **68**
(11 Ro) **68**
1828 - 1859
1853, 1861, 1864
1867 - 1873 18
1853, Nr. 76 - 1857, Nr. 157
1859 - 1860 (E) B 479

4813.
Gemeinnütziges encyklopädisches Taschen-
buch [...]
1782 (MPF) 46

4814.
General-Anzeiger für Hamburg-Altona
28.8.1922: Hamburger Anzeiger
1888, 2.9. - 1904
1905, 1.4. - 1944, 31.8. (L) **18**
18
Dm 11
H 46
Beilage(n):
Die deutsche Arbeitsfront **18**
1933 - 1939 18
Die Frau von Heute in Heim und
Beruf (ab 1937: Die Frau unserer
Zeit) **18**
1932 - 1940 (L) 18
Für Jungens und Deerns **18**
1925 - 1940 18
Für unsere Frauen **18**
1907 - 1923 18
Handels- und Schiffahrtsblatt **18**
1924 - 1930 18
Haus, Hof und Garten **18**
1922 - 1923 (L) 18
Illustrierte Wochenbeilage **18**
1924, 21.2. - 1941, 30.8. (L) 18
Dm 11
Kleingarten und Siedlung **18**
1924 - 1932 18
Prima **18**
1954 - 1957 18
Reisen und Wandern **18**
1929 - 1938 (L) 18
Der Siedler **18**
1922 - 1923 (L) 18
Der Sonntag **18**
1922 - 1924 18

Sport, Spiele, Turnen (ab 1937
Sport) **18**
1925 - 1939 (L) 18
Ulenspegel **18**
1922 - 1937 18
Vom Sonntag zum Alltag **18**
1925 - 1932 (L) 18

4815.
Genossenschaftsfamilie
1925, Nr. 10 - 1932, Sep. Bo 133
18
Beilage(n):
Der Kleine Genossenschafter
1925 - 1932
(Vlg. in Köln) Bo 133
18

4816.
German Tribune
1970, 10.2. - 1976 **GB-**
LO/N38
1980 - 1981 **GB-**
LO/N38

4817.
Gesammleter Briefwechsel der Gelehrten
über allerhand seltene Bücher
März 1751: Briefwechsel der Gelehrten
1750 - 1751 (MPF) 46

4818.
Gewerkschafts-Zeitung
1946, 12.2. - 1947, 1.4. **Bo 414**
(1 Ro)
18
188/211
Bo 133
Bm 3
M 352

4819.
Gewerkverein der Holzarbeiter
1870, 1 - 3 **B 479**
B 479

4820.
Groß-Flottbeker Tageblatt
29.8.1932: Norddeutsche Nachrichten / Groß-
Flottbeker Tageblatt
1911 - 1935, 31.8. **18**
(48 Ro) 18

4821.
Der Grundstein
1910
1914 - 1917
1932 - 1933   **1**
(1 Ro)   1
1888 - 1889
1914 - 1919
1924 - 1929   **18**
       18
1888 - 1895   **4**
(4 Ro)   4
1888, 24.6. - 1935, Juni (LL)   Bo 133

4822.
Der Hafenarbeiter
1935, Juni   **B 479**
       B 479

4823.
Hamburg und Altona
1801, 10.9. - 1806   **MFA**
(4 Ro)
       18

4824.
Hamburg-Altonaer Illustrirte Zeitung
1864 - 1869, 40 (L)   **46**
(1 Ro)
       18

4825.
Hamburg-Altonaer Volksblatt
10.11.1878: Gerichtszeitung
17.4.1881: Bürgerzeitung
2.10.1887: Hamburger Echo
3.4.1946: Hamburger Echo / A
9.12.1948: Hamburger Echo / Hamburger
Stadtausgabe
1.3.1953: Hamburger Echo / A
1.1.1964: Hamburger Echo am Abend
1.10.1964: Hamburger Abendecho
21.7.1966: Abendecho
(19.9.1875 - 4.3.1933 u. 3.4.1946 - 1966)
1948, 9.12. - 31.12.   **1w**
(1 Ro)   1w
1881, 17.4. - 1887, 18.9. (L)   **B 479**
1953, 1.7. - 1966   **281**
(43 Ro)
1946, 3.4. - 1951, 19.7.   **GB-**
(12 Ro)   **LO/N38**

1887, 4.10. - 1888, 30.6.
1892 - 1925, Sep.
1926 - 1933, 3.3.
1946, 3.4. - 1949   **Bo 414**
(100 Ro)
1946, 3.4. - 1948, 7.12.
1953, 1.3. - 1966   **18**
1875, 19.9. - 1878
1881, 17.4. - 1887, 20.9.
1887, 4.10. - 1888, 30.6.
1892 - 1925, Sep.
1926 - 1933, 3.3.
1946, 3.4. - 1952
1953, 1.3. - 1966   **18**
1915, 21.10. - 1920, 30.4.   **GB-**
1946, 3.4. - 1951, 19.7.   **LO/N38**
1946, 3.4. - 1949   **34**
1875, 19.9. - 1878
1887, 1888 (L)
1890 - 1924
1925 (L)
1926 - 1933, 3.3.   **46**
(Beilage: Gleichheit mitverfilmt)
1887, 4.10. - 1888, 30.6.
1892 - 1933, 3.3. (L)   **188/211**
1875, 19.9. - 1878, 31.10.
1881, 17.4. - 1887, 18.9. (L)   **B 479**
1887 - 1933, 3.3. (L)
1946, 3.4. - 30.10.
1953, 1.7. - 1966   **Bo 133**
1926 - 1933, 3.3.
1946, 3.4. - 1952   **H 46**
1887, 4.10. - 1888, 30.6. (L)
1892 - 1925, 30.9. (L)
1926 - 1933, 3.3.   **Lün 4**
1946, 3.4. - 1949   **M 352**
1947, 10.1. - 1949   **Sta 4**
1892 - 1921, 14.5.   **352**
1875, 19.9. - 1878, 31.10.
1878, 10.11. - 21.12.
1887, 4.10. - 1888, 30.6.
1892 - 1925, Sep.
1926 - 1933, 3.3.
1946, 3.4. - 1948, 25.5.   **H 250**
1921, 11.11. - 1931, 14.1.   **Dm 11**
Beilage(n):
Das Echo der Woche
1932 - 1933   **46**
Die arbeitende Jugend
1919 - 1933, 2 (L)
(Beilage zur Abend-Ausg.)   **Bo 133**
Volk und Zeit
1923, Mai - 1932, Nr. 3
(4 Ro, als Beilage auch in weite-
ren sozialdemokratischen Zeitungen)   **46**

Die Freie Gewerkschaft
1922 - 1930 (L)   46

4826.
Hamburger Abendblatt
(14.10.1948 ff.)
1948, 14.10. ff. (L)   **18**
                                            18
1963, 1.2. - 1975   **281**
(97 Ro)
1962, 1.11. - 31.12.
1970 ff.   **101b**
(ca. 9 Ro/Jg)   101b
1948, 14.10. - 1958, 21.3.
1958, 1.4. - 1969
1970, 12.2. - 10.6.   **Dm 11**
1958, 22.3. - 31.3.   **MFA**
1948, 23.10. - 1952, 27.11. (L)   GB-
                                           LO/N38
1992 - 1997   101a
1984 - 2006, Juli (MPF)
2006, Aug. ff.   109
1976 ff.   281
1948, 14.10. ff.   Dm 11
1955, 1.7. - 1957
1962, 20.11. ff.   H 46
1958 - 1997   6/053
1952, 27.11. - 1957, 31.10.
1958 - 1997   6
1948, 14.10. - 1980   35
1966, 2.4. - 20.5.   17

4827.
Hamburger Abendblatt
UT: Stadtteilnachrichten Nord
UT ab 5.7.1973: Alstertal-Nachrichten
1971, 4.2. - 1973, 28.6.
1974 - 1988, 30.6.   **18**
                                            18

4828.
Hamburger Abendblatt
UT: Barmbeker Zeitung
1973, 5.7. - 1975, 22.5.   **18**
                                            18

4829.
Hamburger Abendblatt
UT: Bergedorfer Nachrichten
1971, 5.2. - 1983, 15.7.   **18**
                                            18

4830.
Hamburger Abendblatt / 1
Hamburg, Pinneberg
UT: 1, Altonaer Nachrichten, Pinneberger
Zeitung
4.2.1971: Hamburger Abendblatt
UT: Altonaer Nachrichten
1968 - 1988, 30.6.   **18**
                                            18

4831.
Hamburger Abendblatt / 2
4.2.1971: UT: 2, Hamburg-Nordwest
28.5.1971: UT: Stadtteilnachrichten Nordwest
1.3.1973: UT: Eimsbütteler Zeitung
1968 - 1988, 30.6.   **18**
                                            18

4832.
Hamburger Abendblatt / 4
UT: 4, Hamburg-Ost
4.2.1971: Hamburger Abendblatt
UT: Stadtteilnachrichten Ost
1968 - 1973, 28.6.   **18**
                                            18

4833.
Hamburger Abendblatt / 5
weitere UT: Harburg-Stadt und Land, Wilhelmsburg, Harburg-Stadt und Land, Harburger Rundschau
1966, 27.1. - 2001   **18**
                                            18

4834.
Hamburger Abendblatt / Hamburg-Nordost
26.8.1970: Hamburger Abendblatt / 3
4.2.1971: Hamburger Abendblatt
UT: Wandsbecker Zeitung
1968 - 1971, 29.1.
1974 - 1988, 30.6.   **18**
1968 - 1988, 30.6.   18

4835.
Hamburger Allgemeine Zeitung
(2.4.1946 - 26.3.1950)
1946, 2.4. - 1947, 5.4.   **18**
1946, 7 - 1949   Bo 153
1946, 2.4. - 1950, 24.3. (L)   GB-
                                           LO/N38
1946, 2.4. - 1950, 26.4.   18
                                           H 46
1947, 10.1. - 30.12.
1949, 13.4. - 30.9.   Sta 4

4836.
Hamburger Anzeiger
1952, 13.9. - 1957, 31.3.   **18**
                                             18
                                              6

4837.
Der Hamburger Beobachter und das Archiv
Wissenschaft und Künste
31.3.1852: Morgenzeitung
14.4.1852: Der Hamburger Beobachter
(20.12.1817 - 29.12.1852)
1822 - 1841 (L)
1849, 25.7. - 1852, 29.12.   **68**
(2 Ro)   68
                                           Dm 11
                                             Dm 11
1825 - 1834
1838 - 1845, 27.12.   **18**
(5 Ro)
1825 - 1834
1838 - 1845, 27.12.
1849, 25.7. - 1852, 29.12.   18
1849, 25.7. - 1852, 29.12.   21

4838.
Hamburger Freie Presse <1892>
1.4.1898: Hamburger Neueste Nachrichten
(19.11.1892 - 28.2.1933)
1892, 19.11. - 1893, 30.6.
1898, 1.4. - 1903, 21.7.
1907, 1.2. - 28.7.
1907, 10.10. - 1917 (L)   18
1894 - 1903
1905, Okt. u. 1907, Feb. u. Juli
1907, Dez. - 1917   H 46

4839.
Hamburger Freie Presse <1946>
(3.4.1946 - 12.9.1952)
1950 - 1952, 12.9.   **MFA**
(7 Ro)
1952, 5.8. - 12.9.   **18**
1946, 3.4. - 1952, 12.9.   18
                                             H 46
1946, 3.4. - 1949, 21.10.   GB-
1949, 21.11. - 1952, 12.9. (L)   LO/N38
1952, 5.8. - 12.9.   Dm 11

4840.
Hamburger Fremdenblatt
(10.12.1863 - 31.8.1944 u. 1.9. - 31.10.1954)
1913, 15.4. - 30.4.   **1w**
(1 Ro)
1918, 10. - 11.11.   **B 479**
(Morgen-Ausgabe)   B 479
1872, 3.1. - 31.3.
1882, 1.2. - 30.4.
1884, 2.11. - 1887, 30.9.
1888 - 1923, 31.3.
1926 - 1931
1933 - 1936, 30.11. (L)
1940 - 1944, 31.8. (L)
1954, 1.9. - 31.10.   **Dm 11**
(297 Ro)
1938, 5.4. - 6.4.   **MFA**
(1 Ro)
1868 - 1872, 31.3. (L)
1882, 1.2. - 30.4.
1884, 2.11. - 1923, 31.3. (L)
1924, 1.1. - 30.11.
1926 - 1932, 31.3.
1932, 1.7. - 1936
1938, 5. u. 6.4.
1940 - 1944, 31.8.
1954, 1.9. - 31.10.   18
1913, 28.12. - 1919
1942, Feb. - Okt.
1943, Mai   GB-
1943, Dez. - 1945, 10.4.   LO/N38
1872, 1882 (L)
1884 - 1891   46
1872 - 1936 (L)   706
1872, 3.1. - 31.3.
1882, 1.2. - 30.4.
1884, 2.11. - 1923,31.3. (L)
1926 - 1931
1933 - 1936, 30.11.   Mar 1
1872, 3.1. - 1936, 30.11. (L)
1937, 27.3., 1938, 5. u. 6.4.
1940 - 1944, 31.8. (L)
1954, 1.9. - 31.10.   Dm 11
1922, 1.4. - 1936, 30.11. (L)   Kn 168
                                            M 415
1930 - 1932   38/421
1894, 1.10. - 8.12   H 250
1914 - 1919
1921 - 1922 (E)
1940 - 1944 (L)   6
1892, 25.6. - 30.9.
1913, 15. - 30.4.   1w

4841.
Hamburger Fremdenblatt / Illustrierte Wo-
chenausgabe
1914 - 1918   18
                                               18

4842.
Hamburger Grundeigentümer-Zeitung
1929 - 1930   1
(1 Ro)   1
                                               18

4843.
Hamburger Illustrierte Zeitung
1935?: Hamburger Illustrierte
1919 - 1944   46
(26 Ro)
1925 - 1930, 2.8. (LL)
1931 u. 1932 (E)
1933 - 1935, 24.6. (LL)
1939, 14.8. - 1940, 7.9. (L)
1941 - 1944, 2.9. (L)   MFA
(9 Ro)
                                    Dm 11
                                        6
1925 - 1935
1939 - 1944   77
1919, Nr. 4 - 1944   Lün 4
1919, Nr. 4 - 1944, 2.9.   18
1940, 31.8. - 23.11. (E)   GB-
1944, 26.8. 1945, 15.2. (E)   LO/N38

4844.
Hamburger Landbote
1907, 13.10. - 1914, 12.7. (L,
MPF)   18

4845.
Hamburger Lichtspiel- und Theaterwoche
Dez. 1924: Film-Journal
1924, 31.7. - 1935, 27.10. (L)   MFA
(6 Ro)
                                    B 1588
                                     101a

4846.
Hamburger Lokal-Anzeiger
1941, 2.1. - 31.5.
1950, 2.1. - 30.6.   18
                                       18

4847.
Hamburger Mittag
(26.1.1954 - 31.3.1957)
1954, 26.1. - 1957, 31.3.   18
                                       18
                                    Dm 11

4848.
Hamburger Morgenpost
(16.9.1949 ff.)
1976 ff.   101b
(ca. 10 Ro/Jg)   101b
1949, 16.9. - 1971, 31.7.
1976 - 1979   Bo 414
(106 Ro)
1971, 2.8. - 1975 (L)   MFA
(29 Ro)
1949, 16.9. ff.   18
1990 ff.   46
1992 - 1997   101a
1949, 16.9. - 1969   Bo 133

4849.
Hamburger Nachrichten / Ediçao portuegeza
1914 - 1915   12
1914 - 1917   18

4850.
Hamburger Nachrichten / Illustrierte Aus-
land-Ausg.
1914 - 1918, 13.12.   18

4851.
Hamburger Nachrichten / Mittag-Ausg.
1919, 18.2. - 31.12.   18

4852.
Hamburger Nachrichten-Blatt der Militärre-
gierung
30.11.1945: Hamburger Nachrichten-Blatt
(9.5.1945 - 28.3.1946)
1945, 9.5. - 1946, 28.3.   Bo 414
(1 Ro)
                                       18
                                    H 250
                                    Dm 11
                                    M 352

4853.
Hamburger Rundschau
1981, 24.9.
1981, Nov. - 1982, Jan.
1982, März - 2000, 13.7.   MFA
(Beilage mitverfilmt)
1982, 26.8. - 2000, 13.7.   18
1982, Nr. 8 - 1992   Bo 153

1981, 24.9. - 2000, 13.7.	H 46
Beilage(n):	
Up to dates	
1991, 4.1. - 11.9.	MFA

4854.
Hamburger Tageblatt
(2.1.1931 - 31.8.1944)

1939, 10.3. - 1940, 30.5.	GB-
1941, 21.4. - 1944, 2.8. (LL)	LO/N38
	GB-
	LO/N38
1931 - 1943, 24.7.	
1943, 18.8. - 1944, 31.8.	18
	H 250
1933, 2.4. - 31.8.	Lün 4
1931, März - 1945, Mai (L)	H 46

4855.
Hamburger Tageblatt / Hannover-Niederelbe
1.9.1933: Niederelbisches Tageblatt
BA v. Hamburger Tageblatt
(3.4.1933 - 31.3.1937)

1933, 2.4. - 1937, 31.3.	Lün 4
(21 Ro)	Lün 4

4856.
Hamburger Theater-Woche
27.7.1934: Blätter für Kunst und Kultur

1933, 21.1. - 19.2.	
1933, 19.5. - 31.5.	
1933, 15.8. u. 29.9.	
1934 - 1935, 20.12.	
1936, 1.6. - 1941 (L)	MFA
(4 Ro)	
	18

4857.
Hamburger Tribüne
USPD
1920 (E)

1921, Nr. 152 - 1922, Nr. 228 (L)	B 479
	B 479
1920, 13.10. - 1922, 30.9. (L)	18
Beilage(n):	
Unterhaltungsbeilage für die	
werktätige Bevölkerung	B 479
1921, 27 - 1922, 38 (L)	B 479

4858.
Hamburger Universitätszeitung
Mai 1935: Hansische Hochschulzeitung

1919/20 - 1941, 5 (L)	18
	18
1919 - 1935, 9 (L)	H 46

4859.
Hamburger Volkswart
UT: parteilose Halbmonatsschrift für klassen-
losen Aufbau und revolutionäre Außenpolitik

1921, Nr. 7 - 10	B 479
	B 479

4860.
Hamburger Volkszeitung
KPD Altona

1933, Sep., 12.10. u. 1.11.	B 479
	B 479

4861.
Die Hamburger Warte

1919, 14.12. - 1921	18
(2 Ro)	18

4862.
Hamburger Zeitung

1943, 25.7. - 17.8.	
1944, 1.9. - 1945, 2.5.	18
(2 Ro)	18
	Dm 11
	H 46

4863.
*Hamburgische Anzeigen und Urtheile von
gelehrten Sachen*

1760 (E)	46

4864.
*Hamburgische Auszüge aus neuen Büchern
und Nachrichten von allerhand [...] Sachen*

1729, Teil 13 - 17	46
	18

4865.
Hamburgische Schulzeitung

1893 - 1918	B 478

4866.
Hamburgische Staats-Neuigkeiten

1752, 4.1. - 6.5.	46
	18

4867.
Hamburgischer Correspondent / Mittagsblatt

1918 - 1919, 19.12.	18
	Dm 11
1919	46

4868.
Hamburgischer Correspondent / Zeitung für
Literatur, Kunst und Wissenschaft
(1882 - 1920)
1883 - 1894
1896, 19.1. - 1901
1902, 13.7. - 23.12.
1911, 20.8. - 1918, 29.9.   **18**
(5 Ro)
1882 (L)
1883 - 1901
1902, 13.7. - 1910, Nr. 26
1911, 20.8. - 1918, 29.9.   **18**

4869.
Hamburgischer Staat, [...]
1771   46
                                   18

4870.
Hamburgisches Münz- und Medaillen-
Vergnügen
1747 - 1752 (MPF)   46

4871.
Hamburgisches Theater
1776 - 1779 (MPF)   46

4872.
Hamburgisches Wochenblatt für Kinder
1775 - 1777   7

4873.
Hamburgsche Landbibliothek zum Nutzen
und Zeitvertreib des schönen Geschlechts
1778 - 1779 (MPF)   46

4874.
Hamburgum literatum
1701 u. 1716 (MPF)   46

4875.
Hansa
UT: International maritime journal
1916, 16.9. - 1919, 9.8.   **GB-**
(5 Ro)   **LO/N38**
                                   GB-
                                   LO/N38
1864 - 1945
1949 - 2000   **18**
                                   18

4876.
Hansische Warte
1942 - 1943, Apr.   **MFA**
(1 Ro)
                                   18

4877.
Harburger Anzeigen
1848 - 1859   18

4878.
Harburger Anzeiger
auch: Harburger Anzeigen
4.1.1860: Harburger Anzeigen und Nachrichten
(5.10.1844 - 28.2.1943 u. 21.9.1949 ff. / v.
15.9.1945 - 1948 nur Anzeigenaushang)
1976 ff.   **101b**
(ca. 6 Ro/Jg)   101b
1848 - 1849   **Dm 11**
(1 Ro)
                                   21
                                   468
1848 - 1943, 27.2.
1945, 15.9. - 1948
1949, 1.10. - 2004, 23.4.   18
1992 - 1997   101a
1844, 1.10. - 1890, 11.6.
1891 - 1938, 30.9.
1939 - 1943, 27.2.
1945, 15.9. - 1948   Dm 11
                                   Lün 4

4879.
Harburger Tageblatt
(Hamburg-) Harburg
1930, 31.10. - 29.11.   Dm 11
1924, 26.4. - 31.12.
1925, 1.4. - 1930, 29.11.   Lün 4
1924, 26.4. - 1930, 29.11.   18
1924, 1.4. - 1930, 30.11. (L)   H 46

4880.
Heimat-Echo
Ausg. für Bramfeld, Steilshoop, Barmbek-
Nord
1968, Feb. - 1977, 31.3.   **18**
                                   18

4881.
Heimat-Echo
bis Juli 1968: Ausg. für Blankenese und Elbvororte
ab Sep. 1968: Ausg. für Altona, Blankenese-
Elbvororte, St. Pauli
1967, 1.9. - 1968   18
                                                   18

4882.
Heimat-Echo
Ausg. für Walddörfer und Alstertal
Mitteilungsblatt der SPD für Bergstedt, Hois-
büttel, Lehmsahl, Duvenstedt
(1957 ff.)
1959
1977, Nr. 28 - 2006   18
(33 Ro)
1959
1977, Nr. 28 - 1991, 30.4.
1993, 2.6. - 2006   18

4883.
Heimat-Echo / 1
Ausg. für Altona
1967, 1.9. - 1968, Juli   18
                                                   18

4884.
Heimat-Echo / 2
Ausg. für Altona II, Diebsteich, Lurup, Bah-
renfeld
1967, 1.9. - 1968, Juli   18
                                                   18

4885.
*Die heutige Historie, oder der Gegenwärtige
Staat der Königreiche Siam, Pegu und Arra-
kan [...]*
Hamburg, Flensburg
Vlg. in (Hamburg-) Altona u. Flensburg
1753   46

4886.
Historische Blätter
1826
1828 - 1829
1832 - 1833   **MFA**
(1 Ro)
                                                   18

4887.
*Historische Remarques über die neuesten
Sachen in Europa*
1701 - 1703   **46**
(3 Ro)
1699 - 1707   46
                                                   18

4888.
Hör zu
(15.12.1946 ff., ab 1951, Nr. 41 Teilung in
Unterreihen)
1946, 15.12. - 2009   **MFA**
(324 Ro)
1946, 15.12. ff.   Dm 11
1967, 11.11. - 1986   6/053
1946, 15.12. - 1975 (Westdt.
Ausg.)   F 228
1946, 15.12. - 2004
(ab 1951, Nr. 41: Hamburger   18
Ausg.)
1946, 15.12. - 2003, 18.12.   38/421

4889.
Holzarbeiter-Zeitung
Hamburg, Berlin
1933, Nr. 24 - 1935, Nr. 37 u. 1940 - 1941:
Der Deutsche Holzarbeiter
1905, 7.1. - 1908, 26.9.   **24**
(2 Ro)   24
1893 - 1933   **46**
(13 Ro)
1968, Juli - 1993   **Dm 11**
(9 Ro)   Dm 11
1893 - 1904
1910
1913 - 1933   Bo 133
1893 - 1895   18
1913 - 1925   Bm 3
Beilage(n):
 Der Betriebsrat in der Holzin-
dustrie
1920, Aug. - 1923, Juli
1924 - 1927   **46**
 Holzarbeiter Frauenblatt
1914, Nov. - Dez.
1919, Okt. - 1923, Aug.   46
                                                   Bm 3

4890.
Horner Anzeiger
1967, 2.11. - 1979, 20.12.   18
                                                   18

4891.
Iduna
1831 - 1834   46
                               18

4892.
Illustrirtes Unterhaltungsblatt für das Volk
1887, 1888 (L)   46

4893.
Informationen
Vereinigung der Verfolgtendes Naziregimes
1949, Nr. 28 - 1950, Nr. 8 (L)   **B 479**
                                  B 479

4894.
Informationsdienst der freien Gewerkschaften
Bez. Hamburg, Schleswig-Holstein
1946, 19.6. - 1949, 10.12.   **Bo 414**
(1 Ro)
                               68
1946, 14.9. - 1949, 10.12.   **M 352**

4895.
Israelitisches Familienblatt
1912: Hamburger Familienblatt für die israelitischen Gemeinden Hamburg, Altona, Wandsbeck und Harburg
1935, Nr. 18: Israelitisches Familienblatt / C
1898 - 1801, Nr. 7
1912 - 1923 (L)
1932 - 1938, Nr. 44   **H 227**
1901, Nr. 1 - 7
1912, Jan. - 13.5.
1913 - 1922   **H 46**
1935   18

4896.
Jahrbuch für die jüdischen Gemeinden Schleswig-Holsteins
1929 - 1937   46

4897.
Jetzt-lebendes Hamburg, [...]
1723 (MPF)   46

4898.
Journal der neuesten Weltbegebenheiten
(Hamburg-) Altona
1795, März - Aug.
1795, Nov. - 1796, Jan.
1796, Nov. - 1797, Juli
1798   **46**
                               46

1802, Feb.
                               46
                               46
                               18

4899.
Journal für Theater und andere schöne Künste
1798 (MPF)   46

4900.
Der Jude
(Hamburg-) Altona
1832 - 1833
1835   **Dm 11**
(1 Ro)   Dm 11
                               68
                               He 116
                               19
                               824
                               517
                               B 1539
                               30
                               464
                               Kn 125
                               46

4901.
Jugendland
1924 - 1925, Nr. 2/3   46
                              18

4902.
Der Jungprolet
1933, Sep.   **B 479**
                               B 479
                               18

4903.
Der kabbalistisch-bibelsche Occident
1845   18

4904.
Kayserlich privilegirte Hamburgische Neue Zeitung
22.8.1806: Hamburgische Neue Zeitung
2.1.1826: Hamburgische Neue Zeitung und Addreß-Comtoir-Nachrichten
29.11.1831: Neue Zeitung und Hamburgische Addreß-Comtoir-Nachrichten
2.1.1838: Hamburger Neue Zeitung
(2.1.1767 - 1846)
1826, 2.2. - 1846 (L)   **18**

1793 - 1797, 30.6.
1797, 1.10. - 1798, 29.12.

1806 - 1809	**31**
(6 Ro)	**31**
1767 - 1811	**46**
(55 Ro)	**46**
1767 - 1770, 29.1.	
1771 - 1846	18
1834 - 1846 (L)	Dm 11
1842, 1.4. - 1843, 1.6. (L)	
1844, Jan. - 29.6. (MPF)	B 479

4905.
Klassengewerkschaftler

1934, Nr. 57 - 72 (L)	**B 479**
	B 479

4906.
Der Königl. Schwedischen Akademie der
Wissenschaftlichen Abhandlungen, [...]
1739 - 1740 (E)

1779 (E), 1780 (E), 1790 (E)	46

4907.
Königlich privilegirte Altonaer Adreß-
Comtoir-Nachrichten
1848, Nr. 27: Altonaer privilegirte Adreß-
Comtoir-Nachrichten
(1773 - 1854)
1822 - 1825
1827 - 1828

1850 - 1851	**Dm 11**
(3 Ro)	
1775 - 1854	**18**
	18
	Dm 11
1802 - 1804	H 46

4908.
Konkret
1958 - 1973, 15.11. (L)
1974, Okt. - 1984, Nov.
1985 - 1987

1990 - 1992 (L)	**Dm 11**
(24 Ro)	Dm 11
	188
	38/421
	18
1957, 8 u. 9	
1958 - 1966	30

4909.
Konsumgenossenschaftliches Volksblatt des
Zentralverbandes Deutscher Konsumvereine /
Mitteldeutsche Konsumvereine

1920 - 1921	Bo 133

4910.
Konsumgenossenschaftliches Volksblatt des
Zentralverbandes Deutscher Konsumvereine /
Thüringen

1920 - 1921	Bo 133

4911.
Kritisches Journal über den gegenwärtigen
Krieg

1804	46

4912.
Kunst und Handwerk

1983	Kai 1

4913.
Der Kurier

1891, 22.11. - 1897, 14.8. (L)	18
	H 46

4914.
Land und Stadt
1923, Nr. 47 - 51: Die Fanfare
Nr. 54, 1923: Die Welt von Morgen

1923 (L)	**46**
	18

4915.
Die Laubhütte
Hamburg, Regensburg
ab 1900, Nr. 48 als Beilage zu "Deutsche Israelitische Zeitung"
1913 - 1915
1918 u. 1924

1930 (E), 1933 (E), 1937 (E)	355
1899	
1901 - 1903	
1913 - 1915 (L)	
1918 u. 1921	
1924 (L)	
1928 - 1930 (L)	
1933 (E)	
1937 - 1938 (E)	B 1539
1913 - 1915, 1918, 1924, 1930	
1937 - 1938	30

4916.
Lokal-Anzeiger
Vbg.: HH-Rahlstedt

1971, 7.10. - 1980, 27.3.	**18**
	18

4917.
Lokal-Anzeiger für Schiffbek und umliegende
Ortschaften
10.5.1919: Schiffbeker Zeitung
1.3.1928: Billstedter Zeitung
1934: Billstedter Zeitung, Horner Zeitung
20.4.1940: Billstedter Zeitung
1903, 3.10. - 1941, 31.5.   **18**
                                 18

4918.
Der Lokalbote für Rothenburgsort, Ham-
merbrook und Veddel
1969: Der Lokalbote
Vbg.: Rothenburgsort, Veddel, Hamm, Borg-
felde, Eilbek, Hohenfelde, St. Georg, Moor-
fleet
1953 - 1993   **18**
                                 18

4919.
Materialien zu einer kritischen Geschichte
der Freymaurerey
1792 (MPF)   46

4920.
Materialien zu neuen Ansichten für die Er-
fahrungs-Seelenkunde und andere physikali-
sche Gegenstände
1804, 2. Stück   46

4921.
Die Matrone
1728 (MPF)   46

4922.
Der Menschenfreund
1737 - 1739, Apr. (MPF)   46

4923.
Mephistopheles
politisch-satyrische Wochenschrift
[Hamburg-] Wandsbek
1850, 29.9. - 22.12.   **B 479**
                                 B 479
1848, 2.4. - 1852, 27.6.   32

4924.
Mittagsblatt
1939, 2.10. - 1945, 1.5.   **18**
                                 18

4925.
Mitteilungen der Gesellschaft für jüdische
Volkskunde
1905: Mitteilungen zur jüdischen Volkskunde
ab 1905 in Berlin, ab 1908 in Leipzig, ab 1910
in Wien
1898 - 1929   **MFA**
(2 Ro)
                                 18
                                 19
                                 1
                                 517
                                 B 1539
                                 18
                                 30
                                 14
                                 Dm 11
                                 46

4926.
Mitteilungen für das Hamburger Handwerk
(Juni 1946 - 1969)
1946, 15.6. - 1969   **18**
(5 Ro)   18

4927.
Mitteilungsblatt der Ortsgruppe Groß-
Hamburg des Freiwirtschaftsbundes FFF
1924, März   **46**

4928.
De moralieerende Kröger
1750 - 1751
1752 (E, MPF)   46

4929.
Musarion
(Hamburg-) Altona
1799 - 1800 (MPF)   46

4930.
Nachrichten und Bemerkungen über den
algierischen Staat
(Hamburg-) Altona
1798 - 1800   **MFA**
(3 Ro)
                                 46
                                 18

4931.
Nachrichten von Niedersächsischen berühm-
ten Leuten und Familien
1768 - 1769   **46**
(1 Ro)   46
                                 18

4932.
Nachrichtenblatt für alle Werktätigen
1933, Sep.   **B 479**
                                    B 479

4933.
Nedderdüütsch Nachrichten
auch als Beilage zu "Norddeutsche Nachrichten"
1919 - 1920   **18**
(1 Ro)   18

4934.
Die Nessel
1863 - 1864   **68**
(1 Ro)   68
                                    18

4935.
Der Neu-angelegten Nouvellen-
Correspondance
Aus dem Reich derer Lebendigen in das Reich
der Todten
1721   **46**
(1 Ro)   46
                                    18

4936.
Der Neue Bienenstock
Eine Sittenschrift, der Religion, Vernunft und
Tugend gewidmet
1764 - 1765   **46**
(1 Ro)   46
                                    18

4937.
Das Neue Blatt
Hamburg, Essen, Berlin
1950, 2.10. - 1958, 26.6. (L)   **MFA**
(8 Ro)
1958, 5.7. - 1969, 18.1. (L)   **Dm 11**
1950, 12.10. - 1969, 18.1. (L)   Dm 11
1958, 5.7. - 1969, 18.1. (L)   18

4938.
Neue Deutsche Literatur
Hamburg, Berlin
1970   109

4939.
Neue Hamburger Presse
(9.6.1945 - 30.3.1946)
1945, 9.6. - 1946, 30.3.   **Bo 414**
(1 Ro)
                                    18
                                    GB-
                                    LO/N38
                                    M 352
1945, 9.6. u. 4.8.   Dm 11

4940.
Neue Hamburger Zeitung <1896>
30.10.1920: Neue Hamburger Zeitung und
Handelsblatt
1896, 17.4. - 1922, 27.8.   **18**
(82 Ro)   18
                                    Dm 11
                                    H 46
Beilage(n):
Extrablätter
1914 - 1917 (L)   18
Handel und Schiffahrt
1907 - 1914 (L)   18
Das Reich der Frau
1909 - 1922 (L)   18
Verlosungs-Liste der neuen
Hamburger Zeitung
1897 - 1914 (L)   18

4941.
Neue Hamburgische Gelehrte Zeitungen
9.10.1749: Gelehrte Neuigkeiten
1749, 2.1. - 11.8.
1749, 9.10. - 1751   **46**
(3 Ro)   46
                                    18

4942.
Neue Politik
1956 - 1959
1968, 1.12. - 1969, 21.6.
1973, 4.3. - 1985, 1/2   **18**
1959, 5.12. - 1968, 7.12.
1969, 21.6. - 1973, 24.3.   **Dm 11**
                                    Dm 11
1956 - 1985, 1/2   18

4943.
Neue Tischler-Zeitung
1881 - 1891   **B 479**
                                    B 479
1893, 1.1. - 25.6.   46
                                    18
1882 - 1890
1892 - 1893   **Bo 133**

4944.
Der neue Wandsbecker Bote
Beilage(n):
Die Teufelszeitung
1828   18

4945.
Die Neue Welt
Hamburg, Leipzig, Stuttgart, Berlin, Breslau
(WrocŁaw, PL)
[Wilhelm Liebknecht]
u.a. als Beilage v. Volkszeitung, Düsseldorf
1904 - 1915 (L)   **61**
(3 Ro)   61
1877 - 1880   **1a**
    1a
1876 - 1878, 28.9.   **4**
    4
1876 - 1877
1881 - 1884
1892 - 1913
1914, Nr. 31
1916, Nr. 24 - 46
1918, Nr. 1 - 42   **Bo 414**
(11 Ro)
1876 - 1877
1879 - 1880
1893 u. 1897   **46**
1914 - 1919, Juni (L)   **1w**
    Dm 11
1892 - 1893 (L)
1896 - 1897 (L)
1898 (E)
1901, Nr. 27 - 52
1904, Nr. 2 - 20
1908 - 1910, Nr. 39
1912, Nr. 1 - 39
1915, Nr. 27 - 1917, Nr. 13   **B 479**
1904 - 1915 (L)   61
1914 - 1919   **GB-LO/N38**
1892 - 1896
1900 - 1912
1914 - 1915
1918 - 1923, Nr. 20
(als Beilage zu mehreren Zeitun- Bo 133
gen mitverfilmt)
1876, 1877 (L)
1878 - 1882
1883 - 1887 (L)
1892 - 1893   46
1887 - 1880
1914 - 1919, Juni (L)   1w

4946.
Neues gemeinnütziges Magazin für die
Freunde der nützlichen und schönen Wissen-
schaften
1760 - 1761 (MPF)   46

4947.
Neues Hamburgisches Archiv zur Verbrei-
tung nützlicher und angenehmer Kenntnisse
unter Ungelehrten und jungen Personen bey-
derley Geschlechts
1788 - 1789   **46**
    46
    18

4948.
Neueste Beiträge zu der Geschichte der Jesui-
ten
1781 (MPF)   46

4949.
Niederdeutsche Blätter
1814 - 1815   46
    18

4950.
Niederdeutsche Warte
1933 - 1941, Nr. 6   **18**
    18

4951.
Niederdeutsche Zeitung
Hamburg, Stade
17.1.1950: Niederdeutsche Heimatzeitung
3.4.1954: Niederelbe-Zeitung
anfangs in Stade, später in Hamburg-
Otterndorf
(10.2.1947 - 30.12.1950)
1947, 10.2. - 1950, 25.1.   **GB-**
(4 Ro)   **LO/N38**
    GB-LO/N38
1950, 1.7. - 1956, 30.6.   **MFA**
(13 Ro)
1947, 10.2. - 1948, 2.9.
1949, 14.11. - 1950   18
1947, 10.2. - 1949   H 46
1947, 10.2. - 1948, 4.9.
1949, 2.8. - 23.9.   Dm 11
1949, 1.9. - 30.12.   Sta 4
1948, 9 - 1949, 6   Bo 153

4952.
Niederelbisches historisch-politisch-
litterarisches Magazin
1788 - 1792, Nov.
1793, Jan. - Feb.
1793, Apr. - 1795, Apr.
1795, Juni - Dez.   **46**
                                         46
1787 - 1792 (MPF)   46

4953.
NOeP. Neue ökonomische Politik
1925 - 1926   **46**
                                         18

4954.
Die Norag
1927, 27.5. - 1933, 2.12.   **68**
                                         68
1924, 16.5. - 1933, 12.11.   **MFA**
(13 Ro)
                                        Dm 11
                                        F 228
1926/27   Mz 113
1924, 16.5. - 1933, 2.12.   18

4955.
Nordamerikanischer Staatskalender
1799 (MPF)   46

4956.
Norddeutsche Nachrichten <1879> / Ham-
burg-West und Wedel
1.2.1940: Norddeutsche Nachrichten / N
weitere UT: Norddeutsche Ausg. - 2. Abendausg., Norddeutsche Ausg., Heimatblatt für
die Elbgemeinden, Heimatzeitung des Hamburger Westens, Hamburger Lokal-Anzeiger,
Altonaer Tageblatt, Heimatblatt der Unterelbe,
Hamburg-West und Wedel
(Hamburg-) Blankenese
1879, 5.12. - 1881
1883 - 1933 (L)
1935 - 1943, 27.2.
1949, 15.10. - 1973, 28.12.   **18**
                                         18
1914, 1.4. - 1915, 22.1.   Dm 11

4957.
Norddeutsche Zeitung
KPD
1927 - 1933 (E)   **B 479**
                                        B 479

1927, 1.4. - 30.9.
1929 - 1932, 1.5.
1932, 1.10. - 31.12.   **Lün 4**
(7 Ro)   Lün 4
                                        18
                                        Dm 11
1932, 22.7. - 26.7. u. 19.9.   Bo 133

4958.
Norddeutscher Grenzbote
1861, 28.4. - 1863, 24.4.   Fl 5

4959.
Norddeutsches Echo
1931, 1 - 1933, 7 (L)   **B 479**
                                        B 479

4960.
Nordischer Mercurius
Juni 1672: Die Extraordinaire Relation
13.1.1687: Des Nordischen Mercurii Extraordinaire Relation
1698: Dienstagischer / Freytagischer Nordischer Mercurius
(zahlr. Einzelnrn., Auskunft b. 46)
1665 - 1673
1685 (L)
1687 - 1694 (L)
1698, 1711 (L)
1713 - 1714 (L)
1715 - 1716 (LL)   **46**
(15 Ro)   46
1665 - 1666
1669, 1671, 1675
1711, 27.1. - 29.9.
1712, 2.2. - 2.12.
1713, 13.1. - 19.12.
1714, 12.1. - 25.12.   18
1665 - 1672, Juni
1673, Juli - Dez.
1674, Juli - 1675, Juni
1679 (L)
1683 - 1685 (L)
1687 - 1694 (L)
1698 (L)
1709 - 1714 (L)
1730 (L)   Dm 11

4961.
Nordmark-Jugend
1934 - 1939   **68**
                                        68
                                        18

4962.
Der Nordstern
UT: Organ der Social-Demokratischen Partei
und des Allgemeinen Deutschen Arbeiterver-
eins
(29.1.1860 - 10.2.1866)
1860 (E)

1862, 4.10. - 1866, 10.2. (L)	**Dm 11**
(1 Ro)	Dm 11
	Bo 133
	18
	21/32c
	34
1862 - 1866 (L)	B 479
	Bm 3

4963.
Nordwestdeutsche Hefte
1948, Nr. 11: Kristall
(1946 - 1966, Nr. 27)
1948, Nr. 2 - 1950
1952 - 1960 (L)

1962, Nr. 2 - 1966, Nr. 27	**Dm 11**
(25 Ro)	Dm 11
1948, Nr. 11 - 17	
1951	
1965 - 1966, Nr. 27	**18**
1948, Nr. 11 - 1966	18
1946 (L)	Bm 3

4964.
*Noru (Norddeutsche Rundschau für Funk
und Film)*
Hamburg, Berlin

1926, Mai - Juni	**MFA**
(1 Ro)	
	Dm 11
	F 228
	18

4965.
Ochsenwärder Zeitung
27.4.1920: Ochsenwärder Zeitung, Finkenwärder Nachrichten
19.6.1926: Ochsenwärder Zeitung
28.8.1932: Norddeutsche Nachrichten
UT: Ochsenwärder Zeitung
9.11.1933: Ochsenwärder Zeitung

1881 - 1933	**18**
(76 Ro)	18

4966.
Ochsenzoller Tageblatt
29.8.1932: Norddeutsche Nachrichten
UT: Ochsenzoller Tageblatt

1929, 24.7. - 1933	**18**
(15 Ro)	18

4967.
Omnibus
1866

1869 - 1877	17

4968.
L'Operaio italiano

1912 - 1914, Nr. 32	Bo 133
	18

4969.
Ordinari Diengstags Zeitung

1674, 1678 (E)	46

4970.
Das Ostpreußenblatt

1950, 5.4. - 1988	**281**
(30 Ro)	
1989 - 2000	**MFA**
(12 Ro)	
	18

4971.
Pädagogische Reform
(24.4.1877 - Jan. 1921?)

1877, 15.5. - 1901, 25.12.	**GB-**
(7 Ro)	**LO/N38**
	GB-
	LO/N38
1918 - 1921	1
	1
1877, 24.4. - 1921, Jan.	B 478

Beilage(n):
Jugendschriften-Warte

1896, Juli - 1901	GB- LO/N38

4972.
Der Patriot
(6.9.1848 - 8.12.1850)

1848, 6.9. - 1850, 8.12.	**Dm 11**
(1 Ro)	
	18
	21
	468
	188/211
	Wit 2

4973.
Der patriotische Medicus
1765, 1766, 1768 (MPF)   46
(tw. mit Register)
                                18

4974.
Der Pflug
Sonntagsblatt für Landarbeiter und Kleinbau-
ern
(Juli 1919 - Sep. 1922)
1919, Juli - 1922, Sep. (L)   **B 479**
                                B 479

4975.
Der physikalische und ökonomische Patriot
1756 - 1758 (MPF)   46

4976.
Der Pilot
Vlg. in (Hamburg-) Altona
1841, 1.7. - 30.12.   **B 479**
                                B 479
1840 - 1841   **68**
                                68
                                18
1840 - 1842 (L)   30

4977.
Pionier
Hamburg, Mannheim
(4.8.1877 - 26.10.1878)
1877, 4.8. - 1878, 26.10.   **B 479**
                                B 479

4978.
*Poetische Waaren, zu Marckte gebracht von
Selimantes*
1729 (MPF)   46

4979.
Poetische Zeitungen
5.8.1747: Poetische Gedancken [...]
1747   **46**
(1 Ro)   46
                                18

4980.
Pommern-Brief
1952, 20.7.   **GB-**
1953, 20.7. - 1955, 24.12. (L)   **LO/N38**
(2 Ro)   GB-
                                LO/N38

4981.
Die Pommersche Zeitung
Hamburg, Lübeck, Leer
1951, Okt. - 1982   **281**
(21 Ro)
1954, Nr. 17 - 1982   18

4982.
Privilegirte Liste der Börsenhalle
1825: Liste der Börsen-Halle oder Hamburgische Abend-Zeitung
April 1827: Börsen-Halle
1869: Hamburgische Börsen-Halle
1903: Neue Hamburgische Börsen-Halle
1848 - 1849   **Dm 11**
(1 Ro)   Dm 11
                                361
                                21
                                188/211
1805, 20.7. - 1810
1815 - 1824
1826, 20.11. - 1833
1839 - 1868, 30.6. (L)
1869 - 1888, Juni
1889 - 1904   18
                                H 46
1840 - 1968 (LL)   **B 479**
1904, Dez.   46
Beilage(n):
   See-Berichte und Schiffsliste der
   Börsenhalle
1831 - 1833   18

4983.
*Privilegirte Wöchentliche Gemeinnützige
Nachrichten*
2.7.1849: Hamburger Nachrichten
1928, Dez.   **1w**
(1 Ro)
1914, 24.8. - 1928 (L)   **GB-**
1934, Apr. - 1939, 9.3.   **LO/N38**
(106 Ro)   GB-
                                LO/N38
1848 - 1849
1852 - 1856
1862, 1.7. - 1865
1919, Jan. - 30.6.
1919, 1.8. - 1928
1933, 14.11. - 1934, 31.1.   **Dm 11**
(58 Ro)
1848 - 1888, 30.9.
1889 - 1893, 30.11.
1894 - 1939, 9.3.   18
1849, 1.5. - 30.6.
1928, Dez.   1w

1793, 3.8. - 1811, 5.12.
1813, 26.1. - 1849, 30.6. (L)   H 46
1848 - 1849   21
1812, 23.6.
1815, 11.1. u. 3.5. u. 3.6.
1919 (L)
1920 - 1928   46
1848 - 1849, 30.6.
1852 - 1856   468
1848 - 1850 (L)
1853 (E)
1854 - 1856 (L)
1859 (E)
1868 - 1867 (L)   B 479
1848 - 1849
1852 - 1856
1862, 1.7. - 1865
1919, Jan. - 30.6.
1919, 1.8. - 1928
1933, 14.11. - 1939, 9.3.   Dm 11
Beilage(n):
Belletristisch-literarische Beilage
1889 - 1917   18
1889, 5.1. - 1893, 6.8.   Dm 11
Offsetdruckbeilage   1w
1928, Dez.   1w
1927   18

4984.
Privilegirter Hollsteinischer Avisen-
Correspondente durch Europa und andere
Theile der Welt
3.6.1721: Stats- und Gelehrte Zeitung des
Hollsteinischen unpartheyischen Correspondenten
7.1.1727: Zuerst-bekandte Schiffbecker Stats-
und gelehrte Zeitung des Hollsteinischen unpartheyischen Correspondenten
1731: Staats- und gelehrte Zeitung des Hamburgischen unpartheyischen Correspondenten
3.12.1811: Journal du Département des Bou-
ches de l'Elbe oder Staats- und gelehrte Zeitung des Hamburgischen unpartheyischen Correspondenten
18.5.1814: Staats- und gelehrte Zeitung des
Hamburgischen unpartheyischen Correspondenten
1.1.1869: Hamburgischer Correspondent
(22.6.1712 - 31.3.1934)
1837, Juli - Dez.   1w
(1 Ro)
1814, 1.7. - 1820   31
(5 Ro)   31

1712, 22.6. - 31.12.
1721, 29.6. - 1840   **46**
1721, 29.4. - 1934, 31.3.   **Dm 11**
(580 Ro)   Dm 11
                                         35
1721 - 1728
1731, Nr. 1
1736 - 1811, Nr. 192
1813 - 1904 (L)
1930 - 1934, 31.3.   H 46
1796 - 1807, 31.3.
1810, 2.11. - 1811   GB-
1819, 3.8. - 1934, 31.3.   LO/N38
1721, 29.4. - 1767
1771 - 1847
1850 - 1866, Mai
1866, Aug. - 1869, 31.3.   1w
1712, 22.6. - Dez.
1721, 29.4. - 1904 (teils MPF)
1930 - 1934, 31.3.   18
1847, 1.10. - 1850, 30.9.   21
1803 (E)
1848 - 1849
1854 (L), 1858 (L)   B 479
1842 - 1848   Tr 18
1712, 22.6. - 31.12.
1721, 29.6. - 1840
1900 - 1934, 31.3.   46
Beilage(n):
Verfolg der Hollsteinischen Zeitung
1721 (MPF)   18
                                         25
                                         46
Hamburger Auswanderungs-
Zeitung
1859, 14 - 18   B 479

4985.
Programm / Jüdischer Kulturbund
1936: Monatsblätter des jüdischen Kulturbun-
des Hamburg
1936 - 1938   **Dm 11**
(1 Ro)   Dm 11
                                         46
1935 - 1938   H 227
                                         30
1936 - 1938   19
                                         517
1936, Sep. - 1938, Juli   Kn 125

4986.
Put'
1947, 21.7. - 1948, 14.7. (L) GB-
LO/N38

4987.
Ein Querschnitt durch Kultur und
Geistesleben
Ausg. B
1947, 2.7. - 1948, 30.10. MFA
(1 Ro)
18

4988.
Die Reform
ab 1848, Nr. 3 in (Hamburg-) Altona
(1848 - 27.2.1892)
1848, 23.3. - 1850, 20.3. **Dm 11**
(1 Ro) Dm 11
21
68
468
188/211
1854, Nr. 96 - 1856, Nr. 13
1859 - 1861 (E) B 479
1848, 23.3. - 1851
1854 - 1892, 27.2. 18

4989.
Der Reichsbund
Hamburg, Bonn
bis 1973 Ausg. Hamburg, dann NRW-Ausg.
1949, Sep.
1950 - 1953, Sep.
1954 - 1988 **281**
(7 Ro)
1949, Sep.
1950 - 1953, Sep.
1954 - 1973 18

4990.
Reichssender Hamburg
1940, Nr. 1 - 1943, Nr. 5 **101a**
(1 Ro) 101a
18

4991.
Der Reisende
1782, 10.7. - 2.10. 46

4992.
Relation aus dem Parnasso
1702 (L), 1703 (E), 1704 (LL)
1705, 1709 (L), 1711 (LL)
1712 (L), 1719 (E), 1720 (E)
1727 (E), 1730 (E) **46**

1702
1704 - 1705
1709
1711, 20.1. - 29.9.
1712, 2.2. - 23.8. 18

4993.
Relationes curiosae Denckwürdiger
Begebenheiten
Hamburg, Leipzig
29.4.1707: Relationes curiosae oder Denckwürdigkeiten der Welt
1705, Okt. - 1707, 22.4.
1709 46
(2 Ro) 46
18
1707, 29.4. - 1708 (MPF) 46

4994.
Relations-Courier <1675?>
(= Wieringsche Zeitung)
20.9.1697: Hamburger Relations-Courier
3.5.1813: Relations-Courier
1675 - 1677 (E)
1679 - 1680 (E)
1683 - 1702 (LL)
1704 - 1811 (L)
1813 (E) **46**
(106 Ro) 46
1684 - 1685
1687 - 1688
1693 - 1696, 19.5.
1696, Nr. 119
1699 - 1700
1704 - 1711, 29.10.
1712 - 1736, 23.8.
1736, 13.11. - 1811, 26.3.
1813, 3. - 28.5. 18
1677, 14.6. - 1753, 30.5. (E) Dm 11

4995.
Relations-Courier <1696?>
(= Heuß'sche Zeitung)
10.9.1700: Reichs-Post-Reuter
(zahlr. Einzelex., Auskunft b. 46)
1696 (L), 1699 (E), 1700 (L)
1747
1750 - 1758
1766 - 1788 u. weitere Einzelnr. **46**
(29 Ro)
1759, 2.1. - 9.2.
1759, 18.12. - 1760, 30.7.
1760, 2.9. - 5.12.
1761, 19. u. 20.1., 30.9. - 17.11.
1762, 1.3. - 14.7. **MFA**

1762, 6.9. - 22.12.
1763, 17.1. - 28.4.
1763, 10.10. - 28.12.
1764, 17.9. - 31.12.   MFA
(2 Ro)
1747
1750 - 1764 (L)
1766 - 1778
1780 - 1788   18

4996.
Der Rentner
Kampfschrift der Kriegs- und Arbeitsopfer
1932, 9   B 479
                                         B 479

4997.
Revue
Unabhängige Hamburger Gerichtszeitung
Vlg. in Bremen
1928 - 1933, 23.3.   46
(1 Ro)   46
                                         18

4998.
Die Rote Fahne
16.12.1918: Hamburger Volks-Zeitung
USPD 1918, 34 - 1920, Juni
(8.11.1918 - 28.2.?1933 u. 3.4.1946 -
17.8.1956 - zahlr. Erscheinungsverbote, in d.
Illegaltität ab 1956 fortgesetzt)
1952, 22.11. - 1962 (L)   MFA
(12 Ro)
1918 - 1920 (E)
1921 - 1922 (LL)
1923 (E), 1924 (LL)
1925 - 1930, Nr. 280
1931, Nr. 12 - 1933, Nr. 37 (L)   B 479
                                         B 479
1927, 28.7. - 31.12.
1946, 3.4. - 1956, 16.8. (L)
1956, 17.8. - 1962 (illegale
Ausg.)   18
                                         18
1946, 3.4. - 1948
1951 - 1952, 21.1. (L)   101b
(3 Ro)   101b
1946, 3.4. - 1950, 9.8.   GB-
                                         LO/N38
1918, Nov. - 1920, Juni (L)
1921, Jan. - März
1923, Jan. - März (L)
1926 (L)
1927, Jan. - März u. Juli - Dez.   46

1946, 3.4. - 1948
1949, 15.12.
1951, 16.11. - 1952, 21.11. (L)   Dm 11
1918, 8.11. - 15.12.   H 46
Beilage(n):
Das Arbeiterkind   B 479
1926, Nr. 1   B 479
Jugendland
1919, 4   B 479
Proletarischer Schulkampf   B 479
1927 - 1928 (E)   B 479
Schulkampf   B 479
1925, Nr. 2   B 479
Stimme der Gottlosen   B 479
1927, Nr. 1, 2, 5   B 479
Der Stürmer   B 479
1922, Nr. 2   B 479

4999.
Die rote Front
Roter Frontkämpferbund für die Wasserkante
1929, 1   B 479
                                         B 479

5000.
Der rote Vorwärts
KPD Altona
1933, Nr. 45   B 479
                                         B 479

5001.
Rote Wacht
Seeleute, Hafenarbeiter, Binnenschiffer
1931, 4 - 1933, 3 (L)   B 479
                                         B 479

5002.
Roter Kampfmai
1933, 1.5.   B 479
                                         B 479

5003.
Roter Nordsport
1933, 18   B 479
                                         B 479

5004.
Rotes Hamburg
Kommunistische Bürgerschaftsfraktion
1930 - 1933, 16 (L)   B 479
                                         B 479

5005.
Rotes Hamburg / A
Kommunistische Bürgerschaftsfraktion
1931, 4 - 5 **B 479**
B 479

5006.
Rundfunk und Fernsehen
2000: Medien & Kommunikationswissenschaft
Vlg. in Baden-Baden
1948 - 1950
1953, H. 1 - 1999 **MFA**
(22 Ro)
Dm 11
F 228

5007.
Der Rundfunk-Hörer
1929 - 1933, 22.12.
(9 Ro, mitverfilmt Der Rund- **MFA**
funkhörer, München)
Dm 11
F 228
18

5008.
Rundschau
(Hamburg-) Harburg
1925 - 1928 **Lün 4**

5009.
Sammlung auserlesener Übersetzungen [...]
der berühmtesten Neuern
1739, 9.7. - 1740, 17.3. **46**
(1 Ro) **46**
18

5010.
Satirische Blätter
Hamburg (-"Hohnstadt")
1798 - 1800 **46**
(1 Ro) **46**
18

5011.
Schauplatz des gegenwärtigen Krieges zwi-
schen dem Hause Oesterreich und Preussen
Hamburg, Schwerin, Güstrow
(Hamburg-) Altona, Schwerin, Güstrow
1778 **46**
18

5012.
Scherz und Ernst, Witz und Laune
1785 (MPF) **46**
Beilage(n):
Gazette de la lune
1784 (MPF) **46**

5013.
Die Schiffahrt
Hamburg, Bremen, New York, NY (USA)
1936, Mai/Juni - 1939, Juli (LL) **B 479**
B 479
1913 - 1929 **Bo 133**
Bo 133

5014.
Schiffbeker Zeitung
Schiffbek, 1937 Eingemeindung nach Hamburg
1919, 10.5. - 1928, 28.2. **18**
18

5015.
Der Schiffsingenieur
1908 - 1909
1913 - 1933, 6 (L) **Bo 133**
Bo 133
1908 - 1909 **B 479**

5016.
Schleswig-Holsteinische Blätter für Polizei
und Kultur
Hamburg, Kiel
(Hamburg-) Altona, Kiel
1799 - 1800 **46**
18

5017.
Schleswig-Holsteinische Provinzialberichte
1787 - 1797 **46**
(9 Ro) **46**
18

5018.
Die Schleswig-Holsteinische Reform
1850, Nr. 27 **46**

5019.
Schleswig-Holsteinische Zeitung
Hamburg, Rendsburg
1.4.1849: Norddeutsche Freie Presse
1870?: Altonaer Tageblatt
vor 16.11.1848 in Rendsburg,
dann (Hamburg-) Altona
1849, 1.4. - 1851, 4.10.
1864, 17.1. - 1866, 11.6. **68**

1930, 1.2. - 1934, 31.8.	**18**
	18
1848, 1.4. - 1850, 30.6.	**Dm 11**
(2 Ro)	
	8
1908 - 1919	
1933 (E)	H 46
1908, 1. - 21.1.	Bo 133
1848, 15.4. - 1850, 30.6.	21/32c
1849, 1.4. - 1850, 30.6.	18
1848, 15.4. - 1851, 4.10.	
1864, 17.1. - 1866, 11.6.	68
1848, 15.4. - 1850, 30.6.	468
	188/211
1848, 1.4. - 1850, 14.3. (L)	B 479
1848, 15.4. - 1849, 30.3.	Wit 2
1848, 1.4. - 1850, 30.6.	
1919, 12.5. - 31.12.	Dm 11
1908, 1. - 21.1.	Lün 4

5020.
Schriften zum Vergnügen des Geistes
1746, Okt. (MPF)   46

5021.
Der Schutzgeist
1746 - 1747, Apr. (MPF)   46

5022.
Shakespears Geist
1780   46
   18

5023.
Silhouetten jetzlebender Gelehrten en Bou-Magie
1778, Heft 1   46

5024.
Social-Demokrat
Allgemeiner Deutscher Arbeiter-Verein
1874, 9.1. - 1877   H 250

5025.
Sonntags-Ausgabe
29.4.1956: Bild am Sonntag
(15.8.1954 ff.)
1954, 15.8. - 2003 (L)   **MFA**
(166 Ro)
1956, 29.4. - 2007, 26.8.   **18**
1954, 15.8. - 1956, 22.4.   Dm 11
1954, 15.8. ff.   18
1954, 15.8. - 1975   6
1972, 19.3. - 28.5.   5

5026.
Sonntagsblatt
Hamburg, Hannover
1.10.1967: Deutsches Allgemeines Sonntagsblatt
6.1.1995: Das Sonntagsblatt
2.1.1998: Deutsches Allgemeines Sonntagsblatt : DS
2000, Nr. 10: Chrismon plus
(1948 ff.)
1954 - 1982   **281**
(34 Ro)
1948, 1.2. - 1954   **Dm 11**
(7 Ro)
1975 ff.   **Bo 414**
(30 Ro bis 1994)
1977 ff.   5
1951   GB-LO/N38
1995 ff.   12
   20
1982 - 2000   31
1985 ff.   21
1993 ff.   101a
1976 - 1993   109
1962 ff.   115
   467
1983 - 1991
1995 ff.   101b
1977 - 1983   294
1970 - 1978   384
1967, Nr. 40 ff.   464
1954 ff.   706
1975 - 1994   715
1989, 7.1. - 1996   188/211
1948, 1.2. - 1982
1990 ff.   Dm 11
1975 - 1992   8
1948, 1.2. - 2000, 30.6.   18

5027.
Sozialistische Pressekorrespondenz
1945, Okt. - 1949, Juni   Bm 3

5028.
Spartakus / Schleswig-Holstein
1919, Nr. 1 - 7 (L)   **B 479**
   B 479

5029.
Der Spiegel
Hamburg, Hannover
anfangs: Diese Woche
Vlg. anfangs in Hannover
(4.1.1947 ff.)

1946, 16.11. - 2009, 26.10.	**MFA**
(489 Ro)	
1947 - 1954	**GB-**
1956	**LO/N38**
(18 Ro)	
1946/47, Nr. 1 - 6	**Dm 11**
1946, 16.11. ff.	Dm 11
1946/47 - 1954	352
1950,1-26	188/211
1946, 16.11. - 2001, 28.5.	18
1947 - 1954	GB-
1956 ff.	LO/N38
1947, 4.1. - 1948, 23.12.	M 352

Beilage(n):
Der Spiegel / Dokument
1990, Apr. - 1991 (L)
1992, März - Nov.
1993, Feb. - Sep.
1994, Jan. - Juli (L)

1995, Jan.	**MFA**
1990, Apr. - 1995, Jan.	Dm 11

5030.
St.-Pauli-Nachrichten

1968 - 1970 (L)	**18**
	18

5031.
Staats- und Gelehrte Zeitung des Königlichen Dänischen unpartheyischen Correspondenten
1751: Altonaischer Mercurius
1.1.1839: Altonaer Mercur
(Hamburg-) Altona
(Juli 1691 - Apr. 1875)
1691, Juli - 1692 (L)
1694 - 1696 (E)
1698 - 1700 (E)
1703
1706 - 1707 (E)
1725 - 1726 (E)
1728 - 1730 (E)
1738 (E)
1752 - 1756
1757 - 1758 (L)
1759 - 1776
1777 (E)
1778 - 1780
1781 (L)

1782 – 1788	**46**

1789 (L)	
1790 - 1804	
1805 - 1815 (L)	**46**
(122 Ro, MF nur tw. vorhanden)	
1824, 25.3.	
1833, 7.1.	**A 100**
	A 100
1848 - 1849	**Dm 11**
(3 Ro)	Dm 11
	8
	B 479
	21
	468
	Wit 2
1752 - 1776	
1778 - 1784	
1789 - 1870	18
1848	68

5032.
Die Stimme für Heimat, Deutschland, Europa

1953 - 1954, März	**18**
	18

5033.
Die Straße

1949, 17.1. - 1951, 4.3.	**18**
	18

5034.
Studenten-Kurier

1956 - 1957, Sep.	30
1955, Feb. - 1957, Sep. (MPF)	Lün 4
1955, Nr. 34 - 1957, Nr. 8 (MPF)	Mar 1

5035.
Sturm-Bereit
Mitteilungsblatt aller Gegner des Faschismus

1931, 1	**B 479**
	B 479

5036.
Die Tageszeitung (taz)

1986, 26.5. - 1990, 29.9. (L)	**Dm 11**
	Dm 11
1981, 15.9. - 1986, 24.5. (kl. L.)	
1987, 25.11. - 1990, 29.9.	**MFA**
(36 Ro)	
1990, 1.10. - 2007, 31.8.	**18**
1983, Sep. (L)	
1988, 15.2. - 24.12.	
1989, 2.1. - 2.11.	
1990, 1.6. - 1993	H 46
1981, 15.9. - 2007, 31.8.	18

5037.
Taschenbuch für weisen und frohen Lebens-
Genuss
Vlg. in (Hamburg-) Altona
1800 (MPF)   46

5038.
Telegraph für Deutschland
(1838 - 1848)
1841 - 1847   16
1838   1w
1838, Nr. 31 - 1848, Nr. 17 (L)   B 479
1838
1841 - 1844
1846 - 1848   30
1841 - 1848   Tr 18

5039.
Theater-Kalender
1804   46
                                              18

5040.
Theatralisches Wochenblatt
1774 - 1775   **1a**
(1 Ro)   1a
                                              18

5041.
Theologische Beyträge
Vlg. in (Hamburg-) Altona
1790 - 1799 (L)   **MFA**
(2 Ro)
                                              8
                                              18

5042.
Der Treue Zions-Wächter
Vlg. in (Hamburg-) Altona
1845, 3.7. - 1854   **Dm 11**
(1 Ro)   Dm 11
                                              16
                                              18
                                              30
                                              68
                                              517
                                              H 227
                                              He 116
                                              19
                                              824
                                              B 1539

5043.
Die Trommel der neuen Jugend
1933 - 1934, März   46
                                              18

5044.
Uebersicht der Kriegsbegebenheiten [...] März
bis zum September 1799
1800, 1802 (MPF)   46

5045.
UND. Unabhängiger Nachrichten-Dienst
Frei-Soziale Union
1957, Nr. 1 - 1960, Nr. 5   **46**
                                              18

5046.
Die Union / Hamburg
UT: Organ für die Holzarbeiter Deutschlands
1874   **B 479**
                                           B 479
1874, 15.1. - 1876, 25.5. (L)   **46**
(1 Ro)
                                              18
                                           Bo 133
1874 - 1876 (L)   Dm 11

5047.
Verhandlungen und Schriften der Hamburgi-
schen Gesellschaft zur Beförderung der
Künste und nützlichen Gewerbe
1792 - 1793
1795, 1797
1799, 1801, 1807   **46**
(4 Ro)   **46**

5048.
Der Vernünfftler
1713, Mai - 1714, Mai (MPF)   **46**

5049.
Verzeichnis der sämtlichen aus der löblichen
Bürgerschaft in Hamburg zur Lämmerey
Verordneten [...]
1734 (MPF)   46

5050.
Victory Herald : Ausgegeben von der alliier-
ten Militär-Regierung in Hamburg für alle
deportierten Personen im Gau
1945, 18.5. - 11.7. (L)   GB-
1945, 7.9. - 1946, 10.4. (L)   LO/N38

5051.
Victory Herald : Pubblicato dal governo mili-
tare di Amburgo per tutti i deportati della
regione
1945, 24.5. u. 8.6. - 11.7.   GB-
                                         LO/N38

5052.
Victory Herald : Publié par le gouvernement
militaire allié de Hambourg pour tous les
déportés de la région
1945, 23.5.   GB-
                                         LO/N38

5053.
Victory Herald : Uitgegeven door de geallie-
erde regeering van Hamburg voor alle gede-
porteerde personen in het district
1945, 23.5.   GB-
                                         LO/N38

5054.
Victory Herald : Vydaetsia voennym pravitel-
stvam v gorode Gamburge dlia inostrannykh
grazhdan okruga
Text teils in kyrill.
1945, 6.6. - 10.7. (E)   GB-
1945, 4.9. - 6.10. (LL)   LO/N38

5055.
Victory Herald : Wydane przez alliancki rzad
militarny w Hamburgu dla wszystkich depor-
towanych osob naszego okregu
1945, 19.5. - 11.7. (L)   GB-
1945, 7.9. - 30.11. (L)   LO/N38

5056.
Vierländer Nachrichten
BA v. Norddeutsche Nachrichten, Hamburg
1887, 6.1. - 1907, 9.10. (L)   **18**
(25 Ro)   18

5057.
Volksblatt für Harburg, Wilhelmsburg und
Umgebung
10.12.1927: Volksblatt für Harburg-
Wilhelmsburg und Umgebung
Vlg. in (Hamburg-) Harburg
(1.11.1894 - 28.2.1933)
1904 - 1912
1913 (E)
1914, 1.6. - 1918, 29.8.
1926, 1.10. - 1933, 27.2.   **Lün 4**
(22 Ro, nur tw. Silberfilm)   Lün 4
1904, 1913 (E)
1914, 1.6. - 1915, 30.4.   **MFA**
(3 Ro)
1904
1913 (E)
1914, 1.6. - 1918, 29.8.
1926, 1.10. - 1933, 27.2.   18
                                         H 46

1904, 1913 (E)
1914, 1.7. - 1915, 30.4.
1920, 15.3. - 19.3.
1933, 25.2. - 28.2.   Dm 11
Beilage(n):
Rundschau. Blätter für Heimatkunde
1925 - 1928
(Vlg. in (Hamburg-) Harburg)   Lün 4
1924 (E)
1925 - 1931
1932 (E)   **18**
(1 Ro)   18

5058.
Der Volkslehrer
[Hamburg-] Harburg-Wilhelmsburg
1922 - 1933   1a

5059.
Wandbeker Zeitung
1955, 7.1. - 1970, 31.7.   **18**
                                         18

5060.
Der Wandsbecker Bote
1771 - 1775   **46**
(5 Ro)
1771 - 1775   464
                                         468

5061.
Wandsbeckische Zeitungen von Gelehrten
Sachen
1746: Neueste Nachrichten von Staats- und
Gelehrten Sachen
Vlg. in (Hamburg-) Wandsbeck
1745, 28.5. - 1747   46
                                         18

5062.
Wandsbeker Post
1968, Nr. 40: Wandsbeker Lokal-Anzeiger
1970, Nr. 39: Lokal-Anzeiger
Vbg.: HH-Wandsbek, HH-Rahlstedt
1951, 23.6. - 1978, 22.6.
1980, 10.1. ff.   **18**
                                         18

5063.
Die Welt
(26.3.1946 ff.)
1946, 30.4. - 1947
1949, Jan. - Juni   **1w**
(3 Ro)   1w

1962 ff.	**101b**
(ca. 9 Ro/Jg)	
1946, 2.4. - 9.8.	**GB-**
1946, 12.10. - 1952	**LO/N38**
(24 Ro)	GB-
	LO/N38
1946, 26.3. - 1979	
1981, 10.2. - 2003	
(tw. Ausg. D, Ausg. E, Ausg. H,	**MFA**
Ausg. Nord, Ausg. West)	
1946, 2.4. - 2007, 31.8.	**18**
	18
1981 ff.	4
	Bm 3
1946, 26.3. - 1995	8
	35
	352
	468
	706
	715
	739
	Bo 133
	M 352
	Mz 113
1946, 26.3. ff.	9
	15
	101b
1958, 1.11. - 1995	16
1967 - 1995	20
1990 - 1995	21
1983 - 1995	24
1946, 26.3. - 1981	25
1946, 26.3. - 1961	28
	Mar 1
1946, 26.3. - 1976	
1982 - 1995	31
1995	Co 1
1995 ff.	45
1981, Dez. - 1985	48
1993 - 1995	109
1957 - 1961	
1981, Dez. - 1995	115
1983, 15.10. - 31.12.	121
1980 - 1995	180
1990 - 1992	206
1988 - 1995	281
1976 - 1979 (L)	294
1966, 1.10. - 1969, 30.11.	
1981, Dez. - 1995	361
1965 - 1979	
1981, Dez. - 1982, Sep.	
1983, Jan. - 14.10.	
1984 - 1995	385
1962 - 1995	464
1969, Nr. 296 ff.	465
1986 - 1995	466

1979 - 1995	467
1946, 26.3. - 1995	473
1975 - 1995	700
1962 - 1987, März	918
1946, 26.3. - 1990, 28.2.	929
1981, Dez. ff.	B 19
1946, 26.3. ff.	188/211
(tw. Ausg. Essen)	
1946, 26.3. - 1995	
(tw. Ausg. D, Ausg. E, Ausg. H,	Dm 11
Ausg. Nord, Ausg. West)	
1946, 26.3. - 1961	
1965 - 1995	Ilm 1
1992 - 1995	Hv 14
1984 - 1985	Lü 13
1991 - 1995	19
1946, 26.3. - 1995	
2002	547
1970 - 2000	17
1992 - 1997	101a
1946, 26.3. - 1969, 14.3.	Bo 153
1946, 2.4. - 1995	46
1946, 2.4. - 1978	6
Beilage(n):	
Welt der Literatur (ab 1971:	
Welt des Buches)	
1967 u. 1970	9
1965 - 1970	8

5064.
Welt am Sonntag
bis 1950: Welt am Sonntag / Ausg. Nord
(1.8.1948 ff.)

1948, 1.8. - 1949	
1972 - 1975	**MFA**
(13 Ro)	
1950 - 2006, 30.4.	**18**
(mehr als 185 Ro)	
1950 - 1971	
1976 - 1992	8
1985, 28.7. - 31.12.	
1997, 5.1. ff.	1w
1990 ff. (MPF)	14
1993 ff.	101a
1948, 1.8. - 2007, 26.8.	18
1948, 1.8. - 1975	6
1948, Nr. 8 ff.	Bo 153

5065.
Die Welttribüne

1922	**46**
	18

5066.
Die Werkstatt
1845 - 1847   **Dm 11**
      Dm 11
      18

5067.
West-Ost
1954, 1.9. - 1958, 19.7.   **18**
      18

5068.
Westfunk
Hamburg, Bremen, Köln
auch: Funk-Spiegel; Radio-Illustrierte
31.8.1952: Hören und Fernsehen
2.11.1952; Hören und Sehen
19.5.1957: TV Fernseh-Woche
4.2.1962: TV Hören und Sehen
1949, 17.4. - 1994, 7.1. (L)   **MFA**
(180 Ro)
      Dm 11
1951, 30.12. - 1994, 7.1.   6/053
1952 - 1956, Apr. (L)   F 228

5069.
Wilhelmsburger Anzeiger
7.11.1952: Wilhelmsburger Zeitung
1949 - 1981   **18**
      18

5070.
Wilhelmsburger Bote
1880, 1.10. - 31.12.
1881, 25.3. - 21.10.
1883, 30.11. u. 1884, 21.10.
1885, 13.6. - 19.12.
1886, 5.10.
1887 - 1905 (L)   **18**
(22 Ro)   18

5071.
Wilhelmsburger Gemeinde-Blatt
30.5.1891: Wilhelmsburger Gemeinde-Zeitung
1.7.1911: Wilhelmsburger Zeitung
(9.5.1891 - 31.5.1941)
1891, 31.5. - 1941, 31.5. (L)   **Lün 4**
(56 Ro)   Lün 4
[nicht 1892]   Dm 11
1900, 1902
1912 - 1941   H 46
1891, 30.5. - 1902, 14.5.
1903 - 1911, 30.6.   35
1891, 30.5. - 1941, 31.5.   18

5072.
Winterzeitvertreib
1773, Okt. - 1774, März (MPF)   46

5073.
Die Woche
(18.2.1993 - 8.3.2002)
1993, 18.2. - 2002, 8.3.   **Bo 414**
      18
      107
      473
      Bo 133
      547
      25
      43
      46
      107
      Dm 11
      109
1995 - 2000   12

5074.
Wochentlich Curiöser Zeit-Vertreiber
1700 (MPF)   46

5075.
Die Zeit
(21.2.1946 ff.)
1946, 21.2. - 1965
1968, 12.4. - 27.9.
1975 - 1979, 21.12.
1982   **MFA**
1946, 21.2. ff.   **Bo 414**
(173 Ro bis 1994)
1955
1960, 6.5. - 1976   1w
1946, 21.2. ff.   188/211
1981 ff.   4
      131
1950, 16.11. ff.   5
1946, 21.2. ff.   6
      8
      14
      15
      16
1946, 21.2. - 1998   18
1946, 21.2. ff.   21
      24
      25
      28
      31
      43
      46
      56
      61
      109

1946, 21.2. ff.	188
	352
	385
	464
	466
	468
	706
	715
	739
	929
	Dm 11
	F 131
	Ilm 1
	M 352
1946, 21.2. - 1981	12
1972 - 1995	19
1991 ff.	26
	19
1946, 21.2. - 1995	
1996 ff. (MPF)	30
1946, 21.2. - 1996	34
1993 - 1995	38
1969, Nr. 46 ff.	82
	465
1992 ff.	101a
	Hv 14
1995 ff.	107
	M 36
1981 ff.	131
1990 ff.	180
1990 - 1992	206
1979 ff.	101b
	467
1976 ff.	294
1992 ff. (MPF)	521
1975 ff.	700
1970 - 1986	918
1979, 5.1. - 31.8.	
1980, 5.9. - 1985	Bm 3
1966 - 1970	
1993 ff.	Bo 133
1978 - 1981	Mz 113
1972, 17.11. - 1975	121
1966, Jan. - Mai	
1967, Mai - Sep.	
1968, 15.2. - 31.5.	
1968, 1.12. - 1969, 30.11.	361
1982 - 1987	473
1946, 21.2. ff.	9
1946, 21.2. ff.	GB-LO/N38

Beilage(n):
Zeit-Magazin

1970, 2.10. - 1999, 6.5.	Bo 414
	65
	14

1970, 2.10. - 1999, 6.5.	46
	739
	188/211
	Dm 11
1970, 2.10. - 20.11.	
1971, 1972, 1976	1w
1987 - 1999, 6.5.	4
1970, 21.8. - 1971	
1979 - 1999, 6.5.	
2008, 11.9. ff.	5
1970 - 1985	6
1970, 2.10. - 1981	12
1969, Dez. - 1994	15
1973 - 1994	16
1969, Dez. - 1999, 6.5	18
1972 - 1973	19
1970, 2.10. - 1994	21
	464
	468
1976 - 1983	24
1970 - 1994	25
	30
1992 - 1994	26
1970 - 1999, 6.5.	28
	109
1970, Nr. 34 - 1973, Nr. 11	82
1972 - 1994	34
1970 - 1975	121
1970, 2.10. - 1979	180
1976 - 1994	294
1969, Dez. - 1999, 6.5.	385
1986 - 1999, 6.5.	465
1970, 2.10. - 1988	466
1975 - 1994	467
1969, Dez. - 1993	929
1979 - 1985, 7.5.	Bm 3
1970	Bo 133
1995 - 1999, 6.5.	M 36
1970, 27.11. - 1999, 6.5.	8

5076.
Zick-Zack
1.8.1948: Der Stern
später: Stern
"Zick-Zack" erschien in Hannover u. Bad
Pyrmont
Vlg. ab 1.8.1948 in Hannover, ab 2.1.1949 in
Duisburg, ab 24.7.1949 in Hamburg

1950 - 1966, 30.10.	**Dm 11**
(65 Ro)	
1948, 1.8. - 1949	
1966, 6.11. - 1986, 30.1.	**MFA**
(190 Ro)	
1950 - 1986, 30.1.	38/421
1948 - 1998	188/211

1948, 1.8. - 2008, 31.7. (L)	18
1948, 1.8. - 2008, 31.7.	Dm 11

5077.
Zur Exegetik
1778 (MPF)   46

HAMELN

5078.
Deister- und Weserzeitung
22.9.1997: Dewezet
(21.10.1949 ff.)

1969 ff.	**101b**
(ca. 8 Ro/Jg)	101b
1949, 21.10. - 1968 (L)	**MFA**
(71 Ro, Beilagen mitverfilmt)	
1960 - 1968	35
1992 - 1997	101a
1949, 21.10. - 1959	Hml 1

HAMILTON, ON (CDN)

5079.
Hamilton Journal
Forts.: Kanada-Kurier, Winnipeg
(1969 ff.)

1971, 30.4. - 1976	
1978 - 1980, 5.9.	**212**
1971, 30.4. - 31.12.	212

HAMM (WESTF.)

5080.
Amtliche Bekanntmachungen der Stadt Hamm
1945, 19.6. - 1949, 26.10. (MPF)   Hmm 1

5081.
Bockum-Höveler Zeitung
BA v. Westfälischer Anzeiger und Kurier

1957, 1.10. - 1959	**Dm 11**
	Dm 11

5082.
General-Anzeiger / Rote Erde / S
Hamm (Westf.), Soest, Lippstadt
30.1.1934: Westfälische Landeszeitung / Rote Erde S
Vbg.: Hamm, Pelkum, Rhynern/Soest, die Börde, Kreis Lippstadt
1938: Westfälische Landeszeitung / S
Vbg.: Soest, die Börde, Kreis Lippstadt
HA in Dortmund

1936, Dez.	
1937, Mai, Juli, Aug., Nov.	
1938, 1.2. - 30.4.	
1941	**MFA**
(1 Ro, nur Lokalseiten)	
1933, 1.12. - 1934, 31.5. (L)	
1934, 1.7. - 31.7.	
1934, 1.10. - 1938	
1940 - 1942	**Dm 11**
(10 Ro)	Dm 11

5083.
Kreis Hammsches Wochenblatt
2.1.1825: Wochenblatt für die Stadt und den Kreis Hamm
11.12.1850: Westfälischer Anzeiger
1.11.1949: Westfälischer Anzeiger und Kurier
12.4.1972: Westfälischer Anzeiger
(3.4.1822 - 4.4.1945 u. 1.11.1949 ff.)

1972 ff.	**101b**
(ca. 7 Ro/Jg)	101b
1832, 24.10.	**A 100**
	A 100
1824 - 1829	
1831 - 1847	
1850 - 1862	
1864 - 1872	
1874	
1876 - 1878	
1880 - 1898	
1900 - 1921	
1922, 1.7. - 1935, 31.3.	
1935, 2.7. - 1945, 2.4.	
1949, 28.10. - 1962, 25.9.	
1963, 8.2. - 1964, 15.3.	
1964, 16.6. - 1969, 31.3.	
1969, 11.9. - 1971	
1976, 2.1. - 29.2.	**Dm 11**
1992 - 1997	101a
1926 - 1945, 4.4.	6
1824 - 1829	
1831 - 1843	
1845 - 1847	
1850 - 1862	
1864 – 1872	Dm 11

1874
1876 - 1878
1880 - 1898
1900 - 1921
1922, 1.7. - 1935, 31.3.
1935, 2.7. - 1945, 2.4.
1949, 28.10. - 1962, 25.9.
1963, 8.2. - 1964, 15.3.
1964, 16.6. - 1975, 30.6.
1975, 1.9. ff.   Dm 11
1834 (MPF)
1836 - 1837 (MPF)
1841 - 1846 (MPF)   Hmm 1

5084.
Neuer Westfälischer Kurier / A
Ausg. A = Regionalteil Stadt Hamm, Kreis
Unna, Kreis Soest
HA in Werl
1946, 6.9. - 1947 (L)
1948, 25.3. - 21.6. (L)
1949 (E)   MFA
(3 Ro)
1946, 6.9. - 1947, 2.9. (L)   Dm 11
1946, 6.9. - 12.11.   GB-
1947, 4.2. - 1949, 17.10.   LO/N38
1946/47 - 1949 (L)   6
1946, 6.9. - 1949, 1.11. (L, E)   Hmm 1

5085.
Ruhr-Möhne-Zeitung
1950, 18.2. - 1954 (L)   MFA
(10 Ro)
                                                          Arb 4

5086.
Westfälische Landeszeitung - Rote Erde
HA in Dortmund
Vorg.: General-Anzeiger / Rote Erde / BH
Ausg. BH: Hammer Nachrichten
1936, 1.12. - 31.12.
1937, 1.5. - 31.5. u. 1.7. - 31.8.
1937, 1.11. - 30.11.
1938, 3.1. - 1942 (kl. L)   MFA
(4 Ro, nur Lokalteil)
                                                          Dm 11

5087.
Westfälische Rundschau / BH
Ausg. BH = Pelkum, Rhynern, Hamm
HA in Dortmund
1961 - 1962   Dm 11

5088.
Westfälische Rundschau / BHB
Hamm (Westf.), Beckum, Ahlen
Ausg. BHB = Hamm, Beckum, Ahlen
HA in Dortmund
1955, 27.10. - 1970 (L)   6
(nur Lokalteil)   6
1961 - 1962   Dm 11

5089.
Westfälischer Kurier
UT: Westfälischer Volksfreund; Hamm-
Soester Volks-Zeitung
1930, 2.1. - 30.6.
1931, 1.7. - 1938, 31.3.
1939, 1.7. - 1941, 31.5.
(14 MF = 27 DF, Beilagen mit-   MFA
verfilmt)
                                                          Dm 11

5090.
Westfalenpost / O
UT: Hammer Zeitung
HA in Soest, später Hagen
1951, 3.7. - 1967, 30.6.   6
                                                          6
1946, 26.4. - 1975, 21.2. (MPF)   Hmm 1

5091.
Westphalia
1825 - 1826 (MPF)   6

HANAU

5092.
Deutsche Volksstimme aus Hanau
Asträa
1848, 19.3. - 3.8. (L)   4
(1 Ro)   4
                                                          34

5093.
Europäische Zeitung
26.9.1774: Neue Europäische Zeitung
1784: Hanauer Neue Europäische Zeitung
1814: Hanauer Neue Zeitung
1.1.1826: Hanauer Zeitung
(1682 - 3.8.1914 u. 2.10.1915 - 1.9.1922)
1687, 1690, 1701
1703 - 1709
1711 - 1714
1717 - 1719
1721 - 1765
1767 – 1795   **46**

1797 - 1810	**46**
(83 Ro)	
1848 - 1849	**Dm 11**
(4 Ro)	
1798 - 1799	
1814 - 1825	
1830 - 1833	
1835 - 1847	
1850 - 1914, 3.8.	**4**
(148 Ro, Beilagen mitverfilmt)	4
	34
1848 - 1849	21
1814 - 1833	
1835 - 1914, 1.8. (L)	
1915, 18.10. - 1922, 1.9.	**Dm 11**

5094.
Frankfurter Rundschau / Hanau, Main-
Kinzig-Kreis, Wetterau
30.5.2007: Frankfurter Rundschau / R 2
Ausg. Wetterau, Main-Kinzig-Kreis, Bad Vil-
bel, Hanau
Vlg. in Frankfurt/M.

2004 - 2008	**MFA**
(11 Ro)	

5095.
Freiheit
KPD (Spartakusbund)

1919 (L), 1922 (E)	**B 479**
	B 479
1919, 3.6. - 1922, 30.9.	4
(2 Ro)	4
	Dm 11
	34

5096.
Hanauer Privilegirte Wochen-Nachricht
vom 1.3.1811 - 30.12.1813: Hanauer Departements-Blatt
3.1.1822: Wochenblatt für die Provinz Hanau
vom 5.4.1849 - 10.7.1851: Wochenblatt für
den Verwaltungsbezirk Hanau
8.11.1866: Wochenblatt für den Regierungsbezirk Hanau
17.10.1867: Wochenblatt für den vorhinnigen
Regierungsbezirk Hanau
6.1.1869: Hanauer Wochenblatt
1.1.1870: Hanauer Kreisblatt
1.5.1872: Hanauer Anzeiger
(15.7.1790 - 31.5.1941 u. 1.9.1949 ff.)

1976 ff.	**101b**
(ca. 8 Ro/Jg)	101b
1848 - 1849	**Dm 11**
(2 Ro)	

1804, 5.1. - 1806, 4.11.	
1813, 7.1. - 1891, 30.6.	
1892, 2.1. - 24.6.	
1893, 2.1. - 30.6.	
1894 - 1923, 30.6.	
1924 - 1941, 31.5.	**4**
(221 Ro, Beilagen tw. mitver-	4
filmt)	
	34
1848, 6.1. - 1849, 27.12.	21
	Wit 2
1992 - 1997	101a
1804, 5.1. - 1806, 4.11.	
1813, 7.1. - 1874	
1876 - 1879	
1881 - 1882	
1884	
1886 - 1891, 30.6.	
1892, 2.1. - 24.6.	
1893, 2.1. - 30.6.	
1894 - 1923, 30.6.	
1924 - 1941, 31.5.	**Dm 11**
1931, 5.11. - 1933, 11.2.	6
2001 - 2004	43
Beilage(n):	
Provinzial Correspondenz	
1870 - 1884	**4**
(2 Ro)	4
	34
	Dm 11

Unterhaltungsblatt zum Hanauer
Anzeiger (Jg. 1869: Unterhalten-
der Theil zum Hanauer Wochenblatt)

1869, Nr. 13 - 1874, Nr. 20	
1874, 26.1. - 1881	
1883	
1884 - 1893	
1895 - 1900	
1902 - 1904	
1906 - 1908, 3.8.	**4**
1908, Nr. 180 - 1916, Nr. 302	4
	34
	Dm 11

5097.
Hanauer Zeitung <1943>

1943, 1.7. - 31.12.	**4**
(1 Ro)	4
	34

5098.
Hessischer Vorkämpfer
Nebentitel: Deutschvolk
1924, 2.5. - 30.7.   4
(1 Ro)   4
                                                      34
Beilage(n):
Der Völkische Landwirt   4
1924, 12.6.   4
                                                      34

5099.
Kinzig-Wacht
Ausg. f. Kreis Hanau, Gelnhausen und
Schlüchtern
Vlg. in Frankfurt, M.
1935, 19.10. - 1943, 30.6.   4
(15 Ro)   4
                                                      34
                                                   Dm 11

5100.
Main- und Kinzig-Bote
1896, 4.4. - 1898, 24.9.   4
(1 Ro, Beilagen mitverfilmt)   4
                                                      34

5101.
Rundschau für Hanau Stadt und Land
Hanau, Langenselbold
17.8.1928: Hanauer Rundschau
2.1.1934: Hanauer Rundschau. Langenselbol-
der Zeitung
1925 - 1935
1936, 1.7. - 1943, 30.4.   4
(32 Ro)   4
                                                      34
                                                   Dm 11

5102.
Zeitbilder
1831, 1.10. - 5.11. (L)   4
(1 Ro)   4
                                                      34

HANNOVER

5103.
Abendpost
(6.2.1947 - 3.3.1949)
1947, 6.2. - 1948   Gub 1
1948 (L)   Dm 11

5104.
Bedeaux-Hölle
1934, Juni   B 479
                                                   B 479

5105.
Beyträge zu einer Bibliothek fürs Volk
1783 - 1786   46
(2 Ro)   46

5106.
Blitz
1953, 29.10. - 1954, 16.3.   MFA
(1 Ro)
                                                   Dm 11

5107.
Brauereiarbeiterzeitung
1906, 5.10. - 1910, Sep. (L)   Bo 133

5108.
Calender für das Volk
1788 u. 1805   46
(1 Ro)   46

5109.
Die Demokratische Gemeinde
Hannover, Bonn
1949, Okt. - 1950   Bo 414
(1 Ro)

5110.
Deutsche Arbeiterhalle
1851, Jan. - Juni   Dm 11
                                                   Dm 11

5111.
Die Deutsche Arbeiterin
1912 - 1914
1918 - 1920   Bo 133

5112.
Deutsche Stimmen
1951 - 1962   281
(5 Ro)

5113.
Die Energie
1926 - 1927   46

5114.
Die Energie
Hannover, Hamburg, Dortmund, Gera,
Nürnberg, München, Ausgsburg
Nr. 4, 1928: Mensch und Energie
als Beilage zu vielen kommunistischen
Tageszeitungen

1926, 13.11. - 1930, Nr. 1 (L)	**B 479**
	B 479
1926 - 1930 (L)	Bo 133

5115.
Evangelische Frauen-Zeitung

1904 - 1941 (MPF)	1
	12

5116.
Der freie Demokrat
1946, 16.5. - 24.9.
1947, 1.1. - 15.4. u. 26.6. - 30.12.

1948, 16.1. u. 29.1. - 6.8.	**Gub 1**
1946, 16.5. - 1948, 6.8.	M 352

5117.
Göttingisches Historisches Magazin
1792: Neues Göttingisches Historisches
Magazin
1787 - 1788

1790 - 1794	**46**
(8 Ro)	46

5118.
Hannöverische politische Nachrichten

1793 - 1799	**46**
(6 Ro)	

5119.
Hannoverisches Magazin
1791: Neues Hannoverisches Magazin
1793: Neues Hannöverisches Magazin
später: Hannoversches Magazin
1775 - 1777

1786 - 1800	**46**
(mehr als 19 Ro)	
1793 - 1813	35
1767 - 1769 (L)	
1775 - 1777 (L)	
1786 - 1806 (L)	
1807 - 1812	
1813 (LL)	
1814 - 1817 (L)	46
1750 - 1850	Dm 11
1814, 3.1. - 1821, 10.2.	Gö 171

5120.
Hannoversche Allgemeine Zeitung
(25.8.1949 ff.)

1960, 17.3. - 1963 (L)	**Dm 11**
	Dm 11
1971 ff.	**101b**
(ca. 10 Ro/Jg)	
	281
1949, 25.8. - 7.10.	GB-LO/N38
1997 ff.	1w
1987 - 2000	12
1949, 25.8. ff.	35
	101b
1992 - 1997	101a
1981, Nr. 42 - 1985, 11.4.	
1985, 1.6. ff.	115
1990 - 1994	715
1990 - 2005	Hv 14

5121.
Hannoversche Anzeigen

1750, 29.6. - 1857	35
	Dm 11
	Gö 171

Beilage(n):
 Hannoverische gelehrte Anzeigen

1750 - 1754	25

 Hannoversche Beyträge zum
 Nutzen und Vergnügen

1759 - 1762	35

5122.
Hannoversche Landesblätter
(2.4.1831 - 18.1.1848)
1845, 27.11. - 1846
1847, 5.1. u. 31.3.

1848, 18.1.	**Dm 11**
(1 Ro)	Dm 11
	21
	46

5123.
*Hannoversche Nachrichten von den neuesten
vaterländischen und sonstigen politischen
Ereignissen*
1823: Hannoversche politische Nachrichten
1826: Hannoversche Nachrichten
1816, 12.6. - 1821

1823 - 1831	**MFA**
(6 Ro)	
	Dm 11

5124.
Hannoversche Presse
22.4.1971: Neue Hannoversche Presse
2.6.1981: Neue Presse
(19.7.1946 ff.)
1979 ff.   **101b**
(ca. 9 Ro/Jg)   101b
1958 - 1961, 6.2.
1961, 7.3. - 28.4.
1961, 18.5. - 1963, 16.8.
1963, 16.9. - 1964, 7.9.
1965, 11.2. - 1967, 31.1.
1975 - 1978, 17.8.
1978, 18.10. - 1983, 21.8.   **Dm 11**
1946, 19.7. - 1973   **Bo 414**
(163 Ro)
1973 - 1975, 30.3.   **281**
(22 Ro)
1970 - 1972   46
1992 - 1997   101a
1981, 16.2. ff.   115
1946, 19.7. - 1968   **Bo 133**
1946, 19.7. ff.   **Dm 11**
1993 ff.   **Hv 14**
1946, 19.7. - 1950, 23.3.   **M 352**

5125.
Hannoversche Volks-Zeitung
1925?: Hannoversche Volkszeitung
Katholisch
Vlg. in Hildesheim (Kronackersche Zeitung)
1906, 7.1. - 1908
1910, 17.2. u. 1.6. - 1911
1913
1915 - 1917, 31.3.
1925, 1.7. - 25.9.
1926 - 1928, Juni
1928, Okt. - 1933, 30.6.   **MFA**
(32 Ro, Beilagen mitverfilmt)
     Dm 11

5126.
Hannoversche Volksstimme
19.8.1947: Niedersächsische Volksstimme
12.11.1949: Die Wahrheit
1.2.1956: Neue Niedersächsische Volksstimme
KPD Niedersachsen
(16.8.1946 - 17.9.1956)
1948 - 1949, 11.11. (L)
1956, 1.2. - 1959, Nov. ? (L)   **B 479**
     B 479
1946, 16.8. - 1947, 14.10.
1949, 12.11. - 1956, 17.8.   **MFA**
(14 Ro)
     Bo 133

1947, 19.8. - 14.10.
1948, 19.1. - 1949, 31.8. (L)   **GB-LO/N38**
1946, 16.8. - 1956   35
1946, 16.8. - 1947, 14.10.   **Dm 11**
Beilage(n):
Und morgen ist Sonntag   **B 479**
1956, 1 - 30   B 479
Nach Feierabend   **B 479**
1948/49, 13 - 44 (L)   B 479

5127.
Hannoversche Zeitung <1832>
1.1.1858: Neue Hannoversche Zeitung
(2.1.1832 - 1883)
1832   **MFA**
1859, 1.11. - 31.12. (L)   **B 479**
1848 - 1849   **Dm 11**
(4 Ro)
     468
     188/211
1842
1843 (L), 1854 (E)
1859, 1.11. - 31.12. (L)
1873 (E)   **B 479**
(1859 teils Abend-Ausg.)
1832 - 1883   **Dm 11**
     Gö 171
     35

5128.
Hannoverscher Anzeiger
(1.3.1893 - 28.2.1943)
1893, 1.7. - 1914, 25.6.
1915 - 1943, 27.2.   **MFA**
(191 Ro)
     115
1934, 20.4. - 27.6.   **Dm 11**

5129.
Hannoverscher Courier
16.8.1914: Hannoverscher Kurier
(6.9.1854 - 31.8.1944)
1872 - 1894
1895, 1.4. - 1944, 31.8.   **MFA**
(328 Ro)
     Dm 11
1872 - 1944, 31.8. (L)   35
1896, 30.1. - 1901, März
1901, 11.8. - 1941
1942, 18.5. - 8.11.
1943 - 1944, 31.8.   7
1916, 1.9. - 1919, 12.8. (L)   **GB-LO/N38**
1909 - 1913   188/211

1872 - 1894
1895, 1.4. - 1933, 21.2.   Lün 4
1900 - 1939, 20.10. (L)   46

5130.
Hannoversches Tageblatt
1915, 1.10. - 31.12.   **Dm 11**
(1 Ro)   Dm 11

5131.
Hannoversches Wochenblatt für Handel und Gewerbe
1869, 2.1. - 1876, 23.12.   **MFA**
(2 Ro)

5132.
Hanomag-Nachrichten
1916 - 1927, Nov.   **4**
     4

5133.
Hanomag-Sirene
1934, Juli u. Dez.   **B 479**
     B 479

5134.
Heraldische Mitteilungen
1893 - 1907 (L)   18

5135.
Jahrbuch der Sozialdemokratischen Partei
Hannover, Bonn
1946   **Dm 11**

5136.
Jahrbuch für die Menschheit
1788 - 1790   **46**
(4 Ro)   46

5137.
Die Junge Garde / Niedersachsen
1934, Ende Sep. / Anf. Okt.   **B 479**
     B 479

5138.
Kleine neue Arbeiterzeitung
KPD für Hannover-Braunschweig, Westfalen-Lippe, Hessen-Waldeck
1939, Okt. (E)   **B 479**
     B 479

5139.
Mitteilungsblatt der Bezirksleitung Nordwest der KPD
1932, Nov.   **B 479**
     B 479

5140.
Mitteilungsblatt des Verbandes der Fabrikarbeiter Deutschlands
anfangs: Der Proletarier
1931
1933, 29.4.   **Dm 11**
(1 Ro)   Dm 11
1892 - 1933, 29.4.   Bm 3

5141.
Monathlicher Auszug aus allerhand neu herausgegebenen nützlichen und artigen Büchern
1700 - 1702   **46**
(3 Ro)   46

5142.
Nachrichtenblatt für die Synagogen-Gemeinden und Vereine in Stadt und Provinz Hannover
Hannover, Kassel
1924: Nachrichtenblatt
1923, 16.3. - 25.5.
1928 - 1931
1933 - 1934   **Dm 11**
(1 Ro)   Dm 11
1920 - 1923 (L)   46

5143.
Das neue Reich
Hannover, München
1959, Nr. 27: Deutsche Wochen-Zeitung
ab 1959, Nr. 27 in München
1967, 29.9. - 1988, 23.12.   **281**
(19 Ro)
1959, 10.1. - 1966
1989 - 1995, 16.6.   **MFA**
(9 Ro)
1959, 10.1. - 1966
1974 - 1995, 16.6.   Dm 11

5144.
Neuer Hannoverscher Kurier
(29.5.1945 - 16.7.1946)
1945, 19.6. - 9.10.   **Bs 92**
(1 Ro)   Bs 92
1945, 29.5. - 1946, 16.7.   **Bo 414**
(1 Ro)
     Dm 11
     Gö 171
     M 352
1945, 5.6. - 1946, 16.7.   GB-LO/N38

5145.
Niederdeutsche Zeitung
1922, Nr. 101 - 107   7

5146.
Niedersächsische Arbeiterzeitung
Beilage(n):
Die Rote Pflugschar
1924 - 1926   46

5147.
Niedersächsischer Beobachter
1.2.1931: Niedersächsische Tageszeitung
1.3.1943: Hannoversche Zeitung
Vlg. bis Okt. 1928 in Bockenem
(20.5.1923 - 6.4.1945, anfangs m. Unterbre-
chungen)
1934, 6.1. - 29.12.   **1w**
(1 Ro)   1w
1943, 5.7. - 1945, 6.4. (L)   **MFA**
(2 Ro)
1931, 1.2. - 1933, 30.4.   7
     Gö 171
1923, 20.5. - 1930, 24.12. (LL)
1931, 1.2. - 1945, 6.4.   35
     Dm 11
1931, 1.2. - 1945, 6.4. (L)   Lün 4
Beilage(n):
Deutsche Erziehung
1932 - 1933   7
Göttinger Stimme
1931
(vmtl. für d. Göttinger Ausg.)   7

5148.
Norddeutsche Zeitung
26.10.1957: Hannoversche Rundschau
(30.4.1948 - 21.4.1971)
1948, 20.5. - 1952, Nov. (L)   **GB-**
(19 Ro)   **LO/N38**
     GB-
     LO/N38
1948, 18.5. - 11.12. (L)
1949, 4.1. - 1971, 21.4. (L)   **MFA**
(80 Ro)
1948, 18.5. - 11.12. (L)
1949, 15.2. - 1.3.(L)   Dm 11
1949 - 1971, 21.4. (L)   35
1948, 30.4. - 31.7.   Gö 171

5149.
Nordwestdeutsche Handwerks-Zeitung
7.10.1932: Deutsche Allgemeine Handwerks-
zeitung
1917 - 1934   **MFA**
(9 Ro)
1932, 7.10. - 1934   25
1932, 7.10. - 1934, 21.12.   188/211

5150.
Die Posaune
1845: Hannoversche Morgenzeitung
1843, Nr. 80 - 81
1845   **B 479**
     B 479

5151.
Reichsruf
1965: Deutsche Nachrichten
1974 aufg. in Deutsche Wochen-Zeitung, Hannover
1960 - 1973   **281**
(7 Ro)
1968 - 1973   Dm 11

5152.
Revue
Hannoversche Gerichtszeitung
1930 (L)   **46**
(1 Ro)   46

5153.
Schaumburger Nachrichten
1975 - 1985   1811-
     BU

5154.
Die Straße
1948, 29.8. - 1949, 16.1. (L)   **Dm 11**
     Dm 11

5155.
Volkswille
Organ für die Interessen der arbeitenden Bevölkerung der Provinz Hannover
(13.9.1890 Probenr., 1.10.1890 - 28.2.1933)
1926, Jan. - März   **1w**
(1 Ro)   1w
1914 - 1933, 28.2.   **Bo 414**
(53 Ro)
     188/211
     Gö 171
1914 - 1920, 15.2.
1921 - 1933, 28.2.   21

1893, 25.2. - 15.4.	B 479
1890, 13.9. - 1933, 28.2. (L)	Bo 133
	35

5156.
Der Weltmarkt

1918	Bo 414
(1 Ro)	

5157.
Zeitschrift des Architekten- und Ingenieur-Vereins zu Hannover

1867 - 1895	17
	89

HANNOVERSCH-MÜNDEN

5158.
Der Säemann

1949, 20.12. - 1954, 1.12.	MFA
(1 Ro)	

HARBIN (PINGKIANG, VR)

5159.
Deutsch-Mandschurische Nachrichten

1929, 8.12. - 1930, 9.7.	212
(1 Ro)	
	1w

HARSEWINKEL

5160.
Neue Westfälische
HA in Bielefeld

1992, 2.1. - 11.1.	6

HARTFORD, CT (USA)

5161.
Connecticut Staatszeitung

1921, 17.3.	
1921, 1.12. - 1923, 8.11. (L)	
1924, 1.5. - 1939, 30.11. (L)	212
(6 Ro)	212
	Dm 11

BAD HARZBURG

5162.
Harzburger Zeitung
Bad Harzburg, Braunlage
24.8.1991: Goslarsche Zeitung

1988 ff.	101b
(9 Ro/Jg)	101b
1992 - 1997	101a

HATTINGEN

5163.
Amtliche Bekanntmachungen
1945, 1.9. - 31.12.

1947	Hat 2

5164.
Anzeigenblatt
1945, 13.10. - 1946, 16.2.

1947	Hat 2

5165.
Evangelischer Arbeiterbote
v. 2.4. - 6.8.1908: Rheinisch-Westfälischer
Arbeiterbote
Vlg. in Duisburg
v. 4.4. - 29.12.1918: Rheinisch-Westfälischer
Volksbote

1917 - 1920	1
(1 Ro)	
1896, 1.2.	
1897 - 1899, 1.1. (L)	
1906, 4.1. - 1922, 21.12.	Bo 414
(4 Ro)	
1910 - 1917	Wit 2
(2 Ro)	
	46
1910, 6.1. - 1917, 27.12.	188/211
1910 - 1922	Bo 133
1896, 1.2.	
1897 - 1899, 1.1. (L)	
1906, 4.1. - 1912	
1918 u. 1922	Dm 11
1850 - 1865, 16.12.	
1887 - 1890	
1910, 6.1. - 1917, 27.12.	Wit 2
1910 - 1917	Bm 3

5166.
Märkische Blätter
1.7.1882: Hattinger Zeitung
2.1.1936: Die Heimat am Mittag
8.10.1949: Heimat am Mittag
2.5.1966: Ruhr-Anzeiger
ab 30.3.1972 als BA d. WAZ, Essen
(1.3.1849? - 15.4.1945 u. 15.10.1949 ff.)

1998 ff.	**61**
(ca. 9 Ro/Jg)	**61**

1850, 2.1. - 1852, 21.1.
1852, 30.6. - 25.9.
1853, 12.1. - 29.1.
1855, 3.1. - 29.12.
1859, 26.1. - 28.12.
1861, 1.1. - 4.12.
1863, 3.1. - 18.11.
1864, 2.1. - 29.6.
1865, 7.1. - 16.12.
1958 - 1964, 30.10. (L)

1965, 14.1. - 1966	**Dm 11**

1937, 21.12. - 31.12.
1943, 1.10. - 1944, 22.9.
1949, 15.10. - 1972, 30.3. (L)

(ab 1949 84 Ro, teils auch Ausg. Bochum)	**MFA**

1945, 2.1. - 15.4.

1949, 8.10. - 1950	Hat 2

1850 - 1853
1855, 1859, 1861

1863 - 1865 (L)	**Mü 79**

1850 - 1852, 21.1.
1852, 30.6. - 25.9.
1853, 12.1. - 29.1.
1855
1859, 26.1. - 28.12.
1861, 1.1. - 4.12.
1863, 3.1. - 18.11.
1864, 2.1. - 29.6.
1865, 7.1. - 16.12.

1887 - 1890	**Wit 2**

1850, 2.1. - 1852, 21.1.
1852, 30.6. - 25.9.
1853, 12.1. - 29.1.
1855, 3.1. - 29.12.
1859. 26.1. - 28.12.
1861, 1.1. - 4.12.
1863, 3.1. - 18.11.
1864, 2.1. - 29.6.
1865, 7.1. - 16.12.
1939, 2.10.
1949, 8.10. (Sondernr.)
1949, 15.10. - 1951, 30.10.
1951, 1.12. - 1964, 30.10. (L)

1965, 14.1. - 1966	Dm 11

5167.
Neue Volks-Zeitung
Hattingen, Witten
Ausg. Hattingen, Witten-Annen
HA in Dortmund, Herne, Essen
1948, 15.9. - 31.12.

1950, 1.1. - 11.8.	Hat 2

5168.
Ruhr-Nachrichten
HA in Dortmund

1958, 1.4. - 1960	**Dm 11**
	Dm 11
1949, 1.3. - 1950, 12.6.	Hat 2

5169.
Ruhr-Zeitung
Hattingen, Hagen, Westf., Schwelm
Ausg. Hagen, Hattingen, Schwelm
HA in Essen, ab 19.9.1945 in Dortmund

1945, 8.9. - 1946, 4.5.	Hat 2

5170.
Volks-Echo / KM
Ausg. KM = Hagen, Ennepe-Ruhr-Kreis
und das Sauerland
HA in Detmold

1949 - 1950, 13.6.	Hat 2

5171.
Westdeutsches Tageblatt
Hattingen, Bochum
Ausg. Hattingen, Bochum
HA in Dortmund
1947 - 1948

1949, 14.2. - 31.12.	Hat 2

5172.
Westdeutsches Volks-Echo / B
Hattingen, Bochum, Witten
Ausg. B = Hattingen, Bochum u. Umgebung,
später: Bochum, Witten, Hattingen
später: Westdeutsches Volks-Echo / M
Ausg. M = Witten, Hattingen
HA in Dortmund

1946, 14.5. - 1948, 4.5.	Hat 2

5173.
Westfälische Rundschau / HA
HA in Dortmund

1951, 17.3. - 1970 (L)	**6**
(nur Lokalteil)	
1991 ff.	**101b**
(10 Ro/Jg)	101b

1951, 17.3. - 1970 (L, nur Lokalteil)
1991 ff.   6
1992 - 1997   101a

5174.
Westfalenpost
HA in Soest, sp. Hagen
1946, 26.4. - 1949, 28.2.   Hat 2

HATZFELD (JIMBOLIA, RO)

5175.
Hatzfelder Volksblatt
1924, 30.11. - 1932   212
(2 Ro)
1924, 30.11. - 1926, 26.12.
1930, 20.7. - 1932, 1.1.   212

5176.
Hatzfelder Zeitung
1920, 10.10. - 1939, 10.12.   212
(5 Ro)   212

5177.
Jimboliaer Zeitung
1938, 3.4. - 17.7.   212
(1 Ro)   212

HAYNAU (CHOJNOW, PL)

5178.
Haynauer Stadt-Blatt
1840 - 1846
1857 - 1862 (L)
1939, 1.7. - 3.7. (Jub.-Nr.)   1w
(4 Ro)   1w
                                           Dm 11

HECHINGEN

5179.
*Schwarzwälder Post / Hohenzollerischer
Landesbote*
HA in Oberndorf
30.9.1950: Schwarzwälder Bote / Z
HA in Oberndorf
2.1.1991: Schwarzwälder Bote / A 3
HA in Oberndorf
1946, 22.10. - Dez.
1947, Aug. - 1956
1973, 2.7. - 1979   **24**
(52 Ro)

1946, 22.10. - Dez.
1947, Aug. - 1956
1960, 1.7. - 1973, 19.6.
1973, 2.7. - 2007   24

5180.
Der Volksfreund
25.3.1835: Volks-Freund
1835 (L), 1836 (LL)   **46**
(1 Ro)   46

5181.
*Wochenblatt für das Fürstenthum Hohenzol-
lern-Hechingen*
1837: Verordnungs- und Intelligenzblatt für
das Fürstenthum Hohenzollern-Hechingen
1845: Verordnungs- und Anzeigeblatt für das
Fürstenthum Hohenzollern-Hechingen
11.4.1850: Verordnungs- und Anzeigeblatt der
Königlich Preußischen Regierung zu Hechingen
3.3.1852: Amts-Blatt für das Königliche
Kreisgericht und Oberamt zu Hechingen
1.7.1854: Hohenzollernsches Wochenblatt
1867: Hohenzollernsche Blätter
17.6.1900: Hohenzollerische Blätter
4.1.1946: Schwäbisches Tagblatt
HA in Tübingen
6.8.1949: Schwäbisches Tagblatt / Hohenzollerische Zeitung
1.11.1949: Hohenzollerische Zeitung
ab 2.1.1968 als BA v. Südwest-Presse, Ulm
1980 ff.   **24**
(66 Ro bis 1994)
1987 - 1989   **101b**
(18 Ro)
1829, 3.10. - 1945, 21.4.
1946, 4.1. ff.   24
1987 ff.   101b
1829, 3.10. - 1945, 21.4.
1946, 4.1. - 1950, 3.7.   Bal 1
                                           Dm 11
                                           Heh 1
                                           Sig 1

Beilage(n):
Alphabetisches Sachregister
1829 - 1944   24
                                           Bal 1
                                           Dm 11
                                           Heh 1
                                           Sig 1

Reichs-Gesetzblatt
1848, 13.11. - 1849, 7.6.   24
                                   Bal 1
                                   Dm 11
                                   Heh 1
                                   Sig 1

5182.
Der Zoller
1873 - 1936, 29.2.   24
                                   Bal 1

HEIDE, HOLST.

5183.
Amtliches Nachrichtenblatt des Kreises Norderdithmarschen
auch: Kreisblatt für Norderdithmarschen
1946, 12.2. - 1949, 27.12.   68
                                   68

5184.
Dithmarscher Anzeigenblatt
1948, 31.7. - 1949, 28.9.   **8**
(1 Ro)   8

5185.
Dithmarscher Landeszeitung
1969 ff.   **101b**
(ca. 7 Ro/Jg)   101b
1949, 1.10. - 1968   **MFA**
(71 Ro)
1992 - 1997   101a
1949, 1.10. ff.   68

5186.
Dithmarsische Zeitung
6.1.1849: Dithmarscher Blätter für deutsche
und schleswig-holsteinische Zustände
28.5.1853: Dithmarscher Blätter
1832, 28.4. - 1873, 27.12.   **68**
                                   68
                                   Dm 11

5187.
Heider Anzeiger und Dithmarscher Post
1903: Heider Anzeiger
30.9.1906: Heider Anzeiger und Zeitung
1900 - 1945, 9.5. (L)   **68**
                                   68
                                   Dm 11

5188.
Heider Zeitung
1881 - 1902   **68**
                                   68

HEIDELBERG

5189.
Badischer Volksbote
1960, 1.5. - 1961   31

5190.
Der Bote vom Neckar
1840: Der Neckar-Bote
auch: Der Neckarbote
(1836/37 - 4.5.1850)
1845 - 1850, 4.5.   **Dm 11**
(2 Ro)   Dm 11
                                   21
                                   46
                                   188/211
                                   16

5191.
Der Bote vom Neckar und Rhein
1822, 1.1. - 29.6.   **31**
(1 Ro)   31

5192.
Die Demokratische Republik
(1.5. - 10.6.1849)
1849, 1.5. - 10.6.   **Dm 11**
(1 Ro)   Dm 11
                                   361

5193.
Deutsche Kommentare
Heidelberg, Stuttgart, Berlin
1951: Das Ganze Deutschland
12.7.1952: Deutsche Kommentare
1949, 3.10. - 1956, 27.10.   **GB-**
(8 Ro)   **LO/N38**

1949, 5.12. - 1950
1952, 5.1. - 5.7.
1953 - 1956, 27.10.   **MFA**
(2 Ro)
                                   Dm 11
1950 u. 1952   77
1949, 3.10. - 1956, 27.10.   **GB-**
                                   LO/N38

5194.
Deutsche Zeitung
Heidelberg, Frankfurt/M., Mannheim, Leipzig
ab 1.10.1848 in Frankfurt, M,, später in Mannheim, ab 1849 in Leipzig
(1.7.1847 - 1850)
1847, 1.7. - 1850   **Bo 414**
(12 Ro)

815

1847, 1.7. - 1848, 30.6.	
1848, Sep. - 1850	**31**
(6 Ro)	31
	21/32c
	61
	361
1848 - 1850, Juni	38
1847, 1.7. - 1850	46
	385
	468
	188/211
	Bo 133
	Dm 11
	7
1848, Dez. - 1849, Juni	
1850	38/421

5195.
Freie zionistische Blätter
(1921)

1921	**30**
	30
	19
	B 1539
1921, Nr. 1 - 4	517
	He 116

5196.
Der Führer / Heidelberger Ausg.
3.1.1931: Heidelberger Beobachter
1.3.1932: Die Volksgemeinschaft
(1927 - 28.3.1945)

1930, 2.8. - 1945, 23.3.	**31**
	31
1931 - 1945, 23.3.	16
	Dm 11
1940, Juli - 1944	Wh 1

Beilage(n):
Der Heidelberger Student im
Kampf um die deutsche Hoch-
schule

1937, 17.4. - 12.6.	16
Der Kurpfälzer	
1934, 4.2. - 1936, 23.2.	16
Der Sonntag	
1935, 6.1. - 1936, 23.2.	16
Illustrierter Beobachter	
1931, 4.4. - 25.7.	16

5197.
Heidelberger Anzeiger
15.9.1910: Heidelberger Neueste Nachrichten

1882 - 1944, 31.8.	16
	31
	Dm 11

5198.
Heidelberger General-Anzeiger
3.1.1884: Heidelberger Tageblatt
25.5.1949: Tageblatt
1.6.1951: Heidelberger Tageblatt
(1.10.1883 - 15.5.1937 u. 25.5.1949 - 1982)

1949, 4.6. - 1952, Nov. (L)	**GB-**
(20 Ro)	**LO/N38**
	GB-
	LO/N38
1949, 25.5. - 1982	**MFA**
(171 Ro)	
1883, 1.10. - 1937, 14.5.	
1949, 25.5. - 1982	16
1883, 1.10. - 1937, 14.5.	Dm 11
	31

5199.
Heidelberger Rundschau
1984: Communale

1975, 20.11. - 1988, 29.9.	**MFA**
(6 Ro)	

5200.
Der Heidelberger Student

1929 - 1937/38	16

5201.
Heidelberger Tagblatt
Heidelberg, Frankfurt/M.
1.1.1861: Heidelberger Zeitung
1.9.1919: Badische Post

1858, 17.12. - 1924, 31.10. (L)	16
	31
	Dm 11

Beilage(n):
Amtliches Verkündigungsblatt
für den Amtsbezirk Heidelberg

1908, Nr. 4 - 1918 (L)	16
Heidelberger Familienblätter	
1874 - 1914 (E)	16
Heidelberger illustrierte Zeitung	
1913, Weihnachten - 1914, 26.7.	
(L)	16
Literatur und Wissenschaft	
1909, 20.10. - 1911, Dez.	16

5202.
Heidelberger Wochenblatt
3.1.1831: Heidelberger Wochenblätter
1.1.1840: Heidelberger Tagblätter
1.7.1842: Heidelberger Journal
(1806 - 29.12.1872)
1842, 1.7. - 1844
1846/47
1860   **31**
(6 Ro)
1844 - 1845   **MFA**
(3 Ro)
1848 - 1849   **Dm 11**
(3 Ro)
                                 21/32c
                                 468
                                 188/211
1807, 5.1. - 1809
1811 - 1872   16
                                 Dm 11
                                 31

5203.
Die Mitteilungen
16.6.1945: Süddeutsche Mitteilungen
(14.4. - 1.9.1945)
1945 (E)   **B 479**
1945, 16.6. - 1.9.   **Bo 414**
(1 Ro)
                                 M 352
1945, 14.4. - 16.6.   31
1945, Juni - Sep.   34
1945 (E)   70

5204.
Die Mitteilungen / Stadt
15.6.1945: Süddeutsche Mitteilungen / Stadt
1945, 16.6. - 1.9. (L)   **B 479**
                                 B 479
1945, 14.4. - 1.9.   31

5205.
Pfälzer Bote für Stadt und Land
8.7.1933: Heidelberger Volksblatt
1865, 26.8. - 1871, 30.12.
1890 - 1935   16
                                 31
                                 Dm 11
Beilage(n):
Aus Natur und Technik
1928   16
Heimatwarte
1928, 2 - 1935, 7 (L)   16
Der alte Gottfried
1921, 27. 9. - 23.10.   16

Unterhaltungsblatt zum "Pfälzer
Boten"
1894, 15.7. - 1902, 28.9. (L)   16
Wochenbeilage zum "Pfälzer
Boten"
1890 - 1894, 8.7. (L)   16
Sonntagsgruß aus der Pfalz
1902, 5.10. - 1920 (L)   16
Die Lesestunde
1993, März - 1935   16
Deutsche Jugendkraft
1926, 9 - 1928, 12 (L)   16
Der Volksrat vom Hotzenwald
1918, 8.12. - 1919, 5.1.   16

5206.
Die Republik
(März 1848 - 21.6.1849)
1848, 8.3. - 1849, 21.6.   **Dm 11**
                                 Dm 11
                                 21
                                 361
                                 468
                                 188/211
                                 16
1848, 8.3. - 1849, 21.6. (MPF)   **Tr 18**

5207.
Rhein-Neckar-Zeitung
(5.9.1945 ff.)
1956 - 1958   **24**
(9 Ro)   24
1945, 29.8. - 1967   **31**
1968 ff.   **101b**
(ca. 9 Ro/Jg)   101b
1963 - 1966   **Dm 11**
1945, 5.9. ff. (L)   16
1945, 29.8. ff.   31
1949, Jan. - Juni   Bo 153
1945, 5.9. - 1947, 21.10. (L)   GB-
1948, 20.1. - 1949, 14.10. (L)   LO/N38
1992 - 1997   101a
1989, 1.4. ff.   180
1963, Nov. - 1964, März
1988 ff.   475
1945, 29.8. - 1966 (L)
1983 ff.   **Dm 11**

5208.
Der schaffende Bauer
1932, Nr. 2 u. 7   **B 479**
                                 B 479

5209.
Der Start
HA in Karlsruhe
1946, 20.3. - 19.6.   31

5210.
Süddeutsche Mitteilungen / Land
1945, 4.8. u. 11.8.   **B 479**
                            B 479
1945, 23.6. - 1.9.   31
                            34
                            1w

5211.
Süddeutsches evangelisch-protestantisches Wochenblatt
Heidelberg, Stuttgart
1893: Evangelisch-protestantisches Kirchen-blatt
1911: Süddeutsche Blätter für Kirche und freies Christentum
(1860 - 1933, Nr. 6)
1860 - 1933, Nr. 6   Dm 11
                            Ka 13

5212.
Tennis und Sport
1937: Der Tennissport
1924, 10.4. - 18.12.
1935 - 1943, 15.3.   **Bo 414**
(8 Ro)

5213.
Der Volksführer
(13.12.1848 - 22.6.1849)
1849, 12.1. - 22.6.   **Dm 11**
(1 Ro)   Dm 11
                            21/32c
                            468
                            475
                            188/211
                            16
                            Bm 3
1848, 13.12. - 1849, 22.6. 31

5214.
Volkszeitung
1919, 1.10. - 1933, 17.3.   16
                            31
                            Bo 133
                            Dm 11
Beilage(n):
Die Quelle
1921, 30.9. - 1933, 5.3. (L) 16
                            31
                            Bo 133

Erwerbslosen-Tribüne
1930, Feb. - 1931, Okt.   16
Unterbadische Wahlpost
1924, 17.4. - 30.4.   16

5215.
Wochenblatt für die Bezirksämter Sinsheim und Neckarbischofsheim
16.10.1849: Der Landbote
Vlg. in Heidelberg
1840, 10.4. - 1934 (L)   **31**
(29 Ro)   31

HEIDENAU

5216.
Die Revolution
1921 (E)   **B 479**
                            B 479
1921, Feb. - Juni   Bo 133

HEIDENHEIM A. D. BRENZ

5217.
Heidenheimer Amtsblatt
März 1946: Amtliche Bekanntmachungen für den Landkreis und die Stadt Heidenheim
Mai 1946: Amtsblatt für den Landkreis Hei-denheim
1945, 30.6. - 1950, 30.6.   Dm 11
                            Hed 1

5218.
Heidenheimer Tagblatt
1896 - 1923 (L)
1925 - 1935, 29.6. (L)   Dm 11
                            Hed 1

5219.
Heidenheimer Volkszeitung
1.12.1925: Volkszeitung
1.2.1926: Volkswacht
BA v. Donau-Wacht, Ulm
1921, 11.6. - 1933, 9.3. (L) Dm 11
                            Hed 1

5220.
Heidenheimer Zeitung
BA v. Südwest-Presse, Ulm
(1.12.1948 ff.)
1975 - 1982   **24**
(48 Ro)
1977 ff.   **101b**
(ca. 7 Ro/Jg)   101b

1975 ff.   24
1948, 1.12. - 1950, 9.8. (L)   GB-
     LO/N38
1992 - 1997   101a

5221.
Schwäbische Donauzeitung
HA in Ulm
Nov. 1948: Heidenheimer Volksblatt
(10.11.1945 - 1967)
1946, 23.11. - 1958
1960   24
(24 Ro)   24

HEILBRONN

5222.
Generalanzeiger der Stadt Heilbronn und Umgebung
3.4.1903: Heilbronner Generalanzeiger
1896
1901 - 1904
1909 - 1912   24
(14 Ro)   24
     Hb 1

5223.
Heilbronner Heimatblätter
1937, 20.4. - 1940   24
(Beilagen mitverfilmt)
     Hb 1

5224.
Heilbronner Morgenpost
1935 - 1937, 31.7. (LL)   24
     Hb 1

5225.
Heilbronner Stimme
(27.3.1946 ff.)
(abweichende Seiten der Bezirksausg. Eppinger Zeitung u. Hohenloher Zeitung bis 1986 mitverfilmt)
1946, 28.3. - 1967, 29.4.
1968 ff.   **101b**
(ca. 10 Ro/Jg)   101b
1946, 28.3. - 1967, Apr.   24
1946, 28.3. - 17.12.   GB-
1948, 24.1. - 1949, 15.10.   LO/N38
1992 - 1997   101a
1946, 27.3. ff.   Hb 1

5226.
Heilbronner Tagblatt <1932>
1932, 23.4. - 1945, 31.3.   24
(Beilagen mitverfilmt)

5227.
Heilbronner Wochenblatt
Feb. 1801: Heilbronnsches Intelligenz-Blatt
1806: Heilbronner Intelligenz-Blatt
23.1.1843: Intelligenz-Blatt von Heilbronn
Apr. 1848: Heilbronner Tagblatt
1.7.1861: Neckar-Zeitung
(1797 - 28.2.1934)
1896 - 1934, 28.2. (L)   24
1797
1806, 16.6. - 25.12.
1808, 1814, 1818
1821, 1826, 1828
1830, 1832
1834 - 1836
1838 - 1847
1848, 4.4. - 1849
1851 - 1852
1854
1856 - 1857
1859 - 1861, 30.6.
1862 - 1863
1865, 1.1. - 30.6.
1871, 1.1. - 30.6.
1896 - 1906, Apr.
1907 - 1922, Juli
1930 - 1934, 28.2.   Hb 1
1915 - 1934 (L)   Dm 11

5228.
Neckar-Echo <1908>
(1.3.1908 - 6.3.1933)
1908, 21.12. - 1910   24
     Hb 1

5229.
Neckar-Echo <1949>
1.10.1962: AZ
(1.8.1949 - 30.6.1967)
1949, 30.7. - 1967, 30.6.   24
     Bo 133
     Hb 1
1949, 9.8. - 1950, 9.8.   GB-
     LO/N38

5230.
Süddeutsche Sonntags-Zeitung
Heilbronn, Stuttgart
1.10.1922: Die Sonntags-Zeitung
ab 5.7.1925 in Stuttgart
1921, 20.2. - 1925, 4.1.
1925, März - 1937, 20.6.   **46**
(5 Ro)   46

1920 - 1943, 28.3.	**Bo 414**
(4 Ro)	
	Hb 1
1920, 4.1. - 1943, 28.3.	Mar 1
1920 - 1936	Bo 133
1921, 20.2. - 1925, 4.1.	
1925, März - 1937, 20.6.	Rot 3
1920 - 1943, 28.3. (L)	24

5231.
Volksstimme

1921, 12.11. - 1922, 31.3.	24
	Hb 1

5232.
Zaber-Neckar-Post

1960	24
(4 Ro)	24

HEILIGENHAUS

5233.
Heiligenhauser Zeitung
BA v. Westdeutsche Allgemeine, Essen

1998 ff.	**61**
(ca. 11 Ro/Jg)	61

HEILIGENSTADT, THÜR.

5234.
Departements-Blatt

1808, 12.3. - 1811, 28.11.	Dm 11
	Hlg 1

5235.
Eichsfelder Heimatzeitung
Vbg.: Kreise Heilgenstadt u. Worbis

1966, 8.9. - 1969, 9.10.	**Bo 174**
(1 Ro)	

5236.
Heiligenstädter Wochenblatt
4.10.1817: Wochenblatt für den Kreis Heiligenstadt

1818 - 1819	Dm 11
	Hlg 1

5237.
Heiligenstädter Zeitung und Kreis-Anzeiger
später: Heiligenstädter Zeitung
2.1.1907: Eichsfelder Tageblatt

1879 - 1882	
1883, 9.6. - 1889, 28.9.	
1890 - 1893	
1894, 3.7. - 1937	Dm 11
	Hlg 1

Beilage(n):
Amtliches Beiblatt zum Eichsfelder Tageblatt

1907 - 1932, 13.8.	Dm 11
	Hlg 1

5238.
Mitteldeutsche Allgemeine Eichsfeld
BA v. Mitteldeutsche Allgemeine, Kassel
1.3.1996: Thüringische Landeszeitung. Eichsfelder Tageblatt

1993 ff.	**101b**
(2 Ro/Jg)	101b
1993 - 1997	101a

5239.
Mitteldeutsche Volkszeitung "Eichsfeldia"

1906 - 1912	
1914 - 1916, 26.11.	
1917, 1.7. - 30.12.	
1920	Dm 11
	Hlg 1

5240.
Ober-Eichsfelder Kreis-Anzeiger <1820>
3.1.1865: Heiligenstädter Kreisblatt
2.1.1867: Ober-Eichsfelder Kreis-Anzeiger

1820 - 1863 (L)	
1865 - 1878	Dm 11
	Hlg 1

5241.
Öffentlicher Anzeiger

1903 - 1920	Dm 11
(Beilagen mitverfilmt)	
	Hlg 1

5242.
Thüringer Gauzeitung
HA in Weimar

1938, 1.7. - 1944	Dm 11
	27
	Hlg 1

5243.
Thüringer Volkszeitung
HA in Weimar
9.4.1946: Thüringer Volk
HA in Weimar
1946 - 1949 (L)   Dm 11
                                   Hlg 1

HEILSBERG (LIDZBARK-WARMIŃSKI, PL)

5244.
Heilsberger Kreisblatt
1838, 18.2. - 1841   1w
                               1w
                               Dm 11

HEININGEN

5245.
Konservativ heute
1974, Nr. 4   109

HEINSBERG

5246.
Der Bergbau-Industrie-Arbeiter
[Region Wurm]
1936, 1 - 3   B 479
                               B 479

5247.
Der Heinsberger Bote
4.7.1857: Heinsberger Kreisblatt
1851 - 1868 (L)   5
(6 Ro)   5

5248.
Heinsberger Volkszeitung <1882>
22.1.?1946: Aachener Volkszeitung
31.8.1949: Heinsberger Grenzpost
15.9.1949: Aachener Volkszeitung
3.12.1949: Heinsberger Volkszeitung
4.5.1996: Heinsberger Zeitung
Nachkriegsausg. BA v. Aachener Volkszeitung, ab 1996 Aachener Zeitung, Aachen
1983, 1.6. ff.   101b
(ca. 7 Ro/Jg)   101b
1957, 2.11. - 1959, 30.6.   Dm 11
                               Dm 11
1992 - 1997   101a
1882 - 1944
1947 ff.   Heg 2

5249.
Verwaltungsblatt des Kreises Heinsberg
1828, 6. u. 27. 11.   A 100
                               A 100

HELGOLAND

5250.
Helgoländer Zeitung
1921, 1.5. - 1933, 30.9. (L)   18
(24 Ro)   18

HELMBRECHTS

5251.
Helmbrechtser Anzeiger
1950 - 1964   Hf 1
(27 Ro)   Hf 1

HELMSTEDT

5252.
Eulenspiegel
1919, Nr. 2: Braunschweiger Eulenspiegel
1919, Nr. 18: Till Eulenspiegel
1918 - 1919   Dm 11

5253.
Helmstädtisches Wochenblatt
1.4.1815: Helmstädtsche Zeitung
1824?: Helmstädter Zeitung
1847: Helmstedter Zeitung
1862: Helmstedter Kreisblatt
10.11.1949: Helmstedter Allgemeine Zeitung
1809
1811, 6.1. - 1812, 29.3.
1814
1815, 1.4. - 30.12.
1818 - 1820
1822
1824 - 1849, 24.3. (L)
1850 - 1861, 11.12.
1862 - 1893
1894, 1.11. - 1900, 30.6.
1901 - 1913, 5.12.
1914 - 1941, 1.6.
1949, 10.11. - 1975, 11.10.   35
1809
1811, 6.1. - 1812, 29.3.
1814
1815, 1.4. - 30.12.   Dm 11

1818 - 1820
1822
1824 - 1837, 6.12.
1838 - 1849, 24.3. (L)
1850 - 1861, 11.12.
1863 - 1884, 20.12.
1885 - 1893
1894, 17.8. - 1900, 30.6.
1901 - 1913, 5.12.
1914 - 1940
1949, 10.11. - 1950, 24.12.   Dm 11

5254.
Helmstedter Kreiszeitung
BA v. Braunschweiger Tageszeitung
1941, 3.6. - 31.12.   35
     Dm 11

5255.
Staats-Archiv
Helmstedt, Leipzig
1796 - 1797
1799   **46**
(2 Ro)   46

HELSINKI (FIN)

5256.
Deutsch Finnische Nachrichten
Helsinki (FIN), Tampere (FIN)
Jg. 1 (1924), Nr. 1 - 34 in Tampere (FIN)
1924 - 1925, Nr. 8   6/053

HEMME

5257.
Deutsche Treue
1914 - 1916   **68**
     68

5258.
Hemmer Feldpost
1917   **68**
     68

HENNEF

5259.
Hennefer Zeitung
1906: Hennefer Volkszeitung
1892 - 1898
1900
1902 - 1904
1906, 17.2. - 29.12.
1908 - 1920
1922 - 1923, 26.8.
1924 - 1939   Hen 2

HENNIGSDORF

5260.
Hennigsdorfer Lokalanzeiger
BA v. Berlin-Tegeler Anzeiger
1921, Jan. - März
1922, 10.5. - Dez.
1925, Okt. - Dez.   **1w**
(1 Ro)   1w

5261.
Hennigsdorfer Stahl
Hennigsdorf, Velten
BPO VEB Stahl- und Walzwerk
Verl. in Velten
1978 - 1989 (MPF)   186

5262.
Neues Schaffen
BPO Lokomotivbau/Elektrotechnische Werke
1978 - 1990 (MPF)   186

HEPPENHEIM, BERGSTR.

5263.
Südhessische Post
14.2.2002: Starkenburger Echo
1978, 1.9. - 1989   **101b**
(72 Ro)
1978, 1.9. ff.   101b

5264.
*Verordnungs- und Anzeigeblatt für die Kreis-
stadt Heppenheim und den Landkreis Bergstraße*
1945, 2.5. - 1948   Be 2

HERBESTAHL (B)

5265.
Der Bauer
1933, 7.1. - 23.12.
1934, 6.1. - 29.12.
1937, 3.1. - 1939   212

HERBOLZHEIM

5266.
Badische Zeitung / H
UT: Herbolzheimer Zeitung
HA in Freiburg, Br.
1964, 8.8. - 1971, 30.9.   31
(24 MF = 48 DF)   31

HERDECKE

5267.
Herdecker Zeitung
Vlg. in Witten-Annen
1895, 7.7. - 1896, 18.6.   Dm 11

HERFORD

5268.
Freie Presse
HA in Bielefeld
1952, 3.6. - 1967, 1.7.   6
                                     6
1946, 3.4. - 1967   Hef 2

5269.
Herforder Kreis-Blatt
2.1.1950: Herforder Kreisblatt
Vlg. in Bielefeld
(4.7.1846 - 1940 u. 1.10.1949 ff.)
1953 - 1970 (L)   6
                                     6
1983, 1.6. ff.   101b
(ca. 7 Ro/Jg)   101b
1958 - 1962 (L)   Dm 11
1927, 3.1. - 31.3. u. 30.6. - 31.12.
1929, 2.1. - 30.3.
1930, 2.1. - 17.10.
1930, 18.12. - 1931, 30.6. (L)
1932, 1.10. - 31.12. (L)
1933, 16.5. - 28.6.
1935, 2.1. - 29.6.
1950 - 1957 (L)   MFA
(28 Ro, Beilagen mitverfilmt)

1992 - 1997   101a
1945, 15.6. - 1948, 27.1.
1994, Ostern - 1999, Feb.   Hef 2
1927, 3.1. - 31.3. u. 30.6. - 31.12.
1929, 2.1. - 30.3.
1930, 2.1. - 17.10.
1930, 18.12. - 1931, 30.6.
1932, 1.10. - 31.12.
1933, 16.5. - 28.6.
1935, 2.1. - 29.6.
1950 - 1962 (L)   Dm 11

5270.
Neue Westfälische
HA in Bielefeld
1992 - 2002, 30.6.   6
1979 - 1990, 29.5.   Hef 2
Beilage(n):
HF
1992 - 2002, 30.6.   6

5271.
Westfälische Zeitung / C
HA in Bielefeld
1951, 18.1. - 1960, 30.9.   6
                                     6

5272.
Westfälischer Beobachter
Ausg. f. Minden-Ravensberg u. Lippe
1930, 11.9. - 1934, 27.7.   6
                                     6

5273.
Westphalen und Rheinland <1822>
1826: Westphalia
1836: Westphalen und Rheinland
1822 - 1848, 8.7. (MPF)   6

HERMANNSTADT (SIBIU, RO)

5274.
Deutsche Tagespost
1919, 6.12. - 1925   212
(8 Ro)   212

5275.
Deutsche Tageszeitung
1934, 2.10. - 1939, 14.7.   212
(6 Ro)   212

5276.
Die Neue Zeitung
1930 - 1941   **212**
(8 Ro)
1930, 14.6. - 1940, 8.9.   212

5277.
Pressedienst der deutschen Volksgemein-
schaft in Rumänien
1939 - 1940   M 352

5278.
Sächsisches Volksblatt
1925 - 1930   **212**
(1 Ro)   212

5279.
Siebenbürgisch-Deutsches Tageblatt
16.3.1941: Südostdeutsche Tageszeitung
1874 - 1891, Juni
1892 - 1897, Juni
1898, Juli - 1903
1905 - 1909, Juni
1910 - 1916, Aug.
1917 - 1939
1941 - 1944, 31.3.   **212**
                               212
1942 - 1944, 30.4.   **1w**
                               1w
                               Dm 11

5280.
Süd-Ost
1935, 12.11. - 1939, 16.7.   **212**
(5 Ro)   212

5281.
Südostdeutsche Landpost
Hermannstadt (Sibiu, RO), Kronstadt (Brasov,
RO)
nur anfangs in Kronstadt
1940, 25.12. - 1943, 26.12.   **212**
(2 Ro)   212

5282.
Die Volksstimme
1934, 10.8. - 1935, 3.5.   **212**
(2 Ro)   212

5283.
Die Woche
1990: Hermannstädter Zeitung
(9.1.1968 ff.)
1968, 25.2. - 2006   **212**
                               212

1976 ff.   **Bo 414**

                               M 135
1976 ff. (L)   1w

HERNE

5284.
General-Anzeiger. Rote Erde / G
Herne, Gelsenkirchen, Gladbeck, Recklinghausen
30.1.1934: Westfälische Landeszeitung. Rote
Erde / G
G = Herne, Wanne-Eickel, Gelsenkirchen,
Recklinghausen
1937: Westfälische Landeszeitung / G
Vbg.: Gelsenkirchen, Gladbeck, Recklinghausen u. Umgebung
HA in Dortmund
1933, 1.12. - 31.12.
1935, 1.8. - 31.8. (L)
1936 - 1941 (L)   **MFA**
(nur Lokalteil)
                               Dm 11

5285.
Herner Zeitung
(22.8.1872 - 31.?3.1945 u. 1.11.1949 -
31.12.1966)
1958, 1.3. - 1966   **Dm 11**
1949, 1.11. - 1957   **MFA**
(12 MF = 23 DF)
1949, 1.11. - 1957
1958, 1.3. - 1966   Dm 11

5286.
Kinematoscope-Zeitung
1909 (L)   **Dm 11**
                              Dm 11
                              706

5287.
Naród
1935, 20.3.
1937, 1.4. - 1939, 1.9.   **MFA**
(5 Ro, Beilagen mitverfilmt)
                              Dm 11
                              364

5288.
Ruhr-Nachrichten
Ausg. Wanne-Eickel
HA in Dortmund
1957, 1.10. - 31.12.
1958 - 1959   **Dm 11**
                                     Dm 11

5289.
Wanne-Eickeler Zeitung
(Herne-) Wanne-Eickel
1954, 1.10. - 31.12.
1963 - 1966   6
(Beilage mitverfilmt)   6
1925, 25.7. (Festausg.) u. 1926,
1.4.
1927, 3.1. - 31.3.
1930, 1.4. - 30.6.
1931, 30.4. - 8.7. u. 29.9. - 31.12.
(L)
1933, 13.4. - 1.10. (L)
1951, 1.8. - 1957
1963 - 1966   **MFA**
(33 Ro, Beilagen mitverfilmt)
1925, 25.7. (Festausg.) u. 1926,
1.4.
1927, 3.1. - 31.3.
1930, 1.4. - 30.6.
1931, 30.4. - 8.7. u. 29.9. - 31.12.
(L)
1933, 13.4. - 1.10. (L)
1951, 1.8. - 1954, Sep.
1955 - 1962   Dm 11

5290.
Westdeutsche Allgemeine (WAZ) / HE
HA in Essen
1978, 1.9. ff.   **101b**
(ca. 7 Ro/Jg, später 10 Ro/Jg)   101b
1952, 1.12. - 1970   6
1952, 1.12. - 1970
1989 ff.   6
1992 - 1997   101a

5291.
Westdeutsche Allgemeine (WAZ) / WE
Ausg. WE = (Herne-) Wanne-Eickel
UT: Wanne-Eickeler Tageblatt
HA in Essen
1962, 10.2. - 20.10. (LL)   **MFA**
(1 Ro)
1991 ff.   **101b**
(10 Ro/Jg)   101b
1952, 1.12. - 1970
1991 ff.   6

1992 - 1997   101a
1962, 10.2. - 20.10. (LL)   Dm 11

5292.
Westfälische Landeszeitung / HE
HA in Dortmund
1933, 1.12. - 1934, Jan.
1934, Juli - 1935, Juni
1936 - 1940
1941, 1.10. - 22.10.
1942   **MFA**
                                     Dm 11

5293.
Westfälische Landeszeitung / W
Ausg. Wanne-Eickel, Herne
HA in Dortmund
1937, 1.11. - 30.11. (L)
1938 - 1941 (L)   **MFA**
(nur Lokalteil, 4 Ro)
                                     Dm 11

5294.
Westfälische Rundschau / BH
teils auch: Westfälische Rundschau / HE
Ausg. BH bzw. HE = Herne
HA in Dortmund
1951, 17.3. - 1984 (L)   6
(nur Lokalteil)   6
1961 - 1962   Dm 11

5295.
Westfälische Rundschau / BW
Ausg. BW = (Herne-) Wanne-Eickel
1951, 17.3. - 1970   6
(nur Lokalteil)   6
1961 - 1962   Dm 11

HERRENBERG

5296.
Intelligenz-Blatt für den Oberamtsbezirk Herrenberg
1842: Amts- und Intelligenz-Blatt für den O-
beramtsbezirk Herrenberg
1866: Amts-, Intelligenz- und Unterhaltungs-
Blatt für den Oberamts-Bezirk Herrenberg
1868: Herrenberger Amts-Blatt
1872: Der Gäubote
1.10.1909: Der Gäu- und Ammertalbote
8.2.1924: Der Gäubote
1838, 7.7. - 1941, 30.8.
1949, 8.6. - 1992   24
1838, 7.7. - 1941, 30.8.
1949, 8.6. - 1950, 30.12.   Dm 11

1838, 7.7. - 1941, 30.8.
1949, 8.6. ff.   Hrb 1
     Rot 3

HERSBRUCK

5297.
Hersbrucker Zeitung
1848, 7.10. - 1850
1854 - 1859
1860, 19.5. - 1876
1878 - 1891, 27.6.
1891, 3.10. - 1894
1897 - 1901, 5.10.
1902 - 1904
1906 - 1908
1909, 3.4. - 1934, 30.6.
1935 - 1943, 20.3.
1949, 26.8. - 1962
(52 MF = 102 DF, Beilagen mit-   **MFA**
verfilmt)

BAD HERSFELD

5298.
Hersfelder Anzeiger
1867, Nr. 78: Hersfelder Kreisblatt
23.9.1913: Hersfelder Tageblatt
1854, 4.1. - 1864
1866
1868 - 1875, 7.4.
1876 - 1881, 15.6.
1881, 1.10. - 1923
1924, 24.1. - 1927
1929 - 1933, 13.11.   **4**
(53 Ro, Beilagen mitverfilmt)   4
     34
     Dm 11

5299.
Hersfelder Intelligenzblatt
1.10.1867: Hersfelder Intelligenz- und Anzeigenblatt
1.1.1865: Hersfelder Zeitung
(nachgew. 5.1.1822 - 29.3.1945; 30.7.1949 ff.)
1969 ff.   **101b**
(ca. 10 Ro/Jg)   101b
1949, 30.7. - 31.12.
1950, 1.7. - 1968, 31.7. (kl. L.)   **MFA**
(55 Ro)
1822, 5.1. - 1944
1949, 30.7. - 1968, 31.7.   34

5300.
Der Hessenbote
1837, 4.11. - 1845
1850, 2.1. - 29.6.   **4**
(3 Ro)   4
     34
     Dm 11

5301.
Intelligenz- und Zeitungs-Blatt von Hessen
1763, 23.3. - 18.12.   34

5302.
Volksstimme / Bad Hersfeld u.a.
UT: sozialdemokratisches Organ für die Kreise
Hersfeld, Homburg, Hünfeld, Rotenburg, Ziegenhain
Vlg. in Kassel
(1919 - 30.6.1922)
1920 - 1922, 30.6.   **4**
(1 Ro)   4
     34
     Dm 11
     Bo 133

5303.
Wochenblatt für den Verwaltungsbezirk
Hersfeld
1849, 7.4. - 1851, 13.9.   **4**
(2 Ro)   4
     34
     Dm 11

HERTEN

5304.
Hertener Allgemeine
1956, 4.6. - 1970   **6**
     6
1954, 16.10. - 2007   **MFA**
(184 Ro, Beilagen mitverfilmt)
     Hrt 1

5305.
Ruhr-Nachrichten / Hertener Zeitung
Ausg. zeitweise auch für Westerholt
HA in Dortmund
1957, 23.2. - 1958
1959, 1.5. - 1966 (L)   **MFA**
     Hrt 1

5306.
Westdeutsche Allgemeine (WAZ) / HT
UT anfangs: "Hertener Anzeiger"
HA in Essen
1971, 24.5. - 2007   MFA
(185 Ro, Beilagen mitverfilmt)
                            Hrt 1

HERZBERG I. HARZ

5307.
Harz-Kurier
Ausg. Bad Lauterberger Zeitung
1977 ff.   101b
(ca. 7 Ro/Jg)   101b
1992 - 1997   101a

HERZBERG, ELSTER

5308.
Elbe-Elster Rundschau
BA v. Lausitzer Rundschau, Cottbus
frühere Ausg. s.u. Bad Liebenwerda
1993 ff.   101b
(2 Ro/Jg)   101b
1993 - 1997   101a

5309.
Schweinitzer Kreisblatt
1930, Juli - Dez.   1w
(1 Ro)   1w

HESSISCH-LICHTENAU

5310.
*Allgemeiner Anzeiger für die Amtsgerichtsbe-
zirke Hessisch-Lichtenau, Großalmerode,
Spangenberg und Umgegend*
3.7.1909: Allgemeiner Anzeiger
1897, 2.10. - 1916, 9.11. (L)   4
(9 Ro, Beilagen mitverfilmt)   4
                                    34
                                 Dm 11
Beilage(n):
Illustrierter Familien-Freund   4
1898, 20.2. - 1902, 28.12. (L)   4
                                    34
                                 Dm 11

5311.
Der Beobachter an der Losse
1898, 25.6. - 1910   4
(5 Ro)   4
                                    34
                                 Dm 11
Beilage(n):
Landwirtschaftlicher Zeitgeist   4
1901 (L)   4
                                 Dm 11

HETTSTEDT (SACHSEN-ANH.)

5312.
Hettstädt-Mansfelder Wochenblatt
Hettstedt (Sachsen-Anh.), Mansfeld (Südharz)
1856?: Wochenblatt für den Mansfelder Ge-
birgskreis
1901: Hettstedter Wochenblatt
1.7.1919: Hettstedter Tageblatt
(1.4.1831 - 30.4.1943)
1835
1837 - 1838 (L)
1840 - 1843 (L)
1845 - 1846
1849 - 1851 (L)
1855 - 1860 (L)
1863 - 1887 (L)
1888, 1.7. - 1906, Juni (L)
1906, Okt. - 1920 (L)
1921, Juli - 1928 (L)
1929, Apr. - Juni   Het 5

5313.
Walzwerker-Stimme
24.1.1952: Walzwerker voran
1.9.1952: Walzwerker
Buntmetall Hettstedt
Vlg. in Eisleben
1950, 7.1. - 1991, 11.1. (L)   3
(11 Ro)   3
                                 Dm 11

HEYDEKRUG (ŠILUTJE, LT)

5314.
Heydekruger Kreisblatt
1908 - 1909, 12.10.
1910 - 1913
1916 - 1917
1919, 3.1. - 26.9.   1w
(9 Ro)   1w
                         Dm 11

5315.
Memelländische Rundschau
1922, Okt. - 1934, 28.7.   212
(22 Ro)

HILCHENBACH

5316.
Hilchenbacher Zeitung
1897 - 1898 (MPF)
1902 (MPF)
1904 - 1907 (MPF)
1911 (MPF), 1925 (MPF)
1929 (MPF), 1937 (MPF)
1939 (MPF)   Hlb 1

HILDBURGHAUSEN

5317.
Dorf-Zeitung
1.1.1927: Dorfzeitung
31.1.1932: Die Thüringer Tageszeitung
1.10.1932: Thüringer Tageszeitung
(1.2.1818 - 29.3.1945)
1920, 1.1. - 31.3.   1w
(1 Ro)   1w
1818, 7.2. - 1854   20
(Beilagen mitverfilmt)
                                      34
                                     703
                                      70

5318.
Thüringer Volkszeitung
HA in Weimar
(15.8.1945 - 5.4.1950)
1945, 17.11. - 1946, 6.4. (L)   Bo 414
(1 Ro)

HILDEN

5319.
Hildener Zeitung
(1.11.1949 - 19.4.1972)
1953, Okt. - Dez.
1954, 4. - 15.1. (L)
1955, Juni   MFA
(1 Ro)
                                    Dm 11
1949, 1.11. - 1972, 19.4.   Hid 1
1949, 1.11. - 1953, Sep.
1955, Juli - 1972, 19.4.   101b

Beilage(n):
Hildener Heimatblätter
1950 - 1967   61
(2 Ro)   61

5320.
Rhein-Echo
HA in Düsseldorf
1946, 9.3. - 1949, Juni (L)
1950
1951, Juli - Dez. (L)   Hid 1

5321.
Rheinische Post
Hilden, Mettmann, Haan
HA in Düsseldorf
1946, 2.3. - 1993   Hid 1

5322.
Rheinisches Volksblatt
Hilden, Düsseldorf, Solingen, Mettmann
23.9.1863: Rheinisches Volksblatt und Düssel-
dorfer Kreisblatt
3.1.1864: Rheinisches Volksblatt
31.8.1864: Rheinisches Volksblatt für die
Kreise Düsseldorf, Mettmann und Solingen
24.9.1865: Rheinisches Volksblatt zunächst für
die Kreise Düsseldorf und Mettmann und die
Bürgermeistereien Benrath, Merscheid, Wald,
Haan, Richrath und Monheim
1.7.1868: Rheinisches Volksblatt für die Kreise Düsseldorf, Solingen und Mettmann
1863 - 1868, 25.12. (L)   5
(6 Ro)   5
Beilage(n):
Unterhaltungsblatt
1865, März - Juni
1866 - 1867 (L)   61
(1 Ro)   61

5323.
Westdeutsche Zeitung
HA in Düsseldorf
1948, 5.7. - 1949, 29.6. (L)
1972, 12.1. - 1991, 18.11. (L)   Hid 1

HILDESHEIM

5324.
Hildesheimer Beobachter
BA v. Niedersächsische Tageszeitung, Hannover
1933, 4.2. - 1945, 1.4.   Hil 7

5325.
Hildesheimer Relations-Courier
1751: sogen. "Lüdemannsche Zeitung"
1775: Privilegirte Hildesheimische Zeitung
1.10.1949: Hildesheimer Allgemeine Zeitung
(24.6.1705 - 31.3.1943 u. 1.10.1949 ff.)
1706 - 1717 (L)
1719 (L), 1721 (L)
1726 - 1727 (L)
1748 - 1752
1754 - 1793 (L)
1795 - 1801 (L)
1809 (E)   46
(mehr als 27 Ro)
1977 ff.   101b
(ca. 6 Ro/Jg)   101b
1992 - 1997   101a
1705, 8.7. - 1943, 31.3. (L)   Hil 7

5326.
Hildesheimisches Magazin
1791 - 1792 (MPF)   46

5327.
Neisser Kultur- und Heimatblatt
1949, Nr. 6/7: Neisser Heimatblatt für den
Stadt- und Landkreis Neisse
1948 - 1966   6

5328.
Westdeutsche Landpost
Hildesheim, Bielefeld
1925 - 1930   4
(1 Ro)   4

5329.
Das Wort
Hildesheim, Hannover
katholisch
Vbg.: Niedersachsen, Hamburg, Bremen
1957 - 1959, 24.12.
1960, 6.3. - 1963, 24.12.
1964, 12.1. - 1969, 23.3.   MFA
(7 Ro)
                                            Bo 153

HILLSBORO, KS (USA)

5330.
Vorwärts
1922, 14.4. - 1940, 16.8. (L)   212
(7 Ro)   212
                                            Dm 11

HINDENBURG (ZABRZE, PL)

5331.
Volksblatt
Sozialdemokratische Partei Oberschlesiens
1924, 1.7. - 30.9.
1926, 1.7. - 31.12.
1928, 1.7. - 30.9.
1929, 2.4. - 30.6.
1930, 3.1. - 31.3.
1931, 2.1. - 31.3.   1w
(5 Ro)   1w
                                            Dm 11

5332.
Zabrzer Kreisblatt
2.3.1915: Hindenburger Kreisblatt
1921?: Zabrzer (Hindenburger) Kreisblatt
13.7.1922: Hindenburger Kreisblatt
(21.2.1915: Umbennung von Zabrze in Hindenburg)
1907 - 1915 (L)
1921 - 1925   1w
(6 Ro)   1w
                                            Dm 11

HIRSCHBERG (JELENIA GÓRA, PL)

5333.
Der Bote aus dem Riesengebürge
22.4.1813: Der Bote aus dem Riesengebirge
1.7.1933: Beobachter im Iser- und Riesengebirge
(20.8.1812 - 30.6.1944)
1812, 20.8. - 1838
1840 - 1843
1847   46
                                            46
1818 u. 1820
1825 - 1829
1831
1836 - 1940 (L)
1845 u. 1847
1865, Juli - Dez.
1929, Jan. - März u. Juli - Sep.
1938, 3.1. - 30.6. u. Sep. - Okt.
1939, 1.7. - 30.9.
1940, 1.7. - 30.9.
1941 (L)
1943, 1.10. - 1944, 30.6. (L)   1w
                                            1w
                                            Dm 11

1812, 20.8. - 1872	
1881 - 1900	
1901, 2.4. - 1904	
1905, Apr. - 1914	12
Beilage(n):	
Kriegsausgabe	
1914, 8.8. - 16.11.	**1**
(1 Ro)	1
	1w
	Dm 11
	12
Aus der Boten-Mappe	
1902, 21.12. - 1914, 5.8.	12

5334.
Kreis-Kurrenden-Blatt des Königlichen
Landrath-Amtes in Hirschberg

1840 - 1843	
1847	**1w**
(1 Ro)	1w
	Dm 11

5335.
Kreisblatt des Kreises Hirschberg

1914	
1916 - 1917	
1925	
1929 - 1936	**1w**
(6 Ro)	
	Dm 11
1914	
1916 - 1917	
1925 - 1927	
1929 - 1936	1w

5336.
Die Reform

1848, 5.6. - 18.9.	**1w**
(1 Ro)	1w
	Dm 11

5337.
Schlesische Analecten

1790	**46**
(1 Ro)	
	Gö 169

5338.
Der Volksfreund in den Sudeten

(25.7.1825 - 30.6.1835)	
1827, 25.7. - 1829	
1831 - 1835, 30.6.	**1w**
	1w
	Dm 11

HIRSCHBERG, SAALE

5339.
Hirschberger Nachrichten

1936, 1.7. - 30.9.	
1937, 2.1. - 31.3. u. 1.7. - 31.12.	
1938, 1.4. - 30.6.	
1943, 1.7. - 31.12. (L)	**1w**
(4 Ro)	1w
	Dm 11

HOBOKEN, NJ (USA)

5340.
Wacht am Hudson
Beilage(n):
Rundschau

1896, 11.1. - 30.12.	
1901, 3.1. - 1903, 22.7. (L)	**212**
(2 Ro)	212
	Dm 11

HOCKENHEIM

5341.
Der Bote aus Kurpfalz
1919: "Christliches Volk"
Vlg. in Heidelberg
1920: Christliches Volksblatt
1925: "Sonntagsblatt des arbeitenden Volkes"
Vlg. in Karlsruhe
1931: Der religiöse Sozialist
Vlg. in Mannheim
(1914 - 12.3.1933)

1916 - 1933, 12.3.	**21**
(17 Ro)	
1914, 1.7. - 1933, 12.3.	21
	Ka 13
1916 - 1933, 12.3.	Bo 133

HODSCHLAG (ODŽACI, SER)

5342.
Die Woche

1936 - 1939, 17.12.	**212**
(1 Ro)	212

HÖCHST I. ODENWALD

5343.
Die Dorflinde
1934: Unter der Dorflinde im Odenwald
nur 1948: Mitteilungen des Odenwaldklubs
e.V.
1913 - 1943
1948 - 1978   17

5344.
Mümling-Bote
1881 - 1891
1893 - 1899   17

HÖXTER

5345.
Freie Presse
HA in Bielefeld
1952, 3.6. - 1967, 1.7.   6
    6

5346.
Huxaria
1933, 2.10. - 31.12.   MFA
(1 Ro)
    Dm 11

5347.
Neue Westfälische
HA in Bielefeld
1992 - 2002, 30.6.   6

HOF

5348.
Fränkische Volkstribüne
1948, 19.11. - 1949, 2.4.   Hf 1
1949, 9.4. - 16.7.   M 352

5349.
Fränkisches Volk
1.10.1934: Bayerische Ostmark
HA in Bayreuth
1.8.1942: Hofer Tageblatt
1.3.1943: Hofer NS-Zeitung
1933 - 1945, 15.4. (L)   **Hf 1**
(34 Ro)   Hf 1
1943, 16.2., 20./21.2., 23.2.   Dm 11

5350.
Frankenpost / F
Ausg. F = Fernausg.
1969 - 1987   **101b**
(ca. 7 Ro/Jg)   101b
1974, 1.6. - 1975   Hf 1
(nur Lokalseiten)

5351.
Frankenpost / Hof-Land
1951, 30.1. - 1962
1965 - 1971, 18.12. (L)
1978, 3.5. - 1979, 28.2.   **Hf 1**
(nur Lokalseiten)   Hf 1

5352.
Frankenpost / Hof-Stadt
(12.10.1945 ff., in Hof ab 1968 als Hofer Anzeiger, s. dort)
ab 1968 nur der Mantel der Frankenpost
1945, 12.10. - 1967, 3.8.   **MFA**
1945, 12.10. ff.   Hf 1
1946, 2.2. - 1947, 8.10. (LL)   GB-
1948, 10.1. - 1952, 29.11.   LO/N38
1945, 12.10. - 1950, 29.4.   M 352

5353.
Das freie Wort
SPD Nordost-Oberfranken
1946, 22.2. - 15.4.   Hf 1
1946, 22.2. - 25.4.   M 352

5354.
Höfer Intelligenz-Blatt
1809: Höfer Intelligenz-Zeitung
3.1.1824: Intelligenz-Blatt der Stadt Hof
3.1.1829: Wochen-Blatt der Stadt Hof
1.1.1852: Höfer Wochen-Blatt
1.1.1854: Anzeiger für Hof und Umgegend
30.6.1860: Hofer Tag-Blatt
2.10.1860: Anzeiger für Hof und Umgegend
1.10.1867: Hofer Anzeiger
2.1.1968: Frankenpost / Hofer Anzeiger
(7.1.1802 - 28.2.1943 u. 1.9.1949 ff.)
2000 ff.   **101b**
(ca. 7 Ro/Jg)   101b
1802 u. 1807
1809 - 1810
1813 - 1943, 28.2. (L)
1949, 1.9. - 2000   **Hf 1**
    Hf 1
1968 - 1984, 30.4.   **MFA**
1848 - 1849   **Dm 11**
(1 Ro)

    21/32c
    188/211

1802, 7.1.
1809 - 1943, 28.2 (L)
1949, 1.9. - 31.12.
1988, 26.3. ff.   703
1802, 7.1.
1809, 7.1. - 1810
1813, 9.1. - 1943, 28.2.
1949, 1.9. - 31.12.   Dm 11
Beilage(n):
Für die Jugend
1931   **Hf 1**
(1 Ro)   Hf 1
Haus - Hof - Garten - Feld
1912 - 1913
1915 - 1917
1919 - 1922
1924 - 1928
1931 - 1933
1935 u. 1938   **Hf 1**
(4 Ro)   Hf 1
Der Erzähler an der Saale
1877 - 1879
1881
1883 - 1893
1896 u. 1904
1915, 1918, 1920
1923, 1925, 1928
1931 - 1933
1935 - 1943, Feb.
1949, Sep. - 1955
1957 - 1966
(8 Ro, ab 1940: Erzähler an der   **Hf 1**
Saale, ab 1961: Erzähler)   Hf 1

5355.
Hofer Neueste Nachrichten
(22.9.1871 - 1876)
1871, 22.9. - 1876   **Hf 1**
(6 Ro)   Hf 1

5356.
Hofer Post
1.7.1886: Hofer Tageblatt
1878, 3.12. - 1886, 25.6.
1886, 1.9. - 1906, 30.6.   **Hf 1**
                                                        Hf 1
                                                        703
                                                        Dm 11

5357.
Hofer Presse
1949, 25.6. - 1950, 30.11.   **Hf 1**
(4 Ro)   Hf 1
1949, 25.6. - 31.12.   Dm 11
                                                        703

5358.
Hofer Volksblatt
1.12.1893: Oberfränkische Volkszeitung
(22.6.1883 - 27.3.1933 u. 20.11.1948 ff.)
1946, 22.2.? - 1971, 30.3.   **Bo 414**
(60 Ro)
1893, 22.6. - 1894, 28.2.
1894, 2.4. - 1901, 27.9 (L).
1903 - 1933, 13.3. (L)
1948, 20.11. - 1971, 30.3.   **Hf 1**
1893, 22.6. - 1894, 28.2.
1894, 2.4. - 1901, 27.9 (L).
1903 - 1933, 13.3. (L)   Dm 11
                                                        703
1946, 22.2. - 1971, 30.3.   Bo 133
1893, 22.6. - 1894, 28.2.
1894, 2.4. - 1901, 27.9.
1903 - 1933, 18.3.
1949, 9.4. - 1971, 30.3.   Hf 1
1949, 9.4. - 16.7.   M 352

5359.
Nachrichtenblatt der Sozialdemokratischen
Partei
Landesverband Bayern
1948, Juli - Sep.   B 479

5360.
Nationale Volks-Zeitung
1929, 1.2. - 31.12.   **Hf 1**
(2 Ro)   Hf 1
                                                        703
                                                        Dm 11

5361.
Der Streiter
1923, 15.12.   **Hf 1**
                                                        Hf 1
                                                        Dm 11

5362.
Der Streiter für völkische Politik und soziale
Gerechtigkeit
1923, 15.12.   Hf 1

5363.
Völkische Presse
auch: Deutsche Wacht
1924, 22.7., 16.8., 23.8.   **Hf 1**
                                                        Hf 1
                                                        Dm 11

HOFGEISMAR

5364.
Amtliche Bekanntmachungen für den Kreis
Hofgeismar
1807: Kreisblatt
1876 - 1908   4
(5 Ro)   4
                                               34
                                          Dm 11

5365.
Hessische/Niedersächsische Allgemeine,
HNA
26.6.1991: Hofgeismarer Allgemeine. HNA
BA v. Hessische/Niedersächsische Allgemeine, HNA, Kassel
1988 ff.   101b
(8 Ro/Jg)   101b
1992 - 1997   101a

5366.
Hofgeismarer Zeitung
1884 - 1886
1888 - 1944   4
(64 Ro)   4
                                              34
                                          Dm 11

HOHEN NEUENDORF

5367.
Nordbahn-Nachrichten
1925, 1.4. - 1926, 31.3.
1936 - 1943, 17.4.   1w
                                              1w
                                          Dm 11

HOHENMÖLSEN

5368.
Vorwärts
Hohenmölsen, Weißenfels, Zeitz
VEB Paraffinwerk / Webau
Vlg. in Zeitz
am 1.1.2003 wurde Webau Stadtteil von Hohenmölsen
1964, 31.12. - 1989, 19.12. (L)   3
(5 Ro)   3
                                          Dm 11

HOHENSTADT (ZABREH, CZ)

5369.
Deutsche Wacht
1929, Aug. - 1934, 18.5.   212
(3 Ro)

HOHENSTEIN-ERNSTTHAL

5370.
Freie Presse
HA in Karl-Marx-Stadt/Chemnitz
1971 ff. (L)   14
(nur Lokalteil)

5371.
Volksstimme
HA in Chemnitz/Karl-Marx-Stadt
1953 - 1962 (L)   14
1952, 15.8. - 31.12. (MPF)
1953 - 1962 (L)   14
(nur Lokalseiten)
1954, 2.8. - 1962 (L)   188/211

5372.
Wochenblatt und Anzeiger für Ernstthal,
Hohenstein und Oberlungwitz
1898: Hohenstein-Ernstthaler Anzeiger
1891, 3.1. - 1895
1898 - 1922, 30.9.   14
(34 Ro)   14
                                          Hte 1

5373.
Wochenblatt und Anzeiger für Hohenstein,
Ernstthal und Umgegend
1864: Wochenblatt und Anzeiger für Hohen-
stein-Ernstthal, Oberlungwitz...
1886: Hohensteiner Tageblatt
1898: Hohenstein-Ernstthaler Tageblatt
2.10.1923: Hohenstein-Ernstthaler Tageblatt
und Anzeiger
1854, 30.12. - 1943, 31.3.   14
(85 Ro)   14
                                          Hte 1

HOLYOKE, MA (USA)

5374.
Neuengland Rundschau
1924, 14.3. - 1926 (L)
1928 - 1929 (L)
1931 (L)   212
(3 Ro)   212
                                          Dm 11

HOLZMINDEN

5375.
Holzmindisches Wochenblatt
1785, 2.7. - 1789, 26.9.
1790 u. 1791
1793 - 1794, 4.1.   46
(2 Ro)   46
1791 - 1792   35

5376.
Täglicher Anzeiger
1949, 1.11. ff.
(ca. 6 Ro/Jg, bis 29.4.1972 76   **101b**
Ro)   101b
1958 - 1960   **Dm 11**
1972, 4.4. - 1976   35
1992 - 1997   101a
1949, 1.11. - 1960   Dm 11

HOLZWEISSIG

5377.
Unsere Sache
BKW Holzweißig
1957 - 1958, 19.9.   3
(1 Ro)   3
                                          Dm 11

HOMBERG, BEZ. KASSEL

5378.
Homberger Anzeiger
1894, 8.12. - 1895, 30.9.   4
(1 Ro, Beilagen mitverfilmt)   4
                                            34

5379.
Homberger Tageblatt
1902, 2.11. - 1906, 20.9.   4
(10 Ro, Beilagen mitverfilmt)   4
                                            34
                                          Dm 11

5380.
Homberger Zeitung <1890>
Kirchhain?
1890, 16.4. - 28.6.   4
(1 Ro, Beilagen mitverfilmt)   4
                                            34

5381.
Homberger Zeitung <1928>
1928, 1.11. - 1934, 30.6.
1935 - 1937, 25.3.   4
(13 Ro)   4
                                            34
                                          Dm 11

5382.
Kreisblatt für den Kreis Homberg
1878?: Homberger Kreisblatt
1876, 1.1. - 1.3.
1878, 5.1. - 1880, 21.4.
1881 - 1937, 25.3.   4
(42 Ro)   4
                                            34
                                          Dm 11

BAD HOMBURG

5383.
Frankfurter Rundschau / Hochtaunus, Bad Homburg
30.5.2007: Frankfurter Rundschau / R 1
Ausg. Hochtaunus, Maintaunus, Bad Homburg
Vlg. in Frankfurt/M.
2004 - 2007   **MFA**
(6 Ro)

5384.
Taunus-Zeitung
BA v. Frankfurter Neue Presse für den Hoch-
taunuskreis
1978 ff.   **101b**
(ca. 8 Ro/Jg)   101b
1970 - 1979 (L)   30
2007   Hog 1
1992 - 1997   101a
1970 - 1977
1983 ff.   Obl 2

HOMBURG, SAAR

5385.
Pfälzischer Merkur - Homburger neueste
Nachrichten
Vlg. in Zweibrücken
1961 - 1963 (L)   291

5386.
Saarbrücker Zeitung
HA in Saarbrücken
1988 ff.   **101b**
(8 Ro/Jg)   101b
1992 - 1997   101a

BAD HONNEF

5387.
Honnefer Volkszeitung
1978 - 2002, 30.6.   **101b**
(ca. 2 Ro/Jg)   101b
1889, 5.1. - 1893
1894, 3.7. - 1910, 30.6.
1911 - 1912, 28.6.
1913 - 1942, 30.6.
1949, 1.10. - 1977   **MFA**
(95 Ro)
                                                   5
1992 - 1997   101a

HORB

5388.
Neckar-Chronik
BA v. Südwest-Presse, Ulm
1980 ff.   **24**
(69 Ro v. 1980 - 1990)   24

5389.
Schwarzwälder Bote / H
HA in Oberndorf
1973, 2.7. - 1979   **24**
(44 Ro)   24

HORNEBURG

5390.
Horneburger Zeitung und Altländer Nach-
richten
22.8.1895: Horneburger Zeitung
(Probe-Nr. 29.11.1892 u. 1.12.1892 -
31.5.1941)
1892, 29.11. - 1896
1898 - 1899
1901 - 1925
1927 - 1937
1939   495
                                                   1811-
                                                   BU
                                                   Hor 1
                                                   Lün 4

HOYERSWERDA

5391.
Bauspiegel
BPO VEB Wohnungsbaukombinat
Verl. in Cottbus
1968 - 1971   **B 479**
                                                   B 479

5392.
Hoyerswerdaer Wochenblatt
1843, 8.7. - 1859
1861 - 1881   **14**
(12 Ro)   14
                                                   Hoy 6

5393.
Hoyerswerder Volksstimme
Vlg. in Cottbus
1962, 30.3. - 1965, 29.9.   **Bo 174**
(1 Ro)

5394.
Kombinats-Umschau
BPO Kohle und Energie
1978 - 1990 (MPF)   186

5395.
Kreisblatt des Hoyerswerdaer Kreises
3.4.1886: Hoyerswerdaer Kreisblatt
1.1.1921: Hoyerswerdaer Nachrichten
1842, 15.10. - 1854
1859, 22.1. - 1889
1891 - 1918
1920 - 1943   **14**
(36 Ro)   14
                                                   Hoy 6

5396.
Lausitzer Rundschau
HA in Cottbus
1946, 20.5. - 1952 (MPF)   14
(nur Lokalseiten)

5397.
Oberlausitzer Tagespost
HA in Görlitz
1938, 1.4. - Juni
1938, Okt. - 1939, 31.3. (L)   14
(3 Ro)   14
                                  Gl 2

5398.
W-Zet
Hoyerswerda, Spremberg
1966, 19.1. - 1967, 30.3.   Bo 174
(1 Ro)

HÜCKESWAGEN

5399.
Volksblatt für Berg und Mark
1856, 5.1. - 1863, 11.11. (L)
1864   5
(3 Ro)   5

HULTSCHIN (HLUČIN, CZ)

5400.
Hultschiner Zeitung
1938, 30.4. - 21.12.   212
(1 Ro)   212

HUSUM

5401.
*Gemeinnütziges Wochenblatt für Husum und
die umliegende Gegend*
5.6.1814: Königlich privilegirtes Wochenblatt
1845: Husumer Wochenblatt
später: Husumer Tageblatt
1814
1816 - 1853
1878 - 1927, 30.4.   68
                                  68
1814
1816 - 1853, 26.6.
1863 - 1864 (L)
1870, 23.7. - 1871, 27.12.
1878 - 1927, 30.4.   Dm 11

5402.
Husumer Nachrichten
1977 ff.   101b
(ca. 7 Ro/Jg)   101b
1884 - 1945, 26.6. (L)
1949, 24.9. ff.   68
1992 - 1997   101a
1966 - 1999   DK-
                                  700400

5403.
Südschleswigsche Heimatzeitung
1948, 18.9. - 1974, 30.3.   68

IBBENBÜREN

5404.
Ibbenbürener Volkszeitung
1987 ff.   101b
(8 Ro/Jg)   101b
1958 - 1960, 31.8.   **Dm 11**
1949, 1.11. - 1957   **MFA**
(11 MF = 21 DF)
1960, 1.9. - 1986
1989 ff.   6
1992 - 1997   101a
1949, 1.11. - 1960, 31.8.   **Dm 11**

5405.
Tecklenburger Kreisblatt
2.1.1961: Der Tecklenburger
1.7.1977: Westfälische Nachrichten
HA in Münster
1953, 5.2. - 1970   6
(nur Lokalteil)   6
1958 - 1959   **Dm 11**
1932, 2.1. - 31.3.
1937, 1.5.
1943, 3.5. - 30.9.
1949, 1.11. - 1977, 30.6. (kl. L) **MFA**
(99 Ro, Beilagen mitverfilmt)
1932, 2.1. - 31.3.
1937, 1.5.
1943, 3.5. - 30.9.
1949, 1.11. - 1959   **Dm 11**
(tw. nur Lokalteil)

IGLAU (JIHLAVA, CZ)

5406.
Mährischer Grenzbote
1930, 5.1. - 1942   **212**

IJUHY (BR)

5407.
Die Serra-Post
Deutschsprachige Wochenbeilage zum "Correio Serrano"
(12.5.1911 ff.)
1949, 13.8. - 1952, 26.1.
1953
1954, 25.9. - 2.10.
1955 - 1961, 7.10.
1962, 6.1. - 3.11.
1963 - 1975   212
1920, 19.1. - 1939, 10.11. (L)   Dm 11
1949, 13.8. - 1952, 26.1.
1953
1954, 25.9. - 2.10.
1955 - 1961, 7.10.
1962, 6.1. - 3.11.
1963 - 1972, 6.3.   212

ILBERSTEDT

5408.
Das Echo
1960: Das sozialistische Echo
MTS
1956, 6.4. - 1960, 23.9.   3
(1 Ro)   3
                                                    Dm 11

ILLERTISSEN

5409.
Illertisser Zeitung
1954 - 1973   101b

ILLKIRCH, ELSASS (F)

5410.
Illkirch-Grafenstadener Anzeiger
1912 - 1913, 21.6.   ACRPP

ILSENBURG

5411.
Die Walze
Stahl- und Walzwerk Brandenburg, BT Ilsenburg
Vlg. in Wernigerode
1976, 2.6. - 1990, 2.5. (L)   3
(3 Ro)   3
                                                    Dm 11

IMMENSTADT (ALLGÄU)

5412.
Allgäuer Anzeigeblatt
BA v. Allgäuer Zeitung, Kempten
1983, 1.6. ff.   101b
(ca. 8 Ro/Jg)   101b
1992 - 1997   101a

INGOLSTADT

5413.
Donau-Kurier
(11.12.1945 ff.)
1969 ff.   101b
(ca. 9 Ro/Jg)   101b
1945, 11.12. - 1968   MFA
(70 Ro)
1945, 11.12. - 1968   12
1945, 11.12. - 1946, 28.12.   GB-
1948, 3.1. - 1949, 13.10.   LO/N38
1992 - 1997   101a

5414.
Ingolstädter Tagblatt
(1.7.1859 - 30.3.1940)
1863 - 1871
1873 - 1874
1876, 1878, 1882
1894 - 1895
1898 - 1899
1901   12
                                                  235

5415.
Neue Ingolstädter Zeitung
1874: Ingolstädter Zeitung
(1.6.1872 - 1935)
1872, 1.6. - 1935   235

INOWRAZLAW (INOWROCŁAW, PL)

5416.
Hohensalzaer Zeitung
vom 5.12.1904 - 19.1.1920 u. 11.9.1939 - Anf.
Jan. 1945 Ortsname: Hohensalza
1940 - 1943, Juni
1943, Okt. - Dez.   212

5417.
Kreisblatt des Inowraclawer Kreises
vom 5.12.1904 - 19.1 1920 u. 11.9.1939 - Anf.
Jan. 1945 Ortsname: Hohensalza
Text in dt. u. poln.
1843 - 1847 (L)   **1w**
(1 Ro)   1w
     Dm 11

5418.
Kujavischer Bote
vom 5.12.1904 - 19.1.1920 u. 11.9.1939 - Anf.
Jan. 1945 Ortsname: Hohensalza
1924, 10.6. - 1939, 27.8.   **212**

INSTERBURG (TSCHERNJACHOWSK, RUS)

5419.
Insterburger Kreis- und Anzeigeblatt
1882
1910 - 1913 (L)
1915 - 1921, 8.7. (L)
1925 - 1927, 30.9.   **1w**
(6 Ro)   1w
     Dm 11

5420.
Insterburger Zeitung
1860   **1w**
(1 Ro)   1w
     Dm 11
1866 (L)   46

5421.
Ostdeutsche Volkszeitung
1918, 4.4. - 31.12.   **1w**
(1 Ro)   1w
     Dm 11

5422.
Ostpreußisches Tageblatt
1938, 1./2.10. (Jub.-Ausg.)   **1w**
(1 Ro)   1w

5423.
Volksblatt für Litthauen
1839, 2.10. - 1841
1844 - 1847   **1w**
(3 Ro)   1w
     Dm 11

IRKUTSK (RUS)

5424.
Spartakus
Partei-Organ der deutschen Kommunisten
1920 (L)   **B 479**
     B 479

IRVINGTON, NJ (USA)

5425.
New Jersey Freie Zeitung
1956, 2.3. - 1964, 28.2.   **212**
(4 Ro)   212

ISERLOHN

5426.
Amtliche Bekanntmachungen
Iserlohn, Menden
1946, 17.8. - 1949, 30.9.   6
     421
     Dm 11
     Men 1

5427.
Iserlohner Anzeiger
25.5.1906: Echo der Mark
1.3.1907: Märkisches Volksblatt
(1.7.1874 - 30.6.1941)
1931, 11.7. - 28.12. (LL)
1932, 1.4. - 30.6.
1933, 2.1. - 31.3. u. 1.7. - 30.9.
1934, 1.9. - 30.9. (L)
1935, 1.2. - 29.3.   **MFA**
(4 Ro)   Dm 11
Beilage(n):
 Heimat (auch bei Westdeutsche
Volkszeitung und Westfälische
Volkszeitung)
1918, Juli - 1919, Nov.
1921 - 1932   **MFA**
     Dm 11

5428.
Letmather Nachrichten
1907, 19.10. - 1910
1912 u. 1914
1918 - 1941, 31.5.
1945, 24.12.
1949, 18.11. - 1965   Isl 1
(1966 - 1991)

5429.
Neue Westfälische Zeitung / K
Iserlohn, Hamm (Westf.), Lippstadt, Soest,
Unna
K = Kreis Iserlohn, Hamm, Lippstadt, Soest
und Unna
HA in Oelde
(17.7.1945 - 30.4.1946)
1945, 22.6. - 1946, 19.4. (L)   **Dm 11**
(1 Ro)   Dm 11
1946, 5.4. - 30.4. (L)   61

5430.
Öffentlicher Anzeiger für die Grafschaft
Limburg
Iserlohn, Hagen, Westf.
/.../
18.3.1875: Iserlohner Kreisanzeiger
24.11.1949: Iserlohner Kreisanzeiger und Zeitung
bis 1841 in Hagen
(2.7.1836 - 12.4.1945 u. 24.11.1949 ff.)
1976 ff.   **101b**
(6 Ro/Jg, später 11 Ro/Jg)   101b
1836, 2.7. - 31.12. (L)
1839, 5.1. - 21.12. (L)
1952, 30.8. - 1953, 31.3.
1953, 22.4. - 1989 (L)   **MFA**
(192 Ro)
1836, 2.7. - 31.12. (L)
1839, 5.1. - 21.12. (L)
1953, 22.4. - 1956 (LL)   Dm 11
1992 - 1997   101a
1842, 13.1. - 1852
1854 - 1871, Sep.
1872 - 1934, Juni
1935 - 1940, Juni
1941 - 1943, Apr.
1943, Juni - Dez.
1944, Juli - Dez.
1945, März - 12.4.
1949, 24.11. - 1955, März
1955, Okt. - 1961, Mai
1961, Juli - 1962, Juni
1962, Aug. ff.   Isl 1
1952 - 1953, März
1954, Mai
1957 - 1989   6

5431.
Westfälische Rundschau / IM
auch: Westfälische Rundschau / I
Ausg. IM bzw. I für Iserlohn, Letmathe und
Hemer
HA in Dortmund
1951, 17.3. - 1970 (L)   6
(nur Lokalteil)
1990 ff.   **101b**
(ca. 10 Ro/Jg)   101b
1950   **Hag 6**
(1 Ro)   Hag 6
1951, 17.3. - 1970 (L)
1990 ff.   6
(bis 1970 nur Lokalteil)
1992 - 1997   101a
1961 - 1962   Dm 11

5432.
Westfälische Schulzeitung
1920 - 1925
1928 - 1932   **Wit 2**
(5 Ro)   Wit 2
1920 - 1933, 29.7. (MPF)   6
Beilage(n):
Aussat und Ernte
1925 - 1933 (MPF)   6
Schule und Wissenschaft
1924 - 1933 (L, MPF)   6
Schulrecht
1921 - 1931 (MPF)   6

5433.
Westfalenpost / K
Ausg. K = Iserlohner Zeitung
HA in Soest, später in Hagen
1951, 6.7. - 1967, 30.6.   **6**
1946, 26.4. - 1950   **Hag 6**
(5 Ro)   Hag 6
                                     Dm 11
1946, 26.4. - 1948, 30.9.
1949 - 1950 (L)
1951, 6.7. - 1967, 30.6.   6
1946, 12.6. - 1951 (L)   Isl 1

ISTANBUL (TR)

5434.
Am Bosporus
Deutsche Soldatenzeitung
früherer Ortsname: Konstantinopel
(17.12.1917 - 27.9.1918 nachgew.)
1917, 17.12. - 27.9. (L)   **212**
(1 Ro)   212

5435.
Osmanischer Lloyd
Konstantinopel
1908, 5.11. - 1911, 30.6.
1912 - 1916
1918, 9.2. - 30.6.   1w
                                      1w
                                      Dm 11

5436.
Türkisch-Deutsche Post
1952, Dez. - 1968, 10.6. (L)   212
(9 Ro)   212

5437.
Türkische Post
Konstantinopel
Halbmonatsschrift: Der Nahe Osten
1936, 1.3. - 1938
1940 - 1941, 15.12.   1w
                                      1w
                                      Dm 11

5438.
Türkische Post
Konstantinopel
Tageszeitung
1926, 17.5. - 1940, 30.6.
1941, 4.7. - 1943   1w
                                      1w
1926, 17.5. - 1939   212
                                      212
1926, 17.5. - 1940, 30.6.
1941, 4.7. - 1942   Dm 11

ITZEHOE

5439.
Itzehoer Wochenblatt
1961, 18.2. - 1965, Jan. (L)   8
(1 Ro)   8

5440.
Itzehoer Wochenblatt
mehrere Titeländerungen, u.a.
Gemeinnütziges, unterhaltendes Itzehoer Wochenblatt
Itzehoer Nachrichten
20.8.1949: Norddeutsche Rundschau
(5.7.1817 - 14.7.1935 u. 20.8.1949 ff.)
1976 ff.   **101b**
(ca. 7 Ro/Jg)   101b

1848, 6.1. - 1849, 29.12.   **Dm 11**
                                      Dm 11
                                      21/32c
                                      Wit 2
1817 - 1823
1825 - 1834
1840 - 1935, 29.6.
1976 - 1999   68
1992 - 1997   101a

5441.
Das Landvolk
1929 - 1931   68
(5 Ro)   68

5442.
Nordischer Kurier
1901, 17.3. - 1938   68

5443.
Schleswig-Holsteinische Tageszeitung
1929 - 1945, 29.4.   68

JÄGERNDORF (KRNOV, CZ)

5444.
Jägerndorfer Zeitung
1938   212
(1 Ro)   212

5445.
Neue Tageszeitung
1938, 29.11. - 31.12.   212
(1 Ro)   212

JÄNSCHWALDE

5446.
Bauplatz Freundschaft
BPO Baustelle/Kraftwerk
Verl. in Cottbus
1983 - 1989 (MPF)   186

5447.
Energie aktuell
ZPL Kraftwerk der Jugend
Verl. in Cottbus
1989 - 1990 (MPF)   186

JAUER (JAWOR, PL)

5448.
Jauersche wöchentliche Nachrichten
1817 - 1818
1821 - 1824   1w
(2 Ro)   1w
1817 - 1818
1821 - 1825, 24.3.   Dm 11

5449.
Jauersches Stadtblatt
1915, 1920
1924, Jan. - Juni
1926, Juli - Dez.
1927, Juli - Sep.
(6 Ro, Beilagen 1920 mitver-   1w
filmt)   1w
                                         Dm 11

5450.
Jauersches Tageblatt
1925, 1.2. - 31.12.
1926, 1.7. - 31.12.
1927, 1.4. - 31.12.
1928, 1.7. - 30.12.
1929, 3.4. - 2.10.   1w
(7 Ro)   1w
                                         Dm 11

5451.
Kreisblatt für den Jauerschen Kreis
8.1.1927: Kreisblatt für den Kreis Jauer
1909 u. 1911
1913 - 1915
1921 - 1925
1927 - 1936 (L)   1w
(5 Ro)   1w
                                         Dm 11

5452.
Wöchentliche historisch-politische Unterhal-
tungsblätter
3.4.1828: Wöchentliche Unterhaltungsblätter
1825, 31.3. - 31.12.
1827, 19.1. - 28.12.
1829 - 1831
1835 - 1840   1w
(4 Ro)   1w
                                         Dm 11

JENA

5453.
Der Bolschewist
Jena, Erfurt
KPD Groß-Thüringen
1926 - 1932, 10 (L)   B 479
                                         B 479
Beilage(n):
Kommunalpolitischer Beirat   B 479
1927 - 1928   B 479

5454.
Glaube und Heimat
1958, 4.5. - 1986   Bo 174
(6 Ro)

5455.
Jenaer Volksblatt
1890, 15.4. - 1941, 31.5. (L)   MFA
(108 Ro, Beilagen mitverfilmt)
                                         27
1890, 15.4. - 1919
1920, Juli - Dez.
1921, 1.2. - 1922, 30.6.
1939, Jan. - Juni   J 160

5456.
Jenaische allgemeine Literatur-Zeitung
Jena, Leipzig
1842: Neue Jenaische allgemeine Literatur-
Zeitung
Vlg.: Brockhaus in Leipzig
1943 (L)   B 479
1838, Nr. 1 - 240
1843 (L)   B 479

5457.
Jenaische Politische Extra Post
1783   46

5458.
Jenaische wöchentliche Anzeigen
3.1.1837: Privilegirte Jenaische Wochenblätter
3.1.1850: Blätter von der Saale
1.1.1872: Jenaische Zeitung
1797, 4.1. - 1801
1803, 5.1. - 1804
1807 - 1944   27
                                         Dm 11
                                         J 160
                                         Wim 6

5459.
Lehrer-Zeitung für Thüringen und Mittel-
Deutschland
Jena, Weimar
später in Weimar
1888, 1.7. - 1891 (L)
1896
1898 - 1911   B 478
                                     Dm 11

5460.
Neue Zeitung
27.2.1919: Neue Zeitung für Mittelthüringen
1.3.1922: Neue Zeitung für Großthüringen
27.7.1929: Neue Zeitung für Mittel-, Nord-
und Südthüringen
1920, 7.4.
1922 - 1923 (E)
1924 - 1929 (L)   **B 479**
                                     B 479
1919, 1.8. - 1923, 29.9.
1924, 2.1. - 1930, 30.5.   27
                                     Bo 133
                                     Dm 11
                                     J 160
                                     Wim 6

5461.
Der Scheinwerfer
Jena, Weimar
VEB Carl Zeiss Jena
1956 (E)
1970 - 1973
1979 - 1987 (L)   **B 479**
                                     B 479
Beilage(n):
Jugend im Scheinwerfer   **B 479**
1972, 1 - 7   B 479
Elektron   **B 479**
1970 (E), 1973 (E)   B 479
Forum der Neuerer   **B 479**
1971 - 1973, 9   B 479
Hinweise und Informationen der
Bildungsstätte der IKL/SED   **B 479**
1972, 4 - 7   B 479

5462.
Sozialistische Universität
1959 - 1977/78 (L)   11

5463.
Die Tat
Jena, Leipzig
Leipzig u. Jena
1925/26 (L)
1929/30 - 1938/39 (L)   **M 352**

1909 - 1924
1925, Apr. - 1942
1943, März - Apr.   **MFA**
(14 Ro)
                                     Dm 11

5464.
Der Thüringische Bote
1785, Sep. - 1786, Aug.   46
(1 Ro)   46

5465.
Der Volksfreund
Feb. 1818: Der Patriot
1818   46
(1 Ro)
1818, Jan. - Sep.   **Dm 11**
                                     Dm 11
1818, Nr. 1 - 3   21
(1 Ro)   21
                                     121

JERICHOW

5466.
Jerichower Zeitung
(1.10.1903 - 14.6.1939)
1924 - 1932 (L)   3
                                      3
1906, 2.1. - 30.6. (L)
1907, 1.1. - 26.9. (L)
1908, 19.9. - 31.12. (L)
1914, 3.1. - 29.12. (L)
1915, 1.7. - 28.12.
1917, 3.7. - 1919 (L)
1920, 17.1. - 25.12. (L)
1927, 8.1. - 28.6.
1928, 1.10. (Jub.-Ausg.)
1929, 2.7. - 1930, 30.9. (L)
1931, 1.1. - 30.6.
1932, 2.1. - 29.9. (L)
1933, 3.1. - 30.9. (L)
1934 - 1935, 24.8. (L)
1935, 12.12. - 1936, 30.6. (L)
1936, 15.9. - 1937, 29.6. (L)
1938, 26.10. - 1939, 14.6. (L)
(unreglmäßig Beilagen mitver-   Gen 5
filmt)

JERSEY (GB)

5467.
Deutsche Inselzeitung
1941, 1.7. - 31.12.   1w
                                       1w
                                       Dm 11

JESSEN (ELSTER)

5468.
Lausitzer Rundschau / Jessen
1992?: Elbe-Elster Rundschau
BA v. Lausitzer Rundschau, Cottbus
Vbg.: Jessen u. Wittenberg
1992 - 2004, 31.1.   **101b**
(5 Ro/Jg)   101b
1992 - 1997   101a

JEVER

5469.
Jeverische wöchentliche Anzeigen und Nachrichten
1812: Affiches, Annonces et avis divers de Jever
5.8.1813: Wöchentliche Anzeigen und Nachrichten von Jever
1817: Jeverisches Wochenblatt
1830: Jeversches Wochenblatt
(Gegr. 1791)
1978 ff.   **101b**
(ca. 6 Ro/Jg)   101b
1791 - 1830 (L)   46
1992 - 1997   101a
1930   Lün 4

JOACHIMSTHAL

5470.
Joachimsthaler Zeitung
1922, 1.4. - 30.12. (L)
1924 - 1933
1934, 3.7. - 1940, 30.9. (L)   1w
(11 Ro)   1w
                                       Dm 11

JOHANNESBURG (ZA)

5471.
Union / Johannesburg
Blätter der Emigration
(27.10.1939 - 1977)
1939, 27.10. - 1948, Sep.   **Dm 11**
(1 Ro)   Dm 11
                                       739
                                       18
                                       715
                                       5
                                       M 352
1939, 27.10. - 1945
1947 - 1948, Sep.   188/211
                                       Bo 133

JOHANNGEORGENSTADT

5472.
Nachrichtsblatt und Anzeiger für Johanngeorgenstadt und Umgegend
3.1.1904: Nachrichtsblatt, Anzeiger für Johanngeorgenstadt und Umgegend
31.5.1941: Westerzgebirgische Zeitung
(21.8.1883 - 25.4.1945?)
1883, 21.8. - 1884, März
1885 - 1887
1889 - 1904
1906 u. 1913
1915 - 1921
1923 - 1931, Mai
1931, Okt. - 1933
1935 - 1945, 25.4. (L)   **14**
                                       14

JOHANNISBURG (PISZ, PL)

5473.
Das Johannisburger Kreisblatt
später: Amtliches Kreisblatt des Kreises Johannisburg
Masurischer Ortsname: Jansbork
1847, 19.8. - 1849 (L)
1853 - 1859 (L)
1861
1915, 8.5. - 25.12.
1918   **1w**
(3 Ro)   1w
                                       Dm 11

5474.
Johannisburger Zeitung
Masurischer Ortsname: Jansbork
1922, 10.10. - 30.12.
1926, 1.7. - 1927, 30.9. (L)
1928   1w
(6 Ro)   1w
                                        Dm 11

5475.
Der Wächter in Masuren
Demokratisches Wochenblatt
Masurischer Ortsname: Jansbork
1850, 1 - 13   B 479
                                        B 479

JOINVILLE (BR)

5476.
Kolonie-Zeitung
1876
1920, 3.2. - 1939, 17.11.   212
(10 Ro)   212
                                        Dm 11

JOLIET, IL (USA)

5477.
General-Anzeiger
1922, 18.2. - 1933, 8.7. (L)
1933, 30.9. - 7.10. (L)   212
(5 Ro)   212
                                        Dm 11

JÜCHEN

5478.
Gilbacher Sonntags-Blatt
1913, Apr. - 1914, 2.8.   61
(1 Ro)   61
Beilage(n):
Thomas a Kempis
1913, Apr. - Dez. (L)   61
(Vbg.: Kempen, 1 Ro)   61

5479.
Rheinische Landeszeitung
Beilage(n):
 General-Anzeiger für die Kreise
Grevenbroich, M.-Gladbach und
Bergheim
1914, 5.4. - 2.8.   61
(1 Ro)   61

JÜLICH

5480.
*Centralblatt für die Kreise Geilenkirchen,
Jülich, Erkelenz, Heinsberg, Düren, Grevenbroich, Schleiden, Bergheim*
1859 - 1863   Jül 2

5481.
Jülicher Kreisanzeiger
1946, 15.2. - 1951, 10.12.   Jül 2

5482.
Jülicher Nachrichten
BA v. Aachener Nachrichten
1949, 27.7. - 17.10.
1974 - 1978   Jül 2

5483.
Jülicher Volkszeitung
BA v. Aachener Volkszeitung
1957, 2.11. - 1959, 30.6.   **Dm 11**
                                      Dm 11
1948, 24.4. - 5.5.
1949, 3.1. - 17.10.
1950 - 1976, 18.6.   Jül 2

5484.
Jülicher Zeitung
1896 - 1906
1910   Jül 2

5485.
Kreis Jülicher Korrespondenzblatt
vor 1827?: Kreis Jülicher Verwaltungsblatt
6.7.1832: Jülicher Correspondenz- und Wochenblatt
1849, Nr. 17: Kreis Jülicher Correspondenz-
und Wochenblatt
3.7.1852: Jülicher Kreis-, Correspondenz- und
Wochenblatt
1911?: Jülicher Kreisblatt
1850 - 1864 (L)
1866   **5**
(7 Ro)   5
1823, 18.7. - 1824
1827
1830 - 1832, 28.6.
1833 - 1845
1847 - 1855 (L)
1856, 23.7.
1857 - 1882 (L)
1884 - 1886
1888 – 1895   Jül 2

1897 - 1905
1906, 14.2. - 1914
1915, 19.6. - 1918 (L)
1920, 1.7. - 1921
1922, 1.7. - 1923
1924, 1.7. - 1929
1930, 1.9. - 31.12.
1931, 1.10. - 31.12.
1932, 22.3.
1933, 2.1. - 30.9.
1934, 31.8. - 1935, 30.4.
1936, 1.4. - 30.6.
1938, 3.1. - 30.6.
1941
1942, 10.8. - 1943   Jül 2
Beilage(n):
Rathgeber für Haus- und Landwirthschaft
1854 - 1856, Nr. 11   5
(2 Ro)   5

5486.
Rur-Blumen
1922, 7.1. - 1923 (L)
1925, 1.1. - 16.5.
1926, 11.1. - 1933 (L)
1935, 16.2. - 1938, 2.7.
1974, 1.4. - 1978   Jül 2

JÜTERBOG

5487.
Märkische Volksstimme
1963 - 1990, 2.10.   MFA
(14 Ro, nur Kreisseiten)
                                       186

JUGENHEIM

5488.
Impuls
Jg. 2, Nr. 4: Elan
1959, Nr. 2 - 1966, Nr. 12   Dm 11
(2 Ro)   Dm 11
Beilage(n):
Das werdende Zeitalter
1959, Nr. 2 - 1960, Nr. 6   Dm 11
(1 Ro)   Dm 11

KÄSMARK (KEŽMAROK, SK)

5489.
Karpathen-Post
1920 - 1921
1924 - 1941   **212**
(4 Ro)   212

5490.
Tatra-Presse
1929, 1.6. - 21.12.
1930, 11.1. - 7.9.   **212**
(1 Ro)   212

KAHLA, THÜR.

5491.
Cahlaisches Nachrichts-Blatt
3.4.1847: Cahla-Rodaisches Nachrichtsblatt
1.1.1853: Kahla-Rodaisches Nachrichtsblatt
2.1.1866: Kahlaisches Nachrichtsblatt
1.1.1893: Kahlaer Tageblatt
1814, 16.4. - 1881 (L)
1883
1887 - 1888
1890 - 1906
1908 - 1909
1911 - 1919
1921 - 1924, 23.1.
1924, 15.7. - 1931, Juni
1932, Jan. - Juni
1933, Juli - 1935
1936, Juli - 1940   Dm 11
                                       Kah 1

5492.
Gemeinnützige Stadt- und Landzeitung
1801: Gemeinnützige Zeitung fürs Volk
1799 - 1800 (L)
1801   **46**
(1 Ro)   46

KAIRO (ET)

5493.
Ägyptische Nachrichten
(tw. a. in franz. Sprache)
1912, 3.1. - 31.12.   **1w**
                                       1w
                                       Dm 11

5494.
Deutsche Orient-Zeitung
1953 - 1954, 14.3.   212
(1 Ro)   212

KAISERSLAUTERN

5495.
Amts- und Intelligenzblatt der provisorischen Regierung der Rheinpfalz
Nr. 1 - 3 in Speyer, ab 25.5.1849 in Kaiserslautern
1849, 22.5. - 11.6.   **B 479**
                                     B 479
1849, 22.5. - 11.6.
(mitverfilmt b. Bote für Stadt und   107
Land)
                                     494

5496.
Bote für Stadt und Land
(1838 - 1849)
1848 - 1849, 28.6.   **Dm 11**
(2 Ro)   Dm 11
                                     21
                                     361
                                     385
                                     494

5497.
Kaiserslauterer Zeitung
ab Jg 142: Generalanzeiger[...]
1870 - 1871   Kai 1

5498.
NSZ-Rheinfront
1.12.1940: NSZ-Westmark
Haßloch, ab Juni 1932 in Kaiserslautern, ab
1933 in Neustadt/Haardt
(enthält tw. folgende Ausg.: West,
West/Pirmasens, Westpfalz, Westpfalz I,
Westpfalz II)
1934 - 1945, 18.3.   **107**
                                     107
1930, 25.10. - 1945, 13.3. (L)   Dm 11
                                     Kai 1
1935, 1.10. - 1945, 13.3. (L)   Dkh 1

5499.
Pfälzer Volksbote
1.11.1925: Pfälzer Tagblatt
Apr. 1935: Pfälzer Tageblatt
1895   **12**
                                     12
1906 - 1936, 31.3.   Kai 1

5500.
Pfälzische Post
1871 - 1874 (L)   Kai 1

5501.
Pfälzische Presse
1887 - 1942   Kai 1
1930, 30.6.   11

5502.
Pfälzische Volkszeitung
später BA v. Rheinpfalz, Ludwigshafen
1977 ff.   **101b**
(bis 1990 100 Ro)   101b
1946, 4.1. - 1947, 9.5. (L)   **MFA**
(1 Ro)
                                     Dm 11
1945, 19.10. - 1946, 31.5. (L)
1946, 18.10. - 1947, 17.1. (LL)   Gb-
1947, 9.4. - 17.5.   LO/N38
1875 - 1933, 30.6. (F: Jg. 86)
1947, 20.5. ff.   Kai 1

5503.
Sembach Jet Gazette
1960: Sembach Missileer
1955, 12.8. - 1959
1960, 26.8. - 1961, 30.6.   **Dm 11**
                                     Dm 11

KALBE

5504.
Milde-Biese-Zeitung
1962, 25.1. - 1967, 30.3.   **Bo 174**
(1 Ro)

KALKAR

5505.
Calcarer Volkszeitung
1890, 15.3. - 24.12.
1895, 1897, 1902 (L)
1906, 4.1. - 30.6.
1907 - 1908, 19.9.
1909, 8.1. - 30.6.
1913, 17.1. - 28.6.
1914, 2.1. - 30.6.
1915 - 1916, 30.6. (L)
1921, 1.2. - 30.12. (L)
1923, 2.1. - 28.6.
1924, 1.1. - 29.6.   Gk 2

1926, 2.1. - 30.6.
1927, 1.10. - 31.12.
1929, 2.1. - 27.6.
1930, 6.3. - 30.6. u. 7.7. - 24.12.
1931, 10.9. - 5.11.
1933, 1.7. - 30.12.   Gk 2

KALLIES (KALISZ POMORSKI, PL)

5506.
Callieser Wochenblatt
1.3.1924: Callieser Tageblatt
1896, Mai - Dez.
1900, 1913
1915 - 1921
1924
1926 - 1927, Juni
1929, Okt. - Dez.
1932, Jan. - Juni   9
                             9

KALTENKIRCHEN

5507.
Kaltenkirchener Nachrichten
Kaltenkirchen, Bargteheide, Quickborn
15.3.1920: Kaltenkirchner Nachrichten und
Quickborn-Hasloher Tageblatt
29.8.1932: Norddeutsche Nachrichten
Ausg. Quickborn, Kaltenkirchen
Nr. 279 1933: Quickborn-Hasloher Tageblatt,
Kaltenkirchener Zeitung
22.2.1934: Altonaer Tageblatt, Norddeutsche
Nachrichten
Ausg. Bargteheide, Quickborn u.a.
Nr. 204 1934: Norddeutsche Nachrichten
Ausg. Bargteheide, Quickborn u.a.
1.6.1937: Norddeutsche Nachrichten
UT: Ausg. für das Alstertal und die Walddörfer
1.2.1940: Norddeutsche Nachrichten / A
1884 - 1885 (L)
1887 - 1943, 27.2. (L)   18
(76 Ro)   18

5508.
Kaltenkirchener Zeitung
1910, 10.9. - 1936, 29.2.   68
                                 68
                              Dm 11

KAMEN

5509.
Der Horchfunk
1928, 9.9. - 1933, Juni   61
(9 Ro)   61

5510.
Märkische Zeitung : Kamener Zeitung
BA v. Hörder Volksblatt, Dortmund-Hörde
1936, 2.1. - 31.3.
1936, 1.10. - 1937
1938, 1.7. - 31.12.
1939, 1.7. - 1940, 29.6.   MFA
(2 MF = 4 DF)
                              Dm 11

5511.
Unna-Camener Lokal-Anzeiger
Vlg. in Dortmund
(1.10.1901 - 24.11.1903)
1901, 2.10. - 31.12. (L)
1902, 1.7. - 1903, 24.11. (L)   MFA
(3 Ro)
                              Dm 11

5512.
Westfälische Rundschau / UK
Kamen, Bergkamen, Bönen
Ausg. UK = Kamen, Bergkamen, Bönen
HA in Dortmund
1991 ff.   101b
(12 Ro/Jg)   101b
                                 6
1992 - 1997   101a
1961 - 1962   Dm 11

KAMENZ

5513.
Camenzer Wochenschrift
3.9.1857: Kamenzer Wochenschrift
1.3.1901: Kamenzer Tageblatt
1822, 23.5. - 1834 (L)
1836
1838 - 1841
1842, 25.8.
1843 - 1944 (L)
1945, 23.4. - 3.5.   14
(zahlreiche Beilagen mitverfilmt)
                              Dm 11
                              Kam 2

Beilage(n):
Unsere Heimat
1923, 18.7. - 1934, 15.12.   Dm 11
                             Kam 2

5514.
Heide-Kumpel
Braunkohlenwerke
1964, 4 - 1967, 10   **B 479**
                             B 479

5515.
Kamenzer Zeitung
1886, 13.5. - 1897, 10.9.   14
1892, 2.8. - 1896 (L)
1897, 10.9.   Dm 11
                             Kam 2

5516.
Lausitzer Rundschau
HA in Cottbus
1946, 20.5. - 1952, Juni (MPF)   14
(nur Lokalseiten)

5517.
Sächsische Zeitung
HA in Dresden
1946, 7.3. - 11.4. u. 3.5. - 19.5.
(MPF)
1952, 15.8. - 31.12. (MPF)
1971 ff.   14
(nur Lokalseiten)

KANDERN

5518.
Badische Zeitung
UT: Kandertäler Tageblatt
HA in Freiburg, Br.
1958 - 1969   **31**
(30 MF = 60 DF)   31

5519.
Quelle nützlicher Beschäftigungen zum Vergnügen der Jugend
Kandern, Karlsruhe
Vlg. anfangs in Candern
(1.1834 - 1839, N.F. 1.1852-?)
1834 - 1839
1852   **25**
(1 Ro)   25

KANSAS CITY, KS (USA)

5520.
Kansas City Presse
1931, 3.6. - 1939, 27.9. (L)   **212**
(5 Ro)   212
                          Dm 11

KAPPELN, SCHLEI

5521.
Schleibote
weiterer Titel: Angelner Landpost
(1.4.1864 - 12.5.1945 u. 31.10.1949 ff.)
1864, 10.5. - 1866
1883 - 1945, Nr. 78
1949, 31.10. - 1992   **68**
                             68

KARLSBAD (KARLOVY VARY, CZ)

5522.
Deutsche Tageszeitung
1938, 4.10. - Dez.   **212**
(1 Ro)

5523.
Deutsche Volkszeitung
1938, Apr. - Dez.   **212**
(1 Ro)

5524.
Deutscher Landbote
1929, Apr. - 1938, März   **212**
(7 Ro)

5525.
Gärtner-Fachzeitung
1923 - 1932 (L)   **Bo 133**
                           Bo 133
1927 - 1932   B 479

5526.
Kongresszeitung
1921, Nr. 2 - 13/14   **M 352**

5527.
Nachrichten des Auslandsbüros "Neu Beginnen"
Karlsbad, Prag, Troppau
Der Jg. 1 (1935) wird im Original fälschlich m.
1934 angegeben
(1935 - Apr. 1937)
1935 (E)
1936 - 1937, Apr.   **Dm 11**
(1 Ro)
                                        715
                                        739
                                    188/211
                                     M 352

5528.
Neuer Vorwärts
Karlsbad (Karlovy Vary, CZ), Paris (F), Prag
(CZ), London (GB)
Sozialdemokratisches Wochenblatt
Forts. v. Vorwärts, Berlin (1891 - 1933)
(18.6.1933 - 12.5.1940)
1933, 18.6. - 1940, 12.5.   **Dm 11**
(3 Ro)   **Dm 11**
                                      Bo 414
(3 Ro)
                                          6
                                         12
                                         46
                                        473
1935 - 1940, 12.5.   101b
1936 - 1940, 12.5.   Bm 3

5529.
Sozialistische Aktion
Organ der SPD
9.7. - Okt. 1933 i. Hamburg?
(29.10.1933 - März 1938)
1933, 29.10. - 1938, März   **Dm 11**
(1 Ro)   **Dm 11**
                                         34
                                         18
                                          5
                                      Bo 133
                                        715
                                    188/211
                                     M 352
1933, 9.7. - 1938, März   19
1933, 29.10. - 1938, März   Mb 50

5530.
Völkerbund
1920, 23.4. - 26.12. (L)
1921, 9.1. - 21.12. (L)
1922, 4.1. - 26.4.   212

5531.
Volksruf
1938   212
1938, 25.8. - 29.12.   212

5532.
Zeitschrift für Sozialismus
Nr. 1 v. Okt. 1933: Sozialistische Revolution
(Okt. 1933 - Sep. 1936)
1933, Okt. - 1936, Sep.   **Dm 11**
(1 Ro)   **Dm 11**
                                        739
                                    188/211
                                        715
                                          5
                                      Bo 133
                                     M 352

BAD KARLSHAFEN

5533.
Carlshafener Zeitung
1913 - 1914, 30.9.   4
(1 Ro)   4
                                         34

KARLSRUHE

5534.
Der Allgemeine Rheinische Anzeiger
1837, 16.12. - 1838, 26.9.   31
(1 Ro)   31

5535.
*Allgemeines Intelligenz- oder Wochenblatt
für sämtliche Hochfürstliche Lande*
1803: Provinzial-Blatt der Badischen Markgrafschaft
auch: Provinzialblatt für die badische Markgrafschaft
1808: Großherzoglich Badisches Mittelrheini-
sches Provinzial-Blatt
1831: Großherzoglich Badisches Anzeige-Blatt
für Kinzig, Murg- und Pfinzkreis
1832: Großherzoglich Badisches Anzeige-Blatt
für den Mittel-Rheinkreis
1775, 4.5. - 1777
1779/80
1787 - 1814
1816 - 1825, 30.6.
1826, Juli - Dez.
1831 - 1855   **31**
                                          31

1806, 28.6.	**A 100**
	A 100
Beilage(n):	
Beilage	
1810 - 1814	
1816 - 1818	
1820 - 1823	31
1825 - 1826	31

5536.
Anzeiger für Durlach und den Pfinzgau
1949, 12.1. - 13.6.	31
	31

5537.
Arbeiter-Schützen-Zeitung
1924 - 1933, Nr. 2 (L)	Bo 133

5538.
Badenerland
1951, 14.7. - 30.11.	
1953, 1.5. - 1970, 23.11.	31

5539.
Badische Abend-Zeitung
1.4.1951: Badische Allgemeine Zeitung
1.1.1960: Allgemeine Zeitung
HA in Mannheim
1.4.1966: Südwestdeutsche Allgemeine Zeitung
HA in Mannheim
(1.8.1949 - 30.6.1967)
1949, 23.7. - 1967, 30.6.	31
	31

5540.
Badische Allgemeine Zeitung / Hardt
1958, 1.7. - 1959, 30.9.	31
	31

5541.
Badische Allgemeine Zeitung / Land
1954, 1.10. - 1959, 30.9.	31
	31

5542.
Badische Gewerbezeitung
1867 - 1909	17

5543.
Badische Landpost
1.4.1901: Badische Post
1890, 18.1. - 31.12.	
1898 (LL)	
1901 (L)	31
(3 Ro)	31
	Dm 11

5544.
Badische Neueste Nachrichten / Hardt-Pfinzgau
HA in Karlsruhe
1953, 6.5. ff.	31

5545.
Badische Neueste Nachrichten / Karlsruhe
(1.3.1946 ff.)
1954, Juli - 1968	**281**
(80 Ro)	
1948, 8.1. - 5.8. (1 Ro)	
1969 ff.	**101b**
(ca. 9 Ro/Jg)	101b
1950, 4.1. - 1952, 10.1.	
1952, 2.5. - 1953, 30.5.	**MFA**
(7 Ro)	
2009, 1.7. - 31.12.	**31**
1953, 16.5. - 1959, 23.1.	24
1992 - 1997	101a
1979, 17.11. ff.	281
1948, 8.1. - 5.8.	
1950, 4.1. - 1953, 30.5.	Dm 11
1946, 1.3. ff.	31
1954, 1.7. ff. (L)	Ka 94

5546.
Badische Presse
24.8.1920: Badische Presse und Handels-Zeitung (Abendausg.)
1890	
1894 - 1895	
1900 - 1903	
1905 - 1922	
1924 - 1929, 30.9.	
1930 - 1937	
1938, 1.2. - 30.4. u. 1. - 31.7.	
1938, 3.9. - 1939, 28.2.	
1939, 1.4. - 31.10.	
1939, 1.12. - 1944, 31.8.	**31**
(95 Ro)	31
	Dm 11
1919, 2.5. - 9.8. (L)	GB-LO/N38

5547.
Badische Rundschau
1951, 1.7. - 1957, 28.9.   **31**
(1 Ro)   31

5548.
Badische Volkszeitung / Landesausg.
1954, 1.7. - 1968, 31.5.   **31**
    31

5549.
Badische Volkszeitung / Stadtausg.
1953, 1.7. - 1968, 31.5.   **31**
    31

5550.
Badische Warte
1914, 3.6. - 3.7.
1914, 4.9. - 1920, 31.3. (L)   **31**
(2 Ro)   31
    Dm 11
Beilage(n):
Illustrierter Familienfreund
1898 - 1902 (L)   Dm 11

5551.
Badische Zeitung <1841>
1841   **MFA**
(1 Ro)
Beilage(n):
Extra-Beilage, Landtags-
Verhandlungen
1841, Nr. 1 - 37   361

5552.
Badischer Landesbote
(1873 - 31.12.1914)
1874, 29.11. - 1875, 31.3.
1876 - 1880, 30.6.
1881
1883, 1.7. - 1885
1887 - 1914 (L)   **31**
    31
    Dm 11

5553.
Das Baugewerbe
1885, 2.5. - 1886, 2.4.   **46**
    46

5554.
Die Biene
1.3.1850: Badische Landesblätter
1.6.1850: Badische Landeszeitung
(Apr. 1849 - 31.5.1922)
1849, 25.7. - 1922, 31.5.   **31**
    31
1849, 25.7. - 30.12.   **Dm 11**
    468
    188/211
1849, 25.7. - 1922, 31.5.   Dm 11
    451
Beilage(n):
Karlsruher Unterhaltungsblatt
1850   **31**
(1 Ro)   31

5555.
Bildersaal für Geschichte, Natur und Kunst
1.1833 - 3.1836   **46**
(1 Ro)   46
    25
    25

5556.
Carlsruher Wochenblatt
1756, Dez. (E)
1757 - 1759   **46**
(1 Ro)
1756 - 1758
1774 - 1775   **31**
(1 Ro)   31

5557.
Carlsruher Zeitung
1.1.1811: Großherzoglich Badische Staats-
Zeitung
1.1.1817: Karlsruher Zeitung
v. 15.5. - 24.6.1849: Organ der provisorischen
Regierung
(1.1.1758 - 30.12.1933)
1784 - 1933 (L)   **31**
(109 Ro)   31
1842 - 1845 (L)
1849 (L), 1850 (E), 1851 (L)   **B 479**
    B 479
1848 - 1849   **Dm 11**
(3 Ro)   Dm 11
    21/32c
1784 - 1933   25
1848, 1.1. - 13.5.
1849, 27.6. - 30.12.   468
1848 - 1849, 30.6.   188/211
1916, 12.5. - 1919, 7.8. (L)   GB-
    LO/N38

Beilage(n):
Badische Chronik
1868, 15.3. - Dez.   31
Amtliche Berichte über die Verhandlungen der Badischen Stän-
deversammlung
1842, 21.9. - 29.9.
1843, 25.11. - 1944   25
1842 - 1845 (L)
1851 (E)   B 479
1917, 26.4. - 1919, 7.8. (LL)   GB-
      LO/N38
Badischer Zentralanzeiger für
Beamte
1922 - 1933   25
Badische Kultur und Geschichte
1927 - 1928
1930 - 1933   31
Badischer Landtagsbote
1847, 9.12. - 1848, 21.6.   31
      25
Beilage
1804 - 1810 (L)   25
Extrablatt
1914, 31.7. - 1915, 11.1.   25
      31
Der Gesellschafter
1847, 3.1. - 30.3.   31
Literarische Beilage
1879, 6.4. - 1881, 25.9.   31
Sonderausgabe
1915, 11.1. - 1917, 29.9.   25
      31
Wissenschaft und Bildung
1927 - 1933   25

5558.
Deutsch-Französische Monatshefte
1934 - 1941 (L)
1943 (L)   **M 352**
      M 352

5559.
Du findest hier jeden Montag all das, was
dich interessiert
1947, 28.4. - 1948, 15.11.   **31**
(1 Ro)   31

5560.
Durlacher Wochenblatt
1.4.1920: Durlacher Tageblatt
(Karlsruhe-) Durlach
(1.7.1829 - 28.2.1943 u. 15.6.1949 -
31.12.1964)
1831 – 1843   **31**
      31

1845 - 1847 (L)
1850 - 1943, 28.2.
1949, 15.6. - 1964
      31
      31
1831 - 1843 (L)
1845 - 1847 (L)
1850 - 1943, 28.2. (L)   **Dm 11**
Beilage(n):
Soweit der Turmberg grüßt   **31**
1950 - 1964   **31**

5561.
Der Führer
(1.4.1927 - 13.4.1945)
1927, 5.11. - 1928, 29.12.
1930, 4.1. - 1945, 30.3.   **31**
(12 Ro)   31
1927, 5.11. - 1928
1930 - 1945, 30.3.   **Bo 414**
(69 Ro)
      25
      180
      188/211
      Bo 133
      M 352
1927/28, 5.11. - 29.12.
1930, 4.1. - 28.12.
1931/32 - 1932/33
1934, 2.1. - Dez. (Ausg. A)
1935, 1.4. - 11.11. (Ausg. A)
1936 (Ausg. A)
1937, 1.7. - 30.12. (Ausg. A)
1934 - 1935, 30.6. (Ausg. B)
1935, 12.11. - 31.12. (Ausg. B)
1937 - 1945, März (Ausg. MA)   **Dm 11**
(1938: Ausg. M u. A)

5562.
Der Führer / Kraichgau
1943, Jan. - Apr.   31

5563.
Der Führer / Merkur-Rundschau
1942, 6.9. - Dez.   31

5564.
Der Führer / Ortenau
1944, 7.10. - 4.12.   31
      188/211
      Bo 133

5565.
General-Anzeiger für Südwestdeutschland
(1926 - 1935?)
1927 - 1932
1934 - 1935   31
                               31
                               Dm 11

5566.
Großherzoglich Badisches Allgemeines An-
zeigenblatt
1856 - 1868   31
(2 Ro)   31

5567.
Informations du Gouvernement militaire
pour l'arrondissement de Carlsuhe-Ville
1945, 28.6.
(mitverfilmt b. Military Govern-   31
ment Gazette Germany)   31

5568.
Karlsruher Anzeiger <1858>
2.6.1863: Badischer Beobachter
(2.1.1858 - 31.12.1935)
1858, 5.1. - 1876
1881 - 1882
1884 - 1885
1887
1889 - 1935   31
                               31
                               Dm 11
Beilage(n):
Sterne und Blumen
1925, Nr. 11 - 1927, Nr. 38 (L)
(Vlg. in Karlsruhe)   16

5569.
Karlsruher Anzeiger <1967>
(7.4.1967 - 31.8.1973)
1967, 7.4. - 1973, 31.8.   31
                               31

5570.
Karlsruher Fremdenblatt
5.10.1918: Residenz-Anzeiger
1916 - 1933, 31.3. (L)
1933, 1.7. - 1935   31
(18 Ro)   31
                               Dm 11

5571.
Karlsruher Intelligenz- und Wochenblatt
3.1.1819: Karlsruher Unterhaltungs- und Intelligenzblatt
/.../
1.1.1833: Karlsruher Intelligenz- und Tageblatt
/.../
1.1.1843: Karlsruher Tagblatt
(6.1.1810 - 30.4.1937)
1810 - 1937, 30.4.   31
                               31
1828 - 1837   46
(4 Ro)
1848 - 1849 (E)   Dm 11
(1 Ro)
                               21
1848 - 1849 (L)   188/211
                               Dm 11
Beilage(n):
Karlsruher Beobachter (1844 -
1848)
1845   31
(1 Ro)   31
1848   Dm 11
(1 Ro)   Dm 11
                               21
                               468
                               B 211

5572.
Karlsruher Kurier
Ausg. Stadt, Ettlingen, Neureut, Albgau, Hardt
Anzeigenblatt
1963, 7.3. ff.   31

5573.
Karlsruher Nachrichten <1870>
1870, 1.6. - 1894, 30.6.   31
                               31
                               Dm 11

5574.
Karlsruher Neue Zeitung
anfangs: Süddeutsche Allgemeine
1947, 29.7. - 1949   31
(2 Ro)   31

5575.
Karlsruher Presse
1950, 19.8. - 7.10.   31
(1 Ro)   31

5576.
Karlsruher Rundschau
1949, 6.1. - 19.5.   31
(1 Ro)   31

5577.
Der Karlsruher Stadt- und Landbote
1.1.1848: Stadt- und Landbote
1842, 24.12. - 1849, 24.6.   **31**
(3 Ro, Beilagen mitverfilmt)   31
1848 - 1849, 24.6.   **Dm 11**
                                                    21/32c
                                                       468
                                                   188/211
1842, 24.12. - 1849, 24.6.   Dm 11

5578.
Karlsruher Tageblatt
1967, 10.4. - 1968, 30.3.   **31**

5579.
Karlsruher Volksblatt
2.3.1925: Badische Zeitung
(1.2.1924 - 18.?1.1934)
1924, 1.2. - 1925
1927 - 1928
1929, 10.4. - 1934, 18.1. (L)   **31**
                                                         31
                                                    Dm 11

5580.
Karlsruher Wochenbericht
1952, 10.10. - 1953, 6.2.   **31**
(1 Ro)   31

5581.
Karlsruher Wochenblatt oder Nachrichten
zum Behuf der Policey, des Haushaltungs-
und Handlungswesens, wie auch der Gelehr-
samkeit
1756, 29.12. - 1758, 27.12.
1774, 6.1. - 1775, 27.4.   **31**

5582.
Karlsruher Wochenspiegel
1953, 20.3. - 8.8.   **31**
(1 Ro)   31

5583.
Landtagsblatt
1831, 22.3. - 1832, 14.7.
1833, 27.3. - 1834, 2.7.
1842, 11.1. - 1846, 6.10.
1863, 2.12. - 1864, 15.8.   **31**
(4 Ro)   31

5584.
Military Government Gazette Germany
1945, 19.7. - 1946, 11.1.   **31**
(1 Ro)   31

5585.
Nachrichtenblatt des Touristenvereins "Die
Naturfreunde" Gau Baden
1921, Nr. 11/12 - 1933, Nr. 3/4   **101a**
(2 Ro)   101a

5586.
National-Zeitung <Karlsruhe>
1841   361

5587.
Nationale Rundschau
1955, 5.11. - 1958, 19.4.   **31**

5588.
Neue Bahnen
Allgemeiner Deutscher Frauenverein
Vbg.: Karlsruhe, Berlin, Leipzig
1868   **B 479**
                                                       B 479
1866 - 1899
1901 - 1903
1907 - 1908   1a
1866 - 1869
1870 - 1872 (L)
1874 - 1876
1877 - 1878 (L)
1879 - 1893
1894 (L)
1895 - 1899
1901
1903 - 1904
1914 u. 1919   46
1866 - 1899 (L)   Kn 184

5589.
Oberdeutsche Zeitung
1841   **31**
(1 Ro)   31
1842, 7.1. - 30.9. (L)   **B 479**
1843, 7.1. - 30.9.   **25**
                                                        25
1841 - 1842, 30.9. (L)
1843, 7.1. - 30.9.   Tr 18

5590.
Die Pyramide
1916 - 1937   **31**

5591.
Rhein-Neckar-Zeitung
Ausg. Karlsruhe u. Pforzheim
HA in Heidelberg, ab 21.12.1945 in Karlsruhe
2.2.1946: Karlsruher Nachrichten
1945, 5.9. - 1946, 27.4.   31
                                        31
                                        51

5592.
Der Rheinische Landbote
1844 - 1848   25
                                        25

5593.
Rote Fahne
UT: Trotz alledem
1933, 2 - 15   B 479
                                        B 479

5594.
Die Rundschau
1846, 3.10. - 1847, 29.12.   31
(1 Ro)   31

5595.
Die Sieben Tage
Karlsruhe, Baden-Baden, Speyer
1953, Nr. 41: 7 Tage
1961, Nr. 48: 7 Tage vereinigt mit Hausfreund
Vlg. in Baden-Baden, ab 1953 in Karlsruhe, ab
1959 in Speyer
1948, 12.11. - 1963   31
(7 Ro)   31

5596.
Sieben Tage Blatt
1948, 1.8. - 15.10.   31
(1 Ro)   31

5597.
Sonntagsfeier
1899 - 1914   38

5598.
Der Sport am Sonntag
1948, 10.10. - 1965, 27.6.   31

5599.
*Staats-Anzeiger für das Großherzogtum Ba-
den*
1869 - 1920   31
(12 Ro)   31

5600.
Der Start
1945, 5.12. - 1946, 19.6.   31
(3 Ro)   31

5601.
Süddeutsche Sportzeitung
1908, 1911, 1913   31
(2 Ro)   31

5602.
Südwestdeutsche Presse
1950, 1.7. - 31.12.   31

5603.
*Südwestdeutsche Volkszeitung für christliche
Politik und Kultur / K*
HA in Freiburg, Br.
1947, 3.5. - 23.7. (L)   31
                                        31

5604.
Toto-Post
1951, 13.8. - 1956, 18.6.   31

5605.
Unsere Straßen
1956, 15.1. - 1957, 15.12.   31

5606.
Vaterländische Blätter für Baden
(16.1. - 12.5.1849)
1849, 16.1. - 12.5.   Dm 11
                                        Dm 11
                                        21
                                        468
                                        188/211

5607.
Der Volksfreund / Karlsruhe
1889 - 2.10.1890: Süddeutsches Volksblatt
(1.4.1881 - 18.3.1933)
1887, 13.3. - 30.6.   31
(1 Ro)
1881, 14.4. - 1899
1905, Juli - 1933, 18.3.   Bo 414
(78 Ro)
                                        31
                                        25
                                        Bo 133
1916, 1.9. - 1919, 6.8. (L)   GB-
                                        LO/N38

5608.
Vom See zum Main
Karlsruhe, Mannheim
1951, 24.8. - 4.12.	**31**
(1 Ro)	31
1951, 10.9. (MPF)	1

5609.
Der Zeitgeist
1832, 14.6. - 1833	**31**
(1 Ro)	31
1832, 14.6. - 1833 (L)	**B 479**
	B 479

KASSEL

5610.
Allgemeine Casseler Vereins-Zeitung
1913, 4.1. - 29.3.	**4**
(1 Ro)	4
	34

5611.
Allgemeine Vereins-Zeitung
1907, 23.3. - 7.11.	**4**
(1 Ro)	4
	34

5612.
Amtlicher Anzeiger für den Landkreis Cassel
1926 - 1932, Feb.	
1946 - 1972, 15.12.	**4**
(2 Ro)	4
	34
1926 - 1933, 1.4.	
1946, 15.1. - 1960, 27.10.	
1961, 23.2. - 1963	
1964, 4.2. - 1972, 15.12.	**Dm 11**

5613.
*Arbeiter-Zeitung für Hessen-Waldeck und
Süd-Hannover*
5.4.1921: Arbeiter-Zeitung
1920, 27.10. - 1922, 31.3.	**4**
(3 Ro)	4
	34
	Bo 133
	Dm 11

5614.
Der Beobachter
1836 - 1838	**4**
(2 Ro)	4
	34

5615.
*Blätter des nationalen Vereins für Deutsch-
land*
1849, 5.2. - 30.6.	**4**
(1 Ro)	4
	34

5616.
*Casseler Grundstücks- und Hypotheken-
Börse*
1907, 27.9. - 1.11.	**4**
(1 Ro)	4
	34

5617.
Casseler Stadt-Anzeiger
11.5.1897: Hessische Post und Casseler Stadt-
anzeiger
1916: Hessische Post, Kasseler Stadtanzeiger
10.1.1923: Kasseler Post / Stadtausg.
1960, 2.9. - 20.10. u. 31.10. -
30.12.
1961, 28.1. - 1963, 11.7. (L)
1963, 10.9. - 29.9.	**Dm 11**
	Dm 11
1889 - 1904, Juni	
1906 - 1908	
1912	
1914 - 1928	
1930 - 1934 (L)	
1935, März - 1939, März	
1939, Juli - 1943, März (L)	
1949, Nov. - 1956, Feb.	
1956, Apr. - 1969, 25.2.	**4**
(178 Ro)	4
	34

5618.
Casseler Tages-Post
1861, 21.9. - 1866, 25.3.	**4**
(11 Ro)	4
	34

5619.
Die Casseler Woche
1925, 17.10. - 1926	**4**
(1 Ro)	4
	34
	Dm 11

5620.
Casselische Zeitung von Policey-, Commercien und andern dem publico dienlichen Sachen
1751: Casselsche Policey-, gelehrte und Commercien-Zeitung
später: Casselische Policey- und Commercien-Zeitung
später: Casselsche Policey- und Commercien-Zeitung
1733, 2.5. - 1808, 27.6.
1814 - 1821   4
(65 Ro)   4
                                          34

5621.
Der Deutsche in Heimath und Fremde
1841, 2.1. - 9.6.   4
(1 Ro)   4
                                          34

5622.
Echo vom Eichsfeld
KPD
1932, 1   B 479
                                     B 479

5623.
Freie hessische Zeitung
1875 (L)
1876, Feb. - Juni
1877, Apr. - Juni u. Dez. (L)
1878, Jan. - 26.3.   4
(2 Ro, Beilagen mitverfilmt)   4
                                          34

5624.
Die Freie Presse
1848, 14.3. - 29.6.   4
(1 Ro)   4
                                          34

5625.
Fremden-Verkehrs-Zeitung
später: Casseler Fremden-Verkehrs-Zeitung
1904, 14.5. - 1907, 29.9.
1908, 9.5. - 1913, 28.6.   4
(3 Ro)   4
                                          34

5626.
Der Fürsten- und Volksfreund
1831, 4.3. - 6.8.   4
(1 Ro)   4
                                          34

5627.
Gemeindezeitung für den Regierungsbezirk Kassel
1868, 11.1. - 31.12.   4
(1 Ro)   4
                                          34

5628.
General-Anzeiger für Kassel und Umgegend
1888 - 1892, 30.6.   4
(5 Ro, Beilage mitverfilmt)   4
                                          34

5629.
Gewerbliches Tageblatt für Kassel und die Umgegend
später: Kasseler Tageblatt
1853, 5.12. - 1871 (L)
1881 - 1932, 29.9. (L)   4
(155 Ro)   4
                                          34

5630.
Der Herkules
1925, 16.5. - 1927, 22.4.   4
(1 Ro)   4
                                          34
                                       Dm 11

5631.
Hessische Arbeiterzeitung
1920, 31.1. - 18.11.   4
(1 Ro)   4
                                          34
                                      Bo 133
                                       Dm 11

5632.
Hessische Dorfzeitung
1906: Neue Casseler Zeitung
(Kassel-) Wehlheiden
1888 - 1904, 20.5.
1906 - 1910, 30.6.   4
(39 Ro, Beilagen mitverfilmt)   4
                                          34
                                       Dm 11

Beilage(n):
  Wilhelmshöher Fremdenblatt
  (1910?: Cassel-Wilhelmshöher
  Fremdenblatt)
1887, 14.5. - 1916, 16.9.   4
                                          34
1890, 10.5. - 1909, 25.9.
1911, 20.5. - 1916, 16.9.   Dm 11

5633.
Hessische Landeszeitung
1887, 1.9. - 31.12.   **4**
(1 Ro)   4
   34

5634.
Hessische Morgenzeitung
1859, 10.11. - 1911 (L)   **4**
(89 Ro, Beilagen mitverfilmt)   4
   34

Beilage(n):
Spiel und Sport   **4**
1902, Mai - Dez.   4
   34
1904, Jan. - März II   **14**
   14

5635.
Hessische Nachrichten
28.4.1959: Hessische Allgemeine (HNA)
(26.9.1945 ff.)
1945, 26.9. - 1951, Juni   **GB-**
(12 Ro)   **LO/N38**
   GB-
   LO/N38
1960, 1.2. - 1963, 17.5. (L)   **Dm 11**
   Dm 11
1945, 26.9. - 1949   **Bo 414**
(4 Ro)
1968 ff.   **101b**
(ca. 12 Ro/Jg)   101b
   281
1945, 26.9. - 1967   4
   34
1992 - 1997   101a

5636.
Hessische Post <1889>
1889, 20.11. - 1891, Juni
1892 - 1897, 31.3.   **4**
(9 Ro, F: 1889, Nr. 1 - 176)   4
   34
1918, 2.12. - 1919, 8.8.   GB-
   LO/N38

5637.
Hessische Post <1945>
14.7.1945: Hessische Post / Landausg.
12. amerik. Heeresgruppe
Vlg. in Berlin-Tempelhof
(28.4. - 22.9.1945)
1945, 28.4. - 25.9.   **B 479**
   B 479

1945, 28.4. - 22.9.   **Bo 414**
(1 Ro)
   1w
   34
1945, 28.4. - 12.5.   Dm 11

5638.
Hessische Rundschau
1906, 20.2. - 1907, 6.1.   **4**
(1 Ro)   4
   34

5639.
Hessische Sonntags-Post
1932, 6.2. - 31.12.   **4**
(1 Ro)   4
   34
   Dm 11

5640.
Hessische Volkszeitung <1869>
1869, 6.2. - 1870, 31.3.   **4**
(3 Ro)   4
   34

5641.
Hessische Volkszeitung <1920>
1920, 27.11. - 1922, 31.3.   **4**
(2 Ro)   4
   34
   Bo 133
   Dm 11

5642.
Hessischer Beobachter
1925, 17.10. - 1926   **4**
(1 Ro)   4
   34

5643.
Hessischer Landbote
1924, 26.1. - 31.12.
1925, 15.10. - 1926, 24.6.   **4**
(1 Ro)   4
   34

5644.
Hessischer Volksbote
1896, 6.1. - 1899, 30.9.   **4**
(1 Ro)   4
   34

5645.
Hessisches Sonntagsblatt
1888 - 1895, 30.6.   **4**
(2 Ro)   4
   34

5646.
Hessisches Wochenblatt
16.12.1879: Hessisches Tageblatt
1881: Kasseler Journal
1877, 6.1. - 1896   4
(18 Ro, Beilagen mitverfilmt)   4
                                                    34

5647.
Die Hornisse
UT: Zeitung für hessische Biedermänner
(1.8.1848 - 21.12.1850)
1848, 1.8. - 1850, 13.10.   4
(2 Ro)   4
1848, 1.8. - 1850 (L)   B 479
                                                B 479
1848, 1.8. - 1850   Dm 11
(1 Ro)   Dm 11
                                                  468
                                              188/211
1848, 1.8. - 1850, 13.10.   34
1848, 1.8. - 1850   30
1848, 1.8. - 1850, 21.12.   Bm 3
Beilage(n):
  Der neue Bote   B 479
1848, 9.12.   B 479

5648.
Die Hornisse / Wochenblatt
1850, Nr. 1 - 29   B 479
                                                B 479
                                                   30

5649.
Illustrierter Volksfreund
1912   4
(1 Ro)   4
                                                   34

5650.
*Jüdische Wochenzeitung für Kassel, Hessen
und Waldeck*
1924 - 1928
1931 - 1933   4
1924 - 1928   30
1924 - 1933   34

5651.
Kasseler allgemeine Zeitung
1921, Nr. 246 - 248   7

5652.
Kasseler Nachrichten
1890, 25.9. - 1892, 15.5.   4
(3 Ro)   4
                                                   34

5653.
Kasseler neueste Nachrichten
1910, 4.12. - 1943, 31.5. (L)   4
(82 Ro, Beilagen mitverfilmt)   4
                                                   34
                                                   46

5654.
Kasseler Zeitung <1851>
1851 - 1867   4
(17 Ro)   4
                                                   34
1862, 11.11. - 1867   Dm 11

5655.
Kasseler Zeitung <1881>
1881, 2.7. - 1887, 14.8.   4
(7 Ro)   4
                                                   34

5656.
Kasseler Zeitung <1946>
1946, 29.11. - 1959, 27.4.   4
                                                    4
1947, 24.2. - 17.11.
1948, 7.10. - 1949, 6.10.   Dm 11
                                                Dm 11
1946, 29.11. - 1959, 27.4.   34
1946, 29.11. - 1947   Bo 153
1946, 29.11. - 30.12.   GB-
1948, 30.1. - 1950, 23.1. (L)   LO/N38

5657.
Der Krakeeler
v. Okt. 1866 - Juni 1867 als Flugblatt mit
wechselnden Titeln
1866, 4.11. - 1871   4
(1 Ro)   4
                                                   34

5658.
Kurhessiche Schulzeitung
1868: Hessische Schulzeitung
Nr. 24, 1934: Kurhessischer Erzieher
1866 - 1889
1898 - 1903
1906
1909 - 1910
1915
1925 - 1926
1929 - 1934, Nr. 44
1935 - 1937   4
(26 Ro)   4
1938 - 1939   1a

5659.
Landtagsblatt für Kurhessen
1849, 3.7. - 29.12.   4
(1 Ro)   4
                                     34

5660.
Landwirthschaftliche Blätter
Vlg. in Jena
1891 - 1896   4
(3 Ro)   4

5661.
Landwirthschaftliche Zeitung und Anzeiger
1879 - 1885
1887 - 1893   4
(5 Ro)   4

5662.
Landwirtschaftliches Wochenblatt für Kurhessen und Waldeck
1897 - 1925
1927 - 1945, Nr. 7
1947 - 1952   4
(50 Ro)   4

5663.
Le Moniteur Westphalien
Nov. 1913: Allgemeine Kasselsche Zeitung
In frz. u. dt. Sprache
Vbg.: Königreich Westfalen
(29.12.1807 - 1813)
1807, 29.12. - 1811
1813, Jan. - Okt.   30
1809, 9.11. - 1810, 31.12.
1811, 3.11. - 1813   Bür 2

5664.
Neue hessische Zeitung
(15.3.1848 - 29.12.1850)
1848, 15.3. - 1850, 1.7.   4
(3 Ro, Beilagen mitverfilmt)   4
1848, 15.3. - 24.6. u. 1.10. -
31.12.   Dm 11
(1 Ro)   Dm 11
                                     21
                                188/211
1848, 15.3. - 1850, 1.7.   34

5665.
Neue Landeszeitung für Hessen und Waldeck
1924, 1.12. - 1925, 10.7.   4
(1 Ro)   4
                                     34
                                  Dm 11

5666.
Der Rechtsfreund
1836, 1.5. - 1839, 30.6.   4
(1 Ro)   4
                                     34

5667.
Reichs-Geldmonopol
1.1.1893: Antisemitisches Volksblatt
1885, 10.10. - 1899, 30.9. (L)   4
(5 Ro)   4
                                     34
Beilage(n):
Die Fackel
1886   4
(1 Ro)   4
                                     34

5668.
Reichsherold
1907, Sep. - 1908, Feb.   4
(1 Ro)   4
                                     34

5669.
Die Rundschau
1912, 2.11. - 1919, 28.6. (L)   4
(2 Ro, Beilagen mitverfilmt)   4
                                     34
                                  Dm 11

5670.
Der Sturm <1930>
1931: Hessische Volkswacht
1.9.1933: Kurhessische Landeszeitung
1930, 1.2. - 1944   4
(43 Ro, Beilagen mitverfilmt)   4
                                     34
1943, 1.2. - 22.10.   GB-
1944, 12.1. - 1.12. (L)   LO/N38

5671.
Der Sturm <1932>
1932, 2.4. - 31.12.   4
(1 Ro)   4
                                     34
                                  Dm 11

5672.
Der Verfassungsfreund
1831, 1.10. - 1833 (L)   4
(2 Ro)   4
                                     34

5673.
Volk und Vaterland
1919, 5.7. - 1922, Okt.
1923, Jan. - Okt.
1924, Jan. - Apr. u. Juni
1925, Jan. - Okt.
1926, Nr. 40 - 1929, Feb.
1929, Apr. - Nov.
1930, Jan. - Sep.
1931 - 1932, 24.10. (L)
1933 - 1935, 20.7.   4
(3 Ro)   4
                                      34
                                      Dm 11

5674.
Volksblatt für Hessen und Waldeck
30.3.1905: Volksblatt
1.7.1919: Kasseler Volksblatt
(1.1.1891 - 27.2.1933)
1928   4
(4 Ro)   4
1892 - 1893
1894, Juni - 1919
1921 - 1927
1928, Juni - 1933, 27.2.   Bo 414
(72 Ro)
1892 - 1919 (L)
1921 - 1933, 27.2. (L)   34
                                188/211
1892 - 1933, 27.2.   Bo 133
1892 - 1893
1894, 8.7. - 1902, Juni
1902, Okt. - 1915, 15.9. (L)   Dm 11

5675.
Der Volksbote für Stadt und Land
1850, 14.2. - 2.5.   4
(1 Ro)   4
                                      34

5676.
Waldecker Beobachter
1930, 2.8. - 27.9.   4
(1 Ro)   4
                                      34

5677.
Waldecker Volksblatt
1922, 9.11. - 1923, 14.9. (L)   4
(1 Ro)   4
                                      34
                                Bo 133
                                  Dm 11

5678.
Der Wegweiser
1898, 20.2. - 1911, 24.9.   4
(4 Ro, Beilagen mitverfilmt)   4
                                      34

5679.
Westphälischer Moniteur
1.11.1813: Kasselsche Allgemeine Zeitung
1807, 29.12. - 1850, 30.6.   4
(59 Ro)   4
1807, 29.12. - 1808   46
(1 Ro)
1848
1849, Juli - Dez.   Dm 11
(3 Ro)   Dm 11
                                      21
1807, 29.12. - 1850, 30.6.   34
1848 - 1849 (L)   188/211
1807, 29.12. - 1813   Bür 2
Beilage(n):
 Feuilleton oder Supplement des
 Westphälischen Moniteurs   4
1810, 13.4. - 1813   4

5680.
Wochenblatt für die Provinz Niederhessen
<1822>
1.7.1858: Tageblatt für die Provinz
Niederhessen
1862: Wochenblatt für die Provinz
Niederhessen
25.10.1866: Wochenblatt für den
Regierungsbezirk Cassel
1822 - 1868   4
(69 Ro)   4
1848 - 1849   Dm 11
(2 Ro)   Dm 11
                                 21/32c
                                    468
                                188/211
                                   Bm 3
1822 - 1868   34

5681.
Zeitung des Jungdeutschen Ordens
Kassel, München, Berlin
1921: Der Jung-Deutsche Orden
1923: Der Jungdeutsche
11.7.1933: Nordische Zeitung
1.9.1933: Deutsche Staatsbürger Zeitung
gegr. in München, erschienen in Kassel, ab
1.2.1925 in Berlin
1920, 1.5. - 1922, 15.9.   M 352
                                  M 352

1922, 4.11. - 23.12.	
1923, 20.1. - 22.12.	
1924, 12.1. - 1933, 12.10.	
(25 Ro)	**M 352**
	M 352
	Bo 133
	Dm 11
1922, 4.11. - 1929	34

KATTOWITZ (KATOWICE, PL)

5682.
Der Aufbruch
(1933 - 1939)
1933, 11.3. - 1934, 29.9.
1936
1937, Apr. - Dez.

1938, 25.11. - 31.12.	**212**
1933, 11.3. - 1934, 29.9.	
1935, 2.5. - 1936 (L)	
1937, 1.4. - 30.12.	468

5683.
Berg- und Hüttenmännische Rundschau

1904, 5.10. - 1921, 20.3.	**GB-**
(5 Ro)	**LO/N38**

5684.
Der Deutsche in Polen
1934 zeitweise: Schlesische Warte mit Anzeiger für den Kreis Pless
(4.2.1934 - 27.8.1939)

1934, 4.2. - 1939, 27.8.	**8**
(3 Ro)	8
	Dm 11
(5 Ro)	Dm 11
	18
	364
	739
	188/211
	M 352
1939, Nr. 1 - 35	188/144
	715
	Bo 133
1934, 4.2. - 1939, 27.8. (L)	Mb 50

5685.
Deutsche Volksgemeinschaft

1934, 19.1. - 21.12.	
1935, 11.1. - 5.4.	
1936, 10.4. - 19.12.	
1937, 9.1. - 23.12.	
1938, 27.1. - 31.12.	
1939, 14.1. - 5.8. (L)	**212**
(2 Ro)	

5686.
Hoffnung

1993, 6.9. - 1998, Feb. (L)	**MFA**
(1 Ro)	
	Mb 50

5687.
Kattowitzer Zeitung
28.12.1912: Kattowitzer Zeitung und Oberschlesiches Handelsblatt
1.9.1942: Oberschlesische Zeitung
(1874 - 23.1.1945)

1933 (L) u. 1935 (L)	46
(6 Ro)	
1923, 5.5. - 30.9.	
1925, Sep. - 1932	
1935 - 1943	**212**
(53 Ro)	
1943, 21.3. - 1945, 17.1. (L)	**GB-**
(5 Ro)	**LO/N38**
1920, 1.7. - 31.12.	
1925, 1.1. - 28.6.	
1928, Juli - 21.12.	
1933, 2.1. - 30.6.	
1935, 5.7. - 1936, 3.12.	
1938, Jub.-Ausg.	
1940, Okt. - Dez.	
1942, 1.9. - 31.12.	**1w**
(11 Ro)	1w
	Dm 11
1933, 2.1. - 30.6.	
1935, 5.7. - 30.12.	Gö 169
1943 - 1944	M 352
1905, 1.7. - 1908	
1909, 2.5. - 1923, 30.3.	
1924, 1.4. - 1936, 31.7.	
1936, 23.10. - 1939, 14.8.	
1939, 11.9. - 1941	
1942, 1.5. - 31.8.	12

5688.
Neue Zeit

1935, 27.4. - 1937, 17.12.	**212**

5689.
Der schwarze Adler

1919, Juni - März	
1920 - 1921	**212**
1921, 3.1. - 4.5.	**1w**
(1 Ro)	1w
	Dm 11

5690.
Volkswille
(10.12.1918 - 1935)
1925, Okt. - 1933 (L)   **212**
(2 Ro)
    Bo 133

5691.
Wochenpost
1938, 3.9. - 1939, 2.9.   **212**
(1 Ro)   212

KAUEN (KAUNAS, KOWNO, LT)

5692.
Deutsche Nachrichten für Litauen
Kauen (Kaunas, Kowno, LT), Memel (Klaipeda, LT)
ab 1989? in Klaipeda (Memel)
1931 - 1937
1939 - 1940   **46**
(3 Ro)   46
1931, 11.1. - 1937
1939, 7.1. - 1941, 1.3.
2000, Apr. - 2001, Nov.
2003, Nr. 1 - 2005, Nr. 3   **212**
(bis 1941 3 Ro)   212
1931 - 1937
1939, 7.1. - 1941, 1.3.   Lün 5

5693.
Kauener Zeitung
1942, 10.6. - Nov.
1943, Sep. - 1944, 31.3. (L)   **212**
1944, 3.1. - 5.7.   **GB-**
(2 Ro)   **LO/N38**

1941, 26.11. - 30.12.
1942, 24.1. - 16.9. u. 11.11. - 4.12.
1943, 16.11. - 30.12.
1944, 30.3.   1
1942, 10.6. - 21.9.
1943, 4.9. - 1944, 31.3.   Dm 11
1942, 10.6. - 1944, 31.3. (L)   Lün 5

5694.
Korrespondenz B
ab Nr. 111: Baltisch-Litauische Mitteilungen
ab Nr. 131: Litauische Mitteilungen
Nr. 17 - 51 in Bialystok, Nr. 131 ff. in Wilna
1916, 11.10. - 1918, 20.11.   **4**
(4 Ro)   4
    Dm 11
    Lün 5

5695.
Kownoer Zeitung
1916, 16.8. - 1917, 30.9.   **4**
(2 Ro)   4
1916, 16.8. - 1918, 2.11. (L)   **MFA**
(2 Ro)
    Dm 11
1916, 16.8. - 1917, 30.9.   Lün 5

5696.
Litauische Rundschau
1920, 20.7. - 1921, 22.7.
1924, 11.6. - 1929, 29.6.   **212**
(6 Ro)
    Lün 5

5697.
Memelländische Volkszeitung
1930, 4.1. - 1933, 1.6.   **212**
(1 Ro)
    Lün 5

5698.
Die neue Zeit
1918 - 1919 (L)   **B 479**
    Lün 5

5699.
Wilnaer Zeitung
Vbg.: Kaunas, Vilnius
1943, 1.8. - 1944, 30.4. (L)   **1w**
(2 Ro)   1w
    Dm 11

KAUFBEUREN

5700.
Allgäuer Zeitung
UT: Kaufbeurer Tagblatt
HA in Kempten
1983, 1.6. ff.   **101b**
(ca. 9 Ro/Jg)   101b
1992 - 1997   101a

5701.
Neue Kaufbeurer Zeitung
1964, Okt. - 1968, Sep.   101b

KEETMANSHOOP (NAM)

5702.
Keetmanshooper Zeitung
1913, 24.4. - 1914, 23.7. (L)   **1w**
    1w
    Dm 11

KEHL

5703.
Jugend-Zeitung
1783, 12.7. - 21.12.   **46**
(1 Ro)

5704.
Kehler Grenzbote
1871: Kehler Wochenblatt
1898: Kehler Zeitung
später als BA v. Offenburger Tageblatt
23.11.1944: Kehler Zeitung / Offenburger
Gemeinschaftszeitung
(1.11.1863 - 13.4.1945 u. 15.10.1949 ff.)
1978, 6.10. ff.   **101b**
(ca. 9 Ro/Jg)   101b
1942, 2.9. - 1943   **31**
1867 - 1871
1873 - 1876
1879
1884 - 1885
1887
1889 - 1890
1892 - 1894
1897 - 1898
1902
1907, 2.4. - 11.11.
1921, 1.4. - 31.12.
1936
1944, 23.11. - 1945, 13.4.
1949, 15.10. - 1978, 15.11.   **MFA**
(155 Ro)
1867 - 1871
1873 - 1876
1879
1884 - 1885
1887
1889 - 1890
1892 - 1894
1897 - 1898
1902
1907, 2.4. - 11.11.
1921, 1.4. - 31.12.
1936
1942, 2.9. - 1943
1944, 23.11. - 1945, 13.4.
1949, 15.10. - 1999   Kh 2

1942, 2.9. - 1943
1978, 6.10. ff.   31
1992 - 1997   101a
Beilage(n):
Der Hanauer Rhein- und Kinzig-
bote
1879, 1.2. - 30.8.
1880, 3.1. - 26.6.
1881, 1.1. - 10.12.
1892, 9.1. - 15.10
(1 Ro)   **MFA**
    Kh 2

5705.
Der Oberrheinische Hinkende Both
1788, Jan. - März   **46**
(1 Ro)   46

5706.
Südwestdeutsche Volkszeitung für christliche
Politik und Kultur / H
Ausg. H = Hanauerland
HA in Freiburg, Br.
1947, 3.5. - 6.8.   **31**
    31

KELHEIM

5707.
Altmühl-Bote
BA v. Mittelbayerische Zeitung, Regensburg
15.6.1972: Mittelbayerische Zeitung
Ausg. Altmühl-Bote, Kelheimer Zeitung
1952, Juli - 1972, 14.6.   **101b**
(239 Ro)   101b

KELLINGHUSEN

5708.
Stör-Bote
1882, 4.2. - 1943, 30.4.
1945, 24.11. - 1971   **68**
(MF nur tw. vorhanden)   68
1882, 4.2. - 1940, 29.6.
1941, 1.7. - 1943, 30.4.
1945, 24.11. - 1950, 29.12.   Dm 11

KEMNATH

5709.
Frankenpost / Stiftland
HA in Hof
1950, 1.7. - 1987   **Hf 1**
(nur Lokalseiten)   Hf 1

KEMPEN

5710.
Intelligenzblatt für den Kreis Kempen und dessen Umgebung
1841?: Kempener Kreisblatt
(1.2.1834 - 1872)
1834, 25.1. - 31.12. (L)

1855 - 1863	5
(3 Ro)	5
1835 - 1837	
1842 - 1843	
1858 - 1860	1w
	1w
	Dm 11

5711.
Niederrheinisches Tageblatt
1924, 2.1. - 28.6.

(1 Ro, Beilagen "Die Welt",	5
"Thomas a Kempis", mitverfilmt)	5
Beilage(n):	
Die Welt	
1924, 9 - 1925, 13 (L)	16
1924, 13 - 26 (L)	5
	5
1924, 35 - 1926, 5	61

5712.
Rhein-Echo
HA in Düsseldorf
1946, 16.3. - 31.12.

1948 - 1949	Kem 1

5713.
Rheinische Post
Ausg. Kempen-Krefeld / Kempen
HA in Düsseldorf

1946, 2.3. - 1990	Kem 1

5714.
Westdeutsche Zeitung
Ausg. Kempen-Krefeld / Kempen
HA in Düsseldorf

1949, März - 1994, Apr.	Kem 1

KEMPEN (KEPNO, PL)

5715.
Obrigkeitliche Bekanntmachungen
Vlg. in Oels

1853, 2.4. - 1855, 1.12.	1w
	1w
	Dm 11

5716.
Wochenblatt des Schildberger Kreises
Vbg.: Kempen, Schildberg, Oels

1858 - 1866, 28.9. (L)	1w
(2 Ro)	1w
	Dm 11

KEMPTEN

5717.
Der Allgäuer
UT: Kempter Tagblatt
1.10.1968: Allgäuer Zeitung / KE
BA v. Augsburger Allgemeine
1.9.1981: Allgäuer Zeitung
UT: Kempter Tagblatt, Der Allgäuer
BA v. Augsburger Allgemeine
(13.12.1945 ff.)

1945, 13.12. - 1976	101b
(92 Ro)	101b
1946, 20.9. - 1948, 27.11. (LL)	MFA
(1 Ro)	
	Dm 11
1948 - 1976	12
1992 - 1997	101a
1964, Juli ff. (anfangs nur Lokal-	
seiten)	101b
1945, 13.12. - 1947	19

5718.
Deutschlands achtzehntes Jahrhundert

1781 - 1782	46
(1 Ro)	46

5719.
Frauenzimmer-Zeitung

1787	46
(1 Ro)	

5720.
Kemptner Zeitung
(1.1.1841 - 31.3.1891)

1848 - 1849, 31.3.	Dm 11
(1 Ro)	Dm 11
	21/32c
	468
	188/211

5721.
Schwäbisches Museum

1785 - 1786 (MPF)	46

KENZINGEN

5722.
Badische Zeitung / K
UT: Kenzinger Wochenblatt
HA in Freiburg, Br.
1964, 8.8. - 1971, 30.9.   31
(25 MF = 49 DF)   31

5723.
Kenzinger Wochenblatt
1942, 3.9. - 1943, 30.3.   31

KERSTIN (KARSINO, PL)

5724.
Gemeindeblatt für die Kirchengemeinden Kerstin und Kruckenbeck
Kerstin (Karsino, PL), Kruckenbeck (Kruckenbeck, PL)
Vlg. in Stettin
1931 - 1932   9
                                             9

KETZIN

5725.
Ketziner Anzeiger
Vbg.: Ketzin, Belzig
1922, 1.4. - 30.12. (L)
1925 - 1926 (L)
1927, 2.7. - 1929
1931- 1936
1938, 4.1. - 1939, 30.6.
1940, 2.1. - 29.6.
1942 - 1943, 30.6.   1w
(12 Ro, Beilagen mitverfilmt)   1w
                                            Dm 11

KEVELAER

5726.
Kevelaerer Volksblatt
1879, 10.5. - 1891
1893 - 1942   Ged 1

KIEL

5727.
Amtliche Bekanntmachungen der Militärregierung der Stadt Kiel und der Kieler Behörden
1945, 14.7. - 1949, 17.9.   68

5728.
Kieler Anzeigen
1946, 25.6. - 1948, 30.8.   8
(1 Ro)   8

5729.
Kieler Correspondenzblatt für die Herzogthümer Schleswig, Holstein und Lauenburg
2.1.1836: Correspondenz-Blatt
9.9.1848: Correspondenz-Blatt und Kieler Wochenblatt
4.11.1849: Correspondenz-Blatt und Kieler Tageblatt
1.7.1850: Correspondenz-Blatt und Kieler Wochenblatt
(11.9.1830 - 29.12.1861)
1830, 11.9. - 1861, 29.6.   68
                                            68

5730.
Kieler demokratisches Wochenblatt
7.1.1849: Kiel-Altonaer demokratisches Wochenblatt
1848, 19.11. - 21.12. (L)
1849, 7.1.   B 479
                                            B 479
1848, 19.11. - 14.12.
1849, 7.1. - 1.2.   Dm 11
(1 Ro)   Dm 11
                                            21/32c
                                            Bo 133

5731.
Kieler Fördeblatt
1968, 27.3. - 1970, 26.3.   8
(1 Ro)   8

5732.
Kieler Kurier
1945, 25.7. - 1946, 3.4.   8
(1 Ro)   8
1945, 25.7. - 1946, 30.3.   68
                                            68

5733.
Kieler Nachrichten
(3.4.1946 ff.)
1946, 3.4. - 1951, 31.3.   68
1953, 1.7. - 1973, 31.10.   281
(127 Ro)
1968 ff.   101b
(ca. 9 Ro/Jg)   101b
1960, 1.2. - 1963   Dm 11
1946, 3.4. ff.   8

1960, 13.12. - 1961, 19.1.	21
1946, 3.4. - 1947, 18.10.	
1947, 3.12. - 12.3.	GB-
1949, 2.9. - 30.12.	LO/N38
1987 - 2000	12
1946, 3.4. - 1999	68
1992 - 1997	101a
1979, 16.11. ff.	281
1959, 21.7. - 1960, 18.2.	
1962, 1.11. - 1983, 21.10.	
1987, 26.3. ff.	476
1960, 1.2. - 1963	
1993 - 1995	Dm 11

5734.
Kieler Nachrichten-Blatt der Militärregierung

1945, 4.6. - 14.8.	68
	68

5735.
Kieler Neueste Nachrichten

1895 - 1903, 30.6.	
1904 - 1945, 2.5.	68
(127 Ro 1913 - 1942)	68
1936, 27.9. - 27.11.	MFA
(2 Ro)	
1895, 2.4. - 1903, 30.6.	
1904 - 1912	8
1934, 9.10. - 1936, 31.10.	
1936, 28.11. - 1939, 12.2.	Dm 11
1918, 12.3. - 1919, 1.4. (L)	
1941, Okt.	
1942, 1.4. - 19.5.	GB-
1942, 1.8. - 24.9.	LO/N38
Beilage(n):	
Kieler Illustrierte Zeitung	
1908, 13.9. - 1912, 28.12.	8
(2 Ro)	8

5736.
Kieler Studentenanzeiger

1966, Feb. - 1968, Feb. (L)	8
(1 Ro)	8

5737.
Kieler Studentenzeitung

1932, 19.12. - 1933, 16.1.	11

5738.
Kieler Tageblatt

1874, 1.10. - 1876	
1878	
1882 - 1894	68
	68
	Dm 11

5739.
Kieler Zeitung

(19.6.1864 - 29.4.1936)	
1895 - 1896 (L)	8
(11 Ro)	
1871, Jan. - Juni	1w
	1w
1916, 13.1. - 1918, 19.10. (L)	GB-
(8 Ro)	LO/N38
	GB-
	LO/N38
1895 - 1896 (L)	
1903, 15.11. - 1936, 30.4.	8
1864, 19.6. - 1936, 30.4.	68

5740.
Kielische gemeinnützige Nachrichten

1776 - 1789	68

5741.
Der Kurier
Kiel-Elmschenhagen

1928, 6.1. - 1940 (L)	
1950 - 1963, 27.12. (L)	8
(9 Ro)	8

5742.
Nachrichtenblatt des Polizeipräsidenten in Kiel

1933 - 1940	68

5743.
Nord-Ostsee-Zeitung

1887, 1.7. - 1905, 30.6.	
1906 - 1907, 28.2.	68
	Dm 11

5744.
Norddeutsche Mieterzeitung

1924, 5.10. - 1941, 15.5.	68
	68

5745.
Norddeutsches Echo

1946, 22.5. - 1956, 17.8.	8
(16 Ro)	8
1946, 3.4. - 1950, 29.12.	68
1946, 3.4. - 1956, 17.8.?	68
1946, 6.4. - 1948, 3.3. (L)	GB-
	LO/N38

5746.
Ostufer-Kurier

1954, 2.7. - 1963, 27.12.	8
(3 Ro)	8

5747.
Schleswig-Holstein ruft
1950, 27.5. - 1951, Mai   **8**
(1 Ro)   8

5748.
Schleswig-Holsteinische Volks-Zeitung
2.1.1958: VZ-Kieler Morgenzeitung
(Sep. 1877 - 26.2.?1933 u. 3.4.1946 - 1968)
1963 - 1968   **8**
(28 Ro)
1877/78 (L)
1904 - 1932 (E)   **B 479**
    B 479
1903, 1.7. - 1909, Feb.
1926, Apr. - 1933, 26.2.
1946, 3.4. - 1968   68
(MF nur tw. vorhanden)   68
1946, 3.4. - 1949   **Bo 414**
(3 Ro)
    M 352
1946, 6.4. - 1947, 22.10. (L)
1948, 2.3. - 20.11. (E)
1949, 8.1. - 12.3. (L)   GB-
1949, 1.9. - 1952, 2.10. (L)   LO/N38
1946, 3.4. - 1968   8
1903 - 1933, 17.3. (L)   Bo 133
Beilage(n):
Der Freie Gewerkschafter
1924 - 1933, 6 (L)   Bo 133
Feld, Haus, Garten
1924 - 1931 (L)   Bo 133
Neue Menschen
1925 - 1928   Bo 133
Wir heißen Euch hoffen
1926 - 1928 (L)   Bo 133
Für die Kinder
1924 - 1925 (L)   Bo 133
Kinder-Zeitung
1929 - 1933, 1 (L)   Bo 133
Die junge Front
1932 - 1933, 1 (L)   Bo 133
Die Jugend hat das Wort
1931   Bo 133

5749.
Schleswig-Holsteinische Volksstimme
KPD
1924 (E)   **B 479**
    B 479
1924   68

5750.
Die schöne Rarität
1917 - 1918   68

5751.
Schulzeitung
1852 - 1856
1860 - 1867   **68**
    68

5752.
Spartakus
1919, Nr. 1 - 16   **68**
    68

5753.
Unser Standpunkt
1952, Juni - 1959, Aug.
1960, 10.10. - 1962
1964, 17.1. - 1966, Juni (L)   **Gub 1**

5754.
Verordnungsblatt der Gauleitung
Schleswig-Holstein der NSDAP
1935 - 1939   **68**
    68

5755.
Der Volkskampf
1931, 20.8. - 1933, 23.6.   **68**
    68

5756.
Der Volksrat
1919   68

5757.
Wir / Kiel
Sozialdemokraten in Schleswig-Holstein /
SPD-Landesverband
1996 ff.   31

5758.
Wochenblatt der Landesbauernschaft
Schleswig-Holstein
1942, 4.4. - 10.10. (L)
1943, 6.2. - 23.10. (L)   GB-
1944, 1.1. - 16.11. (L)   LO/N38

5759.
Wochenschrift zum Besten der Armen in Kiel
4.6.1794: Wochenblatt zum Besten der Armen
in Kiel
auch: Kieler Wochenblatt
1864   **8**
(1 Ro)   8

1793, Apr. - 1794, Nov.	
1795, Juni - Dez.	
1797 - 1800, Mai	**46**
(6 Ro)	
1794 - 1800	
1804 - 1848	
1861 - 1868	
1877 - 1879	**68**
	68

KIEW (UA)

5760.
Deutscher Kanal

1999 - 2000, Nov.	**212**
(2 Ro)	212

KIRCHENLAMITZ

5761.
Kirchenlamitzer Anzeiger
Kirchenlamitz, Marktleuthen
Zusatz: Marktleuthener Nachrichten

1935, 1.7. - 31.12.	**Hf 1**
(1 Ro)	Hf 1

KIRCHHAIN

5762.
Kirchhainer Zeitung
1.12.1926: Hessische Rundschau
(3.4.1889 - 29.12.1944)

1889, 3.4. - 1894, 30.6.	
1895 - 1897, 31.3.	
1897, 6.10. - 1933	
1935 - 1944	**4**
(42 Ro, Beilagen mitverfilmt)	4
	34
	Dm 11

KIRN

5763.
Kirner Zeitung
BA v. Rhein-Zeitung, Koblenz (Ausg. U)

1992 ff.	**101b**
	929
1883, 26.7. - 1987	Kob 1

BAD KISSINGEN

5764.
Kissinger Saale-Zeitung
1.7.1977: Saale-Zeitung

1976 ff.	**101b**
(ca. 9 Ro/Jg)	101b
1995 ff.	20
1949, 1.8. - 1977, 30.6.	Kis 1
1992 - 1997	101a

5765.
Main-Post / Rhön-Saale
1977: Main-Post
UT: Rhön-Saale-Post
1978: Main-Post
Bad Kissingen, Rhön-Grabfeld
HA in Würzburg

1977	**20**

5766.
Der Zeitvertreib
1847: Kissinger Intelligenzblatt
1850: Intelligenzblatt von Kissingen
1855: Intelligenzblatt für die Landgerichtsbe-
zirke Kissingen, Brückenau, Münnerstadt und
Euerdorf
1.7.1862: Intelligenzblatt der Amts- und Land-
gerichtsbezirke Kissingen, Brückenau, Münnerstadt, Euerdorf und Umgegend
1864: Saal-Zeitung der Amts- und Landge-
richtsbezirke Kissingen, Brückenau, Münnerstadt, Euerdorf und Umgegend
1865: Saal-Zeitung
1868: Kissinger Saal-Zeitung
1873: Kissinger Saalezeitung
(1844? - 31.3.1943)

1846 - 1867	
1873 - 1943, 31.3.	Kis 1

KITCHENER, ON (CDN)

5767.
Kitchener Journal
Forts.: Kanada-Kurier, Winnipeg
(1967 ff.)

1971, 30.4. - 1980, 12.9.	**212**
1971, 30.4. - 31.12.	212

KITZINGEN

5768.
Kitzinger Zeitung
1.8.1991: Der Kitzinger
1983, 1.6. ff.   **101b**
(ca. 7 Ro/Jg)   101b
1995 ff.   20
1992 - 1997   101a

KLAGENFURT (A)

5769.
Zeitschrift des berg- und hüttenmännischen
Vereines für Kärnten
1870 - 1876   **GB-**
(3 Ro)   **LO/N38**

KLATTAU (KLATOVY, CZ)

5770.
Der Deutsche Bote
1942, Mai - Dez.   **212**
(1 Ro)

KLAUSENBURG (CLUJ, RO)

5771.
Deutsche Zeitung
1931, 9.10. - 1941, 29.3.
1942, 13.6. - 1943, 18.12.   **212**
(3 Ro)
1931, 9.10. - 1941, 29.3.   212

5772.
Deutscher Bote
1924, 5.1. - 1930   **212**
(2 Ro)   212

KLEVE

5773.
Clevischer Volksfreund
1923: Der Volksfreund
1872, 15.5. - 1891, 24.10.
1892 - 1903
1905 - 1938, 29.6. (L)   Klv 1

5774.
Clevisches Volksblatt
3.1.1865?: Neues Clevisches Volksblatt
1855 - 1862 (L)
1865 - 1866 (L)   **5**
(4 Ro)   5
1866, 3.1. - 8.12.
1869, 6.1. - 6.11.
1870 - 1873   Ged 1

5775.
Clevisches Wochenblatt
1832: Clevesches Wochenblatt
1838?: Wochenblatt für die Stadt und den
Kreis Cleve
1830
1853 - 1862   **5**
(6 Ro)   5
1848 - 1849   **Dm 11**
(1 Ro)   Dm 11
                                                     21/32c
                                                     61
                                                     Wit 2
1860, 18.2. - 14.11.
1861, 1.1. - 18.12.
1862, 5.3. - 31.12.
1865 - 1866
1879 - 1883
                                                     Klv 1

5776.
Courier du Bas-Rhin
1769 - 1785
1791 - 1797   **61**
(17 Ro)   61

5777.
Kreisblatt
26.7.1879: Clever Kreisblatt
1870 - 1874
1876, 11.1. - 1880, 24.12.
1882, 7.1. - 1914, 26.6.
1926 - 1929   Klv 1

5778.
Neue Rheinische Zeitung
HA in Düsseldorf
1945, 8.8. - 1946, 3.2.   Klv 1

5779.
Rheinische Post
HA in Düsseldorf
1977, 1.3. ff.   **101b**
(ca. 9 Ro/Jg)   101b
1992 - 1997   101a

1946, 2.3. - 14.12.
1947, 8.1. - 15.11.   Ged 1
1946, 2.3.? - 1955   Klv 1
1993 - 1995   Dm 11

5780.
Der Westphälische Beobachter
1755, 13.9.   **A 100**
                            A 100
1755, 24.5. - 1757, 17.6. (L)   **MFA**
                            46
                            Dm 11

KLINGENTHAL

5781.
Freie Presse
HA in Karl-Marx-Stadt / Chemnitz
v. 1.9.1990 - 5.4.1994 u. ab 28.10.1995:
Freie Presse / Oberes Vogtland
v. 6.4.1994 - 27.10.1995:
Freie Presse / Klingenthaler Zeitung
1971 - 1990, 31.8. (L)   14
(nur Lokalteil)

KLÖTZE

5782.
Klötzer Rundschau
Vlg. in Magdeburg
1964 - 1966   **Bo 174**
(1 Ro)

KOBLENZ

5783.
Amtliches Tageblatt für Stadt und Kreis
Coblenz
1.10.1863: Coblenzer Tageblatt
1.1.1872: Rhein- und Moselzeitung
(1.2.1863 - 31.12.1880)
1863, 1.2. - 1865 (L)   **5**
(4 Ro)   5
1867 - 1880   69
                            Kob 1

5784.
Amtsblatt
1825, 11.10.   **A 100**
                            A 100

5785.
Amtsblatt des Reichskommissars für die
besetzten rheinischen Gebiete
1920 - 1923, 17.4.   **Bo 414**
(1 Ro)
                            69
                            929

5786.
Bulletin d'information
1921, Nr. 3: Nachrichtenblatt
1921, 15.4. - 1925, 30.11. (L)   107
                            Dm 11

5787.
Coblenzer Anzeiger
16.12.1849: Coblenzer Zeitung
1870, 2.7. - 31.12.
1900, 2.1. - 31.7.   **MFA**
(3 Ro)
1833, 8.1.   **A 100**
                            A 100
1850 - 1870, 21.6. (L)
1870, 2.7. - 1922 (L)   5
                            69
1850 - 1899 (L)
1900, 2.7. - 1920, 30.9.
1921 - 1922   Dm 11
1850 - 1858, 31.1.   929

5788.
Coblenzer Tageblatt und Fremden-Anzeiger
Coblenzer Tageblatt
(1847 - 25.12.1850)
1848, 1.4. - 1849   **Dm 11**
(2 Ro)   Dm 11
                            21
                            361
                            385
                            929
1848 - 1850   69
                            Kob 1

5789.
Coblenzer Volkszeitung
1.7.1926: Koblenzer Volkszeitung
1916, 3.7. - 30.9.
1924, 1.10. - 31.12.   **MFA**
(2 Ro)

1872 - 1876
1878 - 1941, 1.6.   5
                                    69
1872 - 1876
1878 - 1916, Juni
1916, Okt. - 1924, Sep.
1925 - 1940, März
1940, Juli - 1941, 1.6.   Dm 11

5790.
Codex Diplomaticus Rheno-Mosellanus
1822 - 1825   **Bo 414**

5791.
Ehrenbreitsteiner Intelligenzblatt
[Koblenz-] Ehrenbreitstein
1827, 6.1.   **A 100**
                                 A 100

5792.
Der Eilbote
1824 - 1826   69

5793.
Die Freiheit
(4.3.1949 - 30.3.1966)
1949, 4.3. - 1966, 30.3.   Kob 1

5794.
*Generalanzeiger für Coblenz, Neuwied und
Umgegend*
2.12.1888: Coblenzer General-Anzeiger
21.7.1926: Koblenzer General-Anzeiger
1888, 8.1. - 1900
1921 - 1944, 30.6.   69
1888, 8.1. - 1901
1921 - 1944, 30.6.   Dm 11

5795.
Gewerkschafts-Zeitung
Bezirk Rheinland-Hessen-Nassau
1946, Nr. 21 - 1949, Nr. 22 (E)   **B 479**
                                   B 479
1946, 1.6. - 15.12.
1947, 1.2. - 1949, 25.12.   **Bo 414**
(1 Ro)
                                 Kob 1
                               188/211
                                    34
                                Bo 133
                                 M 352

5796.
Gewerkschaftseinheit
Bezirk Koblenz-Trier
1945, 5.9. - 12.12.   **Bo 414**
(1 Ro)
                                 Kob 1
                                 M 352

5797.
Koblenzer Nationalblatt
5.1.1934: Nationalblatt / Koblenz
(2.6.1930 - 2.?3.1945)
1937 - 1939, 31.3.
1940, 1.3. - 1942, 30.9.   5
(13 Ro)
1933, 1.4. - 1944, 30.6.
1945, 13.1. - 2.3. (L)   69
1939, Jan. - Juni
1940 - 1941, Juni
1944 - 1945 (E)   Kob 1
1937 - 1942, 30.9.   5

5798.
Mercure de Rhin = Rheinischer Merkur
1813, 28. u. 30.5.   **A 100**
                                 A 100

5799.
Record
UT: Die aktuelle Sportrundschau
1947, 1.12.   **MFA**
                                 Dm 11

5800.
Rhein- und Mosel-Bote
1853, 1.10. - 1855 (L)   5
(3 Ro, Beilagen mitverfilmt)   5

5801.
Rhein- und Mosel-Zeitung
["Koblenzer Zeitung"]
(5.3.1831 - 29.6.1850)
1847 - 1848, 25.6.
1849 - 1850, 20.6.   **Dm 11**
(4 Ro)   Dm 11
                                 21/32c
1847 - 1850, 29.6.   5
1847 - 1848, 25.6.
1849 - 1850, 29.6.   69
                                   385
                                   468
                                   929
1842, Nr. 91 - 1843, Nr. 90 (L)
1847, 12.3.   **B 479**

1831, 1.7. - 1843	
1847	
1849 - 1850, 29.6.	Kob 1

5802.
Rhein-Zeitung / B
12.5.1997: Rhein-Zeitung / BK
(20.4.1946 ff.)

1950 - 1973, 30.11.	
1977, 30.4. - 1978, 30.6.	**281**
(115 Ro)	
1969 ff.	**101b**
(ca. 10 Ro/Jg)	101b
1946, 20.4. - 1949	**MFA**
(3 Ro)	
1972 ff.	5
1946, 20.4. - 1951, 8.1.	385
1946, 21.10. - 14.12.	
1947, 18.1 - 3.5. (E)	
1949, 8.1. - 31.5.	GB-
1949, 1.8. - 1951, 30.9.	LO/N38
1970 - 1997, 11.5.	77
1992 - 1997	101a
	929
1981 ff.	281
1946, 20.4. ff.	Kob 1
1993 - 1995	Dm 11

5803.
Rheinisch-pfälzische Landeszeitung
22.11.1949: Rheinische Landeszeitung

1949, 16.4. - 1950, 31.3.	385
1949, 16.4. - 1950, 31.3. (L)	GB-
	LO/N38

5804.
Rheinische Warte
(1.2.1920 - 28.2.1933)

1933, 44 - 46	**B 479**
	B 479

5805.
Rheinischer Merkur <1814>
(23.1.1814 - 10.1.1816)

1814, 23.1. - 1816, 10.1.	**31**
(1 Ro, Reprint: Bern)	31

5806.
Rheinischer Merkur <1946>
Koblenz, Bonn
1.1.1980: Rheinischer Merkur, Christ und Welt
(durch Fusion beider Titel)
30.8.1991: Rheinischer Merkur
Koblenz u. Bonn
(15.3.1946 ff.)

1948 - 1979	**281**
(39 Ro)	
1947, 18.1. - 1949, 8.10.	**GB-**
1950, 7.1. - 1974 (L)	**LO/N38**
1980 - 1985	GB-
(68 Ro bis 1974)	LO/N38
1946, 24.4. - 1997 (L)	**MFA**
1976 - 1980	**Bo 414**
(6 Ro)	
1948	
1997 ff.	1w
1981 ff. (L, MPF)	4
1975 - 1992	8
1995 ff.	12
	188/211
1990 ff. (MPF)	14
1947, 18.1. - 1952	
1953, Juli - 1954	
1955, Juli - 1979	
1980 ff. (MPF)	15
1985 ff.	21
1980 ff.	25
	739
	M 352
1946, 15.3. - 1970	30
1977, Nr. 9 ff.	35
1948, Juli - 1957	
1980 ff.	43
1991, 4.1. ff. (MPF)	46
1990 - 1993	77
1992 ff.	101a
1980	
1981 - 2005 (MPF)	109
1986 ff.	115
1973 - 1998	121
1976 - 1981	188
1986 ff.	101b
1946, 15.3. ff.	352
1980 - 1998	464
1980 - 1985	
1986 - 1995 (MPF)	465
1979 - 1991, 23.8.	467
1947, Nr. 3 - 1974, Nr. 51 (L)	468
1991, 30.8. ff.	703
1980	706

1946, 24.4. ff.	Dm 11
1970 - 1998	Ilm 1
1946, 15.3. - 1960	
1985 - 1991, 23.8.	Kn 28
1946, 15.3. - 1971	Kob 1
1982 ff.	31
Beilage(n):	
Merkur art selling	
1988, 9.9. - 1990, 23.11.	31
	77

5807.
Volksstimme für Rhein, Mosel, Ahr, Lahn,
Hunsrück, Eifel und Westerwald
Koblenz, Trier
KPD Koblenz, Trier
Vlg. in Köln
1929 - 1933 (E) **B 479**
B 479

5808.
Der Westen
CDU
(13.5.1947 - 12.4.1949)
1947, 13.5. - 1949, 10.4. 69
1947, 5.8. - 1949, 12.4. (LL) GB-
LO/N38

5809.
Zwischen den Zeiten
1947, Okt. - 1948, März
1948, Mai - Juni **M 352**

KÖLLEDA

5810.
Oeffentlicher Anzeiger für Cölleda und Um-
gegend<1854>
1874, Nr. 51: Öffentlicher Anzeiger [...]
1885, Nr. 22: Cölledaer Zeitung und Oeffentlicher Anzeiger für Cölleda und Umgegend
1885, Nr. 97: Oeffentlicher Anzeiger für Cölleda und Umgegend
4.9.1890: Cölledaer Anzeiger
17.2.1927: Kölledaer Anzeiger
1854, 28.4. - 1945, 9.4.
1945, 24.7. Dm 11
Sö 4

KÖLN

5811.
Aktiv
UT: Die Wirtschaftszeitung, die jeder versteht
1972 - 2002
(versch. Ausg. verfilmt, 29 MF = **MFA**
58 DF)
Dm 11

5812.
Allgemeiner Anzeiger
26.9.1850: Allgemeiner Anzeiger für Rhein-
land-Westphalen
(1.4.1849 - 16.2.1890)
1855 - 1867 (L) 5
5
1849, 1.4. - 30.12. **Dm 11**
(1 Ro) Dm 11
21
361
188/211
Wit 2

5813.
Allgemeines Volksblatt
1845, Jan. - Sep. **Dm 11**
Dm 11
468
188/211
Wit 2
B 479

5814.
Amtliches Kreis-Blatt für die Stadt und den
Landkreis Köln
1880, 1.7. - 1882 **38**
(3 MF) 38
5

5815.
Angestellten-Magazin
1976, Mai - Dez. **Bm 3**

5816.
Arbeiterwohl
Köln, Mönchengladbach
1905: Soziale Kultur
Vlg. in Köln u. Mönchengladbach
1898 - 1903
1905 **46**
(2 Ro) 46
1881, Nr. 1 (MPF) 188

5817.
Atomzeitalter
1960 - 1966   **Dm 11**
              Dm 11

5818.
Aufwärts
Jugendzeitschrift des DGB
1948, 16.6. - 1966, 15.12. (L)
1968, 15.3.
1969, 15.1. - 15.11.   **Bo 414**
(6 Ro)

5819.
Der Beobachter im Ruhrdepartement
22.5.1800: Der Beobachter
1798, 6.11. - 1805 (L)   **5**
(8 Ro, Beilagen mitverfilmt)   **5**

5820.
Der Berggeist
1856, Juli - 1860, 28.12.   **GB-**
1866, 2.1. - 1885, 29.12.   **LO/N38**
(14 Ro)

5821.
Bohemia
1956, Nr. 57 - 1960, Nr. 93/94
1962, Nr. 5 - 7   **Dm 11**
              Dm 11

5822.
Der Bund
(Forts.: Welt der Arbeit, Köln)
Gewerkschaftsblatt der britischen Zone
(22.4.1947 - 21.12.1949)
1947, 22.4. - 1949, 21.12.   **Bo 414**
(1 Ro)
              61
              352
              188/211
              361
              6
              Bm 3
              M 352
              Dm 11
1947, 22.4. - 1949, 3.12.   **GB-**
              LO/N38

Beilage(n):
Wirtschaft und Wissen
1949   **61**
(Vlg. in Düsseldorf, 1 Ro)   **61**

5823.
CDU-Informationsdienst für die britische
Zone
1947 - 1951 (L)   **Bo 414**
              Dü 8

5824.
Cöllnische Ordinari Post Zeitung
mehrere Vorg.-Titel vor 1699, u.a. mit Angabe
des Wochentages
1638 - 1640 (E)
1642 - 1645 (E)
1648 - 1649 (E)
1652 (E) u. 1657 (E)
1661 - 1664 (E)
1666 (E) u. 1688 (E)
1699 (E) u. 1712 (E)   **46**

5825.
Cölner Vereins-Zeitung
1902 - 1903 (MPF)   **38**

5826.
The Cologne Post
28.1.1926: The Cologne Post and Wiesbaden
Times
Tageszeitung, veröffentl. v. d. Armee am
Rhein
1919, 18.6. - 1921 (L)
1923 - 1925, 13.9.
1926, 28.1. - 1929, 3.11. (L)   **5**
(10 Ro)   **5**
1919, 31.3. - 1920, 13.2.   **Bo 414**
(1 Ro)
              Bo 133
1920, 14.2. - 1929, 3.11. (L)   **Kn 194**

5827.
The Cologne Post / Oberschlesien
wchtl. als Cologne Post / Oppeln
1921, 17.6. - 6.8.   **GB-**
              LO/N38

5828.
Die Debatte
1957, Nr. 14 - 1971, Jan.   **Dm 11**
              Dm 11

5829.
Deutsche Bauern-Zeitung
1949, 13.3. - 1961, 21.12.   **8**
(7 Ro)   **8**
1959, 2.7. - 1974, 15.2.
1975, 22.1. - 1988, 20.12.   **281**
(9 Ro)

5830.
Emma
1977 - 1986 (L, MPF)   180
                                    Bo 133

5831.
Englische Rundschau
1959 - 1960 (L)   **Dm 11**
                                    Dm 11

5832.
Express
bis 1966, Nr. 21: Kölner Stadt-Anzeiger / Express
(25.5.1963 ff.)
1976 ff.   **101b**
(ca. 6 Ro/Jg)   101b
1964, 11.3. - 1966   **Dm 11**
1992 - 1997   101a
1984 - 1986, 20.5.
1987 ff.   Kn 168
1964, 11.3. - 1966
1989, 18.9. ff.   Dm 11

5833.
Extraordnari Freytags-Post-Zeitungen
1662, 7.7.
1863, 12.1. u.6.7.
1664, 25.1. u. 1.2.
1666, 25.6. u. 2.7.
1688, 2.4.   38

5834.
Die Fanfare
Hitlerjugend Ruhr-Niederrhein
1934, Aug. - 1937, März   **5**
                                    5

5835.
Flora-Garten-Anzeiger
1890 - 1893 (L)   **38**
(1 Ro)

5836.
Frauen-Zeitung
1848, 27.9.   **Dm 11**
                                    Dm 11
                                    468
1848, 27. - 28.9.   21/32c

5837.
Freie Volksblätter
29.10.1848: Freie Blätter
(Köln-) Mülheim, ab Okt. 1848 in Köln
(12.4.1848 - 7.1.1849)
1848, 12.4. - 1849, 7.1.   **MFA**
(1 Ro)   21
                                    25
                                    468
                                    188/211
                                    Bgl 1
                                    Dm 11

5838.
Freiheit, Arbeit
1849, 14.1. - 24.6. (L)   **B 479**
                                    B 479

5839.
Der Freiwirt
1931 - 1933 (L)   **46**
(1 Ro)
                                    Kn 194

5840.
Funk-Korrespondenz
ab Nr. 40, 2003 in Bonn
1953, 2.12. ff.   **MFA**
(bis 2008 56 Ro)
1953 - 1982   30
1953, 2.12. - 1976, 19.12.   467
1953, 2.12. ff.   Dm 11
1953, 2.12. ff.   F 228
1994 ff.   Kn 168

5841.
Gazette de Cologne
1793 (L)   **5**
                                    5

5842.
Der Gegen-Angriff
1932 - 1933 (L)   **46**
(1 Ro)
                                    Kn 194

5843.
Gemeinnütziges Wochenblatt des Gewerb-Vereines zu Köln
1855: Monatsschrift des Gewerbe-Vereins zu Köln
1842 - 1855   **B 479**
                                    B 479
1842 (L)   5

Beilage(n):
Verhandlungen und Mittheilun-
gen des Gewerb-Vereins zu Köln **B 479**
1836 - 1841 (L) **B 479**

5844.
General-Anzeiger für den Stadt- und Land-
kreis Köln
22.10.1888: Kölner General-Anzeiger
1884, 16.2. - 1890, 29.6. 38
Beilage(n):
Korn-Blumen
1889 - 1890 38

5845.
Geschäftsbericht des Westdeutschen Rund-
funks [...]
1924 - 1936 **Dm 11**

5846.
Gewerkschaftliche Informationen
Köln, Bielefeld, Düsseldorf
1949: Gewerkschaftliche Praxis
Köln, Bielefeld, Düsseldorf
1946, 24.10. - 1949 (L) **Bo 414**
(1 Ro)
61
706
Bm 3
M 352

5847.
Der Holzarbeiter
1909 - 1916
1918, 1926, 1927
1932 **Bo 133**

5848.
Israelitisches Gemeindeblatt
1890 - 1891 (L)
1913 - 1916
1918 - 1919 (L) **M 352**
1918 - 1919 (L) **Kn 194**

5849.
L'Italiano in Germania
1907 - 1911 **46**
46

5850.
Jüdischer Kulturbund Rhein-Ruhr
1936 - 1938 (L) **M 352**
B 1527

5851.
Jüdisches Gemeindeblatt / Köln
1937 - 1938 (L) **M 352**
B 1527
Kn 194

5852.
Katholischer Beobachter / R
Köln, Koblenz, Recklinghausen, Frankfurt/M.
5.4.1952: Echo der Zeit
Vlg. in Recklinghausen
27.9.1968: Publik
Vlg. in Frankfurt/M.
1969, 3.1. - 1971, 19.11. **8**
(6 Ro) **8**
1949, 30.8. - 1968 **MFA**
1949, 30.8. - 1971, 19.11. **Dm 11**

5853.
Der Keramarbeiter
1906 - 1908 **Bo 133**

5854.
Ketteler Wacht
1953 - 1975 **281**
(5 Ro)

5855.
Kirchenzeitung für das Erzbistum Köln
1958, 17.8. - 21.12.
1959, 4.1. - 29.3.
1961, 5.11. - 1966 **Dm 11**
Dm 11

5856.
Köln-Bergheimer Zeitung
Periodizität: 3x wchtl.
1880, Nov. - 1881, Sep.
1985, Nov. - 1899 **38**
(8 MF) 38

5857.
Köln-Bergheimer Zeitung
Periodizität: Täglich
1885, Nov. - 1887, Apr. **38**
(2 MF) 38

5858.
Kölner Arbeiterzeitung
1888, 24.6. - 1892, 30.3. 38

5859.
Kölner Frauen-Zeitung
1896 - 1897, Nr. 13: Frauen-Bund
1894 - 1931 (L) 38
1918 - 1931, Juni **Kn 194**

Beilage(n):
Heitere Blätter
1927 - 1928   **38**
Rundschau für Wäsche, Mode
und Handarbeit
1927 - 1930   **38**
Von nah und fern
1928 - 1930   **38**

5860.
Kölner freie Presse
1877 - 1878 (L)   **B 479**
    B 479

5861.
Kölner General-Anzeiger
1893, 1.4. - 1894, 5.5.
1895, 19.7. - 1898, 1.6.   **38**

5862.
Kölner Gerichts-Zeitung
1884: Werther'sche Kölner Gerichts-Zeitung
1891?: Kölner Gerichts-Zeitung und rheinische
Criminalzeitung
1884 - 1915, 17.4. (L)
1921, 12.3. - 1934, 27.1.
(Beilage Criminal-Zeitung mit-   **38**
verfilmt)
Beilage(n):
Sonnen-Strahlen
1914   **38**
Deutsches Familienblatt
1892 - 1900
1902 - 1910   **38**

5863.
Kölner Gewerkschaftszeitung
1925, Nr. 3 - 1933   **Bo 133**

5864.
Kölner jüdisches Wochenblatt
1932, Nr. 39: Jüdisches Wochenblatt / Stadtausg.
1928 - 1929
1932 - 1933   **38**

5865.
Kölner Lokal-Anzeiger
1919: Rheinische Volkswacht
Nr. 180, 1927: Kölner Lokal-Anzeiger
Nr. 270, 1932: Lokal-Anzeiger für Stadt und
Land
Nr. 53, 1934: Der neue Tag

1887 - 1936, März (L)
1936, Juli - 1938, Feb.
1838, Apr. - 1944, Juni   **38**
(210 Ro)   **38**
1918 - 1944, Juni   **Kn 194**

5866.
Kölner Nachrichten
1870 - 1892, 31.3.   **38**
(18 MF)   **38**
Beilage(n):
Sonntagsblatt
1874, Juli - 1885 (L)   **38**
(3 Ro)   **38**
Romanbibliothek
1886 - 1888   **38**
(2 Ro)   **38**

5867.
Kölner Nachrichten
1944, 1.9. - 28.12.
1945, 6.1. - 2.3.   **38**

5868.
Kölner Rosenmontags-Zeitung
später Beilage zu Kölner Stadt-Anzeiger
1927 - 1928
1935
1938 - 1939   **1w**
    1w
1991 ff.   **5**

5869.
Kölner Sonntags-Anzeiger
1877 - 1897   **38**
(6 MF)   **38**
Beilage(n):
Feuilleton-Beilage
1881 u. 1883
1891 - 1894   **38**
(1 Ro)   **38**

5870.
Kölner Stadt-Anzeiger
ab 1960: Kölner Stadt-Anzeiger / K
1949, 1.11. - 1961   **281**
(79 Ro)
1967 - 1969, 14.6.
1969, 15.12. - 1975, 4.12.
1976, 12.1. - 1979, 21.12.
1980, 24.1. - 31.12.   **Dm 11**
1949, Nov. - 1962   **Bo 414**
(86 Ro)
1963 - 1976, 31.5. (L)   **38**

1969, 1.3. - 30.4.	
1971, 1.3. - 30.4.	**MFA**
(4 Ro)	
1968 ff.	**101b**
(ca. 14 Ro/Jg)	101b
	281
1949 - 2008	Kn 41
1966 ff.	5
1995 - 2000	12
1978 - 1992	30
1948, 2.7. - 1976, 31.5.	38
1992 - 1997	101a
1949, 29.10. ff.	Dm 11
1998 ff.	Kn 168
1967 - 1997	6
1997, 1.8. - 19.9.	6
1992 - 2009, 17.7.	Kn 193
Beilage(n):	
Theaterzeitung	
1991 ff.	5

5871.
Kölner Tageblatt
(3.5.1862 - 31.1.1934)

1883 - 1934, 31.1. (L)	38
(142 MF))	38
1880, 1.7. - 1895, 30.6.	
1895, 1.10. - 1908, 30.6.	
1908, 1.9. - 31.10.	
1909, 1.7. - 1917	
1918, 2.4. - 30.9.	
1919, 1.1. - 30.9.	
1920, 1.7. - 30.9.	
1921 - 1927, 30.6.	
1929 - 1932, 1.5.	
1932, 1.7. - 1933, 28.2.	
1933, 1.5. - 1934, 31.1.	5
1918 - 1934, 31.1.	Kn 194

Beilage(n):
Blätter für Landwirtschaft, Gartenbau, Vieh- und Geflügelzucht
(1915 - 1917: Blätter für Landwirtschaft, Haus und Hof)

1888 - 1894	
1896 - 1898 (L)	38
1915 - 1917	38

Der Erzähler am Rhein

1895 - 1898 (L)	
1906 - 1917, Nr. 51 (L)	38
(9 MF)	38
	5

Flora

1889 - 1892 (L)	38
(4 MF)	38
	5

Illustriertes Unterhaltungsblatt

1887 - 1914	38
1917	38
(10 Ro)	
1887 - 1917	5

Illustrierte Weltschau

1915, 11.4. - 1918	38
(1 Ro)	38
	5

Illustrierte KT-Woche

1924, Nr. 1 - 3	
1924, 11.4. - 1926, 26.2.	38
(1 Ro)	38
	Kn 194
	5

Rheinland in Wort und Bild

1901 - 1906, 25.3.	
(2 Ro)	38
	5

5872.
Kölner Unterhaltungsblatt

1859, 6.1. - 1863	5
	5

5873.
Kölner Volksblatt

1974, Nov. - Dez.	
1975, Mai - Dez.	
1976, März - 1977, Juli	
1977, Sep. - 1980, 12.12.	
1981, Jan. - Nov.	
1982, Jan. - März, Mai - Nov.	
1983, Feb. - Mai	
1983, Juli - 1993, Juni	
1993, Aug. - 1994, Mai	
1994, Aug. - 1997, Juni	
1997, Aug. - 1999, Jan.	**MFA**
(4 Ro)	
	Dm 11

5874.
Kölner Wohnungs- und Geschäftsanzeiger

1887 - 1910	38

5875.
Kölnische Blätter
1.1.1869: Kölnische Volkszeitung
11.9.1887: Kölnische Volkszeitung und Handelsblatt
(1.4.1860 - 31.5.1941)

1920, Jan. - März	**1w**
(1 Ro)	
1860, 1.4. - 1941, 31.5.	**Bo 414**
(219 Ro)	
1860, 1.4. - 1941, 31.5. (L)	5

1860, 1.4. - 1941, 31.5.	1w
1913, 12.11. - 1920, 30.4.	GB-LO/N38
1860, 1.4. - 1940	21
1866	
1869 - 1887, 30.9.	25
1869 - 1942, 31.5.	739
1866	
1869 - 1941, 31.5.	188/211
	Bo 133
1860, 1.4. - 1891, 6.3.	
1913, Nr. 974 - 1941, 31.5.	34
1860, 1.4. - 1941, 31.5.	38
1860, 1.4. - 1866	
1869 - 1902, März	
1909 - 1941, 31.5.	46
1913, Nr. 974 - 1941, 31.5.	180
1861, 1.8. - 1941, 31.5.	Dm 11

5876.
Der Kölnische Correspondent

1833	46

5877.
Kölnische Illustrierte Zeitung

1928 (L)	
1929 u. 1931	
1932, Juli - 1933, Juni	
1935	46

5878.
Kölnische Rundschau / Deutschland-Ausg.
später: Bundesausgabe

1947 - 1948, 13.8.	GB-LO/N38

5879.
Kölnische Rundschau / K
2.1.1999: Kölnische Rundschau / RK
Ausg. Köln
(19.3.1946 ff.)

1974, 29.11. ff.	**101b**
(ca. 7 Ro/Jg)	101b
1946, 19.3. - 1980	**Dm 11**
1946, 19.3. - 1996	38
1946, 19.3. - 1951, März	6
1978 - 2009, 13.7.	Kn 193
1946, 19.3. - 1949, 8.9.	
1949, 12.10. - 1950, 30.3.	GB-LO/N38
1950, 1.11. - 1951, 30.6.	
1992 - 1997	101a
1946, 19.3. ff.	Dm 11
	Kn 168
1966 ff.	6/053

5880.
Kölnische Zeitung
auch als Ausg. B C, C B, C, West
[so ab 23.9.1801 u. 1846]
(1763 - 31.8.1809 u. 14.1.1814 - 11.3.1945)

1922, Jan. - Juni	
1942, Jan. - Apr.	**1w**
1814 - 1815	
1824, 1829, 1844	
1848 - 1860, Okt.	
1861 - 1865, Okt.	
1888, März - Dez.	
1892, Feb. - 1893	**61**
(51 Ro)	61
1803 - 1805 (L)	
1814 - 1815	
1817 - 1944, Sep.	
1944, Nov. - 1945, 31.1.	**Dm 11**
(352 Ro)	
1802, 25.9. - 1803, 22.9. (L)	
1806 (L)	**MFA**
(2 Ro)	
1803 - 1945, 31.1. (L)	1w
1869, 22.10. - 1945, 31.1.	Mar 1
1925, 15.5. - 1.8.	11
1917, 17 - 1945, 31.1.	Bo 153
1814 - 1815	
1824, 1829, 1844	
1848 - 1860, Juni	
1861 - 1865, Okt.	
1888, März - Dez.	
1892, Feb. - 1893	61
1841, 22.9. - 1850, 17.4.	Tr 18
1803 - 1805	
1814 - 1815	GB-LO/N38
1850 - 1945, 2.3.	
1803, 1.1. - 31.12. (L)	
1804, 25.9. - 1805	
1814 - 1815	
1817 - 1945, 31.1.	5
1817 - 1920	21
1803 - 1805	
1814 - 1815	
1817 - 1945, 31.1. (L)	25
1803 - 1945, 31.1. (L)	38
	705
	706
	715
	739
1803 - 1805 (L)	
1814 - 1815	
1817 - 1943	
1944 - 1945 (L)	46
1847, 18.11. - 1926, 17.3.	188/211

1802, 25.9. - 1806 (L)
1814 - 1815
1817 - 1944, Sep.
1944, Nov. - 1945, 31.1.   Dm 11
1803
1804, 25.9. - 1805
1814 - 1815
1817 - 1930, 23.12.   Bo 133
1847, 18.11. - 1850, 17.4.   Bm 3
Beilage(n):
Sonderausgabe, Lebendige Wirtschaft im neuen Staat   1w
1934   1w

5881.
Kölnische Zeitung / Wochenausgabe
1921: Kölnische Zeitung / Wochen-Ausgabe
für das Deutschtum im Auslande
1892 - 1895 (L)
1897 - 1898 (L)
1901 - 1918 (L)
1922 - 1932 (L)   5
(21 Ro)   5

5882.
Kölnischer Anzeiger
Mit Kölner Fremdenblatt
1855: Kölnischer Anzeiger und rheinische
Handelszeitung
(1840 - 1867)
1855 - 1865   5
1848 - 1849   Dm 11
(2 Ro)   Dm 11
     21/32c
     468
     188/211
     Wit 2
     Bm 3
1848 - 1849
1855 - 1865   5
1852 (E)   B 479
Beilage(n):
Kölner Anzeigeblatt für Handel
und Gewerbe   5
1865, 1.7. - 31.12.   5
Kölner Unterhaltungsblatt   5
1859 - 1863   5

5883.
Kölnischer Kurier
Hrsg.: Amerikanische Armee, ab 23.6.1945:
Britische Besatzungsbehörde
(2.4.1945 - 26.2.1946)
1945, 9.4. - 28.4.   **Pa 5**
     Pa 5

1945, 2.4. - 1946, 26.2.   **Bo 414**
(1 Ro)
     34
     B 1527
     61
     133
     Bgl 1
     Dm 11
     Kn 193
     M 352
     38
1945, 9.4. - 28.4.   466
1945, 2. - 9.4.   1w

5884.
Der Konsumverein
1913   **61**
(1 Ro)   61
1924 - 1925, Nr. 9   Bo 133
     18

5885.
Kreisblatt für Mülheim und Sieg
5.7.1849?: Kreisblatt für Mülheim, Sieg und
Landkreis Köln
1.4.1855?: Mülheim-Sieger Kreisblatt
1843 - 1845 (L)
1849, 5.7. - 1851, 29.6. (L)
1855, 1.4. - 1866 (L)   **5**
(7 Ro)   5
     Bgl 1
1859 - 1865
1867 - 1868   38

5886.
Lese-Gesellschaft
1890 - 1893 (L)   **38**
(1 Ro)

5887.
Moskau News
1988, Mai - 1993, Juni   **MFA**
(1 Ro)

5888.
Mülheimer Anzeiger
1873 - 1885 (L)   **38**
     Bgl 1

5889.
Mülheimer Volksblatt
26.7.1868: Mülheimer Kreisblatt
1860 - 1872 (L)   **38**
     Bgl 1

5890.
Mülheimer Volkszeitung
Mülheim am Rhein
1906, 2.10. - 1908
1909, 1.4. - 1916   5
(23 Ro, Beilagen mitverfilmt)
1906, 2.10. - 1919, 28.6.   Bgl 1
1908, 2.6. - 1909, 13.8.
1910, 6.7. - 1919, 28.6.   38
1906, 2.10. - 1916   5
Beilage(n):
Illustrierte Kriegschronik
1914 - 1918 (L)
(Vlg. in Berlin)   38
1914 - 1917, 151   283
1914 - 1917, 123   5
1914 - 1916, 121 (L)   5

5891.
Mülheimer Zeitung
(Köln-) Mülheim
1877 - 1935 (L)   38
(98 MF)   38
1877 - 1889, 29.6.
1890, 2.1. - 30.6.
1891, 1.7. - 1892
1893, 1.7. - 1901
1902, 1.7. - 1917, 31.5.
1917, 16.7. - 1920, 30.3.
1922, 3.6. - 1935, 31.1.   5
                                                  Bgl 1
1918 - 1935, 31.1. (L)   Kn 194
1922, 3.6. - 1923, 28.2.
1931 - 1935, 31.1.   6

5892.
Neue Illustrierte
1948   Dm 11
                                                 Dm 11

5893.
Neue Kölnische Zeitung für Bürger, Bauern
und Soldaten
(26.11.1848; 3.1. - 3.7.1849)
1848, 26.11.
1849, 3.1. - 14.6.   Dm 11
(1 Ro)   Dm 11
                                                 21/32c
                                                 188/211
                                                  468
                                                  Wit 2
                                                  Bm 3
1849, 3.1. - 14.6.   B 479
1848, 26.11.   Bo 133

5894.
Neue Rheinische Zeitung
Red.: Karl Marx
Vbg.: Köln, Bonn
(1.6.1848 - 19.5.1849)
1848, 1.6. - 27.12.   Dm 11
1848, 1.6. - 1849, 19.5.   Bo 414
(2 Ro)

(1 Ro v. Reprint d. Glashüttener   31
Ausg.)   31
                                                   35
                                                  180
                                                  468
                                                 188/211
                                                  B 479
                                                  B 724
                                                 Bo 133
                                                  Sie 8
1848, 1.6. - 27.12.   21
1848, 1.6. - 1849, 19.5.   Dm 11

5895.
Ordinari wochentliche Dinstags-
Postzeittungen
1643, 14.4. - 1666, 29.6. (E)   38

5896.
Parlamentarische Wochenschau
1952, 27.8. - 1955, Juli   5
(2 Ro)   5
1952, 27.8. - 1955, Nr. 30   B 479
                                                  B 479

5897.
Pressa Mitteilungen
1927, 23.11. - 23.12.
1928, 10.2. - 19.3.   MFA
(1 Ro)
                                                   38
                                                   46

5898.
Relationes Ordinariae
1701 (E)
1702 - 1703 (L)   46
(2 Ro)

5899.
Rheinische allgemeine Zeitung
1841 (L)   B 479

5900.
Rheinische Film-Kunst-Bühne
1919, Nov. - 1920, Apr. (L)   MFA
                                                  Kn 194

5901.
Rheinische Republik
Organ des Rheinland-Bundes, Köln/Bonn
1919, 11.9. - 1923, 13.10.   **Bo 414**
(1 Ro)
                                        52
                                    188/211
                                    Bo 133
                                    M 352

5902.
Rheinische Rundschau
Köln, Düsseldorf
1911, 21.10. - 30.12.   **61**
(1 Ro)   61

5903.
Rheinische Volkshalle
2.10.1849: Deutsche Volkshalle
(1.10.1848 - 10.7.1855)
1849, 1.4. - 30.9.   **Dm 11**
1855, 8.7.   **B 479**
1848, 1.10. - 1855, 10.7.   **Bo 414**
(9 Ro)
                                        5
                                       46
                                    188/211
                                    Bo 133
                                    Dm 11
                                    21/32c
                                    Bm 3
1848, 1.10. - 1855, 10.6.   Wit 2
1848, 1.10. - Dez. (L)
1855, 8.7.   B 479

5904.
Rheinische Volksstimme
1894, 1.10. - 1922 (L)   38
Beilage(n):
Illustrirtes Unterhaltungsblatt
1911 - 1914   38
Landwirtschaftliche Beilage
1901 - 1904   38

5905.
Rheinische Volksstimme / Sonntagsblatt
1894 - 1910   38

5906.
Rheinische Volkszeitung
Köln, Düsseldorf
1924, Mai - 1925   **61**
(1 Ro)   61

5907.
Rheinische Zeitung / H
Vlg. in Köln
1946 - 1951 (L)   **Bo 133**
                                    Bo 133

5908.
Rheinische Zeitung / Westausg.
1948, 3.1. - 29.9.   **MFA**
(1 Ro)
                                    Dm 11

5909.
Rheinische Zeitung <1892>
(2.4.1892 - 27.2.1933)
1892, 2.4. - 1933, 27.2.   **Bo 414**
(82 Ro)
                                        5
                                       61
                                      739
                                    188/211
                                    Bo 133
                                    Dm 11
                                    Bgl 1
1892, 2.4. - 1924 (L)   38
Beilage(n):
Die Arbeitende Frau
1921 - 1930 (L)   Bo 133
Die arbeitende Jugend
1921, Aug. - 1928 (L)   Bo 133
Der Arbeiter
1929 - 1931, März   Bo 133
Der Freie Tag
1931, 31.1. - 1933, Feb. (L)   Bo 133
Der Hausarzt
1930, Juli - Dez.   Bo 133
Kommunale Rundschau
1923
1926 - 1928 (L)   Bo 133
Das neue Werden
1921, 21.7. - 1931 (L)   Bo 133
1925 - 1928   61
Die Tribüne
1926, 18.12. - 1928
(UT: Aussprache zwischen Katholiken und Sozialisten)   Bo 133

5910.
Rheinische Zeitung <1946>
2.1.1952: Westdeutsche Neue Presse
UT: Rheinische Zeitung
22.2.1952: Westdeutsche Neue Presse / K
25.4.1953: Westdeutsche Presse
UT: Kölnische Nachrichten
1.1.1954: Neue Presse
UT: Neue Rhein-Zeitung / K
BA v. Neue Ruhr-Zeitung (NRZ), Essen, Düsseldorf, Köln

1950 - 1978	**281**
(191 Ro)	
1973, 21.8. - 6.10.	**Dm 11**
1946, 2.3. - 1954, 31.3. (L)	**MFA**
	Dm 11
1946, 2.3. - 1952, 1.12. (L)	GB-LO/N38

5911.
Rheinische Zeitung am Sonntag

1928, 7.10. - 1931, 25.1.	Bo 133

5912.
Rheinische Zeitung für Politik, Handel und Gewerbe
(1.1.1842 - 1843, 31.3.)

1842 - 1843, 31.3.	**Bo 414**
(2 Ro)	
	5
	Bm 3
	46
	61
	188/211
	B 724
	Bo 133
	Dm 11
	Kn 168
1842 - 1843, 31.3. (L)	B 479

5913.
Rheinischer Beobachter
(30.9.1844 - 31.3.1848)
1846

1847, 25.7.	**B 479**
	B 479
1845, 4.3. - 1848, 31.3.	**Dm 11**
(6 Ro)	Dm 11
	5
	25
	468
	Wit 2
	Bm 3
	Tr 18

1845, 4.3. - 31.12.	
1848, Jan. - März	46
	188/211
1845, 4.3. - 22.8.	1w
1848, Jan. - März	21

5914.
Rheinischer Merkur
(1878 - 29.6.?1922)
1881 - 1910, Sep.

1911 - 1922, Juni	38
Beilage(n):	
Praktischer Rathgeber für Land-	
und Hauswirtschaft	
1894, Okt./Dez.	
1895, Nr. 37 - 1914, Aug.	38

5915.
Rheinisches Pfennig-Magazin
Köln, Bonn

1835	**46**
(1 Ro)	46

5916.
Das rote Blatt der katholischen Sozialisten
Köln, Mannheim

1929 - 1930	**Bo 414**
(1 Ro)	
	61

5917.
Die rote Sturmfahne
KPD

1935, Aug.	**B 479**
	B 479

5918.
Sozialistische Republik
(5.1.1919 - 22.2.1933)
1919, 5.1. - 1920, 30.6.
1921, Jan. - Juni
1922 - 1925
1926, Juli - Dez.
1927 (L)

1928 - 1933, 22.2. (L)	**Bo 414**
(24 Ro)	
	133
	Bm 3
	Bo 133
	Bgl 1
	B 479
1920 - 1933, 22.2. (L)	38
Beilage(n):	
Die schaffende Frau	
1919/20 - 1925	**1a**
(Vlg. in Dresden)	1a

1921, Nr. 1 - 8	B 479
Mitteilungsblatt der Kommunis-	
tischen Partei Deutschlands /	
Bezirk Mittelrhein	**B 479**
1924, 16.8. - 13.9.	B 479
Der junge Rotgardist	
1924, 2 - 1926, 3.9. (L)	**B 479**
(Bezirk Mittelrhein)	B 479
Wirtschaftsbeilage	
1922, 2 - 1923, 17	**B 479**
(Bezirk Mittelrhein)	B 479
Die große Solidarität	
1926, 3 - 1928, 8	**B 479**
(Vlg. in Köln)	B 479
Der Bauer	**B 479**
1925, 2 - 6	B 479

5919.
Stadtanzeiger
26.7. - 11.8.1921: Nachrichtenblatt der Kölner
Zeitungen
Hrsg.: Kölner Tageblatt, Kölnische Volkszei-
tung, Kölnische Zeitung, Mülheimer Zeitung,
Rheinische Volkswacht, Stadt-Anzeiger zur
Kölnischen Zeitung
1923 - 1933: Stadtanzeiger für Köln und Um-
gebung
1934: Kölnische Zeitung / A
Nebenausg. v. Kölnische Zeitung

1907 - 1913, 28.10.	
1914 - 1920, 23.9.	5
1918 - 1929	
1930, 17.1. - 1944, 30.6.	Kn 194
1876 - 1922, Okt.	
1923 - 1932 (L)	
1934 - 1944 (L)	38

5920.
Der Stadtkölnische Reichskurier

1794	**46**
(2 Ro)	

5921.
Der Städtetag

1974, Nr. 12	109

5922.
Der Straßen- und Kleinbahner
Köln, Aschaffenburg
1931: Verkehrs-Rundschau

1910 - 1912 (L)	**1**
	1
1913 - 1933, 17.6. (L)	**Bo 133**
1911 - 1933, 17.6. (L)	Bo 133

5923.
Der Ventilator

1919, Nr. 1 - 6	**ACRPP**

5924.
Verfolger der Bosheit

1849 - 1850, Nr. 31 - 45	**Bo 414**
(1 Ro)	
1849, 8.12. - 1850, 16.3.	**Dm 11**
(1 Ro)	Dm 11
	21
	61
	Wit 2
1849 - 1850 (L)	46

5925.
Verkündiger im Ruhr-Departement
Okt. 1805: Verkündiger
31.5.1838?: Der Verkündiger am Rhein

1805, 31.3. - 1806	
1807 - 1808 (L)	
1838, 31.5.	**61**
(1 Ro)	61

5926.
Volksgarten

1891 - 1893 (L)	**38**
(1 Ro)	

5927.
Volksgarten-Anzeiger

1890 - 1891 (L)	**38**
(1 Ro)	

5928.
Volksstimme
(4.3.1946 - 6.6.1951 u. 5.9.1951 - 17.8.1956)

1946, 4.3. - 1947, 31.3.	
1947, 5.4. - 1950, 10.8.	
1950, 2.12. - 1951, 6.6.	
1951, 7.9. - 1952, 19.9.	
1952, 7.10. - 1956, 17.8. (L)	**MFA**
(19 Ro)	
1946, 4.3. - 1949, 1.9.	**GB-**
(5 Ro)	**LO/N38**
	GB-
	LO/N38
	Bo 133
1946, 4.3. - 1947, 31.3.	
1947, 24.7. - 1950, 10.8. (L)	
1950, 2.12. - 1952, 19.9.	
1952, 7.10. - 1953, 30.3.	Dm 11
1946, 4.3. - 1956, 17.8. (L)	38

1946, 4.3. - 1947, 31.3.
1947, 5.4. - 1950, 10.8.
1950, 2.12. - 1951, 6.6.
1951, 7.9. - 1952, 19.9.
1952, 7.10. - 1956, 17.8. (L) Kn 194

5929.
Volkswille
USPD
1921, Nr. 1 - 28.10. (L) **B 479**
B 479

5930.
Der Wächter am Rhein
1848, Juni - 24.11. (L) **Dm 11**
(1 Ro) Dm 11
21/32c
25
468
188/211
Wit 2
1848 (L) 46
1848, Juni - Dez. B 479
1948, Juni - 1949, Nr. 47 (L) Bo 133

5931.
WDR-print
1984, Sep.
1984, Nov. - 2003, Aug.
2003, Okt. - 2009 **MFA**
Dm 11

5932.
Welt der Arbeit
Wochenzeitung des DGB
Forts. v. Der Bund, Köln
(1950 - 29.12.1988)
1950, 6.1. - 1957, 20.12. **MFA**
(5 Ro, 1950 kl. L.)
1965, Juli - 1971
1975 - 1984 **B 479**
B 479
1968, 10.5. - 1969, 19.12. **Dm 11**
1958 - 1988 **Bo 414**
(30 Ro)
1950 - 1988 Dm 11
(1950 kleine L.)
1977 - 1979 294
1977 - 1978 5
1967 - 1988 Bo 133
1950, 27.1. - 1957, 20.12. GB-
(tw. versch. Ausgaben) LO/N38

1958 - 1988 M 352

1970 - 1988 384
1982 - 1988 31
1976 - 1988 700
Beilage(n):
Freie weite Welt
1951, 28.9. - 1954, 3.12. (L)
(1 Ro) **MFA**
Dm 11
1951, 28.9. - 21.12. GB-
LO/N38

5933.
Welt- und Staatsbote
später: Welt- und Staatsbote verbunden mit
dem Kölnischen Korrespondenten
1825, 24.9. - 1835, 13.11. (E) **A 100**
A 100

5934.
Werag / Westfunk
1926, 3.12. - 1941, 26.5. **MFA**
(23 Ro)
F 228
Kn 194

5935.
Der werbende Buch- und Zeitschriftenhandel
1949 - 1951
1954 u. 1962 46

5936.
Westdeutsche Bauernzeitung / A
1930 - 1933, 25.11.
1934 Ged 1

5937.
Westdeutsche Sportzeitung
1903, 26.6. - 1914 (MPF) 38

5938.
Westdeutsche Zeitung
(25.5.1849 - 21.7.1850)
1849, 25.5. - 1850, 21.7. **Dm 11**
(2 Ro) Dm 11
5
21
468
188/211
Wit 2
Beilage(n):
Rheinisches Echo
1849 - 1850 (LL) B 479
1849, 4.11. - 23.12. 5

5939.
Westdeutscher Beobachter <1925>
Dez. 1928: Die Neue Front
14.4.1929: Westdeutscher Beobachter / V
(10.5.1925 - 28.2.1945)
1925, 17.5. - 1926, 28.2. (L)
1935 - 1938, 31.10.
1938, 1.12. - 1940, 30.4.
1940, 1.7. - 1940, 30.4. (L)　　　　　　**1w**
(42 Ro)　　　　　　　　　　　　　　　　**1w**
1940 - 1942 (E)
(1 Ro, auch je 1 Nr. aus Köln-　　**MFA**
Land und Bergheim)
1925, 20.12. - 1945, 28.2. (L)　　**Bo 414**
(61 Ro)
　　　　　　　　　　　　　　　　　　　61
1941, 1.5. - 1943, 14.12. (LL)
1944, 4.1. - 27.2.
1944, 23.6. - 28.9. u. 16.12. (LL)　**GB-**
1945, 16.1. - 6.3. (LL)　　　　　　**LO/N38**
1925, 20.12. - 1926, 21.2.
1927, 3.7. - 20.11.
1928 - 1945, 28.2.
(davon ab 1.7.1933 Ausg. Köln-　　5
Stadt)
1932, 1.10. - 1944, 31.3.　　　　　**Dm 11**
1925 - 1945, 28.2.　　　　　　　　38
1940 - 1942 (E)
(auch je 1 Nr. aus Köln-Land und　6
Bergheim)
1925, 17.5. - 1926, Nr. 9 (L)　　　1
1930, 1.6. - 1945, 28.2.　　　　　188/211
1925, Nr. 3 - 1945, 28.2.　　　　**Bo 133**

5940.
Westdeutsches Abendblatt
Abendausg. v. Kölner Stadt-Anzeiger
1951, 8.5. - 31.7.　　　　　　　**MFA**
(1 Ro)
　　　　　　　　　　　　　　　　Dm 11

5941.
Der Westen
1928, Mai - Okt.　　　　　　　　61
(1 Ro)　　　　　　　　　　　　　61
　　　　　　　　　　　　　　　　46

5942.
*Wochenblatt der Landesbauernschaft Rhein-
land*
1940, 13.4.　　　　　　　　　　**GB-
LO/N38**

5943.
Zeitung des Arbeiter-Vereins zu Köln
26.10.1848: Freiheit, Brüderlichkeit, Arbeit
1848, 26.10. - 1849, Juni (L)　　**B 479**
　　　　　　　　　　　　　　　　B 479
1848, 23.4. - 21.9.　　　　　　　**Dm 11**
(1 Ro)　　　　　　　　　　　　　Dm 11
　　　　　　　　　　　　　　　　21
　　　　　　　　　　　　　　　　25
　　　　　　　　　　　　　　　　35
　　　　　　　　　　　　　　　　46
　　　　　　　　　　　　　　　　468
　　　　　　　　　　　　　　　188/211
　　　　　　　　　　　　　　　Bo 133
　　　　　　　　　　　　　　　Wit 2
　　　　　　　　　　　　　　　Bm 3

5944.
Das Zentrum
1909, Okt. - 1914, März　　　　**MFA**
(1 MF = 2 DF)
　　　　　　　　　　　　　　　Dm 11

5945.
Zoologischer Garten-Anzeiger
1890 - 1893 (L)　　　　　　　　38
(1 Ro)

KÖNIGS WUSTERHAUSEN

5946.
Dahme-Kurier
1963 - 1965 (E)　　　　　　　**Bo 174**
(1 Ro)

5947.
Der Grenzpolizist
21.9.1961: Grenzsoldat
1956 - 1961　　　　　　　　　**Bo 174**
(3 Ro)

5948.
*Intelligenzblatt des Teltower und Beeskow-
Storkower Kreises*
6.5.1924: Königs Wusterhausener Zeitung und
Intelligenzblatt des Teltower und Beeskow-
Storkower Kreises
3.1.1934?: Königs Wusterhausener Zeitung
1899
1901 - 1907
1909 - 1918
1920 - 1925, März
1925, Juli - 1935, Juni　　　　**1w**
　　　　　　　　　　　　　　1w

1935, Okt. - 1936, Juni
1936, Okt. - 1942, Aug.
1943 - 1944, 30.6.   **1w**
         1w

5949.
Märkische Volksstimme
1963 - 1990, 2.10.   **MFA**
(14 Ro, nur Kreisseiten)
         186

KÖNIGSBERG (CHOJNA, PL)

5950.
Amtliches Kreisblatt für den Königsberger Kreis
1868 - 1869 (L)
1872 (L)   **1w**
(1 Ro)   **1w**
         Dm 11

5951.
Amts-Blatt der Königl[ichen] Preuß[ischen]
Regierung von der Neumark / Amtsblatt
Königsberg (Chojna, PL), Frankfurt/O.
13.3.1816: Amts-Blatt der Königlich Preußi-
schen Regierung zu Frankfurt an der Oder /
Amtsblatt
7.12.1918: Amts-Blatt der Regierung zu
Frankfurt an der Oder / Amtsblatt
1811, 1.6. - 1943   **1**
         Dm 11

5952.
Amts-Blatt der Königl[ichen] Preuß[ischen]
Regierung von der Neumark / Öffentlicher
Anzeiger
Königsberg (Chojna, PL), Frankfurt/O.
13.3.1816?: Amts-Blatt der Königlich Preußischen Regierung zu Frankfurt an der Oder /
Öffentlicher Anzeiger
7.12.1918?: Amts-Blatt der Regierung zu
Frankfurt an der Oder / Öffentlicher Anzeiger
1811, 15.7. - 1883
1884 - 1887
1889 u. 1891
1894 - 1900
1902 - 1908
1910 - 1920
1922 - 1927 (L)
1930 - 1933
1935 - 1936
1938 - 1942   **1**
         Dm 11

5953.
Königsberger Zeitung
(1832 - 1944, Juni?)
1925, 1.1. - 31.3. u. 1.10. - 31.12.
1926, 1.7. - 30.9.
1927, 1.9. - 1928, 30.6.
1929, 1.1. - 30.8.
1930, 1.1. - 30.3. u. 1.10. - 31.12.
1931, 1.7. - 1932, 31.3.
1933, 1.1. - 30.9.
1934, 3.1. - 30.3. u. 3.10. - 30.12.
1935, 2.4. - 31.12.
1936, 1.4. - 30.6.
1936, 1.10. - 1937, 31.3.
1937, 1.7. - 1938, 30.9.
1939, 2.1. - 31.3. u. 1.7. - 30.9.
1940, 2.1. - 30.3.
1941, 1.10. - 1942, 30.4.
1944, 3.1. - 30.6.   **1w**
(18 Ro)   **1w**
         Dm 11

5954.
Der Märkische Stadt- und Land-Freund
(1.4.1833 - 1867?)
1835 - 1847
1850
1854 - 1867   **1w**
(7 Ro)   **1w**
         Dm 11
1835   **30**

KÖNIGSBERG (KALININGRAD, RUS)

5955.
[Konvolut ostdeutscher Zeitungen, haupt-
sächlich aus Königsberg]
1839 - 1935 (E)   **46**
(1 Ro)   **46**
1832 - 1935 (E)   **Gö 169**

5956.
Abhandlungen und Poesien
1771 (MPF)   **46**

5957.
Acta Borussica ecclesiastica, civilia, literaria
Königsberg u. Leipzig
1730 - 1732   **46**
         46
1710 - 1732   **Gö 169**

5958.
Amtliches Kreisblatt des Königsberger Land-
kreises
auch: Amtliches Kreisblatt des Landkreises
Königsberg
1912   **46**
(3 Ro)
1863, 9.5. - 1865, 27.12. (L)
1866, 3.3. - 19.12. (L)
1907, 1.1. - 19.12.
1912
1920 - 1929 (L)   **1w**
(10 Ro)   **1w**
                      Dm 11
1912   **Gö 169**

5959.
Amts-Blatt der Königlichen Ostpreußischen
Regierung / Amtsblatt
1817: Amts-Blatt der Königlichen Preußischen
Regierung zu Königsberg / Amtsblatt
Nr. 48 1918: Amtsblatt der Preußischen Regierung zu Königsberg / Amtsblatt
1935: Amtsblatt der Regierung zu Königsberg
/ Amtsblatt
1813 - 1814
1830   **46**
(3 Ro)
1811, 4.5. - 1940   **1**
1813 - 1814 (L)   **Gö 169**
1876 - 1888
1892 u. 1895   **Mb 50**

5960.
Amts-Blatt der Königlichen Ostpreußischen
Regierung / Öffentlicher Anzeiger
1811, 29.5. - 1886
1888 - 1892
1894 - 1897
1899 - 1906
1908 - 1909
1911 - 1919
1921 - 1926
1928, 1931, 1933
1935 - 1936
1939 - 1940   **Dm 11**
Beilage(n):
Sonderbeilage
1913 - 1916   **Dm 11**

5961.
Amts-Blatt der Königlichen Ostpreußischen
Regierung / öffentlicher Anzeiger
1817: Amts-Blatt der Königlichen Preußischen
Regierung zu Königsberg / Öffentlicher Anzeiger
Nr. 48 1918: Amtsblatt der Preußischen Regierung zu Königsberg / Öffentlicher Anzeiger
1935: Amtsblatt der Regierung zu Königsberg
/ Öffentlicher Anzeiger
1811 - 1936
1939 - 1940   **1**

5962.
Baltische Blätter
1848   **1w**
(1 Ro)   **1w**

5963.
Communal-Blatt
7.5.1878: Königsberger Allgemeine Zeitung
(1.11.1875 - 1945?)
1914, Mai
1915, März - Apr.
1916, Juli - Aug.
1917, März - Apr.
1921, Jan. - März u. Nov. - Dez.
1924, Feb. - März u. Mai u. Juli
u. Okt. - Nov.
1925, Apr. u. Juli
1926, Jan. - Feb. u. Apr. u. Juni -
Sep. u. Nov.
1927, Jan. u. Mai
1927, Juli - 1929, Okt.
1929, Dez. - 1930, Jan.
1930, Mai - Dez.
1931, Feb. u. Juni
1932, Jan. - Juni u. Sep. - Dez.
1933, Jan. - Feb. u. Sep. - Okt.
1934, Jan. - Feb. u. Nov. - Dez.
1935, Feb. - Apr. u. Okt.
1936, Jan. - Apr. u. Sep. - Okt.
1937, Jan. - Apr.
1938, Juli - Sep. u. Nov.
1939, Juli - Okt.
1940, Juli - Sep.
1941, März - Apr.
1942, Jan. - Sep.
1943, Juli - 1944, Juni   **1w**
(92 Ro)   **1w**

1877, 24.5. u. 1890, 16.3.
1914, Mai u. 1921 (L)
1925, 1.11. (Jub.-Nr.)
1929, Feb. - Apr.
1939, Okt. - 1944, Juli
1944, Okt. - Dez.   **46**
(27 Ro)
1914, 1. - 31.5.
1921, 1.1. - 31.3. u.1.11. - 31.12.
1925, 1.11. (Jub.-Nr.)
1929, 1.2. - 30.4.
1939, 1.10. - 1944, Juli
1944, Okt. - Dez.   Gö 169
1939, Okt. - 1944, Juli
1944, Okt. - Dez.   Bo 153

5964.
Deutsche Aufgaben
1919, 16.11. - 1921, 27.3.   1w
(1 Ro)   1w
    Dm 11

5965.
Dorf-Zeitung
1931, 6
1932, 5   **B 479**
    B 479

5966.
Der Einsiedler
1740 - 1741   **46**
(auch als MPF)
1757   Gö 169

5967.
Erläutertes Preußen
1724, Teil 1 - 1728, Teil 4
1742, Teil 5   Gö 169

5968.
Europäischer Mercurius
zahlreiche Titelwechsel
1848: Königl. Preuß. Staats- Kriegs- und Frie-
dens-Zeitung
1850: Königsberger Hartung'sche Zeitung
(1661 - 31.12.1933)
1816, Juli - 1817, Juni
1820 - 1822, Juni
1823, Juli - Dez.
1825 - 1826, Juni
1829, Juli - 1830
1834 - 1836
1838, Mai - 1839, Juni
1840, Jan. – Juni   1w
    1w

1841, Juli - 1847
1848, Juli - Dez.
1851, Juli - 1852
1856, Jan. - Juni
1858
1860, Juli - Dez.
1861, Juli - Dez.
1862, Apr. - Dez.
1863, Juli - Sep.
1864, Okt. - 1865, Juni
1868, Okt. - 1869, März
1869, Okt. - 1870, März
1871, Jan. - Juni
1872, Apr. - Dez.
1873, Juli - 1874, Juni
1874, Okt. - Dez.
1876 - 1879, März
1879, Juli - Dez.
1880, Apr. - Sep.
1881, Apr. - Dez.
1882, Juli - Dez.
1883, Apr. - Juni u. Okt. - Dez.
1884, Apr. - 1888, März
1888, Juli - Dez.
1889, Apr. - 1890, Juni
1890, Okt. - 1893
1896, Juli - 1897, März
1897, Juli - Dez.
1898, Juli - Sep.
1899, Apr. - Juni
1900, Jan. - März
1901, Apr. - Juni
1902, Apr. - Juni
1903, Juli - Sep.
1904, Apr. - Juni u. Okt. - Dez.
1905, Okt. - Dez.
1907, Juli - 1910
1912, Sep. - Okt.
1913, März - 1915, Aug.
1915, Nov. - 1917, Sep.
1918, Okt. - 1920, Juni
1920, Okt. - Dez.
1921, Apr. - 1922, Juni
1922, Okt. - 1925, Mai
1925, Aug. u. Okt.
1926, Jan. - Feb. u. Mai - Aug.
1926, Nov. - 1927, Feb.
1927, Juli - Aug.
1929, März - Apr. u. Nov. - Dez.
1930, Sep. - Okt.
1931, Jan. - Feb.
1932, März - Aug.
1933, März - Apr.
(264 Ro)   1w
    1w

1812 u. 1817 (L)
1820 - 1821
1822 - 1823 (L)
1825, 1826 (L), 1829 (L)
1830, 1831 (L), 1832
1834 (L)
1835 - 1836
1838 - 1842 (L)
1843 - 1845
1846 (L), 1847, 1848 (L)
1852, 1856 (L), 1858
1861 - 1865 (L)
1868 (L)
1869, 19.3.
1870 - 1874 (L)
1876 (L) u. 1877, 30.5.
1890, 16.3. u. 6.11.
1905, 9.5.
1909, 13. u. 15.10.
1912 - 1913 (L)
1914 - 1917
1918 - 1919 (L)   46
(75 Ro)
1842   B 479
                        B 479
1817 - 1868   46
1848, Juli - Dez.   188/211
1912, Okt. - 1919, Juni Bo 153
1764, 3.2. - 9.4.
1812   Dm 11
1817, 2.1. - 30.6.
1820 - 1822, 29.6.
1825 - 1826, 29.6.
1829, 2.7. - 1830
1831, 1.7. - 1832
1834, 1.7. - 30.9.
1835, 1.7. - 1836
1838, 2.7. - 1839, 29.6.
1840, 2.1. - 30.6.
1841, 1.7. - 1842, 30.6.
1843 - 1847 (L)
1848, 1.7. - 30.12.
1852
1856, 2.1. - 30.6.
1858
1861, 27.9. - 31.12.
1862, 1.4. - 31.12.
1863, 9. - 30.9.
1864, 1.10. - 1865, 30.6.
1868, 2.10. - 30.12.
1870, 1.1. - 31.3.
1871, 1.1. - 30.6.
1872, 3.4. - 31.12.   Gö 169

1873, 1.7. - 1874, 29.6.
1874, 1.10. - 31.12.
1912, 1.10. - 1918, Sep.
1919, Jan. - Juni
1921, Weihnachten
1924, Ostern   Gö 169
1842 - 1843   Tr 18
1842, Juli - 1843, Juni   32
1919, Feb. - Juni (Ausschnitte) Mb 50

5969.
Freiheit
(1.2.1919 - 30.9.1922)
1919, 2.4. - 31.12.
1921 - 1922, 30.9.   46
(4 Ro)
                        Gö 169

5970.
Friedens- und Freiheitspost
1876   B 479
                        B 479

5971.
Hartungsche Kriegszeitung
Nebenausg. v. Königsberger Hartung'sche
Zeitung
1914, 12.8. - 1918, 10.7. (L)   1w
(5 Ro)   1w
                        1
                        Dm 11

5972.
*Historisch-geographische und genealogische
Anmerkungen über die Zeitung von voriger
Woche*
1723 (L)   46
                        Gö 169

5973.
Der Jüngling
Königsberg, Mitau, Leipzig
1768, Stück 1 - 72   46
(1 Ro)
                        Gö 169

5974.
Königsberger Abend-Zeitung
1831 (L)   46
(1 Ro)

5975.
Königsberger Allgemeine Zeitung <1844>
1844, Jan. - Juni
1845, 2.1. - 30.9.   1w
(1 Ro)   1w

5976.
Königsberger Freie Presse
1877, 30.9. - 1878, 29.9. (L)   46
(1 Ro)
                                       B 479
                                       B 479
                                       Gö 169

5977.
Königsberger Intelligenz-Zettel
28.3.1834: Königsberger Intelligenzblatt
1816, 1.1. - 29.3.
1818, 1.4. - 30.6.
1818, 1.10. - 1819, 31.3.
1820, 2.10. - 31.12.
1822, 1.10. - 31.12.
1823, 1.7. - 1824, 31.3.
1825, 1.4. - 31.12.
1826, 1.7. - 1827, 30.6.
1827, 1.10. - 31.12.
1828, 1.4. - 30.6.
1829, 1.4. - 30.9.
1833, 1.1. - 30.3. u. 1.7. - 30.9.
1834, 1.4. - 30.9.
1836, 1.7. - 30.9.
1837, 1.4. - 30.12.
1839, 2.1. - 29.6.
1840, 2.1. - 30.6.
1844, 2.1. - 29.6.
1845, 1.7. - 1849   1w
(50 Ro)   1w
                                       Dm 11

5978.
Königsberger Kreisblatt
1853, 2.4. - 24.12.   1w
                                       1w
                                       Dm 11

5979.
Königsberger Literatur-Blatt
1841 - 1844 (L)   B 479
1841 - 1845, Nr. 24   30

5980.
Der Königsberger Rundfunk
1932: Königsberger u. Danziger Rundfunk
1.4.1933: Ostfunk
1924, 2.11. - 1935
1936, 28.6. - 1939, 1.7.   MFA
(24 Ro)
1924, 2.11. - 1928
1930 - 1935
1936, 28.6. - 31.12.
1939, 1.1. - 1.7.   1a
1924, 2.11. - 1928
1930 - 1935
1936, 28.6. - 1939, 1.7.   F 228
                                       101a

5981.
Königsberger Sonntags-Anzeiger
1890 - 1892 (L)   46

5982.
Königsberger Tageblatt
(22.8.1897 - 31.8.1944)
1897, 22.8. - Dez.
1898, Juli - 1910, Apr.
1910, Sep. - 1935, Apr. (L)
1935, Juli - 1936, Mai
1936, Aug. - 1943 (L)   1w
(88 Ro)   1w
1931, 1.1. - 28.2. u. 1.9. - 31.10.
1932, 1.5. - 30.6.
1934, 1.7. - 1935, 30.4.
1935, 1.7. - 31.12.
1936, 1.9. - 31.10.
1937, 1.1. - 28.2. u. 1.11. - 31.12.
1938, 1.5. - 30.6.
1940, 1.4. - 30.6.
1942, 2.1. - 30.6.
1943, 1.10. - 31.12.   Dm 11
Beilage(n):
Illustriertes Sonntagsblatt   1w
1897, Aug. - 1899   1w
Gutenbergs illustriertes Sonntags-Blatt   1w
1900   1w
1905 - 1909, Nr. 26   3
1905, Nr. 40 - 1906, Nr. 12   61
Das grüne Ostpreußen   1w
1928, März - 1938, Juni (L)   1w
Der Sonntag
1903, Juli - 1938, Juni (L)   1w
(ab 28.4.1928: Sonntag)   1w

5983.
Königsberger Unterhaltungsblätter
1835, 3.10. - 1837, 30.9. (L)   **1w**
(1 Ro)   1w
    Dm 11

5984.
Königsberger Verkehrs-Zeitung
1915, 5.10. - 1916, 3.10. (L)
1917 - 1918, 3.12.   **1w**
(1 Ro)   1w
    Dm 11

5985.
Königsberger Volkszeitung
(16.3.1901 - 27.2.1933)
1932, 1.7. - 1933, 27.2.   **46**
(3 Ro)
    Gö 169
1918, 8.11. - 31.12.
1919, 1.7. - 30.9.   Bo 133

5986.
Königsberger Wochenblatt
1831 u. 1836
1841 u. 1847   **1w**
(4 Ro)   1w
    Dm 11

5987.
Königsbergische Gelehrte und Politische Zeitung
auch: Königsbergsche Gelehrte und Politische
Zeitung
1764 - 1768
1771 - 1772   **46**
    46
1764 - 1772   Gö 169

5988.
Königsbergsches Theaterjournal
1782   **46**
(1 Ro)
    Gö 169

5989.
Die Konstitutionelle Monarchie
2.1.1851: Ostpreußische Zeitung
(1849 - 1934)
1850, Juli - Dez.
1851, 1.7. - 1853
1888, Jan. - Juni
1890, Juli - Dez.
1892, Juli - Dez.
1896, Juli - Dez.   **1w**
    1w

1897, Juli - Dez.
1898, Juli - Dez.
1922, Juli - Dez.
1924, Jan. - Juni u. Nov. - Dez.
1925, Sep. - Dez.
1926, Sep. - Dez.
1927, Mai - Juni u. Sep. - Okt.
1929, Apr. - Juni u. Okt. - Dez.
1930, Juli - Sep.
1931, Jan. - Sep.
1932, Apr. - Juni
1934, Jan. - Juni u. Sep. - Dez.
(32 Ro)   **1w**
    1w
1869, 18.6. u. 1877, 16.5.
1886, 11.7. u. 1890 (E)
1909, Jub.-Nr.
1922, Juli - Dez.
1928, 31.12.   **46**
(2 Ro)
1909, Jan. (Jub.-Nr.)
1922, 1.7. - 31.12.
1928, 31.12. (Gedenkausg.)   Gö 169

5990.
Lehrerzeitung für die Provinz Preußen
1879: Lehrer-Zeitung für die Provinzen Ost-
und Westpreußen
1888: Lehrerzeitung für Ost- und Westpreußen
1878 - 1882
1901 - 1927
1930 - 1932   B 478
    Bo 133
    Dm 11
Beilage(n):
  Erziehungsfragen
1925 (MPF)   1
    1a

5991.
Der Luftballon
UT: Eine Zeitschrift für Gebildete
1828, 2.2. - 1.3.   **1w**
(1 Ro)   1w
    Dm 11

5992.
Nachrichtenblatt
Notzeitung der Königsberger bürgerlichen
Zeitungen
1928, 31.3. - 18.4.   **1w**
    1w

5993.
Nützliche Sammlung zum näheren Verstande des Neuen in der politischen und gelehrten Welt
1735   46
(2 Ro)
             Gö 169

5994.
Ostpreußische Sonntags-Post
1939 - 1940   1w
(1 Ro, Beilagen mitverfilmt)   1w
             Dm 11

5995.
Preußische Merckwürdigkeiten
1741 - 1742   46
(8 Ro)
             Gö 169

5996.
Preußische Ostsee-Blaetter
1832, 2.1. - 30.6.   46
(1 Ro)

5997.
Preussische Provinzial-Blätter
1829 - 1830   46
(4 Ro)
             Gö 169

5998.
Der Preußische Sammler
1773 (L)   46
(2 Ro)
             Gö 169

5999.
Preußische Zehenden allerhand geistlicher Gaben
1740 - 1744   46
(3 Ro)
1740 - 1742
1744   Gö 169

6000.
Preußische Zeitung
(1.1.1931 - 1945?)
1936, März - 30.6.
1937, Mai - Juni
1938, Juli u. Sep. - Okt.
1938, Dez. - 1939, Apr.
1939, Sep. - Dez.
1940, Mai - Juni
1940, Sep. - 1941, Apr.
1941, Juli - 1944, März
(23 Ro)   1w
             1w
1935, 9.6. u. 1939
1943, 21., 27., 30.12.
1944, 10.2.   46
(4 Ro)
1931, 1.1. - 31.3.
1932, 2.1. - 10.2.
1932, 3.10. - 1933, 31.3.
1933, 1.7. - 30.9.   MFA
(6 Ro)
1939   Gö 169
1931 - 1932, 10.2.
1932, 3.10. - 1933, 31.3.
1933, 1.7. - 30.9.
1934, 1.4. - 30.9.
1935, 1.10. - 31.12.
1937, 1.7. - 30.9.
1939, 1.1. - 31.3. u. 1.7. - 30.9. 1811-
1940, 2.1. - 30.6.   BU
1931 - 1933 (L)
1935 (E) u. 1939
1943 - 1944 (E)   46

6001.
Preußischer Volksfreund
1849, 20.10. u. 1853, 23.7.
1875 - 1876
1877, Jan. - Juni
1878 - 1879
1880, Juli - Dez.
1882 - 1888   46
(4 Ro)
1851, Apr. - 1862 (L)
1864 - 1865
1875 - 1877, 30.6.
1878 - 1879
1880, 2.7. - 31.12.
1882 - 1891 (L)
1896 - 1900 (L)
1912 - 1920
1924, 6.1. - 24.2.   1w
(13 Ro)   1w
             Dm 11

1875 - 1877, Juni
1878 - 1879
1880, Juli - Dez.
1882 - 1888   Gö 169
(1887 fehlen 2 Nrn.)

6002.
Preußisches Archiv
1790, März
1791 - 1798   46
(8 Ro)   46
1791 - 1798   Gö 169
                               19

6003.
Die rote Fahne des Ostens
1922: Echo des Ostens
1920 - 1921 (E)
1932 - 1933, 20.2. (E)   B 479
                               B 479

6004.
Roter Organisator
KPD Ostpreußen
1924, 1 - 1925, 12 (L)   B 479
                               B 479

6005.
Sonntags-Blatt des Königsberger Krieger-
Vereins
1891   1w
(1 Ro)   1w
                               Dm 11

6006.
Theologische Bibliothec [...]
1740, Stück 1 - 10   46
                               Gö 169

6007.
Unterhaltungsblätter
(3.10.1835 - 30.9.1837)
1835, 3.10. - 1837, 30.9. (L) 1w
                               1w
                               Dm 11

6008.
Wöchentliche Königsbergische Frag- und
Anzeigungsnachrichten
1734, 10.7.
1740, 16. u. 23.4.
1765   46
(2 Ro)

1734, 10.7.
1740, 16.4. (nur Anhang) u. 23.4.
1744, 11.7.
1765   Gö 169

6009.
Der Zauberer
1832, 24.3. - 30.6.   1w
(1 Ro)   1w
                               Dm 11

6010.
Zeitung für Preußen
(1.10.1845 - 31.3.1848)
1845, 1.10. - 1846, 30.6.
1847, 26.2.
1847, Juli - 1848, 31.3.   46
(4 Ro)
1845, 1.10. - 31.12.
1846, 1.7. - 31.12.   1w
(1 Ro)
                               Dm 11
1847, Juli - 1848, März   188/211
1845, 1.10. - 1846, 30.6.
1847, 1.7. - 1848, 31.3.   Gö 169

KÖNIGSBRÜCK

6011.
Königsbrücker Zeitung
1898, 25.9. - 1922, 30.9.   14
(16 Ro)   14
                               Kön 2

6012.
Westlausitzer Zeitung
31.5.1941: Neue Heide-Zeitung
1882, 4.3. - 1887 (L)
1889 - 1944, 30.6. (L)   14
(61 Ro)   14
                               Kön 2

KÖNIGSHÜTTE (CHORZÓW, PL)

6013.
Der Oberschlesische Kurier
(22.10.1908 - 1945?)
1925, Juli - 1938
1939, 1.1. - 15.8.
1939, 1.10. - 1943, März   212
(48 Ro)

1926, 11.3. - 31.7.		
1928, 1.1. - 29.6.		
1933, 2.1. - 30.6.		1w
		1w
		Dm 11
19.1925,170 - 37.1943,89 (L)		Mb 50

KÖNIGSWINTER

6014.
Echo des Siebengebirges
1873, 1.10. - 1875, 11.12.
1877 - 1878
1882, 4.1. - 1884, 17.12.
1885 - 1941, 31.5.   Kow 1

6015.
Königswinterer Zeitung
1902 - 1905   Kow 1

6016.
Soziale Ordnung
Christlich-Demokratische Blätter der Arbeit
(15.1.1947 ff.)
1951, Mai - 1968   **Bo 414**
(2 Ro)

KÖRLE

6017.
Fulda-Eder-Bote
1933, 1.2. - 31.5. (L)   4
(1 Ro)   4
                                    34

KÖRLIN (KARLINO, PL)

6018.
Evangelisches Gemeindeblatt Körlin
Vlg.: Kolberger Tageblatt
1927/28 - 1936, Okt.
1935, Dez. - 1940, Apr.
1940, Juni - 1941, März   9
                                     9

6019.
Körliner Zeitung
1892 - 1893   9
                                     9

KÖSLIN (KOSZALIN, PL)

6020.
Allgemeines pommersches Volksblatt
6.9.1851: Cösliner Intelligenzblatt
1826 - 1828
1832 - 1835
1840
1843 - 1844
1851, 6.9.- 31.12.   1w
                                     1w
                                     Dm 11
1827 - 1828
1832 - 1833
1835, 1840   9

6021.
Amts-Blatt der Königlichen Regierung zu Cöslin / Amtsblatt
10.12.1891: Amts-Blatt der Königlichen Regierung zu Cöslin / Amtsblatt
5.4.1919: Amts-Blatt der Preußischen Regierung zu Cöslin / Amtsblatt
1816, 3.8. - 1943   1
                                     Dm 11

6022.
Amts-Blatt der Königlichen Regierung zu Cöslin / Öffentlicher Anzeiger
10.12.1891?: Amts-Blatt der Königlichen Regierung zu Cöslin / Öffentlicher Anzeiger
5.4.1919?: Amts-Blatt der Preußischen Regierung zu Cöslin / Öffentlicher Anzeiger
1816, 15.8. - 1967
1968, 30.1. - 1887
1898
1900 - 1909
1912, 4.1.
1918 - 1919
1922 - 1933
1938 u. 1940   1
                                     Dm 11

6023.
Fürstenthumer Zeitung
auch: Fürstentumer Zeitung
1.1.1919: Cösliner Volksblatt
1.1.1921: Fürstenthumer Zeitung
1907, Jan. - März
1909, Juli - 1910, Juni
1912, Juli - Dez.
1915, Jan. - Juni
1916, Jan. - Juni
1917, Juli - Dez.
1919   1w
                                     1w

1907, 3.1. - 31.3.
1909, 1.7. - 1910, 30.6.
1915, 1.1. - 30.6.
1916, 1.1. - 30.6.
1917, 1.7. - 30.12.
1919   Dm 11
1905 - 1906, Juni
1906, Aug. - Dez. (L)
1908, Juli - Dez.
1913, Juli - Dez. (L)
1915, Nr. 151 - Dez.   9

6024.
General-Anzeiger für Cöslin und Umgebung
auch: Generalanzeiger für Köslin und Umgegend
Ortsumbenennung in den 1920er Jahren zu
Köslin
(1877 - 31.10.1903)
1890 (L)
1893, 1.1. - 30.6. (L)
1894, 3.1. - 30.6. (L)
1895, 2.7. - 31.12.   **1w**
                                          1w
                                         Dm 11
1889
1892 - 1894
1899, 1901 (L)   9

6025.
Grenzbote
1927
1932, Jan. - 30.6.   **Bo 133**
                                         Bo 133
                                             9

6026.
Kösliner Kreisblatt
1889 (L), 1903, 1911
1915 - 1918 (L)
1920 - 1922, 4.4.
1926 (L)   **1w**
(5 Ro)   1w
                                         Dm 11
1855 - 1876, Juni
1877 - 1888
1890 - 1902
1904 - 1910
1922, Nr. 30 - Juni
1923, 1925
1927 - 1932
1935   9

6027.
Kreisblatt des Fürstenthums Camin
auch: Cammin, später: Kammin
Vlg. in Cöslin/Köslin
1855, 3.11. - 1872 (L)   **1w**
(6 Ro)   1w
                                         Dm 11
                                             9

6028.
Volks-Zeitung für Hinterpommern
1924?: Der Hinterpommer
1919 - 1921 (L)
1926
1930, Nr. 1 - 30.6.   **Bo 133**
                                         Bo 133
                                             9

6029.
Zeitung des Cösliner Regierungsbezirkes
1865: Cösliner Zeitung
später: Kösliner Zeitung
1864 - 1867 (L)
1869 - 1870 (L)
1904, 1.7. - 31.12.
1910 u. 1914
1919
1926, Jan. - Juni
1928, 2.7. - 29.9.
1929, 2.1. - 29.6.
1930, 1.7. - 1931, 30.6.
1931, 1.10. - 31.12.   **1w**
(15 Ro, Beilagen mitverfilmt)   1w
                                         Dm 11

BAD KÖSTRITZ

6030.
Elsterthalbote
1880, 3.7. - 1936, Sep.   Ga 21

KÖTHEN

6031.
Der Bagger
Kranbau
1966, Jan. - Aug. (L)
1967 - 1976, Okt. (L)
1977 - 1978, Nov. (L)
1979, Jan. - 10.9. (L)   3
(4 Ro)   3
                                         Dm 11

6032.
Chemiker-Zeitung
1880, 15.7. - 1909   **GB-**
1916, 26.8. - 1919, 14.6.   **LO/N38**
(56 Ro)   **GB-**
                                               LO/N38

6033.
Cöthensche Zeitung
Beilage(n):
Cöthensches Wochenblatt
1892, Nr. 5   Dm 11

6034.
Gemeinnütziges Anhaltisches Wochenblatt
1784 - 1786   **46**
(1 Ro)   46

6035.
Köthener Rundblick
1963, 22.8. - 1964, 18.3.   **Bo 174**
(1 Ro)

KÖTZTING

6036.
Kötztinger Umschau
BA v. Mittelbayerische Zeitung, Regensburg
1956, Mai - 1973, Juli   **101b**
1952, Apr. ff.   101b

KOLBERG (KOŁOBRZEG, PL)

6037.
Colberger Volks-Zeitung
1905: Kolberger Volks-Zeitung
2.1.1925: Kolberger Tageblatt
1888, 1.1.
1890 - 1891
1895 - 1896
1901, 14.3. - 12.12.
1905, 1911
1915 - 1922, 31.3.
1925 - 1927 (L)
1930 - 1931
1933, Okt. - Dez.   **9**
                                               9

6038.
Colberger Wochenblatt
7.1.1826: Gemeinnütziges Colberger Wochenblatt
1826: Colberger Wochenblatt
auch: Kolberger Wochenblatt
1.3.1903: Colberger Zeitung
1.7.1933: Kolberger Zeitung
1832
1939, Mai - Dez.
1940, Mai - Aug.
1941, Mai - Aug.
1942 (L)
1943, Apr. - Dez.   **1w**
(9 Ro)   1w
1903, März - Dez.
1905, 11.1. - 29.11.
1907, 26.1. - 21.12.
1908
1909. Apr. - Dez.
1912, Okt. - Dez.
1913, 8.11. - 1914, Juni
1915 - 1921
1923
1924, 17.3. - 30.6.
1927 u. 1929
1930, Okt. - Dez.
1932, Jan. - Juni   **9**
                                               9

6039.
*Evangelisches Gemeindeblatt der Standort-
gemeine Kolberg*
1933: Der Standort
1931, Nov. - 1933, März   **9**
                                               9

6040.
*Evangelisches Gemeindeblatt Kolberg Ma-
riendom*
1920 - 1941, März   **9**
                                               9

6041.
*Evangelisches Gemeindeblatt Kolberg St.
Georg*
1920 - 1937
1939 - 1941, März   **9**
                                               9

6042.
*Evangelisches Gemeindeblatt Kolberg St.
Nikolai*
Vlg. in Belgard
1920 - 1941, März   **9**
                                               9

6043.
Kolberg-Körliner Kreisblatt
Kolberg (KoŁobrzeg, PL), Körlin (Karlino, PL)
1888 - 1932, März
1935   9
                                            9

6044.
Kolberger Badeblatt
4.6.1938: Kolberger Bade-Anzeiger
1906 - 1907 (L)
1916 - 1917 (L)
1921 - 1925, 1.10.
1926, 7.5. - 1932, 16.9. (L)
1938, 4.6. - 1939, 26.8.   9
                                            9

6045.
Kolberger Zeitung <1858>
1868 - 1872
1875 - 1876
1877, 22.7. - 1878, 19.4.
1882, 6.1. - 2.9.
1884, 8.1. - 26.6.
1895   9
                                            9

6046.
Die RGO-Stimme
1932, 1   B 479
                                            B 479

6047.
Zeitung für Pommern
1868, Jan. - Sep.
1889, März - 1890, 23.12.
1896, 9.7. - 4.12.
1897 - 1898
1901, 2.1. - 14.12.
1903, Jan. - Feb.   9
                                            9

KOLMAR I. POSEN (CHODZIEZ, PL)

6048.
Kolmarer Kreis-Blatt
1.7.1900: Kolmarer Kreiszeitung
1885 - 1888 (L)
1891 - 1894 (L)
1897 - 1900, 30.6. (L)
1901 - 1902 (L)
1905 - 1907 (L)
1911 u. 1913
1916 - 1918 (L)   1w
(9 Ro)   1w

                                            Dm 11

KOMOTAU (CHOMUTOV, CZ)

6049.
Deutsches Volksblatt
1922, 7.9. - 1938   212
(35 Ro)   212

KONITZ (CHOJNICE, PL)

6050.
Konitzer Nachrichten
Nachrichtenblatt für Pommerellen
1922, 21.3. - 6.12.   212
(1 Ro)

6051.
Konitzer Tagblatt
1924, 23.10. - 1936
1937, 10.2. - 1939, 27.8.   212
(14 Ro)

6052.
Kreisblatt des Königl. Preussischen
Landraths-Amtes zu Conitz
späterer Ortsname: Konitz
Vbg.: Konitz, Marienwerder
(1.7.1834 - 18.12.1918)
1845 - 1847
1911 (L)   1w
(1 Ro)   1w
                                            Dm 11

KONSTANZ

6053.
Bodensee-Rundschau / A
1942, Sep. - 1944, 5.9.   31

899

6054.
Bodensee-Rundschau / B
1942, Sep. - 1944, 30.12. (L)   31
                                        Sig 4

6055.
Bodensee-Rundschau / C
1942, Sep. - 1944, 5.9.   31
1933, 1.4. - 1935, 16.1.
1935, 16.2. - 1945, 26.4. (L)   Kon 2

6056.
Bodensee-Rundschau / Stadtausg.
(1.4.1932 - 26.4.1945)
1942, Sep. - 1944, Nov. (L)   31
1941, 2.12. - 1945, 18.4. (LL)   GB-
                                        LO/N38

6057.
Deutsche Volkshalle
1839, 1.9. - 1841, 30.3.   **25**
                                  25

6058.
Großherzoglich Badisches Anzeige-Blatt für den Seekreis
1821 - 1825   **31**
(2 Ro)   **31**

6059.
Konstanzer Abendzeitung
24.8.1908: Neue Konstanzer Abendzeitung
(1888 - 1914)
1896 - 1914, 5.8.   Kon 2

6060.
Konstanzer Nachrichten
1.4.1923: Deutsche Bodensee-Zeitung
1887 - 1940   Kon 2
Beilage(n):
Die Herberge
1949, 21.10. - 1950, 24.2.
(Vlg. in Freiburg)   25

6061.
Konstanzer Tagblatt
1873 - 1875
1877 - 1885
1886, Juli - 1887   Kon 2

6062.
Konstanzer Volksblatt
1920 - 1933, 17.3. (L)   Bo 133
1920 - 1933, März   Kon 2
Beilage(n):
Die Feierstunde
1926 - 1933, Nr. 10
(Vlg. in Singen)   Bo 133
Die Genossin
1920 - 1925 (L)
(Vlg. in Singen)   Bo 133

6063.
Konstanzer Wochenblatt
1832 - 1833   Kon 2

6064.
Nouvelles de France / Deutsche Ausg.
1947 - 1948, 31.10.   **Dm 11**
                            Dm 11
                            Kon 2

6065.
Nouvelles de France / Französische Ausg.
1945, 26.9. - 1946, 31.8.   **Dm 11**
1947 - 1948, 18.10.   Dm 11
                            Kon 2

6066.
Nouvelles de France / Saarausg. u. Westausg.
1948, 1.7. - 31.10.   **Dm 11**
                            Dm 11
                            Kon 2

6067.
Schwarzwälder Post / Bodenseepost
HA in Oberndorf
30.9.1950: Schwarzwälder Bote / B 3
HA in Oberndorf
Ausg. f. Konstanz, Singen u. Oberschwaben
1949, 24.10. - 1960
1973, 2.7. - 1979   **24**
(69 Ro)   **24**

6068.
Seeblätter
1842   **31**
(1 Ro)   **31**
1848, Nr. 81 - 298 (L)   **B 479**
1837 - 1849 (L)   Kon 2

6069.
Südkurier / Konstanz
(8.9.1945 ff.)
1945, 8.9. - 1975	31
1968 ff.	101b
(ca. 8 Ro/Jg)	
1946, 25.1. - 1947, 13.6. (L)	
1948, 5.1. - 21.12. (L)	MFA
(1 Ro)	
	Dm 11
1945, 8.9. - 1946, 4.6. (L)	
1946, 11.10. - 1947, 28.1. (L)	
1947, 7.3. - 1948, 23.1. (L)	
1949, 8.1. - 1951, 31.5.	GB-
1951, 1.8. - 29.9.	LO/N38
1980 ff.	25
1945, 8.9. ff.	31
	101b
	352
1945, 8.9. - 1950	48
1992 - 1997	101a
1945, 8.9. ff.	Kon 2

6070.
Südwestdeutsche Volkszeitung für christliche Politik und Kultur / KL
Ausg. KL = Konstanz-Land
HA in Freiburg, Br.
1947, 8.3. - 1949, 31.10.	31
	31

6071.
Südwestdeutsche Volkszeitung für christliche Politik und Kultur / KS
Ausg. KS = Stadtausgabe
HA in Freiburg, Br.
1947, 8.3. - 1949, 31.10. (L)	31
	31
1946, 24.8. - 1949, 31.10.	Kon 2

6072.
Tagesherold
1847 - 1848, 10.9.	Kon 2

6073.
Unser Wille
1947, Nr. 7	M 352

6074.
Der Volksfreund
1810: Konstanzisches Intelligenzblatt
2.7.1821: Konstanzer politische Zeitung
2.1.1829: Konstanzer Zeitung
(22.2.1793 - 4.10.1799 u. 18.8.1800 - 31.1.1936)
1848 - 1849	Dm 11
(2 Ro)	Dm 11
	21
	468
	188/211
1795 u. 1809	46
1791 - 1804	
1809	
1811, 1815, 1817	
1821 - 1936, 31.1.	Kon 2
1918 - 1919, 31.7.	GB-
	LO/N38

6075.
Volkszeitung
1948 - 1949, 31.10.	Kon 2

6076.
West-Echo
1948, 3.11. - 1949, 30.6.	Dm 11
	Dm 11

KOPENHAGEN (DK)

6077.
[Konvolut wöchentlicher Zeitungen des 17., 18. u. 19. Jhdts]
Einzelnummern	46

6078.
Antifa-Jungfront
1933, 20.4. - 11.5.	B 479
	B 479
	715

6079.
Antifaschistische Front
Kopenhagen (DK), Paris (F)
Le Front Antifasciste
Forts.: Weltfront gegen imperialistischen Krieg [...], Paris
Kopenhagen/Paris
(12.3. - 14.9.1933)
1933, 12.3. - 14.9.	Dm 11
(1 Ro)	
	715
	739
	M 352

6080.
Dansk Pennig Magazin
1834, Aug. - 1838, Juli | **46**
(1 Ro) | 46

6081.
Denkwürdigkeiten der französischen Revolution [...]
1794 - 1795
1797, 1801, 1803 | **46**
(3 Ro) | 46

6082.
Deutsche Nachrichten
Antifaschistisch
Juli 1945: Wochenzeitung für deutsche Flüchtlinge aus den Ostgebieten in Dänemark
(Aug. 1943 - 15.11.1948)
1943, Aug. - 1948, 15.11. (L) | **Dm 11**
(1 Ro)
1943, Aug. - 1948, 15.11. | 6
 | 19
1944, 1.2. - 1948, 15.11. | 8
1943, Aug. - 1948, Nr. 45 | 18
1943, Aug. - 30.11.
1944 - 1948, 15.11. | 188/211
1943, Aug. - 1945, 15.11.(L) | B 479
 | M 352
1945, 24.6. - 1948, 15.11. | 38
Beilage(n):
Kirche und Volk
1946 - 1948 (L, MPF) | 30

6083.
Gespräche zweyer Müßiggänger
1771 (MPF) | 46

6084.
Kopenhagener Illustrierte
1940, 7.7. - 29.12.
1941, 6.7. - 1942, 27.12. | **1**
 | 1
 | Dm 11

6085.
Kopenhagener Soldatenzeitschrift
1940, 7.7. - 29.12.
1941, 6.7. - 1942 | **1w**
 | 1w
 | Dm 11

6086.
Kopenhagischer Post-Reuter
1703 - 1704 (E)
1713 (E)
1715 - 1716 (L)
1719 (E), 1720 (L)
1721 - 1723 (E)
1729 - 1730 (E) | 46

6087.
Norddeutsche Tribüne
1936, Dez. - 1939, Jan. | **B 479**
 | B 479

6088.
Ordinaire Post-Zeitung
1673, Jan. - Sep. | **46**

6089.
Der unterhaltende Arzt über Gesundheitspflege [...]
1785 - 1786
1789 | **46**
(1 Ro) | 46

KORBACH

6090.
Corbacher Zeitung
Korbach, Arolsen
1.12.1910: Waldeckische Landeszeitung
Korbach u. Arolsen
1976 ff. | **101b**
(ca. 7 Ro/Jg) | 101b
1887, 10.5. - 1945, 29.3. | **4**
(76 Ro, Beilage mitverfilmt) | 4
 | 34
 | Dm 11
1992 - 1997 | 101a
Beilage(n):
Mein Waldeck | **4**
1924 - 1941 (L) | 4
 | 34
 | Dm 11

6091.
Waldecker Kurier
1950, 2.1. - 31.5. | **MFA**
(1 Ro)
1948, 9.6. - 1949 | **Dm 11**
(3 Ro)
1948, 9.6. - 1950, 31.5. | Dm 11
 | 34
 | 4
1950, 2.1. - 31.5. | Kor 1

KORNWESTHEIM

6092.
Kornwestheimer Zeitung
1909, 2.1. - 1943, 31.3.   24
(18 Ro)   24

6093.
Stuttgarter Zeitung / LU / Kornwestheim
2008 ff.   24
                                            24
Beilage(n):
Kornwestheim und Kreis Lud-
wigsburg   24
2008 ff.   24

KOSCHMIN (KOŻMIN, PL)

6094.
Amtliches Kreisblatt für den Kreis Koschmin
auch als Beilage zu: Koschminer Zeitung und
Anzeiger für die Städte Borek und Pogorzela
Ortsumbennennung 1943 in Horleburg
1909, 3.7. - 25.12.
1916, 1.4. - 1918 (L)   1w
(1 Ro)   1w
                                            Dm 11

6095.
*Amtliches Kreisblatt und Anzeiger für den
Kreis und die Stadt Koschmin*
26.6.1909: Koschminer Zeitung und Anzeiger
für die Städte Borek und Pogorzela
Ortsumbenennung 1943 in Horleburg
1905 (L)
1909 - 1911
1914   1w
(3 Ro)   1w
                                            Dm 11

KRAINBURG (KRANJ, SLO)

6096.
Karawanken-Bote
1941, 15.11. - 1943   212
(2 Ro)

KRAKAU (KRAKÓW, PL)

6097.
Die Burg
1941, Nr. 3 - 1944, Nr. 2   **M 352**

6098.
Krakauer Zeitung
(nachgew. 3.1941 - 7.1945, 19.1.)
1941, Jan. - Sep.
1941, Nov. - 1943, Okt.
1944, Jan. - März (L)   **212**
(7 Ro)
1941, März   **GB-**
1942, Apr. - 1945, Jan. (L)   **LO/N38**
(13 Ro)
1939, 12.11. - 1940, 10.12.
1941, 2.9. - 31.10.
1944 - 1945, 16.1.   **MFA**
(9 Ro)
                                            Dm 11
1943 (LL)   30
1941 - 1944, 80 (L)   Mb 50

6099.
*Verordnungsblatt des Generalgouverneurs
für die Besetzten Polnischen Gebiete*
1940 (L)   **M 352**
                                            B 1527

6100.
*Verordnungsblatt für das Generalgouverne-
ment*
1941 - 1942 (L)   **M 352**
                                            B 1527

KREFELD

6101.
Arbeiter-Tribüne
1924, Nr. 5   **B 479**
                                           B 479

6102.
Christlicher Textilarbeiter
Krefeld, Düsseldorf
1906: Textilarbeiterzeitung für die Interessen
der Textilarbeiter und -Arbeiterinnen aller
Branchen
1914: Textilarbeiter-Zeitung
Vlg. ab 1906 in Düsseldorf
1901, 28.9. - 1933, 8.7.   **Bo 414**
(7 Ro)
                                            61
                                            188/211
                                            Bm 3
                                            Bo 133
1915 - 1933, 8.7.   21

6103.
Christliches Gewerkschaftsblatt
Krefeld, Berlin
1905: Zentralblatt der christlichen Gewerk-
schaften Deutschlands
Vlg. anfangs in Krefeld
Gesamtverband in Berlin
1922 - 1924	**1**
	1
1901, 15.4. - 1933, 15.4.	**Bo 414**
	Dm 11
1905 - 1933, 15.5.	35
	61
	46
	Bm 3
1903 - 1904 (L)	
1905 - 1933, 15.5.	Bo 133
1909 - 1910	38
1905	
1907 - 1933, 15.5.	188/211

Beilage(n):
Betrieb und Wirtschaft
1920 - 1922	
1925 - 1928	Bo 133

6104.
Crefelder Wochenblatt
1807 - 1810	
1817 - 1822	Kr 7

6105.
Deutsche Turnzeitung für Frauen
1899 - 1902	**Bo 414**
(1 Ro)	
1908	**61**
(1 Ro)	
1899 - 1902, 1908	61
1899 - 1902	Kn 41

6106.
Freiheit
HA in Düsseldorf
1946, 1.3. - 1948	Kr 7

6107.
General-Anzeiger
1900 - 1907, 30.9.	
1908 - 1933	Kr 7

6108.
*Intelligenzblatt für den Bezirk von Crefeld
und die umliegende Gegend*
auch: Intelligenzblatt für Crefeld und die umliegende Gegend
1.7.1841: Crefelder Kreis- und Intelligenzblatt
ab 1850 als Beilage v. Crefelder Zeitung
(2.10.1800 - 28.12.1856)
1827, 18.4.	**A 100**
	A 100
1822	
1824 - 1828	
1831 - 1835	
1837 - 1838	
1842 - 1845	Kr 7

6109.
Iris
1799	Kr 7

6110.
Krefelder Anzeiger
1858, Jan. - Juni	
1859, Jan. - Juni	**1w**
	1w
1861	Kr 7

6111.
Krefelder Zeitung
BA v. Westdeutsche Zeitung (WZ), Düsseldorf
1977 ff.	**101b**
(ca. 8 Ro/Jg)	101b
1992 - 1997	101a

6112.
*Mitteilungen des Gesamtverbandes der christ-
lichen Gewerkschaften Deutschlands*
1901, Apr. - 1904	35
	46
	188/211
	Bo 133
1901 - 1933, 15.5.	61

6113.
Neue Crefelder Volksblätter
/.../
1.1.1872: Niederrheinische Volkszeitung
(1.2.1849 - 31.5.1941)
1849, 1.2. - Dez.	
1876	
1877, 7.4. - 1888	
1896 - 1902	
1904, 1.10. - 1905	
1906, 24.2. - 1929	Kr 7

6114.
Neue Rheinische Zeitung
Krefeld, Kempen
Ausg. Krefeld / Kempen
HA in Düsseldorf
1945, 18.7. - 1946, 20.2.   Kr 7

6115.
Niederrheinische Volkstribüne
1.6.1926?: Freie Presse
1914, 1.7. - 1915, 31.3.
1916, 1.4. - 30.4.
1917, 2.1. - 31.3.
1918, 2.7. - 30.9.
1921, 2.4. - 30.9.
1922
1923, 1.4. - 1924, 19.2.
1926, 1.7. - 30.9.
1927, 3.1. - 30.9.
1928 - 1929, 29.6.
1930, 3.1. - 29.3.
1932, 1.4. - 30.6.
1933, 3.1. - 18.2.   Kr 7

6116.
Rhein-Ruhr-Zeitung
HA in Essen
1946, 14.5. - 1949, 29.7.   Kr 7

6117.
Rheinische Post
HA in Düsseldorf
1946, 2.3. - 1962
1991, 2.1. - 29.6.   Kr 7
(ab 1960 nur Lokalteil)

6118.
Rheinischer Verfassungsfreund
1.10.1848: Crefelder Zeitung
(Mai 1848 - 1932)
1848, 20.5. - 1849, 17.3.   Dm 11
                                   Dm 11
1848, 20.5. - 1850
1857, Jan. - Sep.
1860 - 1864, Juni
1865 - 1866, 23.12.
1867, 1.7. - 1869
1870, 1.7. - 1875
1877, 2.7. - 1879
1880, 6.1. - 24.12.
1881 - 1921, 30.9.
1922 - 1932   Kr 7

6119.
Rheinisches Sonntagsblatt
1877, 23.9. - 1879, 30.3.   Kr 7

6120.
Der Vorkämpfer gegen politische und wirtschaftliche Unterdrückung
1929 - 1933   1
1929/30 - 1933, Nr. 1   Dm 11

6121.
Welt ohne Krieg
Krefeld, Würzburg
ab Jg. 2, Nr. 4 in Würzburg
1959 - 1966   Dm 11
1952 - 1967   Dm 11

6122.
Westdeutsche Nachrichten
1949, 3.9. - 31.12.   MFA
(1 Ro)
                                   Kr 7

6123.
Westdeutsche Zeitung <1944>
1944, 1.1. - 31.3.
1945, 2.1. - 1.3.   Kr 7

6124.
Westdeutsche Zeitung <1948>
HA in Düsseldorf
(2.7.1948 ff.)
1991, 2.1. - 29.6.   Kr 7

KREMPE

6125.
Kremper Marsch-Bote
8.2.1946: Kremper Zeitung
1894, 10.3. - 1941, 31.5.
1946, 8.2. - 1961   68
                                   68
1894, 10.3. - 1941, 31.5.
1946, 8.2. - 1949 (L)   Dm 11

KREUZ (KRZYŻ WIELKOPOLSKI, PL)

6126.
Kreuzer Zeitung
BA v. Schönlanker Tageblatt
1923, 3.1. - 30.3.   1w
(1 Ro)   1w
                                   Dm 11

KREUZBURG (KLUCZBORK, PL)

6127.
Kreuzburger Kreisblatt
1911 (L)
1914 - 1916   1w

6128.
Kreuzburger Nachrichten
1935, 2.7. - 31.12. (L)   **1w**
(1 Ro, Beilagen mitverfilmt)   1w
                                                 Dm 11

6129.
Kreuzburger Zeitung
1916   **1w**
(1 Ro)   1w
                                                 Dm 11

BAD KREUZNACH

6130.
Der Demokrat
Vlg. u. Red.: G. Würmle
1849, 20.1. - 25.5.   Kob 1

6131.
Deutsche Saar-Zeitung
1951, 22.12. - 1955, 2.12.   **101b**
(1 Ro)   101b
                                                 Bo 153
                                                 77

6132.
General-Anzeiger für Stadt und Land
1903, Nr. 69: General-Anzeiger
1920, Nr. 287: Kreuznacher General-Anzeiger
16.6.1923: Bad Kreuznacher Morgenblatt General-Anzeiger
Vlg. in Koblenz
1886 - 1889, 29.6.
1890 - 1893
1894, 2.7. - 1899
1900, 2.7. - 1901
1903
1904, 1.7. - 31.12.
1907, 2.1. - 29.6.
1910, 2.7. - 31.12.
1912, 1.7. - 1913, 30.6.
1914, 2.1. - 1.8.
1915, 1.7. - 1922, 30.6.
1923, 5.1. - 31.12.
1925, 1.7. – 1930

1931, 1.4. - 1933, 23.9.
1934, 3.1. - 24.3.   929
                                                 Dm 11

6133.
Kreuznacher Bote und öffentlicher Anzeiger
1.10.1867: Öffentlicher Anzeiger für Bad
Kreuznach und Umgebung
25.3.1954: Rhein-Zeitung / E
HA in Koblenz
23.8.1978: Öffentlicher Anzeiger
(25.4.1848 - 17.3.1945 u. 20.9.1949 ff.)
1977 ff.   **101b**
(ca. 9 Ro/Jg)   101b
1848, 17.7. - 30.12. (L)   **Dm 11**
1974 - 1997   77
1944, 20.6.   GB-
                                                 LO/N38
1992 - 1997   101a
1879, 14.1. - 1945, 16.3.
1949, 27.9. - 1976
1992 ff.   929
1848, 17.7. - 30.12. (L)
1899, 1.12. - 1923, 30.6.
1924, 2.1. - 1941, 30.6.
1942, 2.1. - 16.3.
1949, 27.9. - 1950, 6.3.   Dm 11
1963 - 1987   Kob 1
(nur Lokalteil)

6134.
Kreuznacher Tageblatt
1878, 1.1. - 30.6.
1882, 1.7. - 31.12.
1885 - 1888   929
                                                 Dm 11

6135.
Kreuznacher Wochenblatt
später: Kreuznacher Zeitung
1842 - 1843 (L)   **B 479**
                                                 B 479
1820, 4.1.   **A 100**
                                                 A 100
1805 - 1810
1814, 1819, 1836
1838, 1840, 1844
1846, 1848, 1852
1853, 1864
1883 - 1934   Kob 1
Beilage(n):
Verzeichnis sämtlicher [...] an-
gekommenen Kur-Fremden   **B 479**
1842, 15 - 1843, 23 (L)   B 479

6136.
Rheinisch-Pfälzische Rundschau
UT: Organ der Demokratischen Partei für Politik, Wirtschaft und Kultur
(3.7.1947 - 26.9.1949)
1947, 3.7. - 1949, 26.9.	**36**
(3 Ro)	36
1947, 7. - 21.8.	GB-
1949, 8.1. - 24.9. (L)	LO/N38

KRIEBSTEIN

6137.
Der Arbeitslose
[Kriebstein-] Ehrnberg
1930 (E)	**B 479**
	B 479

KRIESCHT (KRZESZYCE, PL)

6138.
Warthebruch-Zeitung
1926, 5.1. - 29.6.	
1936, 3.6. - 30.12.	
1938, 1.7. - 1941, 30.6.	
1942	
1943, 2.7. - 1944, 30.6. (L)	**1w**
(5 Ro)	1w
	Dm 11

KRÖPELIN

6139.
Ostsee-Bote
Vbg., teils wechselnd: Kröpelin, Neubukow, Bad Doberan, Satow, Brunshaupten, Arendsee, Fulgen, Alt-Gaarz, Ivendorf
1933 - 1938	**1w**
	1w
1880, 3.1. - 27.11.	
1882, 4.5. - 23.12. (L)	
1883, 3.10. - 1884	
1887 - 1892 (L)	
1895 - 1899 (L)	
1901	
1903 - 1904, 10.12.	
1905 - 1911 (L)	
1913 u. 1916	
1918 - 1919	
1921 - 1930, 29.6. (L)	

1931 - 1938	
1942, 29.8. - 1945, 22.4. (E)	**MFA**
(44 Ro)	
	28
	R 135
1933 - 1936, 30.6.	
1937	
1938, 17.6. - 1944	33

KRONACH

6140.
Frankenpost
HA in Hof
1950, 6.7. - 1972 (5 Ro)	
1974, 1.4. - 1984, 30.4.	**Hf 1**
(nur Lokalseiten)	Hf 1

KRONSTADT (BRASOV, RO)

6141.
Burzenländer Bote
1921, 20.10. - 12.11.	**212**
(1 Ro)	212

6142.
Karpaten-Rundschau
ab 1996 als Beilage zu "Allgemeine Deutsche Zeitung für Rumänien", Bukarest, s. dort
(3.1.1957 - 1995)
1968, 1.3. - 1995	**212**
	212
1976 - 1995	**Bo 414**
(20 Ro)	
1976 - 1995	1w
1992 - 1995	101a
1983 - 1990	101b

6143.
Siebenbürger Wochenblatt
26.3.1849: Kronstädter Zeitung
1916, 10.10. - 1917 (L)	
1921 - 1941, 11.1.	**212**
(29 Ro)	212
1849, Nr. 1 - 79	**B 479**
	B 479
1854 - 1857	
1859	
1861, März - 1864	
1900 - 1914, 17.4.	
1923, Jan. - Juni	
1924 - 1927, Okt.	
1928, Mai - Dez.	**M 496**

Beilage(n):
Satellit des Siebenbürger Wo-
chenblattes   **B 479**
1849, Nr. 1 - 21   B 479

6144.
Siebenbürgischer Volksbote
1931, 4.7. - 30.9.   **212**
(1 Ro)   212

KROPP

6145.
Kropper kirchlicher Anzeiger
1882 - 1885
1887 - 1890
1892 - 1907
1910 - 1912
1916 - 1917   **68**
     68

KROTOSCHIN (KROTOSZYN, PL)

6146.
Krotoschiner Kreis-Wochenblatt
Text dt. u. poln.
1844, 1.4. - 1846   **1w**
(1 Ro)   1w
     Dm 11

6147.
Krotoschiner Zeitung
1922, 18.2. - 31.8.
1926, 19.6. - 1932, 28.9.   **212**
(4 Ro)

6148.
Monatsschrift für Geschichte und Wissen-
schaft des Judentums
1861 - 1867
1873 - 1886   **ACRPP**

KRUMAU (ČESKIJ KRUMLOV, CZ)

6149.
Der Landbote
1928, 16.10. - 1933, 3.8.   **212**
(4 Ro)   212

KRUMHERMERSDORF

6150.
Dorfnachrichten für Krumhermersdorf
SED
1946, 17. - 24.8.   **B 479**
     B 479

KÜHLUNGSBORN

6151.
Anzeiger für das Ostseebad Kühlungsborn
und Umgebung
1938, 17.6. - 1940
1943 - 1944 (L)   **28**
(4 Ro)   28
     33

KÜNZELSAU

6152.
Hohenloher Zeitung
BA v. Heilbronner Stimme, Heilbronn
1968 ff.   **101b**
1948, 3.1. - 1952   **MFA**
(9 Ro)
1953, 9.2. - 1967   24
1992 - 1997   101a
1948 - 1953, 8.2.
1968 ff.   101b
1948 - 1953, 8.2.   Knz 1

KÜSTRIN (KOSTRZYN, PL)

6153.
Cüstriner Wochenblatt
Vlg. in Schwedt
1834   **1w**
(1 Ro)   1w

6154.
Cüstriner Zeitung Oderblatt
1934: Oderblatt
Ortsumbenennung 1928 zu Küstrin
1921
1930, 1.5. - 30.6.
1931, 2.3. - 31.10.
1932, 2.1. - 29.2. u. 1.7. - 30.9.
1933, 2.1. - 31.3.
1933, 1.9. - 1934, 30.6.   **1w**
     1w

1934, 1.9. - 31.10.
1935, 1.11. - 31.12.
1937, 3.5. - 30.6.
1939, Juli - Sep.
1943, 1.7. - 1944, 30.6.
1w
1w

6155.
Neumärkisches Oderblatt
Landausg. zu Cüstriner Zeitung Oderblatt
Vlg. in Küstrin-Neustadt
1929, 2.4. - 29.6., 2.9. - 31.10.   1w
(1 Ro)   1w
Dm 11

KULM (CHEŁMNO, PL)

6156.
Culmer Wochenblatt
Ortsname bis 1940: Culm
1833 (L)
1846 - 1847
1854 - 1856 (L)   1w
(2 Ro)   1w
Dm 11

6157.
Culmer Zeitung
Ortsname bis 1940: Culm
1925, 13.10. - 1926, 24.12.
1927, 8.2. - 9.9.
1928, 16.7. - 19.9.   212

6158.
Kreisblatt des Königl. Preuß. Landraths-
Amtes zu Schwetz
Kulm (CheŁmno, PL), Schwetz (Świecie, PL)
Ortsname bis 1940: Culm
1859?: Kreisblatt des Landratsamtes zu
Schwetz
1835, 4.2. - 30.9.
1846 - 1850 (L)
1859 - 1861
1863   1w
(2 Ro)   1w
Dm 11

KULMBACH

6159.
Bayerische Rundschau
1977 ff.   101b
(ca. 7 Ro/Jg)   101b
1992 - 1997   101a

6160.
Frankenpost
1.5.1959: Kulmbacher Tagblatt
2.7.1973: Frankenpost / KSB
Ausg. KSB = Kulmbach, Stadtsteinach, Bayreuth
2.1.1996: Ausg. Kulmbach / Stadtsteinach
Alle Titel BA v. Frankenpost, Hof
1947, 4.1. - 1964
1966 - 2000 (nur Lokalseiten)   Hf 1
Hf 1

6161.
Südthüringer Tageblatt
1990, 4.5. u. 21.5. - 1991, 5.10.   22
1990 - 1992, 31.8.   70

KUSEL

6162.
Heimatblatt des Remigiuslandes
1922 - 1934   Kai 1

KYRITZ

6163.
Kreisblatt und Generalanzeiger
Kyritz, Pritzwalk
Kreis Ostprignitz mit Pritzwalk u. Kyritz
1933, Apr. - Juni
1936, Apr. - Juni
1939, Jan. - März   1w
(3 Ro)   1w

6164.
Märkische Volksstimme
1963 - 1990, 2.10.   MFA
(14 Ro, nur Kreisseiten)
186

6165.
Märkische Volksstimme : Heimatzeitung für
den Kreis Ostprignitz
Kyritz, Pritzwalk
1951, 4.9. - 1952, 10.8. (L)   MFA
(2 Ro, nur Kreisseiten)
186

LA PAZ (BOL)

6166.
Das Echo
1952, 1.10. - 1960 (L)   **212**
(1 Ro)   212

6167.
Rundschau vom Illimani
Bolivianische Wochenzeitung in deutscher
Sprache - Semanario en idiom alemán
(4.7.1939 - 9.9.1946)
1939, 4.7. - 1946, 9.9.   **Dm 11**
(2 Ro)
                                 18
                                  5
                            188/211
                            Bo 133
                            M 352
1945 - 1946   34
                                 35
1945 - 1946, 9.9.   739
                                 89
1939, 4.7. - 1944   715

LA ROCHELLE (F)

6168.
Der Festungsbote
Nachrichtenblatt für den Festungsbereich
1944, Sep. - 1945, Mai   **ACRPP**

LAAGE

6169.
Laager Wochenblatt
1851, 1.10. - 31.12.
1855 - 1863   **28**
(4 Ro)   28

6170.
Laager Zeitung
(1.1921 - 31.5.1941)
1938, 18.6. - 1941, 31.5. (L)   **28**
(1 Ro)   28
                                 33

BAD LAASPHE

6171.
Wittgensteiner Zeitung
2.7.1934: Wittgensteiner Zeitung und Erndte-
brücker Zeitung
1930, 14.11. u. 15.11.
1932, 30.9. - 31.12.
1933, 3.10. - 1934
1936, 1.7.   **MFA**
(3 Ro, Beilagen mitverfilmt)
                                 Dm 11

LABIAU (POLESSK, RUS)

6172.
Amtliches Labiauer Kreisblatt
1845, Nr. 5 - 1847, 16.12.
1882, 12.10. - 1886
1929 - 1936   **1w**
(4 Ro)   1w
                                 Dm 11

LABOE

6173.
Öffentlicher Anzeiger für Laboe
1950, 24.3. - 1954, 20.8.   **8**
(1 Ro)   8

LADENBURG

6174.
Ladenburger Wochenblatt <1879>
1.10.1907: Ladenburger Tageblatt
1.11.1919: Neckar-Bergstraß-Post
4.3.1949: Ladenburger Wochenblatt
2.7.1949: Ladenburger Zeitung
1879, 13.8. - 1886
1888 - 1941, 31.5. (L)
1949, März - 31.12.   Dm 11
(1949, März - Juni unregelmäßig)
                                 Ldb 1

LÄGERDORF

6175.
Lägerdorfer Anzeiger
auch: Lägerdorfer Lokal-Anzeiger
1910 - 1927
1929 - 1941, 23.5.
1949 - 1950 (L)   68

LÄHN (WLEŃ, PL)

6176.
Lähner Anzeiger
1906 - 1911 (L)
1918 - 1919   1w
(8 Ro)   1w
                                               Dm 11

LAHNSTEIN

6177.
Lahnsteiner Anzeiger
Ämter Braubach u. St. Goarshausen
[Lahnstein-] Oberlahnstein
1867 - 1886, 30.3.   43
1867 - 1886   929

6178.
Lahnsteiner Tageblatt
(Lahnstein-) Oberlahnstein
Kreis St. Goarshausen
1894 - 1923, 15.6.   43
1895 - 1919, Sep.
1920 - 1923   929

LAHR, SCHWARZW.

6179.
Anzeiger für Stadt und Land
1877   31

6180.
Badische Zeitung
HA in Freiburg
1949, 15.10. - 1954, 31.3.   31
                                               31

6181.
Illustrierte Dorfzeitung des Lahrer Hinken-
den Boten
1863 - 1873   31
(2 Ro)   31

6182.
Lahrer Wochenblatt <1796>
1.7.1812: Allgemeine Zeitung
2.1.1813: Lahrer Intelligenz- und Wochenblatt
für Polizei, Handel und Gewerbe
3.1.1816: Wochenblatt für Offenburg und Lahr
16.1.1819: Lahrer Wochenblatt
1.1.1867: Ortenauer Tagblatt und Lahrer Wochenblatt
1.1.1869: Lahrer Zeitung
9.4.1944: Lahrer Gemeinschaftszeitung
15.10.1949: Lahrer Zeitung
Vlg. anfangs in Selbach b. Lahr
(1796 - 15.4.1945 u. 15.10.1949 ff.)
1978, 1.9. ff.   101b
(ca. 9 Ro/Jg)   101b
1942, 1.9. - 1945, 25.3. (L)   31
1797
1800 - 1805
1807 - 1811
1813 - 1868
1942, 1.9. - 1945, 25.3. (L)
1978, Sep. ff.   31
1992 - 1997   101a
1797
1800 - 1805
1806, 24.12. - 1811
1812, 1.7. - 30.9.
1813 - 1868   Dm 11
1797
1800 - 1805
1806, 24.12. - 1811
1812, 1.7. - 30.9.
1813 - 1945, 25.3. (L)
1945, 15.10. ff.   Lah 1
Beilage(n):
Der Altvater
1978, 2.9. ff.   31

6183.
Das Neue Baden
Organ der Demokratischen Partei Süd- und
Mittelbadens
(29.4.1947 - 13.10.1949)
1947, 29.4. - 1949, 13.10.   Gub 1
                                               M 352
                                               188/211
                                               25
1949, 18.1. - 13.10. (LL)   GB-
                                               LO/N38

6184.
Südwestdeutsche Volkszeitung für christliche Politik und Kultur / LA
HA in Freiburg, Br.
1947, 20.5. - 1949, 31.1.   **31**
                                    31

6185.
Tagespost / LA
HA in Freiburg, Br.
1949, 17.10. - 31.10. (L)   **31**
                                    31

LAICHINGEN

6186.
Schwäbische Zeitung / 44
HA in Leutkirch
Dez. 1949 - 1972: Schwäbische Albzeitung
1975, 2.1. ff.   **24**
(bis 30.8.2003 240 Ro)   24

6187.
Südwestpresse / Laichinger Tagblatt
14.10.2002: Südwestpresse / Schwäbische Donau-Zeitung
HA in Ulm
2000 - 2003   **24**
(29 Ro bis 12.10.2002)   24

LAMBRECHT

6188.
Der Eisenhammer
1926 - 1931 (L)   Kai 1

LANCASTER, PA (USA)

6189.
Der deutsche Porcupein und Lancaster Anzeigs-Nachrichten
1798 - 1799 (L)   188/144

6190.
Neue unpartheyische Lancaster-Zeitung und Anzeigungs-Nachrichten
1787, 8.8. - 1788, 25.12.   188/144

6191.
Der Wahre Amerikaner
1804, 10.11. - 1811   188/144
(Mikrokarten)

LANDAU, PFALZ

6192.
Der Eil-Bote aus dem Bezirk Landau
2.9.1837: Der Eilbote
(31.12.1831 - 1892)
1831, 31.12. - 1869
1870, 8.7. - 1892   107
                           Lan 2
                           Dm 11

6193.
Landauer Wochenblatt
5.1.1796: Landauer Dekaden-Blatt
22.11.1797: Landauer Frag- und Anzeige-Blatt
16.11.1809: Feuille d'annonce de Landau / Landauer Anzeige-Blatt
21.11.1811: Der Maire der Stadt Landau an seine Mitbürger
6.12.1815: Landauer Wochen-Blatt
1868: Landauer Anzeiger zugleich Annweiler Wochenblatt
28.7.1869: Anzeiger für die Kantone Landau, Annweiler und Bergzabern
1.10.1879: Anzeiger für den Landgerichtsbezirk Landau
1.8.1887: Landauer Anzeiger
1.4.1936: Pfälzer Anzeiger
1792, 1.5. - 31.12.
1796, 5.1. - 1862
1864 - 1865
1866 (E)
1867, 7.1. - 1945, 16.3.   107
1792, 1.5. - 31.1.
1796 - 1862
1864 - 1865
1866 (E)
1867 - 1936, 31.3.   Dm 11
                           Lan 2

6194.
Landauer Zeitung
1.10.1908: Der Rheinpfälzer
1908, Jan. - Juni
1914, Juli - 1916 (L)
1918 - 1936, 31.3.   107
1908 - 1922 (L)   Kai 1

6195.
Der Pfälzer
1951, 8.3. - 28.12.
1952, 11.1. - 1965, 12.12.
1966, 9.1. - 25.9.
1967, 22.1. - 2.7.   **MFA**
(5 Ro)

6196.
Pfälzer Anzeiger / Südpfalz
1936, 1.4. - 1945, 16.3. (L)   107

6197.
Pfälzer Tageblatt
BA v. Die Rheinpfalz, Ludwigshafen
(11.5.1946 ff.)
1977 ff.   **101b**
(bis 1990 115 Ro)   101b
1988, 1.9. - 1990, 14.2.   Kai 1

6198.
Die Rheinpfalz
ab 22.2.1947 HA in Ludwigshafen
anfangs in Neustadt (Haardt / a.d.Weinstr.)
1947, 22.2. - 1957, 1.6.   107
1947, 22.2. - 1949   Dm 11

LANDESHUT (KAMIENNA GÓRA, PL)

6199.
Der Feier-Abend
1889, 1891, 1893   **1w**
(2 Ro)   1w
                                      Dm 11

6200.
Kreisblatt
1922?: Landeshuter Kreisblatt
Ortsname früher: Landshut
1917 - 1918
1924 - 1936   **1w**
(4 Ro)   1w
                                      Dm 11

6201.
Wochenblatt für den Landeshuter und Bol-
kenhainer Kreis
26.7.1842: Schlesische Eisenbahn
Vbg.: Landeshut, Bolkenhain
1841 - 1842
1847
1849 - 1850   **1w**
(2 Ro)   1w
                                      Dm 11

LANDSBERG (BEZ. HALLE)

6202.
Der Funke
MTS
1959, Mai - 1960 (L)   **3**
(1 Ro)   3
                                      Dm 11

6203.
Landsberger Nachrichtsblatt
7.3.1900 - 30.12.1930, Nr. 152, 1. Blatt:
Landsberger Nachrichtsblatt und Brehnaer
Anzeiger
30.12.1930, Nr. 152, 2. Blatt: Landsberger
Nachrichten
(1897 - 31.5.1941)
1899, 4.1. - 1941, 31.5.   **3**
                                      3
                                      Lab 1

Beilage(n):
Illustriertes Sonntagsblatt   **3**
1899 - 1909   3
Illustriertes Unterhaltungsblatt   **3**
1925 - 1932   3
Gute Geister   **3**
1909, Nr. 27 - 1916, Nr. 13   3
Gutenbergs Illustriertes Sonntagsblatt   **3**
1905 - 1909   3
Der praktische Landwirt
1909, Nr. 27 - 1916   **3**
1922, Nr. 1 - 3   3

LANDSBERG (GORZÓW
WIELKOPOLSKI, PL)

6204.
Landsberger Generalanzeiger für die gesamte
Neumark
(1893 - Juni 1944?)
1923, Apr. - Dez.
1924, 1.10. - 1925, 30.6.
1926, 1.4. - 31.10.
1927, 1.7. - 31.8.
1927, 1.11. - 1928, 29.2.
1928, 1.5. - 30.6.
1929, 1.5. - 30.6. u. 1.11. - 31.12.
1930, 1.3. - 30.4.
1931, 1.3. - 30.6.
1931, 1.11. - 1932, 30.4.
1932, 1.7. - 31.12.
1933, 1.3. - 30.4. u. 1.11. - 31.12. **1w**
                                      1w

913

1934, 1.9. - 31.10.
1935, 2.5. - 31.8.
1936, 1.9. - 31.10.
1937, 2.1. - 28.2. u. 3.5. - 30.6. u.
1.9. - 31.10.
1938, 1.4. - 30.6.
1939, 1.4. - 30.6. u. 2.10. - 31.12.
1940, 1.4. - 30.6.
1941, 1.4. - 31.12.
1943, 2.1. - 30.6.
1944, Jan. - Juni
(23 Ro)   1w
                                           1w
1924, 1.10. - 1925, 30.6.
1926, 1.4. - 31.10.
1927, 1.7. - 23.8.
1927, 1.11. - 1928, 29.2.
1928, 1.5. - 30.6.
1929, 1.5. - 30.6. u. 1.11. - 31.12.
1930, 1.3. - 30.4.
1931, 1.3. - 30.6.
1931, 1.11. - 1932, 30.4.
1932, 1.7. - 31.12.
1933, 1.3. - 30.4. u. 1.11. - 31.12.
1934, 1.9. - 31.10.
1935, 2.5. - 31.8.
1936, 1.9. - 31.10.
1937, 2.1. - 28.2. u. 3.5. - 30.6. u.
1.9. - 31.10.
1938, 1.4. - 30.6.
1939, 1.4. - 30.6. u. 2.10. - 31.12.
1940, 1.4. - 29.6.
1941, 1.4. - 31.12.
1943, 2.1. - 30.6.   Dm 11
Beilage(n):
Der praktische Landwirt
1909 - 1916   3

6205.
Landsberger Kreisblatt
1849 - 1852   **1w**
(1 Ro)   1w
                                           Dm 11

6206.
Neumärkisches Volksblatt
(1909 - 1933?)
1924, 1.1. - 30.3.
1925, 1.1. - 30.6.
1926, 1.10. - 1927, 31.3.
1927, 1.7. - 30.9.
1928, 1.7. - 1929, 30.4.
1929, 1.11. - 1930, 30.3.
1930, 1.7. - 31.10.   **1w**
                                           1w

1931, 1.1. - 30.4. u. 1.10. - 31.12.
1932, 1.3. - 30.4. u. 1.7. - 30.9.   **1w**
(11 Ro)   1w
                                           Dm 11

6207.
Neumärkisches Wochenblatt
später: Neumärkische Zeitung
1852, 8.1. - 1855
1858 - 1860
1862 - 1863 (L)
1864, 1.10. - 1866 (L)
1868 (L)
1925, 1.10. - 31.12.
1926, 1.4. - 31.12.
1927, 1.9. - 30.10.
1929, 1.1. - 29.2. u. 1.5. - 31.8. u.
1.11. - 31.12.
1930, 1.4. - 30.6. u. 1.11. - 31.12.
1931, 2.3. - 31.10.
1932, 1.3. - 30.4.
1932, 1.7. - 1933, 28.2.
1933, 2.5. - 30.6.
1934, 2.1. - 30.4.
1934, 1.10. - 1935, 28.2.
1935, 1.7. - 31.8. u. 1.11. - 30.11.   **1w**
(25 Ro)   1w
                                           Dm 11

LANDSBERG, LECH

6208.
Jidisze cajtung
1947 - 1948 (L)   30

6209.
Landsberger Geschichtsblätter
1902 - 1919
1922 - 1940/41
1948 - 1955   1

6210.
Landsberger Neueste Nachrichten
1928, 11.2. - 1936, 29.2.   12

6211.
Landsberger Tagblatt
BA v. Augsburger Allgemeine
1977 ff.   **101b**
(ca. 8 Ro/Jg)
1992 - 1997   101a
1954 - 1973
1977 ff.   101b

LANDSHUT

6212.
Bayerische Lehrer-Zeitung
Landshut, Augsburg, Fürth, Nürnberg
1867 - 1891
1900 - 1932   B 478
                                 Bo 133
                                 Dm 11

6213.
Bayerische Ostwacht
HA in Bayreuth
1.10.1934: Bayerische Ostmark
HA in Bayreuth
1.8.1942: Landshuter Rundschau
1.3.1943: Landshuter Kurier
(2.10.1933 - 15.4.?1945)
1933, 2.10. - 1944, 18.12.   Lsh 2

6214.
Freie niederbayerische Volkszeitung
Freie Gewerkschaften
1922, 4.1. - 11.2.   12

6215.
Isar-Post
(15.1.1946 - 14.12.1958)
1946, 15.1. - 1958, 14.12.   Lsh 2
1946, 15.1. - 1958 (L)   MFA
(24 Ro)
1948, 3.11. - 1958, 14.12.   12
1946, 15.1. - 31.12.   Gb-
1947, 30.12. - 1949, 13.10.   LO/N38
1946, 15.1. - 1948, Nov. (L)   Dm 11

6216.
Landshuter Wochen- und Anzeigsblatt
1803: Landshuter Anzeiger
1807: Landshuter Wochenblatt
1793 - 1873   Lsh 2

6217.
Landshuter Zeitung
(17.10.1949 ff.)
1977 ff.   101b
(ca. 12 Ro/Jg)   101b
1849, 1.4. - 1943, 28.2.
1949, 17.10. - 1976   Lsh 2
1992 - 1997   101a
1977 ff.   Lsh 2

6218.
Tagblatt für Landshut und Umgegend
1.7.1850: Kurier für Niederbayern
(12.3.1848 - 1.10.1933)
1848, 12.3. - 1933, 1.10.   Lsh 2
1848, 12.3. - 15.12.   Dm 11
(1 Ro)   Dm 11
                                 188/211

LANDSKRON (LANŠKROUN, CZ)

6219.
Deutsche Grenzwacht
1922 - 1924, Sep.   212
(1 Ro)

6220.
Landskroner Zeitung
1924, 4.10. - 1938, 16.10.   212
(5 Ro)   212

LANDSTUHL

6221.
Landstuhler Zeitung
1885 - 1890 (L)   Kai 1

LANGEBRÜCK

6222.
Heide-Bote
1927, 1.8. - 1941, 30.5.   3
                                 3

LANGENBIELAU (BIELAWA, PL)

6223.
Langenbielauer Anzeiger
1906 - 1908
1911, 1915, 1918
1921 (L)   1w
(6 Ro)   1w
                                 Dm 11

BAD LANGENSALZA

6224.
Z.-J.-Funk
Bad Langensalza, Berlin
1926: Deutsche Welle / D.W. Funk
1925, Aug. - 1932, 23.9.   **MFA**
(11 Ro)
                                  F 228
1925, Aug. - 1928   1a

LAON (F)

6225.
Kriegs-Zeitung der VII. Armee
1914, 31.10. - 1915, 16.10.
1918, 2.6. - 20.10.   **Dm 11**
(1 Ro)   Dm 11

LASSEHNE (ŁASIN KOSZALINSKI, PL)

6226.
Gemeindeblatt Lassehne Henkenhagen
Lassehne (Łasin Koszalinski, PL), Henkenhagen (Ustronie Morskie, PL)
Mai 1940: Gemeindeblatt Henkenhagen Lassehne
bis 1940 Vlg.: Kolberger Tageblatt
ab Mai 1940 Vlg. in Stettin
1931 - 1934, Jan.
1935, Okt. - 1941, März   **9**
                                   9

LAUBAN (LUBAŃ, PL)

6227.
Democriti Germanici [...]
1732 - 1733   **46**
1733   Gö 169

6228.
Kreis-Blatt des Laubaner Kreises
1923?: Laubaner Kreisblatt
1907 - 1915
1923 - 1925   **1w**
(5 Ro)   1w

6229.
Oberlausitzer Tagespost
HA in Görlitz
1937, 1.4. - Juni
1938, Juli - 30.9. (L)   **14**
(2 Ro)   14
                                   Gl 2

6230.
Wöchentlicher Anzeiger
5.1.1845: Laubaner Kreis-Wochenblatt
24.1.1846: Wöchentlicher Anzeiger für die
Königl. Preuss. Kreisstadt Lauban und ihre
Umgebung
1839 - 1840
1843 - 1847
1849 - 1850
1862 - 1865 (L)   **1w**
(7 Ro)   1w
                                  Dm 11

LAUCHHAMMER

6231.
Brücke
3.10.1958: Das Braunkohlenkombinat
1951 - 1958, 11.8.
1958, 3.10. - 1968, Nov. (L)   **3**
(6 Ro)   3
                                  Dm 11

6232.
Der neue Hammer
BPO VEB Schwermaschinenbau
Verl. in Cottbus
1970 - 1972   **B 479**
                                  B 479
1978 - 1990 (MPF)   186

LAUENBURG

6233.
Allgemeine Lauenburgische Landes-Zeitung
1.8.1938: Lauenburgische Landeszeitung
nach 1945 zwischenztl.: Regimental Comman-
der [...]
Geesthacht Area Gazette
1870 - 1883
1885
1887 - 1945, 18.4.
1949, 1.10. - 1950   68
                                  Dm 11
                                  Lbg 1

6234.
Lauenburg News
1945, 12.5. - 1.6.   Dm 11

6235.
Lauenburgische Elbwacht
1931 - 1932   **18**
     18

6236.
Lübecker Volksbote
HA in Lübeck
1939 (L)   Bo 133

6237.
Privilegirte Lauenburgische Anzeigen
1831: Lauenburgischer Anzeiger
1858: Lauenburgische Zeitung
2.1.1945 vereinigt m. Lauenburgische Landeszeitung (s. dort)
1818, 3.10. - 1833
1837 - 1839
1841 - 1845
1847 - 1881
1883 - 1944   68
1818, 3.10. - 1829
1831
1832 - 1845 (E)
1847
1848 - 1851 (L)
1852 (E) u. 1853
1854 - 1855 (E)
1856 - 1858
1859 (E)
1860
1861 - 1886 (E)
1887, 2.7. - 1944   Dm 11
     Lbg 1

LAUENBURG I. POM. (LĘBORK, PL)

6238.
Lauenburger Zeitung
1888 - 1889
1894
1895, 27.4. - 1897 (L)
1900 - 1902, 30.9.
1903
1908, 30.4. - 29.12.
1914, Jan. - Juni
1915 - 1918
1921
1925 - 1928   **9**
     9

LAUF

6239.
Pegnitz-Zeitung
1987 ff.   **101b**
(ca. 14 Ro/Jg)   101b
1992 - 1997   101a
1907, 19.6. - 1943, Feb.
1949, 1.9. ff.   Laf 1

6240.
Wochenblatt für Lauf und Umgegend
16.5.1891: Laufer Wochenblatt
1.3.1918: Laufer Tagblatt
1887 - 1891
1894 - 1933   Laf 1

LAUPHEIM

6241.
Amts- und Intelligenz-Blatt für den Ober-
amts-Bezirk Laupheim
1860?: Rottum-Bote
1868?: Der Verkündiger
1.1.1891: Laupheimer Verkündiger
1874 - 1890   **24**
1851 - 1853
1868 - 1869
1872 - 1933   1135
1851 - 1853
1860
1868 - 1869
1872 - 1833   24
(Beilagen mitverfilmt)
1874 - 1931
1933   Dm 11
(Beilagen mitverfilmt)
1874 - 1931 (L)
1933   Lap 1

6242.
Laupheimer Kurier
1.2.1934: Nationale Rundschau
4.9.1939: Ulmer Tagblatt
1933, 1.6. - 1943, 30.6.
1944, 3.1. - 30.6.   **24**
     24
1933, 1.6. - 1945, 20.4.   1135
1933, 1.6. - 1943, 30.6.   Dm 11
     Lap 1

6243.
Laupheimer Volksblatt
1910, 1912
1914 - 1927 (L)   24
                                1135
1910, 1912
1914, 2.4. - 24.8.
1920 - 1922, 30.6.
1923, 2.1. - 30.6.
1924, 3.1. - 30.4.
1925 - 1926
1927, 11.7. - 31.12.
                                Dm 11
1910, 1912
1913, Nr. 40 - 1914, Aug. (L)
1920, Nr. 3 - 1922, Juni (L)
1923, Jan. - Juni
1924, Nr. 2 - Apr.
1925 - 1926 (L)
1927, 11.7. - 31.12.   Lap 1

6244.
Schwäbische Zeitung / 04
HA in Leutkirch
1975 - 1996, Juni
1996, Nov. - 2003   **24**
                               24
1950 - 1974   **MFA**
(89 MF)
1945, 4.12. ff.   1135
1945, 4.12. - 1949   Dm 11
1945, 4.12. - 2006   Lap 1

6245.
Südwestpresse / Laupheimer Tagblatt
HA in Ulm
2000 - 2002, 30.9.   **24**
(28 Ro)   24

LAUTA

6246.
Der Aluwerker
BPO VEB Aluminiumwerk
1979 - 1990 (MPF)   186

LAUTERBACH

6247.
Lauterbacher Anzeiger
BA v. Gießener Anzeiger
1983, 1.6. ff.   **101b**
(ca. 5 Ro/Jg)   101b
1992 - 1997   101a

LAWRENCE, MA (USA)

6248.
Anzeiger und Post
1934, 6.1. - 1938, 24.9.
1939, 7.1. - 25.11.   **212**
(3 Ro)   212
                             Dm 11

LECK

6249.
Lecker Anzeiger
1892, 28.4. - 1937, 30.4. (L) **68**
                               68
1892, 28.4. - 31.12.
1894 - 1934, 30.6. (L)
1935 - 1937, 30.4.   Dm 11

LEER

6250.
Leerer Anzeigenblatt
1871, 1901, 1909   Ler 1
(MPF)

6251.
Ostfriesen Zeitung
1977 ff.   **101b**
(ca. 9 Ro/Jg)   101b
1992 - 1997   101a

6252.
Ostfriesische Tageszeitung
1936 (MPF)   Ler 1
1944, 24. u. 26.7.   GB-
                             LO/N38

6253.
Das Pommernblatt
Forts. s. u. "Die Pommersche Zeitung"
1951, Okt. - 1954, Nr. 16   18

6254.
Volksbote
Leer, Aurich, Norden
1924, 22.11. - 1932   **Bo 133**
(4 Ro)   Bo 133
1924, 22.11. - 1932
1933, Jan. - Feb. (MPF)   Ler 1

LEHNIN

6255.
Lehniner Zeitung
1935, Juli - Dez.   1w
(1 Ro)   1w

LEHRTE

6256.
Lehrter Beobachter
28.6.1901: Lehrter Stadtblatt
(1.12.1875 - 30.3.1943)
1877 - 1878
1880 - 1943, 30.3.   Lün 4

LEIPZIG

6257.
Acta Litteraria Antiqua
1715 - 1716   **46**
                                           46

6258.
Afrika Nachrichten
1938 - 1939   **M 352**
(1 Ro)

6259.
Akademische Sängerzeitung
1895 - 1923   **14**
(6 Ro)   14
                                           15

6260.
Allgemeine Annalen der Gewerbskunde
1803 - 1804   **46**
                                           46
                                           MFA
                                           21

6261.
Allgemeine Buchbinderzeitung
1878, Nr. 26 - 52   **B 479**
                                           B 479

6262.
Allgemeine Illustrierte Zeitung
1865 - 1869   **46**
                                           46

6263.
Allgemeine Kino-Börse
1919, Nr. 5 - 1922, 18.9. (L)   **MFA**
(1 Ro)
1921, 19.2. - 1922, 18.9.   30
(F: 1922, Nr. 13 u. 15 - 34)
                                           706

6264.
Allgemeine Press-Zeitung
1840 - 1845   46

6265.
Allgemeine Theater-Chronik
1874: Allgemeine deutsche Theaterchronik
1852, 1.10. - 1873, 24.3.   **Bo 414**
(5 Ro)
1832 - 1872 (L, MPF)   30
1839, 25.11.   B 479

6266.
Allgemeine Zeitung des Judenthums
Leipzig, Berlin
später: Allgemeine Zeitung des Judentums
ab 1891 in Berlin
(1837 - 1922, Nr. 9)
Nachf.: C.-V.-Zeitung
1846 - 1850   **46**
1837, 2.5. - 1922, 28.4.   8
1842 - 1921   21/32c
1837 - 1922, 28.4.   109
1896, 30.10. - 1922, 28.4.   11
1837 - 1889
1891 - 1917 (L)
1919 - 1922, 28.4.   H 227
1837 - 1882 (L)
1884 - 1922, 28.4. (L)   30
1837, Mai - 1889
1891 - 1895
1897 - 1917, März (L)
1918 - 1922, 28.4.   46
(24 Ro)
Beilage(n):
Literarisches und homiletisches
Beiblatt
1838 - 1839, Juni   46

6267.
Allgemeines jüdisches Familienblatt
1926 - 1933, 7.4.   **14**
(3 Ro)   14
1926 - 1933, 7.4.   **Bo 133**
                                           Bo 133
                                           15
1925 - 1927 (E)
1930 (E)   B 1539

6268.
Allgemeines oeconomisches Lexicon
1753   46

6269.
Anmuthiger und nützlicher Zeitvertreib für den Bürger- und Bauernstand [...]
1792   **46**
(1 Ro)   46

6270.
Annalen der Typographie und der verwandten Künste und Gewerbe
nur 1877: Annalen der Typographie und der verwandten graphischen Künste und und Gewerbe
(1869 - 1879)
1871, 12.7. - 1873, 11.7.   **B 479**
     B 479

6271.
Annalen des Ackerbaus und anderer nützlicher Künste
1790 - 1791   46

6272.
Anregungen für Kunst, Leben und Wissenschaft
1856 - 1861   **14**
(3 Ro)   14
     197

6273.
Antisemitische Correspondenz
1888 - 1899   **14**
     14
     15
Beilage(n):
Deutsch-soziale Correspondenz
1893 - 1894
(Deutsch-Soziale Antisemitische   **14**
Partei)   14
Beilage zu den Deutsch-sozialen Blättern
1894 - 1895   **14**
1899   14

6274.
Arbeiter-Turn-Zeitung
1931: Arbeiter-Turn- und Sportzeitung
(1893 - 22.3.1933)
1893, 15.7. - 1905, 15.12.
1908 - 1933, 22.3.   **Bo 414**
(10 Ro)
     46
     Lün 4
1912 - 1932 (L)   1a
(2 Ro, tw. als MPF)
1893, 15.9. - 1894
1896 - 1905 (L)
1908
1910 - 1930 (L)   4
1893, 15.7. - 1905, 15.12.
1908 - 1929
1931 - 1933, 22.3.   Bo 133
1893 - 1905 (L)
1908 - 1933, Juni (L)   715
     Bm 3
     Kn 41
Beilage(n):
Die Bundesgenossin
1929 - 1930 (MPF)
1931 - 1932   1a
1927 - 1930   4
1927
1929 - 1932   46
Freie Sportwoche
1923 (E)   46
Die Freie Turnerin
1922 (E), 1926 (E)   46
Jugend und Arbeitersport
1929 - 1932   1a
1925 - 1930   4
1926 - 1927
1929 - 1932   46
Jungsturm
1922, 18.10. - 13.12.   46
Mitteilungsblatt für [div.] Kreise des Arbeiter-Turn- und Sportbundes [div. Orte]
1922 - 1927
1929 (E), 1933 (L)   46
Sonderausg.: Zum XV. Bundestag
1926   46

6275.
Arbeiter-Zeitung
1933, Okt.   **B 479**
     B 479

6276.
Arbeiterpolitik / A
KPD O
1929 - 1931 (L)   **B 479**
     B 479
1929, 1930 (L)
1932, 1933 (L)   46
1929, 30.3. - 1931   Bo 133

6277.
Arbeiterpolitik / B
1930 (L)   46

6278.
Der Arbeitslose
1930 (E) u. 1932 (E)   **B 479**
     B 479

6279.
Archiv für sächsische Geschichte
1863 - 1880   14
(8 Ro)   14

6280.
Der Atheist
Leipzig, Wien (A), Prag (CZ)
1927 - 1932   188/211
1914 - 1920 (L)
1924 - 1927, 1   Bo 133
Beilage(n):
Frauenstimme
1924, Nr. 1 - 4
1925, Nr. 1 - 7/8   Bo 133

6281.
Banckwitz's Illustrirte Monatsblätter
März 1847: Banckwitz's Illustrirtes Wochenblatt
1847, Feb. - Juni   46
(1 Ro)   46

6282.
Der Beobachter
(8.6. - 17.7.1887)
1887, 8.6. - 17.7.   **B 479**
     B 479

6283.
Berg- und Hüttenmännische Zeitung
1853 - 1904   **GB-**
(29 Ro)   **LO/N38**

6284.
Beyträge zur Aufklärung der Landleute
1785 - 1786 (MPF)   46

6285.
Bibliothek der pädagogischen Literatur
1803, Sep. - Dez.   **MFA**
(1 Ro)
     Dm 11

6286.
Bilder der Zeit
1855   **46**
(1 Ro)

6287.
Bilder-Magazin
1842   **46**

6288.
Bilder-Magazin für allgemeine Weltkunde
1834 - 1835   **46**
(1 Ro)

6289.
Bildersaal
1847 - 1853   46

6290.
Blätter für Leipziger Wohlfahrtspflege
1924 - 1928   **1a**
(1 Ro)   1a

6291.
Börsenblatt für den deutschen Buchhandel
1944 u. 1946
1958 - 1959   35

6292.
Bolschewik
KPD
1930 - 1934, Juli (L)   **B 479**
     B 479

6293.
Der Botschafter
Leipzig, Berlin
Organ für die Tabak-Arbeiter Deutschlands
(Apr. 1866 - Jan. 1879)
1867 - 1871 (L)   **B 479**
     B 479
1867 - 1872 (L)   Bo 133

6294.	
Brennende Fragen	
1883/84, 1 - 5	**B 479**
	B 479
6295.	
Die Brücke	
1925, Ostern - 1930, Okt.	Dm 11
6296.	
Buchdrucker-Wacht	
1896, 1.8. - 1897	**B 479**
	B 479
1896, 1.8. - 1902, Okt.	**46**
	101a
	Bo 133
6297.	
CAL-Reporter	
VEB Chemieanlagenbau Leipzig	
1965, Nr. 11	
1966 - 1966, Nr. 5 (L)	**B 479**
	B 479
6298.	
Charis	
Leipziger Mode-Magazin	
1803, Feb. - Dez.	
1805	**MFA**
(1 Ro)	
1805	Dm 11
6299.	
Chemische Zeitschrift	
1901, Okt. - 1909	**GB-LO/N38**
(5 Ro)	**GB-LO/N38**
6300.	
Communalblatt	
1879, Nr. 1 - 22	**B 479**
	B 479
6301.	
Daheim	
1892, Apr. - Sep.	**24**
(1 Ro)	**24**
1864 - 1893, Sep.	
1896, Okt. - 1898, März	**46**
	46

6302.	
Demokratisches Wochenblatt	
Leipzig, Stuttgart, Hamburg	
2.10.1869: Der Volksstaat	
1.10.1876: Vorwärts	
(4.1.1868 - 27.10.1878)	
1868 - 1876	**Dm 11**
1868 - 1869	
1876 - 1878	**B 479**
	B 479
1868 - 1878, 21.10. (L)	**Bo 414**
(7 Ro)	
	Bo 133
	Dm 11
1871	
1874 - 1875	1w
1876, 1.9. - 1878, 27.10.	14
1876, 1.9. - 1878, 27.10 (L)	
1879 - 1880	
1882 - 1890 (L)	30
1868 - 1869, Sep.	
1876, 1.10. - 1878, 21.10.	34
1868	
1869 (L, tw. m. Beilage)	
1870 - 1876	46
1876, 1.10. - 1878, 21.10.	188/211
	Lün 4
1870 - 1878, 21.10. (L)	B 724
1876, 1.9. - 1878, 27.10.	31
1868 - 1869	
1871 - 1876, 29.9.	180
Beilage(n):	
Weimarischer Wahlverein	
1868, Nr. 1 - 6	**B 479**
Volksstaat-Erzähler	**B 479**
1873, 7.12. - 1875, 19.12.	**B 479**
Flugblatt	**B 479**
1868, 1 - 6	**B 479**
Wissenschaftliche Beilage	**B 479**
1877, 1 - 6	**B 479**
6303.	
Deutsche Blätter	
Leipzig, Altenburg	
anfangs in Altenburg	
(14.10.1813 - 15.6.1816)	
1813, 14.10. - 1814, 7.3.	**46**
(2 Ro)	
1813, 14.10. - 1816 (MPF)	25
1813, 14.10. - 1815	30
Beilage(n):	
Tagesgeschichte	
1815, 10.6. - 25.9. (MPF)	25
1815, 10.6. - 25.9.	30

6304.
Deutsche Blätter <1881>
1881, 8.10. - 31.12.   **B 479**
                                      B 479

6305.
Deutsche Buchbinderzeitung
1880 - 1885   **46**
                                      46
                                      101a

6306.
Deutsche Gesangskunst
Leipzig, Berlin
1900 - 1902   **14**
(1 Ro)   14
                                      197

6307.
Deutsche Gewerbezeitung und Sächsisches
Gewerbe-Blatt
Leipzig, Chemnitz
1851: Deutsche Gewerbezeitung
1858: Friedrich Georg Wieck's deutsche illustrirte Gewerbezeitung
1845, 1846 (L)   **46**
(1 Ro)
1844 - 1863   **14**
(10 Ro)   14
                                      Ch 1
1845 - 1900   17

6308.
Deutsche Jahrbücher für Wissenschaft und
Kunst
1841 - 1843   Bo 133
1841, 2.7. - 1842   Bm 3
                                      468

6309.
Deutsche Reichs-Bremse
1849 - 1850, Nr. 36 (L)   **1w**
                                      1w
                                      30

6310.
Deutsche Taubstummenkorrespondenz
1917: Deutsche Taubstummen-Nachrichten
1925: Die Stimme
1903 - 1924
1925, 15.2. - 1935, 29.6.   Dm 11
Beilage(n):
Illustrierte Gehörlosen-Welt
1929, Okt. - 1931, Aug.
1932, März - Nov.
1933, Jan. - Juni   Dm 11

6311.
Deutsche Töpfer-Zeitung
Leipzig, Nürnberg
ab 10.7.1901 in Nürnberg
1892 - 1898, Okt.   **GB-**
1899, Juli - 1901, 19.2. (L)   **LO/N38**
(8 Ro)   GB-
                                      LO/N38

6312.
Deutsche Turnzeitung
Leipzig, Berlin
1909 - 1913   **1a**
                                      1a
1856, Juli - 1943   **Bo 414**
(32 Ro)
                                      468
                                      61
                                      Kn 41
1934 - 1936, Nr. 26   1

6313.
Deutsche Zeitschrift für Geschichtswissen-
schaft
1898, Bd. 2   **Dm 11**
                                      Dm 11

6314.
Der deutsche Zeitungs-Beamte
1912 - 1914
1916 - 1918   46

6315.
Deutscher Courier
1843, Juli - 1845   30

6316.
Deutscher Jugendschatz
Red. W. Hasenclever
1879 - 1880, Nr. 26   **B 479**
                                      B 479

6317.
Deutscher Zeitungskatalog
anfangs?: Leipziger Zeitungskatalog
1841, 1845, 1848
1850, 1853   **Dm 11**
                                      Dm 11

6318.
Deutsches gemeinnütziges Magazin
1790, Stck 2 (MPF)   46

6319.
Der Drache

1919 - 1924/25, Nr. 27	**101a**
(7 Ro)	101a

6320.
Die Eisenbahn
(1838 - 1844)
1839, Nr. 1 - 29.6.

1841 - 1844 (L)	**B 479**
	B 479
1838 - 1839 (L)	30
Beilage(n):	
Bahnhof	
1839 (L)	**B 479**
(Inseratenblatt)	B 479
Beiwagen zum Schleppwagen	**B 479**
1839, 4.5. - 29.6.	B 479

6321.
England und Italien

1787 (L)	**46**
(1 Ro)	46

6322.
Esperos
griechisch

1881, Mai - 1888, Okt.	GB-LO/N38

6323.
Die Europäische Fama

1702 - 1721	**46**
1702 - 1727	46

6324.
Europäische Parlaments-Chronik

1848, 8.4. - 30.6.	**Dm 11**
(1 Ro)	Dm 11
	21/32c
	188/211
	Dm 11

6325.
Extrablatt der Kommunistischen Landtags-fraktion Sachsen

1933, Feb.	**B 479**
	B 479

6326.
Extract derer eingelauffenen Nouvellen

1739 - 1741 (L)	
1742 - 1744	
1745 (L), 1746	
1747 (L), 1748	
1749 - 1750 (L)	**46**
(3 Ro)	
1722 - 1724	
1726, 1728	
1735	
1752 - 1753 (L)	46

6327.
Die Fackel
23.11.1878: Leipziger Beobachter

1876, 25.12. - 1879, 1.1.	**14**
	14
1877, 22.6. - 1878, 29.9.	**1w**
(1 Ro)	1w
1877, 22.6. - 1879, Nr. 1	30

6328.
Die Frau von heute
(Feb. 1946 - 1962)

1946, Feb. - 1948	**B 479**
	B 479

6329.
Frauen-Rundschau
Leipzig, Berlin

1906	1a

6330.
Der Freidenker

1918 - 1921	**1a**
(1 Ro)	1a
	Bm 3
Beilage(n):	
Der sozialistische Freidenker	
1926 - 1933, 3	Bo 133

6331.
Der freie Bund

1898 - 1902 (L)	**Dm 11**
	Dm 11

6332.
Freie deutsche Schulzeitung

1881, 1886	1
(1 Ro)	
	1a
Beilage(n):	
Für Mußestunden	
1886	1
	1a

6333.
Freie Glocken
1889 - 1898 (L) B 479
  B 479

6334.
Freikugeln
Satirische Zeitschrift
1842, 1846 Dm 11
(1 Ro) Dm 11
  B 479
  B 479
Beilage(n):
Literarische Beilage B 479
1842, Nr. 1 - 9 B 479

6335.
Der Freimüthige
1815 Wit 2
Beilage(n):
Zeitung für Theater, Musik und
bildende Künste zur Unterhaltung
gebildeter, unbefangener Leser
1821 - 1823 (MPF) 24

6336.
Freiwirtschaft durch Freiland und Freigeld
1919 - 1927
1929 - 1933 46

6337.
Die Gartenlaube
Leipzig, Berlin
5.1.1938: Die neue Gartenlaube
Illustrierte Familienzeitschrift
Vlg. anfangs in Leipzig
(1853 - Sep.1944)
1853 - 1855
1857 - 1858
1897 (nur Beilage)
1915 - 1916
1917 (L), 1918
Reg.: 1853 - 1902
Inhaltsverz.: 1915 - 1916 46
(10 Ro) 46
1853 - 1933, Nr. 50
1934 - 1941, Nr. 50
1942 - 1944, Sep. MFA
(84 Ro)
1853 - 1944, Sep. (L) 14
1853 - 1855 352
1925 - 1931 (L)
1933 (L)
1935 - 1937 (L) 188/211
1853 - 1937 17

1853 - 1920
1925 - 1927
1928, Nr. 27 - 52
1929, Nr. 27 - 1931
1933, 5.1. - 29.6.
1936 - 1937 Dm 11
1857 - 1858
1887 - 1888
1908 - 1910
1925 - 1926 6/053
1853 - 1944, Sep. (L) 5
(Beilagen mitverfilmt)
Beilage(n):
Deutsche Blätter 46
1862, Okt. - Dez. 46
1866 - 1871 30
  Bo 133
Illustrierter Dorfbarbier
1853, 1856, 1861
(1 Ro) 46

6338.
G.D.A.
Zeitschrift des Gewerkschaftsbundes der
Angestellten
1925
1927 - 1928 MFA
(1 Ro)

6339.
Der Geächtete
1834, Juli - 1836, Jan. Dm 11

6340.
Die Gegenwart
Blinden- und Sehschwachenverband
1947 - 1990 14
(11 Ro)
  L 92

6341.
Gelehrte Abhandlungen und Nachrichten
aus und von Rußland
Leipzig, Königsberg, Mitau
1764 - 1765 46
  Gö 169

6342.
Gemeindeblatt der Israelitischen
Religionsgemeinde zu Leipzig
Nr. 32, 1937: Jüdisches Gemeindeblatt und
Nachrichtenblatt der Gemeindeverwaltung der
Israelitischen Religionsgemeinde zu Leipzig
(1925 - 1938?)
1925 - 1938 (L) 46
  16

1925 - 1938 (L)   19
824
B 1539
H 227
14
464
1925 - 1938 (L)   30

6343.
General-Anzeiger
1848 (E)   **B 479**
        B 479

6344.
General-Anzeiger für Leipzig und Umgegend
16.12.1904: Leipziger Abendzeitung
15.5.1914: Leipziger Abendzeitung und Handelsblatt für Sachsen
1903 - 1918   **14**
(55 Ro)   14
        L 331

6345.
Germania
1851 - 1852   **Dm 11**
(1 Ro)   Dm 11

6346.
Gespräche in Dem Reiche der Todten [...]
1720, Nr. 11 - 1739, Nr. 240 (L)   **MFA**
(19 Ro)
        Dm 11

6347.
Gewerbe-Blatt für Sachsen
1834 - 1844   **14**
(5 Ro)   14
        Ch 1

6348.
Gewerbe-Zeitung
1846, Apr. - 1847, März   **46**
(1 Ro)

6349.
Die Glocke
Leipzig, Berlin, Dresden, Wien (A)
1859, 26.3. - 24.12.
1860, Jan. - 23.6.
1861, Nr. 105 - 156
1862 - 1864, Sep.
ohne Daten: Heft 11 - 13   **46**
        46
1861 - 1862   **Dm 11**
(1 Ro)

1859 - 1860   **14**
(2 Ro)   14
        15
1859 - 1862   Dm 11

6350.
Gnädigst privilegiertes Leipziger Intelligenz-Blatt in Frag- und Anzeigen, vor Stadt- und Landwirthe
1769 - 1770
1787 - 1791   **46**

6351.
Gründliche Auszüge aus juristischen und historischen Disputationibus [...]
1737 - 1738   46

6352.
Hallische bzw. Deutsche Jahrbücher
1838 - 1842   **Dm 11**
(3 Ro)   Dm 11
        Bo 414

6353.
Hammer
1902 - 1905
1908 - 1922   **46**
1902 (L)
1914 - 1940 (L)   **M 352**
1902 - 1905
1906, Juli - Dez.
1908 - 1922   46

6354.
Das Heller-Magazin
1833, Okt. - 1834, 8.11.
1835 - 1842
1844   **46**
        46

6355.
Hesperos
1881, Mai - 1888   **GB-LO/N38**

6356.
Der Hüter
UT: Blätter für d. Dienst am Leben
Vlg. in Leipzig-Schleußig
1.1924/27 - 2.1927, 2   25
(MPF)

6357.
Illustrierte Jugendzeitung
1846 (L), 1847   **46**
(1 Ro)

6358.
Illustrierte Zeitung für Blechindustrie
1886 - 1891
1895 - 1896
1899 - 1900   **GB-**
1903   **LO/N38**
1907 - 1909   **GB-**
(25 Ro)   **LO/N38**

6359.
Illustrierte Zeitung für Buchbinderei und
Cartonnagenfabrikation
Leipzig, Dresden, Berlin
ab 6.3.1895 in Dresden
ab 20.3.1895 in Berlin
1868, Apr. - 1874   **GB-**
1895 - 1900   **LO/N38**
1901, Juli - 1903, Juni   **GB-**
(5 Ro)   **LO/N38**

6360.
Illustriertes Volksecho
1932, 2 - 1933, Feb. (E)   **B 479**
     B 479

6361.
Das Illustrirte Journal
1864, 20.8. - 1865, 23.9.   46

6362.
Illustrirte Kriegs-Chronik
1871   **46**
(1 Ro)   46

6363.
Illustrirte Zeitung
Leipzig, Berlin
1907, Juli - Sep.   **1a**
(1 Ro)   1a
1843, Juli - 1897
1899
1900, Juli - 1913
1914 (L)
1915 - 1935
1936, Apr. - 1943, Sep.
1944, Jan. - Sep.   **46**
(MF nur tw. vorhanden)   46
1925 (L)
1927 - 1928 (L)
1931 (L)
1937 - 1941 (L)
1943, Nr. 5019   **M 352**

1843, 1.7. - 1899, 29.6.
1899, 3.8. u. 24.8.
1900, 4.1. - 1944, Sep.   **MFA**
(124 Ro)
     Dm 11
1848, 1.1. - 24.6.
1880, 3.7. - 25.12.
1883, 6.1. - 30.6.
1924, 2.10. - 25.12.
1926 - 1927, 29.9.   H 250
1843, 1.7. - 1944, Sep. (L)   14
1843, 1.7. - 1847, 26.6.
1872 - 1875, 19.6.
1891, 3.1.   18
1907, Apr. - Dez.
1925 (L)
1927, 1928, 1931 (L)
1937 - 1941 (L)   352
1918 - 1939   Kob 7
1843, 1.7. - 1893
1895 - 1897
1899
1925 - 1943, 21.1.   109

6364.
Illustrirte Zeitung für das katholische
Deutschland
1855   **46**
     46

6365.
Illustrirte Zeitung für die Jugend
1846 - 1848
1849, 17.3. - 1853   **46**
     46

6366.
Illustrirter Kalender
1846 - 1850
1855   46

6367.
Illustrirtes Familien-Journal
1854 - 1860 (L)
1862   **46**
(MF nur tw. vorhanden)   46

6368.
Industriebau
1910 - 1912   **GB-**
1919 - 1930   **LO/N38**
(5 Ro)   **GB-**
     LO/N38

6369.
Der Jäger
1838, Sep. - 1839   30
Beilage(n):
Sonntagsjäger
1838, Nr. 1 - 18
(Vlg. in Frankfurt, M.)   30

6370.
Journal für Fabrik, Manufaktur, Handlung
und Mode
1792 (MPF)
1793, Juli - Dez
1796 - 1797
1800 - 1803   46

6371.
Der Jude
1768 - 1772   **Dm 11**
(1 Ro)   Dm 11
                                     46
                                   He 116
                                     19
                                     824
                                     517
                                   B 1539
                                     30
                                   Kn 125
1763 - 1772   12

6372.
Jüdisches Gemeindeblatt und Nachrichten-
blatt der Gemeindeverwaltung der israeliti-
schen Religionsgemeinde zu Leipzig
1925 - 1938   **101a**
(6 Ro)   101a
1925, 25.9. - 1936, 26.8.   **Dm 11**
(2 Ro)   Dm 11
1937 - 1938 (L)   **M 352**

6373.
Jüdisches Volksblatt
1853/54 - 1855/56
1860
1862 u. 1864   **M 352**
1853 - 1866 (L)   **Dm 11**
(1 Ro)   Dm 11
                                     46
                                     16
                                   He 116
                                     19
                                     824
                                     517
                                   B 1539

1853 - 1866 (L)   H 227
                                     30
                                     464

6374.
Die Junge Garde
Kommunistischer Jugendverband
1934, Juni - Juli   **B 479**
                                   B 479

6375.
Der junge Sturmrufer
1933, Ende Mai   **B 479**
                                   B 479

6376.
Die Kämpferin
Leipzig, Berlin
1919 - 1921
1927 - 1932   1
                                     1
1926 - 1933, Nr. 5 (L)   **B 479**
1919 - 1920
1921 (L)
1927 - 1932   46
(2 Ro)
1919, 1.4. - 1921, 15.3.
1927 - 1932   Bo 133
1928
1931 - 1932 (E)
1933   11
1919 - 1921
1926 - 1933, Nr. 5 (L)   B 479
Beilage(n):
Für unsere Kinder   1
1919 - 1921, 2
                                     1
                                   Bo 133
1919 - 1920   **B 479**
1923   B 479

6377.
Die Kinderwelt
1926 - 1930   46
                                     46

6378.
Klassenkampf
vereinigte Kommunistische Partei / West-
Sachsen
1921, 2   **B 479**
                                   B 479

6379.
Kleine satirische Schriften
1804   46

6380.
Koloniale Rundschau
1909 - 1927 (L)   18

6381.
Der Komet
1832 (L), 1833
1835, 1845   30

6382.
Der Korrespondent für Deutschlands Buch-
drucker und Schriftgießer
Leipzig, Berlin, Stuttgart
später: Druck und Papier
ab 1933 in Berlin, später in Stuttgart
1952 - 1954
1956 - 1957
1961
1963, Nr. 1 (Jub.-Nr.)
1966 - 1975, 8.12.
1977 - 1988
1990 - 1996   **Dm 11**
(25 Ro)   Dm 11
1875 - 1878
1906 - 1907   **1a**
(4 Ro)
                                MFA
(4 Ro)
                                101a
1863 - 1932   Bo 133
(9 Jge. fehlen)

6383.
Kulturwille
1924 - 1932   **MFA**
(2 Ro)
                                Dm 11
                                Lün 4

6384.
Das Lebende Bild
1913, 7.6. - 9.8. (L)   **MFA**
(1 Ro)

6385.
Leipzig
1.7.1810: Leipziger Tageblatt
1.1.1833: Leipziger Tageblatt und Anzeiger
1.4.1905: Leipziger Tageblatt und Handelszeitung
(1.7.1807 - 1925)
1916, Sep. - 1919, 6.8. (L)   **GB-**
(13 Ro)   **LO/N38**
                                GB-
                                LO/N38

1807, 1.7. - 1925   **14**
(564 Ro)   14
                                15

6386.
Der Leipziger
1909: Leipziger illustriertes Extrablatt
1915?: Der Leipziger
1906 - 1909, 31.3.
1915
1919 - 1922   **14**
(10 Ro)   14
                                15

6387.
Leipziger Allgemeine Zeitung <1837>
1.4.1843: Deutsche Allgemeine Zeitung
(1.10.1837 - 31.12.1879)
1839   **1w**
(4 Ro)   1w
1837, Okt. - 1879, Juni   **GB-**
(117 Ro)   **LO/N38**
                                GB-
                                LO/N38
1844 - 1848   **Dm 11**
                                Dm 11
1848   21

6388.
Leipziger allgemeine Zeitung für Buchhandel
und Bücherkunde
1838/39   46

6389.
Leipziger Arbeiterzeitung
1848 (E)   B 479

6390.
Leipziger Dorfanzeiger
1.7.1887: Leipziger Stadt- und Dorfanzeiger
20.2.1910: Allgemeine Zeitung
12.4.1911: Leipziger Allgemeine Zeitung
1852 - 1853
1855 - 1921, 30.9.   **14**
(125 Ro)   14
                                15
                                L 331

6391.
Leipziger Färber Zeitung
1899, 1.12. - 1909, Nov.   **GB-**
(5 Ro)   **LO/N38**
                                GB-
                                LO/N38

6392.
Leipziger Handels-Zeitung
1847 - 1850, 29.6.   14
(4 Ro)   14
                                 15

6393.
Leipziger illustrirte Kriegszeitung
1854 - 1855   14
(1 Ro)   14
                                 15

6394.
Leipziger jüdische Wochenschau
1928, 7.12. - 1933, 31.3. (L)   14
(1 Ro)   14
                                 15
                                 B 1539

6395.
Leipziger Jüdische Zeitung
1922, 3.2. - 1926, 18.6. (L)   14

6396.
Leipziger Korrespondenzblatt
1881/82 - 1882/83
1884/85   Bo 133
                                 Bo 133

6397.
Leipziger Kreisblatt
1837, 5.1. - 1859 (L)   14
                                 14
                                 15

6398.
Leipziger Lehrerzeitung
1916
1920 - 1921
1923   1a
(4 Ro)   1a
1893, 4.10. - 1909, 22.9.
1911, 11.10. - 1920, 22.12.
1923, 10.1. - 1933, 7.4.   B 478
                                 Bo 133
                                 Dm 11
Beilage(n):
  Pädagogische Beilage
1932 - 1933   B 478
                                 Bo 133
                                 Dm 11

6399.
Leipziger Locomotive
Leipzig, Halle, S.
Vlg. bis 21.6.1843 in Leipzig, dann in Halle, S.
(5.10.1842 - Dez. 1843)
1843, Juli - Sep.   **Dm 11**
                                 Dm 11
                                 24
1843   46

6400.
Leipziger Monatsschrift für Textil-Industrie
1900 - 1909   **GB-**
(7 1/2 Ro)   **LO/N38**
                                 GB-
                                 LO/N38

6401.
Leipziger Musiksaison
1903, 10.10. - 1904, 14.4.   14
(1 Ro)   14
                                 197

6402.
Leipziger Nachrichten
1878, 1.10. - 1892, Juni   14
(29 Ro)   14

6403.
Leipziger neueste Nachrichten
1912?: Leipziger neueste Nachrichten und
Handelszeitung
1911, Mai
1912, Jan., Juni, Aug.
1913, März u. 1914, Apr.
1914, Juli - 1919
1920, Apr. - Juni
1921, Jan. - März
1929 - 1942
1943, Mai - 1944, Juni
(enthält tw. Ausg. A und   **1w**
Postausg.)   1w
1892, Okt. - Dez.   **14**
                                 14
1939 - 1944 (L)   6
1914, 24.9. - 30.12.
1915, 27.2. - 1919, 8.8.
1941, Mai, Juli - 20.11.   **GB-**
1942 - 1945, 25.3.   **LO/N38**
(gesamter Bestand lückenhaft)
Beilage(n):
  Sonderblatt
1939, 23.8. - 1942   **1w**
(3 Ro)   1w

Welt im Bild
1929 - 1943 (L)   1w
(3 Ro)   1w
Reise- und Bäderzeitung   1w
1934 - 1940, 7.1. (L)   1w
Literarische Rundschau
1911, Mai   1w
1912 - 1914, Apr. (E)   1w
Hans Kunterbunt   1w
1929 . 1941m 25.3. (L)   1w
Blätter für Belehrung und Unterhaltung
1911, Mai - 1914, Apr. (einzelne
Monate)   1w
1914, Juli - 1916, 8.5. (L)   1w

6404.
Leipziger Neuestes Narrenschiff und Schwin-
del-Zeitung
1925, Okt.   B 479
                                      B 479

6405.
Leipziger pikante Blätter
1884, Nr. 11 - 23 (L)   15

6406.
Leipziger Rundschau
1962, 16.3. - 1965, 17.12.   Bo 174
(1 Ro)

6407.
Leipziger Sammlungen
1742 - 1761
1767   46
                                        46

6408.
Leipziger Volks-Zeitung
Wochenblatt
1879, 9.2. (L)   B 479
                                      B 479

6409.
Leipziger Volkshalle
1850, 27.8. - 21.12.   MFA
(1 Ro)

6410.
Leipziger Volkszeitung / Leipzig-Land
1971 - 1990, 18.9. (L)   14

6411.
Leipziger Volkszeitung <1946>
(19.5.1946 ff.)
1992 ff.   101b
(7 Ro/Jg)
1946, 13.4. - 1990, 15 (L)   B 479
                                      B 479
1947
1951 - 1990   Bo 174
(115 Ro)
1947 (L)   Bo 414
(1 Ro)
1997 ff.   1w
1946, 23.5. - 1948, 2.6. (L)   GB-
                                     LO/N38
1947 ff.   Bo 153
1948 - 1949   Bo 133
1995 ff. (MPF)   12
1983 ff.   14
1951 - 1955
1959   15
1992 - 1997   101a
1951 - 1954, 26.2.
1989 - 1990 (L)   180
1951 ff.   101b
1947/56   706
1947 (L)
1951 - 1985   739
1947
1951 - 2003   188/211
1947
1989 - 1990   M 352
1990
1992 - 2004, 29.3.   281

6412.
Leipziger Zeitung <1946>
SED, Bezirk Westsachsen
(7.5.1946 - 16.1.1948)
1946, 7.5. - 1948, 16.1.   14
(2 Ro)   14
                                     L 331
                                        15
1946, 7.5. - 4. Juli (LL)
1946, 15.10. - 1947, 18.1.   GB-
1947, 6.2. - 25.12. (L)   LO/N38

6413.
Leipziger Zeitungen
1810: Leipziger Zeitung
Hervorgeg. aus d. Leipziger Post-Zeitungen
(12.7.1734 - 30.9.1921)
1855, Jan. - März
1864, Apr. - Juni
1869, Juli - Sep.   1w
                                        1w

1870, 1.4. - 30.6.	
1871, 1.4. - 30.6.	
1874, Jan. - März	
1880, Apr. - Juni u. Okt. - Dez.	
1893 - 1897 (L)	
1917, Jan.	**1w**
	1w
1848 (LL), 1850 (E)	**B 479**
	B 479
1665 - 1667 (E)	
1673	
1675 - 1676 (L)	
1677, 1678 (L)	
1680 - 1681 (L)	
1682	
1685 - 1686 (L)	
1687, 1693, 1696	
1722 - 1723 (E)	
1735, 1737 (E)	
1749 - 1750 (E)	
1760 (E), 1860 (E)	**46**
(1 Ro)	
	15
	15
	L 331
Beilage(n):	
Wissenschaftliche Beilage (1854 - 1914)	
1876 (L)	**1w**
1893 - 1897	1w
1860 - 1867	
1869 - 1872	
1874 - 1886	
1888 - 1899	
1901 - 1914	**14**
(23 Ro)	14
	15
Extra-Beilage	**B 479**
1848, 3.1. - Nr. 303	B 479

6414.
Der Leuchtthurm
Leipzig, Zeitz, Magdeburg, Bremen, Braunschweig, Dessau-Roßlau
1850, Nr. 36: Die Wartburg
Zeitz, ab 1846, Nr. 6 in Magdeburg, ab 1846, Nr. 9 in Bremen, ab 1847 in Braunschweig, ab 1848, Nr. 4 in Leipzig, ab 1850, Nr. 36 in Dessau
Dessau wurde am 1.7.2007 in Dessau-Roßlau umbenannt

1851, Jan. - Juni	**Dm 11**
(1 Ro)	Dm 11

1846 - 1850	**1w**
(4 Ro)	1w
	Bm 3
1848 - 1849	30
Beilage(n):	
Die Laterne	
1846 - 1848 (L)	1w
1846 - 1848	30

6415.
Literarischer Anzeiger

1839, Nr. 1 - 18	**B 479**
	B 479
1827 - 1852	30

6416.
Literatur- und Anzeigenblatt

1833 (L)	30

6417.
Der Lithograph

1899, Mai - 1907, Juli	**46**
	46

6418.
März

1924, Nr. 1 - 8	**B 479**
	B 479

6419.
Magazin aller neuen Erfindungen
1809: Neues Magazin [...]
1816: Magazin der Neuesten Erfindungen

1797 - 1826	**MFA**
(4 Ro)	
	46
1797 - 1809	
1816 - 1826	21

6420.
Magazin für die Literatur des Auslandes

1854, Nr. 78 - 1857	
1861, Nr. 1 - 52	**B 479**
(1855 - 1857 nur einzelne Seiten)	B 479

6421.
Der Maschinenbauer

1893 - 1900, Sep.	**GB-LO/N38**
(2 1/2 Ro)	
	GB-LO/N38

6422.
Die Mirag
15.10.1935: Funk alle Tage
1924, 1.11. - 1935   **MFA**
(21 Ro)
1926 - 1935   Dm 11
     F 228
     101a

6423.
Mitteilungen des Gesamtarchivs der deut-
schen Juden
Leipzig, Berlin
ab 1926 in Berlin
1908 - 1914
1926   **Dm 11**
(1 Ro)   Dm 11
     46
     19
     824
     517
     B 1539
     30
     He 116

6424.
Mitteilungsblatt des Bezirkes Westsachsen der
KPD
1924, 27 - 1925, 19 (L)   **B 479**
     B 479

6425.
Mitteldeutsche Neueste Nachrichten
UT: Tageszeitung für Sachsen und Sachsen-
Anhalt
(14.7.1952 - 1.7.1990)
1956, 26.10. - 1990, Juni   **Bo 174**
(63 Ro)
1989 - 1990, 1.7.   180
1956, 28.10. - 1990, 1.7.   101b
1956 - 1985   739
1957 - 1990, 1.7.   188/211

6426.
Mitteldeutsche Sportzeitung
3.11.1911: Mitteldeutscher Sport
1916: Mitteldeutsche Sportzeitung
1910, 2.11. - 1932 (L)   **14**
(25 Ro)   14
     15

6427.
Moderne Dichtung
1890   1a

6428.
Moniteur des dates
Hrsg. Eduard Oettinger
1875, Juni - 1882, Juni   **Dm 11**
     Dm 11

6429.
Muldenthaler Volksfreund
1877, 24.11.   **B 479**
     B 479

6430.
Museum für Prediger
1797 - 1801 (MPF)   46

6431.
National-Magazin
1834   46

6432.
Das Neue Blatt
1870
1875 - 1877   **46**
(3 Ro)   46

6433.
Neue Illustrirte Zeitung
1876 u. 1888   46

6434.
Die neue Sängerhalle
1862 - 1866   **14**
(1 Ro)   14
     197

6435.
Neue Zeitschrift für Musik
1906: Musikalisches Wochenblatt
1864 - 1912   **Bo 414**
(13 Ro)

6436.
Neueröffnetes Kriegs- und Friedens-Archiv
1743 - 1749   **3**

6437.
Neues allgemeines deutsches Volksblatt
1797 (MPF)   46

6438.
Neues sächsisches Kirchenblatt
1894 - 1936   **14**
(14 Ro)   14
     15

6439.
Niedersächsisches Archiv für Jurisprudenz
und juristische Literatur
1788   46

6440.
Der Orient
1840 - 1851   Dm 11
(5 Ro)   Dm 11
                                        46

6441.
Pariser Mode
1901, Nr. 1 - 73   Dm 11
(1 Ro)   Dm 11

6442.
Payne's Universum
1843
1851 - 1854   **46**

6443.
Das Pfennig-Magazin
1833 - 1855   **46**
(8 Ro)
1843 - 1855 (MPF)   6

6444.
Das Pfennig-Magazin für Kinder
1834, 5.5. - 28.6.
1834, 6.9. - 25.12.
1835 - 1838   **46**
                                        46

6445.
Politisches Pfennig-Magazin
1850   **46**
(1 Ro)

6446.
Politisches Taschenbuch auf das Jahr 1836
I. Journalistik
1835   Dm 11
                                        Dm 11

6447.
Post-Verordnungsblatt für die Königlich
Sächsischen Postanstalten
1841, 6.7. - 1867   **14**
(6 Ro)   14

6448.
Die Postkarte
1905 - 1910   **14**
(6 Ro)   14
                                        15

6449.
Pressedienst des Reichssenders Leipzig
1939, Nr. 1 - 1941, Nr. 41   **101a**
(1 Ro)   101a

6450.
Proletarier-Jugend
Nov. 1920?: Junge Kämpfer
1920   **46**
(1 Ro)
1920, 1.1. - 15.10.   Bm 3
1920, 1.1. - 15.10.
1921 - 1922, Nr. 9   Bo 133

6451.
Proletarische Heimstunden
1925: Heimstunden
1923 - 1926   Bo 133

6452.
Der Reichsbürger
1879, 2.11. - 28.12.
1880, 4.4. - 30.12.
1881, 21.1. - 15.9. (L)   **46**
(1 Ro)
1879, 11.5. - 1881, 15.9. (L)   **B 479**
                                        B 479
1881, 26. - 30.6. u. 10. - 28.7. u.
8.8. - 11.9.   **Bo 414**
(1 Ro)
1879, 1 u. 1880, 1   30

6453.
Die Religiöse Revolution
Kampfblatt "Der Deutschen Volkskirche e.V."
1935, März - 1937, Juni   **1w**
                                        1w

6454.
Rohrpost
5.2.1990: ISO-Kurier
1961, 2 - 1971   **B 479**
                                        B 479

Beilage(n):
Neuererforum   **B 479**
1955 - 1970, 3   **B 479**

6455.
Die rote Fahne / Lützschena
KPD [Leipzig-] Lützschena
1929, 26.10.   **14**

6456.
Der rote Kurier
1921 (E)	**B 479**
	B 479
1921, 28.7. - 6.8.	Bo 133

6457.
Der rote Sachsenspiegel
satirische Arbeiter-Zeitung
1926, Nr. 1	**B 479**
	B 479

6458.
Rote Sturmfahne
KPD
1934, Jan.	**B 479**
	B 479

6459.
Roter Sachsensport
1919, Nr. 1 -5	
1930, Nr. 1 - 3	
1932 (E)	**B 479**
	B 479
1929 - 1930, 8	Bo 133

6460.
Der Rundfunk
Ausg. Leipzig, HA in Berlin
1949 - 1952	**MFA**
(4 Ro)	
	Dm 11
	F 228

6461.
Rundschau über die Leistungenu u. Fort-
schritte der Maschinentechnik u. der mecha-
nischen Technologie im In- u. Ausland
1887, Feb. - 1890	**GB-**
(2 Ro)	**LO/N38**
	GB-
	LO/N38

6462.
Sabbath-Blatt
1843, Nr. 26 - 1846, Nr. 26	**M 352**

6463.
Sachsenzeitung
1830 - 1834, 29.3.	**14**
(9 Ro)	**14**

6464.
Sächsische Arbeiter-Zeitung
1921 - 1933, Feb. (E)	**B 479**
	B 479
1924, 6.9. - 1933, 27.2.	**14**

6465.
Sächsische Vaterlandsblätter
1842	**B 479**
	B 479
1843 - 1844	**46**
(3 Ro)	
1843	Bm 3

6466.
Sächsische Volkszeitung
Ausg. Leipzig
1945, 4.8. - Dez. (MPF)	1w
1945, 2.11. - 1946, 5.3. (LL)	**GB-**
	LO/N38
1945, 4.8. - 1946, 7.4. (MPF)	**14**
1946, 1.1. - 12.4. (MPF)	**15**

6467.
Sächsische Wahlzeitung für die Kommunisti-
sche Liste aller Werktätigen
1924, 1 - 2	**B 479**
	B 479

6468.
Sächsische Zeitung
1946, 13.4. - 18.5. (MPF)	**15**

6469.
Sächsische Zeitung für Verwaltung und Poli-
zei
1861, Nr. 46 - 1906, Nr. 26	**14**
(12 Ro)	**14**

6470.
Sächsisches Wochenblatt für Verwaltung und
Polizei
1861, 46 - 1906, 26 (L)	**14**
	14
1861 - 1906, 27.6.	**15**

6471.
Der Salon für Literatur, Kunst und Gesell-
schaft
1868 - 1872	
1888 - 1889	**46**
(14 Ro)	**46**

6472.
Saxonia
1875/76 - 1879/80   **14**
(1 Ro)
     124

6473.
Sibylle
Leipzig, Berlin
Vlg. anfangs in Leipzig, später in Berlin
1957, Aug. - Sep.
1960, Feb. - 1963, Juni
1963, Okt. - 1964
1993, Nr. 2 u. 3   **MFA**
(3 Ro)
     Dm 11

6474.
Skizzen-Buch für Ingenieure und Maschinenbauer
1890 - 1896, Sep.   **GB-**
(3 Ro)   **LO/N38**
     GB-
     LO/N38

6475.
Sonntagsmagazin
1833, Nov. - 1834   **46**
(1 Ro)

6476.
Sozialistisches Wochenblatt
1912 (Xerokopie)
1913, Nr. 1 - 39 (MPF)   188
1913, Nr. 1 - 39 (MPF)   18
Beilage(n):
Freiland
1913, Nr. 1 - 6 (MPF)   14
     188

6477.
Sperlings Zeitschriften- und Zeitungsadreßbuch
1902, 1915, 1933   **Dm 11**
     Dm 11

6478.
Sulamith
Leipzig, Dessau-Roßlau
Ersch.-O.: Dessau, heißt ab 1.7.2007 Dessau-Roßlau
1806 - 1837
1845 - 1848   **Dm 11**
(2 Ro)   **Dm 11**
     46

6479.
Die Union / Leipzig
HA in Dresden
Vlg. ab 1.8.1950 in Halle, S.
(5.1.1946 - 31.1.1992)
1961, 18.1. - 1962, 12.12. (E)
1964, 10.1. - 13.12. (E)   **188/211**
1966, 1.4. - 1971, 31.10.
1978 - 1990, 30.6.   **Bo 174**
(35 Ro)
1989 - 1990, 30.6.   180
1966, Apr. - 1971, 30.10.
1977, 1.7. - 1992, 31.1.   101b
1977, 1.7. - 1990, 30.6.   188/211
1947, 12.1. - 31.12.   M 352

6480.
Universitätszeitung
Organ der SED-Kreisleitung der Karl-Marx-Universität
(1957 - 15.7.1991)
1957 - 1974 (L)   11

6481.
Die Verbrüderung
UT: Correspondenzblatt aller deutschen Arbeiter
25.5. - 29.8.1848: Das Volk
1848, 25.5. - 1850, Nr. 26 (L)   **B 479**
     B 479

6482.
Vereinigte Volksblätter für Sachsen und Thüringen
(1.7.1848 - 4.7.1852)
1849 - 1851, Nr. 72 (L)   **B 479**
     B 479
1849, Nr. 30 - 63   **Bo 133**
Beilage(n):
Familien-Blatt   **B 479**
1849, 7.7. - 1850, 30.3.   **B 479**
1849, Nr. 8 - 24   **Bo 133**
Werdauer Anzeiger und Kreisblatt   **B 479**
1849, 2 - 1850, 26 (L)   **B 479**

6483.
Die vernünftigen Tadlerinnen
Leipzig, Hamburg
1725 - 1726   **46**
(1 Ro)   46

6484.
Vierteljahresschrift für Bibelkunde, talmudische und patristische Studien
1907, Sep. u. 1908, Juli
1909, Feb.   **Dm 11**
(1 Ro)   Dm 11
                                     109
                                     B 1539

6485.
Volk im Werden
1933 - 1939 (L)
1941   **M 352**
                                     B 1527

6486.
Volks-Recht-Zeitung
6.5.1933: aufg. in Deutsche Sparerzeitung
1930 - 1934, 5.1.
1935, 5.1. - 1936, 3.1.   **MFA**
(2 Ro, Beilagen mitverfilmt)
                                     Dm 11

6487.
Volksblatt
1923, 10.11.   **B 479**
                                     B 479

6488.
Volksbote
1923, 18. u. 20.11.   **B 479**
                                     B 479

6489.
Der Volksdienstler
KPD Volkspark Kleinzschocher
1934, Juni/Juli   **B 479**
                                     B 479

6490.
Der Volksfreund <1797>
Monatsschrift
1797 - 1798   **46**

6491.
Der Volksfreund <1848>
(5.4. - 27.9.1848)
1848, 4 - 6   **B 479**
                                     B 479
1848   46

6492.
Volkszeitung
KPD Sachsen
HA in Dresden
(25.7.1945 - 15.4.1946)
1945, Nr. 9 u. 11   **B 479**
                                     B 479

6493.
Vollständige Nachrichten von dem ordentlichen Inhalte [...]
1746 - 1760   **46**
(14 Ro)   46

6494.
Vorstoss
1934, 7 - 10 (L)   **B 479**
                                     B 479

6495.
Der Vortrupp
1912 - 1919   **46**

6496.
Vorwärts <1843>
Volkstaschenbuch
1843 - 1845   **Dm 11**
(1 Ro)

6497.
Der Wähler
29.9.1894: Leipziger Volkszeitung
(3.11.1887 - 28.9.1894, Probe-Nr. 29.9.1894,
1.10.1894 - 2.3.1933)
1890, 28.2.
1890, 24.4. - 1903, März
1903, Juli - 1913
1915
1917 - 1932, Juli (L)
1932, Aug. - 1933, 3.2.   **14**
(116 Ro)   14
1887, 3.11. - 1894, 28.9. (L)   **B 479**
                                     B 479
1894 - 1901, März   **46**
1902 - 1927, März
1932   **Bo 414**
(84 Ro)
1917, 23.10. - 1927, 31.3.
1932, 2.1. - 30.11.   25
1894, Sep. - 1897, Sep.
1898 - 1927, März
1932, Jan. - Nov.   15
1894 - 1901, März
1902 - 1912, Okt.
1913 - 1932   46

1902 - 1927, 31.3.	
1932, 2.1. - 30.11.	180
1902 - 1932 (L)	188/211
	M 352
1894, 1.10. - 1914, 17.12.	352
1902 - 1927, 31.3.	
1932	Bm 3
1890, 28.2.	
1890, 24.4. - 1932, 30.11.	Bo 133
1902, 20.5. - 1912, 30.10.	
1913 - 1933, 1.3.	Dm 11

Beilage(n):
Sportbeilage (ab 1926, Nr. 13:
Sport, Spiel, Körperpflege)

1924/25 - 1928, 17.8.	Bo 133

Erwerbslosentribüne

1930 - 1933	Bo 133

Freiheit (Wahlbeilage)

1932, 30.6. - 12.11.	Bo 133

6498.
Der Wanderer
Organ der Deutschen Zigarrenarbeiter

1879, Nr. 3 - 33	**B 479**
	B 479

6499.
Welt und Zeit

1837	**B 479**
	B 479

6500.
Die Werktätigen

1924, Nr. 1 - 6	**B 479**
	B 479
1924, 1.9. - 5.9.	14

6501.
Wochenblatt für den gemeinen Mann

1777, Juli - Dez.	**46**
(1 Ro)	46

6502.
Wöchentlich bekannt gemachte Nachricht, auch Frag und Anzeiger

1733	46

6503.
Die Zeitlupe

1931, Jan. - Sep.	**46**
(1 Ro)	46

6504.
Zeitschrift für Bürsten-, Pinsel- u. Kammfabrikation

1906, Okt. - 1912, Sep.	**GB-**
(5 1/2 Ro)	**LO/N38**
	GB-
	LO/N38

6505.
Zeitschrift für Deutsches Altertum und Deutsche Literatur
Leipzig, Berlin
Anzeiger für deutsches Altertum

1841 - 1944	
1948 - 1950	**Bo 414**
(24 Ro)	

6506.
Zeitung für den deutschen Adel

1840	**MFA**
(1 Ro)	

6507.
Zeitung für die elegante Welt
Leipzig, Berlin
1845, Nr. 9 - 1848, Nr. 16: Die Mode,
Zeitung für die elegante Welt
anfangs in Erfurt

1808, 1.1. - 29.4.	**Wit 2**
(1 Ro)	Wit 2
1839 - 1840 (L)	
1842 - 1843, Nr. 13	**B 479**
	B 479
1801	
1806 - 1809	
1810, 1.9. - 1818, 30.6.	
1825, 17.1. - 31.12. (L)	
1828, 16.10. - 29.12.	
1833 - 1834, 31.7.	**MFA**
(8 Ro)	
	Dm 11
1802 (L)	
1804 - 1809 (L)	
1828 (L), 1830 (L)	
1852 - 1859 (L)	30
1814 - 1818, 30.6.	
1825, 17.1. - 1834, 31.7.	466

Beilage(n):
Intelligenzblatt

1802 (L)	
1804 - 1809 (L)	30
1839 - 1840, Nr. 12 (L)	**B 479**
	B 479

Die Mode

	B 479
1844, Nr. 1 - 13	**B 479**

Feuilleton
1852 - 1854 (L)   30

LEISNIG

6508.
Leisniger Wochenblatt
Leisnig, Döbeln
1858: Anzeiger und Amtsblatt für das Königliche Gerichtsamt und den Stadtrath zu Leisnig
1865: Leisniger Anzeiger
1.7.1878: Leisniger Tageblatt
1939: Leisniger Tageblatt und Anzeiger
16.4.1943: Döbelner Anzeiger, Leisniger Tageblatt
1806, 25.1. - 1831
1833 - 1847
1848, Juli - 1855
1857 - 1945, 1.1. (L)   14
(128 Ro)   14
                                   Lsn 1

LEITMERITZ (LITOMĚŘICE, CZ)

6509.
Deutsche Landheimat
1928, 23.5. - 1931, März (L)   212
(3 Ro)

6510.
Deutsche Zeitung für den Leitmeritzer Kreis
4.5.1920: Leitmeritzer Tagblatt
1920, 7.4. - Juli   212
(1 Ro)

6511.
Leitmeritzer Nachrichten
1938, 3.9. - 30.12.   212
(1 Ro)   212

6512.
Leitmeritzer Zeitung
1922, 17.11. - 1933, 30.10.   212
(6 Ro)   212

6513.
Der Weg
1927, 16.1. - 26.12.   212
(1 Ro)   212

LEMBERG (LWOW, UA)

6514.
Deutsche Ukraine Zeitung
1924, 4.3. - 30.6.   212
(1 Ro)

6515.
Deutsches Volksblatt für Galizien
1914/15 - 1918, Nr. 44   101a
(1 Ro)   101a
1911, 10.11.   212
1911   1w
(1 Ro)   1w
                                   Dm 11
1911, Nr. 134   Mb 50

6516.
Kino
1913, Nr. 1 - 31 (L)   MFA
(1 Ro)

6517.
Ostdeutsches Volksblatt
1922, 6.4. - 1939, 20.8.   212
(9 Ro)

6518.
Ostgalizische Feldzeitung
1917, 3.9. - 1918, 30.3. (L)   MFA
(1 Ro)
                                   Dm 11
Beilage(n):
Beilage
1917, 3.9. - 1918, 30.3. (L)   MFA
                                   Dm 11
Bilderbeilage
1917, Nr. 12 - 1918, Nr. 19   MFA
                                   Dm 11

LEMFÖRDE

6519.
Lemförder Zeitung
1929, 12.4. - 30.6.   Dph 1

LEMGO

6520.
Bibliotheca, acta et scripta magica
1738 - 1745   46

6521.
Fürstlich Lippischer Kalender auf das Jahr...
1848 - 1850   **Dm 11**
(1 Ro)

6522.
Die Wage
Zeitschrift zur Besprechung der Angelegenheiten des Volkes
1848, 25.3. - 1852, 4.12.   **Dm 11**
     21
     Wit 2
     Bm 3

6523.
Westphälische Bemühungen
1753 - 1755   **Dm 11**
(2 Ro)
     46
     Mü 79

LENGERICH

6524.
Der Allgemeine Anzeiger für den Kreis Tecklenburg
1906: Lengericher Zeitung
1881 - 1935 (MPF)   Leg 1

6525.
Lengericher Nachrichten
1930, 1.10. - 1933, 29.7. (L,
MPF)   188/211
     Os 2

6526.
Lengericher Post
1910: Kreis Tecklenburger Generalanzeiger
(1917 - 1920 nicht erschienen)
1897 - 1916 (MPF)
1921 - 1935 (MPF)   Leg 1

6527.
Lengericher Zeitung <1943>
1943 - 1945 (L, MPF)   Leg 1

6528.
Neue Westfälische Zeitung
HA in Oelde
1945 (L, MPF)   Leg 1

6529.
Neues Tageblatt
HA in Osnabrück
1946 - 1949 (E, MPF)   Leg 1

6530.
Osnabrücker Rundschau
HA in Osnabrück
1946 (L, MPF)   Leg 1

6531.
Tecklenburger Landbote <1929>
1929 - 1945 (L, MPF)   Leg 1

6532.
Tecklenburger Landbote <1949>
1958 - 1960, 31.8.   **Dm 11**
1949, 1.12. - 1957, 29.6.   **MFA**
(18 Ro)
1949, 1.12. - 1957, 29.6.
1958 - 1960, 31.8.   Dm 11
1949 - 1976 (MPF)   Leg 1

6533.
Westfälische Nachrichten
HA in Münster
1976 - 1997 (MPF)   Leg 1

6534.
Westfälische Rundschau
HA in Dortmund
1949 (L, MPF)   Leg 1

LEOBSCHÜTZ (GŁUBCZYCE, PL)

6535.
Leobschützer Kreisblatt
1843 - 1846   **1w**
1843 - 1846
1915 - 1916
1919 - 1936 (L)   1w

6536.
Leobschützer Volks-Zeitung
1906, 1.4. - 29.6. (L)   **1w**
(1 Ro)   1w
     Dm 11

6537.
Leobschützer Zeitung
1900 (L), 1903 - 1904 (L)
1906 - 1907 (L)
1912   **1w**
(8 Ro)   1w
     Dm 11

6538.
Oberschlesischer Volksfreund
1849, 6.1. - 30.6.
1850, 2.1. - 6.7. (L)   1w
                                          1w
                                      Dm 11

LEONBERG

6539.
Amts- und Intelligenzblatt für die Oberamts-
bezirke Böblingen, Leonberg und Stuttgart
1845: Stadt- und Landbote
1863: Glemsbote
1867: Glems- und Filder-Bote
1836 - 1878   Fil 1

6540.
Flammenzeichen
Leonberg, Stuttgart
1927, 2.4. - 1939, März   **25**
                                       25
                                       24

6541.
Leonberger Kreiszeitung
1987 ff.   **101b**
(6 Ro/Jg)   101b
                                      Diz 1
1992 - 1997   101a

6542.
Stuttgarter Zeitung / SG
Leonberg, Ditzingen
2008 ff.   **24**
                                       24

Beilage(n):
Strohgäu extra   **24**
2008 ff.   **24**

LEUNA

6543.
Leuna-Echo
Chemie
1972
1976 - 1983   **B 479**
                                      B 479
1948, Juli - 1995, 22.12. (kl. L.)   **3**
(30 Ro)   3
                                      Dm 11

Beilage(n):
Salut
1972, 1 - 8   **B 479**
1976, 3   B 479
KDT-Aktiv   **B 479**
1972   B 479
Profil
1972, 1 - 10   **B 479**
1976, 5   B 479
Satire-Echo
1972, 1 - 14   **B 479**
1976, 1 - 20   B 479
Kulturspiegel   **B 479**
1972, 2 - 10   B 479

LEUTKIRCH

6544.
Leutkircher Wochenblatt
Leutkirch, Friedrichshafen
3.1.1864: Allgäuer Bote
1.7.1890: Allgäuer Volksfreund
1.6.1933: Allgäu Sturm
2.9.1935: Verbo
1.4.1942: Donau-Bodensee-Zeitung
4.12.1945: Schwäbische Zeitung
(18.5.1825 - Apr. 1945 u. 4.12.1945 ff.)
1950 - 1958, 31.3.   **24**
(19 Ro)
1969 ff.   **101b**
(ca. 7 Ro/Jg)
1946, 4.1. - 1948, 21.12. (L)   **MFA**
(1 Ro)
                                      Dm 11
1945, 4.12. - 1958, 31.3.
1984 ff.   **24**
1947 - 1950
1951 - 1952 (L)
1953 - 1958, 19.9.   46
1958, 2.9. ff.   101b
1992 - 1997   101a
1825, 18.5. - 1945, Apr.
1945, 4.12. - 1977   Ltk 1

LEVERKUSEN

6545.
Amtliche Mitteilungen für den Rhein-
Wupper-Kreis
1945, Juni - 1949, Juni   Le 2

6546.
Bergische Post
Vbg. u.a. Rhein-Wupper-Kreis
(Leverkusen-) Opladen
1927, 3.1. - 1939   Dm 11
1919, 4.1. - 1922, 30.11.
1923   Wup 3

6547.
Freiheit
3.1.1949: Freies Volk
Ausg. Opladen
HA in Düsseldorf
1946, März - 1948, Okt.
1950 - 1956, Aug.   Le 2

6548.
Leverkusener Anzeiger
BA v. Kölner Stadt-Anzeiger, Ausg. WU
1978, 1.9. ff.   **101b**
(ca. 13 Ro/Jg)   101b
1992 - 1997   101a
1955, Feb. - 1958
1975 - 2001   Le 2

6549.
Neue Rheinische Zeitung / C
HA in Düsseldorf
1945, Aug. - 1946, Feb.   Le 2

6550.
Rhein-Echo / F
HA in Düsseldorf
2.1.1952: Westdeutsche Neue Presse
HA in Düsseldorf
22.6.1953: Neue Presse
HA in Düsseldorf
1.1.1954 als BA v. Neue Rhein-Zeitung, Köln
1.2.1954: Neue Rhein-Zeitung
HA in Köln u. Essen
1946, März - Juni (Solingen,
Opladen)
1946, Juli - 1951, Sep. (Opladen)
1952 - 1974
(1959 - 1963 u. 1965 - Mai 1966   Le 2
nur Lokalteil)

6551.
Rhein-Ruhr-Zeitung / C
HA in Essen
1946, Juni - Dez.   Le 2

6552.
Rhein-Wupper-Zeitung
Leverkusen (-Opladen)
1949 - 1951, Okt.   Le 2
(nur Lokalteil)

6553.
Rheinische Post / C
auch: Rheinische Post / D-OP und
Rheinische Post / OP
HA in Düsseldorf
1946, März - 1963   Le 2
(1956 - 1963 nur Lokalteil)

6554.
Rheinische Zeitung
HA in Köln
1951, Okt. - Dez.   Le 2

6555.
Verkündiger an der Nieder-Wupper und Wöchentlicher Anzeiger
1869?: Der Verkündiger und Anzeiger an der
Nieder-Wupper
(Leverkusen-) Opladen
1869 - 1870
1889 - 1891   **1w**
(5 Ro)   1w
1848, 1.7. - 30.12.
1851 - 1852, 19.6.
1853, 26.3. - 1855
1857 - 1900   **61**
(27 Ro)   61

6556.
Westdeutsche Rundschau
Ausg. F, FII, L
HA in Wuppertal
1946, Mai - 1949, Okt.   Le 2

LIBAU (LIEPAJA, LV)

6557.
Deutscher Bote
1938, 1.4. - 1939, 22.6.   **212**
(2 Ro)

6558.
Libausche Zeitung
1922, 2.10. - 1939, 22.6.   **212**
(19 Ro)
1915, Sep. - 1919, Juni (L)   12

6559.
Neue Presse
1932, Okt. - 1933, 3.5. (L)   212
(1 Ro)

LICHTENFELS

6560.
Obermain-Tagblatt
1978, 1.9. ff.   101b
(ca. 7 Ro/Jg)   101b

LICHTENSTEIN

6561.
Wochen- und Nachrichtsblatt für die Städte
Lichtenstein, Callnberg und die dahinter ein-
bezirkten Amtsortschaften
1889?: Lichtenstein-Callnberger Tageblatt
1879, 21.1. - Dez.
1885 - 1887
1889 - 1893
1894, 14.10. - 1901
1903 - 1922   14
(40 Ro)   14
                                     Lit 1

LIEBENWALDE

6562.
Zeitung für Liebenwalde
Vlg. in Oranienburg
1923, 1.4. - 30.12. (L)
1925 - 1926, 30.6. (L)
1926, 1.10. - 1927
1933   1w
(12 Ro, Beilagen mitverfilmt)   1w

BAD LIEBENWERDA

6563.
Die Brücke
1951 - 1958, 11.8. (L)   3
(2 Ro)   3
                                     Dm 11

6564.
Elbe-Elster Rundschau
BA v. Lausitzer Rundschau, Cottbus
Vbg.: Bad Liebenwerda u. Herzberg, ab 1993
nur Bad Liebenwerda
1992 ff.   101b
(6 Ro/Jg)   101b
1992 - 1997   101a

6565.
Liebenwerdaer Kreisblatt
Bad Liebenwerda, Herzberg, Elster
Beilage(n):
   Die schwarze Elster   1
1905 - 1940   1

6566.
Volk von morgen
1929 - 1930   61
(1 Ro)   61

LIEGNITZ (LEGNICA, PL)

6567.
Amts-Blatt der Königlichen Liegnitzschen
Regierung von Schlesien / Amtsblatt
später: Amts-Blatt der Königlichen Regierung
zu Liegnitz / Amtsblatt
1919: Amts-Blatt der Regierung zu Liegnitz /
Amtsblatt
1945: Amtsblatt der Regierung in Liegnitz /
Amtsblatt
weiterer Titel: Amtsblatt der Preußischen Regierung zu Liegnitz / Amtsblatt
1811, 4.5. - 1818
1819, 22.5. - 1890
1892 - 1940   1
                                     Dm 11

6568.
Amts-Blatt der Königlichen Liegnitzschen
Regierung von Schlesien / Öffentlicher An-
zeiger
weitere Titel: Amtsblatt der Preußischen Regierung zu Liegnitz / Öffentlicher Anzeiger
Amtsblatt der Königlichen Regierung zu Liegnitz / Öffentlicher Anzeiger
Amtsblatt der Regierung zu Liegnitz / Öffentlicher Anzeiger
1811, 1.6. - 1884
1886 - 1890
1893 - 1906
1908   1

1910 - 1913	
1915	
1917 - 1918	
1920, 3.1. - 1.5. (L)	
1922 - 1929	
1931 - 1933	
1936 - 1940	**1**
	Dm 11
Beilage(n):	
Sonderbeilage	
1913 u. 1915	
1917 - 1918	
1920, 3.1. - 11.4. (L)	
1922	**1**
	Dm 11

6569.
Der Bote aus dem Katzbachthale

1845 - 1846, Nr. 4	**B 479**
	B 479

6570.
Correspondent von und für Schlesien

(1812 - 1836)	
1816 - 1818	
1824	
1833, Jan. - Juni	
1835	**1w**
	1w
	Dm 11
Beilage(n):	
Die Brieftasche	
1833, Jan. - Juni	
1834 - 1835, Juni (L)	1w
1834 (L)	Dm 11

6571.
Korrespondenzblatt des Vereins für Geschichte der Evangelischen Kirche Schlesiens

Vlg.: Heinze	
(1882 - 1928)	
1882 - 1887	
1893/94 - 1900/01	
1903,12	
1904/05,2	Mb 50

6572.
Der Landbote

(1901 - 1933?)	
1928 - 1933, Nr. 9	**101a**
(2 Ro)	101a

1921, 2.4. - 31.12.	
1923, 14.1. - 1924, 28.2.	
1927 - 1928	
1930 - 1931	
1933, 1.1. - 26.2.	**1w**
(3 Ro)	1w
1923, 14.1. - 1924, 28.2.	
1927 - 1928	
1930 - 1931	
1933, 1.1. - 26.2.	Dm 11

6573.
Liegnitzer Kreisblatt

1916 - 1918	
1921 - 1923	**46**
(6 Ro)	
1893 - 1895, 27.8.	
1896 u. 1911	
1913 - 1914	
1919 - 1920	**1w**
(5 Ro)	1w
	Dm 11
1916 - 1918	
1921 - 1923	Gö 169

6574.
Liegnitzer Stadt-Blatt

19.1.1886: Liegnitzer Tageblatt	
(5.4.1836 - 1945?)	
1854 u. 1856	
1915, Jan. - Feb. u. Apr.	
1915, 1.6. - 1916, 20.2.	
1916, 1.4. - 30.6.	
1916, Okt. - 1917, März	
1919, 1.1. - 29.6.	
1943, 2.4. - 1944, 30.6.	**1w**
(15 Ro)	1w
1854 u. 1859	
1914, 28.7. - 24.10.	
1915, 3.1. - 30.3.	
1919, 1.1. - 29.6.	
1936, 4./5.4. (Jub.-Nr.)	**46**
(9 Ro)	46
	Gö 169
1839 - 1858	
1860 - 1912, 30.6.	
1912, Nov. - 1926	
1927, Apr. - 1935, 29.6.	
1935, Okt. - 1943, 25.4.	12
1914, 28.7. - 23.10.	
1915, 3.1. - 30.3.	30

1854, 3.1. - 20.12.
1856
1915, 2.2. - 28.2. u. 1.4. - 30.4.
1915, 1.6. - 1916, 20.2.
1916, 1.4. - 30.6.
1919, 1.1. - 29.6.
1943, 2.4. - 1944, 30.6.   Dm 11
Beilage(n):
Landwirthschaftliche Beilage
zum Liegnitzer Stadtblatt
1884   12

6575.
Liegnitzer Zeitung
1919 - 1920   **1w**
(4 Ro)   1w
    Dm 11

6576.
Schlesischer Gebirgsfreund
(Okt. 1828 - 1843)
1841 - 1843   **1w**
(1 Ro)   1w
    Dm 11

LILIENTHAL

6577.
Lilienthaler Kurier
Beilage zum Bremer Weser-Kurier
1972, 12.4. ff.   **46**

6578.
Wümme-Zeitung
(17.5.1879 - Apr. 1945 u. 1.9.1949 ff.)
1879, 17.5. - 1880, 18.12.
1883 - 1887
1889 - 1930
1932 - 1942, 29.6.   **Lün 4**
(41 Ro)   Lün 4
1972, 12.4. ff.   46

LILLE (F)

6579.
Liller Kriegszeitung
1914, 8.12. - 1918, 27.9.   **4**
    4
1914, 12.12. - 1918, 27.9.   Dm 11
1914, 8.12. - 1916   77

LIMBACH IN SA.

6580.
Volksstimme
HA in Chemnitz / Karl-Marx-Stadt
1947, 1.10. - 1950, 5.7. (MPF)   14
(nur Lokalseiten)

6581.
Wochenblatt für Limbach und Umgegend
1877: Limbacher Wochenblatt
1883: Limbacher Tageblatt und Anzeiger
1868, 24.9. - 1932 (L)   **14**
(85 Ro)   14
Beilage(n):
Limbacher Sonntagsblatt
1874 - 1877   **14**
1880, 4.1. - 21.11.   14

LIMBURG (LAHN)

6582.
Nassauische Landeszeitung
BA v. Frankfurter Neue Presse
1986: Nassauische Neue Presse
(1.7.1963 ff.)
1977 ff.   **101b**
(ca. 7 Ro/Jg)   101b
1992 - 1997   101a

LINCOLN, NE (USA)

6583.
Haus- und Bauernfreund
1920, 3.12. - 1923
1926 - 1927, 8.4.   **212**
(3 Ro)   212
    Dm 11

6584.
Lincoln Freie Presse
später in Winona
1920, 7.1. - 1934
1938 - 1939, 14.6. (L)   **212**
(6 Ro)   212
    Dm 11

LINDAU (BODENSEE)

6585.
Schwäbische Zeitung / Lindau
HA in Leutkirch
2.6.1950: Lindauer Zeitung
2.6.1950: Lindauer Zeitung und Schwäbische
Zeitung
1.10.1966: Lindauer Zeitung
1947, 1.8. - 1958 (L)
1975 - 1983   24
(77 Ro)
1983, 1.6. ff.   **101b**
(ca. 7 Ro/Jg)   101b
1947, 1.8. - 1958 (L)
1975 ff.   24
1992 - 1997   101a
1950, 1.1. - 15.9.
1951
1952, 23.6. - 1953   148

LINDLAR

6586.
Bergischer Agent
1.7.1905: Bergischer Türmer
1903, 1.12. (Probe.Nr.)
1904 - 1905
1906, März - 1912 (L)   5
(Beilagen mitverfilmt)   5
Beilage(n):
Aus alten Tagen
1906 - 1907, 9.3.   61
(1 Ro)   61

LINGEN

6587.
Lingener Heimatspiegel
1964 - 1966   Os 2
                                      Lig 1

6588.
Lingener Tagespost
BA v. Neue Osnabrücker Zeitung
1988 ff.   **101b**
(7 Ro/Jg)   101b
1992 - 1997   101a

6589.
Lingener Volksbote
1949, 1.10. - 1951 (L)
1953, 1.4. - 30.12.
1955 - 1957 (L)   **MFA**
(15 Ro)

1958 (Haupt- u. Lokalteil)
1959, 20.2. - 1960, 31.8. (Lokal-
teil)   **Dm 11**
1869, 3.7. - 1879, 27.12.
1882, 7.1. - 1916, 28.6.
1919, 21.6. - 1936, 30.6.
1953, 1.1. - 30.4.
1954   Os 2
                                      Lig 1
1949, 1.10. - 1951
1953 - 1958
1959, 20.2. - 1960, 31.8. (Lokal-
teil)   **Dm 11**

6590.
Lingensches Wochenblatt
1835, 4.1. - 1872
1874 - 1927   Os 2
                                      Lig 1

LINZ (A)

6591.
Der freie Bauer
1937 - 1938 (E)   **B 479**
                                      B 479

LINZ A. RHEIN

6592.
Linzer Anzeiger
ca. 1868: Linzer Zeitung und Anzeiger
ca. 1880: Linzer Volkszeitung
ca. 1890: Linzer Zeitung
1863 - 1864
1866 - 1869
1871 - 1876
1880, 3.4. - Dez.
1883 - 1886
1888 - 1889
1892 - 1895
1899 - 1902
1904 - 1909
1911, 9.2. - 1912
1914, 29.9. - 31.12.   Kob 1
1863 - 1876
1892 - 1914   Liz 1

6593.
Rheinisches Wochenblatt für Stadt und Land
6.1.1838: Rheinisches Wochenblatt
1835, 3.10. - 1838   5
(2 Ro)   5

LIPPEHNE (LIPIANY, PL)

6594.
Lippehner Anzeiger
1923, 5.4. - 29.12.
1930, 1.1. - 29.6.
1931, 1.1. - 30.6.
1932, 1.1. - 30.6. u. 1.10. - 31.12.
1933 (L)
1934, 3.4. - 31.12.
1935, 1.4. - 31.12.
1936, 1.7. - 30.9.
1937, 2.1. - 30.9.
1938 - 1939, 31.3.
1939, 1.7. - 30.9.
1940 - 1941, 30.9.
1942   **1w**
(14 Ro)   1w
                                               Dm 11

BAD LIPPSPRINGE

6595.
Lippspringer Anzeiger und Badezeitung
vor 1927?: Lippspringer Anzeiger
Vlg. in Paderborn
(16.5.1906 - 29/30.6.1935)
1906, 16.5. - 1909
1927 - 1928
1931 - 1935, 29./30.6.   Dm 11

LIPPSTADT

6596.
*Amtliche Bekanntmachungen des Kreises
Lippstadt*
1945, 19.6. - 1946, 21.12.
1948, 20.11. - 1950, 4.3. (MPF)   Lip 1

6597.
Der Hahn
1875   6
1874, 14.12. - 1876   Lip 1

6598.
Lippstädter Anzeiger
1961 - 1964
1965, 1.10. - 1967, 31.7.
1969 - 1978
(bis 1975 MPF u. nur Lokalsei-   Lip 1
ten)

6599.
Lippstädter Bürgerblatt
1784, 1.9. - 1789, 31.8. (MPF)   Lip 1

6600.
Lippstädter Kreis-Blatt
1877?: Kreisblatt
30.9.1893: Lippstädter Kreisblatt
1850 - 1852
1854 - 1871
1873 - 1874
1877 - 1890
1892 - 1916, 29.7.   Lip 1
(Gesamtbestand MPF)

6601.
Lippstädtische Zeitung
1.7.1832: Wochenblatt für den Kreis Lippstadt
1875?: Lippstädter Zeitung
1796 - 1797
1800
1832, 7.7. - 1833
1834, 15.2. - 11.10.
1835 - 1836
1840 u. 1843
1846, 24.1. - 19.12.
1875 - 1876
1891 - 1923, 30.3.
1925 - 1941, 31.3.   Lip 1
(Gesamtbestand MPF)

6602.
Der Patriot
ab 19.11.1949 BA v. Westfalenpost, Hagen
später BA v. Ruhr-Nachrichten, Dortmund
(1.11.1848 - 31.3.1945 u. 19.11.1949 ff.)
1848, Nov. - 1849 (1 Ro)
1958 - 1966, 30.9.
1966, 15.11. - 31.12.   **Dm 11**
1951, 21.6. - 1970   6
                                               6
1923, 1.11. (Jub.-Nr.)
1932, 1.10. - 16.12.
1943, 1.10. - 1944, 31.3. (L)
1973, 15.10.   **MFA**
(1 Ro, Beilagen mitverfilmt)
1950, 3.4. - 1957
1978 ff.   **101b**
(ca. 9 Ro/Jg, bis 1957 20 Ro)   101b
                                               Mü 79
1848, 1.11. - 1849   21/32c
                                               188/211
                                               Wit 2
1992 - 1997   101a

1923, 1.11. (Jub.-Nr.)
1932, 1.10. - 16.12.
1943, 1.10. - 1944, 31.3. (L)
1950, 3.4. - 1966, 30.9.
1966, 15.11. - 31.12.
1973, 15.10.   Dm 11
1848, 1.11. - 1849
1851 - 1853
1855 - 1945, 28.3.
1949, 19.11. ff.
(MPF, 1950 - 1989 zusätzlich als   Lip 1
Rollfilm)

6603.
Westfälische Rundschau
HA in Dortmund
1949, 4.1. - 30.9.
1951, 1.11. - 30.11.
1952 - 1969   Lip 1
(MPF, ab 1966 nur Lokalseiten)

6604.
Westfalenpost
Ausg. Lippstädter Nachrichten
HA in Soest
1946, 26.4. - 1949, 18.11. (MPF)   Lip 1

LISSA (LESZNO, PL)

6605.
Aus dem Posener Lande
UT: Monatsblätter für Heimatkunde, Dichtung,
Kunst u. Wissenschaft
(1.1906/07 - 10.1915)
1.1906/07 - 2.1908   Mb 50

6606.
*Gemeinnütziges Wochenblatt für das Groß-
herzogthum Posen*
1849?: Gemeinnütziges Wochenblatt für Lissa
und Umgegend
1834 - 1836
1852 - 1853   1w
(2 Ro)   1w
                                      Dm 11

6607.
Lissaer Tagblatt
Deutsch-Polnische Grenzzeitung
1922, 7.5. - 1934   212
(14 Ro)

6608.
Wollsteiner Zeitung
1926, Juni - 1932, 28.9.   212
(4 Ro)   212

LITTLE ROCK, AR (USA)

6609.
Arkansas Echo
1922, 7.12. - 1932, 24.8. (L)   212
(4 Ro)   212
                                     Dm 11

LOBENSTEIN

6610.
Allgemeine Gesundheitsregeln
1790 (MPF)   46

LÓDZ (PL)

6611.
*Amtsblatt des Regierungspräsidenten in Litz-
mannstadt*
Ortsname u. dt. Besatzung 1939 - 1945 in
Litzmannstadt umbenannt
1941, Nr. 1 - 15   1a
(1 Ro)   1a
                                     B 1527

6612.
Der Aufbruch
1935, 2.5. - 21.12.   212
(2 Ro)

6613.
Deutsche Lodzer Zeitung
16.11.1918: Lodzer Volks-Zeitung
1915, 8.2. - 1918, 9.11.   4
(8 Ro)   4
                                     12
(8 Ro)   12
1915, 3.5. - 1918, 29.6. (L)
1935, 20.4. - 29.6.
1939, 24.9. - 29.12.   Bo 133
                                     Bo 133
1923, Okt. - 1939, März
1939, 18.5. - Aug.   212
(27 Ro)
1939, 24.9. - 29.12.   B 1527
1915, 8. u. 9.10.   1w
1915, 8.2. - 1918, 9.11. (L)   9
1916 - 1918, 9.11.   Dm 11

Beilage(n):
Illustrierte Sonntags-Beilage der
Deutschen Lodzer Zeitung
1915 - 1918 (L)
(ab 1916, Nr. 36: Sonntagsbeilage der Deutschen Lodzer Zeitung)   12

6614.
Deutsche Post
1915, 19.7. - 1918, 10.11.   212
(1 Ro)

6615.
Der deutsche Weg
1937 - 1939 (L)   M 352
(1 Ro)
1935 - 1937, 28.5.   212
(1 Ro)
    6
1935 - 1939   B 1527
1938 - 1939, 28.5.   Dm 11

6616.
Der deutsche Wegweiser
1939, 19.2. - 26.2.   1w
(1 Ro)   1w
1938, 27.2. - 18.12.
1939, Jan. - 27.8.   212
(1 Ro)
    B 1527
1939, 19.2. - 26.2.   Dm 11

6617.
Deutscher Volksbote
1935, 28.4. - 25.12.   212
(1 Ro)

6618.
Lodscher Zeitung
auch: Litzmannstädter Zeitung
Ortsname u. dt. Besatzung 1939 - 1945 in
Litzmannstadt umbenannt
(18.1940, 1.5. - 28.1945, 17.1. nachgew.)
1943, Aug. - 1945, 17.1.   **GB-**
(5 Ro)   **LO/N38**

1944 - 1945, 17.1.   **MFA**
(3 Ro)
1940 - 1943   212
(10 Ro)
    B 1527
    485
1940 - 1945, 17.1. (L)   M 352
    Mb 50

6619.
Lodzer Freie Presse
Mai 1923: Freie Presse
1920, Juli - 1922
1923, Feb. - 27.4. u. 19.5. - Juni
1923, 19.10. - 1939, 23.9.   212
(5 Ro)
1920,176 - 1939,258 (L)   Mb 50

6620.
Neue Lodzer Zeitung
1920 - 1922, 29.6.
1923, Apr. - Juni
1924 - 1925, Apr.
1925, Juli - Sep.
1926, Jan. - 26.11.
1927, Dez. - 1931, 28.6.
1935, Mai - 1939, Aug.   212
(29 Ro)
1914, 19.12.
1915 - 1918, 9.11.   1w
    1w
    Dm 11
1920 - 1922, Juni
1923, Apr. - Juni
1924 - 1925, Apr.
1925, Juli - Sep.
1926, Jan. - Nov.
1927, Nov. - 1931, Juni
1935, Mai - 1936, Apr.
1936, Sep. - 1939, Aug.   Bo 133

6621.
Völkischer Anzeiger
1935, 27.1. - 1938, 31.3.   212
(2 Ro)   212

6622.
Der Volksfreund
1923 - 1924
1933 - 1935
1937 - 1939, 3.9.   212
(5 Ro)   212

LÖBAU

6623.
Der Kottmarbote
1897, 3.7. - 1900, 29.9.   **14**
(2 Ro)   14
    Lö 4

6624.
Lausitzer Rundschau
HA in Cottbus
1946, 20.5. - 1952, Juni   14
(MPF, nur Lokalseiten)

6625.
Oberlausitzer Rundschau
Vlg. in Dresden
1964, 28.3. - 1967, 28.3.   **Bo 174**
(1 Ro)

6626.
Oberlausitzer Zeitung und Nachrichten
Löbau, Bernstadt a. d. Eigen
1889, 2.10. - 1945, 24.2. (LL)   **14**
(39 Ro)   **14**
     Lö 4

6627.
Der Privilegirte Churfürstl. Sächsische Posti-
lion
1795: Der Churfürstlich-Sächsische privilegierte Postilion
1811: Der allergnädigste privilegierte sächsische Postillon
1833: Der Sächsische Postillon
1.1.1835: Sächsischer Postillon
1791, Jan. - Nov.
1792 - 1794   **46**
(1 Ro)
1785 - 1945, 7.5.   **14**
(161 Ro)   **14**
     Lö 4
1789 - 1791, Nov.
1792 - 1794   **46**
Beilage(n):
Die Abendglocke
1838 - 1843   **14**
1847 u. 1849   **14**

6628.
Sächsische Zeitung
HA in Dresden
1952, 15.8. - 31.12. (MPF)
1971 ff. (L)   **14**
(nur Lokalteil)
1996 - 1997   **Gl 2**
(nur Lokalseiten)

LÖBAU (LUBAWA, PL)

6629.
Kreisblatt des Königl. Landraths-Amtes des
Löbauschen Kreises zu Neumark
1835, 27.6. - 26.12.   **1w**
(1 Ro)   1w
     Dm 11

LÖBEJÜN

6630.
Fuhnethal-Zeitung
1892, 6.1. - 1932
(Beilagen 1901 - 1917 u. 1926 -   **3**
1932 mitverfilmt)   3

LÖHNE

6631.
Neue Westfälische
HA in Bielefeld
1992 ff.   6

LÖRRACH

6632.
Der Alemanne
HA in Freiburg
1942, 2.9. - 1944, 26.11. (L)   **31**
     31

6633.
Oberbadisches Volksblatt
14.9.2006: Die Oberbadische
1977 ff.   **101b**
(ca. 9 Ro/Jg)   101b
1942, 2.9. - 1945, 18.3.   **31**
1942, 2.9. - 1945, 18.3. (L)
1977 ff.   **31**
1992 - 1997   101a

6634.
Oberländer Bote
1865, 1.3. - 30.6.   **31**
(1 Ro)   31

6635.
Südwestdeutsche Volkszeitung für christliche
Politik und Kultur
HA in Freiburg, Br.
1947, 1.3. - 1949, 14.10.   **31**
     31

6636.
Tagespost / LÖ
HA in Freiburg, Br.
1949, 17.10. - 1950, 31.3. (L)   31
                                         31

6637.
Der Volksfreund
1858, 2.7. - 2.12.   B 479

LÖTZEN (GIŻYCKO, PL)

6638.
Kriegszeitung der feste Boyen und der Stadt
Lötzen
1914, 7.9. - 1916, Weihnachten   1w
(1 Ro)   1w
                                         Dm 11

6639.
Lötzener Kreisblatt
1922, 3.1. - 28.9.
1930 - 1932
1934, 11.1. - 22.12.   1w
(2 Ro)   1w
                                         Dm 11

6640.
Lötzener Zeitung
1916, 1.1. - 30.6.
1922, 1.1. - 30.9.   1w
(2 Ro)   1w
                                         Dm 11

6641.
Der Ostpreußische Volksfreund
1920, 4.7. - 1921, März   1w
(1 Ro)   1w
                                         Dm 11

LÖWEN (LEWIN, PL)

6642.
Löwener Stadtblatt
1909, 1912
1915, 1919   1w
(3 Ro)   1w
                                         Dm 11

LÖWENBERG (LWÓWEK ŚLĄSKI, PL)

6643.
Kreisblatt des Kreises Löwenberg
1908 u. 1916
1918, 4.1. - 24.7.
1919 - 1921, 29.6.   1w
(6 Ro)   1w
                                         Dm 11

6644.
Neue schlesische Fama
3.4.1841?: Der Bürger- und Hausfreund
1830 u. 1833
1841, 3.4. - 1843
1846   1w
(2 Ro)   1w
                                         Dm 11

LOHR

6645.
Amtliche Bekanntmachungen des Land-
ratsamtes Lohr am Main
1945, 25.4. - 1949, 18.8.   Loh 1

6646.
Lohrer Anzeige-Blatt für Lohr und Umge-
gend
1.7.1854: Lohrer Anzeige-Blatt
1858: Lohrer Anzeiger
1851 - 1922, 1.8.   Loh 1

6647.
Lohrer Zeitung
Lohr, Gemünden
8.3. - 14.6.1884: Lohrer neueste Nachrichten
16.1.1995: Main-Post / 04
1997: Main-Post / Gemündener Zeitung
(20.9.1892 - 28/31.3.1945 u. 2.7.1949 ff.)
1981 - 1995, 15.1.   **101b**
(65 Ro)   101b
1992 - 1995, 15.1.   101a
1883 - 1945, 28./31.3.
1949, 2.7. - 1993, 1.8.   Loh 1

LOITZ

6648.
Loitzer Zeitung
1901 u. 1904
1908, Apr. - Dez.
1914, März - 1921
1924 - 1926, Nov.
1929 - 1931   9
                                         9

LOMMATZSCH

6649.
Anzeiger für Lommatzsch und Umgegend
1903?: Lommatzscher Anzeiger
1.7.1926: Lommatzscher Anzeiger und Tageblatt
1854 - 1865 (L)
1867 - 1874 (L)
1878 - 1879
1899 - 1896 (L)
1900 - 1943, 15.4. (L)   **14**
(61 Ro)   14

LONDON (GB)

6650.
Die Arbeit
Gewerkschafts-Zeitung
(15.3. - 15.11.1941)
1941, 15.3. - 15.11.   **Dm 11**
(1 Ro)   Dm 11
                              739
                              188/211
                              18
                              35
                              715
                              89
                              468
                              M 352
                              5
                              Bo 133

6651.
Die Arbeiterstimme
1901, Nr. 25   **B 479**

6652.
Die Autonomie
1886, 6.11. - 1893, 22.4. (L) **B 479**
                               B 479

6653.
Bergarbeiter-Mitteilungen
Hrsg. v. Arbeitsausschuß Freigewerkschaftlicher Bergarbeiter
1936, Juli - Dez.
1937 - 1938, Nov. (L)
1939, Jan. - März   **Dm 11**
(1 Ro)   Dm 11
                              Bm 3
                              Bo 133

6654.
Bergarbeiter-Zeitung
1936, Juli - 1939 (L)   **Dm 11**
(1 Ro)   Dm 11
                              Bo 133
1937, Juli u. Okt.
1938, Apr.   Bm 3

6655.
Bulletin des Internationalen Gewerkschaftsbundes
1935, 14.5. - 1938, 1.11. (L) **Bo 133**
                               Bo 133

6656.
Der Communist
1892 - 1894   Bo 133
Beilage(n):
Il Communista
1892, 14
(diese Ausgabe ist in ital. Sprache erschienen)   Bo 133

6657.
Deutsche Inlandsberichte
1939, Nr. 55 - 1941, Nr. 65   **M 352**
1939, Nr. 34 - 53 (L)   **B 479**
                              B 479
1939, 5.2. - 25.8.
1939, 17.10. - 1941, 14.12.   **Dm 11**
(2 Ro)   Dm 11
1939, 13.10. - 1940, 29.4.   Bo 133
1939 - 1940   30

6658.
Deutsche Londoner Zeitung
1845, 4.4. - 1851, 14.2.   **B 479**
                              B 479
1945, 28.3. - 1851, 14.2.   30
                              Tr 18

6659.
Deutsche Nachrichten aus Kultur, Wirtschaft und Politik
1946, Okt. - 1947, März/Apr. **Dm 11**
(1 Ro)   Dm 11
                              739
                              18
                              715
                              Bo 133
                              M 352

6660.
Deutsche Zeitung in Grossbritannien
1938, 12.2. - 1939, 2.9.　　　　**GB-**
(1 Ro)　　　　　　　　　　**LO/N38**

6661.
Europe speaks
1942, März - 1945, 10.11.
1946, 20.6.　　　　　　**Dm 11**
(1 Ro)　　　　　　　　Dm 11
　　　　　　　　　　Bo 133

6662.
Die Frau
Freunde der Deutschen Volksfront in London
1940, Jan. - Apr.　　　　**B 479**
　　　　　　　　　　B 479

6663.
Frau in Arbeit
1941, Nr. 17　　　　　　**M 352**

6664.
Freie Deutsche Kultur
1941, Okt. u. 1943, Okt.
1943, Dez. - 1944, Jan.
1945, Juli - Aug.　　　　**M 352**

6665.
Freie Tribüne
(6.1.1943 - 27.7.1946)
1943 - 1946, 27.7.　　　　**B 479**
　　　　　　　　　　B 479
1944 - 1946, 27.7.　　　　**Dm 11**
(1 Ro)　　　　　　　　Dm 11
　　　　　　　　　　739
　　　　　　　　　188/211
　　　　　　　　　　18
　　　　　　　　　　4
　　　　　　　　　715
　　　　　　　　　468
　　　　　　　　Bo 133
　　　　　　　　　5
　　　　　　　　Kn 168
　　　　　　　　M 352

6666.
Freiheit
London (GB), Chicago, IL (USA), New York,
NY (USA)
1885, Nr. 27: Freiheit / Amerikanische Ausg.
auch: Freiheit / Europäische Ausg.
Hrsg.: John Most
1879, 4.1. - 1907, 7.12. (LL)　**Dm 11**
(1 Ro)　　　　　　　　Dm 11

1885 - 1886 (L)
1888 - 1896
1897 (L), 1899 (L)
1902 - 1908 (L)　　　　**B 479**
　　　　　　　　　　B 479
1879 - 1880
1881 (E), 1884 (E), 1886 (LL)
1889 (E), 1890 (L)
1891 - 1892 (E)
1894 - 1895 (E)
1897 (E)
1900 - 1901 (L)
1902 - 1908
1909 - 1910 (L, schlecht lesbar u.
nicht kopierbar)　　　　46
1879, 4.1. - 1910, 13.8. (L)　　188/144

6667.
Freiheitsbund Deutscher Sozialisten
(Nov. 1939 - Pfingsten 1947)
1942 - 1947　　　　　　**Dm 11**
(1 Ro)　　　　　　　　Dm 11
　　　　　　　　　　M 352
　　　　　　　　　188/211
　　　　　　　　　Bo 133
1942 - 1945, Okt.
1947, 25./26.5.　　　　　5

6668.
Freundschaft
Mitteilungsblatt der Treugemeinschaft Sudetendeutscher Sozialdemokraten in England
(Jan. - Nov. 1941)
1941, Jan. - Nov.　　　　**Dm 11**
(1 Ro)　　　　　　　　Dm 11
　　　　　　　　　　739
　　　　　　　　　188/211
　　　　　　　　　　18
　　　　　　　　　715
　　　　　　　　　5
　　　　　　　　Bo 133
　　　　　　　　M 352

6669.
Friends of Europe publications
o.J., Nr. 1 - 75　　　　　**Dm 11**
　　　　　　　　　　Dm 11

6670.
Gemeinde-Bote
1938 - 1939 (L)　　　　　**M 352**

6671.
German Affairs
1947, 6.11. - 1948, 14.6.   **Dm 11**
(1 Ro)   Dm 11
                                      18
                                      34
                                      35
                                     739
                                  188/211
                                   Bo 133
                                   38/421

6672.
Germany To-Day
Okt. 1939: Inside Nazi-Germany
Supplement / Beilage: Austria to-day
(Jan. 1938 - März 1940)
1938 - 1940, März   **Dm 11**
(2 Ro)   Dm 11
                                   M 352
                                   38/421
1938 - 1939, Sep.   739
1938 - 1940, Feb.   715

6673.
Hermann
1870: Londoner Zeitung
(8.1.1859 - 22.8.1914)
1859 - 1867   **B 479**
1859 - 1867   **GB-**
                                   LO/N38
1859 - 1871   3
                                     16
                                     11
                                     21
                                      5
                                     30
                                     1w
1859 - 1867
1884, 2.2. - 29.3.   B 479
1859 - 1867   Tr 18

6674.
The Jewish Inquirer
1938 - 1939, 19.5. (L)   **Dm 11**
                                   Dm 11

6675.
Jewish News
1942 - 1945, Nr. 46   **Dm 11**
                                   Dm 11

6676.
Kulturmaterial
1940, März u. Apr.   **B 479**
                                   B 479

6677.
Londoner Arbeiter-Zeitung
1895, Nr. 2 - 1899, 14.1.   **B 479**
                                   B 479

6678.
Londoner freie Presse
1886, 25.11. - 1890, 28.6.   **B 479**
                                   B 479

6679.
Londoner Volks-Zeitung
1909, 23.10. - 1910, 2.7.   **GB-**
(1/2 Ro)   **LO/N38**

6680.
Neue Londoner Zeitung
1932, 30.4. - 1933, 7.10.   **GB-**
(1 Ro)   **LO/N38**

6681.
Neue rheinische Zeitung
Hrsg. v. Karl Marx
1850, Nr. 1 - 5/6   **B 479**
                                   B 479

6682.
Die neue Zeit
Organ der Demokratie
1858, 3.7. - 1859, 16.4.   **GB-**
                                   LO/N38
                                   B 479

6683.
Newsletter
Union of German Socialist Organizations in
Great Britain
(Mai - Aug. 1941)
1941, Mai - Aug.   **Dm 11**
(1 Ro)   Dm 11
                                   739

6684.
Reports from inside Germany
[Deutsche Sozialdemokraten in London]
1940 - 1941   30
1940, Sep. - 1941   Bo 133

6685.
The Socialist Review
1908, März - 1913, Feb.   **Bo 414**
(3 Ro)

6686.
Der Sozialdemokrat
Zeitschrift der sudetendeutschen Sozialdemokratie
(2.4.1940 - 1972)

1940, 2.4. - 1951	**Dm 11**
(1 Ro)	Dm 11
	M 352
1940 - 1951 (LL)	188/211
1940 - 1951	18
	34
1940, 2.4. - 1951	5
	Bo 133
1940 (E), 1941 (L)	46
1943 - 1946 (E)	Bm 3

6687.
Sozialistische Mitteilungen
News for German Socialists in England
(Jan. 1940 - Okt. 1948)

1940 - 1948, Aug. (L)	**Dm 11**
(1 Ro)	Dm 11
	35
	188/211
	34
	89
	5
	Bo 133
	M 352
1940 - 1941 (L)	B 479

6688.
Sozialistische Nachrichten
Organ der Deutschen Sozialdemokratischen
Arbeiter-Partei in der Tschechoslowakischen
Republik (Auslandsgruppe)
(6.11.1940 - Aug. 1945)

1940, 6.11. - 1945, Juli/Aug.	**Dm 11**
(1 Ro)	Dm 11
	4
	5
	6
	18
	180
	739
	188/144
	188/211
	Bo 133
	M 352
	6/053
1940 - 1947? (E)	Bm 3
1942, Nr. 18/19	30

6689.
Tschechoslowakische Nachrichten

1944 - 1945 (L)	**Dm 11**
	Dm 11

6690.
Das Volk
Londoner Wochenzeitung

1859, 7.5. - 20.8.	**B 479**
	B 479

6691.
Die Wochenpost

1944, 11.11. - 1948, 2.7. (L)	**M 352**
	M 352
	188/211

6692.
Young Czechoslovakia
Sudeten German Anti-fascist Fortnightly
23.5.1942: Einheit
(1940 - 17.11.1945)

1941, 15.5. - 1945, 17.11.	**Dm 11**
(2 Ro)	Dm 11
	Bo 133
1942, Nr. 10 - 1943, Nr. 26	M 352
1942, Nr. 10 - 1945, 17.11.	188/211
1944 - 1945, 17.11.	6

6693.
Zeitspiegel

1941 - 1946 (L)	**M 352**
	M 352
	B 479

Beilage(n):
Young Austria

1943, Nr. 13 - 1944, Nr. 24 (L)	B 479

Jung-Österreich

1944, 25 - 1946, 17 (L)	B 479

6694.
Die Zeitung
Tgl., ab Jg. 1, Nr. 252 wchtl.
(12.3.1941 - 1.6.1945)

1941, 12.3. - 1945, 1.6. (L)	**B 479**
	Bo 414
(3 Ro)	
	18
	5
	Bo 153
	34
	46
	180
	101b
	468
	188/211

1941, 12.3. - 1945, 1.6. (L)	Bo 133
	Dm 11
	H 250
	M 352

6695.
Zukunft

1948, Juli - Sep.	M 352
	M 352

LORCH (WÜRTT.)

6696.
Völkischer Herold

1924, 16.5. - 1930 (L)	MFA
(2 Ro)	
	Dm 11

LOS ANGELES, CA (USA)

6697.
California Presse

1926, 8.1. - 1930, 24.4.	212
(2 Ro)	212
	Dm 11

6698.
California Staats-Zeitung

1917, 3.5. - 1918, 4.4.	
1920, 27.2. - 1938, 8.7. (L)	
1967 - 1969	
1970, 20.2. - 2008	212
1920, 27.2. - 1938, 8.7. (L)	
1967 - 1969	
1970,20.2. - 2003	
2005 - 2008	212
1920, 27.2.	
1920, 27.8. - 1933 (L)	
1935 - 1936 (L)	
1937, 5.3. - 1938, 8.7.	Dm 11

6699.
California Weckruf

1936, 13.7. - 1937, 9.12. (L)	212
(1 Ro)	212
	Dm 11

LOUISVILLE, KY (USA)

6700.
Amerikanische Schul-Zeitung

1870/71 - 1874/75, Nr. 8	188/144

6701.
Herold des Westens

1853, 20.9. - 3.12.	188/144
	B 479

6702.
Louisville-Anzeiger

1922, 1.12. - 1925, 15.4.	
1932, 2.1. - 12.3.	212
(8 Ro)	212
	Dm 11
1849, 29.2. - Dez.	
1888	
1909, 27.6.	
1923 u. 1928	188/144

LUBLINITZ (LUBLINIEC, PL)

6703.
Lublinitzer Kreis-Blatt
21.5.1941: Ortsumbennung in Loben

1844 - 1847	
1916 - 1918	1w
(3 Ro)	1w
	Dm 11

LUCAS GONZALEZ (RA)

6704.
Der Rußlanddeutsche

1929, 5.4. - 1932, 25.3.	
1932, 12.8. - 1939, 31.3. (L)	212
(4 Ro)	212
	Dm 11

LUCKAU

6705.
Märkische Volksstimme : Heimatzeitung für den Kreis Luckau

1950, 1.7. - 1952, 9.8. (L)	MFA
(4 Ro, nur Kreisseiten)	
	186

6706.
Niederlausitzer Volksblatt
(16.3. - 28.9.1849)

1849, 16.3. - 28.9.	1w
	1w

LUCKENWALDE

6707.
Märkische Volksstimme : Heimatzeitung für den Kreis Luckenwalde
1951, 1.9. - 1952, 10.8.
1963 - 1990, 2.10.   MFA
(16 Ro, nur Kreisseiten)
                                      186

LUDWIGSBURG

6708.
Amtliche Bekanntmachungen
6.4.1946: Amtsblatt für die Stadt und den Kreis Ludwigsburg
1945, 21.4. - 1955   24
(3 Ro)   24

6709.
Blätter für Taubstumme
Ludwigsburg, Schwäbisch Gmünd
ab 1864 in (Schwäbisch) Gmünd
1855 - 1873
1875 - 1892 (L)
1901 - 1902
1906   Dm 11

6710.
Ludwigsburger Sonntags-Anzeiger
1896, 5.1. - 1914, 27.12.   24
(6 Ro)
                                      Lg 4

6711.
Ludwigsburger Volkszeitung
1898, 3.1. - 1902   24
(6 Ro)
1898, 1.11. - 1902   24
                                      Lg 4

6712.
Ludwigsburger Wochenblatt
1846: Ludwigsburger Tagblatt
1873: Ludwigsburger Zeitung
24.3.1949: Ludwigsburger Kreiszeitung
(1.7.1818 - 19.4.1945 u. 24.3.1949 ff.)
1818, 1.7. - 1932, 1.9.
1933 - 1936, 31.8.
1953, 13.6. - 1955, 28.2.   24
(146 Ro)
1969 ff.   101b
(ca. 8 Ro/Jg)   101b

1818, 1.7. - 1945, 19.4.
1949, 24.3. - 1979   24
                                      Lg 4
1992 - 1997   101a

6713.
Neckar-Post
1925, 2.1. - 1932, 30.9.   24
(15 Ro)   24
                                      Lg 4

6714.
Stuttgarter Nachrichten / Ludwigsburg
ab 15.9.1951 Ausg. für Ludwigsburg und das Unterland
HA in Stuttgart
1947, 16.10. - 1953, 31.10.   24
(14 Ro)   24

6715.
Stuttgarter Zeitung / L
22.1.2002: Stuttgarter Zeitung / Kreis Ludwigsburg
HA in Stuttgart
2008 ff.   24
1996, 1.2. - 2002
2008 ff.   24

6716.
Stuttgarter Zeitung <Ludwigsburg>
HA in Stuttgart
1947, 16.4. - 1954, 31.3.   24
(16 Ro)   24
1945, 17.9. - 1946   Lg 4

6717.
Verbindungsbrief
1946 - 1954 (L)   **46**

LUDWIGSFELDE

6718.
Start
BPO IFA-Automobilwerke
Verl. in Potsdam
1978 - 1990 (MPF)   186

LUDWIGSHAFEN

6719.
Arbeiter-Zeitung
(1.8.1924 - 28.2.1933)

1927 - 1933 (E)	**B 479**
	B 479
1924, 1.8. - 30.9.	
1928, 2.1. - 1933, 28.2.	**Bo 414**
(12 Ro)	
	Ln 9
	M 352
1924, 1.8. - 1933, 28.2. (L)	180
1927 (E), 1930 (E)	
1932 - 1933 (E)	B 479

6720.
Die BASF

1951 - 1957	GB-LO/N38

6721.
General-Anzeiger für die Stadt und den Bezirk Ludwigshafen a. Rh.
General-Anzeiger Ludwigshafen a. Rh.

1876 (E), 1877, 1881 (E)	
1884 - 1887 (E)	
1888 - 1920 (L)	
1922 - 1941, 18.4.	**12**
	12
1923 - 1927, Nr. 94 (L)	
1930, Nr. 104 - 272	
1932, Nr. 54 - 1934, Nr. 291	
1936, Nr. 151 - 177	
1939, Nr. 24 - 132	
1939, Nr. 282 - 1941, Nr. 90	107
1877 u. 1888	
1891 - 1892	
1893, 1.7. - 1894, 30.6.	
1914, 20.7. - 1915	
1916, 1.7. - 1920 (L)	
1922 - 1941, 18.4.	295
	Dm 11
	Ln 9
1950, 1.6. - 1951, 31.5.	GB-
1951, 1.8. - 29.9.	LO/N38

6722.
Heimatblätter für Ludwigshafen am Rhein und Umgebung

1912 - 1919	Kai 1

6723.
Information für die Medien

1984 ff.	107

6724.
Ludwigshafener neuer Lokal-Anzeiger

1949, 18.11. - 1950, 31.5.	GB-
((L))	LO/N38

6725.
Messer und Feile

1899 - 1904, Aug.	**GB-**
1905 - 1912	**LO/N38**
(7 Ro)	GB-LO/N38

6726.
Neue Pfälzische Landes-Zeitung

1921, 24.12. - 1936, 2.4.	Dm 11
	Ln 9

6727.
Neues Leben
Organ der Kommunistischen Partei Rheinland-Pfalz

1947,2 - 1950, 20.6. (L)	**36**
	36
1947, 8.8. - 1950, 20.6.	Ln 9
1947, 8.8. - 1950, 16.5. (L)	GB-LO/N38

6728.
NSZ-Rheinfront
später: NSZ-Westmark

1930 - 1933	107
1941, 1. - 14.5.	
1942, 16.7. - 7.8.	GB-
1942, 2.11. - 1945, 16.3. (LL)	LO/N38
1933, 19.8. - 30.12.	
1939, 11.10.	Dm 11
1942, Juli - 1945, 18.3.	Ln 9

6729.
Oggersheimer Anzeiger

1912 - 1917	
1937/38	Ln 9

6730.
Oppau-Edigheimer Anzeiger

1929, 1934	
1936 - 1938	Ln 9

6731.
Pfälzer Volksblatt
Ludwigshafen, Speyer

1907 - 1913, 30.9.	12

6732.
Pfälzische Post
sozialdemokratisch
(Okt. 1895 - 10.3.1933)
1903
1917, Juli - Dez.
1924 - 1927
1929, Nr. 43 - 1930, Nr. 261
1932, Apr. - Dez.   107
1911 - 1914
1919 - 1923   12
1897, 23.1. - 28.12. (L)
1899 - 1910
1915 - 1926, 11.10.
1927 - 1933, 10.3.   Ln 9
1897
1899 - 1933, 10.3. (L)   295
1897, 23.1. - 28.12. (L)
1911 - 1914
1918 - 1926, 11.10.
1927 - 1933, 10.3.   Dm 11
1899 - 1933, 10.3.   Frt 1
                                     Bo 133
Beilage(n):
Beilage
1911, 7.1. - 1912, 24.12.   Dm 11
                                     Ln 9

6733.
Pfälzische Rundschau
1.4.1935: Neue Abendzeitung
1904 - 1906
1908 - 1914
1923 - 1926
1927, Okt. - Dez.
1935
1936, Juli - Dez.
1938, Mai - 1939, März
1940, Okt. - 1942, Juni
1943, Sep. - 1944, März
1944, Juni - 1945, Jan.
(Neue Abendzeitung nur tw. ver-   Ln 9
filmt)
Beilage(n):
Der Trifels
1928 - 1935   Kai 1

6734.
Pfälzische Volkswacht
USPD
1922   Kai 1
1922, Jan. - Sep.   Ln 9

6735.
Pfälzischer Kurier
Ludwigshafen, Neustadt (Haardt / a.d.
Weinstr.)
ab 15.9.1892 in Neustadt (Haardt / a.d.
Weinstr.)
1864 - 1893, Juni   295
                                     Ln 9
1865 - 1867
1873
1876 - 1880
1890   Dm 11
Beilage(n):
Am häuslichen Herd
1924, 1.9. - 1926, 26.3.   107

6736.
Die Rheinpfalz
Ludwigshafen, Neustadt (Haardt / a.d.
Weinstr.)
anfangs in Neustadt (Haardt / a.d. Weinstr.)
(29.9.1945 ff.)
1969 ff.   **101b**
(bis 1990 179 Ro)   101b
1951 - 1967, 2.10.   **107**
1987 ff.   12
1945, 29.9. - 1946, 15.4. (L)
1946, 29.5. - 2.11. (E)   GB-
1949, 6.1. - 1950   LO/N38
1945, 29.9. - 1947, 19.2.
1949, 3.5. - 1967, 2.10.
1969 ff.   107
1990 ff.   180
1945, 29.9. - 1947, 19.2.   Dm 11
1949 - 1967 (L)   Kai 1
1986 ff.   31

6737.
Stadt-Anzeiger
1934   **107**
                                     107

6738.
Ludwigsluster Tageblatt
1892, 1.4. - 1944, 1.1.   33
(54 Ro)
1892, 1.4. - 1894, 30.6. (L)
1895
1896, 30.6. - 1897, 1.7. (L)
1898, 2.7. - 1899 (L)
1901 - 1908, 30.6. (L)   Dm 11

1908, 27.10. - 1911 (L)
1912, 22.3. - 1914, 30.6. (L)
1914, 29.7. - 1919, 1.7.
1920 (L)
1932, 2.1. - 30.9. (L)
1933 - 1939, 30.9. (L)
1940, 1.4. - 30.9. (L)
1941, 1.4. - 30.9.
1942 - 1943 (L)   Dm 11

6739.
Ludwigsluster Wochenblatt
1854 - 1897   33
(16 Ro)
1854, 7.1. - 1858 (L)
1859, 18.5. - 20.8. u. 12.10. -
28.12.
1862 - 1865 (L)
1866, 5.9. - 29.12.
1868
1870, 23.2. - 16.7. (L)
1870, 20.8. - 1880 (L)
1888 - 1890
1892 - 1894
1896 - 1897   Dm 11

6740.
Neue Ludwigsluster Zeitung
1963, 3.12. - 1968, 26.3.   **Bo 174**
(1 Ro)

6741.
Schweriner Volkszeitung
HA in Schwerin
1952, 16.8. - 1990   33
(38 Ro, nur Kreisseiten)   33

LÜBBECKE

6742.
Freie Presse
HA in Bielefeld
1952 - 1962 (L)
1964 - 1967, 1.7.   6
                                   6

6743.
Lübbecker Kreisblatt
1863 - 1937, Juli (L)   489

6744.
Neue Westfälische
HA in Bielefeld
1992 - 2002, 30.6.   6

LÜBBEN

6745.
Destinata literaria et fragmenta Lusatica [...]
1738, Teil 1 - 4
(um 1742) Teil 5 - 12
1747, Teil 1 - 3   **46**
                                   Gö 169

6746.
*Märkische Volksstimme : Heimatzeitung für
den Spreewald*
Lübben, Lübbenau, Vetschau
HA in Potsdam
1950, Juli - 1952, 10.8. (L)   **MFA**
(4 Ro, nur Kreisseiten)
                                   186

LÜBBENAU

6747.
Spreewaldkraftwerker
Lübbenau, Vetschau
BPO Kraftwerke Lübbenau-Vetschau
Verl. in Cottbus
1978 - 1991 (MPF)   186

LÜBECK

6748.
Das Allegorische Bildercabinet [...]
1750 (MPF)   46

6749.
*Allgemeine Schlosser- und Maschinenbauer
Zeitung*
1919 - 1929   **Bo 414**
(7 Ro)

6750.
Deutsches Bürgerblatt für Stadt und Land
1848, 7.10. - 30.12.   **Dm 11**
(1 Ro)   Dm 11
                                   48

6751.
Eisenbahn-Zeitung
30.8.1900: Lübecker Nachrichten
1.4.1919: Lübecker Vorstadt-Zeitung
1.4.1921: Lübecker Neueste Nachrichten
(bis 5.6.1865 in Hamburg-Bergedorf)
(14.8.1854 - 15.9.1923)
1865, 6.6. - 1923, 15.9.   **MFA**
(116 Ro)
                                   48

1856, 21.7. - 1865, 3.12.	18
1854, 14.8. - 1863, 10.11. (L)	
1865 - 1898 (E)	H 46

6752.
Erhebungen

1809	**46**
(1 Ro)	46

6753.
Gemeinnütziges Wochenblatt für den Bürger und Landmann

1794, 4.10. - 1795, 26.9.	**46**
(1 Ro)	46

6754.
General-Anzeiger
1.1.1899: Lübecker General-Anzeiger
(15.7.1882 - 1.4.1942)

1890, 1.7. - 30.9.	
1894, 3.1. - 1896	
1897, 1.7. - 1898, 30.6.	
1899, 1.1. - 30.6.	
1900, 1.7. - 1901, 30.6.	
1902 - 1907	
1909, 1.1. - 30.6.	
1910 - 1941, 1.4.	**MFA**
(186 Ro)	
1882, 15.7. - 1942, 1.4.	48
1892 - 1942, 1.4.	68
1929, 24.7. - 31.12.	Dm 11

6755.
Holsteinische Beiträge zur Litteratur

1771	**46**

6756.
LFP am Wochenende
Samstagsausg. v. Lübecker Freie Presse

1950, 30.9. - 1957, 26.5.	Bo 133

6757.
Lübeck-Mecklenburger Sport-Zeitung

1925 - 1930	**MFA**
(3 MF = 5 DF)	
	48

6758.
Lübecker Beobachter
BA v. Niederdeutscher Beobachter, Schwerin

1929, 31.5. - 1931, 31.8.	
1932 - 1933, 31.5.	**MFA**
(9 Ro)	
	48

6759.
Lübecker Bürgerfreund
2.4.1848: Lübecker Correspondent
6.9.1848: Lübecker Volksfreund
4.7.1849: Der Volksbote für Lübeck und die Grenznachbarn
(8.10.1843 - 30.12.1865)

1848, 2.4. - 16.11.	**Dm 11**
(2 Ro)	Dm 11
1843, 8.10. - 1848, 16.11.	
1849, 4.7. - 1865	**MFA**
(15 Ro)	
	Bo 133
1843, 8.10. - 1865	48
1843, 8.10. - 1848, 16.11.	
1849, 4.7. - 1851	B 479

Beilage(n):
Sonntagsblatt

1848, 16.4. - 2.7.	B 479

6760.
Lübecker Nachrichten-Blatt <1945>
Britische Militärbehörde

1945, 10.5. - 1946, 28.3.	**Bo 414**
(1 Ro)	
	8
	48
	68
	Dm 11
	M 352
1945, Nr. 6 - 7	
1946, Nr. 1 - 3	Bo 153
1945, 28.5. - 1.6.	GB-
1945, 26.7. - 1946, 28.3.	LO/N38

6761.
Lübecker Nachrichten-Blatt <1946>
3.4.1946: Lübecker Nachrichten
(26.3.1946 ff.)

1949, 11.2. - 1967	**281**
(83 Ro)	
1968 ff.	**101b**
(ca. 8 Ro/Jg)	101b
1946, 3.4. - 1949	**Bo 414**
(4 Ro)	
	M 352
1946, 3.4. - 1947, 25.10.	
1947, 13.12. - 1949 (LL)	GB-
1950 - 1951, 22.5.	LO/N38
1946, 3.4. ff.	8
1981, 16.10. ff.	48
1992 - 1997	101a
1980, 5.7. ff.	281
1946, 1.4. - 1969, 31.3.	Bo 133
1946, 3.4. - 1949, 30.4.	
1987, 1.3. - 11.4.	Dm 11

1995 ff.	Lü 13		
1946, 3.4. ff.	68		

6762.
Lübecker Post
(25.7.1945 - 30.3.1946)
1945, 25.7. - 1946, 27.3.   **Bo 414**
(1 Ro)
    8
    68
    M 352
1945, 1.8. - 1946, 27.3.   GB-
    LO/N38

6763.
Lübecker Stadt- und Landbote
Lübecker Tageblatt Stadt- und Landbote
1902, 2.9. - 1912, 31.8. (L)
(5 MF = 10 DF, Beilagen mitver-   **MFA**
filmt)
    48

6764.
Lübecker Volksbote
1.4.1946: Lübecker Freie Presse
1.6.1957: LFP am Morgen
1.9.1959: Lübecker Morgen
(Probe-Nr. 18. u. 25.3.1894; 1.4.1894 -
29.3.1942 u. 1.4.1946 - 31.3.1969)
1946, 3.4. - 1969, 31.3.   **8**
(75 Ro)   8
1959 - 1969, 31.3.   **46**
    46
1894, 1.4. - 1942, 29.3. (L)   **Bo 133**
(105 Ro)
    68
1946, 3.4. - 1949, 8.3. (L)   GB-
    LO/N38
1894, 18.3. - 1933   48
1946, 3.4. - 1969, 31.3.   Bo 133
Beilage(n):
 Der Volksbote (ab 1938, Nr. 21:
Am Wochenende)
1936 - 1940, Nr. 17 (L)   Bo 133
 Wöchentliches Unterhaltungsblatt (ab 1912, Nr. 39: Unterhaltungsblatt)
1907 - 1908
1910 - 1918, Nr. 44 (L)   Bo 133

6765.
Lübecker Zeitung <1849>
1849, 16.3. - 31.12.   **Dm 11**
(1 Ro)   Dm 11
1849, 16.3. - 1866, 30.6.   **MFA**
(18 Ro)
    48

6766.
Lübecker Zeitung <1872>
1872, 1.10. - 1890, 20.9.   **MFA**
(26 Ro)
    48

6767.
Lübecker Zeitung <1942>
1942, 2.4. - 1945, 1.5.   **MFA**
(7 Ro)
    48
    68

6768.
Lübeckische Anzeigen
v. 16. - 19.1.1813: Affiches, Annonces et Avis
divers de Lubek oder Lübeckische Anzeigen
(6.3.1751 - 30.12.1933)
1785 - 1790
1807 - 1815   **46**
    46
1751 - 1795, Juni
1796 - 1933   **MFA**
(260 Ro)
    48

6769.
Die Lübeckische Zeitung oder der politische
Anzeiger
1814, Apr. - Juli
1815, Dez. - 1816   **46**
(1 Ro)   46

6770.
Montags-Echo
Montagsausg. v. Lübecker Freie Presse
1950, 2.10. - 1957, 27.5.   Bo 133

6771.
Rundschreiben des ostpreußischen
Bäckerhandwerks
Lübeck-Travemünde
o. Datum, Nr. 9
1958, Dez. - 1960   Gö 169

6772.
Sönumid
Lübeck, Detmold
estnisch
Vlg. ab 11.10.1946 in Detmold
1945, 27.10. - 1946, 29.3.   **GB-**
1946, 11.10. - 1948, 29.10.   **LO/N38**
                  GB-
                  LO/N38

6773.
Der Sudetendeutsche
Lübeck, Detmold, Hamburg, München
1949, 20.7. - 1951, 22.12. (L)
1952, 5.1. - 1954, Weihnachten   **8**
(2 Ro)   **8**
1950, 12.8. - 23.12.
1951, 7.4. - 1958, 17.5.   **MFA**
(6 Ro)
1951, 7.4. - 3.8.
1954, 7.11. - 1957   **18**
1948 - 1950, Nr. 46
1958, 4.1. - 17.5.   **51**
1951, 4.8. - 1954, 6.11.   **Dm 11**

6774.
Vaterstädtische Blätter
1896 - 1913
1916 - 1933
(9 Ro, m. Inhaltsverz. 1896 -   **MFA**
1927)
          48

6775.
Von Lübecks Thürmen
1891, 5.4. - 1933, 11.4.   **MFA**
(10 Ro)
          48

LÜBEN (LUBIN, PL)

6776.
Lübener Anzeiger
Vlg. in Glogau
1895, 1.1. - 30.6.
1896, 1.1. - 30.6.   **1w**
(1 Ro)   **1w**
          Dm 11

6777.
Lübener Kreisblatt
1908 - 1909
1913
1927 - 1936 (L)   **1w**
(3 Ro)   **1w**
          Dm 11

6778.
Stadtblatt für Lüben und Steinau
Lüben (Lubin, PL), Steinau a.d. Oder (Ścinawa, PL)
Vlg. in Bunzlau
1843, 31.12. - 1846   **1w**
(2 Ro)   **1w**
          Dm 11

LÜBTHEEN

6779.
Grenz-Zeitung
UT: Heimatzeitung für das Wirtschaftsgebiet
Mecklenburg-Niedersachsen
1938, Juni - 1943   **28**
(5 Ro)   **28**

LÜBZ

6780.
Lübzer Kreisspiegel
1963, 7.11. - 1965, 16.12.   **Bo 174**
(1 Ro)

6781.
Mecklenburger Bote : Lübzer Zeitung
(nachgew. 62.1938 - 30.6.1944)
1938, 17.6. - 1944, 30.6. (L)   **28**
(9 Ro)   **28**

6782.
Schweriner Volkszeitung
HA in Schwerin
1960, 1.9. - 1990   **33**
(25 Ro, nur Kreisseiten)   **33**

LÜCHOW (WENDLAND)

6783.
Elbe-Jeetzel-Zeitung
1977 ff.   **101b**
(ca. 6 Ro/Jg)   **101b**
1992 - 1997   **101a**
Beilage(n):
100 Jahre Lüchower Heimatzeitung 1854 - 1954, Jub.-Ausg.
1954, 4./5.12.   **Lün 4**
(1 Ro)   **Lün 4**

6784.
Lüchow-Dannenberger Zeitung
Dez. 1928: Das Landvolk. Lüchow-
Dannenberger Zeitung
Juli 1931: Das Landvolk. Lüchow-
Dannenberger Zeitung. Lüchower Kreiszeitung
1932, 27.6. - 30.12.   **Lün 4**
(2 Ro)
                                            Dm 11
1914, 14.11. - 1916, 18.4. (E)
1932, 27.6. - 30.12.   Lün 4

6785.
Lüchower Heimatzeitung
1954, 4.12.   **Lün 4**
(1 Ro, Jubiläumsausgabe)   Lün 4

6786.
Lüchower Kreis-Zeitung
1894, 4.1. - 29.1.
1896 - 1897
1901
1904 - 1905
1909
1910, 31.5. - 1914
1916, 1.1. - 2.5.
1919, 4.1. - 1923, 11.1.   **Lün 4**
(18 Ro)   Lün 4
1915 (L)
1917 - 1918   Dm 11

6787.
Zeitung für das Wendland
4.4.1934: Allgemeiner Anzeiger für den Kreis
Dannenberg-Lüchow
1.1.1943: Allgemeiner Anzeiger für den Kreis
Dannenberg
(1.1.1855 - 21.4.1945; nicht erschienen
1.4.1915 - 13.11.1918)
1855 - 1856
1858 - 1899
1901 - 1915, 30.3.
1918, 14.11. - 1945, 21.4.   **Lün 4**
(95 Ro)   Lün 4
1855 - 1856
1858 - 1890, 29.6.
1891
1893 - 1899
1901 - 1915, 30.3.
1918, 14.11. - 1945, 21.4.   Dm 11

6788.
Lüdenscheider Tageblatt<1895>
1.12.1914: L.T. am Abend
1.1.1919: Lüdenscheider Abendzeitung
1905, Jan. - Juni
1907 - 1913 (L)
1919, 5.4. - 30.6.   **MFA**
(12 Ro)
                                            Lüd 2

6789.
Lüdenscheider Wochenblatt
1.7.1904: Lüdenscheider General-Anzeiger
1.11.1949: Lüdenscheider Nachrichten
(1.7.1854 - 11.4.1945 u. 1.11.1949 ff.)
1976 ff.   **101b**
(ca. 8 Ro/Jg)   101b
1958 - 1969, 8.6.
1969, 28.8. - 1980, 31.1.
1980, 12.12. - 1993, 11.5.   **Dm 11**
1934, 2.1. - 30.6.
1949, 1.11. - 1950, 30.6.
1950, 2.10. - 1951, 30.6.
1952, 2.1. - 31.3.
1952, 1.10. - 1957   **MFA**
(21 Ro)
1992 - 1997   101a
1982 - 1987, 19.11.   Lüd 2
1934, 2.1. - 1.7.
1949, 1.11. - 1950, 30.6.
1950, 2.10. - 1951, 30.6.
1952, 2.1. - 31.3.
1952, 1.10. ff.   Dm 11

6790.
Lüdenscheider Zeitung
Vbg.: Lüdenscheid, Kreis Altena
1873 - 1874
1876 - 1880
1882 - 1923 (L)   **MFA**
(51 Ro, Beilagen tw. mitverfilmt)
                                            Lüd 2

6791.
Märkischer Bote
(8.4.1848 - 1853?)
1848, 8.4. - 1850   **MFA**
(1 Ro, Beilagen mitverfilmt)
                                            Lüd 2

6792.
Volksstimme
Lüdenscheid, Hagen, Westf.
Organ der Sozialdemokratie des Sauerlandes
2.1.1919 - 30.11.1922: Neue Freie Presse
Vlg. ab 31.1.1920 in Hagen
(23.11.1906 - 27.2.1933)
1911 - 1917, Okt.
1919, Jan. - 23.12.
1920, Juli - Dez.
1921, Jan. - März u. Juli - Dez.

1922, Juli - 1933, 27.2.	**Bo 414**
(38 Ro)	
1911 - 1932	61
1911 - 1917, Okt.	
1919 - 1932 (L)	188/211
	Bo 133
1911 - 1933, 27.2. (L)	Hag 6

Beilage(n):
Arbeiter-Jugend

1920, 1.12. - 1922/23 (L)	
(Vlg. in Hagen)	Bo 133
Der Freie Gewerkschafter	
1926 - 1930 (L)	Bo 133
Jugend-Echo	
1923 - 1930 (L)	Bo 133
Nach der Arbeit	
1921 - 1922 (L)	Bo 133
Unterhaltungsblatt	
1911 (E)	Bo 133

6793.
Westdeutsches Tageblatt / L
HA in Dortmund

1949, 4.6. - 1950 (L)	**MFA**
(2 Ro)	
	Lüd 2

6794.
Westfälische Rundschau / L
HA in Dortmund

1951, 17.3. - 1970 (L, nur Lokalteil)	6
1990 ff.	**101b**
(ca. 12 Ro/Jg)	101b
1946, 6.4. - 1947 (L)	
1949 - 1951, 31.3. (L)	**MFA**
(5 Ro)	
	Lüd 2
1951, 17.3. - 1970 (L, nur Lokalteil)	
1990 ff.	6
1992 - 1997	101a
1961 - 1962	Dm 11

6795.
Westfalenpost / L
UT: Lüdenscheider Nachrichten
HA in Hagen

1951, 5.7. - 1967, 30.6.	6
	6
1948, 27.6. - 1967, 31.7. (L)	
(60 Ro., enthält auch Ausg. aus	**MFA**
Soest u. Hagen)	
	Lüd 2

LÜDERITZ (NAM)

6796.
Lüderitzbuchter Zeitung
bis 1920 Ortsname: Lüderitz-Bucht

(13.2.1909 - 31.12.1937)	
1909, 13.2. - 1914, 24.7.	**1w**
(1 Ro)	1w
	Dm 11
1927, 5.7. - 8.12.	212
(1 Ro)	

LÜDINGHAUSEN

6797.
Lüdinghauser Zeitung

1917, 23.10.	
1932, 1.10. - 31.12.	**MFA**
(1 Ro, Beilagen mitverfilmt)	
	Dm 11

6798.
Münstersche Zeitung / 3
Lüdinghauser Kurier
HA in Münster

1957, 1.10. - 1959, 30.6.	**Dm 11**
	Dm 11
1951 - 1970	6
	6

6799.
Ruhr-Nachrichten
HA in Dortmund

1958, 1.4. - 1960	**Dm 11**
	Dm 11

6800.
Westfälische Rundschau / ML
Lüdinghausen, Werne / Lippe
Vbg.: Lüdinghausen u. Werne
HA in Dortmund

1951, 17.3. - 1954, 5.7.	6
(nur Lokalteil)	6

LÜNEBURG

6801.
Lüneburger Intelligenzblatt
(vor 1818 m. Lüneburger Wochenblatt vereinigt zu Lüneburger Wochen- und Intelligenzblatt)
(4.3.1815 - ?)
1815, 4.3. - 30.12.
(mitverfilmt b. Lüneburger Wo-   **Lün 4**
chenblatt)   Lün 4
                                  Dm 11

6802.
Lüneburger Tageblatt
(1.4.1892 - 31.5.1941; nicht erschienen v.
1.9.1923 - Feb. 1924)
1895, 1.4. - 29.6.
1896, 2.1. - 31.3. u. 1.7. - 30.9.
1897, 1.7. - 30.9.
1913, 30.8. - 10.12.
1930
1934, 2.7. - 29.9.
1935, 1.7. - 30.9.
1938, 1.7. - 30.9.
1941, 2.1. - 31.5.
1949, 26.10. - 22.12.   **Lün 4**
(9 Ro)   Lün 4
                                 Dm 11

6803.
Lüneburger Volksblatt
1905: Volksblatt für Lüneburg und Umgegend
(1.4.1895 - 28.2.1933)
1914, 25.7. - 1917, 30.6.
1918, 2.1. - 30.3.
1918, 1.7. - 1922, 5.1.
1922, 26.6. - 1923
1924, Aug. - 1925, 18.12.
1926, 5.1. - 18.12. (L)   **Bo 414**
(17 Ro)
1914, 25.7. - 1917, 2.1.
1917, 27.6. - 30.6.
1918, 2.1. - 30.3.
1918, 1.7. - 1926, 18.12.   Lün 4
1907 (L), 1910 (L), 1912 (L)
1914 - 1926 (L)
1928 (L), 1931 (L)   **Bo 133**

6804.
Lüneburger Wochenblatt
1818?: Lüneburger Wochen- und Intelligenzblatt
(1.1.1815 - 12.2.1825)
1815
1818, 3.1. - 1819, 24.12. (L)
1822, 5.1. - 21.12.   **Lün 4**
(3 Ro)   Lün 4
                                Dm 11

6805.
Lüneburger Zeitung
(2.1. - 17.4.1945)
1945, 2.1. - 16.4.   **MFA**
(1 Ro)
                                Dm 11
                                Lün 4

6806.
Die Mitteilungen
7.8.1945?: Lüneburger Post
15.1.1946: Lüneburger Landeszeitung
22.9.1949: Landeszeitung für die Lüneburger
Heide
(7.8.1945 ff.)
1960 ff.   **101b**
(ca. 7 Ro/Jg, bis 1968 37 Ro)   101b
1945, 14.9.   **12**
1945, 15.4. - 30.5.
1945, 7.8. - 1948, 2.7.   **Lün 4**
(2 Ro)   Lün 4
1960 - 1968   35
1946, 15.1. - 1949, 29.9.   **GB-**
1949, 8.12. - 1952, 30.11.   **LO/N38**
1992 - 1997   101a
1945, 7.8. - 1946   Sta 4

6807.
Niedersachsen-Stürmer
Lüneburg, Hannover, Hamburg
(Hannover-) Buchholz, ab Aug. 1932 in (Ham-
burg-) Harburg, ab 1.4.1937 in Lüneburg
(Probe-Nr. 14.9.1928, 5.10.1928 - 21.12.1944)
1928, 14.9. - 1929, 27.12.   **Lün 4**
(2 Ro)
1930, 9.5. - 1932, 14.5. (L)
1934 - 1944, 21.12.   **MFA**
(7 Ro)
                                Dm 11
1934 - 1943   1a
1934 - 1942   1
1928, 14.9. - 1929, 27.12.
1930, 9.5. - 1943, 25.12.   Lün 4

6808.
Oeffentliche Anzeigen für das Königl.-
Westphälische Departement der Nieder-Elbe
Lüneburg, Celle
6.3.1811: Lüneburgsche Anzeigen
7.5.1813: Anzeigen
16.2.1825: Amts-Blatt für den Bezirk der Königlichen Landdrostei Lüneburg
2.1.1828: Lüneburgsche Anzeigen
(8.9.1810 - 1944, nicht erschienen v. 16.9.1813
- Anf. 1825)
1848 - 1849   **Dm 11**
(1 Ro)
1812
1813, 15.9.
1825, 16.2. - 1887
1889 - 1891, 30.6.
1892, 9.1. - 1944, 29.12.   **Lün 4**
(167 Ro)   Lün 4
                                     Dm 11
1848 - 1849   468

6809.
Vorwärts
Lüneburger Volkszeitung
(Probe-Nr. 9. u. 13.6.1848, 4.7.1848 -
26.3.1859)
1848, 9.6. - 1850, 26.3.   **Dm 11**
                                     21/32c
                                     468
                                     Lün 4

LÜNEN

6810.
Amtliche Bekanntmachungen
1946, 2.3. - 5.10. (E)
1948, 19.8. - 1949, 30.8.   **MFA**
(1 Ro)
                                     Lnn 1

6811.
Anzeigenblatt für Groß-Lünen
1945, 27.12.   **MFA**
                                     Lnn 1

6812.
Brambauer Zeitung
Vbg.: (Lünen-) Brambauer, Dortmund-
Brechten, Dortmund-Holthausen
1918, 30.4.
1926, 28.1. - 5.8.   **MFA**
(1 Ro)
                                     Lnn 1

Beilage(n):
Unterhaltungs-Blatt
1918, 5.5.   **MFA**
                                     Lnn 1

6813.
Lünener Zeitung
24.9.1879: Lüner Anzeiger
11.7.1896?: Lüner Zeitung
1876, 5.9. - 7.10. (E)
1879, 24.9. - 1898, 25.5. (E)
1900, 6.1. - 22.12.
1901
1903 - 1905
1908 - 1911, 7.9.
1912 - 1914
1916 - 1923
1924, 13.3. - 1930, 31.3.
1930, 1.7. - 30.9.
1931 - 1933, 31.3.
1933, 2.10. - 31.12. (L)
1934 (E)
1935, 2.1. - 1.4.
1936, 1.7. - 1937, 1.1.
1937 (E)
1938, 3.1. - 31.3.
1938, 1.10. - 1939, 1.1.
1939, 1.4. - 1.10.
1940, 2.1. - 19.12.
1953, 28.10. - 1954, 7.8.   **MFA**
(53 Ro)
1912 - 1914
1918 - 1919
1920, 1.7. - 1922, 30.6.
1922, 3.8. - 1923
1925, 2.1. - 30.6.
1926, 2.1. - 30.6. u. 1.10. - 31.12.
1927, 2.5. - 31.12.
1928, 2.7. - 1929, 30.3. (L)
1929, 1.7. - 1.10.
1930, 2.1. - 31.3.
1931, 1.4. - 28.6. u. 1.10. - 31.12.
1932, 1.7. - 1933, 1.1.   **Dm 11**
1876, 5.9. - 7.10. (E)
1888 - 1898, 25.5. (E)
1900 - 1940 (L)
1953 - 1954   **Lnn 1**
Beilage(n):
Lüner Lustige Blätter, ab Nr. 2:
Lüner Lustiges Blatt
1921, Nr. 1 - 26 (L)
(1 Ro)   **MFA**
1914 - 1921   Lnn 1

6814.
Lüner Volksblatt
Vlg. in Dortmund
1932, 1.4. - 25.6.
1932, 27.6. - 1934, 29.3. (E)   **MFA**
(2 Ro)
                                        Dm 11

6815.
Ruhr-Nachrichten <Lünen>
HA in Dortmund
1958, 1.4. - 31.12.
1959, 22.7. - 1966   **Dm 11**
                                        Dm 11
1950 - 1960   **MFA**
(40 Ro)
                                        Lnn 1

6816.
Westdeutsche Allgemeine (WAZ) / LU
Lünen, Selm
Ausg. LU = Lünen, Selm
HA in Essen
1991 ff.   **101b**
(12 Ro/Jg)   101b
1949, 25.1. - 30.11.
1950 - 1951, 31.10.
1951, 1.12. - 1952, 29.11.   **MFA**
(8 Ro)
                                        Lnn 1
1952, 1.12. - 1970
1991 ff.   6
1992 - 1997   101a

6817.
Westfälische Rundschau / DL
Ausg. DL = Lünen u. Umgebung
1951, 17.3. - 1970 (L)   6
(nur Lokalteil)
1990 ff.   **101b**
(12 Ro/Jg)   101b
1951, 17.3. - 1970 (L, nur Lokalteil)
1990 ff.   6
1992 - 1997   101a
1961 - 1962   Dm 11

LUGAU (ERZGEB.)

6818.
Lugauer Zeitung
1929 - 1937, 30.4. (L)
1938 - 1939 (L)
1940, 1.7. - 1942 (L)   **14**
                                        14

LUGOSCH (LUGOJ, RO)

6819.
Banater Bote
1929, 21.4. - 1930, 15.5.   **212**
(1 Ro)   212

6820.
Lugoscher Wochenschau
1935, 8.9. - 25.12.   **212**
(1 Ro)   212

6821.
Lugoscher Zeitung
1921, 10.4. - 1934, 25.12.   **212**
(7 Ro, L: 1934)   212

6822.
Die Wochenschau
1936, 22.3. - 1937, 17.1.   **212**
(1 Ro)   212

LUNDEN

6823.
Dusendüwelswarf
1933   **68**
                                        68

LUXEMBURG (L)

6824.
Annalen des Grossherzoglichen Acker- und
Gartenbau-Vereins
1902, 2.4. - 1915   **Lux-**
                                        AN
                                        Lux-AN

6825.
Der Arbeiter <1878>
(3.1.1878 - 4.11.1882?)
1878, 3.4. - 1882, 4.11. (L)   **Lux-**
                                        AN
                                        Lux-AN

6826.
Der Arbeiter <1914>
1914   **Lux-**
(1 Ro)   **AN**
                                        Lux-AN

6827.
Arbeiterzeitung (Le Travailleur)
1924, 1.10. - 1927 (L)   **Lux-AN**
                            Lux-AN

6828.
Ardenner Bauer
(Dez. 1898 - 1912)
1899 - 1902 (L)   **Lux-**
1904 - 1912 (L)   **AN**
                            Lux-AN

6829.
Bürger- und Beamten-Zeitung
[Luxemburg-] Hollerich
5.1.1909: Luxemburger Bürger-Zeitung
(28.12.1898 - 1915?)
1898, 28.12. - 1915 (L)   **Lux-AN**
                            Lux-AN

6830.
Das Echo
25.9.1891: L'Echo
(18.10.1890 - 26.12.1897 nachgew.)
1890, 18.10. - 1897 (L)   **Lux-AN**
                            Lux-AN

6831.
Das freie Wort
(19.11.1884 - 31.3.1887)
1884, 19.11. - 1887, 31.3. (L)   **Lux-AN**
                            Lux-AN

6832.
Den Freien Arbechter
1945, 1.3. - 1965   **Lux-**
(2 Ro)   **AN**
                            Lux-AN

6833.
Grènge Spoun
15.9.2000: Woxx
dt., frz., lux.
ökologisch
(Okt. 1988 ff.)
1988, 1.10. - 1995, 27.10.   **Lux-AN**
                            Lux-AN

6834.
De Gukuk
Satire- u. Witzblatt
(12.9.1922 - 31.3.1934)
1922, 12.8. - 1934, 31.3. (L)   **Lux-AN**
                            Lux-AN

6835.
Hollericher Zeitung
(30.3.1902 - 1914 nachgew.)
1902, 30.3. - 1914 (L)   **Lux-AN**
                            Lux-AN

6836.
Jung-Luxemburg
(5.4.1914 - 27.4.1940)
1914, 5.4. - 25.12.
1916 - 1930   **Lux-**
1937   **AN**
                            Lux-AN

6837.
Das Land
1866, 31.10. - 1868, 27.4. (L)   **Lux-AN**
                            Lux-AN

6838.
Letzebuerger Duerf
1945, 29.9. - 1984   **Lux-AN**
                            Lux-AN

6839.
d'Lëtzebuerger Land
in dt. u. frz.
(1.1.1954 ff.)
1954, 1.1. - 2004, 24.12.   **Lux-AN**
                            Lux-AN
1954, Feb. - 1960   **GB-**
(7 Ro)   **LO/N38**

6840.
De Letzeburger <1872>
(5.5.1872 - 19.1.1873?)
1872, 5.5. - 1873, 19.1. (L)   **Lux-AN**
                            Lux-AN

6841.
De Letzeburger <1894>
1894   Lux-
(1 Ro)   AN
                             Lux-AN

6842.
Lëtzeburger Journal
liberal
(5.4.1948 ff.)
1948, 5.4. - 2005, 14.6.   Lux-
                             AN
                             Lux-AN
1956, 1.10. - 1962
1972 - 2003
2005 - 2007   212
                             212

6843.
Der Luxemburger Ackerer
1857 - 1860, 30.6. (L)   Lux-
                             AN
                             Lux-AN

6844.
Der Luxemburger Anzeiger
1856, 29.4. - 31.12. (L)   Lux-
(1 Ro)   AN
                             Lux-AN

6845.
Luxemburger Freie Presse
1.1.1888: Freie Presse
(1.4.1887 - 31.12.1895)
1887, 1.4. - 1895 (L)   Lux-
                             AN
                             Lux-AN

6846.
Luxemburger kleine Presse
Luxemburg (L), Esch-Alzette (L),
Diedenhofen (Thionville, F)
ab Juli 1897 Druck in Esch-Alzette
ab 1898 Druck in Diedenhofen (Thionville)
(4.10.1896 - 4.12.1898?)
1896, 4.10. - 1898, 4.12.   Lux-
                             AN
                             Lux-AN

6847.
Das Luxemburger Land
1882, 1.10. - 24.12.
1883, 1.7. - 1884 (L)
1885, 15.11. - 1886 (L)   Lux-
                             AN
                             Lux-AN

6848.
Luxemburger Landeszeitung
1928   Lux-
                             AN
                             Lux-AN

6849.
Luxemburger Landeszeitung und Freie Presse
1928 - 1931, 30.6. (L)   Lux-
1932 - 1933, 23.5.   AN
                             Lux-AN

6850.
Luxemburger Nachrichten
(5.12.1912 - 31.12.1914)
1912, 5.12. - 1914 (L)   Lux-
                             AN
                             Lux-AN

6851.
Luxemburger National-Zeitung
2.7.1926: Luxemburger National-Zeitung
und Landwirth
1926 - 1935   Lux-
                             AN
                             Lux-AN

6852.
Luxemburger Nationalzeitung
(2.3. - 4.5.1856)
1856, 2.3. - 4.5.   Lux-
                             AN
                             Lux-AN

6853.
Luxemburger Post
(20.12.1893 - 31.12.1909?)
1895 - 1904 (L)   Lux-
1906 - 1909   AN
                             Lux-AN

6854.
Luxemburger Sonntags-Blättchen
(8.12.1869 - 1874?)
1869, 8.12. - 1872   Lux-
                             AN
                             Lux-AN

6855.
Das Luxemburger Volk
(10.12.1903 - 5.5.1940?)
1903, 10.12. - 1910 (L)   Lux-
                             AN
                             Lux-AN

6856.
Luxemburger Volksblätttchen für Haus,
Werkstatt und Fabrik
(29.9.1888 - 29.9.1889)
1888, 29.9. - 1889, 29.9. (L)   **Lux-**
AN
Lux-AN

6857.
Luxemburger Volksblatt <1880>
(? 1880 - 28.12.1887)
1882 - 1887 (L)   **Lux-**
AN
Lux-AN

6858.
Luxemburger Volksblatt <1901>
Nachfolger v. "Der Patriot"
(3.1.1901 - 4.10.1902)
1901 - 1902, 4.10.   **Lux-**
AN
Lux-AN

6859.
Luxemburger Volksblatt <1933>
(27.5.1933 - 30.10.1941)
1933, 27.5. - 1941, 30.9. (L)   **Lux-**
AN
Lux-AN

6860.
Luxemburger Volkszeitung
(18.3.1893 - 28.9.1923)
1893, 18.3. - 1916 (L)
1920 - 1923, 28.9. (L)   **Lux-An**
Lux-An

6861.
Luxemburger Wochenblatt
(7.4.1821 - 8.7.1826)
1821, 7.4. - 1826, 8.7. (L)   **Lux-**
AN
Lux-AN

6862.
Luxemburger Wort : für Wahrheit und Recht
vom 17.3.2005 - 22.3.2008: d' Wort
(23.3.1848 ff.)
1962 - 1963, 28.2.
1963, 30.3. - 31.12.
1964, Feb., März, Mai
1964, 3.11. - 1966, März
1966, Nov.
1967, Juni - 1972
1974 - 1996
2001   **212**

1997 - 2000
2002 ff.   **MFA**
(zahlreiche Beilagen mitverfilmt)
1914, 1.10. - 1918
1938 - 1939, 30.6.
1939, 2.10. - 1940, 29.2.
1940, 1.4. - 1944, 28.4.   **1w**
1w
2000, 26.2. - 2002, 30.11.   **38**
(36 MF)
1848, 23.3. ff.   **Lux-**
AN
Lux-AN
1914, 1.10. - 1918
1938 - 1939, 30.6.
1939, 2.10. - 1940, 29.2.
1940, 1.4. - 1944, 28.4.
1999   **Dm 11**
1996 ff.   **12**
1962 - 1963, 28.2.
1963, 30.3. - 31.12.
1964, Feb., März, Mai
1964, 3.11. - 1966, März
1966, Nov.
1967, Juni - 1972
1974 ff.   **212**
1979, 7.12. ff.   **121**
2000, 26.7. - 2002, 30.11.   **38**

6863.
Luxemburger Zeitung - Journal de Luxem-
bourg
(2.1.1858 - 30.9.1859)
1858 - 1859, 30.9. (L)   **Lux-**
AN
Lux-AN

6864.
Luxemburger Zeitung <1844>
(3.7.1844 - 15.6.1845)
1844, 3.7. - 1845, 15.6.   **Lux-**
AN
Lux-AN

6865.
Luxemburger Zeitung <1868>
(9.3.1868 - 29.9.1941)
1968, 9.3. - 1941, 29.9.   **Lux-**
AN
Lux-AN
1914, 1.10. - 1918   **1w**
1w
Dm 11

6866.
Moselland
1941, Juni - 1944, Juni   **Lux-**
                                            AN
                                            Lux-AN

6867.
Nationalblatt
1937, 1.12. - 1944, 31.8. (L)   **Lux-**
                                            AN
                                            Lux-AN

6868.
Die neue Zeit <1911>
(16.3.1911 - 9.8.1914)
1911, 16.3. - 1914, 9.8.   **Lux-**
                                            AN
                                            Lux-AN

6869.
Die neue Zeit <1936>
(1.10.1936 - 1.5.1940)
1936, 1.10. - 1940, 1.5. (L)   **Lux-**
                                            AN
                                            Lux-AN

6870.
Der Patriot <1849>
1.1.1853: Le Patriote
(1.7.1849 - 31.12.1854)
1849, 1.7. - 1850 (L)   **Lux-**
1852 (L)   **AN**
                                            Lux-AN

6871.
Der Patriot <1897>
(13.3.1897 - 31.12.1900)
1897, 13.3. - 1900 (L)   **Lux-**
                                            AN
                                            Lux-AN

6872.
Der Proletarier
1921 (L)   **Lux-**
                                            AN
                                            Lux-AN
1919, 5.7. - 1923   **Bo 133**
                                            Bo 133

6873.
De Proletarier
später: Arbechter
später: OGB-L aktuell
(5.7.1919 ff.)
1944, Nov.   **Lux-**
1945, 20.1. - 1978 (L)   **AN**
                                            Lux-AN

6874.
Revue
(1.9.1945 ff.)
1945, 1.9. ff. (L)   **Lux-**
                                            AN
                                            Lux-AN

6875.
D'Revue
(9.12.1939 - 1.7.1940)
1939, 9.12. - 1940, 1.7.   **Lux-**
                                            AN
                                            Lux-AN

6876.
Scout
1920 - 2/2003   **Lux-**
                                            AN
                                            Lux-AN

Beilage(n):
Annuaire   **Lux-**
1918 - 1919   **AN**
                                            Lux-AN

Route du succès   **Lux-**
11/1949 - 5/6 1951   **AN**
                                            Lux-AN

6877.
Télécran
dt., frz., lux.
(21.1.1978 ff.)
1978, 21.1. ff.   **Lux-**
                                            AN
                                            Lux-AN

6878.
Touring Club Luxembourgois
(1897 -1914; 1932 - 1933; 1935 - 1939;
1948 - 1955)
1897 - 1914, Aug.
1932, Nov. - 1933, Aug.
1935 - 1939   **Lux-**
1948 - 1955   **AN**
                                            Lux-AN

6879.
Die Tribüne
1935, 6.4. - 19.10.   Lux-
                             AN
                             Lux-AN

6880.
Das Vaterland
(6.6.1869 - 28.8.1870)
1869, 6.6. - 1870, 28.8. (L)   Lux-
                               AN
                               Lux-AN

6881.
La Voix des Jeunes
1951: La Voix
1917, Aug. - 1919, Aug.
1922, Jan. - Juni
1926, Dez. - 1927
1928, Nov. u. 1931, Nr. 9
1933, Juni - 1934 (L)
1935, Juli - 1938
1940, Apr. u. 1945, Nr. 1
1948, Sep. - Okt.
1949, Nr. 3/4   Lux-
1951, März - 1969, Apr. (L)   AN
                              Lux-AN

6882.
Der Volksfreund <1848>
(7.4.1848 - 29.6.1849)
1848, 7.4. - 1849, 29.6. (L)   Lux-
                               AN
                               Lux-AN

6883.
Die Volksstimme
kommunistisch
(28.9.1944 - 29.6.1946)
1944, 28.9. - 1946, 29.6. (L)   Lux-
                                AN
                                Lux-AN

6884.
Die Volkstribüne
1.1.1920: Soziale Republik
(? - 1927)
1918 - 1919 (L)   Lux-
1921 - 1924, 30.9. (L)   AN
                             Lux-AN

6885.
Der Wähler
1872, Juni   Lux-
                             AN
                             Lux-AN

6886.
D'Wäschfra
mehrmals Titel-, Verlagsort- u.
Druckortwechsel
satirisch
(16.5.1868 - 10.5.1884)
1868, 16.5. - 1880 (L)   Lux-
1881, 21.5. - 1882, 18.3.   AN
                             Lux-AN

6887.
Zeitung vum Lëtzebuerger Vollek
marxistisch
(1.7.1946 ff.)
1946, 1.7. ff. (L)   Lux-
                             AN
                             Lux-AN

LUZERN (CH)

6888.
Alphorn
auch: Das Alphorn
Illustriertes Schweizer Familienblatt
1889, Nr. 2 - 52   46
                                     46

6889.
Deutsche Briefe
1935 - 1936 (L)   B 479
1934, 21.9. - 1938   M 352

6890.
Der Grütlianer
Vbg.: Luzern, Basel, Zürich
1916, 2.10.
1917, Nr. 2 u. 5   B 479

6891.
Kongress Zeitung
1935, 20.8. - 8.9.   M 352

LUZK (UA)

6892.
Deutsche Ukraine-Zeitung
1943, Juli - 1944, 7.1. (L)   GB-
                             LO/N38
1942, 23.1. - 1943, 29.6.
1943, 1.10. - 31.12.   1w
                              1w
                             Dm 11

LYCK (EŁK, PL)

6893.
Das Lycker gemeinnützige Unterhaltungs-
blatt, Volksblatt für Masuren
17.5.1848: Lycker Unterhaltungsblatt
1843 - 1849   1w
(3 Ro)   1w
                                              Dm 11

6894.
Das Lycker Kreisblatt
Text dt. u. poln.
1841, 20.2. - 1843
1846 - 1847
1891 - 1896
1903 - 1905
1909, 1911, 1914   1w
(5 Ro)   1w
                                              Dm 11

6895.
Masuren-Bote
UT: Sonderausgabe für Soldaten
1941, 11.5. - 3.6.   1w
(1 Ro)   1w
                                              Dm 11

MÄHRISCH-NEUSTADT (UNIČOV, CZ)

6896.
Nordmährische Rundschau
1923, 7.1. - 1938   212
(6 Ro)   212

MÄHRISCH-OSTRAU (OSTRAVA, CZ)

6897.
Mährisch-Schlesische Landeszeitung
1939/40 - 1943   212
(5 Ro)   212

6898.
Morgenzeitung
1923, 23.2. - 1933, 15.5.   212
(15 Ro)   212

MÄHRISCH-SCHÖNBERG (ŠUMPERK, CZ)

6899.
Sudetenbote
1928, 14.11.
1929, 2.1. - 28.6.   212
(1 Ro)   212

6900.
Sudetendeutsche Bauernzeitung
1938   212

MÄHRISCH-TRÜBAU (MORAVSKA TŘEBOVÁ, CZ)

6901.
Schönhengster Zeitung
1936, 4.4. - 27.6.   212
(1 Ro)   212

MAGDEBURG

6902.
Aktuell
Spezialbaukombinat
1967 - 1990, Apr. (L)   3
(4 Ro)   3
                                              Dm 11

6903.
Antrieb
Schwermaschinenbau "Georgi Dimitroff"
1970 - 1972, Nr. 25   B 479
                                           B 479
1956, 18.1. - 1974, Nov. (L)
1975, Jan. - Nov.
1976, Jan. - Nov. (L)
1977 - 1984, Nov. (L)
1986 - 1988, Nov.
1989, Jan. - Nov.   3
(6 Ro)   3
                                              Dm 11

6904.
Automatik
Werkzeugmaschinenfabrik
1960, 17.11. - 1989, Nov. (L)   3
(5 Ro)   3
                                              Dm 11

6905.
Blickpunkt
Autobahnbaukombinat
1970, Dez. - 1990, März (L)   3
(4 Ro)   3
    Dm 11

6906.
Deutscher Aufstieg
Deutsche Staatspartei
1931 - 1933, Nr. 11   1
    1

6907.
Elektrotechnisches Echo
1890 - 1891   **GB-**
1893   **LO/N38**
1896 - 1904, Juni   GB-
(6 Ro)   LO/N38

6908.
Der Funke
RBD Magdeburg
1968 - 1990 (L)   3
(3 Ro)   3
    Dm 11

6909.
General-Anzeiger der Stadt Magdeburg
und Provinz Sachsen
24.9.1908: Magdeburger General-Anzeiger
1914, 1.8. - 30.9.
1915, 1.7. - 30.9.
1916, 1.7. - 30.9.
1931, Sep.   **MFA**
(2 Ro)
1883, 3.7. - 1884, 30.9.
1885, 2.7. - 1888, 30.6.
1889, 7.7. - 1912, 31.3.
1916, 1.10. - 1920, 31.3.
1920, 1.10. - 1921, 30.9.
1923 - 1930, 31.1.
1930, 1.6. - 1931, 30.8.
1931, 1.11. - 1932, 30.4.
1932, 1.7. - 1933, 31.8.
1934, 1.7. - 1937, 31.1.
1937, 2.3. - 1939, 30.6.
1939, Aug.
1941, 1.1. - 11.5.   3
    3
    Ma 26
(171 Ro)   Ma 26
    73
    Dm 11

Beilage(n):
Rundschau im Bilde / Bilder
Rundschau
1926, 7.7. - 1927 (L)
1931, 1.1. - 31.8. u. 1.10. - 25.12.
1933 u. 1936
(1 Ro)   **MFA**
Wau Wau! Humoristische Beilage
1887 - 1918   73

6910.
Güterwagen
RAW Magdeburg-Salbke
1966, 19.1. - 1968, Aug. (L)
1969 - 1975, Nov. (L)
1976 - 1977, Okt.
1978 - 1992, 21.12. (L)   3
(4 Ro)   3
    Dm 11

6911.
Der Gwk-Aktivist
Nr. 23, 1951: Aktivist
VEB Schwermaschinenbaukombinat Ernst
Thälmann
1976 - 1987   **B 479**
    B 479
1949 - 1951, Mai (L)
1952 - 1990, 25.1. (L)   3
(16 Ro)   3
    Dm 11

6912.
Der Hammer
KPD, Funktionärsorgan
1929 - 1930 (E)
1933, Juni/Juli   **B 479**
    B 479

6913.
Illustrierte Reichsbanner-Zeitung
Magdeburg, Berlin
1929: Illustrierte Republikanische Zeitung
Vlg. in Magdeburg u. Berlin
1925, 3.1. - 1933, 4.3.   **MFA**
(6 Ro)
1924, Nov. - 1933, März   1
    11
1924   Bo 133
1926 - 1933, 4.3.   H 250

6914.
Impuls
Bezirksdirektion Deutsche Post
1965 - 1972	**B 479**
	B 479
1966 - 1968, Nov. (L)	
1969 - 1989, 1.11. (L)	3
(4 Ro)	3
	Dm 11

6915.
Israelitische Wochenschrift
1874 - 1885	
1888 u. 1890	**M 352**
1870 - 1894	8

Beilage(n):
Das jüdische Literaturblatt
(auch: Jüdisches Litteratur-Blatt,
Vlg. in Magdeburg u. Berlin)
1872 - 1916	**Dm 11**
(2 Ro)	Dm 11
	824
	B 1539
	H 227
	19
	109
1872 - 1882, Nr. 47	
1893, Nr. 21 - 1894, Nr. 21	16
	464
	Kn 125
1872 - 1913 (L)	30

Israelitische Schulzeitung
1882	**He 116**

6916.
Die Junge Garde / Magdeburg-Anhalt
1934, Aug. u. 1935, Apr.	**B 479**
	B 479

6917.
Kfz-Kurier
Verkehrskombinat
1964, 16.3. - 1990, Mai	3
(4 Ro)	3
	Dm 11

6918.
Komplexbau
Wohnungsbaukombinat
1969, Aug. - 1972	**B 479**
1964, 10.2. - 1990, Okt. (L)	3
(6 Ro)	3
	Dm 11

6919.
Konkret
Industriebaukombinat
1973, Juni - 1976	3
(1 Ro)	3
	Dm 11

6920.
Kontakt
Messgerätewerk
1965 - 1972	**B 479**
	B 479
1965, 10.5. - 1972, März	
1972, Mai - 1990, Juni (L)	3
(4 Ro)	3
	Dm 11

6921.
Krupp-Prolet
1934, 1	**B 479**
	B 479

6922.
Landpost
1926 - 1930, 27.9.	3

6923.
Literatur, Kunst und Kino
1919, H. 1 - 5 (L)	**MFA**

6924.
Der Magdeburger Bothe
1805	73

6925.
Magdeburger Freie Presse
1876 (Probe-Nr.)	
1877 - 1878 (L)	**B 479**
	B 479

6926.
Magdeburger Zeitung am Wochenende
1979 - 1989	**B 479**
	B 479

6927.
Magdeburgische gemeinnützige Blätter
1789, 4.7. - 1790	3
	3
1789, Nr. 7 - 1791, Nr. 6	73

6928.
Magdeburgische Zeitung <1626>
1731?: Magdeburgische privilegirte Zeitung
3.1.1788: Königlich privilegirte Magdeburgische Zeitung
13.11.1806: Magdeburgische Zeitung
anfangs: Wochentliche Zeitung
(1626 - 31.8.1944)

1882, Sep. - Okt.	**1w**
(1 Ro)	1w
1816, Juli - Dez.	**46**

(1 Ro)
1626, Nr. 28 (= 20.6.)
1717, 20.1. - 1719
1740 - 1924, Aug.
1924, 1.10. - 30.11.
1925, 1.2. - 1926, Sep.
1926, Nov. - 1927
1928, Feb. - Juli
1928, Sep. - 1933, 30.4.
1933, 1.6. - 30.9. u. 16.11. -
31.12.
1934, 1.2. - 1941, 31.8.
1941, 1.10. - 1944, 31.1.

1944, 1.3. - 31.5., 1.8. - 31.8.	**Ma 26**
1848 - 1849 (E)	
1877 (L)	**B 479**
	B 479

1626, 20.6.
1717, 20.1. - 1719
1740 - 1913 (L)

1935, Feb. - 1939, 31.8. (L)	**3**
1717 - 1719	
1740 - 1815	
1925, 1.2. - 1944	**46**
1848, 22.3. - 1874, 6.12. (E)	
1914, 15.10.	
1916, 4.4. - 1919, 8.8.	**GB-**
1944, 2.8.	**LO/N38**

1626, 20.6.
1717 - 1719

1740 - 1944, 31.8. (L)	**Dm 11**
	Ma 26
	73

Beilage(n):
Blätter für Handel, Gewerbe und
sociales Leben
1873 (E) u. 1874
1876 - 1880 (L)
1883 u. 1884 (E)
1887, 24.1. - 27.12. (L)

(3 Ro)	**MFA**
1849 - 1905	**3**
	73

Historische und Gelehrte Merkwürdigkeiten

1740 - 1761 (L)	73

(mehrere Titelwechsel)
Nachrichten zur Litteratur
1762 - 1797 (L)
(ab 1764: Staats- und Politische
Nachrichten, ab 1793: Allgemei-

ne Weltbegebenheiten)	73

Anzeige gemeinnütziger Bücher

1774, 15.1. - Nr. 52	73

6929.
Magdeburgischer Intelligenz-Zettel
1793?: Magdeburger Intelligenz-Zettel zum
Nutzen und Besten des Publici
1808?: Intelligenz-Blatt des Elb-Departements
zum Nutzen und Besten des Publici
2.1.1812: Departemental-Blatt / Königreich
Westphalen, Departement de Elbe
auch: Departemental-Blätter der Elb-
Departements
2.7.1814?: Magdeburgisches Intelligenz-Blatt
ca. 1846: Magdeburger Intelligenzblatt
1776 - 1777
1780, 3.10. - 1782, Nr. 23
1793, 29.6. u. 10.9.
1803, Nr. 11 u. 13
1808, 12.7. - 1813, Nr. 77
1814, 2.7. - Nr. 132
1820

1824, Nr. 79 - Nr. 157	
1829, Nr. 241	73

6930.
Montagsblatt
Montagsausg. v. Magdeburgische Zeitung

1926	**1w**
(1 Ro)	1w
1906, Feb. - 1913	
1925, 5.1. - 1942, 2.3.	**3**
	3
1905 - 1914, Juli	
1925 - 1942, Nr. 6	73

6931.
Motor
VEB Schwermaschinenbau Karl Liebknecht

1953, 21.10. - 1990, 20.6. (L)	**3**
(10 Ro)	3
	Dm 11

6932.
M.Z. am Wochenende

1963 - 1972, 24.2.	**Bo 174**

6933.
Neues Volksblatt
KPD Magdeburg-Anhalt
1932, 25 - 45 (L)   **B 479**
                     B 479

6934.
Nordsächsische Wacht
Magdeburg, Halle, S.
1903: Sächsisch-Anhaltinische Wacht
1919?: Mitteldeutsche Kaufmannspost
ab 1919? Vlg. in Halle, S.
1901 - 1914
1919 - 1920 (L)   **Bo 133**
(3 Ro)   Bo 133

6935.
Oktober-Echo
VEB Förderanlagen
1966 - 1990, 21.5. (L)   **3**
(4 Ro)   3
                     Dm 11

6936.
Das Peildeck
1970: Esta-Echo
Schiffswerft
1965, 22.11. - 1989 (L)   **3**
(5 Ro)   3
                     Dm 11

6937.
Der Prolet
KPD Magdeburg-Anhalt
1935, Apr.   **B 479**
                 B 479

6938.
Das Reichsbanner
Eiserne Front
(1924 - 25.2.1933)
1924 - 1933, 25.2.   **1**
                 1
1924, 15.4. - 1931, 26.12.   **46**
                 46
                 MFA
(7 Ro)
                 34
                 25
                 188/211
                 115
                 Bo 133
                 Dm 11
                 H 250
                 Kn 168
                 M 352

6939.
Schaltwarte
Starkstromanlagenbau
1966 - 1989, 11.12. (L)   **3**
(4 Ro)   3
                     Dm 11

6940.
Schwefelofen
Chem. Pharmazeut. Fabrik
1950, Mai - 1953, Okt. (L)
1954, Jan. - Nov.
1955, Jan. - Nov.
1956 - 1971, 8.10. (L)
1972, 28.1. - 30.10. (L)
1973 - 1989, Okt. (L)
1990, Jan. - Juni   **3**
(5 Ro)   3
                     Dm 11

6941.
Sport Telegramm
1930 - 1940
1941, 12.5. - 1943, 1.3.   **Ma 26**
(8 Ro)   Ma 26

6942.
Sport-Telegramm
UT: Mitteldeutsche Fachzeitung für Turnen,
Spiel und Sport
Vlg.: Faber
(1.1924 - 16.1939?)
1924 - 1929   **3**
                 3

6943.
Das Sprachrohr
Nr. 3, 1965: MAW-Sprachrohr
VEB Meßgeräte- und Armaturenwerk Karl
Marx
1949 - 1990, 13.8. (L)   **3**
(10 Ro)   3
                     Dm 11

6944.
Stahlguß
Stahlgießerei
1975, 20.1. - 1990, 12.6. (L)   **3**
(3 Ro)   3
                     Dm 11

6945.
Der Stahlhelm
Magdeburg, Köln, Bonn, München
1924 - 1935   **1a**
                 1a

6946.
Tribüne
Magdeburg, Halle, S.
(13.5.1921 - 19.2.1933)
1921, 14.5. - 2.9.
1925, 1.7. - 31.12.
1929, 9.7. - 31.12.   3
1923, Nr. 269 - 1933, Nr. 1 (E u.   **B 479**
LL)   B 479
1931, 19.8. - 24.8.
1932, 3.9. - 18.9.   **Bo 133**
     Bo 133

6947.
Triebwagen
Verkehrsbetriebe
1966, 24.1. - 1970, Sep. (L)
1971 - 1989, Nov. (L)
1990 - 1993   3
(4 Ro)   3
     Dm 11

6948.
Volksstimme
2.1.1992: Magdeburger Volksstimme
(1.7.1890 - 15.3.1933 u. 1.8.1947 ff.)
1925 - 1926   3
1991 ff.   **101b**
(7 Ro/Jg)
1947, 22.8. - 31.12.
1954, 2.8. - 1990   **Bo 174**
(80 Ro)
1928, 1.1. - 31.3. u. 1.7. - 30.9.   **MFA**
(2 Ro)
1947, Nr. 1 - 1990, Nr. 14 (L)   **B 479**
1947, 22.8. - 31.12.   **Bo 414**
(1 Ro)
     M 352
1947, 1.8. - 1952 (MPF)
1992 ff.   1w
1895 - 1932 (L)
1947, 22.8. - 31.12.
1954, 2.8. - 1990
1992 - 1994   3
1991 - 1997   101a
1947, 22.8. - Dez.
1989 - 1990   180
1954, Nr. 176 ff.   101b
1947, 22.8. - 31.12. (L)
1954, 2.8. - 1985   739
1947, 22.8. - 31.12.
1954, 2.8. - 1996   188/211
1927, Nr. 1 - 30
1930 (E)
1947, 1.8. - 1990, Nr. 14 (L)   B 479

1895 - 1932 (L)   Bo 133
1895 - 1926, Juni
1926, Aug. - 1932 (L)
1933, 14.3.
1993 ff.   Dm 11
1947, 1.8. ff.   73
1990 - 2004   281
1921 - 1932 (L)
1949, 14.2. - 27.12.
1953 - 1954
1955, 20.3. - 1977
2004 - 2006   Ma 26
1992 - 1996   109
1920, 1.10. (Festnr.)
1895 - 1932   Ma 25
Beilage(n):
Der Born
1921   **Bo 133**
1924 - 1927 (L)   Bo 133
Die Neue Welt
1877 - 1880
1914 - 1919, Juni   1w
1904 - 1915 (L)   61
1892 - 1919   Bo 133
Die Frauenpost   **Bo 133**
1896, 25.9. - 1897, 9.9.   Bo 133
Heim und Welt
1927, Nr. 1   B 479
1924 - 1933, Nr. 1 (L)   **Bo 133**
     Bo 133
Heute   **B 479**
1965 - 1988, Nr. 51 (L)   B 479
Der Kampfgenosse   **Bo 133**
1924, Apr.   Bo 133
Der Landbote   **Bo 133**
1895 - 1897, 14.9.   Bo 133
Die Rast
1927, Nr. 1 - 9   B 479
1912 - 1914
1919 - 1922   **Bo 133**
1924 - 1932 (L)   Bo 133
Schauinsland
1927, Nr. 2 - 4   B 479
1926 - 1933, 1 (L)   **Bo 133**
     Bo 133
Unterhaltung für das Wochenende
1955, Nr. 1 - 49   **B 479**
1956, Nr. 1 - 47   B 479
Volksstimme. Wochenzeitung
für Kinder im Magdeburger Land
1928, Weihnachten - 1930 (L)
1931 - 1932 (E)   Bo 133
Flugblatt mit Verbotsandrohung
1933, 14.3.   Dm 11

6949.
Volksstimme am Sonntag
Sonntagsausg. v. Magdeburger Volksstimme
1993 - 1997   Dm 11

6950.
Der Zeitungs-Verlag
Magdeburg, Berlin, Hannover, Liegnitz
(Legnica, PL), Wiesbaden, Köln, Bonn,
Düsseldorf
(Sondernr. 12.5.1928: Die deutsche Zeitung)
10.4.1943: Deutsche Presse
12.11.1949: Zeitungs-Verlag
1954: Zeitungs-Verlag und Zeitschriften-
Verlag
1963, Nr. 5: ZV + ZV
1986: ZV
1986, 14.7. - 1987, 17.8.   Dm 11
(2 Ro)
1918, Nr. 45 - 1919 (L)   B 479
                                      B 479
1900, 6.10. - 1905, 21.9.
1906 - 1944
1949, 12.11. - 1986, 7.7.   MFA
1900, 6.10. - 1905, 21.9.
1906 - 1944
1949, 12.11. - 1987, 17.8.   Dm 11
1900 - 1903
1907   1
1935   188/211
1910
1912 - 1913
1916 - 1943, März   15
1910 - 1943   19
                                      6/053
1900 - 1943   46
Beilage(n):
Archiv für Presserecht
1953, Nr. 1 - 1995
(12 Ro, Vlg. in Bonn-Bad Go-   Dm 11
desberg)   Dm 11
Übersicht über die Rechtspre-
chung in Pressesachen (als Beilage zu Archiv für Presserecht)   Dm 11
1957, H. 2 - 1976, H. 21   Dm 11
Inhaltsverzeichnis
1949 - 1954
1961, Juli - Dez.
1972 - 1974
1981
(1 Ro)   MFA

6951.
Zentralblatt für die Filmindustrie
1919, 20.8. - Nr. 4   MFA

MAINBURG

6952.
Hallertauer Zeitung
BA v. Landshuter Zeitung
1988 ff.   101b

MAINTAL

6953.
Allgemeines Anzeigeblatt für Dörnigheim,
Hochstadt und Umgebung [...]
(Maintal-) Dörnigheim
1929, 3.1. - 1931, Juni (L)
1932, Apr. - 1934   4
(7 Ro)   4
                                         34

MAINZ

6954.
Ahasver am Rhein
1837: Das Rheinland
1844: Taunus und Rheinland
1836, 3.7. - 1837, 30.5.
1837, 1.10. - 1844, 9.7.   36
                                         36

6955.
Allgemeine Zeitung / überregional
1948, 7.1. - 1949, 31.10.   36

6956.
Allgemeine Zeitung und Wirtschafts-Blatt
Wochenausg. v. Neuer Mainzer Anzeiger
1946, 29.11. - 1947, 24.4.   Dm 11
                                         36

6957.
Die Ameise
1827, 1.11. - 1829, 9.3.   36

6958.
Amtliche Nachrichten der Gemeinde Bret-
zenheim
1930: Amtliche Nachrichten des Stadtteils
Mainz-Bretzenheim
1920 - 1931   36

6959.
Amtliche Nachrichten der Gemeinde Gon-
senheim
[Mainz-] Gonsenheim
1916 - 1935   36

6960.
Anzeigeblatt für Rheinhessen
1853 - 1861   36
    36

6961.
Der Beobachter vom Donnersberg
30.12.1801: Mainzer Zeitung
1.1.1806: Neue Mainzer Zeitung
20.12.1807: Mainzer Zeitung
5.10.1809: Gazette de Mayence. Mainzer
Zeitung
1.2.1812: Journal du Mont-Tonnere. Der
Donnersberger
5.5.1814: Mainzer Zeitung
12.11.1822: Anzeigeblatt der Mainzer Zeitung
5.12.1822: Rhenus. Neue Mainzer Zeitung
8.12.1822: Neue Mainzer Zeitung
1.1.1835: Mainzer Zeitung
19.11.1850: Neue Mainzer Zeitung
20.11.1850: Mainzer Abendpost
(30.5.1798 - 30.12.1851)
1848 - 1849   **Dm 11**
(3 Ro)
    21/32c
    385
    468
    Wit 2
1798, 30.5. - 1802, 7.3.
1802, 24.9. - 1805, 17.12.
1806 - 1812, 11.1.
1812, 1.2. - 1851   36
1847, 29.7. - 1849
1850 - 1851 (L)   46
1798, 30.5. - 1851 (L)   107
1848, 1.1. - 30.6.   B 479
1798, 30.5. - 1799 (L)   Kai 1
1813, 17.8. - 1818, 30.7.
1848 - 1849   Dm 11
Beilage(n):
Rhenus
1824, 3.10. - 1825, 25.9.   36
Sonntags-Beiblatt der Mainzer
Zeitung (ab 3.1.1836: Unterhaltungsblätter, ab 1.1.1839: Mainzer Unterhaltungsblätter)
1835 - 1848, 15.3. (L)   **36**

6962.
Blätter für jüdische Geschichte und Literatur
1899 - 1900, Nr. 9
1901, Nr. 1 - 8
1902 - 1904, Nr. 9   **Dm 11**
(1 Ro)   Dm 11
    46

6963.
Der Bürger
1766 - 1770   36

6964.
Der Demokrat
(1.1848, Apr. - Sep. 1849)
1848, Apr. - 1849, Sep.   **36**
    36

6965.
Die Freiheit
sozialdemokratisch
(11.7.1947 - 30.3.1966)
1947, 11.7. - 1949, Feb.   Kob 1
1947, 11.7. - 1953, 29.4.   385
1947, 11.7. - 1966, 30.3. (L)   Bo 133
1949, 7.1. - 1950   GB-
    LO/N38

6966.
Fremden-Anzeiger für die Stadt Mainz
Juli 1848: Mainzer Fremdenblatt
29.6.1849: Mainzer Tageblatt
1.12.1850: Mainzer Volkszeitung
10.9.1854: Mainzer Zeitung
(1.7.1846 - 13.12.1885)
1846, 1.7. - 1885, 13.12.   **36**
    36

6967.
Der Gemeinnützige
(1.1842 - 6.1847 nachgew.)
1842 - 1847   **36**
    36

6968.
Die Gemüthlichkeit
UT: Wochenschrift für Jeden, der noch einen
Kreuzer hat
1863 - 1865   **36**
(Beilagen mitverfilmt)   36

6969.
Der Gesellschafter
UT: Musikalische Unterhaltungsblätter
1838   36

6970.
*Intelligenzblatt für den Landbezirk des Krei-
ses Mainz*
3.7.1848: Intelligenzblatt für Rheinhessen
3.1.1849: Rheinhessisches Volksblatt
1838, 7.7. - 1865   36

6971.
Kasteler Beobachter
1849, 25.1. - 15.11.   36

6972.
Katholische Sonntagsblätter zur Belehrung
und Erbauung
1842 - 1860   36

6973.
Der Kosmopolitische Beobachter
1793, 1 - 6   25
(MPF)

6974.
Kreuzer Magazin
1857, Nr. 1: Neues Kreuzer Magazin
1856, 4.5. - 1900   17
                                         36

6975.
Kurfürstliche Mainzische gnädigst
privilegirte Anzeigen
19.2.1783: Stadt-Mainzisches Wochenblatt
3.7.1784: Mainzer Intelligenzblatt
2.1.1788: Mainzisches Intelligenzblatt
5.12.1798: Mainzisches Dekadenblatt
9.5.1802: Mainzisches Intelligenzblatt
1774 - 1775
1777
1778 - 1783, 15.2.
1784, 10.1. - 1811, 30.11.   36
1788, Nr. 51 - 75
1792, Nr. 95 - 1793, Nr. 61   77

6976.
Mainzer Carneval-Zeitung Narrhalla
1903 - 1913
1914 (E)
1925 - 1938   36

6977.
Mainzer humoristische Blätter
(24.9.1876 - 20.10.1889)
1876, 24.9. - 1889, 20.10.   **36**
                                        36

6978.
Mainzer Journal
(6.6.1848 - 1.6.1941)
1864, 1.11. - 21.12.
1865, 1.1. - 11.1.
1866, 5.4. - 1867, 28.3.   **B 479**
                                        B 479

1848, 6.6. - 1849   **Dm 11**
(3 Ro)
                                        21/32c
                                        385
                                        468
                                        Wit 2
1848, 6.6. - 1941, 31.5.
(Beilagen mitverfilmt: Saat und
Ernte, Deutsche Jugendkraft,
Sonntags-Blatt zur Unterhaltung   36
und Belehrung)
1861 - 1862 (L)
1866, Nr. 155   77
Beilage(n):
Mainzer Abendblatt   **36**
1862, 1.10. - 1872, 30.3.   36
Wandern und Schauen
1921 - 1922,11   **36**
1923 - 1937, März   36

6979.
Mainzer Jüdische Zeitung
1929, 2.8. - 1931, Juni   36

6980.
Mainzer Nachrichten
29.8.1893: General-Anzeiger
2.10.1894: Mainzer General-Anzeiger
1879, 21.8. - 1895   36

6981.
Mainzer Neueste Nachrichten
1894, 26.8. - 1908, 31.3.   36

6982.
Mainzer Organ
Beilage(n):
Rosen und Dornen
1848, 23.12. - 1849, 30.7.   36

6983.
Mainzer Rhein-Zeitung
Ausg. M v. Rhein-Zeitung, Koblenz
1992 ff.   36
                                       101b
1987, 14.10. - 1988, 26.2.   Kob 1
(nur Lokalteil)

6984.
Mainzer Volkszeitung
2.4.1904: Volkszeitung
UT: Sozialdemokratisches Organ für die
Provinz Rheinhessen und die Mainspitze
(31.8.1890 - 29.4.1933)
1890, 31.8. - 1933, 29.4. (L)   36
                                       Bo 133

1890, 31.8. - 1900   460
1901 - 1933, 29.4.   17
Beilage(n):
Unterhaltungsblatt
1914 - 1920   17
Kunst, Unterhaltung und Wissen
1921 - 1922   17

6985.
Mainzer Warte
Vlg. Becker u. Kotze
1.1925/26 - 9.1934   36
     36

6986.
Mainzische privilegirte Zeitung
1784: Privilegirte Mainzer Zeitung
1.11.1792: Mainzer National-Zeitung
29.7.1793: Privilegirte Mainzer Zeitung
1798: Mainzer Zeitung
1771 - 1773 (L)
1775 (L), 1779
1780, 1781 (L), 1782
1784 - 1793, 17.4. (L)
1793, 29.7. - 1799, 1.6.   36
1793, 18.2. - 13.4.   77

6987.
Neue Zeitung für das katholische Deutschland
(19.9.1878 - 30.6.1880)
1878, 19.9. - 1880, 30.6.   36
(2 Ro)   36

6988.
Neuer Mainzer Anzeiger<1873>
29.6.1880: Volks-Zeitung
1873, 28.9. - 1880, 26.9.   36

6989.
Neues Musikblatt
1934, Nov. - 1943, März   12

6990.
Neuester Anzeiger
1879, 2.12. - 1920, 30.3.   36

6991.
Der Postillon
1.11.1849: Mainzer Anzeiger
1851: Mainzer Kurier
1852: Neue Mainzer Zeitung
1849, Sep. - 1853, 6.2.   36

6992.
Provisorisches Anzeigeblatt
1812?: Mainzer Anzeigeblatt
7.5.1814: Mainzer Wochenblatt
1.1.1872: Mainzer Tagblatt
1812 - 1924, 29.11.   36

6993.
Rheinhessische Zeitung
1850, 1.5. - 18.8.   36

6994.
Rheinische Blätter für Unterhaltung und gemeinnütziges Wirken
1848 - 1872   36

6995.
Rheinische Handelszeitung
1828 - 1830   17
     36

6996.
Rheinische Landeszeitung
UT zeitweise: Rheinisch-pfälzische Landeszeitung /Mainzer neueste Nachrichten
HA in Koblenz
(16.4.1949 - 28.2.1950)
1949, 16.4. - 1950, 28.2.   36
     36

6997.
Der Rheinische Telegraph
UT: Zeitschrift für Politik und politische Satyre
1839, 6.11. - 1849, 11.3.   36
     36

6998.
Rheinische Volkszeitung : Organ der demokratischen Partei
(7.4. - 29.9.1867)
1867, 7.4. - 29.9.   36
     36

6999.
Rheinische Zeitung
1848, 1.5. - 31.12.   36
     36

7000.
Rheinisches Wochenblatt
(1.1884, 1.6. - 1885, 4.1. nachgew.)
1884, 1.6. - 1885, 4.1. (L)   36
     36

7001.
Rhenania
1835, 15.4. - 23.12.   36
Beilage(n):
Der Rheinische Bote <Bingen>
1835   36

7002.
Le Rhin illustré = Der Rhein im Bild
1919, 10.5. - 1920, 4.9.   36
(1 Ro)   36

7003.
Der Spiegel
UT: Zeitschrift für Wissen, Leben u. Kunst
1823, 1.7. - 1824, 29.6.   36
                                                       36

7004.
Stimmen vom Rhein
1845   36

7005.
Der Stoßtrupp
Stahlhelm, Gau Rheinhessen
1934: Der Frontgeist
2.1932,2 - 1935, Juni (L)   36
(2 Ro)   36

7006.
Süddeutsche Musik-Zeitung
1852 - 1869   36
                                                       36

7007.
Süddeutsche Volksstimme
25.12.1874: Neue Mainzer Zeitung
1873, 5.8. - 1875 (L)
1876 (E), 1877 (L)   46
(2 Ro)
1873, 5.8. - 1875, 3.3. (L)   36
                                                       460

7008.
Täglicher Anzeiger
1.1.1854: Mainzer Anzeiger
26.10.1945: Neuer Mainzer Anzeiger
3.5.1947: Allgemeine Zeitung
(1.5.1853 - 19.3.1945 u. 26.10.1945 ff.)
1948, 7.1. - 1975   **281**
(97 Ro)
1946, 29.11. - 20.12.
1947, 3.1. - 17.12.
1948, 10.1. - 21.12. (L)
1949, 3.2. u. 6.4.   **MFA**

1949, 2.11. - 1962, 29.6.   **MFA**
(50 Ro)
1976 ff.   **101b**
(ca. 10 Ro/Jg)
                                                       281
1949, 7.1. - 1.6.   GB-
1949, 1.8. - 1951, 2.10.   LO/N38
1949, Nr. 71 - 227 (L)   30
1853, 1.5. - 1945, 19.3.
1945, 26.10. ff.   36
1962, 30.6. - 1984, 23.7.   46
1992 - 1997   101a
1968 ff.   101b
1992 - 1995   929
1948, 7.1. - 1973, 9.7.   188/211
1947, 3.5. - 1950, 4.4. (Beilagen
mitverfilmt)   Dm 11

7009.
Täglicher Straßen-Anzeiger
(29.6.1850 - 30.12.1866)
1850, 29.6. - 1866   36

7010.
Thüringer Tageszeitung
1975, 6.3. - 1982, Feb. (LL)   **MFA**
(1 Ro)
1975 - 1982 (L)   Dm 11

7011.
Die Volksstimme / Mainz
(24.12.1876 - 31.5.1877)
1876, 24.12. - 1877, 23.5.   36
                                                       460

7012.
Die Wacht
1921: Mainzer Tageszeitung
(16.11.1919 - 23.9.1934)
1919, 16.11. - 1934, 23.9.   36

7013.
Weinbau und Weinhandel
1884 - 1926   36

7014.
Die Wucherpille
1882, 11.11. - 1886, 26.6.   36

7015.
Die Zeit
(27.11.1887 - 20.5.1888)
1887, 27. - 30.11. (Probe-Nrn.)
1887, 1.12. - 1888, 20.5.   36
                                                       36

7016.
Das Ziel : Zeitschrift der jungen Generation
1946, Apr. - 1948   **36**
    36

MALCHIN

7017.
Malchiner General-Anzeiger : verbunden
mit dem Neukalener Tageblatt
1938, 17.6. - 1943, 30.6.
1944, 3.1. - 30.6.   **28**
(9 Ro)   28

MALCHOW

7018.
Malchower Tageblatt
60.1938,139 - 65.1943   **28**
(9 Ro)   28

MALMEDY (B)

7019.
Das Atelier
1922/23, 1.11. - 1923/24, Apr.   **212**

7020.
Der Landbote
1924, 1.10. - 1937, 31.8.   **212**
1926, 3.7. - 1937, 31.8.   Dm 11

7021.
Malmedyer Zeitung
1938 - 1939   **212**
1937, 8.9. - 29.12.
1940, 6.1. - 12.6.   **MFA**
(1 Ro)
1937, 8.9. - 1940, 12.6.   Dm 11

7022.
Organe de Malmedy
1893, 7.1. - 1901   **5**
(2 Ro)   5

7023.
La semaine
1858, 3.1. - 1862, 28.6.   **5**
    5

MALMÖ (S)

7024.
Blätter für sudetendeutsche Sozial-
demokraten
Mai - Nov. 1944: Mitteilungs-Blätter für
Sudetendeutsche Sozialdemokraten
(Feb. 1944 - 1976)
1944, Feb. - Dez.
1945, Juni, Juli, Okt., Dez.
1946, Feb. u. Apr. - Juni
1946, Dez. - 1949   **Dm 11**
(1 Ro)
    M 352

7025.
Sudetenfreiheit
Malmö (S), Oslo (N)
Informationsblatt der Treugemeinschaft
sudetendeutscher Sozialdemokraten
Malmö u. Oslo
(Juli - Dez. 1939)
1939, Juli - Dez.   **Dm 11**
(1 Ro)   Dm 11
    Bo 133
    M 352

MALSCHWITZ

7026.
Neues Leben
UT: Dorfzeitung d. MTS Bereiches
Malschwitz
1954, 22.1. - 1960,3 (L)   **14**
(1 Ro)   14
    129

MANGELSDORF

7027.
Der Bauernfreund
MTS
1957 - 1960, März (L)   **3**
(1 Ro)   3
    Dm 11

MANITOWOC, WI (USA)

7028.
Nord-Westen
1856, 2. - 15.1.
1874 - 1877, 18.1.   188/144

MANNHEIM

7029.
Arbeiterzeitung <Mannheim>
KPD Baden-Pfalz
1923 - 1926 (LL)
1931 (LL)
1933, 30.3.   **B 479**
                               B 479
1923 (LL)
1925 - 1926, März
1931 - 1933 (LL)   Bo 133
Beilage(n):
Der Rote Bilderbogen
1925, 3   **B 479**
Die Bastille   **B 479**
1925, Nr. 3 - 1926, Nr. 3 (L) B 479

7030.
AZ Badisch-Pfälzische Abend-Zeitung
5.9.1949: AZ Abend-Zeitung für Nordbaden
und die Pfalz
3.4.1951: Allgemeine Zeitung für Nordbaden
und die Pfalz
1949, 1.8. - 1951, 30.11.   GB-
                               LO/N38

7031.
Badische Volks-Zeitung <1885, Nov.>
1885, 13.11. - 1886, 19.6.   180

7032.
Badische Volkszeitung
BA der Badischen Volkszeitung, Karlsruhe
1956 - 1968, 31.5.   **31**
                               31

7033.
Badisches Magazin
1811, 1.8. - 1812, 30.5.
1813, 1.1. - 30.6.   **MFA**
(1 Ro)

7034.
Charis
Mannheim, Heidelberg
1823, Nr. 1 - 157   30

7035.
Deutsche Arbeiterhalle
1867 - 1868 (L)   **46**

7036.
Deutscher Zuschauer
Mannheim, Basel (CH), Dornach (CH),
Neustadt (Haardt / a.d. Weinstr.),
New York, NY (USA)
1847 - 1848, Nr. 26 (L)   **B 479**
                               B 479
1846, 21.11. - 1848, 15.10.
1849, 13.6.
1851, 9.7. - 31.12.   **MFA**
(1 Ro)
                               Dm 11

7037.
Deutscher Zuschauer<falscher Zuschauer>
Mannheim, Basel (CH), Dornach (CH),
Neustadt (Haardt / a.d. Weinstr.),
New York, NY (USA)
1848, 8.7. - 28.7.
(bei Deutscher Zuschauer mitver-   **MFA**
filmt)
                               Dm 11
1848, Nr. 1 - 16   B 479

7038.
Deutsches Wochenblatt
Organ der Deutschen Volkspartei
1866 - 1867, 22.9.   **B 479**
                               B 479
1864, 22.12. (Probenummer)
1865 - 1867, 22.9.   **46**
(1 Ro)
                               Bo 414
(1 Ro)
                               180
1864, 22.12. - 1865, 22.9.   188/211

7039.
Dodatek tygodniowy
10.3.1966: Dodatek literacki
1948, 11.11. - 1951, 25.11.   GB-
1952 - 1969, 18.5.   LO/N38

7040.
Der Erzähler
1890, Nr. 108 - 153 (L)   31

7041.
Gazette des Deux-Ponts / Journal
29.7.1796?: Gazette des Deux Ponts / Nouvelles
s.a. unter Zweibrücken
1795, 18.3. - 1795, 13.10.
1795, 13.11. - 1796, 9.7.
1796, 29.7. – 1798   **31**
                               31

1809 - 1810, 31.10.
(4 Ro)   31
                                      31

7042.
Hakenkreuzbanner
Ausg. Mannheim
(3.1.1931 - 24.3.1945)
1943, Juli - 1944, 2.1.   1w
(1 Ro)   1w
1942, 2.9. - 1944, 30.6. (L)   31
1942, 10.4. - 1945, 20.3. (LL)   GB-
                                      LO/N38
1931 - 1945, 24.3.   180

7043.
Hakenkreuzbanner <2.Ausg.>
2. Ausg. Mannheim
1944, 3.1. - Dez. (L)   31

7044.
Israelitisches Gemeindeblatt / A
Vbg.: Ludwigshafen, Heidelberg, Mannheim
1932 - 1934 (L)
1936 - 1937 (L)   M 352
1932 - 1938   Ln 9
1922/23 - 1931
1933 (L)   He 116
1930 - 1933   B 1539
1932
1936 - 1938 (L)   30
Beilage(n):
 1925 - 1928 (L)
                                      He 116

7045.
Israelitisches Gemeindeblatt / B
1933 - 1934 (L)
1936 - 1937, 17 (L)   30

7046.
Jüdische Schulzeitung
1934, Nr. 1 - 1936, Nr. 12   M 352

7047.
Jüdisches Gemeindeblatt für die
isralitischen Gemeinden in Baden
1937 - 1938 (L)   M 352
                                      30

7048.
Die Junge Garde
1906, Nr. 1 - 9
1907, Nr. 1 - 3
1908, Nr. 12   B 479
                                      B 479
1906, 1.4. - 1908 (L)   Bo 133

7049.
Mannheimer Abendzeitung
1.7.1849: Badischer Merkur
(2.1.1842 - 22.4.1850)
1842, 1.7. - 1849, 30.6.   Dm 11
(14 Ro)
                                      Bo 414
(9 Ro)
                                      46
                                      188/211
                                      Bo 133
1842, 1.7. - 1849, 30.7.   21
1842 - 1850, 1.7.   25
1842 - 1849   180
1842 - 1846 (L)   294
1842, Apr. - 1844, Nr. 176   B 479
1843, 23.7. - 1849, 30.6.   Bm 3

7050.
Mannheimer Anzeiger
18.3.1866: Neue Badische Landeszeitung
(1.7.1856 - 28.2.1934)
1857, 11.1. - 1871, 15.1.
1871, 1.4. - Sep.
1871, Nov. - 31.12.
1925, 1.12. - 1926
1932, 1.9. - 2.12.   MFA
(28 Ro)
1914, 28.6. - 1.7.
1914, 28.7. - 1918, 30.6.   31
(5 Ro)   31
                                      30
1878 (L)
1887 - 1888 (L)
1900 (L) u. 1905 (L)
1907 - 1915 (L)
1917 - 1921 (L)
1924 - 1934, 28.2. (L)   180
1932, Sep. - 2.12.   107
1857, Jan. - Feb.   25
1857, März - 1871   16
1926   Mh 40
1857, 11.1. - 1871, 15.1.   451
Beilage(n):
 Mannheimer Montagszeitung
1965   16

7051.
Mannheimer Morgenblatt
1.1.1848: Badische Zeitung
(4.4.1840 - 30.6.1849)
1848 - 1849, 30.6. **Dm 11**
(1 Ro) Dm 11
21
Beilage(n):
Badisches Gewerbeblatt
1843, 13.10. - 1845 31
(1 Ro) 31

7052.
Mannheimer Tagblatt
(8.10.1867 - 1939)
1867, 8.10. - 1868 **Bo 414**
(2 Ro) 180

7053.
Mannheimer Zeitung
1784 - 1786 (L) 46

7054.
Der Morgen
8.10.1946: Der Mannheimer Morgen
2.10.1947: Mannheimer Morgen
(6.7.1946 ff.)
1946, 6.7. - 1990, 10.2. **31**
31
1973, 11.8. - 1977 **281**
(39 Ro)
1946, 6.7. - 1952, 29.11. **GB-**
(20 Ro) **LO/N38**
GB-
LO/N38
1960, 1.2. - 1963 (L) **Dm 11**
Dm 11
1953 ff. **101b**
(ca. 10 Ro/Jg) 101b
281
1983 - 1997 16
1979 - 1992 30
1992 - 1997 101a
1946, 6.7. ff. 180

7055.
Ostatnie Wiadomosci
1947, 12.7. - 1951, 25.11. **GB-**
1952, 1.1. - 1972, 24.3. **LO/N38**
(37 Ro) GB-
LO/N38

7056.
Provinzialblatt der Badischen Pfalzgrafschaft
1803, 6.7. - 1855, 28.12. **31**
(17 Ro) 31

7057.
Der Revolutionär
Mannheim, Berlin
1919 (L)
1920 - 1923 (E) 46

7058.
Rhein-Neckar-Zeitung
Ausg. Bergstraße, Mannheim
HA in Heidelberg
1973, 15.2. - 1981 31
(70 Ro) 31

7059.
Rhein-Neckar-Zeitung
HA in Heidelberg
1964 - 1981 31
(122 Ro) 31

7060.
Rheinische Musen
1794 - 1797 (L) 46
(1 Ro)

7061.
Die rote Fahne
KPD Baden
1919, Feb. - Juni
1921, 18.5. **B 479**
B 479

7062.
Tribüne
Organ der USPD
Aug. 1920: Tageszeitung[...]
(1.3.1919 - 31.3.1922)
1919 (E) **B 479**
B 479
1920 - 1922, 31.3. Kai 1
1919, 1.3. - Dez.
1920, Apr. - Juni Ln 9

7063.
Die Trompete von Speyer
Mannheim, Speyer, Neustadt (Haardt / a.d. Weinstr.)
Speyer, ab Nr. 2 in Mannheim, ab Nr. 9 in Neustadt
1849, 14.3. - 3.6. **Dm 11**
Dm 11

7064.
Der Unsichtbare
1769 (MPF)   46

7065.
Der Vorbote
Kommunistische Partei
1941, Sep. - Dez.   **B 479**
                            B 479

7066.
Wöchentliches Frag- und Kundschaffts-Blath
4.5.1790: Mannheimer Intelligenzblatt
2.1.1819: Mannheimer Tageblätter
1.1.1836: Mannheimer Tageblatt
1.7.1837: Mannheimer Journal
20.6.1885: Badische Volks-Zeitung
1.4.1886: General-Anzeiger
1912: Badische Neueste Nachrichten
2.10.1916: Mannheimer General-Anzeiger
19.9.1924: Neue Mannheimer Zeitung
(2.9.1741 - 1944)
1805/06 u. 1808/09
1811/12
1816 - 1818
1820, 1824, 1827, 1831
1942, 2.9. - 1943 (L)   **31**
                            31
1850 - 1871   **Bo 414**
(23 Ro)
1886 - 1893, 30.6.
1893, 1.10. - 1899, 30.6.
1899, 1.10. - 1943   **MFA**
(234 Ro)
1848 - 1849   **Dm 11**
(3 Ro)
                            468
1848 - 1849
1886, 24.2. - 1943   21
1848 - 1849
1886 - 1901, 30.9.   188/211
1850 - 1871
1886, 24.2. - 1943   180
1870, 1.4. - 1871, 28.2.   **Mh 40**
                            Kai 1
1919, 2.5. - 8.8.
1946, 11.4. - 1947, 22.3.
1948, 22.1. - 17.10.   **GB-**
1949, 28.11.   **LO/N38**

MANSFELD (SÜDHARZ)

7067.
Mansfelder Zeitung
1914, 1.10. - 31.12. (L)
1918, 1.1. - 30.6.
1925 - 1926
1929, 1.7. - 31.12. (L)
1932, 2.1. - 31.3.
1938 - 1941, 31.5.   **1w**
(12 Ro)   1w
                            Dm 11

MARBACH AM NECKAR

7068.
Stuttgarter Zeitung / LU / Marbach
2008 ff.   **24**
                            24
Beilage(n):
  Marbach und Bottwartal   **24**
2008 ff.   24

MARBURG

7069.
Bote von der Lahn
1853, 2.7. - 1854, 29.3.   **4**
(1 Ro)   4
                            34

7070.
Generalanzeiger für Marburg und Umgebung
<1887>
1.4.1888: Annoncen-Blatt (General-Anzeiger)
für Marburg und Umgebung
1.10.1890: General-Anzeiger
27.9.1891: Generalanzeiger für Marburg und
Umgebung
1.11.1893: Hessische Landeszeitung
1887, 23.1. - 1922, 30.11. **4**
(68 Ro)   4
                            34
Beilage(n):
  Landwirtschaftliche und Han-
dels-Beilage   **4**
1887, 2.7. - 1888, 24.3.   **4**
                            34

7071.
Hessenzeitung
1862, 1.3. - 1866, 30.6.   **4**
(2 Ro)   4
                            34

7072.
Die Hessische Sonntagspost
1894, 4.3. - 1897, 19.9.　　4
(4 Ro)　　4
　　34

7073.
Der Hessische Volksfreund
(22.3.1848 - 29.6.1853)
1849　　**B 479**
　　B 479
1848, 22.3. - 1853, 29.6.　　**Dm 11**
(2 Ro)
　　4
(3 Ro)　　4
　　21
　　34
　　468

7074.
Hessischer Beobachter
1924, 12.4. - 28.6.　　4
(1 Ro)　　4
　　34

7075.
Hessisches Tageblatt
1925, 1.10. - 1933, 29.4.　　4
(13 Ro)　　4
　　34

7076.
Journal für Wahrheit
1793 (MPF)　　46

7077.
Jüdische Rundschau
1946 - 1948　　**M 352**

7078.
Kreisblatt für den Kreis Marburg
1927, 22.12. - 1934　　4
(1 Ro)　　4
　　34

7079.
Marburger Anzeigen auf das Jahr... <1789>
1810: Departementsblatt des Werra-
Departements
1812: Das Werra-Departementsblatt
14.11.1813: Marburger Anzeigen auf das
Jahr...
1789 - 1815　　4
(10 Ro)　　4
　　34

7080.
Marburger Tageblatt
1890, 27.9. - 1896, 30.6.　　4
(9 Ro, Beilagen mitverfilmt)　　4
　　34

7081.
Marburger Tageblatt für Stadt und Land
1874, 1.4. - 1886　　4
(1 Ro)　　4
　　34

7082.
Marburger Volksblatt
1848, 2.8. - 27.12.　　4
(1 Ro)　　4
　　34

7083.
Marburger Wochenblatt
1869 - 1870, 30.6.　　4
(1 Ro, Sonntagsbeil. mitverfilmt)　　4
　　34

7084.
Marburger Zeitung
1871, 25.2. - 1872, 30.3.　　4
(1 Ro)　　4
　　34

7085.
Marburgische Anzeigen
1764, 29.6. - 1766, 7.2.　　4
(1 Ro)　　4
　　34

7086.
Neue Marburger Zeitung
1870, 1.10. - 1871, 4.1.　　4
(1 Ro)　　4
　　34

7087.
Der Neue Verfassungsfreund
1848, 10.3. - 21.6.　　4
(1 Ro)　　4
　　34

7088.
Oberhessischer Anzeiger
1.4.1867: Oberhessische Zeitung
14.9.1945: Marburger Presse
1.6.1951: Oberhessische Presse
(1.5.1866 - 27.3.1945 u. 14.9.1945 ff.)
1866, 1.5. - 1945, 27.3. **4**
(57 Ro, Beilagen mitverfilmt)
1976 ff. **101b**
(ca. 7 Ro/Jg) **101b**
1945, 14.9. - 1951, 31.5. **MFA**
(7 Ro)
1866, 1.5. - 1945, 27.3.
1951, 1.6. ff. **34**
1945, 18.9. - 1947, 18.3.
1948, 26.1. - 1949, 14.10. **GB-**
1949, 23.11. - 1950, 20.7. **LO/N38**
1992 - 1997 **101a**
1945, 2.10. - 9.10. **Dm 11**
1945, 14.9. - 1951, 31.5. **Mb 110**
1866, 1.5. - 1945, 27.3.
1951, 1.6. - 1979, 30.11. **4**
Beilage(n):
Kreisblatt für die Kreise Marburg und Kirchhain
1869 - 1883 **4**
(7 Ro) **4**
1872 - 1876 **Dm 11**
34

Nach Feierabend
1927 **11**
Aus der Vergangenheit unserer Heimat, ab Dez. 1953: Hessenland **4**
1948 - 1987 **4**
1953 - 1987 **34**

7089.
Oberhessischer Verkehrsanzeiger
1928, 1.5. - 1930, 30.9. (L) **4**
(1 Ro) **4**
34

7090.
Der Reichs-Herold
Marburg, Berlin
ab 1898 N.F. in (Berlin-) Friedenau
(1887 - 27.12.1894 u. 1898)
1887 - 1898, 22.10. **4**
(3 Ro, Beilagen mitverfilmt) **4**
34

7091.
Wochenblatt für die Provinz Oberhessen
<1822>
7.4.1849: Wochenblatt für den Verwaltungsbezirk Marburg
20.9.1851: Wochenblatt für die Provinz Oberhessen
27.10.1866: Wochenblatt für den Regierungsbezirk Marburg
12.10.1867: Wochenblatt für den vorhinnigen Regierungsbezirk Marburg
1822, 5.1. - 1868 **4**
(41 Ro) **4**
34

MARBURG <DRAU> (MARIBOR; SLO)

7092.
Marburger Zeitung
21.3.1928?: Mariborer Zeitung
1941: Marburger Zeitung
1927, 1.5. - 28.6. u. 31.12.
1928, 21.3. - 1940, 13.12. (L) **212**
(1 Ro)
1941, 9.4. - 1944, 2.1. (L)
1944, Mai (E) **1w**
1w
Dm 11

MARIENBAD (MARIÁNSKÉ LÁZNÉ; CZ)

7093.
Marienbader Zeitung
1928, 19.11. - 1933
1938 **212**
(7 Ro) **212**

MARIENBERG

7094.
Freie Presse
HA in Chemnitz/Karl-Marx-Stadt
1990, 1.9. - 31.12. **14**
1971 - 1990, 31.8. (L) **14**
(nur Lokalteil)

7095.
Glückauf
Tw. auch: Glück auf
Vlg. früher in Schneeberg u. Schwarzenberg
1881 - 1943, Nr. 3 (MPF) **14**

7096.
Nützliches und unterhaltendes
Marienberger Wochenblatt für alle Stände
vor 6.1.1844: Wochenblatt für Marienberg
und Olbernhau
3.1.1863: Erzgebirgisches Nachrichts- und
Anzeigeblatt
2.4.1891: Erzgebirgisches Nachrichten- und
Anzeigeblatt
1824, 10.7. - 1842
1844 - 1945, 7.5.   14
                                                     14
                                                 Mab 1

7097.
Volksstimme
HA in Chemnitz/Karl-Marx-Stadt
1948, 7.6. - 1962 (L)   14
(23 Ro)   14
                                                 Mab 1
1946, 20.5. - 1952 (MPF)   14
(nur Lokalseiten)

MARIENBURG (MALBORK, PL)

7098.
Marienburgscher Anzeiger
1828 - 1831
1833   1w
(2 Ro)   1w
                                                 Dm 11

MARIENWERDER (KWIDZYN, PL)

7099.
Amts-Blatt der Königlich Westpreußischen
Regierung / Amtsblatt
1818: Amts-Blatt der Königlich Preußischen
Regierung zu Marienwerder / Amtsblatt
1832: Amts-Blatt der Königlichen Regierung
zu Marienwerder / Amtsblatt
1849: Amts-Blatt der Königlich Preußischen
Regierung zu Marienwerder / Amtsblatt
1919: Amts-Blatt der Preußischen Regierung
zu Marienwerder / Amtsblatt
1927: Amts-Blatt für den Regierungsbezirk
Westpreußen / Amtsblatt
1940?: Amtsblatt für den Regierungsbezirk
Marienwerder / Amtsblatt
1811, 3.5. - 1940 (L)   1
                                                 Dm 11
1897   Mb 50

7100.
Amts-Blatt der Königlich Westpreußischen
Regierung / Öffentlicher Anzeiger
1818: Amts-Blatt der Königlich Preußischen
Regierung zu Marienwerder / Öffentlicher
Anzeiger
1832: Amts-Blatt der Königlichen Regierung
zu Marienwerder / Öffentlicher Anzeiger
1849: Amts-Blatt der Königlich Preußischen
Regierung zu Marienwerder / Öffentlicher
Anzeiger
1919: Amts-Blatt der Preußischen Regierung
zu Marienwerder / Öffentlicher Anzeiger
1927: Amts-Blatt für den Regierungsbezirk
Westpreußen / Öffentlicher Anzeiger
1940?: Amtsblatt der Regierung zu Marienwerder / Öffentlicher Anzeiger
1811, 14.6. - 1864
1866 - 1882
1885 - 1901
1903
1905 - 1913
1915 - 1917
1919 - 1922
1925 - 1940 (L)   1
                                                 Dm 11
Beilage(n):
 Sonderbeilage
1915 - 1917
1919 - 1922   1
                                                 Dm 11

7101.
Kreisblatt des Königl. Preuss. Landraths-
Amtes Marienwerder
Nr. 11 1842: Kreisblatt
1848: Marienwerder Kreisblatt
1859: Kreisblatt des Königl. Landraths-
Amtes zu Marienwerder
später: Kreisblatt für den Kreis Marienwerder
1837 - 1838
1852, 1858, 1868
1910   1w
(2 Ro)   1w
                                                 Dm 11

7102.
Lief- und esthländischer Staats- und Adress-
Calender
1785   Mb 50

7103.
Marienwerdersches Intelligenz-Blatt zum Nutzen und Besten des Publici
1.11.1836: Intelligenzblatt für den Bezirk der Königlichen Regierung zu Marienwerder
1825, 1827, 1836
1841
1843 - 1844
1846 - 1848   1w
(5 Ro)   1w
     Dm 11

7104.
Weichsel-Zeitung
1927, 1.4. - 30.6. u. 1.10. - 31.12.
1930, 1.4. - 30.9.
1932, 1.10. - 1933, 31.3.
1936, 1.4. - 30.6. u. 1.10. - 31.12.
1937, 1.4. - 30.6.
1939, 1.10. - 31.12.
1943 - 1944, 30.9.   1w
(9 Ro)   1w
     Dm 11
Beilage(n):
Westpreußische Blätter
1923, 30.11. - 1928
1934, 5.1. - 30.11.   1w
(1 Ro)   1w
     Dm 11

7105.
Westpreußische Mittheilungen
1833
1838 - 1839
1847
1848, 24.3. - 29.12.   1w
(3 Ro)   1w
     Dm 11

MARKGRÖNINGEN

7106.
Markgröninger Zeitung
1924, 28.1. - 1927
1929 - 1936, 26.6.   24
     24
     Mkg 1

MARKRANSTÄDT

7107.
Stadt- und Landbote für Leipzig und Umgebung
1891: Stadt- und Landbote für Leipzigs Umgebung
1.4.1893: Stadt- und Landbote
25.3.1902: Markranstädter Tageblatt
1921: Markranstädter Tageblatt, Markranstädter Zeitung
15.9.1936: Tageblatt für Markranstädt, Miltitz, Dölzig und Umgebung
1890 - 1906 (L)
1908 - 1932
1935 (L)
1936, Apr. - Dez. (L)
1943, Juli - 27.9. (L)   14
(41 Ro)   14
     D 271

MARKTOBERDORF

7108.
Allgäuer Tagblatt
UT: Marktoberdorfer Landbote
BA v. Augsburger Allgemeine
1964, Juni - 1968, Sep.   101b
(Lokalseiten)

MARKTREDWITZ

7109.
Bayerische Ostmark
UT: Bayerische Grenzmarkzeitung Marktredwitz
1.10.1936: UT Tageszeitung für Marktredwitz und Wunsiedel
16.11.1936: UT Tageszeitung für Marktredwitz, Wunsiedel, Arzberg
1.11.1937: UT Marktredwitzer Tagblatt, Bayerische Ostmark. Fichtelgebirgs-Kurier, Tageszeitung für Marktredwitz, Wunsiedel, Arzberg, für das Fichtelgebirge, den Steinwald und die angrenzende Oberpfalz
1936, 25.5. - 1942, 31.7.   Hf 1
     Hf 1

7110.
Fichtelgebirgs-Warte
1943, 1.9. - 1944   Hf 1
(2 Ro)   Hf 1

7111.
Marktredwitzer Tagblatt
BA d. Frankenpost, Hof
1898 - 1943, 31.8.
1949, 27.8. - 1976, 30.6.
1996, 20.7. - 31.12.   **Hf 1**
1992 - 1997   101a
1898 - 1943, 31.8.
1949, 27.8. - 1976, 30.6.
1986 - 1987, 31.3.
1991
1992, 29.2. ff.   **Hf 1**
     Mkw 1

7112.
Marktredwitzer Tagblatt/Fichtelgebirge
Ausg. anfangs: Fichtelgebirge/Marktredwitz
BA d. Frankenpost, Hof
1947, 4.1. - 1955, 29.1.
1976, 1.7. - 31.12.   **Hf 1**
(Lokalseiten)
1947, 4.1. - 1955, 29.1.
1976, 1.7. - 1986
1987 - 1990
1992, 2.1. - 28.2.   **Hf 1**
(Lokalseiten)

7113.
Marktredwitzer Zeitung
1895   **Hf 1**
(1 Ro)   **Hf 1**
     Mkw 1

7114.
Wochen-Blatt für den Markt Redwitz und Umgegend
Marktredwitz, Wunsiedel
16.3.1847: Anzeige-Blatt für den Markt
Redwitz
10.9.1850: Der Bote aus den sechs Aemtern
1845 - 1858   **Hf 1**
(5 Ro)   **Hf 1**

MARL

7115.
Marler Zeitung
1955, 1.10. - 1970 (L)   **6**
     6

7116.
Westdeutsche Allgemeine (WAZ)
1952, 1.12. - 1954   **6**
     6

MARLOW B. RIBNITZ-DAMGARTEN

7117.
Marlower Tageblatt
1938, 17.6. - 1941, 1.6.   **28**
(4 Ro)   28

MARNE

7118.
Marner Zeitung
1876 - 1881
1884 - 1885
1887 - 1935, Juni
1936 - 1944
1946 - 1950
1959 - 2001   **68**

MARSEILLE (F)

7119.
4. Internationale
1941, Juli - Okt.
1942, Jan. - Nov.
1943, Juni - 1.8.   **Dm 11**
     Dm 11

MAYEN

7120.
Mayener Volkszeitung
1876, 1.1. - 30.9.
1887, 1.1. - 31.3.
1888, 4.4. - 29.6.
1894, 1.1. - 7.12.
1895 - 1907, 30.11.
1908 - 1918, 28.6.
1919, 1.7. - 31.12.   5
Beilage(n):
Illustrierte Sonntagszeitung
1895, 7.7. - 1917 (L)   5
Landwirtschaftliche Beilage
1895, Juli - 1905
1906, Feb. - 1907, Mitte Nov.
1908 - 1916, März   5

7121.
Rhein-Zeitung / C, C-B 1, CM
anfangs Ausg. Mayen/Andernach
HA in Koblenz
1992 ff.   929
1963 - 1987   Kob 1
(nur Lokalteil)

MEDIASCH (MEDIAS, RO)

7122.
Mediascher Zeitung
1920, 17.1. - 1942, 24.12.   **212**
(6 Ro)   212

7123.
Weinland
1938, 9.7. - 17.9.   **212**
(1 Ro)   212

MEERANE

7124.
Wochenblatt für Meerane und Umgegend
19.1.1853 - 29.9.1855: Wochen- und
Anzeige-Blatt für Meerane und Umgegend
1860: Meeraner Wochenblatt und Anzeiger
1897: Meeraner Zeitung
1849, 6.11. - 1853
1855 - 1932 (L)
(106 Ro, bis 1897 sehr lücken-   **14**
haft)   14

MEERBUSCH

7125.
Heimat-Zeitung. Büdericher Zeitung
1934 - 1935 (L)   **61**
(2 Ro)   61
                                     Meb 1

7126.
Katholische Volkswacht
(Meerbusch-) Osterath
1931, 26.9. - 31.10.   Meb 1

7127.
Osterather Zeitung
1931, 4.11. - 1936, 27.6.   Meb 1

7128.
Stadt-Anzeiger Meerbusch
Krefeld
1970, März - 1976, Juni (L)   **61**
(3 Ro)   61

MEINERZHAGEN

7129.
Meinerzhagener Zeitung
1983, 1.6. ff.   **101b**
(ca. 7 Ro/Jg)   101b
1950, 1.4. - 1983, 31.5. (kl. Lücken)   **MFA**
(123 Ro)
1953 ff.   6
1992 - 1997   101a
1911, 19.9. - 1913, Sep.
1914, Okt. - 1945, 10.4. (L)   790
                                     Mzh 1
1911, 19.9. - 1912, 3.1.
1913, 27.1. - 1945, 10.4. (L)
1954, 10.2. - 1956 (teils L, teils
E)
1989, 2.1. - 31.8.   Dm 11

7130.
Westfälische Rundschau / LM
Ausg. Meinerzhagen, Kierspe und das
Volmetal
HA in Dortmund
1990 ff.   **101b**
(ca. 12 Ro/Jg)   101b
                                           6
1992 - 1997   101a

MEININGEN

7131.
Meininger Tageblatt
(23.6.1849 - 30.9.1936)
1849 (E), 1874 (LL)   **46**
(2 Ro)
1849, 2.7. - 1866 (L)
1868 - 1871
1873
1874, 7.9. - 1935
1936, 1.7. - 30.9.   Dm 11
                                      Me 1
1849, 2.7. - 1851, 30.1.   21/32c

MEISENHEIM

7132.
Allgemeiner Anzeiger
BA d. Rhein-Zeitung, Koblenz, Ausg. M
1992 - 1995   **101b**
(36 Ro)   101b
                                         101a
1983, 26.7. - 1987   Kob 1

MEISSEN

7133.
Amtliche Anzeigen der Behörden in Meißen
Stadt und Land
1945, 3 - 8   **B 479**
                                             B 479

7134.
Meißner gemeinnütziges Wochenblatt
1848: Meißner Blätter
1869: Meißner Tageblatt
1802 - 1945, Mai (L)   **14**
                                             14
                                         Mei 14
Beilage(n):
Die Heimat   **14**
1934 - 1935   14

7135.
Sächsische Zeitung
HA in Dresden
1946, 5.1. - 11.4. (MPF)
1947, 2.7. - 1952 (MPF)
1971 ff. (L)
(nur Lokalteil, Benennung teils   14
Meißen, Coswig)

7136.
Sächsische Zeitung / Meißen und Umgebung
HA in Dresden
1946, 13.4. - 1947, 30.6. (MPF)   14
(nur Lokalteil)

7137.
Sächsische Zeitung / Meißen-Land
HA in Dresden
1947, 2.7. - 1952 (MPF)
1971 - 1979 (L)   14
(nur Lokalteil)

MELBOURNE (AUS)

7138.
Neue Welt
1954, 10.7. - 1981, 14.10.   **212**
(16 Ro)   212

MELDORF

7139.
Meldorfer Wochen-Blatt
1871: Meldorfer Anzeigenblatt und Kreisblatt
für den Kreis Süderdithmarschen
1879: Meldorfer Anzeigenblatt
1899, Nr. 39: Dithmarscher Landeszeitung
1851
1853 - 1858
1865 - 1866
1871 - 1873
1879 - 1883 (L)
1886
1889 - 1900
1902 - 1934 (L)   **68**
                                            68
                                        Dm 11

MELSUNGEN

7140.
Für Staat und Volk
1928, 7.4. - 12.5.   **4**
(1 Ro)   4
                                             34

7141.
Hessische Blätter
1872, 15.6. - 1883, 28.4.
1883, 1.8. - 1921, 21.3.   **4**
(17 Ro)   4
                                             34
                                        Dm 11

7142.
Hessisches Volksblatt
1890, 7.9. - 1911   **4**
(5 Ro)   4
                                             34
                                        Dm 11

7143.
Melsunger Wochenblatt
8.12.1888: Melsunger Kreisblatt
1.1.1919: Melsunger Tageblatt
1869, 13.1. - 31.12.
1876 - 1935
1936, 25.2. - 4.3.
1936, 15.8. - 1938, 26.4.
1938, 16.9. - 1940
1942 - 1945, 27.3.
1949, 23.8. - 1970, 12.2.   **4**
(110 Ro)   4
                                             34
                                        Dm 11

MEMEL (KLAIPEDA, LT)

7144.
Amtsblatt des Memel-Gebietes. Klaipédos
Krszto Waldzios Zinios
31.3.1939: Amtsblatt des Regierungsbezirkes
Gumbinnen
Ausg. Memel
Text weitgehend in lit. u. dt. Sprache
1921 - 1939, 29.4.   1
                                              Dm 11

7145.
Baltischer Beobachter
(2.1.1936 - 30.9.1938)
1936, 2.1. - 30.9.
1937, 1.1. - 31.3. u. 1.7. - 21.12.
1938, 2.7. - 30.9.   1w
(8 Ro)   1w
                                              Dm 11

7146.
Bürger-Zeitung
1859 - 1861 (L)   1w
(2 Ro)   1w
                                              Dm 11

7147.
Der Erzähler
1828, 10.7. - 29.12.   1w
(1 Ro)   1w
                                              Dm 11

7148.
Memel-Zeitung
1924, 17.1. - 1925   212
(3 Ro)

7149.
Memeler Allgemeine Zeitung
15.1.1933: Memeler Neueste Nachrichten
1927, 1.12. - 17.12.
1928 - 1934, 15.12.   212
(9 Ro)
1933, 12.7. - 1934, 15.2.   Dm 11

7150.
Memeler Anzeiger
1855, 7.7. - 1864 (L)   1w
(10 Ro)   1w
                                              Dm 11

7151.
Memeler Beobachter
1935, 21.7. - 29.9.   1w
(1 Ro)   1w
                                              Dm 11

7152.
Memeler Dampfboot
(3.7.1849 - 8.2.1945)
1849, 3.7. - 1870, 29.6.
1914, 2.10. - 1920, 30.6.
1922 - 1939, 30.9. (L)
1940, 2.1. - 30.9.
1941 - 1944, 30.6. (L)   1w
(92 Ro)   1w
1920, 2.11. - 1943, 31.1. (L)   46
1919
1920,258 - 1943,25 (L)   Mb 50
1849, 3.7. - 28.12.
1850, 18.1. - 1870, 23.6.
1914, 2.10. - 1920, 30.6.
1922 - 1923, 30.6.
1923, 2.10. - 1924
1925, 1.4. - 1939, 30.9.
1940, 2.1. - 30.9.
1941, 2.1. - 1944, 30.6.   Dm 11
1930, 17.6.
1934, 6.5. - 1938, 30.9.
1938, 15.11. - 1942, 29.9.
1942, 2.11. - 1943, 31.1.   Gö 169

7153.
Memeler Kreisblatt
1854, 8.11. - 27.12.
1858, 20.1. - 1861 (L)
1866, 13.1. - 1868 (L)
1870, 1872 (L)
1882 - 1891
1893 - 1899 (L)
1902 - 1905
1908 - 1919 (L)   1w
(31 Ro)   1w
                                              Dm 11

7154.
Memeler Volksstimme
(1.1.1919 - 9.6.1926)
1919, 1.1. - 27.3.   1w
(1 Ro)   1w
1923 - 1925, Sep.
1926, Jan. - 9.6.   212
(4 Ro)
1923 - 1926 (L)   46
1919
1923 - 1925, Sep.
1926, Jan. - 9.6.   Bo 133

7155.
Memeler Zeitung
1867, 1.6. - 1869 (L)   1w
(2 Ro)   1w
                               Dm 11

7156.
Memelsches Wochenblatt
1819 - 1820
1822 - 1825
1827 - 1832 (L)
1834
1839 - 1840   1w
(10 Ro)   1w
                               Dm 11

7157.
Ostsee-Beobachter
(18.2.1934 - 31.3.1935)
1934, 18.2. - 30.6. (L)
1934, 2.10. - 1935, 31.3. (L) 1w
                               1w
                               Dm 11

MEMMINGEN

7158.
Memminger Zeitung
BA d. Allgäuer Zeitung, Kempten
(15.11.1949 ff.)
1978, 1.9. ff.   **101b**
(ca. 9 Ro/Jg)   101b
1992 - 1997   101a

7159.
Mintis
[Der Gedanke]
Litauisch
1948, 2.3. - 1949, 15.7.   GB-
                               LO/N38

7160.
Tremtis
litauisch
1950, 4.7. - 1953, 22.10.   **GB-**
(1 Ro)   **LO/N38**
                               GB-
                               LO/N38

MENDEN

7161.
Westfalenpost / KM
Ausg. KM / Mendener Nachrichten
1985: Ausg. Mendener Nachrichten, Balver
Nachrichten
HA in Hagen
1951 (L)   **6**
1993 ff.   **101b**
                               101b
1975 - 1977, 30.4.
1977, 1.6. - 1988, 30.1.
1988, 1.3. - 1992   **MFA**
(122 Ro)
1951 - 1956, 29./30.9. (L)
1993 ff.   **6**
1993 - 1997   101a
1946, 26.4. ff.   Men 1

7162.
Westphälischer Telegraph
2.10.1915: Mendener Zeitung
18.5.1934: Westfälischer Telegraph
24.11.1949: Mendener Zeitung
(1860 - 1.10.1944?, 24.11.1949 - 31.3.2010)
1988 - 2010, 31.3.   **101b**
(ca. 7 Ro/Jg)
1958 - 1959   **Dm 11**
1952, 1.12. - 1957
1965, 31.12. - 1987   **MFA**
(123 Ro)
1861 - 1863
1865 - 1866
1868 - 1869
1872 - 1876
1878 - 1884
1886 - 1887
1890
1892 - 1897
1899 - 1920
1922 - 1944
1949, 24.11. - 31.12. (L)
1989 ff.   **6**
1992 - 1997   101a
1861 - 1863
1865 - 1866
1868 - 1869
1872 - 1876
1878 - 1884
1886 - 1887
1890
1892 - 1897
1899 - 1920
1922 - 1944
1949, 24.11. - 31.12. (L)   421

1861 - 1863
1865 - 1866
1868 - 1869
1872 - 1876
1878 - 1884
1886 - 1887
1890
1892 - 1897
1899 - 1920
1922 - 1944
1949, 24.11. - 31.12.
1952, 1.12. - 1959   Dm 11
1861 - 1863
1865 - 1866
1868 - 1869
1872 - 1876
1878 - 1884
1886 - 1887
1890
1892 - 1897
1899 - 1920
1922 - 1944
1949, 24.11. - 2010, 31.3.   Men 1
1949, 24.11. - 1965
1988 - 2010, 31.3.   101b

MENGEN (WÜRTT.)

7163.
Bürgerfreund
1881, 26.3. - 1933   **24**
(54 Ro)   24
     Sig 4

7164.
Mengener Bürgerzeitung
31.12.1926 - 11.11.1927: Oberländische Bürgerzeitung
1926 - 1933   **24**
(11 Ro)   24
     Sig 4

7165.
Stadt- und Landpost
aufgeg. in "Bürgerfreund"
(30.9.1894 Probe-Nr., 3.10.1894 - 21.6.1898)
1894, 30.9. - 1898, 21.6.   **24**
(2 Ro)   24
     Sig 4

MEPPEN

7166.
Ems- und Haseblätter
1848, 16.4. - 1850, 29.12.   Os 2

7167.
Emsländische Rundschau
Ausg. Lingen, Meppen, Nordhorn
BA v. Westfälische Rundschau, Dortmund
1951, 25.9. - 1961, 28.10.   **6**
(nur Lokalteil)   6

7168.
Meppener Tagespost
BA d. Neuen Osnabrücker Zeitung
1977 ff.   **101b**
(ca. 7 Ro/Jg)   101b
1992 - 1997   101a

7169.
Westfälischen Nachrichten
Ausg. Kreis Meppen
HA in Münster
1967 - 1970, 30.9.   **6**
     6

MERAN (I)

7170.
Der Standpunkt
Meran (I), Bozen (I)
1950, 13.10. - 1951
1957   **212**
     212
1947, 29.8. - 1954, 14.5.   **MFA**
(5 Ro)
     Dm 11

BAD MERGENTHEIM

7171.
Bad Mergentheimer Zeitung
BA d. Fränkischen Nachrichten, Tauberbischofsheim
1955, 3.1. - 1960   **24**
(13 Ro)   24

7172.
Mergentheimer Wochenblatt
4.4.1848: Tauber-Zeitung
1799, 5.1. - 1945, 31.3.
1949, 1.8. - 1982, 27.2.   **24**
(115 Ro)
1984 ff.   **101b**
(8 Ro/Jg)   101b
1799, 5.1. - 1945, 31.3.
1949, 1.8. ff.   24
1848, 4.4. - 1852, 5.3.   21

1930 - 1945, 31.3.
1949, 1.8. - 1966, 20.10.　　　　Wh 1
1992 - 1997　　　　　　　　　　101a

MERSEBURG

7173.
Merseburgische Blätter
7.4.1847: Merseburger Kreisblatt
2.7.1896: Merseburger Kreis- und Tageblatt
1.7.1914: Merseburger Tageblatt
2.1.1934: Mitteldeutschland : Merseburger
Tageblatt
(1.1.1827 - 30.6.1938)
1827 (L)
1829 - 1919 (L)
1920, 7.4. - 5.10.
1921 - 1936, 31.1. (L)
1937, 1.10. - 31.12. (L)
1938, 1.4. - 30.6. (L)　　　　　　　3
　　　　　　　　　　　　　　　Dm 11

MERZIG

7174.
Saarbrücker Zeitung
HA in Saarbrücken
1988 ff.　　　　　　　　　　**101b**
(8 Ro/Jg)　　　　　　　　　　101b
1992 - 1997　　　　　　　　　　101a

MESCHEDE

7175.
Mescheder Zeitung
1932, 1.1. - 30.3.
1932, 1.7. - 1933, 31.3.
1933, 2.10. - 29.12.　　　　　MFA
(1 Ro)
　　　　　　　　　　　　　　　Dm 11

7176.
Westfälische Rundschau
Ausg. MO: Meschede, Brilon
später Ausg. MB: Meschede
HA in Dortmund
1990 ff.　　　　　　　　　　**101b**
(ca. 10 Ro/Jg)　　　　　　　　101b
1951, 17.3. - 1967, 31.8.　　　　**6**
(nur Lokalteil)
1951, 17.3. - 1967, 31.8. (Lokalteil)
1990 ff.　　　　　　　　　　　6
1992 - 1997　　　　　　　　　　101a
1961 - 1962　　　　　　　　　Dm 11

7177.
Westfälische Rundschau / MB
1990 ff.　　　　　　　　　　　6

7178.
Westfälische Rundschau / MO
Meschede, Brilon
Ausg. MO = Meschede, Brilon
1951, 17.3. - 1967, 31.8.　　　　**6**
(nur Lokalteil)　　　　　　　　6
1961 - 1962　　　　　　　　　Dm 11

7179.
Westfalenpost / D
Ausg. Mescheder Zeitung
HA in Hagen
1993 ff.　　　　　　　　　　**101b**
(10 Ro/Jg)　　　　　　　　　101b
1951, 5.7. - 1967, 30.6.　　　　**6**
1951, 5.7. - 1967, 30.6.
1993 ff.　　　　　　　　　　　6
1993 - 1997　　　　　　　　　101a

MESERITZ (MIĘDZYZDROJE, PL)

7180.
Kreis- und Wochenblatt
28.9.1843: Kreis- und Wochenblatt des
Kreises und der Stadt Meseritz
3.1.1929: Amtliches Kreisblatt des Kreises
Meseritz
1842 - 1844
1929 - 1936　　　　　　　　　**1w**
(2 Ro)　　　　　　　　　　　1w
　　　　　　　　　　　　　　　Dm 11

7181.
Meseritzer Kreiszeitung
1922, 1.4. - 30.12.　　　　　**1w**
(1 Ro)　　　　　　　　　　　1w
　　　　　　　　　　　　　　　Dm 11

MESSKIRCH

7182.
Bodensee-Rundschau
Meßkirch, Stockach
HA in Konstanz
1934 - 1937, Mai
1941, Okt. - 1945, 21.4. (L)　　　31
　　　　　　　　　　　　　　　Sig 4

7183.
Heuberger Volksblatt
Meßkirch, Pfullendorf, Stockach, Überlingen
1.8.1936: Seekreis-Zeitung
Lokalausg. Meßkirch
1.10.1936: Deutsche Bodensee-Zeitung
Ausg. Meßkirch, ab 27.8.1939 Einheitsausg. f.
d. Bezirke Überlingen, Pfullendorf, Stockach,
Meßkirch
HA in Konstanz
1898, 8.1. - 1941, 30.6. (L)
1949, 2.11. - 1950, 28.4.   31
                                          Sig 4

7184.
Oberbadischer Grenzbote
Meßkirch, Stockach
1.4.1921: Meßkircher Zeitung
2.11.1935: Seebote
1872, 3.9. - 1935   31
                                          Sig 4

7185.
Südkurier
Meßkirch, Stockach
HA in Konstanz
1945, 8.9. - 1950, 30.12.   31
                                          Sig 4

METTMANN

7186.
Die Niederbergische Mettmanner Zeitung
1955 - 1956, 29.9.   **Dm 11**
1954, 11.2. - 1954, Apr.
1954, Juni - Dez.
1956, Okt. - Dez.   **MFA**
(3 Ro)
1954, 11.2. - Apr.
1954, Juni - 1956   **Dm 11**

METZ (F)

7187.
L'Ami des Foyers Chretiéns d'Alsace et de
Lorraine
auch: Metzer katholisches Volksblatt
Wochenausgabe zu Lothringer Volkszeitung
u. Lothringer Volksstimme
1952 - 1959, 8.2.
1965, 1.8. - 1969, 27.7.
1969, 5.10. - 1970
1972 - 1978   **212**

1952 - 1959, 8.2.
1965, 1.8. - 1969, 27.7.
1969, 5.10. - 1970   212

7188.
Le Courier de Metz
dt. Ausgabe
1953 - 1956, 30.6.
1957, 1.1. - 1957, 31.10.
1959, 7.1. - 15.3.
1959, 1.7. - 1960, 30.4.
1960, 1.7. - 1961, Okt.   **212**
(15 Ro)   212

7189.
Le courrier de Metz
(1.9.1892 - 31.7.1914 u. 2.1.1919 - 30.9.1922)
1892 u. 1899 (L)
1901 - 1911 (L)   **30**
                                           30

7190.
Deutsche Front
1.12.1940: NSZ-Westmark
(1.8.1940 - 1.12.1944)
1940, 1.8. - 1944, 1.12.   **107**
                                          107
                                         Dm 11

7191.
Le Franciste
Offizielles Organ d. Franzismus, Aufl. f.
Elsaß u. Lothringen
(Aug. 1914 - Apr. 1935 nachgew.)
1934, Aug. - 1935, Apr.   **ACRPP**

7192.
Lothringer Volksstimme
(1.4.1902 - 16.11.1918)
1915 - 1918 (L)   **30**
                                           30

7193.
Lothringer Volkszeitung
(32.1918, 18.11. - 55.1940, 31.7. nachgew.)
1925, 1.7. - 30.12.   **212**
(1 Ro)   212

7194.
Metzer Zeitung
19.5.1941: Metzer Zeitung am Abend
18.10.1871 - 16.11.1918 u. 1.8.1940 -
16.11.1944 nachgew.)
1940, 1.8. - 1944, 31.8.   107

METZINGEN

7195.
Alb-Neckar-Zeitung
1.3.1943?: Reutlinger Zeitung
1933, 1.6. - 1944   24
                                              Mez 1

7196.
Metzinger Volksblatt
1914 - 1933, 31.5.   24
                                              Mez 1

7197.
Wochenblatt für die Ober-Ämter Urach
und Nürtingen
Metzingen, Urach, Nürtingen
23.7.1831: Wochen-Blatt für den Oberamts-
Bezirk Urach
3.1.1846: Amts- & Unterhaltungsblatt für den
Oberamts-Bezirk Urach
30.6.1874: Der Ermstalbote
6.9.1979: Metzinger-Uracher Volksblatt
ab Okt.1955: BA d. Südwest-Presse, Ulm
(3.8.1827 - 1933? u. 3.1.1950 ff.)
1980 ff.   24
(bis 1994 111 Ro, dann 9 Ro/Jg)
1827, 3.8. - 1829, 10.10.
1830, 24.7. - 1933
1980 ff.   24

MEUSELWITZ

7198.
Betriebsstimme
Meuselwitz, Zeitz
BKV Meuselwitz, Zeitz
1950, 17.9. - 1959, 27.6. (L)   3
(2 Ro)   3
                                              Dm 11

7199.
Das neue Bewußtsein
Mai 1951: Der Durchbruch
28.4.1954: Kraft der Arbeiterklasse
28.2.1957: Der Bergmann
Braunkohlenwerk Zipsendorf
(Meuselwitz-) Zipsendorf
1950, Dez. - 1962, 19.4. (L)   3
(2 Ro)   3
                                              Dm 11

MEXIKO-STADT (MEX)

7200.
Alemania libre
Quincenal Antinazi
(15.1.1942 - 1.8.1943)
1942, 29 - 1943, 1.8. (L)   B 479
                                                 B 479
                                                    18
                                              Dm 11
Beilage(n):
Der Deutsch-Mexicaner   B 479
1943, Apr. - Aug.   B 479

7201.
Demokratische Post
1943, 15.8. - 1951, Mai (L)
1952, Feb./März   Dm 11
(1 Ro)   Dm 11
                                                    19
                                                 M 352
                                                    18

7202.
Deutsche Zeitung von Mexico
1915 - 1918 (L)
1921 - 1924 (L)
1925, 2.7. - 31.12. (L)
1940 - 1941, 28.6. (L)   1w
(7 Ro)   1w
1883, 7.7. - 25.8.
1883, 6.10. - 1884, 22.11.
1895 - 1905
1914, 19.9. - 1918, 12.7. (L)
1920, 13.1. - 1940, 12.9. (L)   212
(22 Ro)   212
                                              Dm 11
1910, 10.9. - 1913, 27.9. (E)   204

7203.
Freies Deutschland
Revista Antinazi/Antinazi monthly
1946: Neues Deutschland (Nueva Alemania)
(15.11.1941 - Juni 1946)
1941, Nov. - 1946, Juni   Dm 11
(2 Ro)   Dm 11
                                                   739
                                                 B 479
                                                Bo 133
                                                 M 352
1941, Nov. - 1943, 30.11.   188/211
Beilage(n):
Alemania libre   Dm 11
1942, 24.1. - 1943, 1.8. (L)   Dm 11
                                                    18
                                                 B 479

7204.
Servicio de Pensa y de Information Alemania
libre
1943, Nr. 2 - 1945, Nr. 45   **Dm 11**
(Beilagen mitverfilmt)   **Dm 11**

7205.
Sozialistische Tribüne
Revista antifascita. Union deutscher u. österreichischer Sozialisten
(Feb. - 15.11.1945)
1945, Feb. - Nov.   **Dm 11**
(1 Ro)   Dm 11
                                      739
                                      188/211
                                      18
                                      35
                                      715
                                      468
                                      5
                                      Bo 133
                                      M 352

MIAMI, FL (USA)

7206.
Deutsches Florida Echo
1958, Jan. - Mai
1961, Sep. - 1962, Nov.
1963, Jan. - März   **212**
                                      212

7207.
Florida's Deutsches Echo
1929, 8.6. - 1933, 19.5. (L)   **212**
(1 Ro)   212
                                      Dm 11

MICHELSTADT

7208.
Der Odenwälder
1848, 8.2. - 21.11. (L)   **Dm 11**
                                      Dm 11

MIES (STŘIBO, CZ)

7209.
Mieser Zeitung
Forts.: Westböhmische Rundschau
1924/25, 21.3. - 1936/37, 25.9.
(4 Ro)
1937 - 1938   **212**

MIESBACH

7210.
Der arme Konrad
Erwerbslose Arbeiter, Angestellte, Beamte
1924, Nov.   **B 479**
                                      B 479

7211.
Miesbacher Anzeiger
1922
1924 - 1942
1944 - 1945, 20.4.   **12**
1877 - 1943
1945, Jan. - 15.4.   Mis 1
                                      12

7212.
Miesbacher Merkur
BA v. Münchner Merkur
1988 ff.   **101b**
(14 Ro/Jg)   101b
1992 - 1997   101a

7213.
Miesbacher Wochenblatt
1856 - 1860
1862 - 1863   **12**
                                      12
1852 - 1860
1862   Mis 1

MILITSCH (MILICZ, PL)

7214.
Militscher Kreisblatt für das Gesammt-
Interesse des Militsch-Trachenberger Kreises
1839, 3.8. - 1841   **1w**
(1 Ro)   1w
                                      Dm 11

MILTENBERG

7215.
Bote vom Unter-Main
1983, 1.6. ff.   **101b**
(ca. 6 Ro/Jg)   101b
1992 - 1997   101a

MILWAUKEE, WI (USA)

7216.
Die Deutsche Hausfrau
1921: Die Hausfrau
Milwaukee u. Minneapolis
1905, Sep. - 1906, Nov.
1907 - 1908, Apr.
1908, Juni - 1910
1921, Jan. u. Feb.
1921, Apr. - 1925
1927, Apr. - 1929
1931, Jan. - Juni   46
(mit Inhalts-Verz.)

7217.
Der Herold
1886, 6.1. - 1890, 30.6.   188/144

7218.
Lucifer
1895 - 1898   188/144

7219.
Milwaukee Deutsche Zeitung
1933, 24.1. - 1939, 26.12. (L)   **212**
(13 Ro)   212
    Dm 11

7220.
Milwaukee Freidenker
5.4.1874: Biron & Brucker's Sonntagsblatt
1875: Der Freidenker
New Ulm
1872, 1.4. - 1874, 27.12.
1931, 10.5. - 1941, 6.1.   **MFA**
(4 Ro)
1872 - 1942, 25.10.   46
1894, 1.7. - 1898, 13.2.   188/144

7221.
Milwaukee Sonntagspost
Sonntagsausg. v. Milwaukee Herold
1920, 28.11. - 1930, 22.7.
1931 - 1934 (L)
1937, 30.4. - 14.11.
1960, 8.4. - 1961, 5.4.   **212**
(12 Ro)   212
1920, 28.11. - 1930, 22.7.
1931 - 1934 (L)
1937, 30.4. - 14.11.   Dm 11

7222.
Milwaukee-America
1920, 2.11. - 1924, 25.11.   **212**
(2 Ro)   212
    Dm 11

7223.
Milwaukee-Germania-Abend-Post
bis Apr. 1897: Germania
2.1.1913 - 25.5.1918: Germania-Herold
dann: Milwaukee-Herold
1972 aufgeg. in: "Amerika-Woche", Chicago
(4.1.1854 - 1972)
1921, 1.1. - 17.12. (L)
1927, 31.3. - 1932, 30.9. (L)
1937, 21.11. - 1938, 25.12. (L)
1950, 30.8. - 1959, 30.9.
1961, 7.4. - 31.12.
1965 - 1972, 29.6.   **212**
(16 Ro ab 1961)   212
1921, 1.1. - 17.12. (L)
1927, 31.3. - 1932, 30.9. (L)
1937, 21.11. - 1938, 25.12. (L)   Dm 11
1873, 8.11. - 1874, 19.9.
1901, 4.11. - 1912
1918, 27.5. - 1929, 18.3.   188/144

7224.
Der Milwaukee-Seebote
13.12.1875: Der See-Bote
1857, 19.8.
1865 - 1924, 29.11.   188/144

7225.
Milwaukeer freie Presse
Mai 1880: Milwaukee freie Presse
1890: Abend-Post
1879, Feb. - 1885, März (L)
1892, 22.9. - 1897, Mai   188/144

7226.
Milwaukee'r Socialist
1875, 24.11.   **B 479**
    B 479
1875, 15.11. - 1878, 31.5.
1878, 14.8.   188/144
1875, 15.11. - 1878   19

7227.
Vorwärts
1.1.1892: Wisconsin-Vorwärts
anfangs als Sonntagsausg.
1919, 1.11. - 1932   **212**
(5 Ro)   212
    Dm 11
1893 - 1932   188/144

7228.
Die Wahrheit
Wochenausg. v. "Wisconsin-Vorwärts"
Sozialdemokratische Partei von Wisconsin
1893 - 1910, 25.6.   188/144

7229.
Wisconsin Bauer und Volksfreund
1879, 13.2. - 1880 (L)   188/144

MINDELHEIM

7230.
Mindelheimer Zeitung
1954 - 1973   101b

MINDEN

7231.
Allgemeiner Anzeiger
1920 - 1922   489

7232.
Bote an der Weser
Ausg. B
1956, 1.10. - 1959   **Dm 11**
(nur Lokalteil)
1951 - 1952, 31.10.
1953, 15.4. - 1956, 31.3.   **MFA**
(13 Ro)
                                             489
1951 - 1952, 31.10.
1953, 15.4. - 1956, 31.3.
1956, 1.10. - 1959   Dm 11

7233.
Bürger-Zeitung
1874: Mindener Zeitung
1865 - 1939 (MPF)   489

7234.
Freie Presse
HA in Bielefeld
(3.4.1946 - 30.6.1967)
1952, 3.6. - 1967, 1.7. (L)   **6**
                                             6
1946, 3.4. - 1967, 30.6. (MPF)   489

7235.
Konservativer Volksfreund
1863 (L), 1877
1882, 1886   489

7236.
Kreisblatt
1858: Minden-Lübbecker Kreisblatt
2.1.1919: Mindener Tageblatt
1856, 21.6. - 1857, 5.12.
1859 - 1879
1880 - 1943, 30.4. (MPF)   489

7237.
Lübbecker Kreiszeitung
Minden, Lübbecke
auch: Tageblatt für den Kreis Lübbecke
BA v. Westfalen-Zeitung, Bielefeld
Vbg.: Kreis Minden-Lübbecke
1951 - 1970   **6**
                                             6

7238.
Mindener Tageblatt <1949>
(1.12.1949 ff.)
1976 ff.   **101b**
(ca. 10 Ro/Jg)   101b
1949, 1.12. - 1975   **MFA**
1949, 1.12. ff.   6
1992 - 1997   101a
1949, 27.10. (?) ff.   489
1949, 1.12. - 1963   Dm 11

7239.
Neue Westfälische
BA v. Neue Westfälische, Bielefeld
1992 - 1994   6
1967, Juli - 1994 (MPF)   489

7240.
Neue Westfälische Zeitung
Ausg. f. Minden, Ravensberg, Lippe
BA v. Neue Westfälische Zeitung, Oelde
1945, 1.6. - 1946, 28.6.   **Pa 5**
                                             Pa 5
                                             466
                                             Bo 133
1945, Juni - 1946, Juni   34
1945, Mai - 1946, März (MPF)   489

7241.
NS-Volksblatt für Westfalen
BA v. NS-Volksblatt für Westfalen, Bielefeld
(13.12.1933 - 14.8.1935)
1933, 13.12. - 1935, 14.8. (MPF)   489

7242.
Patriotische Zeitung
1854, 27.4. - 30.6.
1854, 1.10. - 1855, 30.6.
1855, 2.10. - 1858   489

7243.
Das Sonntagsblatt
1844: Mindener Sonntagsblatt
1817 - 1853, März (MPF)   489
Beilage(n):
Öffentlicher Anzeiger   **A 100**
1838, 16.3.   A 100

7244.
Sonntagsblatt für Minden und das
Wesergebiet
auch: Sonntagsblatt für Minden und
Umgegend
1882 - 1938 (L)   489

7245.
Volks-Echo für Westfalen und Lippe
BA v. Volks-Echo, Detmold, Bielefeld
(16.7.1946 - 17.8.1956)
1946, 16.7. - 1956, Apr. (MPF)   489

7246.
Weser-Dampfboot
1844 (F: Nr. 1)   **Dm 11**
(1 Ro)   Dm 11
                                     46
                                     188/211
                                     Bi 5
                                     Mü 79
1844, Okt. - Dez.   180

7247.
Weser-Warte
1922, Sep. (MPF)
1923, Juli - 1924, Sep. (MPF)
1925 - 1933, März (MPF)   489
1922   1811-
1925 - 1933   BU

7248.
Westfälische Neueste Nachrichten
HA in Bielefeld
1933 - 1942, 30.9.
1943, 3.5. - 1945, 3.4.   489

7249.
Westfalen-Zeitung
27.4.1973: Westfalen-Blatt
BA v. Westfalen-Zeitung u. Westfalen-Blatt,
Bielefeld
1951 - 1970   **6**
                                       6
1946, 15.3. - 2003 (MPF)   489

7250.
Wöchentliche Mindisch-Ravensberg-
Tecklenburg- und Lingische Frag- und
Anzeigungs-Nachrichten
1766: Wöchentliche Mindische Anzeigen
1728, 1737, 1744
1754, 1771, 1772
1775 - 1779
1805, 1808   489
Beilage(n):
Mindener Beiträge
1771 - 1779   489

MINSK (BY)

7251.
Minsker Zeitung
1942, 1.5. - 23.7.   **1w**
                                     1w
1943, 1.10. - 31.12.   212
(1 Ro)
                                     M 352
1942 - 1944, Nr. 153 (L)   188/211
1942, 1.5. - 23.7.   Dm 11

MIROW

7252.
Mirower Zeitung
Mirow, Wesenberg
UT: Amtliches Verkündigungsblatt für den
Amts- und Gerichtsbezirk Mirow und
Wesenberg
1791   **28**
(1 Ro)   28

MITAU (JELGAVA, LV)

7253.
Deutscher Bote
1924, 27.3. - 1925   212
(1 Ro)

7254.
Mitauer Nachrichten
1922, 4.2. - 1923, 29.12.
1925, 24.3.
1927, 2.2. - 1928
1932 - 1934, 3.7.   212
(2 Ro)
1891 - 1928   361

7255.
Mitauische Monatsschrift
1784, Jan. - Okt.
1784, Dez. - 1785, Juni   46

7256.
Mitauische Nachrichten von Staats, Gelehr-
ten und Einheimischen Sachen
1784: Mitauische Zeitung
später: Mitausche Zeitung
1917, 15.5. - 11.9.   MFA
(1 Ro)
                                        Lün 6
1771 - 1772 (E)
1773 - 1774
1775 (L), 1776 - 1778 (E)
1780 - 1790   46
Beilage(n):
Behördliche Beilagen   4
1916, 25.7. - 1918, 13.11.   4
                                        Dm 11

7257.
Nachrichtenblatt
1934, 12.7. - 1935 (L)
1938 - 1939, 29.9. (L)   212
(1 Ro)

7258.
Die Trommel
UT: Freie deutsche Soldaten-Zeitung und kur-
ländisches Nachrichtenblatt
1.1919, 1. - 20.11.   Mb 50

MITTENWALDE

7259.
Das Echo
BPO VEB Untergrundspeicher
Verl. in Königs Wusterhausen
1974 - 1991, Nr. 4 (MPF)   186

MITTWEIDA

7260.
Freie Presse
HA in Chemnitz
1994, 1.8. ff.   14
(L, nur Lokalteil)

7261.
Mittweydaer Anzeiger
6.7.1834: Anzeige- & Unterhaltungs-Blatt für
die Städte Mittweida, Frankenberg, Hainichen
und deren Umgegend
1850: Mittweidaer Anzeige- und Wochenblatt
1858: Mittweidaer Wochenblatt
1900: Mittweidaer Tageblatt/Wochenblatt
1832 - 1899, 2.8. - 1900, Juni
1901, Apr. - Dez.
1904 - 1905, Juni
1906, Jan. - März, Juli - Sep.
1907 - 1909, März
1909, Okt. - Dez.
1911, Jan. - März
1911, Juli - 1912, März
1912, Juli - Sep.
1913, Jan. - März
1913, Okt. - 1914, Sep.
1915, Jan. - Juli
1919, Juli - Dez. 1932 (L)
1933, Apr. - 1934
1937, Juli - Dez.
1943   14
(125 Ro)   14
                                        Mit 2

MÖLLN

7262.
Möllner Zeitung
zuvor: Gemeinnützige Möllner Nachrichten
1867, 10.7. - 1939, 14.4.   68
1874 - 1939 (E)   Dm 11
                                        Lbg 1

MÖNCHENGLADBACH

7263.
Amtliches Mitteilungsblatt der Stadt Rheydt
vor 1.6.1951: Rheydter Amtsblatt
1948, 11.6. - 1949 (L)
1951, 1.6. - 1974   61
(4 Ro)   61

7264.
Die Amtsschelle
1949, Nr. 45: Amtliche Mönchengladbacher
Mitteilungen
1975: Amtsblatt der Stadt Mönchengladbach
(1945, Juli ff.)
1975 - 1983   61
(3 Ro)   61

1945, 15. u. 21.7.	
1947, 26.7. - 1948, 9.10. (L)	**MFA**
(1 Ro)	
	Dm 11

7265.
Bild und Film

1912/13	**Dm 11**
	Dm 11

7266.
Die christliche Arbeiterin

(1.12.1905 - 1908)	
1905, 1.12. - 1907	Bo 133

7267.
Der Deutsche Weg

1928, 1.7. - 1930, 26.6.	
1930, 2.10. - 1931, 11.6.	**MFA**
(2 Ro)	

7268.
Frauenblatt
1921: Frauenblatt der christlichen Gewerkschaften

1920 - 1933	21/32c
1920 - 1933, Nr. 6	Bo 133

7269.
Freiheit
Ausg. Mönchengladbach

1946, 1.3. - 1947	Mg 4

7270.
Geschäfts- und Unterhaltungsblatt für den Kreis Gladbach und Umgebung
3.1.1847: Gladbacher Kreis-Blatt für Geschäfte, Politik und Unterhaltung
3.1.1864: Gladbacher Zeitung
(1828? - 31.12.1928)

1843 - 1844	
1847 - 1848	**1w**
	1w
1837 - 1838	**Bo 414**
(1 Ro)	
1849, 4.1. - 30.12.	**Dm 11**
(1 Ro)	Dm 11
	21/32c
1837 - 1838	61
1837 - 1838	
1843 - 1844	
1848 - 1849	
1851 u. 1853	
1858 - 1859	
1861, 20.1. - 1933, 10.5. (L)	Mg 4

7271.
Gladbach-Rheydter Tageblatt

1934 - 1935, 31.10. (L)	260
(Beilagen mitverfilmt)	
	Dm 11

7272.
Gladbacher Anzeiger

1889, 26.9. - 1890, 29.3.	260
	Dm 11

7273.
Gladbacher Merkur

1889, 14.9. - 1893	
1895 - 1903	
1904, 2.7. - 31.12.	260
	Dm 11

Beilage(n):
Sonntägliche Erbauung

1889 - 1893	
1895 - 1904	260
	Dm 11

7274.
Gladbacher Volkszeitung
30.1.1904: Westdeutsche Landeszeitung

1872, 13.3. - 1906	
1907, 1.7. - 1908, 30.6.	
1909 - 1917	
1918, 28.1. - 1933, 29.10.	260
	Dm 11

Beilage(n):
Aufwärts

1921, 8.12. - 1922 (E)	
1931 (L) u. 1932, Nr. 1	260
	60
	Dm 11

Aus Welt und Heimat

1925, Nr. 31 - 1929 (L)	260
	Dm 11

Aus Wissenschaft, Kunst und Literatur

1907 (L) u. 1909 (L)	
1911 - 1912 (L)	260
	Dm 11

Aus Wissenschaft und Technik

1924 - 1926 (L)	260
	Dm 11

Bäder und Sommerfrischen

1926 (L)	260
	Dm 11

Das bunte Blatt

1925 - 1926 (L)	260
	Dm 11

Die Erzählung
1926 (L) 260
Dm 11

Gladbacher Sonntags-Blatt
1885 - 1886 (L)
1900 (E) 260
Dm 11

Haus, Feld und Garten
1924 - 1926 (L) 260
Dm 11

Heim und Welt der Frau
1921 - 1926 (L)
1929 - 1931 (L)
(später: Aus der Welt der Frau) 260
Dm 11

Ein Heimort der Seele
1927 - 1931 (L) 260
Dm 11

Kur und Reise
1929 - 1931 (L) 260
Dm 11

Land- und hauswirtschaftliche
Mitteilungen
1907 (E)
1909 - 1915 260
Dm 11

Der Mittwoch
1930 - 1931 (E) 260
Dm 11

Der Reiseführer
1935 - 1938 (L) 260
Dm 11

Sonntagsblatt
1907 (E)
1909 - 1911 (L)
1913 (L) 260
Dm 11

Sportbeilage
1926 - 1931 (L) 260
Dm 11

Turnen, Spiel und Sport
1921 (E) 260
Dm 11

Turnen, Sport und Spiel
1934 - 1935 (L) 260
Dm 11

Westdeutsche Sängerhalle
1929 - 1933 (L) 260
Dm 11

Zur Unterhaltung und Belehrung
1923 - 1924 (E) 260
Dm 11

7275.
Katholische Sozialpolitische Korrespondenz
Mönchengladbach/Krefeld
1891, 15.7. - 1896, Juni
1897 (L)
1898 - 1928, 18.8. **Bo 414**
(3 Ro)
61

7276.
Kreis- und Intelligenzblatt zunächst für
Rheydt, Gladbach, Odenkirchen, Giesenkir-
chen, Wickrath und Dahlen
17.8.1856: Intelligenzblatt zunächst für
Rheydt, Gladbach, Odenkirchen, Giesenkir-
chen, Wickrath und Dahlen
1.1.1860: Intelligenzblatt
zeitweise auch: Intelligenz-Blatt
[Mönchengladbach-] Rheydt
1852, 4.7. - 1862 (L) 5
(5 Ro) 5

7277.
De Nederlander in Duitschland
1909, 1.5. - 1911 5
(1 Ro) 5

7278.
Neue Rheinische Zeitung
Ausg. Mönchengladbach
(18.7.1945 - 27.2.1946)
1945, 18.7. - 1946, 27.2. **Mg 4**

7279.
Odenkirchener Volksblatt
15.4.1924: Rheinisches Volksblatt
Verfilmung enthält 2 weitere Titel:
Hochneukirch-Otzenrather Volksblatt v.
1.4.1924
Wickrather Volksblatt v. 3.4.1924
(Mönchengladbach-) Odenkirchen
1909 - 1912, 28.6.
1913, 26.7. - 1918
1919, 1.7. - 1922
1924, 8.1. - 1939, 16.12. (L) 260
Dm 11
1914, 9.5. - 1915 21/32c
Beilage(n):
Die Familie
1934 - 1935 (L) 260
Dm 11

Der Kleinsiedler
1925 - 1933 (LL) 260
Dm 11

Odenkirchener Annoncenblatt	
1910 - 1916 (L)	260
	Dm 11
Unterhaltungsbeilage	
1925 - 1928 (E)	260
	Dm 11
Die Welt	
1926 (L)	260
	Dm 11

7280.
Rhein-Echo
Ausg. Mönchengladbach
1946, 9.4. - 7.8.

1947 - 1951	Mg 4

7281.
Rhein-Ruhr-Zeitung
Ausg. Mönchengladbach
1947

1949, 1.1. - 29.7.	Mg 4

7282.
Rheinische Post
Ausg. Mönchengladbach/Rheydt
ab 4.1.1949 Ausg. Mönchengladbach
HA in Düsseldorf

1977, 1.3. ff.	**101b**
(ca. 10 Ro/Jg)	101b
1992 - 1997	101a
1946, 2.3. - 1950	Mg 4

7283.
Rheinische Post/Rheydt
Ausg. Rheydt
HA in Düsseldorf

1946, 2.3. - 1950	Mg 4

7284.
Rheydter Zeitung
1873 - 1874, 12.12.
1877 - 1943 (L)

1950, 1.11. - 1951, 29.6.	Mg 4

7285.
Volksparole
UT: Gladbach-Rheydter Zeitung
HA in Düsseldorf
10.2.1935: Rheinische Landeszeitung / G
HA in Düsseldorf

1933, 1.7. - 1943	260
1933, 1.7. - 1944, 22.1. (L)	Dm 11
1944, 1.1. - 14.12.	Mg 4

Beilage(n):
Deutsch das Lied
1933 - 1936

(Forts.: Das deutsche Lied)	260
	Dm 11

Das deutsche Lied

1937 - 1939 (L)	260
	Dm 11

Literarische Beilage

1937 - 1940 (E)	260
	Dm 11

Technische Mitteilungen

1939 - 1940 (E)	260
	Dm 11

7286.
Der Volksverein
Nr. 2, 1929: Der Volksverein für das Katholische Deutschland

1891 - 1932, 1.2.	**Bo 414**
(2 Ro)	
	61
	Lün 4
	Mü 79
	Ged 1
1891 - 1910	46
1891 - 1932, 1.2.	188/211
	Bm 3
	Bo 133

7287.
Westdeutsche Arbeiterzeitung
Mönchengladbach, Köln
(18.3.1899: Probe-Nr., 1.4.1899 - 29.12.1934)
1899, 1.4. - 1917

1919 - 1932	**Bo 414**
(9 Ro)	
	46
	61
	361
	739
	Ged 1
1899, 1.4. - 1912	
1914 - 1917	
1920 - 1932	188/211
1899, 18.3. (Probe-Nr.)	
1899, 1.4. - 1932	Bo 133
	Bm 3
	Dm 11

Beilage(n):
Die Arbeiterfamilie
1912 (L) u. 1922 (L)

1927 - 1932	Bo 133

Kinderzeitung

1912 (L)	Bo 133

Unterhaltungsbeilage
1899 - 1904 **Bo 414**
Bo 133

7288.
Westdeutsche Rundschau
HA in Wuppertal
1946, 15.5. - 1949, 30.8. Mg 4

7289.
Westdeutsche Zeitung
Ausg. Mönchengladbach/Rheydt
1949 - 1950, 13.2. Mg 4

7290.
Westdeutsche Zeitung/Rheydt
Ausg. Rheydt
1950, 14.2. - 30.12. Mg 4

MÖRFELDEN-WALLDORF

7291.
Türkiye
1996, 1.7. ff. **101b**
(ca. 8 Ro/Jg) 101b
1996, 1.7. - 1997 101a

MOERS

7292.
Die Biene
später?: Niederrheinisches Volksblatt
1842
1847 - 1854
1856 - 1857 Wes 2

7293.
Dorf-Chronik <1848>
1852?: Dorf-Chronik und Grafschafter
1854: Dorf-Chronik
1888: Dorf-Chronik und Grafschafter
1914: Der Grafschafter
[Meurs, Mörs], (Moers-) Fild, Moers
1848, 1849 (L)
1852 - 1883
1885 - 1945, 1.3.
(115 Ro m. "Grafschafter"- **61**
Beilagen) 61
1894 - 1944 (L) Db 9
Beilage(n):
Der Grafschafter
1854 - 1883
(ab 1885: Dorf-Chronik verbunden mit dem Grafschafter) 61

Illustrierter Familienfreund
1913 - 1916, 26.3. **61**
(1 Ro) 61
Land und Leute der Grafschaft
Mörs
1928 - 1937, Juli **61**
(1 Ro) 61
1928 - 1936 (MPF) 38

7294.
Land und Leute der Grafschaft Mörs
1928 - 1937, Juli 61

7295.
Rheinberger Zeitung
Vbg.: Kreis Moers, Rheinberg, Xanten
1901 - 1922
1924 u. 1927
1928, Juli - 31.12. Db 9

7296.
Rheinische Post
HA in Düsseldorf
1988 ff. **101b**
(9 Ro/Jg) 101b
1992 - 1997 101a

7297.
Westdeutsche Allgemeine Zeitung
27.6.1948: Westdeutsche Allgemeine (WAZ)
bis 15.1.1949 HA
BA d. WAZ, Essen
1948, 6.4. - 1957, 30.3.
1957, 1.5. - 30.9.
1957, 1.11. - 1965, 27.2.
1965, 1.4. - 31.5. u. 2.8. - 30.9.
1965, 1.11. - 1967 (L)
1968, 1.3. - 30.3.
1969 - 1971, 31.7.
1971, 1.10. - 1975 **MFA**
(136 Ro)
Moe 1

MOGILNO (MOGILNO, PL)

7298.
Mogilnoer Kreisblatt
1903 (L)
1912 - 1914 **1w**
(3 Ro) 1w
Dm 11

MOHRUNGEN (MORĄG, PL)

7299.
Altpreußische Eichenblätter
1831 - 1832
1834 - 1835
1837 - 1840   1w
(1 Ro)   1w
       1a
       Dm 11

7300.
Der Bote aus Preußen
Mohrungen (MorĄg, PL), Braunsberg (Braniewo, PL)
1837 - 1839   1w
(1 Ro)   1w
       Dm 11

7301.
Kreis-Blatt des Königl. Preuss. Landraths-Amtes Osterode
15.3.1843: Osteroder Kreisblatt
später: Osteroder Kreis- und Anzeigenblatt
1899?: Osteroder Zeitung
Vbg.: Mohrungen, Osterode
1836 - 1847, 17.12.
1882, 26.8. - 1885
1887, 1889, 1893
1896 - 1899
1901 - 1904
1907, 2.7. - 31.12.
1910, 1.7. - 31.12.
1913, 1.7. - 1914, 30.6.
1916, 1.1. - 30.6.
1939, 2.1. - 31.3.
1940, 1.4. - 29.6. u. 1.10. - 31.12.
1943, 2.1. - 30.6.   1w
(20 Ro, Beilagen mitverfilmt)   1w
       Dm 11

7302.
Kreis-Blatt des Königl[lich] Preuß[ischen] Landraths-Amtes Mohrungen
1846: Mohrunger Kreisblatt
1868: Amtliches Mohrunger Kreisblatt
2.9.1884: Mohrunger Kreiszeitung
1839, 15.1. - 30.12.
1845 - 1846
1861, 2.1. - 25.9.
1862
1868 - 1870
1885
1887 - 1891   1w
(6 Ro)   1w
       Dm 11

MOLSHEIM, ELSASS (F)

7303.
Molsheimer Kreisblatt
1879 - 1913, März
(Forts.: Elsässer Volksblatt, Colmar)   **ACRPP**

7304.
Straßburger Neueste Nachrichten
Ausg. West I, Molsheim
1942, 1.5. - 1944, 1.11. (L)   31

MONSCHAU

7305.
Aachener Volkszeitung
Eifeler Ausg.
1958 - 1959, 30.6.   **Dm 11**
       Dm 11

7306.
Eifeler Nachrichten
BA v. Aachener Nachrichten
1978, 1.9. ff.   **101b**
(ca. 8 Ro/Jg)   101b
1992 - 1997   101a

7307.
Der Eremit am Hohen Venn
[Montjoie]
1829, 12.6.   **A 100**
       A 100

7308.
Montjoie'r Volksblatt
10.8.1934: Monschauer Volksblatt
1880, 25.9. - 1940, 27.12. (kl. L.)   **MFA**
(15 Ro)

7309.
Stadt- und Landbote
4.1.1851: Montjoier Stadt- und Landbote
1855?: Stadt- und Landbote
1855, 6.1. - 1856, 27.12.
1859
1860, 21.1. - 1865   **5**
       5
1849, 6.1. - 1853
1855, 6.1. - 1965
1867, 12.1. - 10.8.
1870, 29.1. - 1871
1872, 16.3. - 1900
1902 - 1921
1922, 8.2. - 1936, 28.3. (kl. L.)   **MFA**
(32 Ro)

MONTABAUR

7310.
Westerwälder Zeitung
Ausg. F d. Rhein-Zeitung, Koblenz
1978, 1.9. ff.   **101b**
(ca. 10 Ro/Jg)   101b
1992 ff.   929
1963 - 1987   Kob 1
(nur Lokalteil)

MONTEVIDEO (ROU)

7311.
Arbeiter-Welt
1934, 5 - 1935, 9 (L)   **B 479**
                                                   B 479

7312.
Deutsche Einheit gegen den Faschismus
1939, Juli   **B 479**
                                                   B 479

7313.
Das Freie Wort
1943, Jan./Feb.   **M 352**

7314.
*Informationsblatt des Deutschen Antifaschis-
tischen Komitees*
1944 - 1946 (L)   **M 352**
1944, 1.5. - 1946, Juli (L)   **Dm 11**
                                                   Dm 11
1944 - 1945
1946, Feb. u. Juli   30
1943, 1.12. - 1946, Nr. 31   B 479

7315.
Die Zeit
1936, Nr. 11
1938 - 1941 (L)   **M 352**

MONTREAL, QC (CDN)

7316.
Montrealer Nachrichten
1955, 8.9. - 1960
1961, 18.2. - 1971   **212**
(13 Ro)   212

7317.
Montrealer Zeitung
Forts.: s.u. Kanada-Kurier, Winnipeg
(1954 ff.)
1971, 7.5. - 1977
1979 - 1980, 5.9.   **212**
1971, 7.5. - 1972
1974, 27.12. - 1980, 12.9.   212

MOSBACH

7318.
Rhein-Neckar-Zeitung
HA in Heidelberg
1964 - 1981   **31**
(105 Ro)   31

MOSKAU (RUS)

7319.
Deutsche Zentral-Zeitung (DZZ)
Organ der deutschen Werktätigen in der
UdSSR. Hrsg.: Zentralorgan "Prawda" des ZK
der KPDSU.
26.8.1938 - 28.2.1939: Deutsche Zei-
tung/Tageszeitung
(16.5.1926 - 12.7.1939)
1935 - 1939, 12.7.   **Dm 11**
(4 Ro)   Dm 11
                                                   212
                                                   101a
                                                   739
                                                   188/211
                                                   M 352
1935 - 1939, 12.7. (L)   18
                                                   46
1936 - 1939, 12.7.   6/053
                                                   B 479

7320.
Das freie Wort
Zeitung der deutschen Kriegsgefangenen in der
Sowjetunion
19.7.1943: Freies Deutschland
Organ des Nationalkomitees "Freies Deutsch-
land"
(Nov. 1941 - 4.11.1945)
1945, 16.8. - 27.9.   **GB-
                                                   LO/N38**
1941 - 1943, Nr. 20 (LL)   **B 479**
                                                   B 479

1941, Nov. - 1945, 4.11.	**Dm 11**
(2 Ro, F: 1942, Nr. 26 u. 32)	Dm 11
	180
	19
	188/211
	18
	468
	Bo 133
	739
	M 352
1943 - 1945, 4.11.	715

7321.
Freies Deutschland im Bild

1944 - 1945, Jan.	**Dm 11**

7322.
Internationale Literatur
Zentralorgan der Internationalen
Vereinigung Revolutionärer Schriftsteller
1937, H. 1 ff.: Internationale Litera-
tur/Deutsche Blätter
(Juni 1931 - 1945)

1933 - 1945	**Dm 11**
(13 Ro)	Dm 11
	739
	188/211
	Mar 1
1934	37
1933 - 1940	
1942 - 1945	M 352
1931 - 1945	46

7323.
Die Kommunistische Internationale

1919, Nr. 1 - 718	**Bo 414**
(1 Ro)	

7324.
Moskau

1921 (L)	B 479

7325.
Moskauer Deutsche Zeitung

1999 - 2003	
2005 - 2008	**212**
	212

7326.
Moskauer Rundschau
Informationswochenschrift für das Ausland
(1929 - 1933)

1929 - 1933, Nr. 256 (L)	**B 479**
	B 479
1929, 11.5. - 1933, 4.6.	**212**
(2 Ro)	212

1930, März - 1933, März (L)	**Dm 11**
(1 Ro)	Dm 11
	46
	180
	739
1929, 11.5. - 1930 (E)	M 352
Beilage(n):	
Wirtschaft und Technik	**B 479**
1929 - 1932, Nr. 173 (L)	B 479

7327.
Nachrichten für die Deutschen
Kriegsgefangenen in der Sowjetunion

1947, 21.5. - 1948, 21.7. (L)	**46**
(1 Ro)	
1946	**B 479**
	B 479
1946 - 1949	1

7328.
Neue Zeit

1980, Nr. 20 - 1990, Nr. 15	B 479

7329.
Neues Leben
(1957 ff.)

1957	
1958, 16.9. u. 18.10.	
1959 - 1968 (L)	
1970 - 1972	
1986 - 2003	**212**
1983, 1.1. - 21.12.	**MFA**
(1 Ro)	
1994 ff.	6
1983	
1995 ff.	12
1957, 1.5. - 1958	
1961 - 1968 (L)	
1970 - 1982	
1984 - 2003	212
1957	
1959 - 1960	
1964 - 1965	
1972 - 2003	547

7330.
Das proletarische Kind
Moskau (RUS), Berlin

1921 - 1923 (L)	Bm 3

7331.
Der rote Fabrikarbeiter
Vbg.: Berlin

1924, Nr. 5 - 1929, Nr. 5 (L)	**B 479**
	B 479

7332.
Die rote Fahne
1920 - 1922 (L)   B 479

7333.
Sowjetis heimland
Text jidd.
1981, Nr. 1   15

7334.
Sowjetliteratur
1982 - 1983 (L)   212

7335.
Welt-Revolution
Moskau (RUS), Omsk (RUS)
Revolutionäres Komitee der Kriegsgefangenen
Sozialdemokraten-Internationalisten
Deutsche Gruppe der Russischen Kommunistischen Partei
1918, 6.4. - 29.12.
1920 (E)   B 479

7336.
Das Wort
Literarische Monatsschrift
(Juli 1936 - März 1939)
1936, Juli - 1939, März   **Dm 11**
(2 Ro)   Dm 11
                                739
1937 - 1939, März   M 352

MÜCHELN

7337.
Unser Grundstoff
Mücheln, Halle, S.
Nr. 11,1950: Aus der Tiefe
1965: Geiseltal-Echo
1969: BK-Geiseltal
(Braunkohlenkombinat Geiseltal)
1990: Geiseltal-Kurier
"Geiseltal-Echo": Vlg. in Halle, S.
1950, 15.5. - 1968, 19.4. (L)
1971 - 1990, 11.12.   **3**
(9)   3
                                Dm 11

MÜCHEN

7338.
Hrvatska zora
kroatisch
1958, März - 1982, Sep. (L)   GB-
                                LO/N38

MÜGELN

7339.
Mügelner Anzeiger
1899, 23.3. - 1902   **14**
(3 Ro)   14
                                Pir 9

MÜHLACKER

7340.
Württembergisches Abendblatt
Ausg. Vaihingen/Enz, Mühlacker, Maulbronn,
Knittlingen
1.6.1974: Pforzheimer Zeitung
ab 29.1.1980 als Ausg. Mühlacker
1948, 3.5. - 1981   **31**
(66 MF = 132 DF)   31

MÜHLBACH (SEBES, RO)

7341.
Unterwalder Beobachter
1934, 7.1. - 30.12.   **212**
(1 Ro)   212

MÜHLDORF A. INN

7342.
Amtliche Bekanntmachungen
27.8.1949: Mühldorfer Anzeiger
1946, 4.1. - 1990   **MFA**
(188 Ro)
1871 - 1935
1949, 1.9. - 1990   Mdf 1

7343.
Mühldorfer Nachrichten
1949 - 1969   Mdf 1

MÜHLENBECK

7344.
Mühlenbeck-Schildower Anzeiger
Vbg.: Mühlenbeck u. Berlin-
Niederschönhausen
1930, 16.3. - 1933   **1w**
                                1w
                                Dm 11

MÜHLHAUSEN, THÜR.

7345.
Gemeinnütziges Unterhaltungsblatt
1832   30

7346.
Die Kommenden
Mühlhausen, Thür., Eisenach
1934: Wille zum Reich
Vlg. ab 1934 in Eisenach
1934   **1a**
                                        1a
1926 - 1928, 24.1.
1929, Apr. - Mai
1934, 1.3. - 15.12.   **1w**
(3 Ro)
1926 - 1933   **1**
                                        1
1926 - 1930, 26.7.
1931, 2.1. - 20.7.
1932 - 1933, 7.5.
1934, 1.3. - 15.12.   1w
1926 - 1933   16
1926 - 1933, Nr. 19   25

7347.
Mitteldeutsche Allgemeine
HA in Kassel
1.3.1996: Thüringische Landeszeitung
Ausg. Unstrut-Hainich.
1993 ff.   **101b**
(2 Ro/Jg)   101b
1993 - 1997   101a

7348.
Mühlhäuser Tagespost
BA v. Thüringische Landeszeitung, Weimar
1993, 2.1. - 30.6.   **101b**
                                        101b
                                        101a

MÜLHAUSEN / ELSASS (MULHOUSE, F)

7349.
L'Alsace
zweisprachig
1965, 5.8. - 1966, 31.3.
1966, Dez. - 1967, 28.2.
1967, 1.7. - 1968
1969, Sep.
1969, Dez. - 1971
1983 - 1985   **212**

1980 - 1983   **ACRPP**
1990, Okt. ff.   30
1965, 5.8. - 1966, 31.3.
1966, 1.10. - 1967, 28.2.
1967, 1.7. - 1968, 15.3.
1968, Juli, Sep., Okt.
1969, Jan., Apr., Mai
1969, Aug. - Sep.
1969, Dez. - 1971   212

7350.
L'Alsace Lundi
1971 - 1974
1978 - 1985   **212**
1971   212

7351.
Der Bote aus der Heimat
1892   **30**
                                        30
                                        21/32c

7352.
Dur's Elsaß
Humoristisch-satirisch Wucheblättle
1907, 2.10. - 1914, 25.7.   **ACRPP**

7353.
Elsaß-Lothringische Volks-Zeitung
Vlg. in Freiburg/Br.
1890, 26.11. - 1892 (L)   **B 479**
                                        B 479

7354.
Elsaß-Lothringisches Morgenblatt
1901 - 1904 (L)   **30**
(5 Ro)   30

7355.
Express
UT: Mülhauser Zeitung
1879 - 1883 (L)   **30**
(6 Ro)   30
1884 - 1914, 14.9.
1919 - 1931   **ACRPP**

7356.
Die Fackel
1922 - 1923, Apr. (L)   **ACRPP**
                                        Bm 3

7357.
Freie Presse für Ober-Elsaß
1.10.1904: Mülhauser Volkszeitung
1902 - 1918 (L)   **ACRPP**

7358.
Freiheit-Korrespondenz
1933, Mai - 1940, 6.3.   Bo 414
(3 Ro)
1936 - 1937 (E)
1939 (E)   B 479
                                B 479
1935, 11.8. - 1940, 3.6. (L)   18
                                Bo 133

7359.
Freiheit-Korrespondenz / Auslandsausg.
1935, 21.10. - 1936, 20.5.
1939, 29.11. - 1940, 6.3. (L)   Bo 133

7360.
Der Hausfreund
1922: D'r Hüsfrind
1905 - 1911
1919, 14.3. - 19.12.
1920, 16.4. - 1921, 16.12.
1922 - 1939 (L)   ACRPP

7361.
L'Industriel alsacien
1841 - 1842 (LL)
1872 - 1877 (L)   30
(9 Ro)   30

7362.
Mülhauser Anzeiger
Zeitweise: Mülhauser-Elsässer-Anzeiger,
Mülhauser Bürger Zeitung
1884, 18.11. - 1907, 31.5.   ACRPP

7363.
Mülhauser Berichts-Blatt
1798, 7.4. - 1799, 6.6.   ACRPP
                                    25

7364.
Mülhauser Tagblatt
1882, 5.12. - 1944, 15.11. (L) ACRPP
1884 - 1944 (L)   25
1944, 1.7. - 31.10.   31

7365.
Mülhauser Tagblatt / Landausg.
1941, 14.11. - 1944, 14.11. (L) ACRPP
                                M 352

7366.
Mülhauser Volksblatt
1892, 20.11. - 1897, 27.3. (L) ACRPP

7367.
Neue Mülhauser Zeitung
1880
1883 - 1886
1888 - 1896
1898 - 1918   ACRPP

7368.
Oberelsässische Landes-Zeitung
1897, 1.5. - 1918, 30.11. (L)   ACRPP
                                    25

7369.
Der Republikaner
Le Républicain du Haut-Rhin
1919 - 1924
1926 - 1937, Juni
1938, Juli - 1940, Apr.
1944, 24.11. - 1951 (L)   ACRPP
Beilage(n):
 Der arme Teufel
bei HA mitverfilmt   ACRPP

7370.
Der souveräne Wahlmann
1870, Nr. 1 - 25   30
(1 Ro)   30

7371.
La Voix d'Alsace-Lorraine
1976: La Nouvelle Voix d'Alsace-Lorraine
Mulhouse-Dornach
(1958 - 1985)
1964
1967 - 1971, 1.12.
1972 - 1985   212
1964
1967 - 1968
1979 - 1971, 1.12.   212
1976 - 1985   21/32c

7372.
Wegweiser für Ackerbau
auch: Wegweiser für Garten- und Ackerbau
1905 - 1912
1923 - 1925 (L)   ACRPP

MÜLHEIM

7373.
Amtsblatt der Stadt Mülheim an der Ruhr
1950 - 1962   61
(2 Ro)   61

7374.
Der Bote für Stadt und Land im Kreise Duis-
burg
Mülheim, Duisburg
Vlg. in Mülheim
1842 (L)
1844 - 1845 (L)   5
(1 Ro)   5

7375.
Mülheimer General-Anzeiger
1932, 1.7. - 31.12.
1933, 1.4. - 30.9.   MFA
(3 Ro)
                                                Dm 11

7376.
Mülheimer Stadt-Anzeiger
1952, 3.10. - 21.12.   Dm 11
                                                Dm 11

7377.
Mülheimer Zeitung
15.3.1934: Mülheimer Zeitung und
Mülheimer General-Anzeiger
(1.4.1872 - 29.4.1945)
1894, 6.1. - 31.5.
1894, 3.8. - 1897
1898, 1.4. - 1902, 29.8.
1903 - 1916, 30.6.   5
                                                 5
1922, 1.4.
1931. 1.1. - 29.4.
1932, 1.1. - 31.3.
1933, 1.7. - 1934, 30.6. (L)
1934, 1.10. - 30.12.   MFA
(6 Ro)
                                                Dm 11

7378.
Ruhr-Volksblatt
1975, Mai - 1984, Nov. (L)   MFA
(1 Ro)
                                                Dm 11

7379.
Der Wächter an der Ruhr
Mülheim, Duisburg
3.1.1849: Ruhr-Zeitung
1.4.1850: Ruhr- und Duisburger Zeitung
2.1.1852: Rhein- und Ruhrzeitung
ab ca. 1850 in Duisburg
(30.4.1848 - 30.9.1941)
1873 - 1941, Juni   61
(182 Ro)   61

1856 - 1867   5
(13 Ro, Beilagen mitverfilmt)   5
1848, 30.4. - 31.12. (L)   Dm 11
(1 Ro)   Dm 11
                                               21/32c
                                                46
                                                468
                                              188/211
                                               Bo 133
                                               Bm 3
1849
1850, Juli - 1940   Db 9
1851 - 1867
1868, 13.10. - 1874, Sep.
1875 - 1890
1891, März - 1898, Sep.
1899 - 1901
1909, Jan. - März   Ob 3
1870, Juli - Dez.   Wes 3
1848, 30.4. - 231.12,
1865 (E(
1867 - 1868 (LL)   B 479
Beilage(n):
Illustriertes Unterhaltungsblatt
1884 - 1914   61
(11 Ro)   61
Nationales Volksblatt
1886   61
(1 Ro)   61
Rheinisches Sonntagsblatt
1877, März - 1883   61
(3 Ro)   61

7380.
Werkszeitung
Deutsche Röhrenwerke, Werk Thyssen
Vlg. in Düsseldorf
1936, 13.6. - 1939, 9.12. (L)   5
(1 Ro)   5

7381.
Westdeutsche Allgemeine (WAZ)
Mülheimer Zeitung
BA d. WAZ, Essen
1978, 1.9. ff.   101b
(ca. 10 Ro/Jg)   101b
1992 - 1997   101a

MÜLLHEIM

7382.
Der Alemanne
HA in Freiburg
1943, 2.4. - 1944, 26.11. (L)   31

7383.
Markgräfler Nachrichten
1942, 2.9. - 1943, 30.4.   31

7384.
Südwestdeutsche Volkszeitung für christliche
Politik und Kultur / MÜ
Ausg. Breisgau und Markgräflerland
HA in Freiburg, Br.
1948, 1.5. - 1949, 31.1.   31
                                            31

MÜNCHBERG

7385.
Frankenpost
HA in Hof
(für alle Ausg. nur Lokalseiten)
1950: Ausg. Münchberg
1972: Ausg. Münchberg/Helmbrechts
1.7.1976; Ausg. Münch-
berg/Helmbrechts/Frankenwald
1.7.1980: Ausg. Frankenwald
1.10.1981: Ausg. Frankenwald/Münchberg-
Helmbrechtser Zeitung
9.7.1984: Münchberg-Helmbrechtser Zeitung
1950, 1.7. - 2000   **Hf 1**
(57 Ro, nur Lokalseiten)   Hf 1

7386.
Münchberger Wochen-Blatt
1.1.1844: Wöchentliches Unterhaltungs-und
Anzeige-Blatt für Münchberg und Umgegend
1.1.1852: Wochenblatt für Münchberg und
Umgegend
1842 - 1861, 21.12.   **Hf 1**
(4 Ro)   Hf 1

MÜNCHEN

7387.
Die Abendzeitung
bis Nr. 41, 1948: Die Tageszeitung
1.7.1950: Abendzeitung
(6.5.1948 ff.)
1951 ff.   **101b**
(ca. 8 Ro/Jg)   101b
1948, 6.5. - 1950   **MFA**
(3 MF = 5 DF)
1948, 16.6. - 1950   12
                                            Dm 11
1977, 10.11. - 1982   30

1992 - 1997   101a
1990
1996 - 1997   M 54
1991 ff.   19
1982 - 1992   6
1991 ff.   19
1949 ff.   Bo 153

7388.
Adler im Süden
1942 (L)   **18**
(1 Ro)   18

7389.
Akademischer Beobachter
1929   **25**
                                            25
                                            21

7390.
Allgemeine Handwerkerzeitung
1917: Allgemeine Handwerker- und
Gewerbe-Zeitung
1887 - 1919   **12**
                                            12

7391.
Allgemeine Photographen Zeitung
1896 - 1897 (einzelne Seiten)   **MFA**
(1 Ro)

7392.
Allgemeine Rundschau
1918
1920 - 1931   46

7393.
Am Heiligen Quell
1933/34, Nr. 5: Am Heiligen Quell deutscher
Kraft
bis 1931 Beilage zu Ludendorffs Volkswarte
1932/33 - 1939/40   **M 352**
1932/33 - 1933/34, Nr. 4   30

7394.
Der Arbeiter
1895, 5.1. - 1907
1909 - 1918, 19.12.   **Bo 414**
(12 Ro)
                                            188/211
                                            Bo 133
1895 - 1907
1909 - 1918   46
                                            M 54

7395.
Die Arbeiterin
1906 - 1907
1913 - 1933 (L)   Bo 133
1913 - 1933   188

7396.
Arbeiterzeitung
1886, 25.12. - 1887   **B 479**
                      B 479
                      Bo 133

7397.
Archiv für Rassen- und Gesellschaftsbiologie
1904 - 1916/18
1921 - 1939   **M 352**

7398.
Der arme Konrad
Kalender für das arbeitende Volk
1903 u. 1906   **46**
(1 Ro)
1903 - 1912 (L)   Kai 1

7399.
Arminius
1926   **18**
(1 Ro)   18
1926, Nr. 37/38 - 1927, Nr. 37 H 250
1926, Nr. 36/37 - 1927, Nr. 37 1a

7400.
Auf gut deutsch
1918 - 1919   **46**
(1 Ro)   46

7401.
Der baierische Landbot
1790 - 1791   **46**
(2 Ro)   46
1790   M 54

7402.
Der Baierische Landbote
München, Regensburg
25.10.1825: der Bayersche Landbote
24.4.1827: Der Bayer'sche Landbote
3.1.1832: der Bayerische Landbote
1879: Bayerischer Landbote
ab 17.2.1891 in Regensburg
(1.1.1824 - 29.9.1933)
1825 - 1933, 29.9.   **12**
                       12

1848, 1.7. - 1849   **Dm 11**
                       21
                     361
                188/211
1825 - 1933, 29.9.   **Dm 11**
1848, 1.7. - 1849   Wit 2
1848 - 1849
1855 - 1859
1864 - 1870   M 54

7403.
Baierische National-Zeitung
1807 - 1819   **46**
(14 Ro)
1807 - 1820, 31.3.   12

7404.
Batskaushchuina
Weißrussische Zeitung
Kyrillische Schrift
1952, 2.11. u. 1953, 25.1. **GB-**
                   LO/N38
1953, 22.2. - 1966   GB-
(5 Ro)   LO/N38

7405.
Der Bayerische Eilbote
später: Der Bayerische Eilbote
auch: Baierischer Eilbote
1848, Juli - 1851   **Dm 11**
(3 Ro)   Dm 11
                     361
                188/211
                    Wit 2
1850 - 1851   M 54

7406.
Bayerische Hochschulzeitung
1929/30 - 1932   11

7407.
Bayerische Israelitische Gemeindezeitung
1937, Nr. 15: Jüdisches Gemeindeblatt für den
Verband der Kultusgemeinden in Bayern und
die Kultusgemeinden München, Augsburg,
Bamberg, Würzburg
Ausg. A, Allg. Aug.
(1925 - 1.11.1938)
1926 - 1937 (L)   **M 352**
1925 - 1938, 1.11.   19
                   B 1539
                     30

Beilage(n):
Mitteilungen des Jüdischen Lehrervereins für Bayern
1925 - 1938   30

7408.
Bayerische Landbötin
(16.8.1830 - Aug. 1860)
1848 - 1849   **Dm 11**
(1 Ro)   **Dm 11**
                              361
                               21
                             188/211
                             Wit 2
1840 - 1859   M 54

7409.
Bayerische Landeszeitung <1949>
28.1.1951: Münchner Allgemeine
1949, 21.1. - 29.10.
1950, 7.1. - 1951, 30.6.   281
(1 Ro)

7410.
Bayerische Radio-Zeitung und Bayernfunk
4.1.1925: Süddeutscher Rundfunk / A
1.5.1928: Bayerische Radiozeitung
1924, 3.8. - 1940, 22.12.   **MFA**
(24 Ro, Beilagen mitverfilmt)
                             F 228
Beilage(n):
Der Bastler
                             MFA
Europäische Senderprogramme
                             MFA
Funkschau
                             MFA

7411.
Bayerische Staatszeitung <1913>
1913 - 1934, 30.6. (L)
1946, 1.6. - 1999   **MFA**
(91 Ro)
                             Rhm 1
1914, 30.1.
1914, 29.6. - 1916
1924, 17.6. u. 12.7.   **Dm 11**
1913 - 1914, Juni
1917 - 1998 (m. Kriegslücke) 12

7412.
Der Bayerische Volksfreund
(27.10.1825 - 24.12.1849)
1848 - 1849   **Dm 11**
(1 Ro)   **Dm 11**
                              361
                             B 724
                             M 54
                             Wit 2

Beilage(n):
Münchener Conversationsblatt
1848 - 1849   M 54
                             188/211
                             B 724
                              361
                             Dm 11

7413.
Bayerische Volkspartei-Korrespondenz
1921, 30.5. - 1923, 18.11.   **Bo 414**
(5 Ro)
                             M 352
                             188/211
                             M 54

7414.
Bayerische Wochenschrift
1859, 2.4. - 24.9.   **Dm 11**
(1 Ro)   **Dm 11**
                             M 54

7415.
Bayerischer Bürger- und Bauernfreund
1892, 2.4. - 24.9.   **Bo 133**

7416.
Bayerischer Kurier
(1857 - 31.10.1934)
1916, 3.9. - 1918 (L)   **GB-**
1919, 2.7. - 7.8.   **LO/N38**
                             GB-
                             LO/N38
1918 - 1921   **Bo 414**
(8 Ro)
1918 - 1921   21/32c
1918 - 1921 (L)   29

7417.
Bayerisches Echo
(1./2.8.1931 - 1933, 25./26.2.)
1932, 32   **B 479**
                             B 479

7418.
Bayern-Kurier
(1950 ff.)
1969, 5.7. - 20.12.
1975, 4.1. - 29.11.   **Dm 11**
1950, 3.6. - 1965   **Bo 414**
(7 Ro)
1981 - 2001   4
1986 - 1997   20
1950 - 1963   M 352
1998, 10.1. ff.   Bo 133
1950 - 1952   12

1950 - 2004	352
1950 - 1993	706
1979 - 2008	25
1990 - 2000	46
1993 ff.	101a
1983 - 1991	101b
1977 - 1983	294
1976 - 1981	
1983 - 1998	464
1966 - 2001	739
1981, 10.1. - 2006	188/211
1950, 3.6. ff.	Dm 11
1982 - 1997	31

7419.
Das Bayrische Vaterland
3.5.1872: Das Bayerische Vaterland
(Probenr.: 23.3.1869 / 1.4.1869 - 26.9.1934)

1869, 23.3. - 1934, 26.9.	**12**
	12
	Dm 11

7420.
Die Bewegung : Kampfblatt d. Nationalsozia-
listischen Studentenbundes
Hrsg.: Baldur von Schirach

1936 - 1942 (L)	**M 352**
1.1930 - 2.1931, Nr. 17	**25**
	25
1930 - 1931	21

Beilage(n):
Student im Bereich Süd-West

1938 - 1941	21
1938 - 1941 (L)	25

7421.
Bild-Archiv / Bild und Schule

1920 - 1921	**MFA**
	30
	706

7422.
Bohemia

1950, 28.8. - 1960, Juli	**GB-LO/N38**
	GB-LO/N38

7423.
Bravo

1956, 26.8. - 1998, 22.12	**MFA**
(132 Ro)	
	38/421

7424.
Bravo Sport

1994, 26.10. - 1998, 25.2.	**MFA**
(9 Ro)	
	18

7425.
Die Brennessel
München, Berlin

1931 - 1938	**46**
(7 Ro)	46
	MFA
(5 Ro)	
	Dm 11
	6

7426.
Die Brücke
(Juli 1947 - 2002)

1953 - 1971	30

7427.
Damenzeitung

1929 - 1930 (MPF)	24
1929 - 1930	30

7428.
Dekorative Kunst

1898 - 1899	**46**
(1 Ro)	46

7429.
Deutsche Constitutionelle Zeitung
(1.1.1848 - 7.10.1849)

1848, 1.7. - 1849, 7.10.	**Dm 11**
(3 Ro)	Dm 11
	21/32c
	188/211
1848 - 1849, 7.10. (L)	46
	M 54
1848, 1.7. - 1849, 30.6.	361

7430.
Der deutsche Film in Wort und Bild
München, Berlin
1919, Nr. 7 u. 11
1920, 7.10., 25.11., 9. u. 17.12.
1921, 28.1. - 30.12. (L)

1922, 13.1. - 24.3. (F: 1922, Nr.5)	**MFA**
1921, 18.3. - 30.12.	
1922, 13.1. - 17.3.	30
1920 - 1922 (L)	706

7431.
Deutsche Filmzeitung
1922 - 1927: Süddeutsche Filmzeitung
1922, 10.11. - 1936, 19.7.

1937, 31.1. - 1941	**MFA**
(10 Ro)	
	30
	B 1528
	700
	706
1922, 10.11. - 1928	
1937 - 1939	1a

7432.
Deutsche Freiheit
1956, 1.10. - 1.12.

1957, 15.1. - 1958, 8.6.	
1959, 1.2. - 1960, 3.11.	**101b**
(1 Ro)	101b
	Bo 153

7433.
Deutsche Kino-Rundschau

1914, Nr. 1 u. 20 - 32	**MFA**

7434.
Deutsche Kolonialzeitung
München, Berlin, Frankfurt/M.
1885 - 1889
1899, 1901, 1903

1905, 1911	**1a**
(7 Ro)	1a
1914 - 1922	18
1896 u. 1900	21
1916 - 1922	18
1913 - 1922	
1929 (E)	
1930 - 1943, Nr. 3	30
1884 - 1922	
1934 - 1943	703

7435.
Deutsche Kunst-Theater-Musik-Film-Woche

1919, März, Apr.?	**MFA**

7436.
Deutsche Lichtspiel-Zeitung
München, Berlin
1919, 7.6. - 26.6.

1920 - 1921	**MFA**
(2 Ro)	
1920 - 1921	30
	B 1528
	706

7437.
Deutsche National-Zeitung
München, Passau
anfangs: Deutsche National- und
Soldatenzeitung
auch: Deutsche Soldaten-Zeitung
3.9.1999: Nationalzeitung - Deutsche
Wochen-Zeitung
(1950 ff.)

1954 - 1972	**101b**
1968, 12.1. - Dez.	
1970 - 1971, Juni	**GB-**
1972, Jan. - Juni	**LO/N38**
1973 - 1996	GB-
	LO/N38
1955 - 1965, 19.3.	
1967, 7.4. - 1969, 21.1.	**Dm 11**
1951, 6.6. ff.	**Bo 414**
(ca. 1 Ro/Jg)	
1993 ff.	101a
1965	6
1990 ff.	30
1960 - 1965, 19.3.	4
1983 - 1991	101b
1979 ff.	467
1951 - 1954	
1958 ff.	706
1951, 6.6. - 1954	
1963 - 2002	739
1990 - 2006	188/211
1951, 6.6. - 1954, 2.12.	
1963, 4.1. - 1965, 19.3.	
1966, 7.1. - 1990, 21.12.	Lün 4
1951 - 1962	M 352
1965	6/053
1951, 6.6. - 2005	Dm 11
1982 ff.	31

7438.
Deutsche Studenten-Zeitung

1933 - 1935, Nr. 17	**25**
	25

7439.
Der Deutsche Sturmtrupp
1933, 1.1. - 15.12.

1934, 1.1. - 1.10.	**46**
(1 Ro)	46

7440.
Deutsche Tribüne
München, Zweibrücken, Homburg, Saar
ab Dez. 1831 in Zweibrücken
ab Jan. 1832 in Homburg
(1.7.1831 - 21.3.1832)
1831, 1.7. - 1832, 21.3. (L)   46
(1 Ro)
                                            385
                                            M 352
1831, 1.7. - 1932, 8.3.   M 54
Beilage(n):
Das Liberale Deutschland
1831, 3.8. - Nr. 15   30
Oppositions-Blatt für Baiern
1831, Nr. 1 - 6   30

7441.
Das Deutsche Vaterland
1884 - 1888 (L)   **Dm 11**
(1 Ro)   Dm 11
1884, 10.7. - 1888, 3.5.   M 54

7442.
Die deutsche Woche
Süddeutsche Ausgabe
1958 - 1961, 14.6.   **Dm 11**
1951, 11.6. - 1952, 30.4.
1953 - 1961, 28.6.   **MFA**
(4 Ro, teils norddeutsche Ausg.)
1951, 11.6. - 1952, 30.4.
1953 - 1961, 14.6.   Dm 11

7443.
Deutscher Anzeiger
1958, 6.9. - 4.10.
1962, 15.5. - 15.8.
1984, 17.2. - 1990, 21.12.   **Dm 11**
(4 Ro)   Dm 11
1973, 17.1. - 24.12.
1974, 25.1. - 1985, 20.12.   **MFA**
(6 Ro)
                                            Bo 153

7444.
Deutsches Handwerk
Kampfblatt d. deutschen Handwerks, Gewerbes u. Einzelhandels
1932, 2.4. - 1933   **Bo 414**
(1 Ro)
                                            34
                                            188/211
1932 - 1937   M 54

7445.
Deutsches Volksblatt
UT: Bayerische antisemitische Zeitung
1892 - 1914   **12**
                                            12

7446.
Deutsches Wochenblatt
1885, 8.2. - 1886, 26.9. (L)   **B 479**
                                            B 479

7447.
Deutschlands Erneuerung
1920 - 1922   **46**
(3 Ro)   46

7448.
Echo der Woche / A
Ausg. f. Bayern
(7.2.1947 - 3.3.1951 u. 17.1. - Mai 1952)
1947, 7.2. - 1950, 22.9. (L)
1952, 17.1. - 17.5.   **Dm 11**
(3 Ro, teils Ausg. A u. B.)   Dm 11
1947, 2 - 1949, 6   Bo 153

7449.
Echo der Woche / B?
1948, 10.1. - Sep.
1949 - 1950, 15.12.   **MFA**
(3 Ro)
                                            Dm 11

7450.
Der Eisenbahner
(s.a. unter Der Eisenbahner, Berlin)
Beilage(n):
  Familienblatt
1915 - 1916   Bo 133
  Fachbeilage zum Eisenbahner
1925 u. 1929   **Bo 133**
1931 - 1933   Bo 133
  Unterrichtsblatt
1914 - 1915
1921 - 1922
1925, Nr. 1   Bo 133

7451.
Entscheidungen der Film-Prüfstelle
München, Berlin
auch als Beilage zu Deutscher Reichsanzeiger
und Preussischer Staatsanzeiger, Berlin
1921, 9.11. - 1924, 11.3.
1924, 12.5. - 1926
1929, 30.12. - 1936
1937, 29.3. - 24.12.   **MFA**

1940 - 1944, 2.12.
1944, 18.12. - 1945, 13.1.   **MFA**
(8 Ro)
1929, 30.12. - 1936 (L)
1940 - 1944, Nov.   Dm 11
                     M 472

7452.
Es muß Tag werden
(6.12.1848 - 22.1.1849)
1848, 6.12. - 1849, 22.1.   **Dm 11**
(1 Ro)   Dm 11
                             46
                             M 54
                             188/211
                             468

7453.
Express
Vertriebenenausgabe
1948, 11.1. - 25.9.   **GB-**
                       LO/N38
                       GB-
                       LO/N38

7454.
Fernseh-Informationen
München, Leipzig
anfangs in Gauting
seit Jan. 1999 in Leipzig
1950, 1.11. - 2008   **MFA**
(29 Ro)
1950 - 1982   30
1950, 1.11. ff.   Dm 11
                      F 228
1994 ff.   Kn 168

7455.
Film-Kurier / Illustrierter Film-Kurier
1919 - 1940   Dm 11

7456.
Der freie Kamerad
Bayerischer Soldatenrat
(21.12.1918 - Apr. 1919)
1918, 21.12. - 1919, Apr.   **1**
                             1

7457.
Freie Pressekorrespondenz
1959, Juli - 1966   **Dm 11**
                     Dm 11

7458.
Der Funke
kommunistisch
1925, 2   **B 479**

7459.
Funkschau
Neues vom Funk / Der Bastler / Der
Fernempfang
1929, 1.1. - 24.12.   **MFA**
(1 Ro)

7460.
Die Geißel
UT: Der bayerische Kladderadatsch;
humoristisch-satyrische Wochenschrift
1.1895 - 2.1896, 12.12.   M 54

7461.
Der geistige Arbeiter
Hrsg.: Richard Staudinger
1918, Nr. 1 u. 2
1919, Nr. 1 u. 2 (L)   **B 479**
                        B 479

7462.
General-Anzeiger der kgl. Haupt- und
Residenzstadt München
16.9.1898: Münchener Zeitung
(27.9.1892 - 31.3.1943)
1892, 29.9. - 1943, 31.3.   **12**
                             12
                             Dm 11
Beilage(n):
Unterhaltungsbeilage
1900, 18.12. - 1904, 12.1.   Dm 11

7463.
Der Gerade Weg/Illustrierter Sonntag
Deutsche Zeitung für Wahrheit und Recht
1929, 31.3. - 1933, 8.3.   **Bo 414**
(4 Ro, Romanblätter mitverfilmt)
                            M 352
                            M 54
1932 - 1933, 8.3.   Bo 133

7464.
Die Gesellschaft
1885, 1.1. - 31.3.   **Dm 11**
(1 Ro)   Dm 11

7465.
Gewerkschafts-Zeitung
Organ der Bayerischen Gewerkschaften
1947, 10.1. - 25.12. **Bo 414**
(1 Ro)
M 352

7466.
Gewerkschafts-Zeitung
Organ der Bayerischen Gewerkschaften
(1.1946, Aug. - 4.1949)
1947 M 54

7467.
Die Glocke
Wochenschrift f. Politik, Finanzwirtschaft
und Kultur
München u. Berlin
1915, 1.9. - 1925, 26.9. **Bo 414**
(7 Ro)
715
B 724
Bo 133
M 54

7468.
Gradaus mein deutsches Volk!
1848, 30.12. - 1849
1850, Nr. 46 u. 52 **Dm 11**

7469.
Heute
1946 - 1947, 15.1.
1947, 1.2. - 1948, 1.9.
1948, 15.9. - 1950, 1.2. **Dm 11**
(3 Ro) Dm 11

7470.
Hier ist der Reichssender München
1940, Nr. 1 - 1944, Frühj. **101a**
(1 Ro) 101a

7471.
Hungarian Guardian
ungarisch
1959, Juli - Sep. GB-
LO/N38

7472.
Illustrierter Beobachter
Beil. anfangs zu: Der Eisenhammer
1926 - 1945 (L) **M 352**
1929 - 1933 (E)
1938, 6.1. - 22.9.
1938, 29.9. - 1941, 2.10. (LL) **MFA**

1942, 15.1. - 1945, 11.1. (E) **MFA**
(4 Ro)
1940 - 1943
1944 (L) u. 1945, Jan. 46
1926, Juli - 1928
1929 (E)
1930 - 1937 (L)
1938, 29.9. -Dez. (E)
1939 - 1945, 12.4. (L) Dm 11
1926, Juli - 1945, 12.4. (L) 38/421
1942, 5. u. 12.11.
1943, 10.6. - 1944, 6.1. (L)
1944, 2.3. - 7.9. (LL) GB-
1945, 25.1. LO/N38

7473.
Illustrierter Sonntag
UT: Das Blatt des gesunden Menschen-
verstandes
1929, 31.3. - 1931 M 54
(Romanbeil. mitverfilmt)
M 352
Bo 133

7474.
Das Inland
(1.1.1829 - 30.6.1831)
1831, 1.1. - 30.6. **46**
(1 Ro)
1829 - 1831, 30.6. **Dm 11**
(6 Ro) Dm 11
M 54

7475.
Das Innere Reich
1934/35 - 1942/43 (L) **M 352**
1934, Apr. - 1945, Nr. 1 **MFA**
(5 Ro)
1934 - 1945, Nr. 1 Dm 11
706

7476.
Iskra
Text tw. in kyrill.
1949, 15.1. - 1952, 1.4. **GB-**
1952, 15.8. - 1975 **LO/N38**
GB-
LO/N38

7477.
Der junge Nationalsozialist
1932, Jan. - Okt. **46**
46

7478.
Jungvolk
1932 - 1934   46
                                          46

7479.
Der Kampf
USPD
(1.7.1919 - 17.6.1921)
1920, Nr. 43 - 1921, Nr. 133 (LL)   **B 479**
                                    B 479
1919, 1.7. - 1920   **Bo 414**
(1 Ro)
                                          25
                                         468
                                     188/211
1920 (E)   **B 479**
1920 (L)   Bo 133
1920, 4.9. - 20.9.   Dm 11
1919, 17. - 1920   M 352
                                    M 54

7480.
Der Kicker
München, Frankfurt/M., Hamburg, Nürnberg
10.5.1954: Kicker
mehrmals Wechsel der Verlagsorte
unterschiedliche Regionalausgaben verfilmt
1951, 10.12. - 1970, 29.6. (L)
1972, 28.2. - 1997
1998, 2.2. - 2002, 1.7.
2002, 30.12. -2003 (L)
(163 Ro, Beilagen tw. mitver-   **MFA**
filmt)
1951, 10.12. - 1970, 29.6. (L)
1982 - 1996 (L)   Dm 11
(Beilagen tw. mitverfilmt)
2003   6
1920
1923 - 1925 (L)
1928 - 1943 (L)
1951 - 1953
1955 - 1968, Nr. 30   Kn 41

7481.
Königlich-Baierisches Regierungsblatt
1809   12
                                          12

7482.
Die Kunst im Dritten Reich
1937 - 1939
1940 (L)
1941 - 1942
1943 - 1944 (L)   **M 352**

7483.
Landwirtschaftliches Wochenblatt
1948, 28.8. - 1964, 11.1.   **GB-**
(32 Ro)   **LO/N38**
                                    GB-
                                    LO/N38

7484.
Ludendorffs Volkswarte
1929, 5.5. - 1933, 23.7.   **MFA**
(2 Ro)
                                    Dm 11
Beilage(n):
Vor'm Volksgericht
1932 - 1933
(Verbot v. 4.2. - 20.3.1933)   **MFA**
                                    Dm 11

7485.
Die Mappe
Organ der Maler und Lackierer
1878, Probe-Nr. u. Nr. 1 - 18   **B 479**
                                    B 479

7486.
Materialien zur Geschichte des Vaterlandes[...]
1782   46

7487.
Medien + Erziehung
1976, Nr. 1
1977, Nr. 3 - 4   109

7488.
Mitteilungen des Daniel-Bundes
1920   19
                                          30
                                    B 1539
Beilage(n):
Der jüdische Arbeitsmarkt
1920 - 1921   30
                                    B 1539

7489.
Mitteilungen des Jüdischen Lehrervereins für Bayern
1930, 2 - 1938   30

7490.
Mitteilungen des Kampfbundes für deutsche Kultur
1929 - 1931   **MFA**
(1 Ro)

7491.
MK
Freiheit und Brot
1933 **Bo 414**

7492.
München-Augsburger Abendzeitung
München, Augsburg
Ausg. München, HA i. Augsburg
1912, 2.9. - 1923, 21.4. 12

7493.
Münchener Beobachter
3.1.1920: Völkischer Beobachter
weitere Ausg.: s. Register
(2.1.1887 - 30.4.1945)
1887 - 1888
1899 - 1901 12
12
1915 - 1918 (L)
1920 - 1922
1923 (L)
1926 - 1932 **46**
46
1915 - 1918 **Bo 414**
(1 Ro)
1920 - 1927, 31.1. 1w
21
180
385
464
467
468
705
188/211
1887 - 1901
1927 - 1932 12
1920 - 1927, 31.1. (L) 16
1920 - 1923, 9.11.
1925, 26.2. - 1927, 31.1. 18
109
1915 - 1918
1920 - 1923, 9.11.
1925, 26.2. - 1927, 31.1. Bo 133
1920 - 1923, 9.11.
1925, 26.2. - 1945, 28.4. 25
1933 30
1920 - 1945, Apr. 61
706
739
824
B 724
Bi 5
1920 - 1923, 9.11. 93
1915, 10.1. - 1919
1932 - 1945, 20.4. Dm 11

1915 - 1918
1943 - 1945, Apr. M 352
1920 - 1945 Mar 1
1915 - 1918 H 250
1930 - 1945, Apr. 6/053
1915 - 1918
1920 - 1945, Apr. M 54
1920 - 1923, 9.11.
1925, 26.2. - 1927, 30./31.1. 24
1920 - 1944 38/421

7494.
Münchener katholische Kirchenzeitung
1964, 28.6. - 1965, 31.1. **Dm 11**
Dm 11

7495.
Münchener Kunst- u. Theater-Anzeiger
1887, 15.12. - 1917, Juni
1918 - 1919 **12**
12

7496.
Münchener Morgenblatt
(1.7.1840 - 21.6.1848)
1848, 1.1. - 21.6. **Dm 11**
(1 Ro) Dm 11
21
M 54
188/211

7497.
Münchener Politische Zeitung
mehrer Vorläufertitel, u.a.: Mercurii Relation
1.3.1832: Bayerische Staatszeitung
/.../
1.7.1848: Neue Münchner Zeitung
(Morgen- und Abendblatt)
14.4.1862: Bayerische Zeitung
1.1.1869: Bayerische Landeszeitung
1820 - 1867, Sep.
1869 - 1870, 31.3. (L) 12
1636 - 1638 (L)
1673 (L)
1674 - 1679
1700 - 1702
1708 (E), 1710 (E), 1717 (L)
1718 - 1720
1721 (L), 1722, 1723 (L)
1726 - 1735
1737 - 1743 u. 1745 (L)
1747 - 1749
1751 - 1752
1753 (LL)
1760 – 1761 **46**
46

1762 (LL)
1763, 1764 (LL)
1765 - 1766
1769 - 1771
1772 (LL), 1773 (L)
1774 - 1780 (LL)
1781 - 1805
1806 (LL)
1807 - 1809 (L)
1810 - 1819
(80 Ro)   **46**
                                 46
1848 - 1849   **Dm 11**
(3 Ro)
                                 21/32c
1627 (E)
1628, Nr. 1 - 23
1636 - 1673 (LL)
1674 - 1679
1680 - 1682
1683, Nr. 40
1684 - 1702
1708 (E), 1710 (E), 1717 (L)
1718 - 1720
1721 (L), 1722, 1723 (L)
1726 - 1735
1737 - 1743 u. 1745 (L)
1747 - 1749
1751 - 1752
1753 (LL)
1754 - 1766
1769 - 1771
1772 (LL), 1773 (L)
1774 - 1780 (LL)
1781 - 1805
1806 (LL)
1807 - 1809 (L)
1810 - 1867, Sep.
1869 - 1870, 31.3. (L, Morgen- u.
Abendblatt)   12
1848 - 1849, 20.3. (L)   468
1848 - 1849 (Morgenblatt)   188/211
1820 - 1867, 30.9.
1869 - 1870, 31.3. (Morgenblatt) Dm 11
Beilage(n):
Unterhaltungsblatt
1860 - 1861
1862, 5.1.
1862, 12.1. - 30.3.   Dm 11

7498.
Münchener Post <1887>
25.9.1896: Münchener Post und Augsburger
Volkszeitung
1.10.1898: Münchener Post
1889 - 1893
1895 - 1898
1900 - 1933, 9.3.   **12**
1889 - 1933, 9.3.   12
1889, März - 1933, 9.3.   M 36a
                                 Bo 133
                                 M 54
1896, 25.9. - 1898, 30.6.   Dm 11
1914, 16.9.   GB-
1917, 5.6. - 1919, 7.8. (L)   LO/N38
Beilage(n):
Der Heimgarten
1922, Nr. 3 - 1933, Nr. 3 (L)   Bo 133

7499.
Münchener rote Fahne
1919, 5.1.   12

7500.
Münchener Volks-Zeitung
Mai 1874: Neue freie Volks-Zeitung
1872, 1.12. - 1874, 23.4.
1874, 30.5. - 1876
1879 - 1880 (E)
1882, 17.1. - 5.8.
1883 - 1941, 31.5. (L)   **12**
                                 12
                                 Dm 11

7501.
Münchener Zeitung <1945>
(9.6. - 6.10.1945)
1945, 9.6. - 6.10.   **101b**
(1 Ro)   101b
                                 1w
                                 12
Beilage(n):
Rat und Tat
1945, 1.9. - Nr. 4
(Zeitung der deutschen Kriegsgefangenen)   **1w**

7502.
Münchner illustrierte Zeitung
1920: Neue Münchner illustrierte Zeitung
1923: Münchner Illustrierte Presse
1950: Neue Münchner Illustrierte
1951, Nr. 17: Münchner Illustrierte
1929 - 1937 (L)   **46**
1952 - 1954, Juni   **101b**

1931, 13. u. 20.12.	
1933, Apr. - 1940, Juni	
1940, Sep. - 1944, Aug.	**GB-**
(19 Ro)	**LO/N38**
	GB-
	LO/N38
1909, 25.7. - 17.10. (L)	
1913 - 1917, Okt. (L)	
1918, Jan. - März (L)	
1923, 5.12. - 1945, 8.2.	
1950, 4.2. - 1960	**MFA**
(52 Ro)	
1935 - 1936 (L)	
1940 - 1945, Nr. 7 (L)	30
1909, 25.7. - 17.10. (L)	
1913 - 1917, Okt. (L)	
1918, Jan. - März (L)	
1928, 2.7. - 30.12.	
1931	
1950, 4.2. - 1960	Dm 11
1923, 5.12. - 1937 (L)	46

7503.
Münchner Mittag
2.1.1948: Münchner Merkur
HA, später Ausg. A
(13.11.1946 ff.)

1948, 1.2. - 1950, 31.10.	
1953, 7.1. - 1959	
1960, 1.4. - 1975	**281**
(144 Ro)	
1960, 29.1. - 1963 (L)	**Dm 11**
	Dm 11
1946, 13.11. - 1947	
1949, 1.7. - 1950, 13.10.	
1950, 2.11. - 1953, 30.6.	
1960, 2.1. - 31.3.	**MFA**
(15 Ro)	
1976 ff.	**101b**
(ca. 13 Ro/Jg)	101b
1949, 30.6. - 1950, 13.10.	
1950, 1.11. - 1953, 30.6.	
1960, 1.1. - 31.3.	
1976 ff.	281
1948 - 1949, Juni	
1953, Juli - 1959	
1960, Apr. - 1975	12
1981 ff.	19
1986 - 1992	20
1989 ff.	29
1948 - 1949, Juni	
1950, Okt.	
1953, Aug. - 1959	
1960, Apr. - 1972	46
1992 - 1997	101a
1970 - 1993	384

1948 ff.	706
1990 ff.	M 54
1948 - 2001	M 36
1948, 7.5. - 1950, 20.2. (L)	GB-
1951, 2.12. - 1952, 30.11.	LO/N38

7504.
Münchner rote Fahne

1919, 23.2. - 30.4.	**12**
	12
1919, 23.2. - 31.3. (L)	**B 479**
	B 479

7505.
Münchner theologische Wochenschrift für den katholischen Seelsorgeklerus deutscher Zunge

1.1904, 1 - 25	25
(MPF)	

7506.
Nachrichtenblatt der Sozialdemokratischen Partei / Mittelfranken
1.10.1948: Münchner Post

1946, 9 - 1948, 19	**Bo 133**
1948, 1.10.	B 479

7507.
Nashe obshchee delo
in kyrill.

1963 - 1965, Juni	GB-
	LO/N38

7508.
Die Nation

1954, 21.8. - 1955, 30.7.	**Bo 174**
(1 Ro)	

7509.
Der Nationalsozialist

1921, Nr. 1 - 8	12

7510.
Nemzet'or
ungarisch

1957, 5.3. - 1958, 1.1. (E)	
1958, März - 1961, Nov. (L)	
1962, 1.1. - 15.11.	GB-
1963, 1.6. - 1965, Nov. (LL)	LO/N38

7511.
Nemzet'or / Englische Ausg.

1957, Juni - 1959, Jan. (LL)	GB-
	LO/N38

1919 (L)	
1944 - 1945, 28.4.	30
1848, 9.4. - 1849	
1886 - 1933	706
1848, 9.4. - 1849	
1886 - 1933	739
1848, 9.4. - 1849	
1886 - 1933	188/211
	Bo 133
1848, 9.4. - 1945, 28.4.	Dm 11
1914 - 1945, 28.4.	M 352
1848, 9.4. - 1849	
1911, 16.6. - 1920, 29.2.	21/32c
1886 - 1933	Mar 1
1886 - 1945, 28.4.	824
1872 - 1875, 18.12.	
1881, 15.11. - 1887, 13.6.	M 36a
1848, 9.4. - 1849	
1886 - 1933	M 54
1913, 5.12. - 1920, 29.2. (L)	
1941, 4.6. - 1942, 5.11. (L)	
1943, Dez. - 1944, 25.8. (L)	GB-
1944, 20.9. - 1945, 21.2. (LL)	LO/N38
Beilage(n):	
Beilage	
1908, 1.7. - 1909, 31.3.	12
Kriegschronik	
1916, Nr. 201 - 220 (MPF)	1
Münchener Anzeiger	
1849, 1.4. - 30.9.	**Dm 11**
1849, 1.4. - 30.9.	
1851, 1.1. - 30.3.	
1853, 22.6. - 30.6. u. 9.9. - 30.9.	
1853, 1.11. - 1854, 31.3.	
1854, 22.12. - 31.12.	
1855, 25.2. - 31.3. u. 19.4. - 30.6.	
1856, 1.3. - 31.3. u. 26.4. - 30.9.	
1860 - 1880	Dm 11
Unterhaltungsblatt	
1862, 2.10. - 1875	Kn 168
1886 - 1933	Mar 1
Grundlegende Aufsätze der	
Münchner Neuesten Nachrichten	GB-
1934 - 1936	LO/N38
Wichtige Ausschnitte unserer	
Blätter	GB-
1935, 12.5. - 1939, 23.7.	LO/N38

7517.
NS-Monatshefte

1930 - 1944	B 724

7518.
Ordentliche Wochentliche Post-Zeitungen
1734: Wochentliche Ordinari Post-Zeitungen
1740: Münchnerische Ordinari Post-Zeitungen

1627, Nr. 3 - 1632 (L)	
1637 - 1642	
1643 (E) u. 1655 (E)	
1658 - 1665	
1667 - 1669	
1670 - 1671 (E)	
1673 - 1674	
1677 - 1682	
1683 (E)	
1684 - 1702	
1717 - 1723	
1726 - 1735	
1737 - 1743	12
1677 - 1680	
1682, Nr. 31	
1701 - 1702	46

7519.
Die Pariser Welt-Ausstellung

1878	**46**
(1 Ro)	46

7520.
Phosphor

1918, 16.12. - 1920, 10.5.	**MFA**
(1 Ro)	
	Dm 11
1926, Nr. 1 - 10	18

7521.
Photographische Korrespondenz

1912/13	**MFA**
(einzelne Seiten)	

7522.
Praktischer Journalismus

1954, 1.10. - 1971	**Dm 11**
(1 Ro)	

7523.
Quick

1949, 26.6. - 1966 (L)	
(56 Ro, Bilderbuch der letzten 10	**Dm 11**
Jahre 1945 - 1955 mitverfilmt)	Dm 11
	38/421

7524.
Das Recht auf Arbeit

1884, 28.5. - 1887, 17.4.	**MFA**
(1 Ro)	
	Dm 11

1884, 28.5. - 1886, Nr. 135
1887, Nr. 136 - 1888, Nr. 198
(LL)
1891, Nr. 8 - 9   B 479
1884, 28.5. - 1887, 17.4.   34
1889 (L)   4
1884 - 1889 (L)   Bo 133

7525.
Regierungs- und Intelligenz-Blatt für das Königreich Baiern
1822, 17.4., 1824, 16.11.
1825, 2.4.   A 100
   A 100

7526.
Der Reichs-Verband
1911, 28.2.   B 479
   B 479

7527.
Der Reichsbote
(15.7.1848 - 30.6.1849)
1848, 15.7. - 1849, 30.6.   Dm 11
(1 Ro)   Dm 11
   21/32c
   M 54
   468
   188/211
   Wit 2

7528.
Revue
1966, Nr. 31: Neue Revue
1951 - 1966, 27.7. (L)   Dm 11
(5 Ro)   Dm 11

7529.
Rote Hand
1918, Dez. - 1921, Nr. 95 (L)   MFA
(1 Ro)
   Dm 11
1918, Dez. - 1920   188/211

7530.
Der Rundfunkhörer
1926, 23.5. - 1928
(mitverfilmt b. Der Rundfunk-   MFA
Hörer, Hamburg)
   Dm 11
   F 228

7531.
Die S.A.
1940, Feb. - Apr.
1941, Nr. 3   M 352

7532.
Der S.A. Führer
1936, Nr. 1
1938 - 1943 (L)   M 352

7533.
Der S.A. Mann
1933 - 1939   M 352

7534.
Der Simpl
1947 - 1950   GB-LO/N38
(1 Ro)   GB-LO/N38

7535.
Simplicissimus
(1896 - 13.9.1944 u. 9.10.1954 - 3.6.1967)
1932, 2.10. - 1934, 23.9.   Dm 11
(2 Ro)   Dm 11
1896, 4.4. - 1944, 13.9.
1954, 9.10. - 1967, 3.6.   Bo 414
(35 Ro)
   25
   61
   109
   355
   384
1896 - 1940, Nr. 13 (L)   1w
1896, 4.10. - 1944, 13.9.
1954, 9.10. - 1967, 3.6.   16
1896/97 - 1944, 13.9. (L)   21
1896, 4.4. - 1944, 13.9.   468
1896, 4.4. - 1908, 30.4.
1910, 26.12. - 1913, 20.10.
1922, 11.10. - 1944, 13.9.   188/211
1896 - 1931   B 724
1896, 4.4. - 1944, 13.9.
1954, 9.10. - 1967, 3.6.   Dm 11
   M 54
1896, 4.4. - 1944, 13.9.   5
1918 - 1944   M 352
1896, 4.4. - 1944, 13.9.   GB-LO/N38

Beilage(n):
Karnevals-Nummer
1909 u. 1914   5
Kriegsflugblätter des Simplicis-simus
1915   5

7536.
Slovak
1955, März - 1964, Sep.   GB-
                                             LO/N38
                                             GB-
                                             LO/N38

7537.
Sonntagspost
1952 - 1953   **101b**

7538.
Staatsbürger
1785   46

7539.
Sturmfahne
Organ der Werktätigen Südbayerns
1933, März/Apr.   **B 479**
                                             B 479

7540.
Suchasna Ukraina
1951, 7.1. - 1960, 25.12.   GB-
(3 Ro)   LO/N38
                                             GB-
                                             LO/N38

7541.
Sudetendeutsche Zeitung
1953, 30.5. - 1988   **281**
(16 Ro)
1954 - 1960   GB-
                                             LO/N38

7542.
Süd-Deutscher Postillon
München, Stuttgart
1895 - 1905   **46**
(3 Ro)   46
1884 - 1885 (L)
1892 (E)
1896 - 1897 (E)
1898 - 1909, Nr. 17 (L)   B 479

7543.
Süddeutsche Freiheit
(18.11.1918 - 7.4.1919)
1918, 18.11. - 1919, 7.4.   **B 479**
                                             B 479

7544.
Süddeutsche Kinematographen-Zeitung
1916
1918, Jan. - Juni   **MFA**

7545.
Süddeutsche Monatshefte
1904 - 1936 (MPF)   12
                                             18
                                             30
                                             Mar 1
1904 - 1936   706
Beilage(n):
Kriegshefte
1914 - 1919   706

7546.
Süddeutsche Post
(1.4.1869 - 17.5.1884)
1878, Nr. 262 - 1879, Nr. 133   **B 479**
(LL)   B 479
1882, 14.6. u. 2.8. - 31.12.
1883, 14.2. - 25.12. (L)
1884, Jan. - 17.5.   46
Beilage(n):
Unterhaltungsblatt   **B 479**
1879, Nr. 23   B 479

7547.
Süddeutsche Presse
1872, 11.10.   **B 479**
                                             B 479

7548.
Süddeutsche Sonntagspost
1926, 12.12. - 1931 (L)
1938 - 1940   **12**
                                             12
1926, 12.12. - 1929
1938 - 1940   M 36a

7549.
Süddeutsche Zeitung
(6.10.1945 ff.)
1954, Dez.
1988, 16.1. - 31.1.
1989, 12.8. - 7.9.   **1w**
(3 Ro)
1976, 1.5. ff.   **101b**
(ca. 20 Ro/Jg)
1945, 6.10. - 28.12.
1966, 1.6. - 30.6.
1970, 24.12. - 1974, 29.1.   **Dm 11**
1974, 2.1. - 1978, 12.5.
1978, 3.8. - 1979   **MFA**
(74 Ro)
1945, 6.10. ff.   **Bo 414**
(bis 1994 532 Ro)
                                             5
                                             15
                                             21

7550.
Süddeutsche Zeitung / C

7551.
Süddeutsche Zeitung / K2
NRW-Ausgabe

7552.
Süddeutsche Zeitung / M

1960, 24.10. - 1987, 30.6.	9
1947, 2.12. - 1948, 10.7.	
1955, 1.2. - 1987, 30.6.	101b
1986 - 1987, 30.6.	43
1947, 2.12. - 1948, 10.7.	385
1965 - 1987, 30.6.	464
1947, 2.12. - 1948, 10.7.	468
1947, 2.12. - 1948, 10.7.	
1961 - 1987, 30.6.	5
1965 - 1987, 30.6.	
1947, 2.12. - 1948, 10.7.	Dm 11

7553.
Die Südpost
(Forts. als Beilage v. Vorwärts, Bonn)
1949, 8.1. - 27.8.   **Dm 11**
(1 Ro)
1949, 3.9. - 1955, 16.7.   **MFA**
    12
    Dm 11

7554.
Tarif für die in Bayern erscheinenden Zeitungen und Zeitschriften u. welche durch die k. Postanstalten bezogen werden können
1852 - 1856   **MFA**
(1 Ro)
    Dm 11
    12

7555.
Taschenbuch für Aeltern, Lehrer und Kinderfreunde
1785 (MPF)   46

7556.
Telegramm-Zeitung
1.8.1927: Münchner Telegramm Zeitung
2.10.1933: Abendblatt
1.12.1936: Münchner Abendblatt
Abendblatt der Münchner Neueste Nachrichten
1922, 23.1. - 1941, 31.3. (L)
(19 MF = 38 DF, Beilagen tw.   **MFA**
mitverfilmt)
    12

7557.
Trotz alledem
Kommunistische Wochenschrift
1923, 1 - 2   **B 479**
    B 479

7558.
tz
(18.9.1968 ff.)
1976 ff.   **101b**
(ca. 11 Ro/Jg)   101b
1992 - 1997   101a
1990 ff.   M 54
1991 ff.   19

7559.
Ukrainska tribuna
1947, 7.1. - 1949, 29.5.   **GB-**
(3 Ro)   **LO/N38**
    GB-
    LO/N38

7560.
Ukrainskyi samostiinyk
kyrill. Schrift
1950, 7.1. - 1957, 4.8. (L)   **GB-**
    LO/N38
    GB-
    LO/N38

7561.
Ukrainskyi Selianyn
kyrill. Schrift
1961 - 1963, Mai   GB-
    LO/N38

7562.
Die Unabhängigen
(1967 - 1989)
1976, 9.10. - 1989, 2.9. (L)   **MFA**
(4 Ro)
    Dm 11

7563.
Unser Wille und Weg
1935 - 1938 (L)   **M 352**

7564.
Unsere Meinung (FDP)
1951, 20.3. - 1956, März   **Gub 1**
    M 54

7565.
Unterhaltungen in Abendstunden, Vaterlands Töchtern geweiht
UT: Eine Monatsschrift zum Unterricht und Vergnügen von einer Gesellschaft baierischer Frauenzimmer
(1792 - 1793?)
1792 (L)   **Dm 11**
    Dm 11

7566.
Verhandlungen der Kammer der Abgeordne-
ten des Bayerischen Landtages
1866, 23.5. - 1871, 17.2.   **Bo 414**
(4 Ro)

7567.
Verhandlungen der Kammer der Reichsräthe
des Königreiches Bayern
1866, 23.5. - 1871, 17.2.   **Bo 414**
(3 Ro)

7568.
Verordnungs- und Anzeige-Blatt für die Kö-
niglich Bayerischen Posten und Eisenbahnen
1848, 18.1. - 1862 (L: 1852)   **MFA**
(4 MF=7 DF)
                                             Dm 11

7569.
Völkischer Beobachter / Ausg. München
1932 - 1945, 20.4.   **MFA**
(34 MF = 51 DF)
                                             Dm 11
1933, Jan. - Juni   1 w
1934 - 1945, 20.4.   12
1933 - 1944   16
1933, Jan. - März   21
1941, Feb. - 1942, Juli   38
1915 - 1918
1920 - 1922
1923 - 1926 (L)
1927, Dez. - 1932   46
1925, Apr. - Dez.   M 352

7570.
Völkischer Beobachter / Bayern
1.1.1933: Völkischer Beobachter / Süddeutsche Ausg.
1933 - 1944   **MFA**
(26 MF = 47 DF)
1927, 1.2. - 1932   **12**
1927, 1.2. - 1931   1 w
                                             18
                                             21
                                             109
                                             180
                                             468
                                             705
                                             Bo 133
1927, 1.2. - 1932   16
                                             467
1927, 1.2. - 1930   464
1927, 1.2. - 1933 (L)
1937 (L)   188/211

1920 - 1931
1933 - 1944   Dm 11
(F: 1924 - 1925, 25.2.)
1920 - 1931
1933 - 1944   M 352
1945, 2.1. - 20.4.   H 250
1933 - 1939   Kob 7
1927, 1.2. - 1931   31
1927, 1.2. - 1932, 31.7.   739
1927, 1.2. - 1931   4
1927, 1.2. - 1932   35
                                             Lün 4
1927, 1.2. - 1931   385
                                             Bo 133
1933 - 1944, 18.12.   12
1927, 1.2. - 1932
(1931 - 1932 teils als Reich-   24
sausg.)
1940, 28.5. - 27.12. (E)
1941, 3.1. - 10.2.
1942, 17.10. - 7.11.
1943, Mai (E), Okt. (E)
1943, 11.11. - 1944, 27.9. (L)   GB-
1944, 6.11. - 1945, 13.4. (E)   LO/N38

7571.
Völkischer Beobachter / Reichsausg.
1932   1 w
                                             18
                                             21
                                             109
                                             180
                                             467
                                             468
                                             705
                                             Dm 11
                                             M 352
                                             H 250
1927, 1.2. - 1932   16
                                             385
1931 - 1932   464
1932, Aug. - Dez.   Bo 133
1932   31
1927, 1.2. - 1932   473
1932   739
1930, 1932   188/211
1932, 1.8. - 31.12.   B 479
1927 - 1932 (L)   8
1932   4
1927, 1.2. - 1932   Lün 4
1932   385
1931 - 1932   464
1932   5
1930 - 1932   6

1927, 1.2. - 1932	61
1920 - 1945, 28.4.	GB-
(enthält versch. Ausgaben)	LO/N38

7572.
Völkischer Beobachter / Süddeutsche u.
Münchener Ausg.

1945, Spezialnr. März	**46**
	46
1945, 2.1. - 28.4.	1w
	16
	21
	38
	109
	464
	468
	705
	Bi 5
	Bo 133
	Dm 11
	H 250
	38/421
	M 54
	M 352

7573.
Völkischer Kurier

1924, 2.2. - 1925	**12**
	Dm 11
	46
1926	H 250

7574.
Volk und Rasse

1926 - 1944 (L)	**M 352**

7575.
Die Volksbötin
(4.5.1849 - 30.10.1852)

1849, 4.5. - 1852, 30.10.	**Dm 11**
(2 Ro)	Dm 11
	21/32c
	M 54
	468
	188/211

7576.
Volksbote

1951, 7.7. - 1959, 24.12.	
1960, 16.1. - 1968, 24.12.	
1969, 11.1. - 1975, 27.6.	**MFA**
(11 Ro)	

7577.
Der Volksbote für den Bürger und Landmann
(1.4.1848 - 1872)

1848, 1.4. - 1849	**Dm 11**
	21/32c
	M 54
	384
	468
	188/211

7578.
Vorwärts <1848>
(6.8.1848 - 14.5.1849)

1848, 6.8. - 1849, 14.5.	**Dm 11**
	Dm 11
	M 54
	188/211
	468

7579.
Der Weltkampf

1925 - 1940	**M 352**
1924, 1.6. - 1944, Aug.	**MFA**
(5 Ro)	

7580.
Werben & Verkaufen
auch: W & V Werben und Verkaufen

1968 - 1984	
1985, 5.7. - 2002, 18.1.	**Dm 11**
1963, 28.2. - 1967	
1985, 11.1. - 28.6. u. 4.10. -	
20.12.	
1987, 27.2. - 10.7. (L)	
2002, 25.1. - 2005	
2006, 1.6. - 2009, 26.11.	**MFA**
(einzelne Beilagen mitverfilmt)	
1963, 28.2. - 1964	
1967 u. 1987 (E)	12
1963, Apr. - 2005	
2006, 1.6. ff.	Dm 11
1974, Nr. 49 - 1976	6/053

7581.
Wieland
UT: Zeitschrift für Kunst u. Dichtung

1915, H. 1 - 1917, H. 9	
1918, H. 10 - 1920, H. 6	**Dm 11**
(2 Ro)	Dm 11
1916 - 1919 (L)	**25**
	25

7582.
Wille und Weg

1931 - 1933	**46**
(1 Ro)	

7583.
Der Zeitgeist
1873, 1.7 - Dez.
1875 - 1878, 31.10. (L)   **Bo 133**
                                  Bo 133
1873, 1.7. - Dez.
1875, Juni - 1878, 31.10.   12
1873, Nr. 23 - 1878, Nr. 245 (L,
LL)   B 479

7584.
Zeitschrift für das gesammte Brauwesen
1895 - 1899   **GB-**
(4 Ro)   **LO/N38**
                                  GB-
                                  LO/N38

7585.
Zeitungs- und Zeitschriften-Großhandel
1930 - 1934   46

7586.
Zentralarchiv für Politik und Wirtschaft
1926, 7.7. - Dez.
1928 - 1931   **MFA**
(5 Ro)
                                  Dm 11

7587.
Zentralrat der Bayerischen Republik
1919, Nr. 1   1a

MÜNSINGEN

7588.
Amtsblatt für Stadt und Landkreis Münsingen
1945, 21.12. - 1949   21
1946, 1.2. - 1949   Dm 11

7589.
Intelligenz-Blatt für die Oberämter Ehingen und Münsingen
1838: Intelligenz-Blatt für den Oberamtsbezirk Münsingen
1847: Amts- und Intelligenzblatt für den Oberamtsbezirk Münsingen
1849: Amts-Intelligenz- und politisches Blatt für den Oberamtsbezirk Münsingen
1851: Amts- und Intelligenzblatt für den Oberamtsbezirk Münsingen
20.12.1862: Alpbote
3.1.1863: Alb-Bote
14.5.1921: Alb Bote
1.4.1932: Alb Bote und Rundschau
Juli 1945: Schwäbisches Tagblatt / MR TbI HA in Tübingen
3.12.1949: Alb Bote
BA v. Schwäbisches Tagblatt / MR TbI, Tübingen
1968: BA v. Südwest-Presse, Ulm
1980, 2.1. - 1983, 31.5.   **24**
(20 Ro)
1968 - 1979 (56 Ro)
1983 ff.   **101b**
(6 Ro/Jg)   101b
1827 - 1945, 9.7.
1946, 4.10. - 1950   21
1827 - 1945, 21.4.
1946, 19.10. - 1967
1980, 19.3. ff.   24
1992 - 1997   101a
1827, 4.1. - 1945, 21.4.
1946, 4.10. - 1950   Dm 11
1827, 4.1. - 1945, 21.4.
1946, 19.10. - 1979   Mns 1
1951 - 1967   Rt 7
Beilage(n):
Amtsblatt für Stadt und Landkreis Münsingen
1945, Nr. 1 - 1949   24
                                  Dm 11

Der Hausfreund
1898 - 1900   21
                                  24
                                  Dm 11
                                  Mns 1
Jubiläumsausg.
1921 u. 1938   24
                                  Dm 11
                                  Mns 1

Der Landwirthschaftliche Bote für die Rauhe Alb (ab 1850: Der Landwirthschaftliche Bote für den Landwirthschaftlichen Bezirksverein)
1842 - 1877, 19.12.   21
                                  Dm 11
                                  Mns 1
1849 - 1877, 19.12.   24

MÜNSTER (WESTF.)

7590.
Allgemeine Unterhaltungsblätter zur Verbreitung des Schönen, Guten und Nützlichen
1828 - 1830
1834   30
Beilage(n):
Anzeige-Blatt (ab 1828, Nr. 5:
Allgemeines Anzeige-Blatt)
1828, Nr. 1 - 8   30
Die Angelegenheiten und Ereignisse Westphalens und der
Rheinlande
1829 - 1830
1834   30
Chronik Westphalens und der
Rheinlande
1828 - 1830   30

7591.
Amtsblatt für den Regierungsbezirk Münster
1816 - 1849   **6**
                                        6

7592.
Der freie Soldat
General-Soldatenrat 7. Armeekorps
1919, 1 u. 5   **B 479**
                                      B 479

7593.
Kreis-Blatt für das Münsterland
1852, 6.5. - 9.5.
1854 - 1856 (L)
1858 - 1862 (L)   **MFA**

7594.
Münsterischer Anzeiger
1.7.1940: Westfälische Tageszeitung
3.8.1946: Westfälische Nachrichten
(1.7.1852 - 31.3.1945 u. 3.8.1946 ff.)
1938, Sep. - Okt.   **1w**
(1 Ro)   1w
1946, 3.8. - 1957 (L)
1968, 15.11. ff.   **101b**
(ca. 10 Ro/Jg, bis 1957 24 Ro)
1905 (E)
1927, 28.1. - 1938 (L)
1947, 5.6. - 31.12.
1958 - 1969, 21.5.
1969, 31.7. - 1970, 22.3.
(188 Ro, Einzelnummern v. Bei-   **Dm 11**
lagen 1905 u. 1925 mitverfilmt)

1852, 2.7. - 1873, 8.11. (L)
1877, 16.10. - 1910, 24.5. (L)
1911, 9.3. - 1913, 20.5.
1914, 29.1. - 1916, 1.9.
1916, 17.11. - 1920, 1.7. (L)
1921, 3.1. - 16.4. (L)
1921, 1.10. - 1922 (L)
1923, 5.4. - 1924, 31.3.
1924, 2.7. - 22.8. (E)
1925 - 1927, 21.12.
1928, 28.6. - 23.12.
1929, 2.7. - 1930, 28.7.
1931, 23.9. - 1937
1939, 1.1. - 30.6. (E)
1939, 25.5. - Dez.
1941, Jan. - Juni
1942 - 1943, März
1944, 13.2. - 1945, Feb. (L)
1951, 6.9. - 1952, 21.10.
1955, 8.6. - 1958, 4.6.
1959, 2.2. - 30.9.
1960, 29.4. - 1961, 11.6.
1964, 30.4. - 19.10.
1965, 19.11. - 1966, 8.8.
1966, 12.11. - 1976, 30.6.   **MFA**
(128 Ro, enthält ab 1.11.1965 tw.
folgende Ausgaben: Landkreis
Münster, Grevener Anzeiger,
Steinfurter Nachrichten, Lüdinghauser Zeitung, Hiltrup, Sendenhorst)
1905, 29.3. - 1.4.
1920, 29.10.
1927, 28.1. - 1938
1946, 3.8. - 1949, 14.10.
1963, 11.10. - 1964, 30.4.
1946, 3.8. - 1952, 31.8. (LL)   **6**
                                      GB-
                                      LO/N38
1992 - 1997   101a
1946, 3.8. - 1957 (L)
1967, 20.12. ff.   101b
1855 (E), 1863 (E), 1864 (E)
1866 - 1867 (E)
1903, 16.10. - 31.12. (L)
1905 (E), 1908 (E)
1911, 1.8. - 16.8.
1912, (E) u. 7.3. - 11.4. (L)
1913 (E)
1914, (E) u. 24.7. - 26.10. (L)
1915 - 1916, 16.8. (L)
1916, 17.11. - 1919, 24.6. (L)
1919, 3.8. - 1920, 1.7. (L)
1921, 3.1. - 16.4. (L) u. 1.10. -
31.12. (L)
1922 - 1923 (E)

1924, 2.7. - 22.8. u. (E)	
1925 - 1926 (E)	
1927, 28.1. - 1944, Nov. (L, teils	
nur E)	
1945, Nr. 61	
1946, 3.8. ff. (L)	Dm 11
1949, 4.1. - 30.8. (MPF)	Gre 1
1963, 1.10. - 1964, 30.4.	6/053
1946, 3.8. ff.	Mü 304
1941, Juli - Dez. (E)	
1942 - 1944, 30.9.	Bot 1

7595.
Münsterisches gemeinnütziges Wochenblatt

1789 (Inhaltsverz.)	
1790 - 1792	**46**
(3 Ro)	46

7596.
Münsterisches Intelligenzblatt

1790 - 1792	**46**
(3 Ro, Beilagen mitverfilmt)	46
1782, 23.7.	
1817, 1.8.	**A 100**
	A 100

7597.
Münstersche Zeitung / 1 A
1974: Münstersche Zeitung / 11
Ausg. MS-Land

1951 - 1970	**6**
	6

7598.
Münstersches Tageblatt
1.7.1878: Münsterscher Morgen-Anzeiger
1.12.1897: Münstersche Zeitung / 1
MS-Stadt, später: Ausg. 10
(1.10.1871 - 31.8.1944 u. 29.10.1949 ff.)

1976, 1.5. ff.	**101b**
(ca. 9 Ro/Jg)	
1877, 2.1. - Juni	
1878, 1.1. - 27.6.	
1951, 2.1. - 31.3.	
1953, 5.2. - 31.3.	
1958 - 1962, 21.8.	
1962, 10.9. - 1963, 15.6.	
1964, 26.10. - 1966	**Dm 11**
(88 Ro)	
1920, 5.12. - 1938, 10.10. (E)	
1949, 13.7. - 1950	
1951, 2.4. - 1952	
1953, 1.4. - 1957	
1962, 22.8. - 7.9.	**MFA**

1964, 30.9. - 24.10.	
1967 - 1976, 28.4.	**MFA**
(101 Ro)	
1992 - 1997	101a
1959, Dez.	1w
1949, 28.11. - 1951, 31.1. (L)	
1951, 31.3.	GB-
1951, 15. - 19.5.	LO/N38
1949, 29.10. - 1957	
1962, 22.8. - 9.9.	
1964, 30.9. - 25.10.	
1967 ff.	101b
1877, 2.1. - Juni	
1878, 1.1. - 27.6.	
1899, 2.3. - 16.4. (L)	
1949, 29.10. - 1966	Dm 11
1910 - 1927	
1949, 13.7. - 31.12.	
1951 - 1956	
1958 - 1973	Mü 304
1910 - 1927	
1920 - 1938 (Konvolut)	
1949, 13.7. - 1950	
1951, 2.4. - 1952	
1953, 1.4. - 1957	
1962, 22.8. - 7.9.	
1964, 30.9. - 24.10.	6

7599.
National-Zeitung

1932, 31.12. - 1933, 29.4. (L)	**MFA**
(1 Ro)	
	Dm 11
	Dlm 1

7600.
Neue Westfälische Zeitung / A
HA in Oelde

1945, 1.6. - 1946, 30.7. (L)	**Dm 11**
(1 Ro)	Dm 11
1945, 1.6. - 1946, 30.7.	Bi 5
1946, 22.6. - 7.5.	Mü 304

7601.
Neuer Westfälischer Kurier / L
HA in Werl
L = Münster und das Münsterland

1947, 11.3. - 1949 (L)	**Dm 11**
(2 Ro)	Dm 11
1946 - 1949 (E)	Mü 304

7602.
Sonntagsblatt für katholische Christen

1843 - 1886 (MPF)	6

7603.
Volkswille
Sozialdemokratisch
Vbg.: Münster und Münsterland
1930, 2.1. - 30.4. u. 21.6. - 30.6.
1931, 2.1. - 1.10. (L)
1932, 11.7. - 31.12. (L)   **MFA**
(4 Ro)
     Dm 11

7604.
West-Kurier
1965, 29.1. - 1972, 28.9.   **MFA**
(4 Ro)
     Dm 11

7605.
Westfälische Landeszeitung
Vbg.: Münsterland
(1.1.1919? - 30.6.1933?)
1924, 1.1. - 29.6. (L)   **MFA**
(2 Ro)
     Dm 11

7606.
Westfälische Nachrichten / Münster-Land
1953, 5.2. - 1970   **6**
(nur Lokalteil)   6

7607.
Westfälische Nachrichten / S
Ausg. S = Ost
1949, 1.9. - 31.12. (MPF)   Gre 1

7608.
Westfälische Rundschau / M
HA in Dortmund
1951 - 1971, 30.6.   **6**
     6
1961 - 1962   Dm 11

7609.
Westfälische Rundschau / ML
Münster (Westf.), Lüdinghausen
Ausg. für Münster u. Lüdinghausen
1951, 17.3. - 1954, 5.7. (L)   6
(nur Lokalteil)

7610.
Westfälische Volks-Halle
(2.1.1849 - 30.6.1850)
1849, 31.3. - 1850, 30.6.   **Dm 11**
     Dm 11

7611.
Westfälische Woche
1951, 28.7. - 1952, 28.3.   **MFA**
(1 Ro)
     Dm 11

7612.
Westfälischer Merkur
(2.4.1822 - 1929)
1848 - 1849
1914, 30.7. - 1918 (L)   **Dm 11**
(6 Ro)
1822, 2.4. u. 1823 (L)
1835, 17.7., 19.7., 22.7.
1838, 2.10.
1840, 12.6., 14.6., 16.6.
1844, 4.2.
1860, 1.7. - 30.12. (L)
1862, 1.7. - 1863, 26.6. (L)
1865, 5.3. - 1866, 29.6.
1867, 2.7. - 1868, 30.10.
1868, 18.11. - 29.12.
1870, 1.7. - 31.12.
1874, 19.12. - 25.12.
1881, 23.11. - 25.12.
1884, 1.7. - 31.12.
1887, 1.1. - 9.1.
1896, 1.7., 21.10. - 31.10, 30.11.
- 14.12.
1897, 28.2. - 20.3.
1899, 1.4. - 30.4. u. 1.7. - 31.8.
1899, 1.10. - 1900
1901, 1.2. - 1903, 26.8.
1904, 1.2. - 1907, 27.1.
1907, 1.3. - 24.5. u. 1.6. - 31.12.
(L)
1908, 1.11. - 30.11.
1909, 1.1. - 30.5.
1909, 1.7. - 1910
1912, 2.1. - 29.6.
1912, 1.10. - 1913, 30.6.
1914 - 1916, 30.4.
1916, 1.6. - 1920, 30.9.
1921 - 1922, 30.6. (teils LL)
1922, 1.11. - 1923 (L)
1924, 1.7. - 1925, 28.12.
1928, 1.1. - 31.7. (L)
1929, 2.7.   **MFA**
(27 MF = 53 DF)
1828
1835 - 1836, 30.6.
1837 - 1847
1853   **1w**
1828, 14.8.   **A 100**
     A 100

1822, 2.4. u. 1823 (L)
1835, 17.7., 19.7., 22.7.
1838, 2.10.
1840, 12.6., 14.6., 16.6.
1844, 4.2.
1848 - 1849
1860, 1.7. - 30.12. (L)
1864, 1.7. - 1863, 26.6. (L)
1865, 5.3. - 1866, 29.6.
1867, 2.7. - 1868, 30.10.
1868, 18.11. - 29.12.
1870, 1.7. - 31.12.
1874, 19.12. - 25.12.
1881, 23.11. - 25.12.
1884, 1.7. - 31.12.
1887, 1.1. - 9.1.
1896, 1.7., 21.10. - 31.10., 30.11.
- 14.12.
1897, 28.2. - 20.3.
1899, 1.4. - 30.4. u. 1.7. - 31.8.
1899, 1.10. - 1900
1901, 1.2. - 1903, 26.8.
1904, 1.2. - 1907, 27.1.
1907, 1.3. - 24.5. u. 1.6. - 31.12.
(L)
1908, 1.11. - 30.11.
1909, 1.1. - 30.5.
1909, 1.7. - 1910
1912, 2.1. - 29.6.
1912, 1.10. - 1913, 30.6.
1914 - 1920, 30.9.
1921 - 1922, 30.6. (teils LL)
1922, 1.11. - 1923 (L)
1924, 1.7. - 1925, 28.12.
1928, 1.1. - 31.7. (L)
1929, 2.7.   Dm 11
1848 - 1849   6
                                 21/32c
                                  Bok 1
1914, 18.11. - 1915 (MPF)   Gre 1
1828
1835 - 1836, 30.6.
1837 - 1849, 5.5. (L)
1853   1w
Beilage(n):
Kreisblatt für das Münsterland
1852, 6. - 9.5.
1854 - 1855
1856, 23.3. - 28.8.
1858 - 1862, 30.3.   Dm 11

7613.
Der Westfale
Jan. 1921: Westfälische Tageszeitung
1920, 2.3. - 30.6.
1920, 1.10. - 1921, 31.3.   **MFA**
(2 Ro)
                                    Dm 11

MÜNSTER, ELSASS (MUNSTER, F)

7614.
Der Bote vom Münsterthal
für die Cantone Münster u. Winzenheim
1877, 20.7. - 1914, 15.8. (L)   **ACRPP**

MÜNSTERBERG (ZIĘBICE, PL)

7615.
Münsterberger Kreisblatt
1888 - 1890
1908
1910 - 1912 (L)
1914 - 1915
1920 - 1922
1926
1928 - 1931   **1w**
(4 Ro)   **1w**
                                    Dm 11

7616.
Münsterberger Wochenblatt zum Besten der
Armen
30.8.1828: M
3.1.1840?: Münsterberger Wochenblatt
21.4.1848: Münsterberger Stadtblatt
5.1.1849: Stadt- und Wochenblatt
4.1.1901: Münsterberger Wochenblatt
1902: Stadt- und Wochenblatt
1828, 29.2. - 22.8.
1836 - 1839
1840 - 1849 (L)
1901   **1w**
                                      1w
1836 - 1849   Dm 11

7617.
Münsterberger Zeitung
1907, 31.12. - 1909
1917 - 1919   **1w**
(5 Ro)   **1w**
                                    Dm 11

BAD MÜNSTEREIFEL

7618.
Münstereifeler Zeitung
1893 - 1939   Ml 2

MÜNSTERMAIFELD

7619.
Maifelder Volksblatt
22.7.1915: Münstermaifelder Volkszeitung
15.11.1921: Maifeld- und Moselzeitung
1.4.1922: Münstermaifelder Zeitung
1901, 3.4. - 1940
(fehlende Ausg. durch "Carde-
nerZeitung", "Treiser Volks-
Blatt" u. "Polcher Volksblatt"   929
ersetzt)

MUKATSCHEWO (UA)

7620.
Jüdische Revue
(Juni 1936 - Nov. 1938)
Ort 1920 - 1938 tschech.: MUKAČEVO)
1936, Juni - 1938, Nov.   **Dm 11**
(1 Ro)   Dm 11

MUMSDORF

7621.
Das Förderband
auch: Unser Förderband
VEB Braunkohlenwerk Phönix
1950, 30.11. - 1968, 28.6. (L)   **3**
(4 Ro)   3
                                        Dm 11

BAD MUSKAU

7622.
Muskauer Wochenblatt
Bad Muskau, Görlitz
6.5.1824: Oberlausitzische Fama
2.1.1834: Ober- und Niederlausitzer Fama
1840: Görlitzer Fama
1851: Görlitzer Fama und Anzeiger
Vlg. anfangs in (Bad) Muskau
1842
1847 - 1849   **14**
(2 Ro)   14

1821, 3.5. - 1822
1824 - 1827
1831, 1847   **1w**
(3 Ro)   1w
                                        Dm 11
1842
1847 - 1849   Gl 2

NAGOLD

7623.
Der Gesellschafter
BA v. Schwarzwälder Bote, Oberndorf
1973, 2.7. - 1979   **24**
(44 Ro)   24

7624.
Schwäbisches Tagblatt
1950: Schwarzwald-Echo
1947
1950 - 1960   **24**
(29 Ro)   24

NAILA

7625.
Frankenpost / N
Ausg. N = Naila, Kronach
HA in Hof
(enthält auch 2 - 3 S. d. Hofer Anzeigers)
1988 ff.   **101b**
(ca. 7 Ro/Jg)   101b
1996, 23.4. - 2005, 25.4.   **Hf 1**
1992 - 1997   101a
1950, 16.12. - 1977, 1.1.
1977, 1.3. - 1997, 11.4.
1999, 26.2. ff.   **Hf 1**
(bis 1991 nur Lokalseiten)

7626.
Nailaer Wochenblatt
1.1.1848: Wochen-Blatt für den Bezirk des
königl. Landgerichts Naila
16.4.1859: Amts- und Wochen-Blatt für den
Bezirk des königl. Landgerichts Naila
1846, 1.5. - 1861   **Hf 1**
(4 Ro)   Hf 1

NAUEN

7627.
Kreisblatt Osthavelland
1947, 15.8. - 1950, 21.7.   1w
                                        Dm 11

7628.
Märkische Volksstimme / Nauen
Ausg. Osthavelland
HA in Potsdam
1951, 1.6. - 1952, 10.8. (L)
1963 - 1985, 28.9.   MFA
(13 Ro, nur Kreisseiten)
                                      186

7629.
Osthavelländisches Kreis-Blatt
Nauen, Potsdam
2.1.1869: Osthavelländisches Kreisblatt
1.7.1919: Havelländische Rundschau
8.3.1937: Havelländische Rundschau / 2
Potsdam, ab 2.10.1850 in Nauen
1925 - 1931, Sep.
1932, Jan. - März u. Sep. - Dez.
1934, Apr. - 1939
1940, Apr. - 1943   1w
1849 - 1926, 30.6.
1927, 3.1. - 30.9.
1928 - 1929, 31.5.
1929, 1.7. - 1939 (L)
1940, 1.4. - 31.12.
1941, 1.7. - 1942
1943, 1.7. - Dez. (L)
(teils Ausg. A, B, C - Beilagen   186
mitverfilmt)
                                      Dm 11
                                      Po 24
1849 - 1851
1854 - 1857
1861 u. 1865
1867 - 1873
1875 - 1887   B 724
1849 - 1943   1w
Beilage(n):
Zusammenstellung der amtlichen
Bekanntmachungen...
1889 - 1914
1920 - 1923
1928 - 1929   Dm 11
1889 - 1929   1w

NAUGARD (NOWOGARD, PL)

7630.
*Deutschnationale Rundschau für den Kreis
Naugard*
1920, Aug. - 1922   1w
                                      1w

7631.
Naugardter Kreisblatt
1847, 3.7. - 25.12.   1w
(1 Ro)   1w
                                      Dm 11

BAD NAUHEIM

7632.
*Amtliche Bekanntmachungen der Stadt
Bad Nauheim*
1945, 29.3. - 1948, 22.12.   MFA
(1 Ro)

7633.
Bad Nauheimer Anzeiger
26.3.1910: Oberhessische Volksblätter
1896, 4.1. - 1901
1903 - 1914 (L)   MFA
(11 Ro)

7634.
General-Anzeiger der Stadt Bad Nauheim
1906, 4.1. - 1913, 29.12. (L)   MFA
(6 Ro)

7635.
*Wetterauer Anzeiger und Bad Nauheimer
Zeitung*
1905: Bad Nauheimer Zeitung und
Wetterauer Zeitung
1895 - 1917
1919 - 1943, 31.3. (L)   MFA
(62 Ro)

7636.
Wetterauer Nachrichten
1948, 24.12. - 1950, 30.4.   MFA
                                      Dm 11
                                      283

NAUMBURG

7637.
Der Chursächsische Land-Physicus
1771 - 1773   46
(1 Ro)

7638.
Naumburger Kreis-Blatt
Mai 1848: Der Deutsche Bürger
1852: Naumburger Kreisblatt für Stadt und
Kreis Naumburg
3.1.1912: Naumburger Tageblatt
(7.3.1821 - 30.9.1944)
1821, 7.3. - 1886
1888 - 1910 (L)   3
                                                    3

7639.
Naumburger Kreiszeitung
1974 - 1989   B 479
                                               B 479

7640.
Naumburger Tageblatt
1992 ff.   101b
                                                101b
1992 - 1997   101a

NAUNHOF

7641.
Naunhofer Nachrichten
1.1.1915: Nachrichten für Naunhof
1.10.1920; Nachrichten für Naunhof und Umgegend
1938: Nachrichten und Anzeiger für
Naunhof, Brandis, Borsdorf, Beucha,
Trebsen und Umgebung
1893, 2.7. - 1917
1919 - 1925
1928 - 1932
1938, 1.7. - 1941, 30.4. (L)   14
(36 Ro)

NECKARSULM

7642.
Neckarsulmer Zeitung
1895 - 1914 (L)   24
                                                Necu 2

7643.
Unterländer Volkszeitung
1907, 21.3. - 1914
1952 - 1960, 30.7. (L)
1961 - 1967   24
1952 - 1960, 30.7. (L)
1961 - 1967   Necu 2

NEHMER (NIEMIERZE, PL)

7644.
Evangelisches Gemeindeblatt Nehmer
Vlg.: Kolberger Tageblatt
1920 - 1922
1925, Juli - 1941, März   9
                                                    9

NEIDENBURG (NIDZICA, PL)

7645.
Masurenfreiheit
1919, 10.10. - 20.12. (L)
1920, 6.1. - 24. 1. (L)   1w
(1 Ro)   1w
                                                 Dm 11

NEISSE (NYSA, PL)

7646.
Heimatblätter des Neissegaues
1925 - 1939   6
                                                 Mb 50

7647.
Der Neisser Erzähler
(1832 - 2.7.1850)
1833
1835 - 1837
1843
1850, 2.1. - 27.7.   1w
(4 Ro)   1w
                                                 Dm 11

7648.
Oberschlesischer Bürgerfreund
(6.1.1825 - 31.12.1873)
1825   Dm 11
1826 - 1827
1831 u. 1841   1w
(3 Ro)   1w
1825 - 1827
1831 u. 1841   Dm 11
1825   46
                                                 Gö 169

Beilage(n):
Intelligenz-Blatt
13.1 - 29.12.   Gö 169

NERCHAU

7649.
Nerchau-Trebsener Nachrichten und Anzeiger
12.10.1888: Nachrichten und Anzeiger für
Nerchau, Trebsen, Mutzschen und Umgebung
1886, 12.9. - 1922 (L)

1924 - 1939	14
(37 Ro)	14
	Gm 4

NEU-ISENBURG

7650.
Hürriyet

1978, 1.9. ff.	101b
(ca. 6 Ro/Jg)	101b
1985 ff.	30
1992 - 1997	101a

7651.
Milliyet
Neu-Isenburg, Dreieich

1978, 1.9. ff.	101b
(ca. 5 Ro/Jg)	101b
1977 ff.	30
1992 - 1997	101a

7652.
Tercüman

1978, 1.9. - 1995, 23.1.	101b
(70 Ro)	101b
1974, 1.8. - 1995, 23.1.	30
1992 - 1995, 23.1.	101a

NEU-TITSCHEIN (NOVÝ JIČIN, CZ)

7653.
Deutsche Volkszeitung für das Kuhländchen
1930: Deutsche Zeitung für das Kuhländchen
1934: Neu-Titscheiner Zeitung

1922, Nov. - 1938	212
(10 Ro)	

7654.
Volksruf

1924, 24.5. - 24.12.	212
(1 Ro)	212

NEU-ULM

7655.
Neu-Ulmer Anzeigeblatt
1876: Neu-Ulmer Anzeiger
30.10.1945: Schwäbische Landeszeitung
HA in Augsburg
15.9.1948: Neu-Ulmer Nachrichten
2.11.1949: Neu-Ulmer Zeitung
BA v. Augsburger Allgemeine

1951 - 1983, 31.5.	MFA
(185 Ro)	
1983, 1.6. ff.	101b
(9 Ro/Jg)	
1951 - 1974 (L)	
1983, 1.7. ff.	Num 1
1860 - 1890 (L)	
1892 u. 1894	
1896 - 1916 (L)	
1922 - 1945, ? (L)	
1946 - 1960	12
1992 - 1997	101a
1952 - 1973 (nur die v. d. HA abweichenden Seiten)	
1983, 1.6. ff.	101b

Beilage(n):
Aus dem Ulmer Winkel
1908, 11.7. - 1915
1917, Nov. - 1918
1920 - 1937

1944, 5.2. - 12.8.	122

7656.
Osvobozhdenie
kyrill.

1953, Feb. - 1956, Sep.	GB-LO/N38
	GB-LO/N38

7657.
Ukrainski Visti
kyrill. Schrift

1946, 15.12. - 1995, 13.8.	GB-LO/N38

NEU-WERBASS (NOVY VRBAS, SER)

7658.
Werbasser Zeitung
1922, 7.1. - 1923, 29.12.

1925, 1938, 1940 (L)	212
(2 Ro)	

1922, 7.1. - 1923, 29.12.	
1925 - 1926, 25.12.	
1938	
1940, 10.2. - 28.12.	212

NEUBRANDENBURG

7659.
Allgemeiner Mecklenburgischer Anzeiger
3.1.1883: Neubrandenburger Zeitung
1.1.1910: Neubrandenburger Zeitung Rostock
1.1.1920: Neubrandenburger Zeitung

1850 - 1851	
1883 - 1934	**28**
(86 Ro)	
1850 - 1934	33
(87 Ro)	
	28

7660.
Freie Erde
2.4.1990: Nordkurier

1991 (L)	
1992 ff.	**101b**
1990, 2.4. - 10.11.	**Bo 174**
(2 Ro)	
1976 - 1990, 31.3.	**MFA**
(29 Ro)	
1991 (L)	
1992 - 1997	101a
1989 - 1990, 10.11.	180
1954, 1.8. ff.	101b
1952, 15.8. - 1990, 31.3.	
1992 ff.	33
2001 - 2008	9

7661.
Mecklenburger Rundschau

1883 - 1934	33

7662.
Mecklenburgisches Sonntagsblatt

1850, 17.11. - 1851, 30.3.	**28**
	28
	Dm 11

7663.
Neubrandenburger Anzeiger
Neubrandenburg, Woldegk
UT: Vereinigte "Mecklenburgischer Anzeiger"
und "Neubrandenburger Zeitung" verbunden
mit der "Woldegker Zeitung"
Vlg.: Ahrendt & Greve

1938, 17.6. - 1943, 30.6.	**28**
(9 Ro)	28
1942, Juli - Dez.	33

7664.
Neubrandenburger Zeitung <1962>
HA in Neustrelitz

1962 - 1967, 19.5.	**Bo 174**
(1 Ro)	

7665.
Nordkurier / Stadtausg.

1990, 2.4. - 10.11.	180

7666.
Strelitzische Anzeigen
5.10.1768: Neue Strelitzische Anzeigen
1830: Mecklenburg-Strelitzische Anzeigen

1765 - 1849, 9.12.	**28**
(Beilagen mitverfilmt)	28

7667.
Uckermark Kurier

1992 ff.	**101b**
(6 Ro/Jg)	101b
1992 - 1997	101a

NEUBREISACH (NEUF-BRISACH, F)

7668.
Neubreisacher Zeitung

1886, 19.9. - 1918	**ACRPP**

NEUBURG/DONAU

7669.
Neuburger Nachrichten

1948, 1.9. - 1949	**12**
	12

7670.
Neuburger neueste Nachrichten

1933, 2.1. - 9.9.	Nbu 1

7671.
Neuburger Tagespost
1950: Neue Neuburger Zeitung
2.3.1951: Neuburger Rundschau

1948, 25.9. - 1970	**12**
	12
1954 - 1973	101b
(nur Lokalteil)	
1948, 25.9. - 1949	384

7672.
Neuburgisches Wochenblatt
1.9.1804: Intelligenzblatt für die Königlich-
Baierische Provinzial-Hauptstadt Neuburg an
de Donau
1807: Neuburgisches Wochenblatt
1819: Wochenblatt der Königlich Baierischen
Stadt Neuburg
5.7.1851: Neuburger Wochenblatt
1880: Neuburger Anzeigeblatt
1.6.1934: Neuburger Nationalzeitung
1940: Neuburger Zeitung
1803 - 1945, 12.4.   **12**
           12
1803
1807 - 1934, 30.5.   384

NEUDAMM (DĘBNO, PL)

7673.
Landmanns Sonntagsblatt
Beilage(n):
Landmanns Sonntagsblatt
1920 - 1921
1924 - 1925 (L)
(Beilage zu zahlreichen pommerschen u. brandenburgischen Tageszeitungen)   Bo 133
1930, Juli - Dez.   **1w**
           1w

7674.
Neudammer Volksblatt für Stadt und Land
1849, 13.1. - 29.9.   **1w**
(1 Ro)   1w
           Dm 11

7675.
Neudammer Wochenblatt
1848, 1.3. - 1849, 29.9.   **1w**
(1 Ro)   1w
           Dm 11

BAD NEUENAHR-AHRWEILER

7676.
Ahrweiler Kreisblatt
1861 - 1866, 16.12. (L)   **5**
           5
Beilage(n):
Der Erzähler
1865 - 1866   **5**
(1 Ro)   5

7677.
Ahrweiler Stadtnachrichten
1970: Ahrweiler Nachrichten
1989, 27: Stadtzeitung Bad Neuenahr-
Ahrweiler
1949/50 - 2005   929
1949/50 - 2004   Nra 2

7678.
Ahrweiler Zeitung
1934: Ahrweiler-Bad Neuenahrer Zeitung
1866 - 1944 (L)   Nra 2
           Nra 1

7679.
*Amtliches Kreisblatt für den Landkreis Ahr-
weiler*
Hrsg.: Landrat Ulrich
1945,1-22   Nra 2
           Nra 1

7680.
Bad Neuenahrer Chronik
1949 - 1987   Nra 2
           929

7681.
*Kreis- und Unterhaltungsblatt für Ahrweiler
und dessen Umgegend*
Linz
1834, 4.10. - 1835, 26.9.   **5**
           5

7682.
Rhein- und Ahrzeitung
Bad Neuenahr-Ahrweiler, Remagen
1923, Nr. 168 - 297   Nra 1
           Nra 2

7683.
Rhein-Zeitung / K
HA in Koblenz
1983, 1.6. ff.   **101b**
(8 Ro/Jg)   101b
1992 - 1997   101a
1992 ff.   929
1963 - 1987   Kob 1
(nur Lokalteil)

NEUENBÜRG

7684.
Der Enztäler
2.12.1991: Der Enztäler, Wildbader Tagblatt
BA d. Südwest-Presse, Ulm
1980 - 1992, 30.9.   **24**
(67 Ro)   24

NEUENHAGEN

7685.
Märkische Volksstimme / Neuenhagen
Ausg. Niederbarnim
HA in Potsdam
1949, 1.2. - 30.9.
1949, 9.11. - 1950, 30.6.
1952, 1.1. - 10.8. (L)   **MFA**
(3 Ro)

NEUGARD (NOWOGARD, PL)

7686.
Neugarder Zeitung
1847, 1890, 1893
1897, 1899
1904, 16.4. - 10.8.
1906
1912 - 1913
1915 - 1921
1924 - 1925, Juni
1926 - 1927, 27.4.
1929, Jan. - Juni
1931, Okt. - Dez.
1934, Jan. - Juni
1935   **9**
    9

NEUGERSDORF

7687.
Oberlausitzer Dorfzeitung
24.3.1924: Oberlausitzer Dorfzeitung und Tageblatt
1.9.1931: Oberlausitzer Tageszeitung
1856, 5.1. - 1943 (L)   **14**
(124 Ro)   14
    124

Beilage(n):
Weltkriegs-Extrablätter
1914 - 1918   **14**
(1 Ro)   14
    124
Sonderblatt   **14**
1934, 2.8.   14
    124

7688.
Oberlausitzer Volks-Zeitung
1866, 11.4. - 1905, 28.12. (L)   **14**
(15 Ro)   14
    124

NEUHAUS

7689.
Freies Wort
HA in Suhl
1962 (E)   **B 479**
    B 479

NEUHAUS / OSTE

7690.
Neuhaus-Ostener-Nachrichten
24.4.1890: Neuhaus-Ostener Zeitung
3.6.1941: Hadelner Zeitung
1880, 23.9. - 1909 (L)
1911 - 1945, 4.5.   **Lün 4**
(64 Ro)   Lün 4
    Dm 11

NEUKLOSTER (MECKL.)

7691.
Bote von Neukloster
1938, 16.6. - 1944   **28**
(4 Ro)   28

NEUMARKT / OBERPF.

7692.
Neumarkter Tagblatt
BA v. Mittelbayerische Zeitung, Regensburg
1952, Juli ff.   **101b**
(ca. 11 Ro/Jg)   101b
1992 - 1997   101a
1960   Nmo 1

NEUMARKT (ŚRODA ŚLASKA, PL)

7693.
Neumarkter Kreisblatt
1845 - 1847   1w
(1 Ro)   1w
     Dm 11

NEUMÜNSTER

7694.
Holsteinischer Courier <1872>
1.10.1949: Neuer Holsteinischer Courier
1.5.1950: Holsteinischer Courier
(2.4.1872 - 2.5.1945 u. 1.10.1949 ff.)
1874, 8.1. - 31.12.
1876 - 1884, 20.6.
1885 - 1945, 2.5.
1949, 1.10. - 1990   **68**
(nur z.t. MF)
1969 ff.   101b
(ca. 6 Ro/Jg)   101b
1874, 8.1. - 31.12.
1876 - 1884, 20.6.
1885 - 1945, 2.5.
1949, 1.10. - 1998   68
1992 - 1997   101a
1874, 8.1. - 31.12.
1876 - 1884, 20.6.
1885 - 1945, 2.5.   Dm 11

7695.
Niederdeutsche Rundschau
1919, 2.4. - 1928, 30.9.   **68**
     68

7696.
Schleswig-Holsteinische Verkehrszeitung
1927 - 1928, Nr. 11   68

NEUNKIRCHEN (SAAR)

7697.
Saar- und Blieszeitung
(1879 - 31.8.1940)
1889, Nr. 1 - 148   1w
     1w

7698.
Saarbrücker Zeitung
HA in Saarbrücken
1988 ff.   101b
(8 Ro/Jg)   101b
1992 - 1997   101a

NEURODE (NOWA RUDA, PL)

7699.
Der Hausfreund
später: Der Hausfreund im Glatzer Gebirge
1843, 30.1. - 31.12.   1w
(1 Ro)   1w
     Dm 11

7700.
Neurode-Reichenbacher Volksblatt
Vbg.: Neurode, Reichenbach
1899, 17.1. - 24.11. (L)   1w
(1 Ro)   1w
     Dm 11

7701.
Neuroder Nachrichten
1900 (L), 1904, 1914
1923, 3.1. - 31.10.   1w
(4 Ro)   1w
     Dm 11

7702.
Neuroder Stadtblatt
1882, 4.1. - 27.12.   1w
(1 Ro)   1w

7703.
Volksblatt für Stadt und Land
1916, 1.4. - 30.12.   1w
(1 Ro)   1w

NEURUPPIN

7704.
Märkische Volksstimme / Neuruppin
Ausg. Ruppin, Ost- u. Westprignitz
HA in Potsdam
1948, 1.4. - 1950
1951 - 1952, 30.8. (L)
1963 - 1986, 19.12.
1987, 3.1. - 1990, 2.10.   **MFA**
(20 Ro, tw. nur Kreiseiten)
     186

7705.
Märkische Zeitung und Anzeiger für Stadt und Kreis Ruppin
1926, 1.1. - 31.3.   1w
(1 Ro, Beilagen mitverfilmt)   1w

7706.
Neuruppiner Zeitung
1963, 4.5. - 1965, 24.12.   **Bo 174**
(1 Ro)

7707.
Ruppiner Anzeiger
BA v. Oranienburger Generalanzeiger
1992 ff.   **101b**
(6 Ro/Jg)   101b
1992 - 1997   101a

7708.
Der Ruppiner Stürmer
1934, Jan. - März
1937, März - Apr.
1938, Jan. - März   **1w**
(3 Ro)   1w

NEUSALZ (NOWA SÓL, PL)

7709.
Neusalzer Stadtblatt
1915, Juli - Dez.
1916, Juli - Sep.
1919   **1w**
                                                        1w

NEUSATZ (NOVI SAD, SER)

7710.
Deutsche Arbeit
1943, 1.1. - 24.12.   **212**
(1 Ro)   212

7711.
Deutsche Zeitung
1932
1934, 1.4. - 1935, 29.9.
1936, 1.7. - 30.9.
1939, 1.7. - 30.9.
1940, 1.10. - 31.12.   **212**
(4 Ro)
1932, 1.9. - 29.10.
1934 - 1940 (L)   212

7712.
Deutsches Volksblatt
4.2.1942: Tageszeitung der Deutschen Südun-
garns
1923, 1.7. - 30.12.
1925, 1.10. - 31.12.
1927, 1.10. - 31.12.
1928, 1.4. - 3.7.
1930, 1.1. - 30.3.
1932, 1.4. - 30.9.
1933, 1.4. - 31.12.   **212**
                                                        212

1937, 1.10. - 1939, 15.6.
1940, 16.5. - 30.6.
1940, 16.8. - 1941, 30.9.
                                                        212
                                                        212
1935 - 1937, Aug.   **GB-**
(17 Ro)   **LO/N38**

1937 - 1938, 30.6.
1938, 1.10. - 1940, 31.3.
1940, 1.7. - 1941, 31.3.
1941, 1.10. - 1942, 30.8.
1943 - 1944, 31.5.   **1w**
                                                        1w
                                                        Dm 11
1921 - 1924
1928
1932 - 1933
1938 - 1944   Tü 126

7713.
Die Landpost
1942, 4.1. - 1943, 25.12.   **212**
(1 Ro)   212

NEUSS

7714.
Christlich-soziale Blätter
1880 (L)   **B 479**
                                                        B 479
1880 - 1883   46

7715.
Neuß-Grevenbroicher Zeitung
nach dem II. Weltkrieg BA v. Rheinische Post,
Düsseldorf
1913, Apr. - 1918 (9 Ro)
1998 ff.   **61**
(ca. 14 Ro/Jg)   61
1958 - 1959 (L)   **Dm 11**
1949, 22.10. - 1968   Dom 1
1949, 22.10. - 1956, 24.7.
1958 - 1959 (L)   Dm 11
Beilage(n):
 Beiträge zur Geschichte der
 Kreise Neuss-Grevenbroich
1899 - 1905   **61**
(1 Ro)   61
 Heimatvolk und Heimatflur
1924, 6.8. - 1927, 21.12.   **61**
(1 Ro)   61
 St. Quirinus-Blatt
1913, Apr. - 1918 (L)   **61**
(1 Ro)   61

7716.
Neusser Intelligenzblatt
1.4.1848: Neußer Handels- und Intelligenzblatt
6.7.1850: Neußer Kreis-, Handels- und Intelligenzblatt
2.4.1869: Neußer Zeitung
1836 - 1868 (L)
1877   5
(22 Ro)   5
1834 - 1836
1838 - 1839
1844 - 1847
1848, 1.4. - Dez.
1851 - 1899 (L)
1903 - 1924 (L)   **61**
(89 Ro)   **61**
1826, 11.4. - 29.12.
1840 - 1843
1869, 1.1. - 30.3. (L)
1895, 1.4. - 28.9.
1900 - 1902
1909, 2.1. - 30.10.
1919, 1.7. - 30.9.
1920, 2.1. - 31.3.
1922, 1.4. - 1923, 31.3.
1925 - 1941, 31.5. (L)   **MFA**
(57 Ro)
1827, 13.4.   **A 100**
     A 100
1826, 11.4. - 29.12.
1834 - 1941, 31.5. (L)   Nus 1
1826, 11.4. - 29.12.
1834 - 1924
1925, 21.1. - 1941, 31.5.   Dom 1
Beilage(n):
Bunte Blätter zur Unterhaltung
und Belehrung
1910 - 1914, 2.8.   **61**
(5 Ro)   **61**

7717.
Neußer Kreis- und Handelsorgan
Düsseldorf
1854, 1.4. - 30.12.   **5**
(1 Ro)   **5**
     61

7718.
UZ/Unsere Zeit
Verlagsorte: Neuss, Duisburg, Essen
DKP
(3.4.1969 ff.)
1969, März - 1975, 27.3.   **281**
(7 Ro)

1977, 8.6. - 1989   **101b**
(35 Ro)   101b
1975, 29.3. - 1977, 7.6.
1990 ff.   **MFA**
1969, 3.4. - 1970 (L)   **B 479**
     B 479
1997 ff.   1w
1990   715
1969, März (Probe-Nr.)
1969, 3.4. - 1990, 21.12.
1991, 11.1. ff.   Dm 11
1989 - 1990   M 352

7719.
Die Volksparole
10.9.1934: Volksparole
10.2.1935: Rheinische Landeszeitung
Ausg. Neuß
Vlg. in Krefeld, ab 1931 in Düsseldorf
1933 - 1943   Dom 1

NEUSTADT <WESTPR.>
(WEJHEROWO, PL)

7720.
Anzeiger des Neustädter Kreises
Kaschubisch: Wejrowò
1855, 3.7. - 24.12.   **1w**
(1 Ro)   1w
     Dm 11

7721.
Kreisblatt für den Neustädter Kreis
Kaschubisch: Wejrowò
1845, 15.1. - 1847   **1w**
(1 Ro)   1w
     Dm 11

7722.
Neustädter Kreis-Zeitung
Kaschubisch: Wejrowò
1913 (L), 1915   **1w**
(2 Ro)   1w
     Dm 11

BAD NEUSTADT A.D. SAALE

7723.
Rhön- und Saalepost
1978 ff.   **101b**
(ca. 6 Ro/Jg)   101b
1995 ff.   20
1992 - 1997   101a

NEUSTADT B. COBURG

7724.
Tageblatt für Neustadt Sachsen-Coburg
1903 - 1911, 20.5.   Nsc 1

NEUSTADT (HAARDT / A.D. WEINSTR.)

7725.
Demokratische Zeitung
1848, 1.10. - 24.12.   107
                                      107

7726.
Der Gewerkschaftler
Mitteilungsblatt d. Gewerkschaft Hessen-Pfalz
Forts.: Welt der Arbeit, Köln
1948, Juni u. Juli   MFA
(1 Ro)
1946 - 1949   Bo 414
(1 Ro)
                                706
                                188/211
1946 - 1949 (L)   34
                                107
                                180
1946, 1.5. - 1949 (L)   Bo 133
1946, 1.5. - Sep.
1947
1948, Apr. - 1949   M 352

7727.
Mittelhaardter Rundschau
BA d. Rheinpfalz, Ludwigshafen
(29.9.1945 ff.)
1978, 1.9. - 1990   **101b**
(91 Ro)
1978, 1.9. ff.   101b
1989, 22.4. - 1990, 23.2.   Kai 1

7728.
NSZ-Rheinfront
Ausg. Ost
(an der Haardt, ab 1937: an der Weinstraße)
1935, März - Okt.
1936, März - Apr. u. Juli - Aug.
1937, März - Aug. u. Nov. - Dez.
1938, März - Juni   **1w**
(12 Ro)   1w
1933, 26.6. - 18.8.
1934, 2.1. u. 1939, 1.11.   Dm 11

7729.
Pfälzisches Volksvereinsblatt
1848, 17.9. - 1849, 28.4.   107

7730.
Die Rheinpfalz
Ausg. Mittelhaardter Rundschau
ab 22.2.1947 HA in Ludwigshafen
1991 ff.   **101b**
                                      101b
1946, 5.1. - 30.11.
1948, 17.1. - 21.12.   **Dm 11**
1945, 29.9. - 1948 (L)   Dm 11

7731.
Saarpfälzischer Bauernbrief
1938, 2
1939, 4   **B 479**
                                      B 479

NEUSTADT I. HOLSTEIN

7732.
Heimatwarte
1924 - 1940   **68**
                                      68

7733.
Vaterland
1852: Gemeinnütziges, unterhaltendes Neustädter Wochenblatt
1858: Neustädter Wochenblatt
6.10.1921: Neustädter Tageblatt
1848, 5.5. - 1941, 23.5. (L)   **68**
                                      68
1848, 5.5. - 1877, 30.6. (L)
1878 - 1881, 30.6. (L)
1882, 4.7. - 1932 (L)
1933, 1.7. - 1941, 23.5. (L)   Dm 11
Beilage(n):
   Stadt und Heimat   **68**
1914 - 1938   68

NEUSTADT IN SACHSEN

7734.
Der Fortschritt
Fortschritt Erntemaschinen
1971 (L)   **B 479**
                                      B 479

NEUSTADT, KR. MARBURG

7735.
Neustädter Zeitung
1931 - 1938   4
(6 Ro)   4
                              34
                           Dm 11

NEUSTADT, O.S. (PRUDNIK, PL)

7736.
Neustädter Kreisblatt
1852, 2.1. - 15.10.
1853 - 1869
1879
1881 - 1883
1891 - 1893
1909 u. 1911   1w
(7 Ro)   1w
                           Dm 11

7737.
Neustädter Stadtblatt
1846 - 1847
1852 - 1859
1906 - 1907
1909   1w
(4 Ro)   1w
                           Dm 11

NEUSTADT-GLEWE

7738.
Neustädter Anzeiger
1938, 17.6. - 1944, 30.6. (L)   28
(8 Ro)   28

NEUSTADT/AISCH

7739.
Neustädter Anzeigeblatt
UT: Blätter für den Aischgrund und den Steigerwald
1887
1889 - 1892
1937, 1.10. - 31.12.
1938, 1.7. - 31.8.   Nsa 1

NEUSTETTIN (SZCZECINEK, PL)

7740.
Neustettiner Kreisblatt
1862 - 1863, 11.12. (L)
1864 - 1869 (L)
1887 - 1896 (L)
1899, 14.1. - 1932 (L)   1w
                               1w
                           Dm 11
1862 - 1863, 11.12. (L)
1864 - 1869 (L)
1887 - 1896 (L)
1899, 14.1. - 1917 (L)
1919 - 1932   9

7741.
Pommerscher Volksfreund für den Kreis Neustettin
1914, 5.4. - 1916, 17.12.   1w
(1 Ro)   1w
                           Dm 11

NEUSTRELITZ

7742.
Archiv der Verhandlungen einer Gesellschaft von Aerzten zur Gründung einer durchaus zweckmäßigen Volksarzneikunde
1796   46

7743.
Freie Erde
HA in Neubrandenburg
2.4.1990: Nordkurier
1954, 1.8. - 1990, 31.3. (L)   **Bo 174**
(5 Ro)
1952 - 1990   **B 479**
                               B 479
1952, 15.8. - 1975   **MFA**
(77 Ro)
1989 - 1990, 31.3.   180
1954, Aug. - 1960
1962, Jan. - März
1962, Okt. - 1990, 31.3.   188/211
1954, Nr. 177 - 1990, 31.3.   101b
Beilage(n):
Die Antwort
1957, Nr. 1 - 18   **B 479**
1958, Nr. 1 - 12   **B 479**
Der Schatzgräber   **B 479**
1954 - 1958, Nr. 41   B 479

Junges Leben
1958 - 1960, 24   **B 479**
    B 479
Pionier-Echo   **B 479**
1958, 6 - 1961, 13 (L)   B 479

7744.
General-Anzeiger für beide Mecklenburg und Nachbargebiete
1932, 1.5. - 1933   **28**
(4 Ro)   28

7745.
Mecklenburg-Strelitzsche Landeszeitung
1905?: Landeszeitung für beide Mecklenburg und Nachbargebiete
1934: Landeszeitung für Mecklenburg und Nachbargebiete
1905 - 1943, 2.5. (E)   **28**
(1 Ro)
1886, 1.10. - 1902, 29.6. (L)
1905 - 1919, 2.7.
1920 - 1943, 2.5.   **33**
(110 Ro)   33
    28
1886, 1.10. - 1899 (L)
1901 - 1902, 29.6.
1905 - 1906
1907, 1.7. - 31.12.
1909, 1.7. - 31.12.
1910, 13.1. - 25.2. u. 11.3. - 17.3.
1910, 16.4. - 5.5.
1910, 1.7. - 1911, 30.6.
1912, 1.10. - 31.12.
1913, 1.4. - 1919, 2.7.   Dm 11
1886, 1.10. - 1942, 25.8. (L)   Neu 4

7746.
Neue Mecklenburgische Volkszeitung
Ortsname früher: Strelitz, dann Strelitz-Alt
1849, 6.1. - 29.9.   **28**
(1 Ro)   28

7747.
Neustrelitzer Zeitung
1849, 3.10. - 1860   **28**
(7 Ro)   28
1850, 4.1. - 1860, 29.9.
1861, 2.10. - 1913 (L)   Dm 11
    Neu 4
    33

7748.
Officielle Beilage zu den Mecklenburg-Strelitzschen Anzeigen
1849: Großherzoglich Mecklenburg-Strelitzscher Anzeiger für...
1919: Mecklenburg-Strelitzscher amtlicher Anzeiger : Mecklenburg-Strelitzscher officieller Anzeiger der Gesetzgebung und Staatsverwaltung
(1838 - 1933)
1920 - 1933   **33**
    33
1838 - 1918   28

7749.
Der wendische Bote : Mecklenburgische Volkszeitung
1847 - 1848   **28**
(1 Ro)   28

NEUTOMISCHEL (NOWY TOMYŚL, PL)

7750.
Kreis-Zeitung
1928 - 1939   **212**
(9 Ro)

NEUWIED

7751.
Mittelrhein-Kurier
1945, 7.8. - 1946, 27.4.   Nwd 1

7752.
Nationalblatt
HA in Koblenz
1934 - 1945, 4.3.   Nwd 1

7753.
Neuwieder Intelligenz- und Kreisblatt
(1827 - 1854)
1849, 3.1. - 1855, 29.12. (L)   **5**
(3 Ro)   5
Beilage(n):
 Flugblatt   **5**
1849, 15.1. - 23.7.   5

7754.
Neuwieder Tageblatt
1889 (LL)
1901 - 1902 (LL)   Kob 1

7755.
Neuwieder Zeitung <1953>
1953 - 1956, 31.8.   Nwd 1

7756.
Politische Gespräche der Todten
1795: Aus dem Reich der Todten
1808: Reich der Todten
Neuwied/Frankfurt a. M.
(1786 - 1810 u. 1.1.1814 - 1820)
1786 (L) u. 1787
1789 - 1793
1794 (L) u. 1795
1796 (L)
1797 - 1805
1808 - 1810   **46**
(25 Ro)

7757.
Le postillon de Neu-Wied
1738 - 1739   **3**

7758.
Rhein- und Wied-Zeitung
bis Juli 1909 in Linz
1879 - 1899
1901 - 1936 (L)   Kob 1
1880 - 1936 (L)   Nwd 1

7759.
Rhein-Wied-Spiegel
1949, 29.10. - 1950, 31.3.   Nwd 1

7760.
Rhein-Zeitung / A, AN
HA in Koblenz
1978, 1.9. - 1995, 6.8.   **101b**
(120 Ro)   101b
1972, 3.1. ff.   5
1992 - 1995, 6.8.   101a
1992 ff.   929
1963 - 1987   Kob 1
(nur Lokalteil)
1948 - 1952   Nwd 1

7761.
Volksblatt für Stadt und Land
1.7.1852: Neuwieder Zeitung
1849, 28.1. - 1864, 21.12.
1866, 10.8. - 1869, 19.9.
1871, 23.2. - 1937, 30.1.   929
                                                   Dm 11
                                                   Nwd 1
                                                        5

7762.
Der Westen
Mai 1949: Rheinisch-Pfälzische Landeszeitung
1947, 3.5. - 1950, 28.2.   **36**
                                                      36
                                                   Kob 1

7763.
Wöchentliche Neuwiedische Nachrichten
1850: Neuwiedische Nachrichten
(1755 - 31.12.1855)
1846, 6.1. - 1855   **5**
                                                        5
1813 - 1845
1848 - 1852
1854 - 1855   Kob 1
Beilage(n):
Der Erzähler für Neuwied und
dessen Umgebung
1849, 6.1. - 1851, Nr. 51   **5**
(ab 6.1.1850: Der Erzähler)   5

NEW BRAUNFELS, TX (USA)

7764.
Neu-Braunfelser Zeitung
später: New Braunfels Zeitung Chronicle
Ortsname anfangs: Neu-Braunfels
1922, 30.11. - 1929
1931 - 1939, 30.11.
1940, 2.5. - 5.9. u. 14.11. - 19.12.
1941, 16.10.
1951, 20.12. - 1957, 29.11.   **212**
                                                    212
1922, 30.11. - 1929
1931 - 1939, 30.11.
1940, 2.5. - 5.9. u. 14.11. - 19.12.
1941, 16.10.   Dm 11

NEW ULM, MN (USA)

7765.
Dakota Freie Presse
1920, 10.8. - 1931
1933 - 1939, 29.11. (L)   **212**
(9 Ro)   212
                                                   Dm 11

7766.
Fritsches New Ulmer Wochenblatt
1928, 16.6. - 1929, 23.2. (L)   **212**
(1 Ro)   212
                                                   Dm 11

7767.
New-Ulm-Post
1931 - 1932 (L)   **212**
(1 Ro)   212
      Dm 11

NEW YORK, NY (USA)

7768.
Das Abend-Blatt
jidd. Spr., hebr. Schrift
1894, 15.10. - 1902, 12.4.   188/144

7769.
Amerikanische Arbeiter-Zeitung
1886 (L)   **B 479**
      B 479

7770.
Amerikanische Schweizer Zeitung
1932, 9.3. - 1934, 19.12.   **212**
(2 Ro)   212
      Dm 11

7771.
Der Anarchist
1889 - 1894 (L)   **B 479**
      B 479

7772.
Der Arbeiter <1858>
1858, 27.3. - 8.5.   188/144

7773.
Der Arbeiter <1927>
fortgesetzt als "Deutsches Volksecho", s. dort
1927, 15.9. - 1937, 13.2.   **212**
      188/144

7774.
Di Arbeiter tzaitung
hebr. Schrift, jidd. Spr.
1890, 7.3. - 1902, 15.11.   1w
      385
      188/144
      Bo 133

7775.
Arbeiter-Stimme
1874 - 1878   46
1876, 13.8. - 1878, 2.6.   188/144
      B 479
      28

7776.
Die Arbeiter-Union
1868, 13.6. - 1870, 17.9.   188/144
      Bo 133

7777.
Die Arbeiter-Welt
1904, 12.3. - 6.8.   385
      188/144

7778.
Arbeiter-Zeitung
24.10.1874: Neue Arbeiterzeitung
1873, 8.2. - 1875, 13.3.   **46**
(1 Ro)
      188/144
      B 479
      Bo 133

7779.
Der Aufbau
New York, NY (USA), Berlin, Zürich (CH)
Vlg. später in Berlin
Vlg. ab Jan. 2005 in Zürich
(4.1.1934 ff.)
1951, 20.7. - 1953, 2.10.
1954 - 1955, 23.12.
1957, 28.6. - 1961, 24.11.
1962
1963, 19.4. - 2001   **212**
1934 ff.   **MFA**
      Dm 11
1934 - 2004, 18.3.   1w
1934 - 1941
1943 - 1946, Nr. 4   4
1934 - 1972
1996 ff.   12
1934 - 1951, Dez.
1954, Juli - 1955   18
1934 - 1982   30
      188/144
1934 - 1958, Sep.   46
1934 - 1939
1948 - 1958, Juni
1959 - 1971   101b
1934 - 1946   468
      715
      188/211
      Bo 133
      M 351
1934 - 1979   706
1934 - 1946 (L)   739
1934 - 1938
1940 u. 1941 (L)
1942 - 1976   M 352
1934/35 - 1946, Nr. 4   6/053

1971 - 2006	547
1951, 20.7. - 1953, 2.10.	
1954 - 1955, 23.12.	
1957, 28.6. - 1961, 24.11.	
1962	
1963, 19.4. - 2004	212

7780.
Bulletin of the Council for Democratic Germany
(Sep. 1944 - Mai 1945)

1944, Sep. - 1945, Mai	**Dm 11**
(1 Ro)	Dm 11
	739
	188/144
	188/211
	Bo 133

7781.
Decision

1942, Nr. 1/2	**Dm 11**
(1 Ro)	Dm 11

7782.
Deutsch-Amerikanische Baecker Zeitung

1886 - 1891 (L)	**46**
(1 Ro)	
	188/144
	Bo 133

7783.
Deutsch-amerikanisches Journal für Buchdruckerkunst, Schriftgiesserei und die verwandten Fächer
1889: Deutsch-amerikanische Buchdrucker-Zeitung
Okt. 1918: Buchdrucker-Zeitung

1927 - 1940	**46**
(1 Ro)	
	Bo 133
1875, 15.5.	
1876, Juli - 1896, März	19
1875, 15.5.	
1876, Juli - 1917, 24	
1927 - 1940, Juli	188/144

7784.
Deutsche Gegenwart
Ein Informationsbrief
(1947 - Feb. 1949)

1947 - 1948	**Dm 11**
(1 Ro)	Dm 11
	34
	180
	89
	46

1947 - 1948	739
	188/211
	M 352
1947 - 1949, Feb.	18
	5
	18
	Bo 133

7785.
Deutsche Schnellpost

1848 (L) u. 1851 (L)	188/144
	B 479
1843 (E)	Tr 18

7786.
Deutscher Weckruf und Beobachter
1935, 5.7. - 30.12.
1936, 2.7. - 1937, Juni

1938, 30.6. - 1939, 22.6.	**1w**
	1w
	Dm 11

7787.
Deutsches Volksecho
1. - 8.1.: Deutsches Volksecho und
Deutsch-Kanadische Volks-Zeitung
Hrsg.: Stefan Heym
(20.2.1937 - 16.9.1939)
1937

Feb. - 1939, Sep. (L)	**B 479**
	B 479
	1w
	1w
1937, 20.2. - 1939, 16.9.	**Dm 11**
(1 Ro)	Dm 11
	18
	294
	715
	739
	188/144
	188/211
	Bm 3
	Bo 133
	19
	M 352

7788.
Die Einheitsfront
Kampforgan gegen den Faschismus
(nur 1x erschienen)

1934, Aug.	**Dm 11**
(1 Ro)	Dm 11
	739
	Bm 3

7789.
Die Fackel
1843, Nr. 1 - 1844, Nr. 26   **B 479**
                                    B 479

7790.
The Fatherland
1914, 24.8. - 1917, 24.1.   **4**
(2 Ro)   4
1914, 24.8. - 1919   Dm 11
1914, 24.8. - 1917, 7.2.   GB-
                                   LO/N38

7791.
Frank Leslie's Illustrierte Zeitung
1875, Juli - 1876, Juni
1877, Jan. - Aug.
1878, Aug. - Dez.
1879, Juli - 1880, Juni   **46**
(2 Ro)
1893 - 1895   30

7792.
Friedr. Gerhard's deutsch-amerikanische
Gewerbe Zeitung
1859 - 1860   **GB-**
                                   LO/N38

7793.
Gegen den Strom
(März 1938 - Nov. 1939)
1938, März - 1939, Okt./Nov.   **Dm 11**
(1 Ro)   Dm 11
                                   715
                                   739
                                   188/211
                                   Bo 133
1938, März - Okt.
1939, Jan. - Nov.   46
                                   6/053

7794.
The German American
(Mai 1942 - Juni 1968)
1942, 1.5. - 1952, 31.3.   **Dm 11**
(2 Ro)   Dm 11
                                   739
                                   188/144
                                   188/211
                                   Kn 168
                                   M 352
                                   B 1539

7795.
Germany Today
Newsletter
(21.6.1945 - 7.12.1946)
1945, 21.6. - 1946, 7.12.   **Dm 11**
(1 Ro)   Dm 11
                                   18
                                   739
                                   188/144
                                   188/211
                                   Bm 3
                                   Kn 168

7796.
Groß-New-Yorker Arbeiterzeitung
gewerkschaftlich, sozialdemokratisch
1898 - 1900, Nr. 14 (L)   **B 479**
                                   B 479

7797.
Die Hummel
Wochenblatt für Einwanderer
1851, März - Apr.   **Dm 11**
(1 Ro)   Dm 11

7798.
In Re: Germany
A critical bibliography of books and magazine
articles on Germany
(Feb. 1941 - März 1944)
1941, Feb. - 1944, März   **Dm 11**
(1 Ro)   Dm 11
                                   188/144
                                   188/211
                                   M 352

7799.
Inside Germany Reports
Issued by the American Friends of German
Freedom
(15.4.1939 - Mai 1944, danach 2 weitere Ausg.
ohne Datum)
1939, 15.4. - 1944, Mai   **Dm 11**
(1 Ro)   Dm 11
                                   715
                                   739
                                   188/144
                                   188/211

7800.
The Insider
Hrsg.: John Steel [d.i. Johannes Stahl]
1939, 22.3. - 14.6.   **MFA**
                                   Dm 11

7801.
Der Jidiser reqorder fir allgemeine interessen des judenthums
Nju-Jorker oisgabe
1893, Apr. - 1895, März					30

7802.
The Johannes Steel Report on World Affairs
Feb.? 1948: Report on World Affairs
Hrsg.: John Steel [d.i. Johannes Stahl]
1947 - 1949, Juli (L)
(Sondernummer v. 4.4.1947 aus
Moskau u. v. 22.4.1947 aus Bel-				**MFA**
grad mitverfilmt)
						Dm 11

7803.
Der Judiser pok
wechentl. witzebl.
1884, 29.11. - 1896, 21.6.					1w

7804.
Der Junjon-Arbeiter
jidd., hebr. Schrift
1925, 4.12. - 1927, 26.9.					188/144
						385

7805.
Kampfsignal
1932 - 1934, 15.11.						**46**
(1 Ro)
						188/144

7806.
Neue preußische Zeitung
auch: New Yorker neue preussische Zeitung
1895, Dez. - 1896, 16.12.
1902, 31.12. - 1903, 22.7.					**212**
(2 Ro)						212
						Dm 11

7807.
Neue Volks-Zeitung
Den Interessen des arbeitenden Volkes
gewidmet
(17.12.1932 - 6.8.1949)
1932, 17.12. - 1949, 6.8. (L)				**Dm 11**
(7 Ro)						Dm 11
						Bo 133
1932, 17.12. - 1949, 6.8.					18
						46
						468
						739
						188/144
						188/211
1932 - 1948						B 479

7808.
Die neue Zeit
1869, 25.9. - 1871, 9.9.					**GB-**
(2 Ro)						**LO/N38**

1871, Nr. 33 - 36						**B 479**
						B 479

7809.
New Yorker Arbeiter-Zeitung
1864, 3.9. - 1865, 29.12.					188/144

7810.
New Yorker Criminal-Zeitung
18.3.1853: Belletristisches Journal und
New Yorker Criminal-Zeitung
17.3.1854: New Yorker Criminal-Zeitung
und belletristisches Journal
1855, 30.3. - 1911, 28.12. (LL)				**212**
(20 Ro)						212
						Dm 11
1852, 20.3. - 1854, 10.3.					**B 479**

7811.
New Yorker Herold
1924, 13.11. - 1934, 1.12. (LL)				**212**
(15 Ro)						212
						Dm 11

7812.
New Yorker Schwaebisches Wochenblatt
1920, 23.6. - 1939, 27.9. (L)				**212**
(6 Ro)						212
						Dm 11

7813.
New Yorker Staatszeitung
später: New Yorker Staats-Zeitung und Herold
hier tw. auch: New Yorker Staatszeitung / Wochenblatt
Long Island City
(24.12.1834 ff.)
1914, 2.8. - 1919, 30.6.
1939, März - Apr. u. Sep. - Okt.
1940, Jan. - 22.4.
1940, Mai - Juni u. Nov. - Dez.				**1w**
						1w
1846 (L), 1848, 1850
1851 (L)
1852 - 1853
1854 (L)						**46**
(2 Ro)

1935, 1.1. - 27.6.
1936, Dez.
1950, 26.8. - 1963
1965, 1.7. - 31.8.
1966, 1.3. - 1970
1972, 3.7. - 2002, 4.1.
2004, 24.12. - 2007 **212**
1920
1935 - 1941
1950, 21.8. - 2002, 4.1.
2004, 24.12. - 2007 212
1846 (L) u. 1848
1850 - 1854 (L) Bm 3
1888 - 1914 (L)
1972, 3.7. - 1985, 22.12.
1987, 21.12. - 1992, 1.1. 188/144
1846 (L), 1848
1850 - 1853 (L) B 479
1836, 21.12. - 1843, 30.9.
1846, 1848
1850 - 1856
1858 - 1865
1867 - 1914, 26.8. Dm 11
1933 - 1945 M 352

7814.
New Yorker Staatszeitung / Abendblatt
Long Island City
1914, 2.8. - 1919, 30.6. (L) 1w
Dm 11

7815.
New Yorker Volkszeitung
17.12.1932: Neue Volkszeitung
UT: Oldest Anti-Nazi newspaper
1921, 21.11. - 1923, 25.1. **212**
1882 - 1884 (L)
1888, 28.1.
1889 (L) u. 1898 (E)
1914 - 1915 (LL)
1929 (E) **B 479**
B 479
1878, 4.11. - 1883
1884, 1.7. - 1887, 30.6.
1888, 7.1. - 1932, 15.10. 46
(1888 nur Wochenblatt)
1914 - 1932 715
1878, 4.11. - 1932, 12.10. 188/144
1932 - 1949 739
1894, 7.1. - 1949, 6.8. Bo 133
1883 u. 1929 (L)
1932 - 1948 B 479

1932, 17.12. - 1949, 6.8. 18
468
Dm 11
188/211
Beilage(n):
Vorwärts
1894 - 1896 (L) 46
1912 - 1932, 15.10. 188/144
1924, 5.1. - 1927, 25.6. (LL) 1w
1894, 8.11. - 1932, Nr. 42 (L) 46
1894 - 1896 (L) Bo 133

7816.
New Yorker Volkszeitung / Sonntagsblatt
1882, Nr. 42 - 1994, 37 (L)
1889 - 1895, 33
1898 (E), 1912 (E), 1914 (E)
1927, 11 **B 479**
B 479
1878 - 1932 46
verfilmt mit Hauptzeitschrift Bo 133

7817.
New Yorker Volkszeitung / Wochenblatt
1881
1883 - 1888 (L)
1897, Nr. 33 **B 479**
B 479

7818.
Der Pfälzer in Amerika
1884 - 1917 107
Kai 1

7819.
Plattdeutsche Post
2.6.1928: Amerikanische plattdeutsche Post
(Wochenausg.)
1928, 28.4. - 1930, 1.11. **212**
(1 Ro) 212
Dm 11

7820.
Plattduetsche Post
Staten Island, Brooklyn
(1934 ff.)
1950 ff. **212**
1951, 9.2. - 1952, 2.5.
1971, 14.5. - 17.12. **212**

7821.
Progress
1882 - 1885 (L) **46**
(1 Ro)

7822.
Die Reform
Organ des Arbeiterbundes in New York
(5.3.1853 - 26.4.1854)

1853, 5.3. - Dez. (L)	46
(1 Ro)	
1853, 12.3. - 31.12. (L)	B 479
	B 479
1853, 12.3. - Dez.	Dm 11
(1 Ro)	Dm 11
	Bm 3
	188/144

7823.
Die Republik der Arbeiter
Organ des Allgemeinen Arbeiterbundes
(15.1.1850 - 21.7.1855)

1850, 15.1. - 1852	Dm 11
(1 Ro)	Dm 11
1850, 15.1. - 1852	Dm 11
(1 Ro)	Dm 11
	21/32c
	46
	468
	Bm 3
1850, 15.1. - 1855, 18.4.	188/144
1850 - 1855, 8 (L)	B 479

7824.
Der Ruf
New York, NY (USA), München
ab 15.8.1946 in München
ab 1.10.1948 München / Mannheim
(1.3.1945 - 15.3.1949)

1946, 15.12. - 1949, 15.3. (L)	MFA
(1 Ro)	
	Dm 11
1945, 1.3. - 1946, 1.4.	46
	188
1950 - 1952	739

7825.
Sachsen-Zeitung
NA v. Neue preussische Zeitung
1894

1896, Jan. - 16.12.	212
(2 Ro)	212

7826.
Der Social-Demokrat

1874, 28.11. - 1876, 9.8.	188/144
	28
1874, 28.11. - 1876, 6.8.	B 479

7827.
Sociale Republik

1858 - 1860, 26.5.	46
(1 Ro)	
	188/144
	B 479
	Ras 2

7828.
Sonntagsblatt / Staatszeitung und Herold
Long Island City
(3.1.1848 ff.)

1939 - 1941, 22.6.	1w
	1w
1884 - 1959 (E)	MFA
(1 Ro)	
1950, 3.9. - 30.12.	
1952 - 1954, 26.9.	
1955 - 1962, 29.7.	
1962, 18.11. - 1969, 14.12.	
1970, 4.7. - 1976	212
1884 - 1959 (E)	
1939, Jan. - Aug.	
1940, Jan. - Aug.	
1941, Jan. - Juni	Dm 11
1950, 3.9. - 30.12.	
1952 - 1954, 26.9.	
1955 - 1962, 29.7.	
1962, 18.11. - 1969, 14.12.	
1970, 4.7. - 1975	212
Beilage(n):	
Literarische Sektion des Sonn-	
tagsblattes	
1950, 3.9. - 1953	212
(3 Ro)	212
Unterhaltungsbeilage des Sonn-	
tagsblattes	
1954 - 1955, 16.10.	
1956	
1957, 21.7. - 29.12. (L)	
1959, 5.7. - 1960, 26.6.	212
(5 Ro)	212

7829.
Der Sozialist
19.11.1892: Vorwärts
Sozialistische Arbeiter-Partei von
Nordamerika

1885 - 1894, Okt.	B 479
	B 479
1885 - 1894, 17.11.	46
1885 - 1890	
1892, 19.11. - 1894, 17.11.	188/144
1892, 19.11. - 1894, 17.11.	Bo 133

7830.
Der t.og
1940, Nr. 9354 - 1945, Nr. 11305   30

7831.
Turn-Zeitung
Organ des sozialistischen Turnerbundes Nord-
amerika
(15.11.1851 - 16.4.1861)
1851, 15.11. - 1853/54, 61
1856/57, 10 - 17 (L)   B 479

7832.
Der Volks-Tribun
1846 (L)   **46**
(1 Ro)
1846   294
    Bm 3
    B 479
    H 250
    188/144
    Tr 18

7833.
Di Warheit
jidd.
1905, 11.11. - 1919, 28.2.   1w
1906 - 1918 (L)   385

7834.
Wöchentlicher New Yorker Demokrat
1860, 18.2. u. 1.9.
1861, 9.2. - 4.5. u. 18.5.   **MFA**
(1 Ro)
    188/144
    Dm 11

NIEBÜLL

7835.
Nordfriesische Rundschau
1883, 5.3. - 1885
1889 - 1901
1903 - 1906
1913 - 1937, 30.4.   **68**
    68

7836.
Nordfriesland Tageblatt
BA v. Flensburger Tageblatt
1978 ff.   **101b**
(ca. 6 Ro/Jg)   101b
1992 - 1997   101a
1978 ff.   68

NIEDERLINDEWIESE (LIPOVÁ LÁZNE, CZ)

7837.
Der neue Tag
1934, Nr. 1 u. 3 - 15   **46**
(1 Ro)

NIEMEGK

7838.
Anzeiger für Niemegk und Umgegend
1925, 3.1. - 29.8.
1926 - 1943, 30.3.   **1w**
(11 Ro, Beilagen mitverfilmt)   1w

NIEMES (MIMON, CZ)

7839.
Niemeser Zeitung
1938, 20.8. - 31.12.   **212**
(1 Ro)   212

NIENBURG

7840.
Die Harke
1977 ff.   **101b**
(ca. 6 Ro/Jg)   101b
1882, 11.2. - 14.12.
1884, 1.1. - 23.9.
1885, 22.8. - 17.12.
1886 - 1941, 31.5.
1950 - 1976   **MFA**
(181 Ro)
1992 - 1997   101a

7841.
Der Theologe
1754 - 1756 (MPF)   46

7842.
*Was ist das Versöhnende in dem Leben un-
sers Mitlers Jesu?*
1756 (MPF)   46

NIESKY

7843.
Lausitzer Rundschau
Ausg. Niesky
1948, 1.2. - 1952, 30.6.   14
(L, MPF, nur Lokalseiten)

7844.
Sächsische Zeitung
HA in Dresden
1952, 15.8. - 31.12. (MPF)
1971 ff.
(nur Lokalseiten, tw. Ausg. Nies-   14
ky, Weißwasser)
1971 - 1992
1996 - 1997   Gl 2
(nur Lokalseiten)

NIKOLSBURG (MIKULOV, CZ)

7845.
Nikolsburger Wochenschrift
1928, 2.11. - 1938   **212**
(7 Ro)   212

NÖRDLINGEN

7846.
Das Felleisen
1778   46

7847.
Rieser Nachrichten
1954 - 1973   101b

NORDEN

7848.
Ostfriesischer Kurier
1977 ff.   **101b**
(ca. 7 Ro/Jg)   101b
1992 - 1997   101a

NORDENHAM

7849.
Kreiszeitung Wesermarsch
1978, 1.9. ff.   **101b**
(6 Ro/Jg)   101b
1992 - 1997   101a

NORDERSTEDT

7850.
Hamburger Abendblatt
UT: Norderstedter Zeitung
1974 - 2007, 1.7.   **18**
                                        18

NORDHAUSEN

7851.
Berg- und Hüttenmännische Zeitung
1842   **GB-
                                        LO/N38**

7852.
Nordhäuser Volkszeitung
1929, 264: Volkszeitung für Nordhausen, das
Südharzer- Kyffhäuser- und Eichsfelder Wirtschaftsgebiet
1906, 24.9. - 1932 (L)   **Bo 133**
                                        Bo 133
                                        3
                                        No 11

NORDHORN

7853.
Grafschafter Nachrichten
1978 ff.   **101b**
(ca. 7 Ro/Jg)   101b
1992 - 1997   101a

NORTHEIM

7854.
Northeimer neueste Nachrichten
1972   **MFA**
(3 Ro)
                                        Dm 11

NORTORF

7855.
Nortorfer Illustrierte Woche
1933, 20.10. - 1936, 25.12.   **68**
                                        68

7856.
Nortorfer Zeitung
1951, 28.7. - 1990, 15.12.   **68**
                                        68

NOSSEN

7857.
*Chronikalische Nachrichten von Nossen und
Umgebung*
1886 - 1890   **14**
(1 Ro)   14

7858.
Die Heimat
später: Unsere Heimat
1927, Nr. 1 - 9
1933 - 1939, März (L)   14
(1 Ro)
                                Nos 1

7859.
Wochenblatt für Stadt- und Amtsbezirk Nossen
Sep. 1848?: Anzeiger für Stadt und Amt
Nossen, Siebenlehn und die umliegenden Ortschaften
1.7.1898: Nossener Anzeiger
1.2.1940: Nossener Anzeiger und
Siebenlehn-Nossener Wochenblatt
1848, 25.5. - 1859
1862 - 1871
1873 - 1918, Juni
1919 - 1944   14
(87 Ro)   14
                                Nos 1

NOWOSIBIRSK (RUS)

7860.
Der Landmann
1930, 27.10., 4.12., 8.12.   1w
                                1w

NÜRNBERG

7861.
Allgemeine Handlungszeitung
1818 - 1829   46
(8 Ro)   46

7862.
Alter und newer Schreib-Calender
1643 - 1644
1651 - 1652
1657   24
(1 Ro)   24
Beilage(n):
 Chrysmologium physico-
astronomicum ...
1643 - 1644
1651 - 1652
1657   24
(2 Ro)   24

7863.
Arbeiter-Chronik
(7.4.1888 - 30.9.1893)
1888, 7.4. - 1889, 16.3.   46
(1 Ro)
                                N 28

7864.
Der bayerische Schmied
1968: Der bayerische Metallhandwerker
1972: (in Bad Wörishofen) Der Metallbetrieb
1955 - 1969
1972 - 1974   Kai 1

7865.
Der Bund
1921   M 352

7866.
Deutsche Metall-Arbeiter-Zeitung
1903: Metallarbeiter-Zeitung
Nürnberg/Stuttgart/Berlin
1913 - 1914
1916 - 1924
1926   1
                                1
1891   24
(1 Ro)   24
1883, 15.9. - 1933 (L)   Bo 133
                                Bo 133
                                Bo 414

(14 Ro)
                                Bm 3
                                Dm 11
1883 (L)
1884 - 1889
1890 (L)
1891 - 1918
1919 - 1920 (L)
1921 - 1933   46
1883, 15.9. - 1933   25
                                361
1883, 15.9. - 1887
1889 - 1933   188/211
1903 - 1928, 23.6.   352

7867.
Deutsche Volksbibliothek
1881 - 1883   46
(2 Ro)   46

7868.
Deutsche Volksgesundheit
1934 - 1935 (L)   M 352

7869.
Echo - Deutsche Warte in Bayern
FDP
1946 - 1949   **Gub 1**
1946 - 1949, Aug.   M 352

7870.
Fränkische Tageszeitung
1941: Fränkische Tageszeitung / A
(1.6.1933 - 15.4.1945)
1933, 1.6. - 1945, 15.4.   **Bo 414**
(44 Ro)
     188/211
1934, Nr. 249 - 1945, 15.4. (L)   29
1941 - 1945, 14./15.4.   M 352

7871.
Fränkisches Volk
HA in Bayreuth
1933, 19.4. - 31.5. (L)   **Bo 414**
(1 Ro)
     M 352

7872.
Der Freie Staatsbürger
(20.4.1848 - 11.4.1850)
1848, 1.7. - 1850, 11.4.   **Dm 11**
     Dm 11
     21
     21/32c
     188/211
     Bm 3

7873.
Fürther Demokratisches Wochenblatt
Nürnberg, Fürth
1.1.1874: Social-Demokratisches Wochenblatt
1.10.1874: Nürnberg-Fürther Sozialdemokrat
1.10.1878: Fränkische Tagespost
Fürth, ab 1874 in Nürnberg
(28.10.1871 - 9.3.1933 u. 6.11.1948 -
30.11.1971)
1921, 24.10.   **Dm 11**
(Jubiläumsausg.)   Dm 11
1871, 9.12. - 1884 (L)
1885 - 1933, 9.3.
1946, 1 - 11
1948 - 1956   **Bo 133**
     Bo 133
1871, 9.12. - 1933, 9.3. (L)   Dm 11
1871, 28.10. - 1933, 9.3.   75
1871, 28.10. u. 1873, 24.5.
1893, Nr. 51 - 204
1899 (E)
1913, Nr. 204 - 1914, Nr. 75   B 479

1916, 1.9. - 1919, 6.8.   **GB-LO/N38**
1874 - 1889, 12.10.
1892, 18.10. - 1894, 19.10.
1902, 12.12. - 1903, 15.10.
1908, 9.9. - 1909, 14.6.
1924, 1.2. - 5.11.   12
1871 (E), 1872 (L), 1873
1874 - 1875 (L)   46
1871 - 1875, Juli   352
1877, 2.6. - 1933, 9.3.   188/211

7874.
Hammer und Sichel
KPD Nordbayern
1932, Okt./Nov.   **B 479**
     B 479

7875.
Informationsblatt der Kommunistischen Partei Landesbezirksleitung Bayern
Ausg. Unterfranken / Kommunistische Partei
Bezirk Franken
Vlg. in Zirndorf
1947, 10
1948, 3 - 4   **B 479**
     B 479

7876.
Die Jugendzeitung
1841 - 1844, Nr. 1 (L)   **46**
     46

7877.
Jungsozialistische Blätter
1922 - 1931, Juli   **Bo 414**
(2 Ro)
     M 352
1924, Nr. 2 - 8
1927, Nr. 3 - 1931, Nr. 7 (L)   Bm 3

7878.
Der Korrespondent von und für Deutschland
1848 - 1849   **Dm 11**
     Dm 11
     21/32c
     188/211
1848 - 1849, 12.4.   468
1850 (L)   **B 479**
Beilage(n):
     Abend-Ausgabe
1850, 9 - 345 (L)   **B 479**

7879.
März-Zeitung
Nürnberg, München, Berlin
1897 in Nürnberg, 1898 in München, 1899 in
Berlin
1897 - 1899   **MFA**
(1 Ro)
     Dm 11

7880.
Mitteilungen der Freien Demokratischen
Partei
Landesverband Bayern
1946, 7.8. - 1948, Mai   M 352

7881.
Mittelfränkische Zeitung für Recht,
Freiheit und Vaterland
1.4.1850: Fränkischer Kurier
(1.1.1846 - 31.8.1944)
1848 - 1849   **Dm 11**
(3 Ro)
1850, 3.1. - 1854, 30.6.
1855 - 1898
1899, März - 1912, Aug.
1913, 1.7. - 1944, 31.8.   **MFA**
(225 Ro)
     75
1850 u. 1890, Jan.   12
1848 - 1849   21
     188/211
1848 - 1849
1917, Nov. - 1944, 31.8.   Dm 11
1854, Juli - Dez.
1899, Jan. - Feb.
1900, Jan. u. 1912, Aug.   N 27
1850 - 1854, 30.6.
1855 - 1912   N 28

7882.
Neue Nürnbergische gelehrte Zeitung
1790 - 1795   **46**
(6 Ro)   46
     703

7883.
Das Neue Volk
1930/31   **31**
(1 Ro)   31

7884.
Nürnberger Abendpost
Samstagabendausg. v. Fränkische Tagespost
1924, 1.11. - 20.12.   Bo 133

7885.
Nürnberger Abendzeitung
1863 - 1864   **MFA**
1863 - 1865   75

7886.
Nürnberger Anzeiger
1971, 4.2. - 2002   **MFA**
1998 - 2001   N 28

7887.
Nürnberger Nachrichten / A
Ausg. A = Abonnementausg.
(11.10.1945 ff.)
1945, 11.10. - 1947
1950 - 1960
1968 ff.   **101b**
(ca. 11 Ro/Jg)   101b
1958 - 1968, 1.1.
1971 - 1987   **MFA**
1950 - 1960
1968 - 1984   46
1945, 8.12. - 1946 (L)   GB-
1948, 14.1. - 1952, 29.11. (L)   LO/N38
1992 - 1997   101a
1968 ff.   281
1947, 6.12. - 1949
1958 - 1961, 1.3.
1963, 2.9. - 1968, 1.1.
1978 ff.   Dm 11
1948 - 1950
1961 ff.   N 28
1945, 11.10. - 2002   75
1961 - 1963, Aug.   12
1970 - 1982   29

7888.
Nürnberger Nachrichten / B
Ausg. B (1. Andruck / Fernausg.)
1971, 1.4. - 2008   **MFA**

7889.
Nürnberger Stadtanzeiger
2002, 3.7. - 2009, 30.6.   **MFA**
(13 Ro)

7890.
Nürnberger Tagblatt
(1.7.1848 - 2.4.1850)
1848, 1.7. - 30.12.   **Dm 11**
(1 Ro)   Dm 11
     21/32c
     468
     188/211

7891.
Nürnberger Zeitung / A
Stadtausg.
1949, 30.7. - 1953, 31.12.   **MFA**
(12 Ro)
   12
   N 1
   75

7892.
Nürnberger Zeitung / B
(1882 - 31.8.1944 u. 30.7.1949 ff.)
1976 ff.   **101b**
(ca. 12 Ro/Jg)   101b
1949, 30.7. - 1975   **MFA**
(161 Ro)
1992 - 1997   101a
1949, 30.7. ff.   N 28
1949, 30.7. - 1953, 15.10.
1973, 2.7. - 1975   12
1953, 10 - 1973, 6   Bo 153
Beilage(n):
Sonntags-NZ
1934
1936 - 1938   **Dm 11**
(1 Ro)   Dm 11

7893.
Nürnbergische wöchentliche Frag- und An-
zeige-Nachrichten
13.1.1795: Nürnbergische Frage- und Anzeige-
Nachrichten
1796
1801 - 1805   **MFA**
(3 Ro)
1748 - 1800   75

7894.
Der patriotische Medicus
1724, 6.11. - 1727, 28.4.   46
1724, Nr. 1 - 63   18

7895.
Reichs-Flagge
1924, März - 1931, 10.9. (L)   **MFA**
(2 Ro)
   Dm 11

7896.
Der Schuhmacher
1922 - 1933, 18   Bo 133

Beilage(n):
Betriebsräte-Rundschau
1920 - 1933   Bo 133
Mitteilungsblatt für die Arbeiter
und Arbeiterinnen der Schuhin-
dustrie
1933   Bo 133

7897.
Senefelder-Bund
1874 - 1880   **46**

7898.
Stars and Stripes
1945, 12.4. u. 6.5.   Dm 11

7899.
Der Stürmer
1935 - 1938   **1**
1923, Mai - 1945, 22.2.   **Bo 414**
(8 Ro)
   29
   180
   21
   24
   25
   20
   352
   Bo 153
   705
   35
   31
   46
   75
   213
   706
   715
   B 724
   Bo 133
   Dm 11
   H 250
   Kn 125
   Kn 168
   Lün 4
   M 352
   1
   188/211
   6
   464
   468
   GB-
   LO/N38

7900.
Teutscher Kriegs-Courier
[...]
5.5.1842: Nürnberger Kurier
1.7.1854: Friedens- und Kriegs-Courier
23.8.1854: Nürnberger Friedens- und
Kriegs-Kurier
4.4.1858: Nürnberger Kurier
(9.9.1673 - 12.4.1853 u. 1.5.1854 - 13.9.1862)

1673, 9.9. - 1677	
1679 - 1681	
1682 (E)	
1683 - 1688	
1689 (E)	
1697 - 1698	
1717 (E)	
1748, 1753, 1755, 1757	
1759 - 1762, 13.9.	**46**
(33 Ro)	46
1780, 14.8. - 1825 (L)	
1828 - 1862 (LL)	**MFA**
(89 Ro)	
1848, Jan. - Juni	
1849, Jan. - 9.10.	**Dm 11**
(2 Ro)	Dm 11
	188/211
1709, 19.3. u. 1717, 25.11.	N 28
1780, 14.8. - 1825 (L)	
1828 - 1862 (LL)	75

Beilage(n):
Wochentliche Neu-Curieuse
Ordinari-Zeitungen von unter-
schiedlichen Orten[...]

1687 (L)	46

7901.
Verbesserter und neuer Zeit- und Wunder-Calender

1773	**24**
(1 Ro)	24

Beilage(n):
Astrologische Zeit- und Wunder-
Practica

1773	**24**
(1 Ro)	24

7902.
Der Volkslehrer

1787	**46**
(1 Ro)	46

7903.
Die Zigeunerin

1765, 2.10. - 1766, 20.2. (MPF)	24

NÜRTINGEN

7904.
Nürtinger Kreisnachrichten

1950, 4.3. - 1960	**24**
(22 Ro)	24
	Nrt 1

7905.
Nürtinger Zeitung

1978 ff.	**101b**
(ca. 7 Ro/Jg)	101b
1992 - 1997	101a
1987 ff.	Ess 6

7906.
Stuttgarter Nachrichten / Nürtingen
HA in Stuttgart

1948, 1.11. - 1951, 30.4.	**24**
(6 Ro)	24
	Nrt 1
	Ess 6

7907.
Stuttgarter Zeitung <Nürtingen>
HA in Stuttgart

1948, 3.4. - 1949, 31.10.	**24**
(2 Ro)	24
	Nrt 1
	Ess 6

OBER-GLOGAU (GLOGÓWEK, PL)

7908.
Pieron

1.1920 - 2.1921,14	Mb 50

OBERAMMERGAU

7909.
Ammergauer Zeitung

1907 - 1909	**12**
(2 Ro)	

OBERCUNNERSDORF

7910.
*Nachrichten für Ober- und Niedercunners-
dorf und die angrenzenden Ortschaften*
Obercunnersdorf, Niedercunnersdorf
Vlg. in Obercunnersdorf

1933	**14**
(3 Ro)	14
	Lö 4

OBEREHNHEIM (OBERNAI, F)

7911.
Oberehnheimer Anzeiger
1893, Nov. - 1913, Apr.
1914, Jan. - Aug.   **ACRPP**

OBERHAUSEN

7912.
General-Anzeiger
UT: für Groß-Oberhausen und das nordwestli-
che Industrie-Gebiet
1958, 3.1. - 1960 (L)   **Dm 11**
(7 Ro, nur Lokalteil)
1949, 1.11. - 1950, 30.6.
1955, 1.7. - 30.9.
1956, 6.10.   **MFA**
(3 Ro)
1907
1910, Aug. - Sep.
1911, Jan. - März
1911, Juli - 1923, 30.9.
1958 - 1960 (L)   **Ob 3**
1949, 1.11. - 1950, 30.6.
1955, 1.7. - 30.9.
1956, 6.10.
1958, 3.1. - 1960 (L)   **Dm 11**

7913.
Neueste Nachrichten
Oberhausen, Duisburg
1929, 2.10. - 1932   **MFA**
(11 Ro)
                                     Dm 11
                                     Ob 3

7914.
Ruhr- und Emscherzeitung
Vbg.: Oberhausen, Bottrop
1932, 1.10. - 31.12.
1933, 1.7. - 31.12.   **MFA**
(3 Ro)
                                     Dm 11

7915.
Ruhrwacht
Feb. 1934 - 1941: Der neue Tag / A
Ausg. A = Groß-Oberhausen
1921, 8.5. - 1926, 4.12. (E)
1927, 1.1. - 31.3.
1933, 12.2. u. 1.4. - 30.6. (L)   **MFA**

1933, 6.10. - 31.12.
1934, 1.10. - 31.12.
1949, 14.10. - 1956, 29.9.
1957, 2.1. - 30.3.
1966, 19.11. - 1967   **MFA**
(42 Ro)
1921 - 1926 (E)
1927, 1.1. - 31.3.
1933, 12.2. u. 1.4. - 30.6. (L)
1933, 6.10. - 31.12.
1934, 1.10. - 30.12.
1950, 2.1. - 30.9.
1951 - 1954, 31.3.
1954, 1.7. - 1956, 29.9.
1957, 2.1. - 30.3.   **Dm 11**
1949, 14.10. - 1956, 29.9.
1957, 2.1. - 30.3.
1966, 19.11. - 1967   6
1925, 1.7. - 31.8.
1949, Okt. - 1951, 28.2.
1954, Apr. - Juni   **Ob 3**
1966, 19.11. - 1967   5

7916.
*Westdeutsche Allgemeine (WAZ) / Oberhau-
sen*
HA in Essen
1977 ff.   **101b**
(ca. 10 Ro/Jg)   101b
1992 - 1997   101a
1978 - 1982
1986, Aug.
1987, Feb.
1983 - 2000
2002 - 2008   **Ob 3**

OBERKIRCH

7917.
Acher-Rench-Zeitung
1983, 1.6. ff.   **101b**
(ca. 10 Ro/Jg)   101b
1992 - 1997   101a
1986 ff.   31

7918.
Renchtäler Zeitung
1942, 2.9. - 1943, 31.3.   31

OBERKOTZAU

7919.
Anzeiger von Oberkotzau
1.10.1910: Oberkotzauer Zeitung
1908, 18.7.
1910 - 1914
1919, 16.10. - 1927, 12.9.
1929 - 1939
1951, 24.8. - 1970   **Hf 1**
(22 Ro)   Hf 1

OBERNDORF A. NECKAR

7920.
Oberschwäbische Post
30.9.1950: Schwarzwälder Bote / Oberschwaben
BA v. Schwarzwälder Post/Schwarzwälder
Bote, Oberndorf
1949, 4.1. - 1956, 23.9.   **24**
(16 Ro)   24

7921.
Schwabenecho
Oberndorf a. Neckar, Balingen
Vlg. ab 8.1.1949 in Balingen
1947, 1.8. - 1949   **Gub 1**
1948, 5.8. - 1948, 23.1.   GB-
1949, 8.1. - 24.2.   LO/N38

7922.
Schwarzwälder Bote
30.8.1945 - 29.9.1945: Oberndorfer Nachrichten
bis 1950: Schwarzwälder Post
weiter als: Schwarzwälder Bote / R 1
Ausg. Oberndorf, Schramberg u.a.
1835 - 1945, 17.4. (110 Ro)
1945, 30.8. - 1960, 30.6.
1973, 2.7. - 1974, 30.6.   **24**
(87 Ro)
1969 ff.   **101b**
(9 Ro/Jg)   101b
1960, 1.7. - 1963   **MFA**
(17 Ro)
1950, 12.10. ff.   21
1945, 9.10. - 1946, 28.5.
1946, 31.10. - 1947, 4.3. (E)   GB-
1947, 1.4. - 1951, 7.7. (L)   LO/N38
(unterschiedliche Ausgaben)

1835, 3.1. - 1945, 17.4.
1945, 2.10. - 1963
1973, 2.7. - 1974, 30.6.
1984 ff.   24
1969 ff.   31
1992 - 1997   101a
1976 - 1981   Vil 5

7923.
Schwarzwälder Bote / B 4
Ausg. Ortenaukreis, Kinzigtal
HA in Oberndorf a. Neckar
1973, 2.7. - 1979   **24**
(38 Ro)   24

OBERNKIRCHEN

7924.
Obernkirchener Anzeiger
1898, 6.7. - 1939, 30.10. (L)   **4**
(24 Ro)   4
         34
1898, 6.7. - 28.12. (E)
1899 - 1915
1920 - 1929
1931 - 1939, 30.10.   Dm 11
1898, 6.7. - 1899
1901 - 1912
1914 - 1920
1922 - 1927
1929 - 1931
1933, 1935, 1938
1944, 1945 (L)   1811-
1949 - 1950 (L)   BU

OBERRÖBLINGEN

7925.
Wir / BKW Oberröblingen
1950, 15.5. - 1956, 28.8. (L)   **3**
(1 Ro)   3
         Dm 11

OBERURSEL

7926.
Anzeigenblatt
26.7.1949: Taunus-Anzeiger
1948, 2.9. - 1949, 26.7. (L)
1950 - 1969   **MFA**
(34 Ro, Beilagen mitverfilmt)
         Obl 2

OCHSENFURT

7927.
Ochsenfurter Stadt- und Landbote
3.1944, 18.7. (Nr. 166) GB-
LO/N38

OCHSENHAUSEN

7928.
Der Rottumbote
1934: Verbo
1900, 4.1. - 1936 24
(21 Ro) 24
1900 - 1934, 10.8. 1135

ODERWITZ

7929.
Oderwitzer Zeitung
Vlg. in [Oderwitz-] Oberoderwitz
1932, 1.1. - 30.6.
1933, 1.7. - 30.12. 14
(4 Ro) 14
Lö 4

ODESSA (UA)

7930.
Nachrichten für die deutschen Kolonisten
Deutsche Gruppe der Ukrainischen Kommunistischen Partei
1919, 11.7. B 479

7931.
Odessaer Zeitung
1890, 15.1. - 2.5.
1897, 13.1. - 1900, 12.1.
1902, 14.1. - 1905, 14.10.
1906, 6.2. - 1907, 26,12,
1908, 22.1. - 1913, 12.1.
1913, 13.4. - 1914, 8.11. 212
(17 Ro) 212

7932.
Unzer Leben
jiddisch, hebr. Schrift
1907 (L) 25

ÖDENBURG (SOPRON, H)

7933.
Ödenburger Zeitung
1922, 11.10. - 1924
1926 - 1941, 31.3. **212**
(22 Ro)

OEDERAN

7934.
Oederaner Wochenblatt
11.3.1917: Oederaner Tageblatt
Pfingsten 1941: Heimat-Zeitung
1840 - 1943 **14**
(94 Ro) 14
Odr 1

ÖHRINGEN

7935.
Hohenloher Zeitung
seit 1.7.1974 BA v. Heilbronner Stimme
1968 ff. **101b**
(ca. 9 Ro/Jg) 101b
1992 - 1997 101a

OELDE

7936.
Die Glocke
UT zeitweise: Ahlener Tageblatt, Beckumer
Zeitung, Gütersloher Volkszeitung, Warendorfer Tageblatt, Wiedenbrücker Zeitung (Ausg.
A, B, D)
1976 ff. **101b**
(ca. 8 Ro/Jg) 101b
1958 - 1960, 19.10.
1960, 10.11. - 1961, 17.2.
1961, 3.5. - 1980, 24.2.
1980, 21.5. - 30.12. **Dm 11**
1927, 1.7. - 30.9.
1929, 2.1. - 30.9
1930, 1.4. - 30.6.
1931, 1.4. - 1932, 31.3.
1932, 1.7. - 31.12.
1933, 1.4. - 1934, 30.9.
1935, 2.1. - 31.3. u. 1.7. - 30.9.
1949, 2.11. - 1957
1960, 18.10. - 9.11.
1961, 18.2. - 1.5.
1951 - 1980 (E)
(25 MF = 45 DF, teils Ausg. **MFA**
A/B/D)

1992 - 1997	101a
1936 - 1944	810
1927, 1.7. - 30.9.	
1929, 2.1. - 30.9.	
1930, 1.4. - 30.6.	
1931, 1.4. - 1932, 31.3.	
1932, 1.7. - 31.12.	
1933, 1.4. - 1934, 30.9.	
1935, 2.1. - 31.3. u. 1.7. - 30.9.	
1949, 2.11. ff.	Dm 11
(anfangs teils Ausg. A/B/D)	
1960, 18.10. - 9.11.	
1961, 18.2. - 2.5.	6

7937.
Die Glocke am Sonntag

1927, Nov. - 1942, Juni	810
1928, 22.9. - 1932 (MPF)	Gtl 1

7938.
Neue Westfälische Zeitung
Nachrichtenblatt der alliierten Militärbehörde
(19.5.1945 - 30.7.1946)

1945, 1.6. - 1946, 28.6. (L)	
(unterschiedliche Lokalausg.,	**Bo 414**
Inhaltsverz., 2 Ro)	
	Bi 5
	M 352
1945, 1.6. - 1946, 2.4.	61
1945, 1.6. - 1946, 2.6.	466
1945, 19.5. - 1946, 30.7.	GB-LO/N38

OELS (OLEŚNICA, PL)

7939.
Communalanzeiger für die Städte im Regierungsbezirk Breslau, Liegnitz und Oppeln
Nr. 2, 1855: Communalanzeiger für die Städte im Regierungsbezirk Breslau, Bromberg, Liegnitz, Oppeln und Posen

1854 - 1866	**1w**
(1Ro)	1w
	Dm 11

7940.
Freie Blätter

1848, 9.6. - 1849	**1w**
(1 Ro)	1w
	Dm 11

7941.
Intelligenzblatt für die Städte Kempen, Schildberg, Grabow, Mixstadt und Baranow
Vlg. in Oels

1860, 10.1. - 1866, 25.9.	**1w**
(1 Ro)	1w
	Dm 11

7942.
Intelligenzblatt für die Städte Oels, Bernstadt, Juliusburg, Hunsfeld und Festenberg

1856 - 1859	**1w**
(1 Ro)	1w
	Dm 11

7943.
Lokomotive an der Oder

1862 - 1864	
1866, 1871 (L), 1876	
1878, 1882 (L), 1883	**1w**
(7 Ro)	1w
	Dm 11

7944.
Miscellanea literaria de Quibudam ineditis Historiae Silesiae Scriptoribus ac Operibus

1712 - 1717	Gö 169

7945.
Obrigkeitliche Bekanntmachungen

1846	**1w**
(1 Ro)	1w
	Dm 11

7946.
Oelser Kreisblatt

1877 - 1879	
1881	
1886 - 1895	
1897	
1900 - 1907	
1910 - 1911 (L)	
1914 - 1917	
1921 - 1923	
1929 - 1932	**1w**
(11 Ro)	1w
	Dm 11

7947.
Wochenblatt für das Fürstenthum Oels
15.6.1849: Abendzeitung
4.10.1850: Wochenblatt für das Fürstenthum
Oels
1834, 1.2. - 22.3. (L)
1834, 7.6. - 1850 (L)   1w
(1 Ro)   1w
                                         Dm 11

OELSNITZ

7948.
Freie Presse
HA in Chemnitz/Karl-Marx-Stadt
s.a. Ausg. Oberes Vogtland, Klingenthal
1971 - 1990, 31.8. (L)
1994, 6.4. - 1995, 27.10.   14
(nur Lokalteil)

7949.
Freie Presse / Oelsnitz-Lugau
HA in Chemnitz/Karl-Marx-Stadt
1950, 1.7. - 1952, 14.8. (MPF)   14
(nur Lokalteil)

7950.
Freie Presse / Oelsnitz-Vogtland
HA in Chemnitz/Karl-Marx-Stadt
1971 - 1990, 31.8. (L))   14
(nur Lokalteil)

7951.
Lugau-Oelsnitzer Volksbote
3.7.1872: Oelsnitzer Volksbote
4.2.1897: Oelsnitzer Volksbote und Anzeiger
für das Oelsnitz-Lugauer Kohlenrevier
24.4.1909: Oelsnitzer Volksbote und Tageblatt
1.1.1915: Oelsnitzer Volksbote
6.1.1940: Oelsnitzer Volksbote und Har-
tensteiner Zeitung
1864, 26.3. - Dez.
1867 - 1941, Juni (L)
1942
1945, 2.1. - 18.4. u. 27.4. - 12.5.
1945, 17.5. - 18.7.   14
                                          14

Beilage(n):
Die Illustrierte des Oelsnitzer
Volksboten
1930, 1 - 5
1931 - 1932   14
1938, 9.1. - 1.5.   14
Sonntags-Beilage zum Oelsnit-
zer Volksboten   14
1875, 4.4. - 1878, 8.12.   14

7952.
Union der Hand- und Kopfarbeiter Deutsch-
lands (Räteorganisation)
Oelsnitz, Zwickau, Borna b. Leipzig
Vlg. in Oelsnitz
1923, 3. Sonderausg.   B 479
                                         B 479

7953.
Vogtland-Anzeiger/Vogtlandpost
BA d. Frankenpost, Hof
1994 - 2000   Hf 1
(ab 1996 15 Ro)   Hf 1

OETTINGEN

7954.
Continuation der Augspurger (Nürnberger)
Zeitung
1627 - 1631   Dm 11

OEVERSEE

7955.
Unser Blatt
1928 - 1933   8
(1 Ro)   8

BAD OEYNHAUSEN

7956.
Bad Oeynhauser Anzeiger und Tageblatt
Bad Oeynhausen, Rheme
1911, 29.7. (MPF)
1912 - 1936 (MPF)
1937, Apr. - 1942, Juni (MPF)
1942, Okt. - 1943, 31.3. (MPF)   489
                                         Onh 1

7957.
Freie Presse
HA in Bielefeld
Bad Oeynhausen, Rheme, Löhne
1952, 3.6. - 1967, 1.7. (L)   6
                                           6

7958.
Lokal-Anzeiger für Bad Oeynhausen. Amt
Rehme und Umgegend
1932, 1.4. - 30.4.   MFA
(1 Ro)
                                         Dm 11

7959.
Neue Westfälische
HA in Bielefeld
1992 - 2002, 30.6.   6

7960.
Westfalenblatt
HA in Bielefeld
1951 - 1970   6
                                 6

OFFENBACH

7961.
Der Arbeiter-Radfahrer
1895/96 - 1902 (L)   Bo 133

7962.
Bürgeler Nachrichten
(Offenbach-) Bürgel, Fechenheim
1900, 4.4. - 1902, 30.6. (L)   4
(2 Ro)   4
                                 34

7963.
Frankfurter Rundschau / Offenbach Stadt u.
Kreis
Offenbach, Groß-Gerau, Darmstadt, Dieburg
30.5.2007: Frankfurter Rundschau / R 3
Vlg. in Frankfurt/M.
2004 - 2008   **MFA**
(11 Ro)

7964.
Der Kommunist
1921 (E)   **B 479**
                                 B 479

7965.
Neue Offenbacher Tageszeitung
1.10.1876: Neue Offenbacher Zeitung
23.10.1878: Offenbacher Tageblatt
1.1.1886: Offenbacher Abendblatt
(24.12.1874 - 17.5.1933)
1875 - 1923   460
1890 u. 1892
1894 - 1898
1902
1910, 3.1. - 1933, 2.5. (L)   Bo 133
(F: 1931, 17. - 30.6.)
                                Dm 11
1912
1914 - 1915
1918
1920 - 1933, 2.5.   Of 3

7966.
Offenbach-Post
(3.6.1947 ff.)
1947, 3.6. - 1957, 29.6.
1959 - 1963
1964, 1.4. - 1965, März
1965, Juli ff.   **101b**
(ca. 10 Ro/Jg, bis 1968 71 Ro) 101b
1947, 3.6. - 1957, 30.6.
1959 - 1963
1964, 1.4. - 1965, 31.3.
1965, 1.7. - 1968   17
1948, 1.10. - 1952, 29.11. (LL) GB-
                                 LO/N38
1992 - 1997   101a
1957, 1.7. - 1958
1960, 2.1. - 30.6.
1964, 2.1. - 31.3.
1965, 1.4. - 30.6.   Of 3

7967.
Offenbacher Nachrichten
BA v. Hessische Landeszeitung, Darmstadt
1932, 29.5. - 1933   Of 3

7968.
Offenbacher Zeitung
1879 (L)   Bo 133
1944, 10.5. - 1945, 28.2. (LL) GB-
                                 LO/N38
1873 - 1875
1879
1887 - 1888
1903, Jan. - Juni
1905, Mai - Aug.
1909, Juli - Dez.
1912, Juli - Dez.
1917 - 1918, 29.6. (L)
1920, Feb. - Juni
1921, Juli - Dez.
1923, Juli - 1924, Apr.
1924, Sep. - Dez.
1925, Sep. - Dez.
1926, 1.7. - 1927, Juni
1928 - 1929, Apr.
1930, Juli - Dez.
1931, Sep. - 1932
1934, Apr.
1936, Jan. - Mai
1936, Sep. - 1937, Aug.
1938, Jan. - Aug.
1941 - 1944   Of 3
Beilage(n):
Feierabend
1920, 4.12. - 1927   17

Für unsere Kleinen
1907 - 1914   17

7969.
Die Staatsbürgerin
1886, 3.1. - 13.6.   **46**

7970.
Volksrecht
KPO
1929 - 1930   **B 479**
    B 479
1928 - 1930 (L)   460
    Bo 133

OFFENBURG

7971.
Acherner Zeitung
1951, 3.1. - 1964, 17.4.
1965, 20.2. - 1979, 30.9.   31
(55 Ro)   31

7972.
D'r Alt Offeburger
1899, 2.2. - 1933, 18.3.   Ofb 3

7973.
Badener Tagblatt
HA in Baden-Baden
24.12.1948: Badisches Tagblatt
HA in Baden-Baden
1947, 16.5. - 1979, 30.11.   31
(72 Ro)   31

7974.
Badische Post
1949, 3.12. - 1950, 9.12.   31

7975.
Badische Volkszeitung
HA in Karlsruhe
1956 - 1968, 31.5.   31
    31

7976.
Der Führer
HA in Karlsruhe
1932, 9.1. - 1944, 8.11.   Ofb 3

7977.
Offenburger Tageblatt / A
Ausg. Ortenauer Bote, Offenburger Zeitung
1959, 30.4. ff.   31

7978.
Offenburger Tageblatt / B
Ausg. Anzeiger vom Kinzigtal
1942, 2.9. - 1943, 31.3.
1951, 3.1. - 1975   31

7979.
Ortenauer Heimatblatt
1958, 27.11. - 1965   Ofb 3

7980.
Ortenauer Rundschau
1933, 1.4. - 1940
1953 - 1958, 26.10.   Ofb 3

7981.
Ortenauer Zeitung
1945, 9.10. - 1947, 13.5.   **MFA**
(1 Ro)
    Kh 2
1945, 8.10. - 1946, 10.12. (LL)   GB-
    LO/N38

7982.
Parlaments- und Gerichtszeitung
1887, 2.3. - 9.3.   25

7983.
Portefeuiller Zeitung
1901, 19.1. - 1909, 26.6.   **46**

7984.
Der Rheinbote
Offenburg, Karlsruhe
6.7.1888: Offenburger Nachrichten
4.1.1889: Südwestdeutsches Volksblatt
3.10.1890: Volksfreund
7.8.1891: Süddeutsches Volksblatt
4.10.1891: Volksfreund
1881, 1.1. - 12.4.
1887, 1.7. - 1889, 28.9.   25
1881, 1.1. - 12.4.
1889, 4.1. - 28.9.   Bo 133

7985.
Südwestdeutsche Volkszeitung für christliche Politik und Kultur / O
HA in Freiburg, Br.
CDU
1947, 1.3. - 1949, 14.10. (L)   **31**
    31

7986.
Die Sürag
1927, 6.3. - 1941, 25.5.
1950 - 1951   **MFA**
(15 Ro)
            Dm 11
1929, Mai - 1941   F 228

7987.
Unser Tag
Offenburg, Freiburg, Br., Ludwigshafen
Vlg. ab 8.1.1949 in Freiburg, Br.
vom 4.11.1950 in Ludwigshafen
Verbot v. 12.8. - 4.11.1950
KPD
1947, 15.8. - 12.9. (L)
1949, 8.1. - 1951, 31.5. (L)   GB-
1951, 4.8. - 29.9. (L)   LO/N38

7988.
Wochenblatt für Offenburg und Lahr
1816: Offenburger Wochenblatt
4.1.1839: Wochenblatt
4.6.1839: Wochenblatt für die Amtsbezirke
Offenburg, Oberkirch, Achern, Rheinbischofs-
heim, Kork, Gengenbach, Haslach und Wol-
fach
3.1.1851: Der Ortenauer Bote
1.10.1913: Offenburger Tageblatt
(Sep. 1811? - 31.8.1944 u. 1.10.1949 ff.)
1816 - 1837
1839 - 1842
1844
1847 - 1866
1869 - 1871   **31**
(15 Ro)   31
1976 ff.   **101b**
(ca. 9 Ro/Jg)   101b
1848 - 1849   **Dm 11**
(1 Ro)
             21
             25
         188/211
1992 - 1997   101a
1819, 16.1. - 1944, 31.8.
1949, 1.10. - 1950   Dm 11
            Ofb 3

OHLAU (OLAWA, PL)

7989.
Allgemeines Volksblatt
1852   **1w**
(1 Ro)   1w
        Dm 11

7990.
Ohlauer Kreisblatt
1909?: Ohlauer Kreis- und Stadtblatt
1912?: Ohlauer Kreisblatt
1831 - 1836
1840 - 1846
1852 - 1859
1909 u. 1912
1923 - 1927 (L)   **1w**
(6 Ro)   1w
        Dm 11

OHRDRUF

7991.
*Neue Tageszeitung für Ohrdruf und Umge-
bung*
1915, 25.2. - 2.3.   **Bo 133**
         Bo 133
Beilage(n):
 Unterhaltungsbeilage
1915, 28.2.   Bo 133

OLDENBURG/HOLST.

7992.
Lübecker Nachrichten
Ausg. Ostholsteiner Nachrichten
1977 ff.   **101b**
(ca. 9 Ro/Jg)   101b
1992 - 1997   101a

7993.
Wagrisches Wochenblatt
1.1.1837: Wagrisch-Fehmarnsche Blätter
1828 - 1831
1837 - 1841
1844 - 1859
1861 - 1913
1915 - 1918
1919, 1.7. - 1927, 30.6.
1929, 11.1. - 1932, 30.6.
1933, 1.1. - 27.6.
1933, 16.7. - 1942
1944 - 1945, 30.4.   **68**
         68
        Dm 11

OLDENBURG/OLDBG.

7994.
Der Beobachter
1848, 4.1. - 1856, 23.5.   Dm 11

7995.
Blätter vermischten Inhalts
1787 - 1788 (MPF)
1790 - 1792 (MPF)
1797 (MPF) **46**
1787 - 1788 (MPF)
1790 - 1792 (MPF)
1794 (MPF) **46**

7996.
Humoristische Blätter
1838 - 1841 **46**
(2 Ro)

7997.
Nachrichten für Stadt und Land
1928 - 1933 46
1900 - 1943 490
Beilage(n):
Aus der Heimat
1928 - 1930, Nov. 46
Jugend heraus
1928 - 1932, Jan. 46
Oldenburger Blätter für Heimatkunde Heimatschutz
1928 - 1930 46
Oldenburger Landwirt
1928 - 1933 46
Unterhaltung und Wissen
1928 - 1933 46

7998.
Neue Blätter für Stadt und Land
(4.1.1843 - 28.12.1851)
1843 - 1851 **Dm 11**
(2 Ro) Dm 11
1848 - 1851 21/32c

7999.
Neue Oldenburger Presse
6.7.1945: Nordwest-Nachrichten
(2.6.1945 - 19.4.1946)
1946, Jan. - 19.4. 490
1945, 6.7. - 1946, 24.4. GB-
LO/N38

8000.
Neues Oldenburger Tageblatt
1945, 6.6. - 1946, 31.5. 490
1945, 8.6. - 1946, 1.6. (L) GB-
LO/N38

8001.
Nordwest-Zeitung
(26.4.1946 ff.)

1969 ff. **101b**
(ca. 13 Ro/Jg)
715
1946, 26.4. - 1947, 13.11.
1947, 16.12. GB-
1948, 3.8. - 1952, 29.11. (L) LO/N38
1982 ff. 45
1992 - 1997 101a
1946, 26.4. - 1959 490
1946, 26.4. - 1949
1960 ff. 101b

8002.
Oldenburger Zeitung
(1.1.1848 - 30.3.1893)
1848 **Dm 11**
(1 Ro) Dm 11
21/32c
468
Wit 2

8003.
Oldenburgische Staatszeitung
1943 - 1945, 3.5. 490

8004.
Der Oldenburgische Volksfreund
(3.1.1849 - 30.6.1852)
1849 - 1852, 30.6. **Dm 11**
(1 Ro) Dm 11
468
Wit 2
21

OLDENZAAL (NL)

8005.
Der Deutsche Weg
Katholische Wochenzeitung
(12.8.1934 - 5.5.1940)
1934, 12.8. - 1940, 5.5. **Dm 11**
(3 Ro) Dm 11
1935 824
1935 - 1940, 5.5. 188/211
1935, 6.1. - 1940, 5.5. M 352

BAD OLDESLOE

8006.
Kreisblatt für Stormarn
1913 - 1914 68

8007.
Oldesloer Tageblatt
1913, 1.4. - 1914, 31.3. **68**
68

8008.
Reinfelder Nachrichten
1913, 16.4. - 30.6.   68
                                   68

8009.
Stormarner Tageblatt
auch: Oldesloer Landbote
Oldesloer Wochenblatt
1839 - 1848
1851 - 1852
1854 - 1855
1857 - 1859
1862 - 1863
1865 - 1866
1869 - 1877
1879 - 1940
1943
1949 - 1993, Apr.   68
(nur z.T. MF)   68

8010.
Stormarnische Heimatblätter
1924 - 1937   68
                                 68

OLMÜTZ (OLOMOUC, CZ)

8011.
Deutsche Zeitung
1920, 3.8. - 1933   212
(33 Ro)

8012.
Völkerbund
1920, 23.4. - 26.12. (L)
1921, 9.1. - 21.12. (L)
1922, 4.1. - 26.4.   212
(1 Ro)

OLPE

8013.
Olper Kreis-Blatt <1842>
23.12.1874: Olper Intelligenz-Blatt
4.3.1876: Sauerländisches Volksblatt
Aug. 1945: Olper Kreis-Blatt
Sep. 1949: Sauerländisches Volksblatt
1842, 19.2. - 25.6.
1843, 14.1. - 1846
1847, 15.5.
1848, 11.11.   MFA

1849, 11.7. - 1854, 22.7.
1855 - 1858, 24.7.
1859, 12.3. - 1860
1861, 30.3. - 1862, 6.9.
1863 - 1868, 24.12.
1869, 20.2. - 11.9.
1870 u. 1871
1873 - 1878
1879, 19.2. - 1903
1905 - 1941, 1.6.
1945, 11.8. - 1947, 29.3.
1949, 3.9. - 1979, 29.9.   MFA
(145 Ro)
                                Olp 1
1842, 19.2. - 1871 (L)
1873 - 1903 (L)
1905 - 1941 (L)
1949, 3.9. - 1979, 27.9. (L)   6
1842, 19.2. - 1957, 5.2. (L)   467
1949, 2.11. - 1960   Dm 11

8014.
Westfälische Rundschau / O
Ausg. Kreis Olpe
HA in Dortmund
1990 ff.   101b
(ca. 10 Ro/Jg)   101b
                                   6
1992 - 1997   101a

8015.
Westfalenpost / G
Zeitung für Olpe, Wenden u. Drolshagen
HA in Hagen
1993 ff.   101b
                                101b
1951, 5.7. - 1967, 30.6.   6
1951, 5.7. - 1967, 30.6.
1993 ff.   6
1993 - 1997   101a

OMAHA, NE (USA)

8016.
Amerika Herold und Sonntagspost
Forts.: Amerika-Woche, Chicago
1979 - 1982, 9.4.   212

8017.
Cincinnati-Kurier
Forts.: Amerika-Woche, Chicago
(4.1.1966 ff.)
1971 - 1982   212
1971
1974, 24.3. - 1981, 26.6.   212

8018.
Freie Presse und wöchentliche Tribüne
1923, 29.3. - 1926, 18.8. (L)   212
(2 Ro)   212
                                     Dm 11

8019.
Sonntagsblatt der Volkszeitung Tribüne
1933, 1.1. - 26.3.
1950, 17.9. - 1954, 17.1.
1958, 7.10. - 28.12.   212
(4 Ro)   212
1933, 1.1. - 26.3.   Dm 11

8020.
Sonntagspost
Omaha, NE (USA), Winona, MN (USA)
anfangs i. Winona
1950, 19.11. - 1961, 12.3.
1961, 19.5. - 1968
1969, 27.7. - 1979   212
1950, 19.11. - 1961, 12.3.
1961, 19.5. - 1968
1969, 27.7. - 1972, 19.3.
1973, 1.4. - 1978, 16.4.   212

8021.
Der Staats-Anzeiger
1968, 26.1. - 29.3.   212
(1 Ro)   212

8022.
Tägliche Omaha-Tribüne / Sonntagsblatt
1926, 5.9. - 1927, 2.1.
1933, 1.1. - 26.3.   Dm 11

8023.
Tägliche Omaha-Tribüne / Wochenblatt
1926, 2.9. - 30.12.   Dm 11

8024.
Volkszeitung Tribüne
14.3.1912: Tägliche Omaha Tribüne
(Aug. 1883 ff.)
Forts.: Amerika-Woche, Chicago
Sonntagsblatt: s. separate Aufnahme
1922, 4.4. - 1928, 10.10.
1929 - 1939, 24.12.
1950, 12.9. - 1954, 7.1.
1958, 5.8. - 1960
1961, 24.2. - 1969, 27.6.
1970, 5.6. - 1982   212
(42 Ro)

1922, 4.4. - 1928, 10.10.
1929 - 1939, 24.12.
1950, 12.9. - 1954, 7.1.
1958, 5.8. - 1960
1961, 24.2. - 1969, 27.6.
1970, 5.6. - 1971   212
1922, 4.4. - 1928, 10.10.
1929 - 1939, 24.12. (L)   Dm 11

8025.
Die Weltpost und der Staatsanzeiger
Omaha, NE (USA), Lincoln, NE (USA)
4.1.1974: Weltpost und Staatsanzeiger
anfangs: Die Welt-Post
Forts.: Amerika-Woche, Chicago
anfangs i. Lincoln
Organ der Wolgadeutschen
(13.4.1912 ff.)
1950, 24.8. - 1957, 14.11. (3 Ro)
1962, 27.7. - 1963 (L)
1965 - 1969
1970, 3.7. - 25.12.
1973, Nr. 17 - 1982   212
1950, 24.8. - 1957, 14.11.
1962, 27.7. - 1963 (L)
1965 - 1969
1970, 3.7. - 25.12.   212

8026.
Wochenblatt der Omaha Tribüne
1926, 2.9. - 1927, 2.1.   212
                                       212
                                     Dm 11

8027.
*Amts-Blatt der Königlich Oppelnschen
Regierung / Amtsblatt*
auch: Amtsblatt des Regierungspräsidenten
in Oppeln
1816, 7.5. - 1868
1871 - 1934
1935, 14.12. - 1940   1
                                     Dm 11

8028.
*Amts-Blatt der Königlich Oppelnschen
Regierung / Öffentlicher Anzeiger*
auch: Amtsblatt des Regierungspräsidenten
in Oppeln / Öffentlicher Anzeiger
1816, 21.5. - 1868
1871 - 1876
1880 – 1885   1
                                     Dm 11

1888
1890 - 1893
1895 - 1910
1912 - 1914
1916 - 1918
1920 - 1929
1931 - 1940   **1**
              Dm 11
Beilage(n):
Sonderbeilage
1913   **1**
              Dm 11

8029.
Journal Officiel de Haute-Silésie
1920 (L)   **46**
(1 Ro)
1920, 28.2. - 1922, 17.6.   Gö 169
1.1920 - 38.1922   Mb 50

8030.
Der Oberschlesier
1940: Schlesische Stimme
1926 - 1940   **46**
(1 Ro)
              Gö 169

8031.
Oberschlesische Dorfzeitung
(19.1. - 28.12.1849)
1849, 19.1. - 28.12. (L)   **1w**
(1 Ro)   1w
              Dm 11

8032.
Oberschlesische Nachrichten
1991,22: Oberschlesische Zeitung
Nr. 6, 1995: Schlesisches Wochenblatt
1993, Nr. 23 - 30
1994 - 1995, Nr. 5
2001 - 2008   **212**
              212
1990, 20.4.
1990, 15.5. - 1993, 4.11.   **MFA**
(2 Ro)
              Mb 50

8033.
Oppelner Kreisblatt
(1833 - 1931?)
1850 - 1851
1907, 1910, 1916, 1918
1929 - 1931   **1w**
(4 Ro)   1w
              Dm 11

8034.
Oppelner Nachrichten
(8.9.1895 - 30.4.1935)
1928, 1.1. - 1.4.   **46**
(1 Ro)
1920, 12.3. - 31.12.
1928, 1.1. - 1.4.   **1w**
(2 Ro)   1w
              Dm 11
1928, 1.1. - 1.4.   Gö 169
Beilage(n):
Oppelner Heimatblatt
1925/26 - 1927/28   1a

8035.
OS-Tageszeitung
(1.5.1936 - 1944?)
1936, 1.10. - 1937, 31.3.
1937, 5.7. - 30.12.
1938, 1.7. - 30.9.
1940 - 1944, 30.6.   **1w**
(12 Ro)   1w
1939, 2.1. - 31.5.   **MFA**
(1 Ro)
1936, 1.10. - 1937, 31.3.
1937, 5.7. - 30.12.
1938, 1.7. - 30.9.
1939, 2.1. - 30.5.
1940 - 1944, 30.6.   Dm 11

8036.
Stadtblatt für Oppeln
10.7.1841: Stadtblatt
später: Stadtblatt zur Veröffentlichung der
amtlichen Bekanntmachungen des Stadtkreises
Oppeln
1872
1911 - 1912   **46**
(3 Ro)
1832 - 1843
1852 - 1861
1867 - 1868
1870 - 1872
1874 - 1875
1878 u. 1880
1907 - 1908
1910
1912 - 1913
1918 - 1919
1921
1923 - 1925   **1w**
(13 Ro)   1w

1832 - 1843	
1852 - 1861	
1867 - 1868	
1870 - 1872	
1874 - 1875	
1878	
1907 - 1908	
1910 u. 1913	
1918 - 1919	
1921	
1923 - 1925	Dm 11
1818, 1.3. - 1938, 28.9.	12
1872	
1911 - 1912	Gö 169

OPPENHEIM

8037.
Landskrone
Beilage(n):
Unterhaltungsblatt

1870 - 1876	
1905 - 1917	
1922	
1927 - 1929	17

ORANIENBURG

8038.
Märkische Volksstimme

1963 - 1984, 30.6.	
1985, 3.5. - 1990, 2.10.	MFA
(14 Ro, nur Kreiseiten)	
	186

8039.
Niederbarnimer Kreisblatt

1892	
1925 - 1926, Juni	
1926, Okt. - 1933, Sep.	
1934 - 1935, März	
1935, Juli - Sep.	
1936 - 1943, Juni	1w
(50 Ro, Beilage z.T. mitverfilmt)	1w

Beilage(n):
Heitere Welt

1925	
(Vlg. i. Berlin, auch als Beilage	1w
zu weiteren Zeitungen)	1w
Heimat und Welt	1w
1926 - 1929 (L)	1w
Unsere Heimat	1w
1925	1w

8040.
Oranienburger General-Anzeiger <1859>

1925 - 1926, 30.9.	
1927	
1933, 1.1. - 30.6. u. 1.10. - 31.12.	
(L)	1w
(10 Ro, Beilagen mitverfilmt)	1w
	Dm 11

Beilage(n):

Die Woche im Bild	1w
1925	1w

8041.
Oranienburger General-Anzeiger <1990>

1993 ff.	101b
(4 Ro/Jg)	101b
1993 - 1997	101a

ORAVITZA (ORAVICA, RO)

8042.
Oravicaer Wochenblatt

1922, 1.1. - 1929	
1932 - 1940, 3.3.	212
(4 Ro)	212

ORLAMÜNDE

8043.
Thüringer Nachrichten
Orlamünde, Kahla, Thür.
Ausg. f. Orlamünde, Kahla, Uhlstädt u.a.
ab 1882 Vlg. in Kahla

1877, 1.6. - 31.12.	
1880, Juli - 1881	
1883, Aug. - 1884	
1885, Juli - 1892, 19.6.	
1893 - 1906, 11.1.	
1907 - 1908, 8.10.	
1909 - 1913	
1914, Aug. - 1920	Dm 11
	Kah 1

ORTELSBURG (SZCZYTNO, PL)

8044.
Kreisblatt des Königl[ichen] Preußischen
Landraths-Amtes Ortelsburg
2.2.1861: Ortelsburger Kreisblatt

1858 - 1863, 21.3. (L)	1w
(2 Ro)	1w

8045.
Ortelsburger Zeitung
1910
1914, 1.1. - 30.6. (L)
1916, 1.4. - 1917, 31.3. (L)
1919 (L)   1w
(6 Ro)   1w
                                          Dm 11

OSCHATZ

8046.
Leipziger Volkszeitung
HA in Leipzig
1971 - 1991, 30.9. (L)   14
(nur Kreisseiten)

8047.
Oschatzer Allgemeine
BA d. Leipziger Volkszeitung
1993 ff.   101b
                                           101b
1993 - 1997   101a

8048.
Oschatzer Erzähler für den Bürger und
Landmann
5.1.1811: Oschatzer gemeinnützige Blätter
15.12.1900: Der Oschatzer Gemeinnützige
2.1.1941: Oschatzer Kreiszeitung
1804 - 1807   46
(2 Ro)   46
1804, 7.1. - 1861
1863, 1865, 1874
1876 - 1884
1886 - 1889
1891 - 1905
1907 - 1930, 30.9.
1931 - 1945, 20.4.   14
                                            14

OSCHERSLEBEN

8049.
Freie Bodezeitung
1962, 11.1. - 1966, 17.11.   Bo 174
(1 Ro)

OSIJEK (ESSEG, HR)

8050.
Christliche Volkszeitung
1938, 6.1. - 28.7.
1940, 4.3. - 19.12.   212
(2 Ro)   212

8051.
Slawonischer Volksbote
9.1.1942: Grenzwacht
1940, 6.1. - 1941, 22.3.   212
(2 Ro)
1936, 6.9. - 1939, 23.12.
1942, 9.1. - Weihnachten   1w
                                            1w
                                          Dm 11
1940, 6.1. - 24.12.   212

OSLO (N)

8052.
Deutsche Monatshefte in Norwegen
1942, Nr. 6 u. 8   M 352

8053.
Deutsche Zeitung in Norwegen
1942 (L)   M 352
1940, 1.10. - 30.11.
1941 - 1942, 30.6.
1943, 2.1. - 30.6.   212
(5 Ro)   212
1940, 20.5. - 1945, 8.5.   8

8054.
Informationsbrief
Arbeitsgemeinschaft deutscher, österreichischer und tschechoslowakischer Sozialisten
(22.9.1939 - 28.3.1940)
1939, 22.9. - 1940, 28.3.   Dm 11
(1 Ro)
                                           739
                                         M 352

8055.
Verordnungsblatt des Wehrmacht-
Befehlshabers in Norwegen
1940 - 1945 (L)   M 352

8056.
Verordnungsblatt für die Besetzten
Norwegischen Gebiete
1940 - 1943 (L)   M 352

8057.
Zeitung der Deutschen in Norwegen
1938, Apr. - 1940, Jan.   1w
                                            1w
                                          Dm 11

OSNABRÜCK

8058.
Beiträge zur Belehrung und Erholung
1848, 20.5. - 1849, 29.12.   **Dm 11**
(1 Ro)   Dm 11
                                     21/32c
1848, 20.5. - 30.12.   700
1849 u. 1852   715
1849 - 1852   Os 2

8059.
Freie Presse
HA in Bielefeld
1952, 3.6. - 1967, 1.7.   6
                                     6

8060.
Kirchenbote
1958, 6.7. - 1966   **Dm 11**
                                     Dm 11

8061.
*Morgenzeitung für Stadt und Land Osna-
brück*
1886 - 1887   Os 2

8062.
Neue OZ / Osnabrücker Zeitung
auch: Neue Osnabrücker Zeitung
(2.10.1967 - 28.2.2004)
1969, 1.7. ff.   **101b**
(ca. 9 Ro/Jg)   101b
1982 - 1985
1987, Apr. ff.   12
1992 - 1997   101a
1978, 16.9. - 1994   715
1984 - 2004, 28.2.   Dm 11
1992 - 2004, 28.2.   Hv 14

8063.
Neue Volksblätter
Osnabrück, Hildesheim
1.1.1874: Osnabrücker Volkszeitung
Hildesheim, ab 1.4.1870 in Osnabrück
1872 - 1878
1882 - 1921
1932 - 1933, 30.5.
1937 - 1942, 30.9.   Os 2

8064.
*Neue Volksblätter und Osnabrücker
Tageblatt*
(16.3.1943 - 1.4.1945)
1944, 3.1. - 31.3.   **Dm 11**
(2 Ro)   Dm 11
1943, 16.6. - 1945, 30.3.   Os 2

8065.
Niedersächsischer Kurier
1.6.1949: Niederdeutscher Kurier
1948, 16.1. - 1949 (L)   GB-
                                     LO/N38

8066.
*Nützliche Beylagen zum Osnabrückischen
Intelligenz-Blate*
1768 - 1808   Os 2

8067.
Osnabrücker Abendpost
BA v. Volkswille, Hannover
(21.10.1912 - 25.4.1920?)
1914, 1.8. - 1919, 9.7.   Os 2

8068.
Osnabrücker Rundschau
17.9.1946: Neues Tageblatt
22.12.1950: Neue Tagespost
(1.3.1946 - 30.9.1967)
1946, 1.3. - 1947 (L)   GB-
1948, 3.2. - 1952, 17.10. (L)   **LO/N38**
                                     GB-
                                     LO/N38
1951, 1.8. - 1954, 13.9.
1954, 15.10. - 1956, 30.3.   **MFA**
(14 Ro)
1948, 3.1. - 1951, 31.7.
1954, 14.9. - 14.10.   **101b**
                                     101b
                                     Dm 11
1946, 3.9. - 1947, 29.8. (MPF)   Gre 1
1951, 1.8. - 1954, 13.9.
1954, 15.10. - 1956, 30.3.   6

8069.
Osnabrücker Tageblatt <1848>
1848, 22.3. - 30.6.
1849, 1.9. - 30.12.   **Dm 11**
(1 Ro)   Dm 11
                                     21
                                     468
                                     Wit 2

8070.
Osnabrücker Tageblatt <1884, 1949>
(1.10.1884 - 15.4.1943 u. 1.11.1949 -
30.9.1967)
1958 - 1960   **Dm 11**
1949, 1.11. - 1957
1960 - 1967, 30.9.   **101b**
(65 Ro, 1956 LL)   101b
1960 - 1967, 30.9.   35
1949, 1.11. - 1960   **Dm 11**
(1956 LL)
1884, 1.10. - 1942, 1.9.
1943, 1.1. - 15.3.   **Os 2**

8071.
Osnabrücker Telegraph
1852, 1.4. - 1853   **Dm 11**
(1 Ro)   **Dm 11**
                              Wit 2

8072.
Osnabrücker Volksblatt
1848, 29.3. - 1852, 25.12.   **Dm 11**
                              Dm 11
                              468
                              Wit 2
                              21

8073.
Osnabrücker Zeitung <1864>
1864, 18.5. - 1866, 16.6.   **Os 2**

8074.
Wöchentliche Osnabrückische Anzeigen
1815: Osnabrückische Öffentliche Anzeigen
1.7.1852: Osnabrücksche Anzeigen
2.10.1871: Kisling's Osnabrückische Anzeigen
6.5.1876: Osnabrücker Zeitung
1766 (nur Beilage)
1768 - 1790   **46**
(10 Ro)   46
1817, 3.9.
1818, 1.4. - 30.12.
1827
1829 - 1831
1833
1835 - 1836
1838, 1840, 1843
1846
1849 - 1853
1856 - 1869, 31.3.
1875, 1878, 1882
1884 - 1885   **MFA**
(28 Ro)
                              Dm 11
1786, 4.10. - 1936 (L)   **Os 2**

OSTERBURG

8075.
Neue Osterburger Zeitung
1963 - 1967, 30.3.   **Bo 174**
(1 Ro)

OSTERHOFEN (NIEDERBAY.)

8076.
Osterhofener Zeitung
1944, 15. u. 18.8.   **GB-**
                              LO/N38

OSTERHOLZ-SCHARMBECK

8077.
Osterholz-Scharmbecker Wochenblatt
2.4.1885: Kreisblatt für den Kreis Osterholz
1.4.1923: Osterholz-Scharmbecker Zeitung
18.11.1933: Nordwestdeutsche Landeszeitung
Ausg. Osterholz, ersch. i. Bremen-Blumenthal
1.4.1940: Osterholzer Kreisblatt
1.9.1949 ff. als BA d. Bremer Weser-Kurier
(3.1.1876 - 4.5.1945 u. 1.9.1949 ff.)
1881 - 1884 (unterer Teil d. Seiten fehlt meist)
1886 - 1891
1893 - 1894
1896 - 1900
1911 - 1917, 30.10.
1918 - 1945, 4.5.   **Lün 4**
(158 Ro)   Lün 4
                              Dm 11
1944, 2.8.   **GB-**
                              LO/N38
1897 - 1899
1913
1971, 1.10. ff.   46

8078.
Osterholzer Anzeigen
1945, 4.8. - 1949, 24.8. (L)
(b. Osterholzer Kreisblatt mitver-   **Lün 4**
filmt)   Lün 4
                                   Dm 11

OSTERNIENBURG

8079.
Unser Scheinwerfer
1958: Der Scheinwerfer
MTS
1956, Feb. - 1959 (L)   3
(1 Ro)   3
                                   Dm 11

OSTRITZ

8080.
Oberlausitzer Rundschau
1893 - 1932   14
(20 Ro)   14
                                   Gl 2
                                   124

OTTERNDORF

8081.
Amtliches Kreisblatt für den Kreis Land Ha-
deln
1932, 1.10. - 1934, 30.6.   **Lün 4**
(1 Ro)   Lün 4
                                   Dm 11

8082.
Niederdeutsche
UT: Amtliches Kreisblatt für den Kreis Land
Hadeln
1950, 7 - 1956, 6   Bo 153

8083.
Otterndorfer Zeitung
18.10.1850: Otterndorfer Zeitung und
Anzeiger
8.3.1852: Otterndorfer Wochen-Blatt und
Anzeiger
5.3.1869: Otterndorfer Wochenblatt
1894: Nordhannoversche Landeszeitung
1848 (E)
1852 - 1880
1882 - 1939
1940, 29.4.
1941, 2.1. - 31.5.   **Lün 4**
(70 Ro)   Lün 4
                                   Dm 11

OYBIN

8084.
Archiv für Topographie und Geschichte des
Oybin und seiner Umgebung
1881 - 1882/23   **14**
(1 Ro)
                                   124

8085.
Mitteilungen des Museums für Geschichte
des Oybin und seiner Umgebung zu Oybin
(Oberlausitz)
1881   **14**
(1 Ro)
                                   124

8086.
Oywina / Berichte des Museums...
1879   **14**
(1 Ro)
                                   124

8087.
Oywina / Blätter für Topographie....
1879/80 - 1883/84   **14**
(1 Ro)
                                   124

PADERBORN

8088.
Der Dom
1961, 26.11. - 1963, 9.6.
1963, 16.9. - 1966   **Dm 11**
                                   Dm 11

8089.
Der Filter
1936 - 1937, Nr. 4   1
                                     1

8090.
Freie Presse
HA in Bielefeld
1947 - 1967, 1.7.   **Pa 5**
                                   Pa 5
1947 - 1967, 30.6. (L)   6
                                     6
                                   466

8091.
Gemeinnütziges Wochenblatt
Paderborn, Hamm (Westf.), Dortmund
6.4.1848: Westfälische Zeitung
ab 30.3.1850 in Hamm, ab 10.10.1850 in Paderborn, ab 9.9.1855 in Dortmund
(1.1.1846 - 13.5.1883)
1848 - 1850, 3.9.
1851 - 1859
1861 - 1869, 28.9. (L)
1870, 1.1. - 16.4.
1871 - 1872, 20.6.
1872, 2.7. - 1877
1878, 1.7. - 1881, 3.12.   Dm 11
1848 - 1850, 3.9.
1851 - 1859
1861 - 1869, 28.9. (L)
1870, 1.1. - 16.4.
1871 - 1872, 20.6.
1872, 2.7. - 1877
1878, 1.7. - 1883, 13.5.   Dm 11
1849, 7 - 1850, 7   Bo 153
1848 - 1849, 12.6.   Mü 79
                               Wit 2

8092.
Hessischer Kurier
Niederhessen, Oberhessen, Waldeck
1924, 1.11. - 1936, 1.3.   4
(46 Ro)   4
                                     34

8093.
Leo
1900   Pa 5
1878
1880 - 1897
1899
1901 - 1904
1906 - 1915
1920 - 1923
1926 - 1941   1
1878
1880 - 1897
1899 - 1904
1906 - 1915
1920 - 1923
1926 - 1941 (L)   211
                                  Pa 5

8094.
Liborius-Bote
1875, 1.6. - 31.12.
1879 - 1880   Pa 5
                                  Pa 5
                                    21

8095.
Neue Westfälische
HA in Bielefeld
2002, 1.7. - 2008   MFA
(67 Ro, Beilagen mitverfilmt)
1967, 3.7. - 1978   Pa 5
1992 ff.   6
1967, 3.7. ff.   466
                                  Pa 5
Beilage(n):
Erwin
2002, 1.7. ff.   MFA
                                  Pa 5

8096.
Neue Westfälische Zeitung
Nachrichtenblatt d. alliierten Militärbehörde
HA in Oelde
(1.6.1945 - 30.7.1946)
1945, 1.6. - 1946, 2.6.   Pa 5

8097.
Neuer Westfälischer Kurier / B
Regionalteil Lippstadt, Paderborn, Büren,
Warburg, Höxter
ab 1.8.1949 m.d. UT: Volksblatt für das
Paderborner Hochstift
HA in Werl
1946, 15.11. - 1949, 31.10.   Pa 5
                                  Pa 5
                                   466

8098.
Paderborner Anzeiger
(1.10.1887 - 30.6.30.6.1935 außer 20. -
25.2.1916)
1887, 1.10. - 27.12.
1890 - 1893 (L)
1895, 5.1. - 1896
1898, 1.1. - 21.12.
1901, 2.1. - 25.12.
1902, 22.1. - 1903
1906, 16.5. - 1910, 27.4.
1910, 29.8. - 31.8.
1911, 2.1. - 30.6.
1912, 6.2. - 1916, 19.2.
1916, 26.2. - 1935, 30.6.
(davon Lückenergänzung durch
d. KB Lippspringer Anzeiger:
16.5.1906 - 1909, 1927 - 1928,   Pa 5
1931 - 30.6.1935)   Pa 5
                                   466
                                  Dm 11

1887, 1.10. - 27.12.
1890 - 1893 (L)
1895, 5.1. - 1896
1898, 1.1. - 21.12.
1901, 2.1. - 25.12.
1902, 22.1. - 1903
1910, 29.8. - 31.8.
1911, 2.1. - 30.6.
1912, 6.2. - 1916, 19.2.
1916, 26.2. - 1930   211
Beilage(n):
Heimatbote
1914   **Pa 5**
1928 - 1935   Pa 5
     211

8099.
Paderborner Kreisblatt über Politik,
Handel und Gewerbe
später: Anzeiger für den Kreis Paderborn
1856, 1.10. - 1862
1863, 28.3. - 5.8.
1864, 2.3. - 12.11.
1865, 4.1. - 1870, 9.4.
1871, 19.7. - 12.8.
1872
1875, 23.1. - 25.8.
1876, 5.4. - 13.9.
1877, 21.2. - 28.3.
1879, 2.8. u. 1880, 17.3.   **Pa 5**
     Pa 5
     211

8100.
Paderborner Zeitung
(21.2. - 6.3.1916)
1916, 21.2. - 6.3.   **Pa 5**
     Pa 5
     211
     466
     Dm 11

8101.
Paderbornisches Intelligenzblatt
auch: Paderbornsches Intelligenzblatt
1802, 23.10. - 1804, 31.3.   **Dm 11**
     Dm 11
1811, 23.11.
1832, 22.2.   **A 100**
     A 100
1777, 4.1. - 1778
1780 u. 1782
1784, 6.11. u. 1785
1791, 9.7. - 23.7.
1792, 7.1. - 29.12.   **Pa 5**
     Pa 5

1793, 28.12.
1794, 4.1. - 11.1.
1797, 14.1. - 28.1.
1800, 4.1. - 1804
1806, 4.1. - 1849 (L)
     Pa 5
     Pa 5
     211
8102.
Volks-Echo
Ausg. B / D / DE
HA in Detmold, Bielefeld
1946, 10.5. - 1950, 31.10.   **Pa 5**
     Pa 5
     466

8103.
Westfälischer General-Anzeiger
1891, 28.3. - 26.9.   **Pa 5**
     Pa 5
     466
     Dm 11

8104.
Westfälisches Kirchenblatt für Katholiken
1848 - 1881   **6**
     6

8105.
Westfälisches Volksblatt
Feb. 1958: BA v. Westfalen-Blatt, Bielefeld
(1.1.1849 - 27.3.1945 u. 1.11.1949 ff.)
1977 ff.   **101b**
(ca. 8 Ro/Jg)   101b
1958 - 1960, 31.8.   **Dm 11**
(nur Lokalteil)
1849, 3.1. - 1852, 1.12.
1853, 5.1. - 1855, 28.3.
1856 - 1873
1875, 5.1. - 1882, 25.5.
1882, 7.6. - 17.12.
1883, 19.5. - 8.12.
1884, 22.1. - 20.12.
1885, 14.1. - 26.5.
1888, 2.1. - 1889, 30.6.
1890, 6.2. - 1894, 28.1.
1894, 1.3. - 30.12.
1902 - 1922
1923, Okt. - Dez.
1924, 1.4. - 1929, Feb.
1929, Mai - Aug.
1929, Nov. - 1930
1932, 1.10. - 31.12.
1933, 1.4. - 30.6. u. 2.10. - 30.12.   **Pa 5**

1934, 2.7. - 29.9.
1936, Jan. - Juni
1936, Okt. - 1938
1939, 1.7. - 1945, 27.3.
1949, 31.12. - 1976
(1.7.1940 - 27.3.1945 teils All-   **Pa 5**
gemeine Land-, teils Stadtausg.)
1971 - 1975
1989 ff.   6
1849 - 1859 (L)   61
1992 - 1997   101a
1849, 3.1. - 1852, 1.12.
1853, 5.1. - 28.12.
1862 - 1873
1875, 5.1. - 1880, 1.3.
1880, 1.4. - 1882, 25.5.
1882, 7.6. - 17.12.
1883, 19.5. - 8.12.
1884, 22.1. - 20.12.
1885, 14.1. - 26.5.
1890, 6.2. - 1894, 28.1.
1894, 1.3. - 30.12.
1902 - 1922
1924, 1.4. - 1929, Feb.
1929, Mai - Aug.
1929, Nov. - 1930   211
1849, 3.1. - 1852, 1.12.
1853, 5.1. - 1855, 28.3.
1856 - 1873
1875, 5.1. - 1882, 25.5.
1882, 7.6. - 17.12.
1883, 19.5. - 8.12.
1884, 22.1. - 20.12.
1885, 14.1. - 26.5.
1888, 2.1. - 1889, 30.6.
1890, 6.2. - 1894, 28.1.
1894, 1.3. - 30.12.
1902 - 1922
1924, 1.4. - 1929, Feb.
1929, Mai - Aug.
1929, Nov. - 1930
1932, 1.10. - 31.12.
1933, 1.4. - 30.6. u. 2.10. - 30.12.
1934, 2.7. - 29.9.
1936, Jan. - Juni
1936, Okt. - 1938
1939, 1.7. - 1945, 27.3.
1949, 31.12. ff.
(1.7.1940 - 27.3.1945 teils All-   466
gemeine Land-, teils Stadtausg.)
1849, 3.1. - 1852, 1.12.
1853, 5.1. - 1855, 28.3.
1856 - 1863, 9.12.
1864, 14.5. - 7.12.
1865, 4.1. - 1873 (L)   Dm 11

1875, 5.1. - 1882, 25.5.
1882, 7.6. - 17.12.
1883, 19.5. - 8.12.
1884, 22.1. - 20.12.
1885, 14.1. - 26.5.
1890, 6.2. - 1894
1902 - 1913, 5.6.
1914 - 1922
1924, 1.4. - 30.9.
1925 - 1929, Feb.
1929, Mai - Aug.
1929, Nov. - 1930
1932, 1.10. - 31.12.
1933, 1.4. - 30.6. u. 2.10. - 30.12.
1934, 2.7. - 29.9.
1936, Jan. - Juni
1936, Okt. - 1938
1939, 1.7. - 1945, 27.3.
1958 - 1960, 31.8.
1993, 20.11. - 31.12.   Dm 11
(1.7.1940 - 27.3.1945 teils Allgemeine Land-, teils Stadtausg.)
1849, 3.1. - 1852, 1.12.
1853, 5.1. - 1855, 28.3.
1856 - 1873
1875, 5.1. - 1882, 25.5.
1882, 7.6. - 17.12.
1883, 19.5. - 8.12.
1884. 22.1. - 20.12.
1885, 14.1. - 26.5.
1888, 2.1. - 1889, 30.6.
1890, 6.2. - 1894, 28.1.
1894, 1.3. - 30.12.
1902 - 1922
1923, Okt. - Dez.
1924, 1.4. - 30.9.
1925 - 1929, Feb.
1929, Mai - Aug.
1929, Nov. - 1930
1932, 1.10. - 31.12.
1933, 1.4. - 30.6. u. 2.10. - 30.12.
1934, 2.7. - 29.9.
1936, Jan. - Jun.
1936, Okt. - 1938
1939, 1.7. - 1945, 27.3.
1949, 31.12. ff.
(1.7.1940 - 27.3.1945 teils All-   Pa 5
gemeine Land-, teils Stadtausg.)
Beilage(n):
 Heimatborn
1920 - 1944, Nr. 230   **Pa 5**
1950 - 1970, Nr. 130   Pa 5
211

8106.
Westfälisches Volksblatt / Stadtausg.
1940, 1.7. - 1945, 27.3.   466
                                        Dm 11
                                        Pa 5

8107.
Westfalen-Zeitung
HA in Bielefeld
(15.2.1958 zsgelegt m. Westfälisches Volksblatt, s. dort)
1946, 15.3. - 1958, 28.2.   Pa 5
                                        Pa 5
                                        466
Beilage(n):
Paderborner und Corveyer Land   Pa 5
1953 - 1958, Nr. 55   Pa 5
                                        211

8108.
Westfalenblatt
UT: Paderborn-Bürener Tageblatt
HA in Bielefeld
1951 - 1970   6
                                        6
1958, Nr. 39 - 1985 (L)   466

8109.
Westfalenpost
HA in Hagen
1958, 12.4. - 1966, 30.6.
1966, 1.10. - 1967, 31.7.   Pa 5
                                        Pa 5
                                        466
Beilage(n):
Heimatbote
1958 - 1960   211
                                        Pa 5

8110.
Wochenspiegel
1984, 27.7. - 2003   Pa 5
                                        Pa 5

PALMA DE MALLORCA (E)

8111.
Der Herold
1933, 1.10. - 1934, 24.6. (L)   MFA
(1 Ro)
                                        46
                                        204

PANTSCHOWA (PANČEVO, SER)

8112.
Volksruf
1938 - 1939, 15.12.   212
(1 Ro)   212

PAPENBURG

8113.
Ems-Zeitung
BA v. Neue Osnabrücker Zeitung
1987 ff.   101b
(7 Ro/Jg)   101b
1992 - 1997   101a

PARCHIM

8114.
Mecklenburgische Gemeinnützige Blätter
1790, 1793 (MPF)   46

8115.
Parchimer Elde Echo
4.1.1966: Eldespiegel
1964 - 1967, 28.3.   Bo 174
(2 Ro)

8116.
Parchimer Zeitung
ab Apr. 1934 vereinigt m. "Norddeutsche
Post", s. dort
17.12.1892 - März 1934)
1893 - 1931 (L)   33
(40 Ro)   33
1893 - 1901, 18.7. (L)
1901, 3.10. - 1906, 16.6.
1907, 1.1. - 30.6.
1908, 22.7. - 1912, 29.5. (L)
1912, 16.7. - 1914, 30.6. (L)
1917, 3.1. - 15.6.
1918, 3.1. - 15.12. (L)
1919, 31.1. - 1922, 30.6.
1923, 1.7. - 1924, 4.10.
1925, 28.1. - 30.6.
1928, 17.1. - 1931, 31.5.
1931, 26.10. - 21.12.   Dm 11

8117.
Parchimsche Zeitung
31.1.1856: Parchim-Lübz-Goldberger Zeitung
15.1.1859: Zeitung für Parchim, Crivitz, Goldberg und Lübz
3.1.1865: Parchimer Zeitung. Allgemeiner Parchim-Lübz-Goldberger Anzeiger
2.1.1869?: Norddeutsche Post. Allgemeiner und Parchim-Lübzer Anzeiger
Apr. 1934: Parchimer Zeitung vereinigt mit Norddeutscher Post
1820, 7.1. - 1866, 31.10.
1869 - 1931, 14.6.
1939, 23.8. - 1945, 13.4.   **33**
(87 Ro)   33
1939, 23.8. - 1945, 13.4. (L)   Dm 11

8118.
Schweriner Volkszeitung
HA in Schwerin
1952, 15.8. - 1990   **33**
(44 Ro, nur Kreisseiten)   33
1952, 15.8. - 1964, 14.8. (nur Kreisseiten)
1964, 15.8. - 1990   Shw 32

PAREY (ELBE)

8119.
Pareyer Nachrichten
1908 - 1918 (L)
1920 - 1921, 11.10. (L)
1922 - 1924 (L)
1929 (L) u. 1933 (L)
1937, 2.1. - 29.6. (L)   Gen 5

PARIS (F)

8120.
Die Aktion
1933, 4.5. - 21.12.   ACRPP

8121.
L'Alsace-Lorrain
1880 - 1902
1903 (L)   **30**
(6 Ro)   30

8122.
L'Anarchie
1905, 13.4. - 1914, 16.7. (L)   ACRPP

8123.
Die Antikriegsaktion
(Aug. - Sep. 1933)
1933, Aug. - Sep.   **Dm 11**
(1 Ro)   Dm 11
                                                715
                                             188/211
                                                 18
                                                739
                                             Bo 133
                                              M 352

8124.
Arbeiter-Zeitung / 14 tgl.
Vierzehntägige Ausg.
1935, Nr. 20 - 1938, Nr. 4 (L)   **B 479**
                                              B 479

8125.
Der Ausweg
später in Zürich
1934 - 1935 (L)   **M 352**
                                              M 352

8126.
Das Buch
(1938 - 1940)
1938 - 1940   **Dm 11**
(1 Ro)   Dm 11
                                                 46
                                                739

8127.
Le Courrier Alsacien-Lorrain
1904 - 1906   **30**
(1 Ro)   30

8128.
Deutsche Freiheit
La Liberté Allemande
(3.12.1937 - Apr. 1939)
1938 (E)   **B 479**
                                              B 479
1937, 3.12. - 1939, Apr.   **Dm 11**
                                               Dm 11
                                                 18
                                                 34
                                                739
                                             188/211
                                                715
1937, 3.12. - 1938, 23.12.   M 352

8129.
Deutsche Freiheitsbriefe
auch: Deutscher Freiheitsbrief
1937, 1938 (L)   **Dm 11**
                                   Dm 11
1939 (E)   **B 479**
                                   B 479

8130.
Deutsche Informationen
(6.3.1936 - 2.9.1939)
1936, 6.3. - 1939, 2.9.   **Dm 11**
(3 Ro)   Dm 11
                                   18
                                   180
                                   468
                                   739
                                   188/211
                                   Bo 133
                                   M 352
                                   Mar 1
1936, 6.3. - 1937, 16.3.   19

8131.
Deutsche Mitteilungen
(10.2.1938 - 7.5.1940)
1938, 10.2. - 1940, 7.5.   **Dm 11**
(3 Ro)   Dm 11
                                   18
                                   468
                                   715
                                   739
                                   188/211
                                   Bo 133
                                   M 352
                                   Mar 1

8132.
Deutsche Zeitung in Frankreich
1940 - 1941 (L)   **18**
1935, 20.12. - 1948, 12.1.   **1w**
                                   1w
                                   Dm 11

8133.
Deutsches Volks-Echo
ab Nr. 26: Das Volks-Echo
Paris, Zürich
KPD
1938, 8.5. - 25.12. (L)   **Dm 11**
                                   Dm 11
1938 (L)   **B 479**
1943, Nov. - Dez.   GB-
                                   LO/N38

8134.
Deutschland-Information des Zentralkomitees der KPD
1938, Nr. 10
1939, Nr. 1 - 6   **Dm 11**
                                   Dm 11
1938 (L)   **M 352**
1938, Nr. 5 - 9
1939, Nr. 3 - 6   Bm 3

8135.
Einheit der Weltbewegung gegen imperialistischen Krieg und Faschismus
Halbmonatsorgan d. Weltkomitees zum Kampf
gegen imperialistischen Krieg und Faschismus
nur 1935, Nr. 1: Einheit
vgl.: Weltfront...., Paris
(Feb. - Juli 1935)
1935 (L)   **B 479**
                                   B 479
1935, Feb. - Juli   **Dm 11**
(1 Ro)   Dm 11
                                   18
                                   18
                                   715
                                   4
                                   739
                                   Bo 133
                                   M 352

8136.
Einheit für Hilfe und Verteidigung
Zeitschrift der internationalen Solidaritätsbewegung
(1936 - Mai 1938)
1936 - 1938, Mai   **Dm 11**
(1 Ro)   Dm 11
                                   715
                                   739
                                   Bo 133
1936, Jan. - März
1937 - 1938, Mai   M 352

8137.
Elsässer Kurier
1935, 1.4. - 30.9.   **212**
(1 Ro)   212

8138.
Europa
(21.11.1935 - 9.5.1936)
1935, Dez. - 1936, Mai (L)   **ACRPP**
1935, 21.11. - 1936, 9.5.   **Dm 11**
(1 Ro)   Dm 11
                                   M 352

8139.
Freie Kunst und Literatur
(Sep. 1938 - Juli 1939)
1938, Sep. - 1939, Juli	**Dm 11**
(1 Ro)	Dm 11
	715
	291
	Mar 1
	18
	34
	35
	89
	468
	739
	188/211
1938, Sep. - Nov.	
1939, Jan. - Juli	M 352

8140.
Freiheit
1933, Mai	Bo 133

8141.
Der Funke
Vbg.: Paris, Wien, Prag, Amsterdam
Linker Flügel der KPD
1933	**Dm 11**
	Dm 11
1933, 2 - 1934 (E)	
1937 - 1939, 1 (L)	**B 479**
	B 479
1933 - 1934 (L)	
1937 - 1939, 1 (L)	**Bo 133**
	Bo 133

8142.
Gewerkschaftszeitung
1924 - 1933	**1**
	1

8143.
Informationsblatt der Auslandsvertretung der deutschen Gewerkschaften
Beilage d. Bulletins d. Int. Gewerkschaftsbundes
(16.11.1937 - 29.8.1939)
1937, 16.11. - 1939, 29.8.	**Dm 11**
(1 Ro)	Dm 11
	18
	Mar 1
	89
	34
	35
	291
	468
	739

1937, 16.11. - 1939, 29.8.	188/211
	M 352

8144.
Informationsdienst
1933, 9	
1935, 4 - 1936, 11 (L)	**Bo 133**
	Bo 133

8145.
Inpress
Deutsche Ausg.
1936, 2.1. - 18.1. (L)	**Dm 11**
	Dm 11

8146.
Internationales ärztliches Bulletin
1939, Feb. - Juni	**Dm 11**
	Dm 11

8147.
Jüdische Weltrundschau
Paris (F), Jerusalem (IL)
Forts. d. Jüdischen Rundschau, Berlin
1939, 10.3. - 1940, 20.5.	**Dm 11**
(1 Ro)	Dm 11
	46
	188/211
	6
	Bo 133
	Kn 125
	6/053

8148.
Kampfbereit
Paris (F), Oslo (N)
(Feb. - 15.9.1937)
1937, Feb. - Sep.	**Dm 11**
(1 Ro)	Dm 11
	739
	M 352

8149.
Der Kater
Antifaschistisch-Satyrische Zeitung
nur 1x erschienen
(3.6.1933)
1933, 3.6.	**Dm 11**
(1 Ro)	Dm 11
	18
	468
	715
	739
	188/211

8150.
Krieg und Frieden
Militärpolitische Revue
(Okt. 1938 - Sep. 1939)
1938, Okt. - 1939, Sep.   Dm 11
(1 Ro)   Dm 11
                                 715
                                 739
                                 188/211
                                 M 352

8151.
Kulturkampf
1936 - 1938, 113   M 352
1937 - 1938 (E)   B 479
                                 B 479

8152.
Le Magasin pittoresque
1833 - 1837   46

8153.
Marxistische Tribüne
Diskussionsblätter der SAP
(Nov. 1935 - 1937)
1935, Nov. - 1937   Dm 11
(1 Ro)   Dm 11
                                 180
                                 18
                                 5
                                 739
                                 291
                                 468
                                 188/211
                                 Bo 133
                                 M 352

8154.
Mitteilungen der Deutschen Freiheits-
bibliothek
Nr. 13, 1936 ff.: Das freie Deutschland / Mitteilungen der Deutschen Freiheitsbibliothek
(Apr. 1935 - Mai 1938?)
1935, Nr. 4 - 1937, Nr. 15 (L)
1938, März u. Mai   B 479
                                 B 479
1935, Mai - 1937, Jan. (L)   Dm 11
(1 Ro)   Dm 11
                                 715
                                 468
                                 Bo 133
                                 739
                                 188/211
                                 Mar 1

1935, Mai - 15.12.
1936, 10.1. - 1.5. u. Nr. 12 u. 13
1937, Nr. 15   M 352
1936 - 1937   30
1935, Mai - 1938   18
                                 4

8155.
Mitteilungen des Parteivorstandes
Sozialdemokratische Partei Deutschlands
(Sopade)
(Juni 1939 - Apr. 1940)
1939, Juni - 1940, Apr.   Dm 11
(1 Ro)   Dm 11
                                 4
                                 180
                                 468
                                 739
                                 188/211
1939, Juni - Okt.
1940, Jan. - Apr.   M 352

8156.
Der Monat
Blätter für Aufbau und Kritik
(Apr. - Juni 1936)
1936, Apr. - Juni   Dm 11
(1 Ro)   Dm 11
                                 715
                                 739
                                 188/211
                                 M 352

8157.
Musée des Familles
1833, Okt. - 1834, Sep.
1837, Okt. - 1838, Sep.   46

8158.
Die Neue Brücke
1949, 24.12. - 1952, 28.6.   212
(2 Ro)   212

8159.
Die Neue Front
Organ der Sozialistischen Arbeiter-Partei
Deutschlands
1934, Nr. 11 ff.: Neue Front / Front Nouveau
(Juli 1933 - Aug. 1939)
1933, Juli - 1939, Aug.   Dm 11
(1 Ro)   Dm 11
                                 18
                                 180
                                 468
                                 739
                                 188/211

1933, Juli - 1939, Aug.	Bo 133
1933, Juli - Okt.	Bm 3
1933, Juli - Nov.	
1934 - 1939, Aug.	M 352
1934 - 1938 (L)	1w

8160.
Neue Pariser Zeitung
(1926 - Juni 1934)

1930, 18.1. - 31.12.	
1932 - 1934, 26.5.	1w
	1w
	Dm 11

8161.
Die Neue Presse
Deutsche demokratische Wochenzeitung
Tarnausg. d. Deutschen Volkszeitung, Paris
(22.1. - 2.4.1939)

1939, 22.1. - 2.4.	Dm 11
	Dm 11
	M 352

8162.
Neuer Weg
Revue Mensuelle
(März 1937 - Jan. 1939)

1937, März - 1939, Jan.	Dm 11
(1 Ro)	Dm 11
	739
1937, März - 1938, März	
1939, Jan.	M 352

8163.
Österreichische Informationen

1938 - 1939 (L)	M 352
1938, Okt. - Nr. 100	B 479

8164.
Österreichische Post

1938 - 1939	M 352

8165.
Ordo
Organ des Comité juif d'études politiques
(Halbmonatsschrift)
(1.4. - 15.10.1938)

1938, 1.4. - 15.10.	Dm 11
(1 Ro)	Dm 11
	739
	19
	188/211
	517
	18
	30
	89

1938, 1.4. - 15.10.	5
	Bo 133
	M 352

8166.
Pariser Abend-Zeitung

1848, 24.5.	1w

8167.
Pariser Kurier
(1952 - 1991)
Text dt. u. franz.

1952, 5.4. - 1963	
1966 - 1982	212
1952, 5.4. - 1963	
1966 - 1972	212

8168.
Pariser Tageblatt
12.6.1936: Pariser Tageszeitung
(12.12.1933 - 18.2.1940)

1933, 12.12. - 1936, 24.2. (L)	
1936, 17.3. - 14.5. (L)	
1936, 12.6. - 1939, 30.6. (L)	1w
(8 Ro)	1w
1933, 12.12. - 1940, 18.2.	Dm 11
(13 Ro)	Dm 11
	21
	19
	18
	46
	212
	361
	468
	706
	715
	739
	188/211
	Bo 133
	M 352
	Mar 1
1937, 1.1. - 30.6.	101b
1936, 12.12. - 1940, 18.2.	B 479
1937 - 1939	6

8169.
Pariser Zeitung <1859>
Journal allemand de Paris

1859, 27.8. - 1864, 13.2.	ACRPP

8170.
Pariser Zeitung <1941>
Postverlagsort: Köln
Verlag u. Redaktion: Paris
1941 - 1942, März   **ACRPP**
1941, 23.2. - 1944, 24.8.   **GB-**
(10 Ro)   **LO/N38**

1941, 1.1. - 31.10. (L)
1942 - 1944, März (L)   1w
                      1w
1941 - 1944, 24.8.   46
                   M 352

8171.
Presseberichte
1922 - 1923, 18.5.
1933, 18.7.
1935, 29.1. - 7.5.   **Bo 133**
                 Bo 133
1922 - 1923, 18.5.   B 479

8172.
Reinhart-Briefe
Nov. 1933 - Apr. 1934: Neue politische Briefe
(Juli 1933 - Sep. 1939)
1933, Juli - 1935 (L)
1936
1937 - 1939, Sep. (L)   **Dm 11**
(1 Ro)   Dm 11
                     46
                188/211
                     18
                     34
                     89
                     5
                Bo 133
                    739
                M 352

8173.
Schriften der jungen Nation
(K.O.Paetel)
(1937 - 1938)
1937 - 1938   **Dm 11**
(1 Ro)   Dm 11
                    739
                Bo 133

8174.
Solidarität
Internationale Arbeiterhilfe, Deutsche Sektion
1934, 3.6.   **B 479**
                 B 479

8175.
Die Sonntagspost
Vermutlich Tarnausg. v. Deutsche Volkszei-
tung, Paris/Prag u.a., nur 1x erschienen
(Feb. 1939)
1939, 26.2. (=Nr. 6)   **Dm 11**
                   Dm 11

8176.
Sozialdemokratischer Wochenbrief
anfangs: Wochenbrief
Mitte 1938: Sozialdemokratischer Informationsbrief
bzw. SIB
(1936 - 1939)
1938 - 1939 (E)   **B 479**
                   B 479
1936, 27.8. - 1939   **Dm 11**
(1 Ro)   Dm 11
                   715
                     18
                Bo 133
                    739
                188/211
                M 352

8177.
Der Sozialistische Kampf
Forts. v. Der Kampf, Prag
(2.6.1938 - 1.6.1940)
1938, 2.6. - 1940, 1.6.   **Dm 11**
(1 Ro)   M 352
1938, Juni - 1940, Mai   18
                     468
                     715
                     739
                188/211

8178.
Sozialistische Warte
Blätter für kritisch-aktiven Sozialismus
Vorg.: ISK-Mitteilungsblatt, Berlin
(Mai 1934 - 23.5.1940)
1934, Mai - 1940, 23.5.   **B 479**
                   B 479
1934, 9.5. - 1940, 23.5.   **Bo 414**
(2 Ro)   Dm 11
                     25
                188/211
                     18
                H 250
                     34

1934, 9.5. - 1940, 23.5.	89
	Bo 133
1935 - 1936 (E)	Bm 3

8179.
Le Temps
1915 - 1942, 30.11.   8

8180.
Unsere Zeit
1933, 5.1. - 1935, Juli   739

8181.
V.O.B.I.F.
Verordnungsblatt für die französischen
besetzten Gebiete
1940, Juli - 1944, Juli   **ACRPP**

8182.
Volk und Vaterland
teils ohne Erscheinungsort

1945 (E)	**B 479**
	B 479
1944, Nr. 1 - 1945, Nr. 15 (L)	**Dm 11**
	Dm 11
1943, Aug. - 1944 (L)	25

8183.
Vorwärts. Pariser Signale
3.7.1844: Vorwärts! Pariser deutsche Zeitschrift
weiterer Titel: Der Sozialdemokrat, s. Leipzig,
Zürich, Berlin

1844, Nr. 1 - 104	**ACRPP**
1844, 2.1. - 28.12.	**Dm 11**
	Dm 11
1844 - 1845, 1.1.	**46**
	46
	Bo 414
(1 Ro)	
	34
	Lün 4

8184.
Weltfront gegen imperialistischen Krieg und
Faschismus
Juni 1934 - Jan. 1935: Front mondial / Halbmonatsorgan des Weltkomitees zum Kampf
gegen imperialistischen Krieg und Faschismus
Aug. 1935: Volksfront gegen imperialistischen
Krieg und Faschismus
vgl.: Einheit der Weltbewegung, Paris
(5.10.1933 - Aug. 1935)
1933, Okt. - Nov. (Nr. 1, 3, 4)
1934, Juni - 1935, Jan.
1935, Aug. (Nr. 1)   **ACRPP**

1933, Nr. 1 - 1935, 1 (L)	**B 479**
	B 479
1933, Nr. 1, 3, 4 (Okt. - Nov.)	**Dm 11**
	Dm 11

8185.
Wochen-Kurier
Mai 1947: Neuer Kurier
Nov. 1947: Deutsche Zeitung in Frankreich
1945, Feb. - 1948   **ACRPP**

8186.
Das Wochenblatt
Deutsche demokratische Wochenzeitung
Tarnausg. v. Deutsche Volkszeitung, Paris,
Prag
(12.2. - 19.2.1939)

1939, Feb.	**Dm 11**
	Dm 11

8187.
Zeitschrift für freie deutsche Forschung
Freie Deutsche Hochschule in Paris
(Juli 1938 - März 1939)

1938, Juli - 1939, März	**Dm 11**
	Dm 11
(1 Ro)	
	739
	M 352

8188.
Zeitschrift für Sozialforschung
Jg. 8, 1939/40, H. 3 ff.: Studies in Philosophy
and Social Science
(Juni 1932 - März 1941)
Leipzig, Paris, New York

1932 - 1941, März	**Dm 11**
	Dm 11
1935 (E) u. 1938 (E)	Bm 3
1932 - 1938	M 352

8189.
Die Zone

1933 - 1934	715
	188/211
	18
	4
	468
	Bo 133
	739
	M 352

8190.
Die Zukunft
Ab 1939 Organ d. Deutsch-Französischen U-
nion
(12.10.1938 - 10.5.1940)

1938, 12.10. - 1940, 10.5.	**31**
(1 Ro)	31
	Dm 11
(1 Ro)	Dm 11
	4
	18
	180
	739
	188/211
1938, 12.10. - 23.12.	
1939, 6.1. - 22.12.	
1940, 5.1. - 10.5.	**M 352**

PASEWALK

8191.
Der Anzeiger
1.1.1889: Pasewalker Anzeiger
16.1.1929: Pasewalker Zeitung

1839, 16.1. - 28.12.	
1840, 15.4. - 26.12.	
1842 - 1848, 29.7.	
1849 - 1857	
1859 - 1864	
1866 - 1872, 28.9.	
1889	
1893, 9.2. - 23.4.	
1897, 6.1. - 17.6.	
1899, 5.1. - 30.6.	
1900, 11.1. - 28.12.	
1902, 1.1. - 29.6.	
1903, 1.7. - 1904, 28.6.	
1905, 5.7. - 29.12.	
1906, 21.7. - 30.12.	
1908	
1912, 5.1. - 29.12.	
1914, 4.1. - 1920	
1922, 1.1. - 31.3.	
1924, 16.3. - 1926, 30.4.	
1929, 16.1. - 31.12.	
1932, 1.7. - 31.12.	**9**
	9
	Dm 11
Beilage(n):	
Heimat und Brauchtum	
1924, 8.6. - 28.12.	
1925, 10.1. - 4.7.	**9**
1926, 17.1. - 30.4.	9
	Dm 11

8192.
Pasewalker Kirchenzeitung

1917 - 1922	
1924 - 1941	**9**
	9

PASSAIC, NJ (USA)

8193.
Passaic Wochenblatt

1925 - 1929, 21.9. (L)	**212**
(2 Ro)	212
	Dm 11

PASSAU

8194.
*Die Deutsche Soldaten-Zeitung / Soldat im
Volk*

1954 - 1988	**281**
(6 Ro)	

8195.
Donau-Zeitung

1848, Jan. - Juni	
1849	**Dm 11**
(1 Ro)	Dm 11
	21
	188/211
1854 - 1858	
1860 - 1861	
1865 - 1867	
1872 - 1933	154

8196.
Passauer Neue Presse
(5.2.1946 ff.)

1968 ff.	**101b**
(ca. 10 Ro/Jg)	101b
1948, 6.1. - 1967	**MFA**
(59 Ro)	
1948, 6.1. - 1949	12
1946, 22.2. - 30.8.	
1946, 22.10. - 1947, 11.2. (L)	
1947, Weihn. - 1948, 15.10. (L)	GB-
1948, 17.11. - 1950, 31.8.	LO/N38
1992 - 1997	101a

8197.
Passauer Zeitung
1.10.1848: Neue Passauer Zeitung
(1.10.1847 - 1854)

1848 - 1849	**Dm 11**
(2 Ro)	Dm 11
	12
	21/32c

PATSCHKAU (PACZKÓW, PL)

8198.
Wochenblatt für Patschkau und Reichenstein
25.1.1840: Patschkauer Wochenblatt
1838 - 1848 (L)
1850 - 1851
1854, 2.4. - 1856
1863 - 1867 (L)
1895 - 1898 (L)
1900 (L)   1w
(9 Ro)   1w
                                            Dm 11

PAUSA

8199.
Der Sächsische Grenzbote
1883 - 1943, 29.4. (L)   14
(35 Ro)   14

PEGAU

8200.
*Königl.-sächs. concessioniertes Wochenblatt
für das Amt Pegau und seine Umgebungen*
Pegau, Groitzsch, Rötha, Zwenkau, Markranstädt, Leipzig
20.2.1841: Vereinigtes Wochenblatt für die
Städte Pegau, Zwenkau, Groitzsch, Rötha und
Markranstädt und ihre Umgebungen
7.1.1843: Königl.-sächs. concessioniertes Wochenblatt für die Städte Pegau, Zwenkau,
Groitzsch, Rötha und Markranstädt nebst deren
Umgebungen
1.1.1855: Wochenblatt für die Städte Pegau,
Zwenkau, Groitzsch, Rötha und Markranstädt
nebst deren Umgebungen
1861, Sonnabendausg.: Wochenblatt für Leipzig und Umgegend
1861, Mittwochsausg.: Stadt- und Landbote für
Leipzig und Umgegend
1837, 1.7. - 23.12.
1841 - 1853
1855 u. 1861   14
(6 Ro)   14
                                            D 271

PEINE

8201.
Neueste Tages-Nachrichten und Anzeigen
1904, 13.3. - 1906   Lün 4
(3 Ro)   Lün 4
                                          Dm 11

PEKING (VR)

8202.
Pekinger Deutsche Zeitung
1901 (L)   46
(1 Ro)
1901, 6.1. - 12.6.   1w
                                             1w
                                            Dm 11

8203.
Pekinger Tageblatt
1900, 25.12.   1w
                                             1w
                                            Dm 11

PENIG

8204.
*Penig-Bornaisches und Frohburger Wochen-
blatt*
Penig, Borna b. Leipzig
1848, Nr. 56 - 1849, Nr. 3 (E)   B 479
                                           B 479

PENKUN

8205.
Penkuner Anzeiger
1915 - 1921
1924 - 1926
1928 - 1929
1932   9
                                              9

PENZBERG

8206.
Penzberger Merkur
BA v. Münchner Merkur
1988 ff.   101b
(14 Ro/Jg)   101b
1992 - 1997   101a

PENZLIN

8207.
Penzliner Zeitung
UT: Amtlicher Anzeiger der Städtischen Behörden und des mecklenburgischen Amtsge-
richts Penzlin
1938, 17.6 - 1941, 30./31.5.   28
(3 Ro)   28

PEORIA, IL (USA)

8208.
Peoria Sonne
1919, 6.11. - 1929, 25.12. (L)   212
(4 Ro)   212
                                   Dm 11

PERJAMOSCH (PERJÁMOS/LOVRIN, RO)

8209.
Banater Volksblatt
1.7.1928: Illustriertes Banater Volksblatt
1926, 1.7. - 1928, 23.12.   212
(2 Ro)   212

8210.
Bürgerzeitung
1933, 15.1. - 1942, 27.12.   212
1933, 15.1. - 24.12. (L)
1936, 5.1. - 1942, 27.12.   212

8211.
Lovriner Zeitung
1929, 6.1. - 1932, 25.12.   212
(2 Ro)   212

8212.
Trontaler Nachrichten
1924, 4.5. - 1934, 30.12.   212
(3 Ro)   212

8213.
Trontaler Zeitung
1899, 25.6. - 1901, 7.11. (L)
1939, 2.7. - 3.9.   212

PERLEBERG

8214.
Anzeiger für Perleberg und Umgegend
1844, 11.2. - 1848, 1.4. (L)   1w
                                   1w
                                   Dm 11

8215.
Schweriner Volkszeitung
HA in Schwerin
1952, 15.8. - 1991   33
(29 Ro, nur Kreisseiten)   33

PERNAU (PÄRNU, EST)

8216.
Baltische Post
1927, 22.1. - 1928, 30.8.   212
(1 Ro)

PETERSHAGEN

8217.
Bote an der Weser
Petershagen, Windheim, Schlüsselburg
1907, Apr. - 1941   489

PFAFFENHOFEN

8218.
Pfaffenhofer-Kurier
BA v. Donau-Kurier, Ingolstadt
1987 ff.   101b
(9 Ro/Jg)   101b
1992 - 1997   101a

PFORZHEIM

8219.
Badische Abendzeitung
HA in Karlsruhe
1949, 2.9. - 1953, 31.3.   31
                                   31
                                   451

8220.
Badische Neueste Nachrichten / Pforzheim
HA in Karlsruhe
2.8.1948: Pforzheimer Kurier
BA v. Badische Neueste Nachrichten,
Karlsruhe
2009, 1.7. ff.   31
1946, 1.3. ff.   31

8221.
Der Beobachter an der Enz und in der Pfalz
1832, 1.3. - 29.12.   31
(1 Ro)   31

8222.
Pforzheimer Anzeiger
1914, 1.8. - 1919, 30.6.   31
(5 Ro)
1914, 1.8. - 1919, 30.6.
1942, 2.9. - 1943
1944, 25.9. - 1945, 22.2. (L)
1950, 1.3. - 15.5.   31

8223.
Der Pforzheimer Beobachter
16.1.1901: General-Anzeiger
20.11.1918: Pforzheimer Neueste Nachrichten
8.1.1925: Pforzheimer Rundschau
29.7.1947: Süddeutsche Allgemeine
HA in Karlsruhe
25.9.1948: Pforzheimer Neue Zeitung
1.10.1949: Pforzheimer Zeitung
(3.1.1844 - 31.1.1922, 8.1.1925 - 28.2.1943 u.
29.7.1949 ff.)
1850
1948, 3.5. ff.   **31**
1976 ff.   **101b**
(ca. 8 Ro/Jg)   101b
1947, 26.11. u. 10.12.
1948, 21.1. - 1.12. (LL)   **MFA**
(1 Ro)
                                                    Dm 11
1947, 29.7. - 22.9. (L)
1947, 12. u. 14. 11.   GB-
1948, 21.1. - 1952, 29.11.   LO/N38
1850
1942, 2.9. - 1943, 28.2.
1948, 3.5. ff.   31
1992 - 1997   101a

8224.
Der Start
HA in Karlsruhe
1946, 14.4. - 19.6.   31

8225.
*Südwestdeutsche Volkszeitung für
christliche Politik und Kultur / P*
HA in Freiburg, Br.
1947, 3.5. - 23.7. (L)   **31**
                                                    31

8226.
*Wöchentliche Nachrichten von und für
Pforzheim*
1801: Pforzheimer wöchentliche Nachrichten
1796 - 1799
1801 - 1805   **31**
(1 Ro)   31

PFULLENDORF

8227.
*Amtliches Verkündigungsblatt für den Amts-
bezirk Pfullendorf*
1908, 8.10. - 1918   Sig 4

8228.
Bodensee-Rundschau
Pfullendorf, Überlingen
Ausg. Überlingen / Pfullendorf
HA in Konstanz
1936, 1.9. - 1942, 31.8.   Sig 4

8229.
Bote vom Ostrachtal
1926
1929 - 1932
1933, 3.7. - 30.12.   Sig 4

8230.
*Deutsche Bodensee-Zeitung mit Pfullendor-
fer Volkszeitung*
1.10.1936: Deutsche Bodensee-Zeitung mit
Pfullendorfer Anzeiger
HA in Konstanz
1926, 1.7. - 1937   Sig 4

8231.
Pfullendorfer Anzeiger
2.5.1936: Seekreis-Zeitung, Pfullendorfer Anzeiger
1881 - 1890 (L)
1892 - 1894, 20.12.
1895 - 1905 (L)
1907
1909 - 1912
1914 - 1925 (L)
1927 - 1932 (L)
1934, 3.7. - 1936, 30.7.   Sig 4

Beilage(n):
Unterhaltungsblätter
1884 - 1885
1897 - 1892 (L)
1896
1898 - 1912
1914 - 1917, 10.2.
1929
1931 - 1933
1936
(ab 1929? Heimat-Blätter, ab
1936? Illustriertes Unterhaltungsblatt)   Sig 4

PFULLINGEN

8232.
Echaz-Bote
Pfullinger Stadtanzeiger
BA v. Reutlinger Generalanzeiger
1950, 17.5. - 1958   24
(20 Ro)   24

PHILADELPHIA, PA (USA)

8233.
Amerikanischer Beobachter
1808, 9.9. - 1811, 29.8.   188/144

8234.
Morgen-Gazette
28.11.1892: Philadelphia Morgen-Gazette
9.5.1918: Philadelphia Gazette-Democrat
1923, 3.1. - 1940, 5.5. (L)
1951, 9.2. - 1963, 13.4.
1975, 3.5. - 1984   212
((30 Ro))
1923, 3.1. - 1940, 5.5. (L)
1951, 9.2. - 1963, 13.4.   212
1923, 3.1. - 1940, 5.5. (L)
1963, 5.1. - 13.4.   Dm 11

8235.
Nord-Amerika
1925, 27.8. - 1933
1936 - 1940, 29.8. (L)
1950, 7.12. - 1958, 18.9.   212
(8 Ro)   212
1925, 27.8. - 1933
1936 - 1940, 29.8. (L)   Dm 11
1931, 18.6. - 1958, 18.9.   188/144

8236.
Philadelphia Herold
1925, 14.2. - 1938 (L)   212
(6 Ro, F.: 1926, -28, -33)   212
                                            Dm 11
1928, 7.1. - 1942, 5.5.   188/144

8237.
Philadelphia Tageblatt
1922, 6.3. - 1935, 21.7. (L)   212
(30 Ro)   212
1922, 6.3. - 1935, 10.3. (L)   Dm 11

8238.
Philadelphische Zeitung
1732, 6.5.
1755 - 1757 (E)   7

8239.
Der Wöchentliche Philadelphische Staatsbote
5.1.1768: Der Wöchentliche Pennsylvanische
Staatsbote
23.5.?1775: Heinrich Millers Pennsylvanischer
Staatsbote
(nicht erschienen v. 17.9.1777 - 5.8.1778)
1763 - 1770 (L)
1775, Nr. 676 - 1779 (L)   7
1762, 18.1. - 1777, 10.9.
1778, 12.8. - 1779, 26.5.   Ha 33

PHILIPPSBURG

8240.
Rheinisches Tagblatt
BA v. Bruchsaler Post, Bruchsal
1951   31
                                              31

PHOENIX, AZ (USA)

8241.
Der Zeitgeist
1968   188/144

PIETERMARITZBURG (ZA)

8242.
Die Afrikaner
niederländische Spr.?
1931, 30.1. - 1932, Apr.   1w
(1 Ro)   1w
1931, 30.1. - 29.12.   Dm 11

PILLAU (BALTIJSK, RUS)

8243.
Pillauer Merkur
1870, 5.1. - 30.3.
1871 - 1872 (L)
1874 - 1876 (L)
1886 - 1892 (L)
1899 - 1903 (L)
1905 - 1907
1909 (L)
1912 - 1913 (L)   1w
(7 Ro)   1w
                                 Dm 11

PILLKALLEN (DOBROWOLSK, RUS)

8244.
Pillkaller Kreisblatt
ab 16.7.1938 Ortsname: Schloßberg
1908, 1.4. - 30.12. (L)
1910 - 1912 (L)   1w
(3 Ro)   1w
                                 Dm 11

PILSEN (PLZEŇ, CZ)

8245.
Pilsner Tagblatt
1923, 7.1. - 1929 (L)   212
(10 Ro)
1923, 7.1. - 1930, 30.4. (L)   212

8246.
Westböhmische Tageszeitung
1930 - 1938, 31.3.   212
(12 Ro)   212

PINNEBERG

8247.
Hamburger Abendblatt
UT: Pinneberger Zeitung
1974 - 2001   18
                                    18

8248.
Holsteiner Nachrichten
1943, 4.5. - 31.12. (L)   8
(1 Ro)   8

8249.
Nachrichten- und Anzeigenblatt für den Kreis Pinneberg
1946, 19.11. - 1949, 28.9.   8
(1 Ro)   8

8250.
Pinneberger Kreisblatt
auch: Elmshorner Nachrichten
1933 - 1943, 1.1.   68

8251.
Pinneberger Tageblatt
1893, 2.4. - 8.12.   18
(1 Ro)   18
1866 - 1944
1950 - 1990   68
1976 ff.   101b
(ca. 7 Ro/Jg)   101b
1992 - 1997   101a
1866 - 1944
1950 ff.   68

PINSK (BY)

8252.
Pinsker Zeitung
1916, 14.11. - 1917, 4.6. (L)   4
                                     4
                                    1w
                                 Dm 11

PIRMASENS

8253.
Der Komet
Organ zur Wahrung der Interessen der Besitzer
von Sehenswürdigkeiten und Schaustellungen
jeder Art
1.5.1943: Gemeinschaftsblatt
1894, 6.1. - 1944, 23.9. (L)   MFA
(74 Ro)
                                   706
                                  M 472
1894, 6.1. - 1941, Sep.
1943, Okt. - 1944, 23.10.   30

8254.
*Mitteilungsblatt der Israelitischen Kultusge-
meinde Pirmasens*
1937: Jüdisches Gemeindeblatt für das Gebiet
der Rheinpfalz
1935 - 1938, Nr. 3   19
                                    30
                                   517
                                 B 1539

8255.
Pfälzer Heimat
1925, 1.7. - 1939, 2.1.
(Beilage "Pirmasens" mitver-   107
filmt)

8256.
Pirmasenser Wochen-Blatt
21.2.1864 - 30.5.1867: Wochenblatt für Pirmasens, Dahn und Waldfischbach
24.5.1884: Pirmasenser Zeitung
(1831 - 15.3.1945 u. 1.11.1949 ff.)
1831 - 1839
1840 - 1841 (E)
1842, 1843 (E), 1844
1845 (E), 1846, 1847 (E)
1848
1849/50 - 1881, 21.8. (E)
1881, 23.8. - 1882, 29.12.
1884, 24.5. - 1913 (E)
1914, 27.1. - 1920, 4.2.
1924 - 1945, 10.3.   **107**
1976 ff.   **101b**
(ca. 5 Ro/Jg)   101b
1992 - 1997   101a
1989, 10.6. ff.   298
1831 - 1839
1842 - 1846
1848
1864, 21.12. - 1867, 30.5. (L)
1881, 9.1. - 1882, 25.12.
1914, 27.1. - 1920, 26.6.
1924 - 1945, 10.3.   Dm 11
1831 - 1839
1840 - 1841 (E)
1842, 1843 (E), 1844
1845 (E), 1846, 1847 (E)
1848
1849/50 - 1881, 21.8. (E)
1881, 23.8. - 1882, 29.12.
1884, 24.5. - 1913 (E)
1914, 27.1. - 1920, 4.2.
1924 - 1945, 10.3.
1949, 1.11. ff.   107
Beilage(n):
Pfälzer Heimat
1925, 1.7. - 1939, 2.1.   107

PIRNA

8257.
Der Abendstern
1849, Jan. - 23.6.   **14**
(1 Ro)   14
   Pir 9

8258.
Anzeiger für Pirna und Umgegend
1854, 4.7. - 29.12.   **14**
(1 Ro)   14
   Pir 9

8259.
Bote aus der sächs[ischen] Schweiz
1865 - 1866, 23.6.   **14**
(1 Ro)   14
   Pir 9

8260.
Die fliegende Fähre, ein Verbindungsmittel
für die Bewohner der Oberelbe
1848, 5.5. - 1854   **14**
(4 Ro)   14
   Pir 9

8261.
Pirnaer Nachrichten für Stadt und Land
1866, 1.9. - 1867, 17.4.   **14**
(1 Ro)   14
   Pir 9

8262.
Pirnaisches Wochenblatt
16.1.1850: Wochenblatt für Pirna und
Umgegend
1860: Pirnaer Anzeiger
1872: Pirnaer Anzeiger und Tageblatt
1.10.1895: Pirnaer Anzeiger
1817 - 1901
1902, Apr. - 1912, März
1912, Juli - 1944 (L)   **14**
(210 Ro)   D 271
Beilage(n):
Der Erzähler des Pirnaer Anzeiger
1862, 26.1. - 1868   **14**
(1 Ro)   14
   Pir 9

8263.
Der rote Wächter im Elbtal
1924 (E)   **B 479**
   B 479

PITTSBURGH, PA (USA)

8264.
Sonntagsbote
1921, 22.1. - 1939, 6.10. (L)   **212**
(7 Ro)   212
                                        Dm 11

8265.
Volksblatt und Freiheits-Freund
1912, 20.11. - 1921, 8.2.   **212**

PLAN (PLANA, CZ)

8266.
Deutsche Westböhmische Stimmen
1928, 16.5. - 1933, Mai   **212**
(4 Ro)

PLAU

8267.
*Plauer Zeitung : Amtsblatt des Amtes Plau
am See*
1855 - 1856
1938, 17.6. - 1942
1944, Jan. - Juni   **28**
(10 Ro)   28

PLAUEN

8268.
Brennpunkt
VEB NARVA Rosa Luxemburg
Glühlampenwerk
1968 - 1971, 22   **B 479**
                                         B 479

8269.
Freie Presse
HA in Chemnitz/Karl-Marx-Stadt
1971 - 1990, 31.8. (L)   14
(nur Lokalteil)

8270.
Freie Presse / Plauen-Land
HA in Chemnitz/Karl-Marx-Stadt
1947 - 1948 (MPF)
1950, 1.3. - 1952 (MPF)   14
(nur Lokalteil)

8271.
Das junge Volk
(1922 - 1935)
1930 - 1931 (E)   30

8272.
Neue vogtländische Zeitung
1899, 1.7. - 1921, 30.9. (L)
1924 - 1941, 31.5. (L)   **14**
(57 Ro)   14
                                        165

8273.
Plauener Sonntags-Anzeiger
1913 - 1916
1919 - 1932   **14**
(57 Ro)   14
                                        165

8274.
Plauensche Zeitung
1878, 1.10. - 1880, 31.3.   **14**
(3 Ro)   14
                                        165

8275.
Sächsische Zeitung
HA in Dresden
auch: Sächsische Volkszeitung
1946, 8.1. - 1950 (L)   **14**
(5 Ro)   14
                                        Ri 8

8276.
Sächsische Zeitung / Plauenscher Grund
HA in Dresden
1946, 6.8. - 1950, 16.5. (MPF)   14
(nur Lokalteil)

8277.
Vogtländische Arbeiter-Zeitung
1921, 25 - 1922, 72 (L)   **B 479**
                                         B 479

8278.
Vogtländischer Anzeiger und Tageblatt
(mehrere Vorg.-Titel)
1877
1879, 1.7. - 31.12.
1885, 1.1. - 30.6.
1889, 2.4. - 30.6.
1889, 1.10. - 1892
1897 - 1903
1913 - 1914, 31.3.
1914, 1.10. – 1920   **14**
                                        14

1940, 1.10. - 31.12.
(mehr als 72 Ro)   **14**
   14
1789, 12.3. - 1945, 10.4. (L)   165

8279.
Vogtland-Anzeiger
anfangs: Vogtlandpost
später: Vogtlandpost / Vogtland-Anzeiger
BA d. Frankenpost, Hof
1992 ff.   **101b**
(8 Ro/Jg)   101b
1990, 2.1. - 28.2.
1990, 2.1.3. - 1991 (Lokalseiten)
1992 - 2002, 31.7.   **Hf 1**
(ab 1997 40 Ro)   Hf 1
1992 - 1997   101a
1990 - 1992   Pl 10

8280.
Voigtländische Blätter
1848 (L)   30

8281.
Volkszeitung für das Vogtland
1919 - 1920
1923 - 1933, 7.3. (L)   **Bo 133**
(23 Ro)   Bo 133
Beilage(n):
Arbeit und Wirtschaft
1923 - 1930 (L)   Bo 133
Arbeiter-Sänger
1931 - 1932   Bo 133
Film und Radio   **Bo 133**
1929 - 1930   Bo 133
Freiheit
1932, 4.7. - 30.7.   Bo 133
Die schaffende Frau
1920 (L)
1923 - 1927 (L)
1929
1931 - 1933, März
(ab 1931: Für die schaffende
Frau)   Bo 133
Gemeindepolitik
1924 - 1926 (L)
1928 - 1931 (L)   Bo 133
Heimat und Fremde
1932   Bo 133
Die Jugend-Tribüne
1931 - 1933, Feb.   Bo 133
Jungarbeiter-Tribüne
1931   Bo 133

Junge Welt
1923 - 1928 (L)   Bo 133
Reportage aus aller Welt
1929 - 1930   Bo 133
Technik
1928 - 1929   Bo 133
Der Wähler
Reichstagswahl 1924   Bo 133

PLESCHEN (PLESZEW, PL)

8282.
Jeschurun
Vbg.: Posen
1901, 4.1. - 1904, 30.6.   **Dm 11**
(3 Ro)   Dm 11
   16
   19
   824
   1
   517
   B 1539
   H 227
   30

PLESS (PSZCZYNA, PL)

8283.
Anzeiger für den Kreis Pless
auch: Nikolaier Anzeiger, Plesser Stadtblatt
1923, 15.4. - 30.12.
1924, Feb. - 1931
1932, 10.8. - 30.9.   **212**
(6 Ro)

8284.
Plesser Kreis-Blatt
1860 - 1862
1868
1909 - 1910
1915   **1w**
(2 Ro)   1w
   Dm 11

PLETTENBERG

8285.
Süderländer Tageblatt
1949, 28.10. - 1957
1981 ff.   **101b**
(ca. 7 Ro/Jg, bis 1957 21 Ro)   101b
1958 - 1960, 31.8.   **Dm 11**

1932, 2.1. - 31.3. u. 1.7. - 30.9.
1933, 1.4. - 30.6.
1934, 2.7. - 29.9.   **MFA**
(3 Ro)
1951, 2.4. ff.   6
1992 - 1997   101a
1932, 2.1. - 31.3. u. 1.7. - 30.9.
1933, 1.4. - 30.6.
1934, 2.7. - 29.9.
1949, 28.10. - 1957
1958, 2.5. - 1960, 31.8.   Dm 11
1949, 28.10. - 1956, 9.6.   Plt 1

8286.
Westfälische Rundschau / LP
Ausg. Plettenberg, Herscheid und das Lennetal
HA in Dortmund
1990 ff.   **101b**
(ca. 11 Ro/Jg)   101b
     6
1992 - 1997   101a

PLÖN

8287.
Nord-West
1919, 15.10. - 1925, 26.9.   **68**
     68

8288.
Ostholsteinisches Tageblatt und Plöner Zeitung
mehrere Titeländerungen, u.a.:
Plöner Wochenblatt, Plöner Donnerstags-Blatt
3.4.1869: Plöner Wochenblatt und öffentlicher
Anzeiger für den Kreis Plön
1827
1830, 29.5. - 20.11.
1831
1833 - 1911, 30.6.
1912, 2.7. - 1945, 5.5.
1949, 22.10. - 1950   **68**
     68
     Dm 11
Beilage(n):
Ost-Holstein
1921, 19.3. - 1927
1935 - 1942   **68**
1952 - 1970   68

POCKING

8289.
Pockinger Zeitung
1912, 4.7. - 1916, 18.11.
1926 - 1935, 6.11.   12
     Pok 1

POLLNOW (POLANÓW, PL)

8290.
Pollnower Zeitung und Generalanzeiger für Pollnow
1911 - 1912
1915 - 1916, Nr. 75   **9**
     9

PORT WASHINGTON, WI (USA)

8291.
Port Washington Zeitung
1921, 6.1. - 1928, 28.10. (L)   **212**
(3 Ro)   212
     Dm 11

PORTAGE, WI (USA)

8292.
Columbia-County-Wecker
1874/75 - 1879, 28.3.   188/144

PORTLAND, OR (USA)

8293.
Nachrichten aus dem Nordwesten
1918, 2.8. - 1926, 25.3. (L)
1928, 5.1. - 1931 (L)
1935, 10.1. - 26.12. (L)
1938, 6.1. - 1939, 21.12. (L)
1941, 1.5.   **212**
(10 Ro)   212
     Dm 11

PORTO ALEGRE (BR)

8294.
Aktion
1933 - 1937, 10.10.   **Dm 11**
     Dm 11
     18

1937, 15.2. - 1.5.	468
	715
	188/211
1935 - 1937	M 352

8295.
Alarm
Liga für Menschenrechte
(15.2. - 1.5.1937)

1937, 15.2. - 1.5.	**Dm 11**
(1 Ro)	Dm 11
	739
	M 352

8296.
Das deutsche Buch
Ersatzpublikation für d. Zeitschrift Aktion
(Mai - Juli 1937)

1937, Mai - Juli	**Dm 11**
(1 Ro)	Dm 11
	739
	M 352

8297.
Deutsche Zeitung
1861, 10.8. - 1865
1867, 9.1. - 1868

1871 - 1917, 27.10.	**212**
(27 Ro)	212
	Dm 11

8298.
Deutsches Volksblatt
1921, 3.1. - 30.6.
1927, 26.9. - 1939, 19.8.

(29 Ro, Wochenausg. u. Beilagen	**212**
mitverfilmt)	212
	Dm 11

8299.
Deutsches Volksblatt / Wochenausg.

1920, 4.8. - 1927, 5.1.	**212**
	212
	Dm 11

8300.
Der freie Arbeiter

1920, 15.5. - 1930, Mai (L)	**212**
(1 Ro)	212
	Dm 11
	204
	Bo 133

8301.
Jornal Do Dia
1960, 6.7. - 26.10.

1964, 1.1. - 9.9.	**212**
(2 Ro)	212

8302.
Neue Deutsche Zeitung

1914, 24.10. - 1917, 29.3. (LL)	**1w**
(1 Ro. Beilage, tw. mitverfilmt)	1w
1914, 24.10. - 1917, 29.3. (L)	
1927, 22.10. - 1929, 29.6.	
1929, 1.10. - 1939, 2.12. (L)	
(34 Ro, Wochenausg. u. Beilagen	**212**
1926 - 1939 mitverfilmt)	212
	Dm 11

8303.
Neue Deutsche Zeitung / Wochenausg.

1921 - 1928, 2.5.	**212**
	212
	Dm 11

8304.
Neues Deutsches Volksblatt

1959, 10.7. - 1960, 15.4.	**212**
(1 Ro)	212

8305.
Der Pionier

1891, 29.4. - 1897, 28.6. (L)	**Dm 11**

8306.
St. Michaelsblatt

1956, 25.7. - 1962, 3.2.	**212**
(3 Ro)	212

8307.
Vaterland
1921, 4.1. - 1933

1935 - 1938, 31.8. (L)	**212**
(5 Ro)	212
	Dm 11

POSADAS (RA)

8308.
Nachrichten
1925: Nordargentinische Volkszeitung

1924, 1.5. - 1929, 20.4. (L)	**212**
(1 Ro)	212
	Dm 11

POSEN (POZNAN, PL)

8309.
Amtsblatt der Königlichen Regierung zu Posen
1816, 4.6. - 1836, 28.6.
1837 - 1919, 7.6. (L)
1940, 24.1. - 1943, 1.12.   **1**
                    Dm 11

8310.
Amtsblatt der Königlichen Regierung zu Posen / Öffentlicher Anzeiger
1816, 2.7. - 1836, 28.6.
1837 - 1870
1872, 23.1. - 1876
1885 - 1902
1904 - 1909
1911, 1914, 1918   **1**
                    Dm 11
Beilage(n):
Sonderbeilage
1914 u. 1918   **1**
                    Dm 11

8311.
Deutsche Blätter in Polen
1928
1930 - 1931   **M 352**

8312.
Deutsche Nachrichten
(1.11.1934 - 1939)
1936
1939, Juli - Aug.   **1w**
                    1w
1934, 1.11. - 1936
1937, März - Juni
1937, Sep. - 1939, Juni   **212**
(7 Ro)
1936   Dm 11

8313.
Deutsche Tageszeitung in Polen
(1.12.1934 - 1939)
1934, 1.12. - 1939, 29.8.   **212**
(8 Ro)
                    715

8314.
Die Fahne
Kampfblatt deutscher Jugend in Polen
1936, 5.1. - 20.9.   **212**
(1 Ro)

8315.
Feldblatt Posen
Nachrichtenblatt des Wehrkreises XXI
1939, 23.9. - 1941, 26.12.   **212**
(1 Ro)

8316.
Gazeta Narodowa
1916, 10.9. - 31.10.   **4**
                    4
                    Dm 11

8317.
General-Anzeiger und Fremdenblatt
1852, 1.1. - 30.6.   1w
                    1w
                    Dm 11

8318.
Gesamtüberblick über die polnische Tagesliteratur
Posen (Poznan, PL), Berlin
1920: Gesamtüberblick über die polnische Presse
ab 1920 in Berlin
1908 - 1909, 10.8.
1912 - 1915, 23.2.
1916 - 1918, 13.11.
1919 u. 1924
1928 - 1930
1932 - 1936
1938 - 1939, 2.9.   1w
                    1w
                    Dm 11

8319.
Ostdeutscher Beobachter
(1.11.1939 - Jan. 1945)
1944, Jan. - Juni   1w
1939, Nov. - 1943   **212**
(12 Ro)   **212**
1942 - 1945, Jan. (L)   **GB-**
(13 Ro)   **LO/N38**

1939, 1.11. - 1944, 30.6.   1w
1943, 1.1. - 28.2.   **H 250**
1939, 1.11. - 1943 (L)   **Mb 50**

8320.
Posener Intelligenzblatt
1834?: Intelligenzblatt für das Großherzogtum Posen
1818, 3.1. - 27.6.
1821, 4.7. - 1822
1824, 3.7. - 29.12.   1w
                    1w

1826, 1.7. - 30.12.
1831, 1.1. - Apr.
1843, 1.7. - 1844, 29.6.
1845, 1.1. - 30.6.
1846 - 1848
1849, 2.7. - 1.10.
(17 Ro)   1w
                    1w
                    Dm 11

8321.
Posener Neueste Nachrichten
(18.6.1899 - 15.2.1926)
1922, 23.3. - 1923, 31.10.
1924, 22.1. - 1926, 12.2.   212
(5 Ro)   212

8322.
Posener Tageblatt
(25.3.1862 - 31.10.1939)
1920
1921, 10.5. - 1929, 29.6.
1929, 1.10. - 1939, 29.8.   212
(38 Ro)
1915, 1.1. - 31.3.   1
(1 Ro)   1
1915, Jan. - März
1923, 1.5. - 1939, 29.8. (L) 1w
1915, Jan. - März   Dm 11
1923, 1.5. - 1939, 29.8.   212

8323.
Preußisches Wochenblatt zunächst für die
Kreise Obornik und Samter
Posen, Rogasen
1849, 5.1. - 30.3.   1w
                   1w
                 Dm 11

8324.
Südpreußische Zeitung
8.11.1806: Posener Zeitung
21.6.1815: Zeitung des Großherzogthums Posen
1.7.1848: Posener Zeitung
(2.8.1794 - 30.6.1919)
1817 - 1820
1823 - 1826, Juni
1827 - 1830, Juni
1831, Juli - Dez.
1833 - 1834, Juni
1835, Juli - 1841
1842, Juli - 1844, Juni
1845, Juli - 1846
1848   1w
                 1w

1850, 1852, 1854
1856, Juli - 1857
1863, Jan. - Juni
1866, Jan. - Juni
1872, Jan. - Juni
1873, Apr. - 1874, März
1875, Apr. - Juni
1877, Okt. - Dez.
1878, Apr. - 1879, Sep.
1881, Jan. - Sep.
1882, Juli - Dez.
1884, Juli - Sep.
1885, Jan. - Juni u. Okt. - Dez.
1887, Apr. - Juni
1888, Juli - 1889, Juni
1896, Jan. - März
1901, Apr. - Juni u. Okt. - Dez.
1904, Apr. - Juni
1905, Okt. - Dez.
1906, Juli - 1907, Sep.
1908, Apr. - Juni
1909, Juli - Sep.
1910, Apr. - Juni
(117 Ro)   1w
                 1w
1914, 29.10. - 1915, 27.1.
1916, 1.8. - 26.10.   **Dm 11**
(2 Ro)   Dm 11
Beilage(n):
Landwirthschaftliche Mitteilungen
1901, Apr. - Juni u. Okt. - Dez.
1904, Apr. - Juni
1905, Okt. - Dez.
1906, Juli - 1907, Sep.
1908, Apr. - Juni
1909, Juli - Sep.
1910, Apr. - Juni
(Vlg. in Köthen)   1w
Ergänzungsblätter
1848, 8.10.   1
1848, Juli - Dez.   1w
                 1w

Deutsches konstitutionelles Blatt
für das Großherzogthum Posen
1848, Apr. - Juni   1w
                 1w

8325.
Zeitung des Ostens
Abend-Blatt
1849, 2.4. - 27.5. (L)   B 479

POTSDAM

8326.
Ärztliches Vereinsblatt für Deutschland
1872 - 1882   1
(2 Ro)

8327.
Bauern-Echo
Ausg. Potsdam
1948, 18.7. - 1952   109
1952, 10.9. - 1962   739
1952, 10.9. - 1962   B 479
1948, 18.7. - 1962 (L)   180
1950 - 1962   188/211

8328.
Brandenburgische Neueste Nachrichten
29.2.1992: Potsdamer Neueste Nachrichten
(1.5.1951 ff.)
1992 ff.   **101b**
(4 Ro/Jg)   101b
1954, 1.7. - 1990   **Bo 174**
(65 Ro)
1992 - 1997   101a
1989 - 1990   180
1954, Juli - Dez.
1963 - 1969
1971 - 1992, 2.7.   188/211

8329.
Bürger- und Bauern-Zeitung
Potsdam, Berlin
(1.7.1848 - Juli 1850)
1849, 5.7. - 1850, 22.5.   **Dm 11**
(1 Ro)   Dm 11
                                              21
                                             361
                                             468
                                         188/211
                                            Bm 3

8330.
Defa-Blende
BPO Defa-Studio für Spielfilme
1978 - 1990 (MPF)   186

8331.
Energie
Energiekombinat Mitte/Energieversorgung
1978 - 1981 (MPF)
1983 - 1987 (MPF)   186

8332.
Fließband
BPO Reichsbahnausbesserungswerk
1982 - 1990 (MPF)   186

8333.
Fußnote
Zentrag-Druckereien
1975 - 1989 (MPF)   186

8334.
Havelobst intensiv
GO Kooperationsverband "Havelobst"
1978 - 1989 (MPF)   186

8335.
Industriebau
BMK Ost Potsdam
1978 - 1990   186
(MPF)

8336.
Karl-Marx-Werk-Report
BPO VEB Maschinenbau
1978 - 1990 (MPF)   186

8337.
Der Märker
Organ der SPD
(20.10.1945 - 18.4.1946)
1945, 20.10. - 1946, 17.4.   180
1946 (E)   B 479

8338.
Märkische Heimat
1957, Nr. 1 - 5 (MPF)   1

8339.
Märkische Union
später in Dresden u. Cottbus
(3.2.1948 - 28.2.1990)
1962 - 1963, 27.11. (E)   **188/211**
1954, 1.8. - 1961, 30.9.
1963, 2.4. - 1990, 28.2.   **Bo 174**
(59 Ro)
1948, 3.2. - 1954   **1w**
(6 Ro)   1w
1954, 1.8. - 1990, 28.2.   101b
1989 - 1990, 28.2.   180
1954, 1.8. - 1961
1963 - 1990, 28.2.   188/211

8340.
Märkische Volksstimme
1.10.1990: Märkische Allgemeine
UT anfangs: Reichsausgabe, später:
Allgemeine Ausgabe
(20.4.1946 ff.)
1946, 20.4. - 1952

1990, 2.7. - 2.10.	1w
(12 Ro)	1w
1962 (E)	188/211
1946, 2.7. - 1947	
1952 - 1990, 29.9.	Bo 174
(78 Ro)	
1946, 2.7. - 1947 (L)	Bo 414
(1 Ro)	
1947 - 1949, 31.1.	
1963 - 1986, 19.12.	
1987, 3.1. - 1990, 2.10.	MFA
(16 Ro, nur Kreisseiten)	
	186
1946, Nr. 60 - 213	
1947, Nr. 1 - 290	109
1946, 20.4. - 1947	
1989 - 1990, 29.9.	180
1952 ff.	101b
1952 - 1960	
1962 - 1990, 30.6. (L)	188/211
1946, 2.7. - 1947	M 352
1995 ff.	12

Beilage(n):
Bei uns	
1972	180
1963 - 1990, Nr. 2	B 479
	B 479
Die Wählerin	B 479
1924 - 1925 (L)	B 479
Märkische Kinderstimme	B 479
1946, 1 - 1947, 11	B 479
Liederblatt	B 479
1946, 1 - 4	B 479
Sonntagsbeilage	B 479
1959, 1 - 1963, 8	B 479
Unterhaltungsbeilage	B 479
1954, 1 - 1957, 45	B 479
Märkische Illustrierte	
1946 (L)	109
	180
1946, Nr. 1 - 5	B 479
	B 479
Märkischer Igel	
1946 (L)	180
1946, Nr. 1 - 9	B 479
	B 479

8341.
Märkische Volksstimme am Montag
1.1951, Nr. 1 - 1952, Nr. 32	B 479
	B 479
1951, 15.1. - 1952, 4.8. (L)	MFA
(1 Ro)	
	186

8342.
Märkisches Volksblatt
Juli 1978: Gemeinnütziges Volksblatt
1798, Jan., Feb., Apr. - Dez.	
1799, Feb. - Juni, Aug. - Nov.	46
(1 Ro)	46

8343.
Meliorationsspiegel
Meliorationskombinat
1970 - 1985 (MPF)	
1987 - 1989 (MPF)	186

8344.
*Mitteilungen der Handels- und Gewerbe-
kammer*
1983, Nr. 2 - 1989 (MPF)	186

8345.
Oktober
PH Potsdam
Vorg. u. Forts. Hochschulzeitung Oktober
1978 - 1990, Nr. 20 (MPF)	186

8346.
Potsdamer Blick
1963, 5.4. - 1969, 27.3.	Bo 174
(1 Ro)	

8347.
Potsdamer Handwerke
Mitteilungen der Handwerkskammer
1971 - 1990 (MPF)	186

8348.
Potsdamer Intelligenz-Blatt
2.1.1901: Potsdamer Tageszeitung
(17.9.1850 - Apr. 1945)
1925 - 1926, Juni	
1926, Nov. - 1927	
1928, Mai	
1930, Mai - Juni, Sep. - Okt.	
1931, Sep. - 1932, Feb.	
1932, Mai - Aug.	
1933, Juli - Aug.	
1935, 31.8. - Okt.	1w
	1w

1937, Sep. - Okt.	
1941, Okt. - Dez.	
(29 Ro, mehrere Beilagen mitver-	1w
filmt)	1w
1853, 1.1. - 31.3. u. 1.10. - 31.12.	
1854, 1.10. - 31.12. (L)	
1855, 2.10. - 31.12.	
1857, 1.1. - 31.3. u. Juli - Sep.	
1858, 1.7. - 31.12.	
1859, 1.10. - 31.12.	
1864, 1.4. - 30.6.	
1867, 1.10. - 1868, 30.9.	
1869, 2.4. - 29.6.	
1872, 18.10. u. 1892, 15.11.	
1897, 8.1. - 1903	
1910	
1914, 2.1. - 31.3.	
1921, Apr. - Dez.	
1925 - 1942, 31.8.	
1942, 1.9., 15.9., 17.9., 19.9.	
1942, 1.10. - 1945, 14.4.	186
	Dm 11
	Po 24
Beilage(n):	
Havelländischer Erzähler	
1925 - 1941, 22.8. (L)	186
	Po 24
Potsdamer illustrierte Zeitung	
1925, 7.3. - 1927	
1929, 6.7. - 28.9.	
1931, 3.1. - 28.4.	
1932, Okt. - Dez.	
1939 - 1941, Juni (L)	
(ab 1939 "Potsdamer Illustrierte")	186
	Po 24

8349.
Potsdamer Kirche

1958, 4.5. - 1988, 25.12.	**Bo 174**
(10 Ro)	

8350.
Potsdamer Neueste Nachrichten / Stadtausg.

1992, 1.4. - 2.7.	101a

8351.
Potsdamer Volksblatt

1926, Jan. - 1.5.	
1932, Okt. - Dez.	1w
(2 Ro)	1w
	Bo 133
Beilage(n):	
Der Garten und das Haus	**B 479**
1933, 4	B 479

8352.
Stadtanzeiger für Nowawes und Neubabels-berg

Jan. 1938: Babelsberger Stadtanzeiger	
1936 - 1937, Apr.	
1937, Sep. - Dez.	
1938, 1.4. - 1941, 31.5.	1w
(14 Ro, Beilagen mitverfilmt)	1w

8353.
Die Tagespost

(11.7.1946 - 31.3.1951)	
1950, 4.5. - 1951, 31.3.	180
1946, 31.8.	GB-
1946, 28.9. - 1948, 4.6. (L)	LO/N38

8354.
Tele-Post

BPO Bezirksdirektion Deutsche Post	
1978 - 1989 (MPF)	186

8355.
Unsere Straße

Bezirksdirektion Straßenwesen	
1970 - 1971, Nr. 7 (MPF)	
1982 - 1989 (MPF)	186

8356.
Verkehrs-Spiegel

BPO Kombinat Kraftverkehr	
1978 - 1989 (MPF)	186

8357.
Volkswille

Potsdam, Berlin	
Tageszeitung für die Provinz Mark	
Brandenburg	
(15.9.1945 - 17..4.1946)	
1945, 15.9. - 1946, 17.4.	**B 479**
	B 479
Beilage(n):	
Die neue Kinderpost	**B 479**
1946, Nr. 1 - 4	B 479

8358.
Vorwärts

1844	**Dm 11**
(1 Ro)	Dm 11
	46

8359.
Wannsee-Zeitung

1935 - 1941, 1.6.	1w
(6 Ro, Beilagen mitverfilmt)	1w
	Dm 11

8360.
Wasserspiegel
Potsdam, Falkensee
Wasserversorgung und Abwasserbehandlung
1973 - 1976, Nr. 1 (MPF)
1979 - 1990 (MPF)   186

8361.
Der Wohnungsbauer
BPO Wohnungsbaukombinat
1978 - 1990 (MPF)   186
1973 - 1989, 19 (L)   B 479

PRAG (CZ)

8362.
Abendland
Unabhängige deutsche europäische Stimmen
für christliche Gesellschaftserneuerung
(Feb. 1938)
1938, Feb.   **188/211**
                                    Dm 11
                                    Dm 11
                                      739
                                  188/144
                                      715
                                        5
                                   Bo 133
                                    M 352

8363.
Das Abendland
Central-Organ f. alle zeitgemäßen Interessen
des Judenthums
Prag, Brünn
1864 - 1868   **Dm 11**
(1 Ro)   Dm 11
                                       46
                                       12
                                      824
                                       30
                                   B 1539

8364.
Arbeiterpolitik
1929, 22.6. - 1930, 23.8.   212
(1 Ro)

8365.
Aufbau und Frieden
UT: Das Blatt der deutschen Werktätigen in
der CSSR
Hrsg.: Zentralrat der Gewerkschaften
1956 - 1965   **212**
(8 Ro)   212
1951 - 1952   Mb 50

8366.
Der Aufbruch
1933, 15.9. - 1935, Juli (L)   Bo 133
                                    M 352

8367.
Aufruf
Streitschrift für Menschenrechte
(1.9.1930 - 15.9.1934)
1933, 15.4. - 1934, 15.9.   **Dm 11**
(1 Ro)   Dm 11
                                      468
                                      715
                                      739
                                    B 724
                                   Bo 133
                                    M 352
                                       18
                                  188/211
                                    Mar 1
                                        5

8368.
Das Banner
1936, Juli, Sep., Okt.
1936, Dez. - 1937, Jan.
1937, Apr.   **Bo 133**
                                   Bo 133

8369.
Beiträge zur Verbeserung der Land-
wirthschaft durch alle ihre Theile
1808   46

8370.
Bericht über die Lage in Deutschland
Auslandsbüro "Neu Beginnen"
(Okt. 1933 - Sep. 1936)
1933, Okt. - 1936, Sep.   **Dm 11**
(1 Ro)   Dm 11
                                       18
                                       34
                                      180
                                      294
                                      468
                                      715
                                      739
                                  188/211
                                    B 724
                                    M 352

8371.
Blätter für die Jüdische Frau
1932 - 1936 (L)   M 352
1925 - 1926 (L)
1929 - 1936, Nr. 6 (L)   30
1925 - 1936 (L)   He 116

8372.
Böhmen und Mähren
1940, Nr. 1
1941 (L)
1943, Nr. 3/4   M 352

8373.
Bohemia
1845, 3.1. - 1848
1855
1861 - 1938   212
(361 Ro)
1917, 31.1. - 1918 (L)   GB-
(7 Ro)   LO/N38

1865, Dez.
1867 - 1868, 23.5.   Dm 11
1845 - 1848   21/32c

8374.
Der Bund
1931 - 1933 (L)   Bo 133

8375.
Concordia
1849, Nr. 1 - 109   B 479

8376.
Constitutionelles Blatt aus Böhmen
1850, 1.1. - 30.3.   1w
(1 Ro)   1w
1848, 2.4. - 1849   Dm 11
(3 Ro)
                                   361
                                   468
                                   188/211
                                   21/32c
                                   Bm 3
1848 - 1849, 8.9. (L)   B 479
1848, 2.4. - 1850, 30.3.   Dm 11

8377.
Deutsche Freiheitsbriefe
1936/37 (2 Nrn.)   B 479
                                   B 479

8378.
Deutsche Landpost
1923, 4.4. - 1938, 31.3.   212
(29 Ro)

8379.
Deutsche Presse
1925, 8.5. - 1934, 16.3.   212
(19 Ro)   212
1936 - 1938, 18.12. (L)   1w
(6 Ro)   1w
                                   Dm 11

8380.
Die Deutsche Revolution
Organ der Schwarzen Front, zuvor in Berlin
(13.5.1934 - 15.11.1937)
1934 - 1937 (L)   B 479
                                   B 479
1934, 13.5. - 1937, 15.11.   Dm 11
(1 Ro)   Dm 11
                                   18
                                   468
                                   715
                                   739
                                   188/211
                                   M 352
1934 - 1937 (L)   B 479
1931, 4.1. - 1.10.   11

8381.
Deutsche Stimmen
UT: Demokratisches Wochenblatt
1938, 1.9. - 4.10.   1w
(1 Ro)   1w
                                   Dm 11

8382.
Deutsche Volkszeitung
Wochenzeitung für "Freiheit und Recht,
Frieden dem deutschen Volk"
mehrere Tarnausg. in Paris
Vorg.: Der Gegen-Angriff, Prag
(22.3.1936 - 27.8.1939)
Prag/Paris/Basel/Kopenhagen
1936, 22.3. - 27.12.   212
(1 Ro)
1936, 22.3. - 1939, 27.8. (L)   B 479
                                   B 479
1936 - 1938   ACRPP
1936, 22.3. - 1939, 27.8.   Dm 11
(1 Ro)   Dm 11
                                   18
                                   30
                                   46
                                   180

1936, 22.3. - 1939, 27.8.	715
	739
	188/211
	Bo 133
	M 352
	Mar 1
1937, 17.1. - 31.10. (L)	1w

8383.
Deutscher Kurierdienst
(4.9.1935 - 25.6.1936)

1935, 4.9. - 1936, 25.6.	Dm 11
(1 Ro)	Dm 11
	18
	19
	180
	739
	188/211
	B 479
	M 352
	Bo 133

8384.
Deutscher Nachrichtendienst (SPD)

1935, Nr. 5a - 1937, Nr. 7 (L)	Dm 11
	Dm 11

8385.
Deutsches Agrarblatt

1920, Juli - 1923	212
(3 Ro)	

8386.
Deutschlandberichte der SoPaDe
1937: Deutschland-Berichte der Sozialdemo-
kratischen Partei Deutschlands (SoPaDe)
Prag/Paris
(Apr. 1934 - Apr. 1940)

1934, Apr./Mai - 1940, Apr.	Dm 11
(8 Ro)	Dm 11
1935, Nr. 5 u. 6	Bm 3
1934, Apr. - Sep.	
1935 - 1940, Apr.	B 724
1934 - 1940, Apr.	18
1940, Jan. - Apr.	25
	468
1934, Apr. - 1939, Sep.	
1940, Jan. - Apr.	5
1934 - 1940	Bo 133
1934, Apr. - 1935, Feb.	
1940, Jan. - Apr.	M 352

8387.
Die dritte Front

1937, Nr. 4 (MPF)	188

8388.
Europäische Hefte
Wochenschrift für Politik, Kultur, Wirtschaft
1934, Nr. 25 ff.: Europäische Hefte vereinigt
mit Aufruf
Prag/Bern/Paris
(19.4.1934 - 30.11.1935)

1934, 19.4. - 1935, 30.11.	Dm 11
(2 Ro)	Dm 11
	18
	101a
	715
	739
	M 352
	Mar 1
1934, 19.4. - 1935, 8.3.	4
1934, 24.12. - 1935, 30.11.	188/211

8389.
Für Führer und Reich

1939, 25.3. - 15.4.	1w
(1 Ro)	1w
	Dm 11

8390.
Der Gegen-Angriff
Antifaschistische Wochenschrift
(Forts.: Deutsche Volkszeitung, Prag)
Apr. 1933 - 14.3.1936)
Berlin/Prag/Zürich/Paris/Basel

1933, Apr. - 1936, 14.3.	Dm 11
(3 Ro)	Dm 11
	739
	188/211
1933, Apr. - 1936, 14.3.	19
1934, 15.2. - Dez.	46
	180
1933, Apr. - 1934, 9.12.	M 352
1933, Apr. - 1936, 14.3.	Mar 1
Beilage(n):	
Roter Pfeffer	
1933 - 1934 (L)	180
1932 - 1933, Feb.	109
1932 - 1933, 4	1w

8391.
Der Gegenstoß

1933, 4.8. - 22.12. (L)	Dm 11
	Dm 11
1933 (L)	B 479
	B 479

8392.
Die Gegenwart
1867, 4.8. - 1870   **Dm 11**
(1 Ro)   Dm 11
      46
      517
      824
1867 - 1870 (L)   19
      30
      B 1539

8393.
Der Genossenschafter
1932 (E)   Bo 133

8394.
Germany
Monthly Reports by the Executive Committee
of the Social Democratic Party of Germany.
Engl. Ausg. d. Deutschlandberichte der
SoPaDe
Prag, Paris
(Juni 1937 - Apr. 1940)
1937, Juni - 1940, März   **Dm 11**
(3 Ro)   Dm 11
      715
      739
      188/211
1.1937/38,1-10   Mb 50

8395.
Gewerbe- und Handelszeitung
1930, Sep. - 1938, 31.3.   **212**
(4 Ro)

8396.
Gewerbliche Rundschau
1938, 16.4. - 10.9.   **212**
(1 Ro)   212

8397.
Gewerkschaftsblatt
1931 - 1933
1936 - 1938, Nr. 9 (L)   Bo 133

8398.
Golus
Zeitschrift der jüdischen Emigration aus
Deutschland
nur einmal erschienen
(Aug. 1933)
1933, Nr. 1   **Dm 11**
(1 Ro)   Dm 11
      739
      M 352

8399.
Das Hakenkreuz
1923, Nr. 1, 2, u. Nov.   **B 479**
      B 479

8400.
Heimatruf
1938, 27.8. - 31.12.   **212**
(1 Ro)   212

8401.
Historien von der Landwirthschaft,
welche sich in Böhmen an verschiedenen
Orten zugetragen. Nebst einem ewigen
Bauernkalender [...]
Prag, Wien
1792   **46**
(1 Ro)   46

8402.
Jüdisches Nachrichtenblatt
1941 - 1942 (L)
1944, Nr. 1 u. 1945, Nr. 2   **M 352**
1939, Nov. - 1945 (L)   517
      19
      B 1539
      30

8403.
Jung Juda
1911 - 1913 (L)   **M 352**

8404.
Das Junge Volk
1930 - 1931   **M 352**

8405.
Kaiserlich-Königlich privilegirte Prager
Oberpostamtszeitung
1807, 2.2. - 26.6. (L)   **1w**
      1w
      Dm 11

8406.
Der Kampf / Auslandsausg.
Vereinigt mit d. Tribüne
(Mai 1934 - Sep. 1938)
Ausgabe für die CSR / teils Ausg. f. Österreich
Forts.: Der Sozialistische Kampf, Paris
1934, Mai - 1938, Sep.   **Dm 11**
(Ausl./Österr.: 2 Ro)   Dm 11
      18
      468

1934, Mai - 1938, Sep.   Bo 133
     739
     188/211
     M 352
Beilage(n):
Mitteilungen der Zentralstelle
für das Bildungswesen der DSAP
1934, Jan. - Apr.   188/211
     Mb 50
     5
     468
     Bo 133

8407.
Der Kampf / CSR
1934, Juli - 1938, Sep. (L)   180
     468
     Bo 133

8408.
Der Kampf / Österreich
1934, Juli - 1938, Apr.   **Dm 11**
     Dm 11
     18
     180
     468
     739
     188/211
     M 352

8409.
Kino
1913, 3. - 31.Rijna   **MFA**
(1 Ro)

8410.
Kongress-Zeitung
1933, Nr. 1 - 7 u. 9 - 13   **M 352**

8411.
Die Kritik
Theater-Kultur-Film
(Aug. 1933 - Juli 1935)
1933, Aug. - 1935, Juli   **Dm 11**
(1 Ro)   Dm 11
     715
     739
     188/211
     M 352
     B 1528

8412.
Landes-Zeitung
2000 - 2002   **212**
(1 Ro)   212

8413.
Landeszeitung
UT: Zeitung der Deutschen in Böhmen,
Mähren und Schlesien
(1999 ff.)
2002, 8.10. - 2008   **212**
     212

8414.
Linksfront
1931, Sep. - 1932, Aug.
1932, Okt. - 1933, März   **Dm 11**
     Dm 11

8415.
Mitteilungen der Zentralstelle für
Bildungswesen der DSAP
Hrsg.: Deutsche Sozialdemokratische
Arbeiterpartei in der Tschechoslowakischen
Republik
1934,1-4   Mb 50

8416.
Mitteilungen des Statistischen Zentralamtes
des Protektorats Böhmen und Mähren
1941 (L)   Mb 50

8417.
Mittheilungen des Israelitischen Landes-
Lehrer-Verein in Böhmen
1895 - 1917 (L)   **Dm 11**
(1 Ro)   Dm 11
     46
     824
1896 - 1917 (L)   He 116
1896, Nr. 10 - 1899, Nr. 7 (E)
1906 (L) u. 1917 (E)   12
1896 - 1917 (L)   517
     B 1539
     46
1896, Nr. 10 - 1899, Nr. 7 (E)
1902 - 1913
1917 (E)   30

8418.
Monatliche Beyträge zur Bildung und Unter-
haltung des Bürgers und Landmanns
1784, 1789 (MPF)   46

8419.
Morgenzeitung
1930, 13.7. - 31.7.   **212**
(1 Ro)

8420.
Neue Deutsche Blätter
Monatsschrift für Literatur und Kritik
(20.9.1933 - Aug. 1935)
1933, 20.9. - 1935, Aug.   **Dm 11**
(1 Ro)   Dm 11
                                    715
                                    739
                                    188/211
                                    M 352

8421.
Der Neue Tag
1939, 5.4. - 1943   **212**
(4 Ro)   212
1939 - 1945 (L)   **M 352**
1939, 5.4. - 1940, 29.2.
1940, 1.5. - 1944, 31.8.   **1w**
(24 Ro)   1w
                                    Dm 11
1939 - 1943   M 352

8422.
Die Neue Weltbühne
Wochenschrift für Politik, Kunst, Wirtschaft
(1.1932, 29.9. - 31.8.1939)
Prag/Wien/Zürich/London
1933, 6.4. - 1939, 31.8.   **Dm 11**
(5 Ro)   Dm 11
                                    4
                                    18
                                    101a
                                    468
                                    715
                                    739
                                    188/211
                                    B 1528
                                    46
1938,9 - 1939, 31.8. (L)   Mb 50
1933, 1.6. - 1934, 5.7. (LL)   GB-
                                    LO/N38

8423.
Oekonomische Arbeiten einiger Freunde des
Guten und Gemeinnützigen in Böhmen
Prag, Wien
1792   **46**
(1 Ro)   46

8424.
Ordinari Wochentliche Postzeittung
auch mit Angabe des Wochentags wie
...Sambstägliche oder Mittwochs...
zahlreiche Titelwechsel
1659
1671 - 1673 (E)
1689, Mai - Dez. (L)   46

8425.
Prag grüsst Euch!
Kameradschaftsblatt des Reichssenders
Böhmen
1941   **101a**
(1 Ro)   101a

8426.
Prager Abendzeitung
1923 - 1939 (L)   Bo 133

8427.
Prager Mittag
1938, 2.6. - 19.10.   **212**
(1 Ro)   212
1933, 31.7. - 1938, 31.5.   **1w**
                                    1w
                                    Dm 11

8428.
Prager Montagsblatt
bis 1932: Montagsblatt
1923
1929 - 1937   **1w**
1934 - 1937   Dm 11
1926
1931 - 1936   Bo 133

8429.
Prager Presse
1938   **M 352**
1922, 20.4. - 1922, 15.9.
1923, 19.7. - 1924, 20.1.   **212**
1921, Apr. - 1926   **GB-**
1935, Juli - 1938 (L)   **LO/N38**
(35 Ro)
1921
1922 - 1924 (L)
1925 - 1932
1933 (L), 1936
1937 - 1938 (L)   **46**
(46 Ro)
                                    38/421
1921, 27.3. - 1933, Juni (L)
1936 - 1938 (L)   188/211

1921, 27.3. - 1923, 18.7.
1924, 21.1. - 1927, 31.3.   38
(Morgen- und Abendausg.)
Beilage(n):
 Bilderbeilage
 1938, 1 - 39   30

8430.
Prager Tagblatt
auch: Prager Tageblatt
(25.12.1876 - 4.4.1939)
1919, März - 1922
1924 - 1925, Apr.
1925, Juni - 1929, Nov.
1930 - 1935, Feb.
1935, Mai - Okt.
1936 - 1938, Juni
1938, Sep. - 1939, 4.4.   **1w**
(105 Ro)   1w
1925 (L), 1926, 1927 (L)
1928 - 1929
1930 (L)
1931 - 1932
1933 (L)
1934 - 1937
1938 (L)   **46**
(40 Ro)   46
1915, 9.2. - 31.3.
1916, 1.8. - 25.10.
1917, 2.1. - 1919, 29.7.   **GB-**
1938, Juni (L)   **LO/N38**
1933 - 1939   **Bo 133**
1925, 6.12.
1929, 27. u. 28.7.
1931, 1.1. - 31.5.
1931, 1.7. - 1938   **MFA**
(40 Ro)
1925, 10.10. - 13.12.
1926, Jan. - Aug.
1926, Okt. - 1927, 16.2.
1927, Mai - Juli, Sep., Nov.
1928 - 1933, März
1934 - 1937
1938, Feb. - Apr.   212
1919, 1.3. - 1939, 4.4. (L)   38
1911, 1.10. - 1914
1925 - 1927, 19.7.
1927, 10.9. - 13.10. u. 1. - 22.11.
1928, 25.1. - 16.2. u. 1.5. - 7.11.
1928, 9.11. - 1933, 31.3.
1934 - 1937
1938, 1.2. - 30.4.   715
1925, 11.10. - 1938 (L)   188/211
1877 - 1939, 4.4. (L)   Bo 133

1925, 6.12.
1928, 6.12. - 1930, 9.1.
1930, 2.12. - 1938   Dm 11
1919, März - 1922
1924 - 1925, Apr.
1925, Juni - 1929, Nov.
1930 - 1935, Feb.
1935, Mai - Okt.
1936 - 1938, Juni
1938, Sep. - 1939, 4.4.   38/421
Beilage(n):
 Dichtung und Erlebnis
 1925 (E)   212
 Onkel Franz
 1923 - 1925, Sep.   Bo 133

8431.
Prager Volkszeitung
1985: VZ - Prager Volkszeitung
(1.1.1951 ff.)
1966 - 2001
2005   **212**
                                             212
1979 - 1982   **Bo 414**
(4 Ro)
1972 ff.   547

8432.
Prager Zeitung <1814>
1848, 1.7. - 1849, 29.6.   **1w**
                                             1w
                                             Dm 11
1859, Nr. 153 - 179   B 479

8433.
Prager Zeitung <1991>
1991, Okt. - 2001
2005 - 2006   **212**
                                             212

8434.
Die Rote Fahne
1935 - 1938 (E)   **B 479**
                                             B 479
1934, Aug. - 1938, Okt.   M 457

8435.
Die rote Fahne / Abendausgabe
1938 (E)   **B 479**
                                             B 479

8436.
Die rote Fahne / Zweite Ausgabe
1938 (E)   **B 479**
                                             B 479

8437.
Rote Jugendwacht
1928, 18.7. - 1929, 22.6.   **212**
(1 Ro)   212
                                          Bo 133

8438.
R.S.-Briefe
Arbeitskreis revolutionärer Sozialisten - Gruppe der deutschen Sozialdemokratie
auch: RS-Briefe
(Juli 1935 - 15.10.1937)
Prag/Paris/Karlsbad
1935, Juli - 1937, Okt.   **Dm 11**
(1 Ro)   Dm 11
                                          4
                                          Mar 1
                                          188/211
                                          18
                                          180
                                          468
                                          739
                                          Bo 133
                                          M 352

8439.
Der Ruf
1936, 1.1. - 12.12.   **212**
(1 Ro)   212

8440.
Rundschau
1936, 1.1. - 22.6.
1938, 1.1. - 10.9.   **1w**
                                          1w
                                          Dm 11

8441.
Selbstwehr
1929 - 1931   **1w**
(2 Ro)   1w
1907 u. 1910
1916 - 1920 (L)
1922 - 1926 (L)
1929 (L)
1931 - 1938, 8.10.   **Dm 11**
                                          46
1907, 1910
1916 - 1920 (L)
1922 - 1929
1931 - 1938   180
1907 - 1938 (L)   H 227
1907 - 1937 (L)   He 116

1907 - 1938, 38.10. (L)   21
1907 - 1912   Mar 1
1907 - 1938 (L)   12
                                          19
1907 - 1938 (L)   B 1539
                                          H 250
1907 - 1908
1910 - 1912
1914 - 1938, 8.10.   Kn 125
1907 u. 1910
1916 - 1920 (L)
1922 - 1926 (L)
1929 - 1938, 8.10.   Dm 11
1907 - 1938 (L)   30
1907 u. 1910
1916 - 1938 (LL)   46
Beilage(n):
Jüdische Frauenzeitung
1919   30
                                          He 116

8442.
Der Simplicus
Satirische Wochenschrift
25.9.1934: Der Simpl/Prager Satirische Wochenschrift
(25.1.1934 - 4.7.1935)
1934, 25.1. - 1935, 4.7.   **Dm 11**
(2 Ro)   Dm 11
                                          18
                                          468
                                          715
                                          739
                                          188/211
                                          M 352
                                          Mar 1

8443.
Sozialdemokrat
1926, 17.2. - 1933, 8.3.   **212**
                                          212
1921, 1.9. - 31.12.
1922, 1.7. - 1924
1925, 27.11. - 1926, 16.1.
1933, 9.3. - 1938, 9.11. (L)   **MFA**
(11 Ro)
1921, 1.9. - 31.12.
1922, 1.7. - 1924 (L)
1926 - 1936, 28.6. (L)
1937, 1.10. - 1938, 9.11. (L)   **Bo 133**
                                          Bo 133
1921, 1.9. - 31.12.
1922, 1.7. - 31.12.
1925, 27.11. - 1938, 9.11. (L)   Dm 11

8444.
Sudetendeutsche Bauernzeitung
1938, 1.1. - 10.9.   212
(1 Ro)   212

8445.
Tagesbote aus Böhmen
1862, 1.8. - 1869, 30.6.
1872
1875, 1.1. - 30.6.
1876, 1.10. - 1878, 30.9.
1879, 1.1. - 30.3.   212
(9 Ro)   212

8446.
Die Tribüne
(1928, Mai - 1934, Apr.)
1934 (E)   Bm 3
1934, Jan. - Apr.   188/211
                                         Mb 50
                                         468

8447.
Ukrainska Dijuist
Ukrainische Wirklichkeit
1941, 1.1. - 20.12.
1942, 5.1. - 20.12.
1943, 5.1. - 20.12.   212
(2 Ro)   212

8448.
Unser Wort
Prag (CZ), Paris (F)
Intern. Linke Opposition / Intern. Kommunisten Deutschlands
(15.3.1933 - Juli 1944)
Prag/Paris/Antwerpen/New York
1944, 1   Bo 133
1933, 15.3. - 1941, Apr.   Dm 11
(1 Ro)   Dm 11
                                         715
                                         19
                                         188/144
                                         18
                                         468
                                         739
                                         188/211
1933, 15.3. - 1941, Apr.
1944, 1   Bo 133

8449.
Verordnungsblatt des Reichsprotektors in Böhmen und Mähren
1939, Nr. 39 u. 1940, Nr. 7
1942 (L)   M 352

8450.
V.I. - Die Volks-Illustrierte
Prag (CZ), Strassburg (Strasbourg, F)
Forts. v.: A.I.Z. Arbeiter-Illustrierte Zeitung,
Berlin, Prag
ab 15.1.1939 als Die Volks-Illustrierte in
Straßburg
(19.8.1936 - 12.10.1938 u. 15.1. - 26.2.1939)
1936, 19.8. - 1938, 12.10.
1939, 15.1. - 26.2.   Dm 11
                                         Dm 11
                                         M 352
                                         Mar 1
1936, 19.8. - 1938, 12.10.   18
                                         24
                                         46
                                         180
                                         715
                                         739
                                         188/211
                                         19
Beilage(n):
Der Kolporteur   B 479
1936, 4   B 479

8451.
Der Volksfreund
1810 (L)
1811, Juli - Dez. (L)   46

8452.
Der Volkslehrer
1786, Jan. - Juni
1787 - 1788, Juni   46

8453.
Volksstimme
1927, 1.2. - 5.4.   212
(1 Ro)   212

8454.
Die Wahrheit
Wochenschrift für Leben und Lehre im
Judentum
(1871 - 1872)
1871 - 1872   Dm 11
(1 Ro)   Dm 11
                                         46
                                         19
                                         824
                                         517
                                         B 1539

8455.
Weg und Ziel
Prag (CZ), Wien (A)
Blätter für Theorie und Praxis der
Arbeiterbewegung
(1936 - 1938)
1936, Aug. - 1938, Sep.   **Dm 11**
(1 Ro)   Dm 11
                                               4
                                              18
                                             180
                                             468
                                             715
                                             739
                                         188/211
                                           M 352

8456.
Die Welt im Wort
1933, 5.10. - 1934, 11.1.   **Dm 11**
                                            Dm 11
1933, Nr. 1 - 13 (MPF)   Mar 1

8457.
Das Wohlfeilste Panorama des Universums
zur erheiternden Belehrung für Jedermann
und alle Länder
1834 - 1836   **46**
(1 Ro)

8458.
Die Zeit
Prag (CZ), Dresden, Reichenberg (Liberec,
CZ)
v. 4.10. - 5.11.1938 in Dresden
ab 6.11.1938 in Reichenberg
1935, 1.10. - 1944   **212**
1936
1937, 2.2. - 30.4. u. 1.8. - 31.8.
1938, 1.7. - 14.9.
1938, 14.10. - 1941
1942, 1.4. - 31.12.
1943, 1.7. - 30.9. u. 16.11.
1944, 1.1. - 31.3. u. 13.9.
1945, 18.3.   **MFA**
(12 MF = 23 DF)
                                             Dm 11
                                              364
1935, 1.10. - 1938, 14.9.   212

8459.
Zeitspiegel
UT: Illustrierte Wochenschau der "Zeit"
1938, 3.7. - 30.10. (L)   **MFA**
(1 Ro)
                                             Dm 11

PREETZ/HOLST.

8460.
Preetzer Zeitung
1828 - 1836
1870 u. 1875
1885 - 1945 (L)
1949 - 1973 (L)
1975 - 1987   **68**
(1966 - 1987 14 Ro)   68

PRENZLAU

8461.
Märkische Volksstimme : Ausgabe
Uckermark
1.9.1951(?): Märkische Volksstimme :
Heimatzeitung für den Kreis Prenzlau
1948, 4.8. - 1949, 30.9.
1949, 9.11. - 1951, 31.5.
1951, 1.9. - 1952, 10.8. (L)   **MFA**
(4 Ro, nur Kreiseiten)
1948, 4.8. - 1951, 31.3.   186

8462.
Prenzlauer Zeitung und Kreis-Blatt
1920, Nr. 1 - 14 u. 16 - 77   **1w**
                                               1w

PRESSBURG (BRATISLAVA, SK)

8463.
BZ am Abend
1924   **212**
(1 Ro)

8464.
Deutsche Nachrichten
1923, 20.10. - 1925, 14.11.   **212**
(1 Ro)

8465.
Deutsche Stimmen
1936 - 1943   **212**
(4 Ro)

8466.
Deutsche Zeitung
1922, Mai - 1932   **212**
(1 Ro)

8467.
Grenzbote
1934, 2.1. - 1944, 31.3.   212
(23 Ro, L: 1943)
1939 - 1945   M 352

8468.
Neue Volkszeitung
später: Volksstimme
1927, 12.2. - 1933, 18.3.   212
(2 Ro)   212
1894, 6.1. - 24.6.   B 479

8469.
Neues Preßburger Tagblatt
1930, 20.4. - 1935   212
(21 Ro)   212

8470.
Pressburger jüdische Zeitung
1910: Ungarländische jüdische Zeitung
Budapest-Poszony / Preßburg
1908, 18.9. - 1915, 22.8.   Dm 11
(2 Ro)   Dm 11
                                             16
                                        B 1539
                                           824
                                           517
                                            46
                                            30
                                       188/211
                                         H 227

8471.
Preßburger Zeitung
1925, 2.9. - 1929, 25.8.   212
(11 Ro)   212
1807, 3.4. - 23.6. (L)   1w
                                              1w
                                          Dm 11
1847 - 1849
1851 - 1852, 13.2.   Tü 126
Beilage(n):
Intelligenzblatt für Ungarn   1w
1807, Apr. - Juni   1w

8472.
Volksrecht
1921, 12.6. - 1922, 15.10.   212
(1 Ro)   212

PREUSSISCH EYLAU (BAGRATIONOWSK, RUS)

8473.
Preußisch Eylausches Kreisblatt
3.7.1861: Preußisch Eylauer Kreisblatt
1903: Amtliches Preußisch Eylauer Kreisblatt
(4.4.1835 - 1922?)
1835, 4.4. - 2.12.
1841, 30.1. - 1843, 27.12.
1848, 10.1. - 27.12.
1853, 29.3. - 19.12.
1855, 7.1. - 21.12.
1861 - 1872, 28.12. (L)
1874, 3.1. - 29.12.
1886, 6.1. - 29.12.
1888, 4.1. - 1890
1894 - 1904
1908, 1911, 1914
1916 - 1917
1922, 7.1. - 30.12.   1w
                                              1w
                                          Dm 11

PREUSSISCH FRIEDLAND (DEBRZNO, PL)

8474.
Tageblatt für den Kreis Schlochau
1923, 2.1. - 30.3.
1925, 1.1. - 31.3.   1w
(1 Ro)   1w
                                          Dm 11

PREUSSISCH STARGARD (STAROGARD GDAŃSKI, PL)

8475.
Deutsches Volksblatt
Vlg.: Danziger Vorposten
1939, 25.9. - 18.12. (L)   1w
(1 Ro)   1w
                                          Dm 11

8476.
*Kreisblatt des Königlich Preußischen
Landraths-Amtes zu Pr. Stargardt*
1838, 6.4. - 1844 (L)   1w
(1 Ro)   1w
                                          Dm 11

PREUSSISCH-OLDENDORF

8477.
Preußisch-Oldendorfer Lokal-Anzeiger
1911 (MPF)
1915 - 1921 (MPF)
1923 - 1932, März (MPF)   489

PRIGREVICA (SER)

8478.
Deutsche Volkszeitung
1939, 6.8. - 1940, 29.12.   **212**
(1 Ro)   212

PRITZWALK

8479.
Kurier für die Prignitz
1931, Jan. - Juni
1931, Okt. - 1934
1935, Juli - 1937, März
1937, Juli - 1938, Sep.
1030, Jan. - Juli
1939, Okt. - 1940, März
1940, Juli - 1941, 1.5.   **1w**
                                  1w

8480.
*Märkische Volksstimme : Heimatzeitung für
die Westprignitz*
HA in Potsdam
1950, 2.3. - 1952, 10.8. (L)
1963 - 1986, 19.12.
1987, 3.1. - 1990, 2.10.   **MFA**
(15 Ro, tw. nur Kreisseiten)
                                  186

8481.
Prignitzer Tageblatt
1942, 2.1. - 30.6.   **1w**
(1 Ro)   1w
                            Dm 11

PRÜM

8482.
*Intelligenzblatt für die Kreise Prüm, Bitburg,
Daun und den ehemaligen Kreis St. Vith*
1841, 7.1. - 1866 (L)   **5**
                                  5

PULSNITZ

8483.
Wochenblatt für Pulsnitz und Umgegend
Pulsnitz, Radeberg, Königsbrück, Radeburg,
Moritzburg b. Dresden
später: Wochenblatt für Pulsnitz, Radeberg,
Königsbrück, Radeburg, Moritzburg und
deren Umgegend
1848, 27.5. - 30.12.
1850 - 1854 (L)
1856   **14**
(3 Ro)   14
                            Kön 2

PUTZIG (PUCK, PL)

8484.
Pucker Zeitung
kaschubisch: Pùck
1925, 15.9. - 31.12. (L)
1926 - 1939, 18.8.   **212**
(5 Ro)   212

PYRITZ (PYRZYCE, PL)

8485.
Pyritzer Kreisblatt
1894, 18.1. - 29.12.
1896, 11.1. - 22.12.
1899
1900, 24.1. - 11.12.
1903 - 1905
1906, 23.2. - 28.9.
1908 - 1909
1912 - 1913
1915 - 1916
1929, Jan. - Juni
1931 u. 1933   **9**
                          9

QUAKENBRÜCK

8486.
Artländer Anzeiger
1902, 4.1. - 1923
1926 - 1931, 30.6.
1932 - 1933, 30.9.   Os 2

QUEDLINBURG

8487.
Allgemeine Berg- und Hüttenmännische Zeitung
1859 - 1863   **GB-**
(2 1/2 Ro)   **LO/N38**

8488.
Deister- und Weser-Zeitung / Quedlinburg
13.3.1990: Quedlinburger Zeitung
Vlg. in Hameln
(19.2.1990 - 30.5.1992)
1992. 2.1. - 30.5.   **101a**
                              101a
                              101b

8489.
Medicinische Beobachtungen
Quedlinburg, Blankenburg
1784, 1786 (MPF)   46

8490.
Neuer Mertik-Regler
Mess- und Regeltechnik
1965, 28.6. - 1971, Nov. (L)
1972 - 1977, Okt. (L)
1978, Jan. - Okt.
1979 - 1982, Sep. (L)
1983 - 1986, Nov. (L)
1987 - 1990, 6.3. (L)   **3**
(4 Ro)   **3**
                              Dm 11

8491.
Quedlinburger Zeitung <1887>
(1887 erm. - 1922 nachgew.)
1921, Nr. 200 - 305
1922, Nr. 1 - 28   **46**

QUERFURT

8492.
Querfurther wöchentliches Kreis-Blatt zur
Belehrung und Unterhaltung
2.4.1867: Querfurter Kreisblatt
9.4.1920: Querfurter Tageblatt
1818, 3.10. - 1941   **Dm 11**
                             Ha 181

QUICKBORN

8493.
Quickborner Tageblatt
1.9.1911: Quickborner-Hasloher Tageblatt
1897 - 1920, 12.3. (L)   **18**
(34 Ro)   18

QUITO (EC)

8494.
Demokratisches Wochenblatt
1944 - 1945   **B 479**

RADEBERG

8495.
Das Echo
4.1.1883: Radeberger Zeitung
1.1.1918: Radeberger Zeitung und
Radeberger Tagesblatt
1.7.1938: Radeberger Zeitung
(4.1.1865 - 30.12.1944?)
1865 - 1944 (L)   **14**
(124 Ro)   14
                             Rb 4

8496.
Neues Echo
4.1.1895?: Neues Radeberger Echo
1.10.1908: Radeberger Tagesblatt
(?1884 - 30.12.1917)
1886, 3.9. - 1893 (L)
1895 - 1913 (L)
1915 - 1917 (L)   **14**
(34 Ro)   14
                             Rb 4

8497.
Robotron
1971, Nr. 1 - 26
1974 - 1977 (L)   **B 479**
                            B 479

8498.
Sächsische Zeitung
Ausg. Rödertal
1.7.1950: Ausg. Radeberg
1987: Ausg. Dresden-Land
2.1.1996: Ausg. Dresdner Land
7.10.1997: Ausg. Rödertal
HA in Dresden
1945, 16.9. - 1.10. (MPF)   **14**

1946, 18.4. - 1950, 30.6. (MPF)
1952 (MPF)
1971 - 1991, Nr. 57 (L)
1996 ff.   14
(nur Lokalteil)

8499.
Sächsische Zeitung
Dresdner Ausgabe [Radeberg]
1946, 4.1. - 30.3.   14
    14

8500.
Wochenblatt für die Stadt Radeberg und deren Umgegend
1846 - 1848 (L)   14
(1 Ro)   14
    Kön 2

RADEBEUL

8501.
Kötzschenbrodaer Zeitung
11.12.1872: Kötzschenbrodaer Zeitung und Anzeiger
18.6.1910: General-Anzeiger des Amtsgerichtsbezirks Kötzschenbroda
4.9.1920: General-Anzeiger
9.1.1935?: General-Anzeiger für die Lößnitz
1865, 13.12. - 1932
1933, 1.7. - 30.9.
1934 - 1939, 31.3.
1940 - 1941, 29.11.
(89 Ro, L, F: 1866, 1868, 1871,   14
1873)   14
    Rad 7
Beilage(n):
Die Elbaue
1924, März - 1941, Feb.   14
(2 Ro)   14
    Rad 7

8502.
Radebeuler Wochenblatt
3.1.1900: Radebeuler Tageblatt
1896 - 1902, Juni
1903 - 1917, Juni
1918 - 1937
1941, Juli - Dez.
1943, 2.1. - März   14
(82 Ro)   14
    Rad 7

Beilage(n):
Lößnitz-Heimat
1925 - 1928   **14**
(1 Ro)   14
    Rad 7

8503.
Sächsische Zeitung
HA in Dresden
1952 - 1990   **14**
(80 Ro)   14
    Rad 7

RADEBURG

8504.
Radeburger Anzeiger
1877
1880 - 1882
1884 - 1888
1890 - 1891
1893 - 1894
1896 u. 1911   **14**
(7 Ro)   14
    Rdg 1

RADEVORMWALD

8505.
Bergische Landeszeitung
1931 - 1945, 10.4.   Rdv 1

8506.
Bergische Morgenpost / BMI, BM-Ra
BA v. Rheinische Post, Düsseldorf, Ausg. O, A, D
1950, 1.4. - 1998   Rdv 1

8507.
Heimat-Anzeiger
1962, 30.3. - 1998   Rdv 1

8508.
Radevormwalder Zeitung
1895 - 1930   Rdv 1

8509.
Remscheider General-Anzeiger
Ausg. Radevormwald
1991 - 1998   Rdv 1

RADOLFZELL

8510.
Freie Stimme vom See und Höhgau
12.6.1869: Freie Stimme vom See & Hegau,
vom Schwarzwald & der Baar
12.12.1874: Freie Stimme
2.1.1934: Verbo
2.5.1936: Seekreis-Zeitung

1865, 24.6. - 1870, 12.7. (L)	25
1865, 24.6. - 1936, 30.9.	31
	352
	Dm 11
	Rz 2
1865, 24.6. - 1893	
1896 - 1936, 30.9.	Kon 2

RAGNIT (NEMAN, RUS)

8511.
Ragniter Kreisblatt
1846 - 1847, 27.11.
1848, 8.1. - 1851, 20.12.
1855
1861 - 1864
1871 - 1872
1874
1882, 3.8. - 1883
1885 - 1891
1894
1898 - 1901
1906 - 1907
1910 - 1911

1913	1w
	1w
	Dm 11

Beilage(n):
Ragniter Kreis-Anzeiger
1882, 3.8. - 1883 (L)
1884 (E), 1885 (L)
1887 (L)
1893 - 1901 (L)
1906 - 1907
1910 - 1911

1913	1w
(Gratisbeilage, 4 Ro)	1w
	Dm 11

RAHDEN

8512.
Espelkamper Nachrichten

1958, Mai - 1966	Dm 11
	Dm 11

8513.
Neue Westfälische
Ausg. Espelkamp, Rahden, Sternwede
HA in Bielefeld

1992, 2.1. - 18.2.	6

8514.
Rahdener Wochenblatt
Rahden, Levern

1879, Dez. - 1945, März (MPF)	489

RAPPOLTSWEILER (RIBEAUVILLÉ, F)

8515.
Rappoltsweiler Kreisblatt
1878 - 1918, 13.11.

1923, Jan. - 29.9.	ACRPP

RASTATT

8516.
Badener Tagblatt
24.12.1948: Badisches Tagblatt
HA in Baden-Baden

1947, 2.9. - 1981	31
(91 Ro)	31

8517.
Badische Neueste Nachrichten / Rastatt
UT 2.9.1949 - Okt. 1950: Mittelbaden : MI
UT 1.11.1950 ff.: Mittelbaden I : MI I
HA in Karlsruhe

1948, 2.9. ff.	31

8518.
Der Festungs-Bote

1849, 7.7. - 22.7.	Dm 11
(1 Ro)	Dm 11
1849, 1.7. - 22.7.	21/32c
1849	46

8519.
Der Führer
HA in Karlsruhe

1943, 1.5. - 1944, 30.6.	
1944, 7.10. - 4.12.	31

8520.
Rastatter Nachrichten

1945, 23.8. - 20.10.	Gb-
	LO/N38

8521.
Südwestdeutsche Volkszeitung für christliche Politik und Kultur / R
HA in Freiburg, Br.
1947, 1.3. - 1949, 4.7. (L)   31
                                     31

8522.
Tagespost / RA
HA in Freiburg, Br.
1949, 17.10. - 28.10. (L)   31
                                     31

8523.
Wochenblatt für das Oberamt Rastatt und das Bezirksamt Ettlingen
2.3.1839: Wochenblatt für die Aemter Rastatt, Ettlingen und Gernsbach
8.10.? 1864: Rastatter Wochenblatt
1.1.1897: Rastatter Tageblatt
1838 - 1864, 6.10.
1942, 2.9. - 1943, 30.4.   31
1838 - 1864   25
Beilage(n):
 Rastatter Unterhaltungsblatt
1861 - 1864   25

RASTENBURG (KĘTRZYN, PL)

8524.
Amtliches Kreisblatt des Kreises Rastenburg
1904, 1.1. - 29.6. (L)
1912, 3.1. - 29.6.   **1w**
(1 Ro)   1w
                                     Dm 11

8525.
Ostpreußisches Volksblatt
1888 (L)
1891, 1.7. - 31.12.
1892, 1.7. - 30.12.
1893, 1.7. - 1894, 30.6. (L)
1895, 2.1. - 29.6. (L)
1897, 1.7. - 1899, 17.11. (L)
1900, 2.7. - 29.12. (L)
1901, 1.7. - 31.12.
1903, 1.7. - 1905, 30.6. (L)
1907, 1.7. - 31.12. (L)
1908, 1.7. - 30.9. (L)
1910, 3.1. - 30.6. (L)
1911 (L)
1913, 1.7. - 31.12.
1916 - 1917, 30.6. (L)
1918, 1.7. - 30.12. (L)   **1w**
(23 Ro)   1w

1888 (L)
1891, 1.7. - 31.12.
1893, 1.7. - 1894, 30.6. (L)
1895, 2.1. - 29.6. (L)
1897, 1.7. - 1899, 17.11. (L)
1908, 1.7. - 30.9. (L)
1910, 3.1. - 30.6. (L)
1911 (L)
1913, 1.7. - 31.12.
1916 - 1917, 30.6. (L)
1918, 1.7. - 30.12. (L)   Dm 11

8526.
Rastenburger Wochenblatt <1835>
4.12.1841: Rastenburger Kreisblatt
1.1.1884: Rastenburger Zeitung und Kreisblatt
29.3.1911: Rastenburger Zeitung
1835 (L)
1837 - 1842 (L)
1845 - 1847 (L)
1890 - 1891 (L)
1904, 1.1. - 30.6.
1907, 1.1. - 31.3.
1909, 1.7. - 31.12.
1912, 3.1. - 30.6.
1915, 1.1. - 1.7.
1916, 1.7. - 1917, 30.6.
1918, 2.7. - 1919, 28.6.
1928 (L)
1938 - 1939
1942, 2.1. - 30.6.
1943, 2.1. - 30.6. (L)   **1w**
(24 Ro)   1w
1835 (L)
1837 - 1841, 26.11. (L)   Dm 11

8527.
Rastenburger Wochenblatt <1881>
1881, 2.10. - 1882, 24.9.   **1w**
(1 Ro)   1w
                                     Dm 11

RATHENOW

8528.
Lupe
Optische Werke
1978 - 1990 (MPF)   186

8529.
Märkische Volksstimme / Rathenow
Ausg. Westhavelland
1947 - 1952, 10.8. (L)
1963 - 1990, 2.10.   **MFA**
(18 Ro, nur Kreisseiten)
                                     186

8530.
Neues Havelland
1963, 13.4. - 1965, 17.9.   Bo 174
(1 Ro)

RATIBOR (RACIBÓRZ, PL)

8531.
Demokratische Blätter
1849, 4.7. - 1850, 22.6.   1w
(1 Ro)   1w
                                  Dm 11

8532.
Eunomia
1834   1w
(1 Ro)   1w
                                  Dm 11

8533.
Neue oberschlesische Volkszeitung Ratibor
1919, 1.4. - 30.12.   1w
(1 Ro)   1w
                                  Dm 11

8534.
Oberschlesische Gerichts-Zeitung
1906 (L) u. 1912
1913, 18.2. - 24.12. (L)   1w
(2 Ro)   1w

8535.
Rundschau für das oberschlesische Volk
1.11.1925: Oberschlesische Rundschau
1925 - 1927   1w
(8 Ro, Beilagen mitverfilmt)   1w
                                  Dm 11

RATINGEN

8536.
Alt-Ratingen
1925, Apr. - 1930, Nr. 8   61
(1 Ro)   61

8537.
Ratinger Anzeiger
1850, 1.1. - 29.6.   Rag 2

8538.
Ratinger Zeitung
1913 - 1922, März
1923, Apr. - 1940   61
(46 Ro)   61

1874 - 1876
1880
1884 - 1885
1887
1889 - 1905
1907 - 1912
1917
1920, 1.5. - 1923
1925
1927, 1.4. - 1941, 31.5.
1949, 29.12. - 1968, Jan.   Rag 2

8539.
Rheinische Post / AO / D-Ra
Vbg.: Ratingen, Lintorf, Kettwig, Angerland
HA in Düsseldorf
1946, 2.3. - 1999   Rag 2
(anfangs nur Lokalteil)

RATZEBURG

8540.
Anzeigenaushang für den Kreis Herzogtum Lauenburg
1946, 14.5. - 1949, 30.9. (L)   8
(1 Ro)   8

8541.
Lübecker Nachrichten
Ausg. Lauenburgische Nachrichten
1977 ff.   101b
(ca. 9 Ro/Jg)   101b
1992 - 1997   101a

RAVENSBURG

8542.
Anzeiger für den Kreis Ravensburg
1945, 17.11. - 1.12.   Rav 4

8543.
Nachrichtenblatt der Militärregierung Kreis Ravensburg
22.8.1945: Informations du Gouvernement
Militaire du Kreis de Ravensburg
1945, 4.8. - 14.11. u. 17.11. -
1.12.   Rav 4

8544.
Oberschwäbische Volkszeitung
7.3.1934: NS-Volks-Zeitung
1912, 7.9. - 1935, 31.8.   Rav 4

8545.
Ravensburgisches gemeinnütziges Wochen-
blatt
1813: Intelligenz-Blatt
19.1.1818: Amts- und Intelligenz-Blatt für das
Königliche Ober-Amt Ravensburg und die
Umgegend
2.1.1850: Die Neue Zeit
10.4.1850: Amts- und Intelligenz-Blatt
1.6.1856: Oberschwäbischer Anzeiger
2.1.1934: Verbo
1.9.1942: Donau-Bodensee-Zeitung
1848, 1.10. - 31.12.

1849, 18.5. u. 22.6.	**MFA**
	Dm 11
1803 - 1809	
1811 - 1945, 21.4. (L)	Rav 4
Beilage(n):	
Der Landbote am Bodensee	
1844 - 1849	Fh 1

8546.
Schwäbische Zeitung
HA in Leutkirch
1947, 1.8. - 1950, 31.1.
1950, 9.9. - 1957

1975 - 1983	**24**
(bis 1957 20 Ro, Rest 63 Ro)	
1977 ff.	**101b**
(ca. 8 Ro/Jg)	101b
1947, 1.8. - 1950, 31.1.	
1950, 9.9. - 1957	
1975 ff.	**24**
1992 - 1997	101a
1945, 4.12. ff.	Rav 4

RAWITSCH (RAWICZ, PL)

8547.
Neuigkeitsbote für Rawitsch und Krotoschin

1845 - 1846	**1w**
(1 Ro)	1w
	Dm 11

8548.
Rawiczer Zeitung

1926, 20.4. - 1932, 29.6.	**212**
	212

READING, PA (USA)

8549.
Banner von Berks
28.5.1878: Banner von Berks und Wochenblatt
der Reading post

1864, 1.12. - 1888	188/144

8550.
Neue unpartheyische Readinger Zeitung, und
Anzeigs-Nachrichten
(18.2.1789 - 1.9.1802)

1789, 18.2. - 1802, 11.8.	188/144

8551.
Der Pilger durch Welt und Kirche
1870, 31.12. - 1874, 26.12.

1877, 7.1. - 1881, 24.12.	188/144

8552.
Readinger Adler <1796>
28.11.1796: Der Unpartheyische Readinger
Adler
6.1.1801: Readinger Adler

1796 - 1825	188/144

8553.
Readinger Postbote und Berks, Schuylkill and
Montgomery caunties advertiser

1816, 3.8. - 1822, 22.7.	188/144

8554.
Repblikaner von Berks
(6.1.1869 - 26.6.1899)

1869, 6.1. - 1898	188/144

RECKLINGHAUSEN

8555.
Bekanntmachungen für den Stadt- und
Landkreis Recklinghausen und die Militärre-
gierung

1945, 9.6. - 1949, 26.11. (MPF)	Reck 2

8556.
National-Zeitung
HA in Essen

1933, 27.1. - 1944, 30.9. (MPF)	Reck 2

8557.
Neue Westfälische Zeitung
Ausg. Landkreise Recklinghausen,
Lüdinghausen
auch: Münsterländische Ausg.
HA in Oelde
1945, 6.7. - 1946, 3.5. (L)   MFA
                                   Hrt 1
1945, 8.6. - 1946, 7.5. (MPF)   Reck 2

8558.
Neuer Westfälischer Kurier
Recklinghausen, Gelsenkirchen
Ausg. Recklinghausen, ab 1.6.1949 Gelsenkir-
chen-Buer
Okt. 1949: Buersche Volkszeitung
am 1.4.1954 aufgeg. in "Ruhr-Nachrichten -
Buersche Volkszeitung"
HA in Werl, Vlg. ab 1.6.1949 in Gelsenkirchen
(6.9.1946 - 31.3.1954)
1949, 3.1. - 30.12. (L)   MFA
(1 Ro)
                                   Hrt 1

8559.
*Neueste Zeitung für Recklinghausen Stadt
und Land*
UT: Amtsblatt für Datteln, Herten, Marl,
Waltrop und Westerholt; Ruhr-Nachrichten
1951 - 1957, 22.2. (L)   MFA
(18 Ro)
                                   Hrt 1

8560.
Recklinghäuser Allgemeine Zeitung
1909, 1.9. - 1915 (MPF)   Reck 2

8561.
Recklinghäuser Volks-Zeitung
1932, 2.1. - 31.3. u. 1.7. - 30.9.
1933, 1.4. - 30.6.
1934, 1.10. - 30.12.   MFA
(4 Ro, Beilagen mitverfilmt)
                                   Dm 11

8562.
Ruhr-Nachrichten
UT: Vestische Neueste Zeitung
HA in Dortmund
1957, 1.10. - 1960   Dm 11
                                   Dm 11
1951 - 1963
1965 - 1975   6
                                     6

8563.
Ruhr-Nachrichten / R
UT: Tageszeitung für das westfälische
Industriegebiet
28.5.1949: Neue Zeitung für Recklinghausen
Stadt und Land
HA in Dortmund
1949, 1.3. - 30.12. (L)   MFA
(2 Ro, Beilagen mitverfilmt)
                                   Hrt 1

8564.
Der Schlesier
1952 (Ausg. A)   1w
(1 Ro)   1w
1949, 15.3. - 1988   281
(20 Ro)
1953, Juni - 1958
1959, 18.11. - 1977   Dm 11
                                 Dm 11
1951, 5.11. - 1988   739
1976, 24.9. - 1977, 23.9.   5
(Ausgabe B)

8565.
Volksblatt
29.11.1919: Volksfreund
Kreise Borken u. Recklinghausen
(2.1.1919 - 27.2.1933)
1919 - 1933, 27.2.   Bo 133
                                 Bo 133
                                 Reck 2
1919, 29.11. - 31.12.   Dm 11

8566.
Westdeutsche Allgemeine (WAZ) / RE
UT zeitweise "Hertener Anzeiger"
HA in Essen
1957, 4.1. - 1971, 22.5.   MFA
(50 Ro, Beilagen tw. mitverfilmt)
1991 ff.   101b
(10 Ro/Jg)   101b
                                     6
1992 - 1997   101a
1957, 4.1. - 1971, 22.5.   Hrt 1

8567.
Westdeutsches Volks-Echo
HA in Dortmund
1946, 7.5. - 1947 (MPF)   Reck 2

8568.
Westfälische Rundschau / R
Vbg.: Herten, Westerholt, Oer-Erkenschwick,
Datteln, Waltrop, Recklinghausen, Werl
HA in Dortmund
1951, 17.3. - 1967, 31.3.   **6**
(nur Lokalteil)   6
1946, 4.9. - 1967, 31.3. (L)   **MFA**
(49 Ro)
     Hrt 1
1961 - 1962   Dm 11

8569.
Westfalenpost / Y
UT: Ruhr-Nachrichten
Vbg.: Regierungsbezirk Arnsberg, dann Reck-
linghausen
HA in Soest
1946, 21.5. - 1948 (L)   **MFA**
(1 Ro)
     Hrt 1

8570.
Wochenblatt für den Kreis Recklinghausen
16.5.1895: Recklinghäuser Zeitung
(7.5.1831 - 21.3.1945 u. 15.10.1949 ff.)
1951, 28.11. - 1962, 30.4.   **6**
1835, 21.11.   **A 100**
     A 100
1976 ff.   **101b**
(ca. 9 Ro/Jg)
1848 - 1849 (1 Ro)
1949, Okt. - 1964, 13.11.
1966, 20.8. - 1970, 8.4.
1970, 12.6. - 1978, 30.11.
1979, 22.6. - 1980   **Dm 11**
1949, 15.10. - 1957
1964, 3.11. - 1966, 31.8.
1970, 4.4. - 16.8.   **MFA**
(32 Ro)
1951, 28.11. - 1962, 30.4.
1985 ff.   **6**
1950 - 1954, 15.10.   Hrt 1
1848 - 1849   21
     188/211
     Mü 79
1992 - 1997   101a
1964, 14.11. - 1966, 19.8.
1970, 9.4. - 11.6.
1976 ff.   101b
1879, 29.3. - 1921, 25.1.
1949, 15.10. ff.   Dm 11
1831, 7.5. - 1945, 21.3.
1949, 1.10. - 1993, Juni   Reck 2

REES

8571.
Allgemeiner Anzeiger
1931 - 1933   **5**
(4 Ro, Beilagen mitverfilmt)   5
1932, 1.4. - 29.6.
1934, 2.1. - 29.9.   **MFA**
(2 Ro)
     Dm 11

8572.
Amtliches Mitteilungsblatt für den Kreis Rees
1945? - 1949   Emr 1

8573.
Beobachter Kreis Rees
1934, 23.4. u. 1936, 18.4.   Wes 3

8574.
Der Volksfreund
Juli? 1855: Allgemeiner Kreisanzeiger
1952, 7.1. - 1855, 30.6. (L)   **5**
1848, 1.4. - 30.12.
1852, 7.1. - 1855, 30.6.
1855, 30.8. - 1856, 15.5.   Emr 1
1848, 1.4. - 30.12.
1852, 7.1. - 1855, 30.6. (L)   **5**

8575.
Wochenblatt, zunächst für den Kreis Rees
30.4.1848: Bürgerblatt für die Kreise Rees,
Borken und Cleve
Vlg. in Emmerich
(1800 - 1939)
1852 - 1866 (L)   **5**
(6 Ro)   5
1828, 21.12.   **A 100**
     A 100
1845 - 1848
1852, 1.1. - 22.8.
1914 - 1915
1927, 1.1. - 31.3.   Emr 1

REGEN

8576.
Der Bayerwald-Bote
BA v. Passauer Neue Presse
1983, 1.6. ff.   **101b**
(ca. 9 Ro/Jg)   101b
1992 - 1997   101a

REGENSBURG

8577.
Bayerisches Volksblatt
1861: Regensburger Morgenblatt
(Regensburg-) Stadtamhof
1849, 1.3. - 30.12.   **Dm 11**
(Beilage mitverfilmt)
                                        21
                                       361
                                  188/211
                                    Wit 2
                                      355
1861 - 1862
1864   Re 8

8578.
Breslauer Nachrichten
1949, 15.3. - 1950   739

8579.
Cäcilienvereinsorgan - Musica sacra
nur 1922: Kirchenmusikalische Rundschau
1938: Die Kirchenmusik
1929 - 1937   12
1868 - 1922
1925 - 1937   700
1938 - 1944   715

8580.
Deutsche Israelitische Zeitung
Beilage "Die Laubhütte": als separate Aufnahme
1913 - 1915 (L)
1918 u. 1924 (L)
1930 (L) u. 1933, Nr. 5
1937 - 1938 (L)   **M 352**
                                      355
                                   21/32c
                                       30
1901 - 1902
1913 - 1915 (L)
1918 u. 1924 (L)
1930 (L) u. 1933, Nr. 5
1937 - 1938 (L)   B 1539

8581.
Fliegende Blätter für katholische Kirchen-
Musik
Regensburg, Mönchengladbach
1900: Cäcilienvereinsorgan
1866 - 1927/28   12

8582.
Kurtz gefaßte Historische Nachrichten
1727 - 1773   **46**
(59 Ro)
                                      355

8583.
Mittelbayerische Zeitung
14.3.1995: Mittelbayerische
(23.10.1945 ff.)
1952, Juli ff.   **101b**
(ca. 12 Ro/Jg)   101b
1992 - 1997   101a
1946, 18.1. -23.8., 10.10. - 28.12.
1947, 24.1. - 11.2.   GB-
1948, 5.1. - 1952, 30.11.   LO/N38

8584.
Neueste Erfindungen [...]
Regensburg, Wien
1874 - 1921   36

8585.
Regensburger Anzeiger
(10.12.1862 - 5.4.1934)
1918 - 1921   **Bo 414**
(11 Ro)
1919 - 1932 (L)   188/211
1862, 10.12. - 1910   155

8586.
Regensburger Echo
1919, 2 - 1928   Bo 153

8587.
Regensburger neueste Nachrichten
1919 - 1927, 24.5.   Re 8

8588.
Regensburger Post
Hrsg. für die deutsche Bevölkerung von der
12. Amerikanischen Heeresgruppe
(29.6. - 13.11.1945)
1945, 29.6. - 13.11.   **Bo 414**
(1 Ro)
                                       34
                                  B 1527
                                   M 352
                                      355
1945, 29.6. - 23.10.   1w

8589.
Regensburger Tagblatt
(1.5.1838 - 26.5.1924)
1848 - 1849 **Dm 11**
(2 Ro) Dm 11
468
188/211
1844 - 1845
1847 - 1863
1879, Juli - 1871
1875 Re 8

8590.
Regensburger Umschau
Stadtausg. d. Mittelbayerischen Zeitung, Regensburg
1952, Juli - 1962, 2.10. **101b**

8591.
Regensburger Woche
26.7.1968: Die Woche
1949, 8.1. - 1998 **MFA**
(59 Ro)
155

8592.
Regensburger Zeitung
(1822 - 1862)
1848 - 1849 **Dm 11**
(3 Ro) Dm 11
21
188/211

8593.
Tages-Anzeiger
1949, 19.8. - 1973, 23.11. (kl. L.) **MFA**
(103 Ro)
155

8594.
Tages-Anzeiger / A
Landausg.
1951 **MFA**
(1 Ro, nur Lokalseiten)

8595.
Volkswacht für Oberpfalz und Niederbayern
Verbot v. 15. - 30.11.1923, Ersatzausg. Volks-Bote
Sozialdemokratische Tageszeitung
(1.7.1920 - 9.3.1933)
1920, 1.7. - 1933, 9.3. **Bo 414**
(23 Ro)
12

1920, 1.7. - 1933, 9.3. Re 8
Bo 133
355
Beilage(n):
Der Arber
1925 (L) Bo 133
Jugendwacht
1924 - 1925, Nr. 1
1929 - 1933, Nr. 2
(ab 1929: SAJ-Jugendwacht) Bo 133

8596.
Wochentliche Reichs Ord:Zeitung
1671 - 1672 (LL)
1673 u. 1681 (E)
1701 u. 1707 (E) 46

REGINA, SK (CDN)

8597.
Der Courier
1949, 28.9. - 28.12.
1950, 16.8. - 1957 **212**
212

REGIS-BREITINGEN

8598.
Unser Weg
Braunkohlenwerk
1967 - 1972 **B 479**
B 479

REHAU

8599.
Frankenpost
HA in Hof
1951, 1.11. - 1967 **Hf 1**
(Lokalseiten) Hf 1

8600.
Rehauer Tagblatt
Anfangstitel: Rehauer Bote
1936? - 1939?: Bayerische Ostmark
ab 1968 BA d. Frankenpost, Hof
1881 (E)
1887 - 1914 (E, LL, L)
1914, 1.8. - 31.12. (L)
1915, 5.10. - 31.12.
1916, 26.3. - 1917
1919 (teils LL) **Hf 1**
Hf 1

1920 - 1934 (L)
1936, 25.5. - 1939, 10.10.
1949, 1.9. - 1985
1991 - 2000   **Hf 1**
(ab 1951 Lokalseiten)   **Hf 1**
     1476

REHNA

8601.
Mecklenburgische Post : Rehnaer Zeitung
(1.1881 - 30.4.1942)
1938, 20.6. - 1942, 30.4.   **28**
(4 Ro)   **28**

REICHENBACH / O.L.

8602.
Der Bote aus der Oberlausitz
sorb.: Rychbach
15.6.1936: Oberlausitzer Zeitung und Nachrichten
Vlg. in Bernstadt, Sa.
1926, Juli - Dez.
1927, Juli - Dez.
1931, 2.7. - 1932, Juni
1933 - 1938, Juni
1939 - 1941 (L)   **14**
(26 Ro)   **14**
     Lö 4

REICHENBACH <EULENGEBIRGE> (DZIERŻONIÓW, PL)

8603.
Amts-Blatt der Königlichen Preußischen Regierung zu Reichenbach / Amtsblatt
1816, 1.5. - 27.12.   **1w**
(1 Ro)   **1w**
1816, 1.5. - 1920, 28.4.   **1**
     Dm 11
1817   **Mb 50**

8604.
Amts-Blatt der Königlichen Preußischen Regierung zu Reichenbach / Öffentlicher Anzeiger
1816, 31.5. - 1920, 21.4.   **1**
     Dm 11

8605.
Königlich Privilegirtes Nimptscher Kreisblatt
Reichenbach <Eulengebirge> (DzierŻoniów,
PL), Nimptsch (Niemcza, PL)
1862?: Nimptscher Kreis- und Stadtblatt
6.1.1909: Nimptscher Kreisblatt
Vlg. anfangs in Reichenbach
1845, 4.4. - 1847
1862 - 1864 (L)
1866 - 1871 (L)
1873
1909 - 1910
1912, 1915
1917 - 1919
1921
1925 - 1928 (L)   **1w**
(5 Ro)   **1w**
     Dm 11

8606.
Reichenbacher Kreisblatt
1842 - 1847   **1w**
(1 Ro)   **1w**
     Dm 11

8607.
Der Wanderer, oder Wochenblatt zur Erheiterung und Belehrung
1836 - 1844
1850 - 1851   **1w**
(4 Ro)   **1w**
     Dm 11

REICHENBACH/VOGTLAND

8608.
Adreß- und Anzeige-Blatt für Reichenbach, Lengenfeld, Mylau, Treuen und Netzschkau
19.7.1848: Adreß- und Anzeige-Blatt für
Reichenbach und Umgegend
2.1.1851: Reichenbacher Wochenblatt
3.1.1852: Reichenbacher Wochenblatt und
Anzeiger
1.10.1891: Reichenbacher Tageblatt und
Anzeiger
1834, 7.6. - 1837, 23.12.
1848, 19.7. - 1945, 27.8. (L)   **14**
     14
     Ri 8
     Oel 2

8609.
Freie Presse
HA in Chemnitz/Karl-Marx-Stadt
1946, 20.5. - 1950, 30.6.
1971 - 1991, 31.8. (L)　　　　14
(nur Lokalteil)

8610.
Reichenbacher Anzeiger
(3.5. - 20.12.1851)
1851, 3.5. - 20.12.　　　　14
　　　　　　　　　　14

REICHENBERG (LIBEREC, CZ)

8611.
Arbeiter-Zeitung
1929, 20.7. - 28.12.
1930, 4.1. - 1.3.　　　　212
(1 Ro)

8612.
Der Bekleidungsarbeiter
1933 - 1936　　　　Bo 133
　　　　　　　　Bo 133

8613.
Deutsche Volkszeitung
1886, 1.7. - 8.10.　　　　1w
(1 Ro)　　　　　　　1w
　　　　　　　　Dm 11

8614.
Gewerkschaftsjugend
1934 - 1937　　　　B 479

8615.
Der Holzarbeiter
1921, 5.1. - 1923, 2.1. (L)　　212
(1 Ro)　　　　　　　212

8616.
Kämpfer
Kommunistisches Tageblatt für West- und
Südböhmen
1932 - 1933 (E)　　　　B 479
　　　　　　　　B 479

8617.
Der Kriegsverletzte
1921 - 1938, Nr. 9　　　　Bo 133

8618.
Norden
1926 - 1929, 30.3.　　　　212
(3 Ro)　　　　　　　212

8619.
Österreichs Wollen- und Leinen Industrie
1900 - 1909　　　　GB-
(19 Ro)　　　　　LO/N38

8620.
Reichenberger Tagesbote
1938, 30.8. - 31.12.　　　212
(2 Ro)　　　　　　　212
　　　　　　　　124

8621.
Reichenberger Zeitung
1921, 8.7. - 1938, 13.10.　　212
(100 Ro)　　　　　212
1938, 31.8. - 5.11.　　　1w
　　　　　　　　1w
　　　　　　　　Dm 11

8622.
Der rote Gewerkschafter
KPC
1923, 31.12. - 1924, Sep. (L)　B 479
　　　　　　　　B 479

8623.
*Verordnungsblatt für die Sudetendeutschen
Gebiete*
1939 - 1942 (L)　　　　M 352
　　　　　　　　124

8624.
Vorwärts
1921 (E) u. 1923 (E)
1924 - 1930, Nr. 49　　　B 479
　　　　　　　　B 479
1928, 1.11. - 1933, 12.3.　　212
(6 Ro)　　　　　　　212
1919 (E) u. 1920 (E)
1922 (E) u. 1927 (E)
1928, 1.11. - 1933, 12.3.　　Bo 133
　　　　　　　　Bo 133
Beilage(n):
Der Stern　　　　B 479
1925, 1 - 1927, 75　　　B 479

8625.
Werkmeister-Zeitung
1903, 10: Werkmeister- und Industriebeamten-
Zeitung
1896 - 1901
1903
1907 – 1910　　　　Bo 133
　　　　　　　　Bo 133

1920 - 1922	**Bo 133**
	Bo 133
1896 - 1901	
1903	
1907 - 1909	B 479

BAD REICHENHALL

8626.
Reichenhaller Tagblatt

1978, Sep. ff.	**101b**
(ca. 5 Ro/Jg)	101b
1992 - 1997	101a

8627.
Südost-Kurier

1946, 10.5. - 28.8. (L)	GB-
1948, 17.1. - 1949, 15.10. (L)	LO/N38

REMAGEN

8628.
Journalist

1954 - 1994 (L)	109

REMICH (L)

8629.
Der Moselbote
(1.8.1888 - 31.12.1907)

1889 - 1907 (L)	**Lux-**
	AN
	Lux-AN

8630.
Neue Moselzeitung
(1906? - 1925?)

1912 - 1914 (L)	**Lux-**
1915, 23.7. - 1916	**AN**
	Lux-AN

REMSCHEID

8631.
Arbeiter-Blatt
[Remscheid-] Lennep

1848, 15.10. - 1849, Mai	21
	34
	361
	468
	Dm 11
	Wit 2
	Bm 3

8632.
Bergische Morgenpost, BMIII, BM-Le
Vbg.: Remscheid-Lennep
BA v. Rheinische Post, Düsseldorf

1950 - 1951, 30.6.	
1951, 1.10. - 1953, 27.5.	**MFA**
(9 MF)	
	Dm 11

8633.
Bergische Volksstimme / Wochenausg.

1931, 30./31.5.	**B 479**
	B 479

8634.
Bergischer Beobachter
2.1.1934: Die Volksparole
HA in Düsseldorf
10.2.1935: Rheinische Landeszeitung
2.5.1939: Rheinische Landeszeitung / R
HA in Düsseldorf

1933, 1.7. - Dez.	
1934, 1.10. - Dez.	
1935, 1.4. - 1936, 30.9.	
1937	
1939, Jan. - Juni	
1940 - 1945, 28.2.	Dm 11
	Rem 4

8635.
Freiheit
3.1.1949: Freies Volk
HA in Düsseldorf
Vbg.: Remscheid, Lennep, Wermelskirchen
(1.3.1946 - 7.10.1948 u. 3.1.1949 - 17.8.1956,
darin mehrmonatige Erscheinungsverbote)

1946, 1.3. - 1948, 7.10.	
1949 - 1956, 17.8.	Rem 4

8636.
Lenneper Kreisblatt
3.6.1941: Bergische Tageszeitung
(Remscheid-) Lennep

1830 - 1842, Nr. 42 (E)	
1843 u. 1845	
1848 - 1854	
1856 - 1857	
1859 - 1860	
1868 - 1929, 29.6.	
1930 - 1941, 30.6.	
1942, 1.7. - 1943, 30.9.	
1944	Dm 11
	Rem 4

8637.
Lüttringhauser Verkehrs-Anzeiger
26.10.1911: Täglicher Anzeiger für
Lüttringhausen und Umgegend
1914: Täglicher Anzeiger für Lüttringhausen,
Ronsdorf und Umgegend
15.1.1917: Täglicher Anzeiger
Apr. 1931: Lüttringhauser Anzeiger
(Remscheid-) Lüttringhausen
1910, 29.10. - 1914 (L)
1917 - 1927 (L)
1928, 2.7. - 31.12.   Dm 11
                                  Rem 4

8638.
Neue Lüttringhauser Zeitung
30.9.1902: Lüttringhauser Zeitung
1898, 4.1. - 1914   Dm 11
                                Rem 4

8639.
Remscheider Arbeiter-Zeitung
BA v. Bergische Arbeiterstimme, Solingen
2.7.1917: Bergische Volksstimme
1918, Nr. 151 - 305 (L)
1920 - 1921 (L)
1923, 18. - 27.9.   **B 479**
                                  B 479
1912, 2.1. - 1916, 31.5. (L)
1918, 1.7. - 1921
1922, 1.7. - 1924
1927
1929, 2.1. - 29.6.
1930, 1.7. - 1932, 29.6.   Bo 133
1912
1913, 1.7. - 1916, 30.6. (L)
1917, 2.7. - 31.12.
1918, 1.7. - 1919
1921, 1.7. - 31.12.
1922, 1.7. - 1924
1927
1929, 2.1. - 29.6.
1930, 1.7. - 1932, 29.6.   Dm 11
                                  Rem 4

8640.
Remscheider General-Anzeiger
(29.10.1949 ff.)
1978 ff.   **101b**
(ca. 8 Ro/Jg)
1958 - 1960   **Dm 11**
1949, 29.10. - 1957
1969, 2.5. - 1977   **MFA**
(84 Ro)
1998 ff.   61
1992 - 1997   101a

1949, 29.10. - 1960   Dm 11
1949, 29.10. ff.   Rem 4
1969, 2.5. - 1977   5
1961 - 1968
1978 ff.   101b
Beilage(n):
Die Heimat spricht zu Dir
1869, Mai - 1977 (L)
(ab 1992: Geschichte & Heimat)   5
1997 ff.   **101a**

8641.
Rhein-Echo / D
HA in Düsseldorf
(9.3.1946 - 31.12.1951)
1946, 9.3. - 1951   Rem 4

8642.
Rheinische Post / BII
25.10.1949: Bergische Morgenpost
27.5.1950: Rheinische Post
Ausg. Remscheider Stadtanzeiger
15.9.1971: Bergische Morgenpost / BM-RS
auch: Rheinische Post / BM-RS
alle Ausg. BA v. Rheinische Post, Düsseldorf
(2.3.1946 ff.)
1998 ff.   61
(ca. 11 Ro/Jg)   61
1980 - 2006, 31.10.
(245 Ro, zahlreiche Beilagen   **MFA**
mitverfilmt)
1946, 2.3. - Dez.
1948 - 1974
1980 - 2006, 31.10.   Rem 4

8643.
Volksblatt für Remscheid und Umgebung
1.7.1865: Remscheider Volksblatt
1.7.1869: Remscheider Zeitung
16.10.1924: Remscheider Tageblatt
(3.5.1848 - 13.10.1923 u. 16.10.1924 - 1925?)
1848, 3.5. - 1919
1922, 1.7. - 31.12.
1923, 1.7. - 31.12.
1924, 16.10. - 31.12.   Dm 11
                                 Rem 4

RENDSBURG

8644.
Anzeigenblatt für den Kreis Rendsburg
1948, 23.7. - 1949, 29.3.   **8**
(1 Ro)   **8**

8645.
Gemeinnütziges Wochenblatt für Rendsburg und die umliegende Gegend
1818: Königlich privilegirtes gemeinnütziges Wochenblatt für Rendsburg und die umliegende Gegend
1820: Königlich privilegirtes Wochenblatt für Rendsburg und die Umgegend
1836?: Rendsburger königlich-privilegirtes Wochen-Blatt
2.8.1848: Rendsburger Wochenblatt
später: Rendsburger Tageblatt
Schleswig-Holsteinische Landeszeitung
Schleswig-Holsteinische Tagespost

1808 u. 1810	
1817 - 1944	
1950 - 1992	**68**
(MF nur z.T. vorhanden)	
1976 ff.	**101b**
(ca. 7 Ro/Jg)	101b
1808 - 1817, 18.5.	
1818 - 1828	
1836 - 1908	
1950 - 1992	
1996, 1.2. - 1998	68
1992 - 1997	101a
1801, 1.1.	
1810, 18.2. - 16.12.	
1817, 18.5.	
1818, 4.1. - 1823 (L)	
1826	
1828 - 1861, 28.12.	
1864 - 1908	
1943	Dm 11

8646.
Heimaterde

1950 - 1960	68

8647.
Rendsburger demokratisches Wochenblatt
auch: Schleswig-Holsteinisches Demokratisches Wochenblatt

1848, 10.12. - 1849, 9.12.	**Dm 11**
	21/32c
	68
1848, 10.12. - 1849, 9.12. (L)	B 479

8648.
Rendsburger Zeitung

1901, 2.7. - 31.12.	68
	68

8649.
Der Schleswig-Holsteiner

1923 - 1927	68

8650.
Das Volk

1849, 4.4. - 1850, 3.8.	**Dm 11**
(1 Ro)	Dm 11
	21/32c
	68

REPPEN (RZEPIN, PL)

8651.
West-Sternberger Kreisblatt
Vbg.: Reppen, Drossen

1867 - 1872 (L)	
1874	
1929, 2.1. - 30.4. (L)	
1929, 2.9. - 1930, 30.4. (L)	
1932, 1.4. - 30.6	**1w**
(4 Ro)	1w

RESCHITZA (RESITA, RO)

8652.
Das Freie Wort

1932 - 1933	**M 496**

8653.
Reschitzaer Wochenschau

1938, 2.10. - 1943	**212**
(2 Ro)	212

8654.
Reschitzaer Zeitung

1922, 10.12. - 1940, 19.5.	**212**
(4 Ro)	212

REUTLINGEN

8655.
Alb-Neckar-Zeitung

1933, 1.6. - 1943	293

8656.
Freie Presse

1920 (E) u. 1926 (E)	**B 479**
	B 479
	Bo 133
1911, 29.9. - 1913	24

8657.
Generalanzeiger für die Oberämter Reutlingen, Tübingen, Rottenburg, Herrenberg, Nürtingen, Urach und Münsingen
13.6.1916: Reutlinger General-Anzeiger
(17.11.1887 - 1939 u. 1.11.1949 ff.)

1976 ff.	**101b**
(ca. 9 Ro/Jg)	101b
1986, 12.11. ff.	21
1892 - 1939	
1949, 1.11. - 1975	24
1992 - 1997	101a
1892 - 1935	
1938, 1.9. - 1939	
1949, 24.10. - 1997	293
1892 - 1935 (L)	
1938 - 1939 (L)	
1949, 24.10. - 1950 (L)	Dm 11

8658.
Oberamtsblatt für den Bezirk Reutlingen
1.1.1865: Schwarzwälder Kreiszeitung
1.7.1933: Reutlinger Tagblatt
1.1.1940: Reutlinger Zeitung

1858 - 1945, 19.4.	24
1858	
1860 - 1904	
1906 - 1930	
1931, 1.7. - 1938, 30.9.	
1939 - 1945, 19.4.	293
	Dm 11

8659.
Schwäbisches Tagblatt
HA in Tübingen
22.10.1949: Reutlinger Nachrichten
BA v. Schwäbisches Tagblatt, Tübingen

1945, 21.9. - 1949	24
1945, 21.9. - 1951	293
1946, 1.2. - 1949	Dm 11

8660.
Der Württemberger
(16.8.1947 - 20.10.1949)

1947, 16.8. - 1949, 20.10.	**24**
(2 Ro)	24
1949, 8.1. - 29.9. (L)	GB-LO/N38

REVAL (TALLINN, EST)

8661.
Aufstieg

1932, 20.3. - 1933, 3.12.	**212**
(1 Ro)	

8662.
Beiträge zur Kunde Estlands

18.1932/34,1-5	Mb 50

8663.
Hermetisches Museum
Reval, Leipzig

1782 u. 1790 (MPF)	46

8664.
Die Neue Zeit

1935 - 1936, Feb.	**212**
(1 Ro)	

8665.
Revalische Wöchentliche Nachrichten

1791	
1801 - 1802	
1805	46
1772	
1774 - 1778	
1781 - 1782	
1784 - 1811	
1814 - 1817	Mb 50

8666.
Revalsche Zeitung <1860>
1919: Revaler Bote
1930: Revalsche Zeitung
Nr. 194 1934: Estländische Zeitung
Apr. 1935: Revalsche Zeitung
1940: Revaler Zeitung

1940, 1.4. - 31.5.	
1942, 8.1. - 30.4.	
1944, 3.1. - 30.6.	**1w**
	1w
1920, Juni - 1936	
1938 - 1940, März	
1941 - 1943	**212**
(42 Ro)	
1940, 1.4. - 31.5.	
1941 - 1943	
1944, 3.1. - 30.6.	Dm 11
1904 - 1906 (Auszüge)	Mb 50

RHAUDERFEHN

8667.
General-Anzeiger
Tageszeitung für Ostfriesland, Oldenburger Land und Emsland

1988 ff.	**101b**
(ca. 8 Ro/Jg)	101b
1992 - 1997	101a

RHEDA-WIEDENBRÜCK

8668.
Amtliches Nachrichtenblatt für den Kreis
Wiedenbrück
Vlg. in Gütersloh
1945, 28.12. - 1948, 9.7. (MPF)   Gtl 1

8669.
Der Bote an der Ems
1885 - 1894, 24.3. (MPF)   Gtl 1

8670.
Die Glocke / A
Ausg. Wiedenbrück
Ausgabenbenennung zeitw. D
HA in Oelde
1951 - 1970   6
    6
1950? - 1972, Feb.   810

8671.
Gütersloher Zeitung
Ausg. Wiedenbrücker Kreisblatt
1954 - 1960, 30.9.   6
    6
1950 - 1962, 31.1. (MPF)   Gtl 1

8672.
Neue Westfälische
HA in Bielefeld
1992, 2.1. - 11.1.   6

8673.
Öffentlicher Anzeiger für den Kreis
Wiedenbrück
Hrsg.: Carl Bertelsmann
Wiedenbrück
1833, 6.7. - 28.12. (MPF)   Gtl 1

8674.
Westfälische Zeitung
Ausg. Gütersloher Zeitung/Wiedenbrücker
Kreisblatt
1962, 2.2. - 1967, 1.7. (MPF)   Gtl 1

8675.
Wiedenbrücker Kreisanzeiger
1953, 5.2. - 1962 (L)   6
    6

RHEDE

8676.
Bocholter-Borkener Volksblatt
1968, Okt. ff. (MPF)   Rhd 1
(nur Lokalteil Rhede)

RHEINBACH

8677.
Rheinbacher Kreisblatt
1850, 18.5. - 1864   5
    5
1866
1868 - 1870 (L)   1w
(1 Ro)   1w
Beilage(n):
Unterhaltungsblatt für den Kreis
Rheinbach
1851, 16.8. - 1852, 4.12.
1853, 21.5. - 5.11.
1854, 21.1. - 1855, 10.2.
1855, 1.9. - 1857, 21.3.
1857, 13.6. - 14.11.
1858, 20.3.
(2 Ro)   5

RHEINBERG

8678.
Rheinberger Wochenblatt
1859 - 1861, 21.12. (L)   5
(1 Ro)   5

RHEINE

8679.
Münstersche Zeitung / 2
UT: Rheiner Zeitung, anfangs auch Münsterländische Zeitung, Steinfurter Kreisblatt
enthält teils unregelmäßig Lokalteile für:
Rheine, Steinfurt, Emsdetten, Neuenkirchen,
Wettringen, Burgsteinfurt, Greven, Metelen,
Saerbeck, Mesum
Ausgaben sind tw. entmantelt
1957, 1.10. - 1959, 30.6.   **Dm 11**
(z.T. auch Kreisausgaben)   Dm 11
1951 - 1970   6
    6
1927 - 1933 (L)
1934, 1.7. - 1943, 30.9. (L)
1950 - 1956, 31.8. (L)   **MFA**

1956, 1.8. - 31.10.
1957, 1.2. - 30.3.
1957, 1.5. - 29.6.
1957, 2.11. - 2006
1914, 5.8. - 1959, 28.2. (E)   **MFA**
(265 Ro, Beilagen mitverfilmt)
1950 - 1956, 31.8. (L)
1956, 1.10. - 31.10.
1957, 1.2. - 30.3.
1957, 1.5. - 29.6.
1957, 2.11. - 2006 (L)   Rhn 1

8680.
Neuer Westfälischer Kurier
HA in Werl
teils Kreisausg. Steinfurt, teils F, F-G, F-L
1946, 6.9. - 1949 (L)   **MFA**
(2 Ro)
      Rhn 1

8681.
Volks-Zeitung für Rheine und Umgegend
1.5.1906: Münsterländische Volkszeitung
1.10.1922: Zeno-Zeitung
1.7.1940: Westfälische Tageszeitung
1.9.1949: Münsterländische Volkszeitung
1952 - 1970 (L)   **6**
      6
1977 ff.   **101b**
(ca. 7 Ro/Jg)   101b
1878, 23.3. - 1944 (LL) darin:
1932, 3.1. - 29.6. u.1.10. - 31.12.
1949, Sep. - 1976   **MFA**
1992 - 1997   101a
1878, 23.3. - 1944 (L)
1949, Sep. ff.   Rhn 1
1927, 10./12.9.
1932, 3.1. - 29.6. u. 1.10. - 31.12.   Dm 11

8682.
Volksblatt für Rheine und Umgegend
1882 (L)
1887 - 1888 (E)
1898 - 1899 (E)   Rhn 1

RIBNITZ-DAMGARTEN

8683.
Ostsee-Zeitung
HA in Rostock
1952, 15.8. - 1990   **33**
(22 Ro)   33

8684.
Stadt- und Landbote
UT: Lokalblatt für die Städte Ribnitz, Sülz,
Marlow, deren Umgegend und das Fischland
UT später: General-Anzeiger für Ribnitz,
Damgarten und Umgegend
1855 - 1863
1938,139 - 1943, 30.6.   **28**
(11 Ro)   28
1866
1870 - 1871 (L)   33

RICHMOND, B.C. (CDN)

8685.
Pazifische Rundschau
1973 ff.   **212**
      212

RIEDLINGEN

8686.
Riedlinger Zeitung
1780: Wochentliche Ordinari, Riedlinger
Dienstags-Zeitung
viele Titelwechsel, z.T. alternierend
zwischen Dienstags- und Freytags-Zeitung
1934: Verbo
1942: Donau-Bodensee-Zeitung
4.12.1945: Schwäbische Zeitung
HA in Leutkirch, ab 4.1.1946 Ausg.
Riedlingen, zuvor Ausg. Saulgau
1780, 4.1. - 1945, 12.4. (L)
1945, 4.12. - 1980   **24**
(144 Ro)
1780, 4.1. - 1945, 12.4. (L)
1945, 4.12. ff.   24
      1135

RIESA

8687.
*Amtliche Nachrichten des Rates der Stadt
Riesa*
1945, 21.8. - 1946, 24.1.   **14**
(1 Ro)   14
      Rs 7

8688.
Elbeblatt
1850 - 1.7.1851: Anzeiger und Elbeblatt für
Riesa, Strehla und deren Umgegend
8.7.1851 - 29.12.1857: Elbeblatt für Riesa,
Strehla und deren Umgegend
2.4.1861: Elbeblatt und Anzeiger
2.1.1893: Riesaer Tageblatt und Anzeiger
1848, 8.4. - 30.12.
1849, 3.4. - 1945, 23.4. (L)   14
(167 Ro)   14
                                      Rs 7
Beilage(n):
Anzeiger
1849, 2.1. - 30.3.   14
1858, 8.1. - 1861, 29.3.   14

8689.
Sächsische Zeitung
HA in Dresden
1946, 2.7. - 1990 (L)   14
(85 Ro)   14
1946, 5.1. - 26.2. (MPF)   14

RIETBERG

8690.
Die Ems
1921, Weihnachten
1922, 1.4. - 2.9.   MFA
(1 Ro)
                                      Dm 11

RIGA (LV)

8691.
Baltische Stimmen
Wochenzeitung für Stadt und Land
1927, 15.12. - 1929, 27.4.   212
(1 R)

8692.
Deutsche Zeitung
1933, 1.3. - 15.5.   212
(1 Ro)

8693.
Deutsche Zeitung im Ostland
1941, Aug. - Dez.
1942, Juli - Sep.
1943, Apr. - Juni
1944, 1.1. - 9.10.   1w
                                     1w
1942 (L)   18

1941 - 1943   212
1942, 7.1. - 1943, 20.1.   GB-
1944, 19.4. - 25.7. (L)   LO/N38
(12 Ro)
1944, 1.1. - 31.3. u. 11.7. - 26.7. Dm 11
1942, Juni - Aug.   M 352
1941, 5.8. - 1944, 9.10.   Dm 11
1942, 20.12. - 1943   M 352

8694.
Deutscher Bote
1926, 1.4. - 1936, 18.9.   212
(3 Ro)

8695.
Livländische Schulblätter
UT: Zum Besten einiger abgebrannten
Schulen in den Vorstädten von Riga
1813 - 1815   B 478

8696.
Marine-Frontzeitung im Ostland
1941, 16.8. - 1942 (L)   1w
                                     1w
                                     Dm 11

8697.
Neues Tageblatt
UT: Rigaer Morgenzeitung
1925, 5.4. - Dez.   212
(1 Ro)

8698.
Ostsee-Provinzen-Blatt
4.1.1828: Provinzialblatt für Kur-, Liv- und
Esthland
1824 - 1825 (L)
1827 - 1829
1833
1836 - 1837   1w
(3 Ro)   1w
                                     Dm 11

8699.
Riga am Sonntag
1935: Rigasche Post
1927, 25.12. - 1939, 26.11.   212
(6 Ro)

8700.
Rigaer Jüdische Rundschau
1931: Jüdische Rundschau
1929, 12.10. - 21.10.
1930, 1.1. - 1.2.
1931, 16.9. - 15.12.   212
(1 Ro)

8701.
Rigaer Tageblatt
v. 30.10. - 19.11.1912 erschien Ersatzausg.
wg. Streik unter d. Namen Rigasches Nachrichtenblatt
Ersatzausg. gilt auch f. Baltische Post,
Rigasche Rundschau u. Rigasche Zeitung
1898 - 1915, 2.5. (L)   **MFA**

8702.
Rigaer Tageszeitung
1934, 24.2. - 16.5.   **212**
(1 Ro)
                                         Lün 6

8703.
Rigaische Stadtblätter
8.1.1853: Rigasche Stadtblätter
1823, 1827, 1829
1843 - 1844
1853 - 1854
1869, 1872, 1875
1880, 1900   **1w**
(4 Ro)   **1w**
                                         Dm 11

8704.
Rigasche Börsen- und Handels-Zeitung
bis 11.12.1888 Morgenausg. v. Rigasche Zeitung
(12.1.1892 = 31.12.1891)
1870 - 1871
1873 - 1878
1888 - 1891 (L)   **1w**
(13 Ro, Beiblatt mitverfilmt)   **1w**
                                         Dm 11

8705.
Rigasche Nachrichten
1924, 22.10. - 1925, 9.1.   **212**
(1 Ro)

8706.
Rigasche Rundschau
1920, 3.8. - 1939, 13.12.   **212**
(45 Ro)
1914, 5.7. - 1915, 31.3.
1919, 21.7. - 17.10.
1924, 8.3. - 1925, 30.10.   **1w**
                                         1w
                                         Dm 11
1919, 21.7. - 17.10.
1924, 8.3. - 30.6.   Mb 50
1939, 5.10. – 13.12.   Lün 6

Beilage(n):
Illustrierte Beilage   **Dm 11**
1906 - 1908   Dm 11

8707.
Rigasche Zeitung
1914, 3.7. - 1915, 25.8.
1917, 8.10. - 1918, 16.7.   **1w**
                                         1w
1918, 17.7. - Dez.   **212**
(1 Ro)
1869, 2.1. - 30.6.
1870, 1.7. - 31.12.
1886, 1.7. - 31.12.   **MFA**
(3 Ro)
                                         Lün 6
1914, 3.7. - 1915, 25.8.
1917, 8.10. - 1918, 16.7.   Dm 11
1918, 163 - 299 (L)   Mb 50

8708.
Rigische Anzeigen von allerhand Sachen
2.1.1794: Rigascher Anzeigen
1826   **1w**
                                         1w
                                         Dm 11
1763 - 1765
1778 - 1779   46

8709.
Rigische Novellen
1661 - 1683 (E)
1684 (LL)
1685 - 1687 (E)
1690 (LL), 1691 - 1692 (L)
1693 - 1696 (LL)
1697, 1698 (LL)
1699 - 1703 (E)
1704 - 1705 (L)
1706 - 1707
1708 - 1710 (E)   46

8710.
Rote Fahne
1919, 5.1. - Nr. 113   **B 479**
                                         B 479
1919, 5.1. - 22.5.   **1w**
                                         1w
                                         Dm 11
1919, 7.1. - 22.5. (L)   1

8711.
*Versuche in der livländischen Geschichts-
kunde und Rechtsgelehrsamkeit*
1779 (MPF)   46

RINTELN

8712.
Hannoversche Presse
22.4.1971: Neue Hannoversche Presse
2.6.1981: Neue Presse
Ausg. Schaumburg-Land
1946, 19.7. - 1974   1811-
                  BU

8713.
Hessen-Schaumburgische Landes-Anzeigen
1818 - 1821, 26.12.   **4**
(1 Ro)   4
          34
        Dm 11

8714.
Kreisblatt für die Grafschaft Schaumburg
1870 - 1883   1811-
          BU

8715.
Liberales Wochenblatt für die Grafschaft
Schaumburg
2.1.1886: Schaumburger Wochenblatt
1883, 15.9. - 1890, 24.12.   **4**
(4 Ro, Beilagen mitverfilmt)   4
          34
        Dm 11

8716.
Rintelner Anzeiger
1.2.1923: Schaumburger Anzeiger
1902, 3.9. - 1925, 18.10. (L)   **4**
(25 Ro, Beilagen mitverfilmt)   4
          34
        Dm 11

8717.
Schaumburger Zeitung
(1868 - 1939? u. 1949?ff.)
1987 ff.   **101b**
(7 Ro/Jg)   101b
1992 - 1997   101a
1883 - 1939   1811-
1949/50 - 1985   BU

8718.
Wochenblatt für die Grafschaft Schaumburg
<1822>
5.4.1849: Wochenblatt für den
Verwaltungsbezirk Rinteln
Nr. 38, 1851: Wochenblatt für die
Grafschaft Schaumburg
1822 - 1868   **4**
(7 Ro)   4
          34

RIO DE JANEIRO (BR)

8719.
Deutsche Rio-Zeitung
1940, 1.8. - 1941, 11.1. (L)
1941, 27.2. - 29.6. (L)   **1w**
(2 Ro)   1w
1923, 10.9. - 1940, 10.2.
1940, 1.8. - 1941, 11.1. (L)
1941, 27.2. - 29.6. (L)   **212**
(39 Ro, Beilagen mitverfilmt)   212
        Dm 11

8720.
Deutsche Woche
1960, 2.4. - 1963
1965 - 1969   **212**
(8 Ro)   212

8721.
Deutsches Wochenblatt
1949, 8.10. - 1959   **212**
          212

8722.
Notgemeinschaft Deutscher Antifaschisten
1943, 15.12. - 1947, März   **M 352**
(Beilagen mitverfilmt)   M 352

RIXHEIM (F)

8723.
Der elsässische Volksbote
1869, Nr. 24 - 1870, Nr. 43 (L)   **30**
(1 Ro)

ROCHESTER, NY (USA)

8724.
Rochester Abendpost
1923 - 1940, 11.9. (L)
1952, 21.2. - 1961, 15.5.
1966, 28.6. - 6.9.   **212**
(49 Ro)   212
1923 - 1940, 11.9. (L)   Dm 11

ROCHLITZ

8725.
Freie Presse
HA in Chemnitz/Karl-Marx-Stadt
1971 - 1990, 31.8. (L)   14
(nur Lokalteil)

8726.
Leipziger Volkszeitung
HA in Leipzig
1946, Nr. 11   **B 479**
     B 479

8727.
Volksstimme
HA in Chemnitz/Karl-Marx-Stadt
1947, 1.11. - 1952 (MPF)   14
(nur Lokalseiten)

ROCKENHAUSEN

8728.
Amtsblatt des königlich-bayerischen Bezirksamtes Rockenhausen
1901 - 1917
1919 - 1939   Kai 1
(16mm-Film)

RODENBERG

8729.
Rodenberger Zeitung
4.1.1934: Schaumburg-Deister-Zeitung
Rodenberg, Bad Nenndorf u.a.
1902, 20.3. - 1917
1920 - 1941, 31.5.   **4**
(18 Ro)   4
     34
     Dm 11
1902, 1904, 1906
1908, 1909, 1914
1919 - 1930
1934 - 1939   1811-
1941   BU

RODLEBEN

8730.
Die Retorte
Hydrierwerk
Vlg. in Halle, S.
1951, 7.11. - 1966, 25.3. (L)
1969 - 1990, Aug. (L)   **3**
(5 Ro)   3
     Dm 11

RÖBEL (MÜRITZ)

8731.
Röbeler Zeitung
1938,139 - 1943, 30.6.   **28**
(9 Ro)   28

RÖBLINGEN

8732.
Röblinger Echo
BKK Röblingen BT Harbke
1956, 12.9. - 1990, Aug. (L)   **3**
(4 Ro)   3
     Dm 11

RÖSSEL (RESZEL, PL)

8733.
Rösseler Kreisblatt
Vlg. in Rastenburg
1845 - 1847
1916 (L)   **1w**
(1 Ro)   1w
     Dm 11

ROGASEN (ROGOZNO, PL)

8734.
Rogasener Wochenblatt
1892, 15.5. - 29.12. (L)
1894, 1898, 1901
1905, 1909, 1915 (L)   **1w**
(3 Ro)   1w
     Dm 11

ROM (I)

8735.
Italia Nostra
1914, 6.12. - 1915, 22.7.   4
                                    4
                                    Dm 11
                                    11

8736.
Die Italien-Zeitung
1932
1934, 7.1. - 1.4.   212
(1 Ro)   212

8737.
L'Osservatore Romano
Deutschsprachige Wochenausg.
Vatikan, Würzburg
1983, 7.1. - 2001
2005 - 2008   212
                                    212
1971, 16.9. - 1994   MFA
(12 Ro)
                                    Dm 11
1996 ff.   12

RONNEBURG

8738.
Allgemeines Chronikon für Handlung,
Künste, Fabriken und Manufakturen [...]
1797   46
(1 Ro)   46

8739.
Der teutsche Patriot
1802 - 1804   46
(2 Ro)   46

ROSENBERG I. WESTPR. (SUSZ, PL)

8740.
Kreisblatt des Königl. Preuss. Landraths-
Amtes Rosenberg
(enthält die Circular-Verfügungen...)
Vlg. in Marienwerder
1835, 13.4. - 29.12.
1837 (L), 1839
1841 - 1844, 23.11.
1845 - 1847   1w
(1 Ro)   1w
                                    Dm 11

ROSENBERG (OLESNO, PL)

8741.
Heimatkalender des Kreises Rosenberg OS
Vlg. in Gleiwitz
1926 - 1930
1934   MB 50

8742.
Der Rosenberg-Creutzburger Telegraph
1845, 6.1. - 1848   1w
(1 Ro)   1w

ROSENHEIM

8743.
Oberbayerisches Volksblatt
1945, 24.10. ff.   101b
(ca. 10 Ro/Jg, bis 1968 64 Ro)   101b
1945, 24.10. - 1968   12
1945, 14.12. - 1946, 20.12. (L)   GB-
1948, 20.1. - 1951, 12.4. (L)   LO/N38
1992 - 1997   101a
1964 u. 1969
1974, Juni - Juli
1992
1998 - 2000   Rhm 1

8744.
Rosenheimer Wochenblatt
1864: Rosenheimer Anzeiger
(1833 - 1.5.1945)
1833 - 1834
1855 - 1866
1868 - 1945, 1.5.   Rhm 1

ROSSBACH (HRANICE, CZ)

8745.
Roßbacher Zeitung
1928, 3.11. - 1938   212
(5 Ro)   212

ROSSLEBEN

8746.
Das Bündnis
Roßleben, Sangerhausen
1.7.1963: Kali-BZ
1966, Nr. 9 - 1976: Roßlebener Kali-BZ
Kali Südharz
1957, 31.1. - Dez. (L)
1960, Jan. - 12.8. (L)
1966 - 1990 (L)   3
(3 Ro)   3
     Dm 11

ROSSWEIN

8747.
Anzeiger für Roßwein und Umgegend
1.7.1882: Roßweiner Tageblatt
1834 - 1945, 30.4. (L)   **14**
(111 Ro)   14
     Ros 1

8748.
Wochenblatt für Statistik und Vaterlandskunde
Roßwein, Döbeln
auch: Roßweiner Wochenblatt zur Belehrung
und Unterhaltung
3.1.1839: Anzeiger für Roßwein, Waldheim
und die umliegenden Orte
23.9.1848: Anzeiger und Unterhaltungsblatt
für Waldheim, Roßheim, Hartha und die Umgegend
1852: Anzeiger und Unterhaltungsblatt für
Döbeln, Waldheim, Hartha, Roßwein und die
umliegenden Ortschaften
2.1.1858: Anzeiger und Amtsblatt für die Königl. Gerichtsämter und Stadträthe zu Döbeln,
Hartha, Waldheim
3.1.1863: Anzeiger für Döbeln, Hartha und
Waldheim
2.1.1876: Anzeiger für Waldheim und Hartha
1888: Anzeiger und Tageblatt für Waldheim
und Hartha
1834, 30.9. - 1897   **14**
(29 Ro)   14

ROSTOCK

8749.
Allgemeiner Rostocker Anzeiger
14.9.1884: Rostocker Anzeiger
(3.4.1881 - 27.4.1945)
1881, 1.4. - 1884, 13.9.   28
1881, 3.4. - 24.7.
1883, 19.4. - 1884
1887, 18.9. - 30.12.
1891, 1.10. - 1945, 27.4.   28
     Dm 11
     33
1891, 1.10. - 1933   Shw 31
1943, 2.2. - 1945, 29.1. (L)   GB-
     LO/N38

8750.
Auszug der Neuesten Zeitungen <1770>
2.2.1812: Auszug aus den Neuesten Zeitungen
1.1.1815: Auszug der Neuesten Zeitungen
12.11.1846: Rostocker Zeitung
1894, Juli - Dez.   1w
(2 Ro)   1w
1770 u. 1774 (E)
1775 u. 1782 (E)
1786, Nov. - 1788, März (L)
1789 - 1790
1792 (E), 1793
1797 - 1806
1807, Jan. - Juni
1808 - 1843
1846 - 1921   46
(202 Ro)   46
1908, 23.12. - 1921, 30.9.   21/32c
1770, 6.8. - 1882, Apr.
1882, Sep. - 1921, 30.9.   28
1770, 6.8. - 1790
1792, 9.4. - 1793 (L)
1797 - 1843
1846 - 1882, Apr.
1882, Sep. - 1921, 30.9.   Dm 11
     R 75
1770, 6.8. - 1921, 30.9. (L)   33
Beilage(n):
  Frauen Rundschau   **46**
1908, 1909 ff. ungezählt   46
     28
     Dm 11

  Haus und Landwirtschaft   **46**
1908 - 1914   46
     28
     Dm 11

Illustrirte Rundschau
1908 - 1909   **46**
     46
     28
     Dm 11

Mecklenburgischer Generalanzeiger   **46**
1899 - 1901   46
     28
     Dm 11

Mecklenburgisches Neues Wochenblatt   **46**
1908 - 1914   46
     28
     Dm 11

Officielle Beilage für amtliche
Bekanntmachungen
1857
1859, 1879 (E)
1880 - 1881   **46**
1887, 1900, 1920 (L)   46
     28
     Dm 11

Rostocker Sonntagsbote
1909 - 1913   **46**
1914 ff. ungezählt   46
     28
     Dm 11

Rundschau   **46**
1890 - 1893 (L)   46
     28
     Dm 11

8751.
Beyträge zur Physik und Chemie
Rostock, Leipzig
1795 - 1797 (MPF)   46

8752.
Der Demokrat
Rostock, Schwerin
Schwerin, ab 2.1.1953 in Rostock
(15.12.1945 - Mai? 1991)
1947, 3.1. - Dez.
1954, 2.8. - 1990   **Bo 174**
(67 Ro)
1947 (L)   **Bo 414**
1962, Apr. - 1963, Sep.
1964, Juli - Sep.
1969, 1.5. - 1971, 18.10.   **188/211**
1945, 15.12. - 1954   **28**
(9 Ro)
1945, 15.12. - 1991 (L)   28
1947 - 1991, Mai   **Bo 153**
1947
1989 - 1990   **180**

1954, 2.8. ff.   101b
1954, 2.8. - 1964 (L)
1967 - 1990   188/211
1947   M 352
1947
1954, 2.8. - 1990
(gemischte Ausgaben Rostock,   33
Schwerin, Neubrandenburg)
1945, 15.12. - 1991, 31.5.   33
(65 Ro, Schweriner Ausg.)

8753.
Diätisches Wochenblatt für alle Stände
1781 - 1783   **46**
(1 Ro)   46

8754.
Etwas von gelehrten Rostockschen Sachen
1743: Weitere Nachrichten von gelehrten
Rostockschen Sachen für gute Freunde
1737 - 1748 (MPF)   28

8755.
Das freie Wort
anfangs in Schwerin
1919, 1.3. - 1933, 12.5.   **33**
(33 Ro)   33

8756.
*Gelehrte und gemeinnützige Beiträge aus
allen Theilen der Wissenschaft*
1840, 8.1. - 1841, 10.11.   **28**

8757.
Hafenrundschau
1970 - 1972   **B 479**
     B 479

8758.
Informationsbrief
Rostock, Berlin
ab 1927 i. Berlin
1925 - 1938   **Dm 11**
     Dm 11

8759.
Der Landbote für Mecklenburg
1907, 1   **B 479**
     B 479

8760.
Landes-Zeitung
UT: Organ der Sozialistischen Einheitspartei
Deutschlands für Mecklenburg-Vorpommern
HA in Schwerin
(1.1946, 10.4. - 7.1952, 13.8.)
1949, 1.7. - 31.12.	**B 479**
	B 479
1946, 10.4. - 1952, 13.8.	**28**
(9 Ro)	28

8761.
Mecklenburger Land-Bote
1924, 12.3. - 1930, 26.3.	**33**
(1 Ro)	33

8762.
Mecklenburger Montagspost für volkstümliche Politik und republikanische Tradition
1922, 20.2. - 1.5.	**28**
(1 Ro)	28

8763.
Mecklenburger Sonntagsblatt
UT: Unterhaltungs- und Annoncenblatt für
beide Mecklenburg
1885, 28.6. - 1887	**28**
(1 Ro)	28

8764.
Mecklenburger Umschau : nationale Wochenschrift für Stadt und Land
1.1921 - 5.1925	**28**
(4 Ro)	28

8765.
Mecklenburgische Blätter
1847, 10.4. - 1848	**28**

8766.
Mecklenburgische landwirtschaftliche Wochenschrift : Amtsblatt der Landwirtschaftskammer für Mecklenburg-Schwerin
1935: Wochenblatt der Landesbauernschaft
Mecklenburg
1917 - 1940	**28**
(18 Ro)	28

8767.
Mecklenburgische Landwirtschaftliche Zeitung
Rostock, Leipzig
19.8.1921: Wölfer's Landwirtschaftliche
Zeitung
1.4.1939: Deutscher Bauer
1906, 6.1. - 1941, 20.12.	**33**
(24 Ro)	33
	28
	Dm 11

8768.
Mecklenburgische Volks-Zeitung
Organ der SPD
(1.4.1892 - 12.5.1933)
1893
1895 - 1933, 12.5. (L)	**Bo 133**
	Bo 133
1907 - 1933, 12.5.	**28**
	28
1907 - 1933, 12.5. (L)	**46**
(57 Ro)	46
	Dm 11
1893 - 1933, 12.5.	**33**
1907 - 1919	**Shw 31**

Beilage(n):
Volk und Zeit
1925 - 1932	**46**

Illustrierte Unterhaltungsbeilage
der Mecklenburgischen Volks-
Zeitung
1907 - 1914	**46**

8769.
Mecklenburgische Zeitung für Stadt und Land
2.4.1851: Mecklenburgisches Volksblatt für
Stadt und Land
1850, 23.10. - 1868, 28.9.	**28**

8770.
Mecklenburgisches Landvolkblatt
1925, 1.4. - 1929, 30.1.	**28**
(1 Ro)	28

8771.
Mecklenburgisches Tagesblatt
1868, 1.10. - 1869, 31.3.	**28**
(1 Ro)	28

8772.
Mecklenburgisches Volksblatt
1913, 4.10. - 1914, 18.4.	**28**
(1 Ro)	28

8773.
Mitteilungsblatt
Reichstagswahl-Ausschuß der KPD
1932, 26.4. u. 1.8.   **B 479**
                                             B 479
1932, 27.7. - 1.8.   Bo 133

8774.
Morgenröte
1904, 20.3. - 1905, 5.3.   28

8775.
Neue Berichte von Gelehrten Sachen
1766: Erneuerte Berichte von Gelehrten Sachen
1762 - 1773, 3.6.   28
                                                 28

8776.
Die neue Universität
1990: Rostocker Universitätszeitung
1960 - 2005 (L)   28
                                                 28

8777.
Norddeutsche Neueste Nachrichten
(16.2.1953 ff.)
1991 (L)
1992 ff.   101b
1991   28
(6 Ro)
1954, 2.8. - 1990   Bo 174
(68 Ro)
1953, 16.2. ff.   28
1991 (L)
1992 - 1997   101a
1989 - 1990   180
1954, Aug. ff.   101b
1954, 2.8. - 1961, 30.9.
1965 - 1985   739
1954, 2.8. - 1990 (L)   188/211
1992 ff.   33
2001 ff.   9

8778.
Ostsee-Zeitung / Ausg. Westdeutschland
1954, Nr. 214 - 1955, Nr. 256 (E)   **B 479**
                                       B 479

8779.
Ostsee-Zeitung / Rostock
(15.8.1952 ff.)
1991 ff.   101b
(5 Ro/Jg)
1953 - 1966
1968 - 1988   **28**

1954, 2.8. - 1990   Bo 174
(77 Ro)
1953, 2.11. - 31.12.
1964, 31.3. - 1967, 14.2.   **MFA**
(7 Ro)
1952, 15.8. - 1990 (L)
1992, Nr. 27 - 51   **B 479**
                                             B 479
1995, Sep. - 1997   **9**
                                                 9
1995 - 2000   12
1952, 15.8. ff.   28
1991 (L)
1992 - 1997   101a
1989 - 1990   180
1954, Aug. ff.   101b
1954, 2.8. - 1985   739
1955 ff.   188/211
1952, 15.8. ff.   33
1998 - 2005   R 75
1990 - 2004, 7.4.   281
Beilage(n):
Wir und unsere Welt
1959, 1 - 21   **B 479**
1963, 1 - 1972, 49   **B 479**
OZ-Wochenend   **B 479**
1972, 37 - 1989, 50   **B 479**
Unser Bauern-Lexikon   **B 479**
1954 - 1957, 6   **B 479**

8780.
Ostsee-Zeitung / Rostock-Land
HA in Rostock
1952, 15.8. - 1990   **33**
(22 Ro)   **33**

8781.
Ostsee-Zeitung / Rügen
HA in Rostock
1956 - 1990   **33**
(22 Ro)   **33**
1995, 1.9. ff   **9**
(nur Lokalteil)   **9**

8782.
Ostsee-Zeitung / Usedom - Peene
HA in Rostock
1995, 1.9. ff.   **9**
(nur Lokalteil)   **9**

8783.
Politisch-practisches Wochenblatt für Meck-
lenburg
1.1846, 2.1. - 3.1848, 30.6.   28

8784.
Pomer- und Rügensche Beyträge zum Dienste der Wissenschaften[...]
Rostock, Wismar
1754 - 1757 (MPF) 46

8785.
Reform-Blatt für beide Mecklenburg
1850, Apr. - 1851, Juli 33

8786.
Rostocker Abendzeitung
1885, 1.1. - 28.9. 28

8787.
Rostocker Kulturspiegel
1966, Apr. - 1972, 8.8. **Bo 174**
(1 Ro)

8788.
Rostocker Landforum
Sep. 1961: Rostocker Zeitung am Mittwoch
1963: Rostocker Zeitung am Wochenende
1961, 12.7. - 1963 **28**
(1 Ro) **28**

8789.
Rostocker Nachrichten
1930, 7.9. - 1932, 18.12. 28

8790.
Rostocker neue Zeitung
1927, 8.1. - 29.5. 28

8791.
Rostocker Wochenblatt
2.2.1852: Rostocker Abendblatt
24.2.1852: Rostocker Blätter für Unterhaltung und Belehrung
1850, 24.6. - 1855, 28.6. **28**
28

8792.
Rostocksche Abend-Zeitung der Unterhaltung und Belehrung gewidmet
1838, 6.10. - 1839 28

8793.
Rostocksche Blätter
1793, 3.8. - 14.12. 28

8794.
Rostocksches gemeinnütziges Wochenblatt für alle Stände
1791, März - Aug. **46**
(1 Ro) 46
1.1791 - 2.1792 28

8795.
R.Z. am Wochenende
1962, 7.7. - 1965 **Bo 174**
(1 Ro)

8796.
Sammlung Historischer Schriften, zur Beförderung der Geschichtskunde
1763 **46**
46

8797.
Sowjet-Stern
KPD Mecklenburg-Lübeck
1923, 1 **B 479**
B 479

8798.
Unterhaltungen für alle Stände : eine Monatsschrift
(Okt. 1786)
1786, Okt. **28**
(1 Ro) 28

8799.
Vermischte, mehrenteils historische gelehrte Abhandlungen, von verschiedenen Verfassern
(1767, 1 - 50)
1767 **46**
(1 Ro) 46
28

8800.
Voll voraus
Kreisleitung SED
Seeverkehr u. Hafenwirtschaft für die Handelsflotte der DDR
1968 - 1972 **B 479**
B 479

8801.
Warnemünder Zeitung
Ersch.-O.: (Rostock-) Warnemünde
(1.1907 - 26.4.1943 nachgew.)
1907 u. 1909
1912 - 1915 (L)
1926 **28**
28

1927, 1.7. - 1928
1929, 3.4. - 29.9.
1930, 1.1. - 30.3.
1933, 1.4. - 30.9.
1934, 3.1. - 30.6.
1935
1936, 1.4. - 30.6.
1936, 1.10. - 1937, 30.9.
1938 - 1941
1943, 2.1. - 25.4.
(26 Ro)   28
                 28
                 Dm 11

8802.
Werft-Echo
VEB Schiffswerft Neptun
(Feb. 1949 - 1991)
1972   **B 479**
                 B 479

8803.
Die Werftstimme
Warnow-Werft
1970 - 1972   **B 479**
                 B 479

8804.
Wöchentliche Rostockische Nachrichten und
Anzeigen auf das Jahr...
6.1.1759: Wöchentliche Lieferung alter nie
gedruckter Rostockschen Urkunden und
anderer Nachrichten...
13.1.1759: Wöchentliche Lieferung
Rostockscher Urkunden und Nachrichten
26.6.1765: Wöchentliche Rostocksche
Nachrichten und Anzeigen
3.1.1838: Neue wöchentliche Rostocksche
Nachrichten und Anzeigen
1841   46
(1 Ro)
1845, 6.8.   **A 100**
                 A 100
1752 - 1761, 28.3.
1765, 26.6. - 1850, 30.3. (L)   28
(55 Ro, Beilagen mitverfilmt)   28
                 Dm 11
                 1w
Beilage(n):
Rostocksche neue gemeinnützige
Aufsätze für den Stadt- und
Landmann
1796 - 1801
1803 - 1816   1w

Gemeinnützige Aufsätze aus den
Wissenschaften für alle Stände zu
den Rostockischen Nachrichten
1765, 26.6. - 1795   1w

ROTENBURG (FULDA)

8805.
Rotenburger Kreisblatt<1857>
1.1.1858: Kreisblatt
2.3.1910: Rotenburger Kreisblatt
1.1.1920: Rotenburger Tageblatt
1857 - 1908
1910, 2.3. - 1941, 31.5.   **4**
(51 Ro)   4
                 34
1857 - 1908
1910, 2.3. - 1935, 2.2.
1935, 6.6. - 1941, 31.5.   Dm 11

ROTENBURG (WÜMME)

8806.
Amtliches Verordnungs- und Anzeigenblatt
für den Kreis Rotenburg in Hannover
1947, 3.1. - 1948
(bei Rotenburger Anzeiger mit-   **Lün 4**
verfilmt)   Lün 4
                 Dm 11

8807.
Anzeigenblatt für den Kreis Rotenburg
mit den amtlichen Bekanntmachungen
der Behörden
1949, 4.1. - 23.8.   **Lün 4**
                 Lün 4

8808.
Niederdeutsche Zeitung mit Rotenburger
Kreisblatt
1949, 17.8. - 24.9.   **Lün 4**
                 Lün 4

8809.
Rotenburger Anzeiger
1.10.1940: Kreis-Zeitung für den Kreis
Rotenburg in Hannover
1.7.1943: Rotenburger Kreiszeitung
(2.7.1867 - 21.4.1945 u. 4.1.1949 ff.)
1977 ff.   **101b**
(ca. 6 Ro/Jg)   101b

1880, 6.1. - 1881, 25.11.	
1882 u. 1886	
1892, 5.1. - 1900, 29.12.	
1902 - 1913	
1915 - 1922	
1924 - 1935, 30.4.	
1935, 2.9. - 31.12. (L)	
1936, 2.5. - 1938 (L)	
1939, 1.9. - 1941, 30.6.	
1942, 27.6. - 31.12.	
1943, 1.7. - 31.12.	
1949, 4.1. - 1952	**Lün 4**
(166 Ro)	Lün 4
	Dm 11
1992 - 1997	101a

ROTHENBURG/OBERLAUSITZ

8810.
Oberlausitzer Tagespost
HA in Görlitz

1938, 1.4. - 30.6.	**14**
(1 Ro)	14
	Gl 2

ROTTENBURG/NECKAR

8811.
Amtsblatt für den Oberamtsbezirk Rottenburg
auch: Der Neckarbote

1831, 22.2. - 1908	24
(Beilagen mitverfilmt)	
	Rot 3

8812.
*Intelligenzblatt für die Oberamtsbezirke Tü-
bingen und Rottenburg, Nagold, Herrenberg,
Horb*
(mehrere Titelwechsel)

1819, 12.11. - 1854	24
(Beilage v. 1820 mitverfilmt)	
	Rot 3

8813.
Rottenburger Post
BA d. Südwestpresse, Ulm
ab 1992: BA v. Schwäbisches Tagblatt, Tübingen

1980 - 2005	**24**
(258 Ro)	24
1949? ff.	Rot 3

8814.
Rottenburger und Horber Nachrichten

1933, 1.9. - 1935, 30.9.	24
	Rot 3

8815.
Rottenburger Zeitung

1889 - 1939, 30.6.	24
	Rot 3

ROTTERDAM (NL)

8816.
Der Hafenkurier

1956, 1.3. - 1971	**212**
(7 Ro)	212

8817.
*Reichsdeutsche Nachrichten in den Nieder-
landen*

1940, 5.1. - 31.5.	**1w**
	1w
	Dm 11

8818.
Der Ruf
Unabhängige jüdische Zeitung

1934 - 1936, Nr. 3	**101a**
(1 Ro)	101a

ROTTWEIL

8819.
Gemeinnütziger Anzeiger

1836, Jan. - März	**46**
(1 Ro)	46

8820.
Schwarzwälder Bürger-Zeitung

1922 - 1923	**Bo 414**
(2 Ro)	

8821.
Schwarzwälder Post / Rottweiler Kreisbote
HA in Oberndorf
30.9.1950: Schwarzwälder Bote / R 2
HA in Oberndorf
1.12.1984: Schwarzwälder Tagblatt
BA v. Schwäbische Zeitung, Leutkirch
Rottweil, Schwenningen

1947, 2.8. - 1960 (L)	
1973, 2.7. ff.	**24**
(ca. 150 Ro bis 1994)	24

8822.
Schwarzwälder Volksfreund / 30
BA v. Schwäbische Zeitung, Leutkirch
Okt. 1971: Schwäbische Zeitung
Ausg. Schwarzwälder Volksfreund
1975 ff.   24
(139 Ro bis 1994)   24

RUDOLSTADT

8823.
Allgemeine Auswanderungs-Zeitung
1846, 29.9. - 1856, 22.12.   46
(9 Ro)   46
                                                204
                                             188/211
                                              Bm 3
1857 - 1862, 25.3.
1863, 2.1. - 1870, 29.12.   528
                                               Dm 11
                                                 27
Beilage(n):
Der Pilot
1857 - 1864, 27.12.   528
                                               Dm 11
                                                 27

8824.
Der Beobachter an der Saale, Schwarza und Ilm
1856 - 1864, 27.12.   528
                                               Dm 11

8825.
Deutsche Bürger-Zeitung
Rudolstadt, Apolda, Jena
1848, 15.6. - 1849 (L)   528
                                              21/32c
                                               Dm 11

8826.
Konstitutionelle Blätter aus Schwarzburg
Apr. 1849: Konstitutionelle Blätter für Stadt
und Land
1849   528
                                               Dm 11
                                              21/32c
                                                 27

8827.
Rudolstädter Nachrichtsblatt für unterhaltende und nützliche Mitteilungen
1.1.1834: Rudolstädter Mittwochsblatt
17.9.1834: Allgemeines Mittwochsblatt
(alternierend m. Rudolstädter Mittwochsblatt)
7.1.1835: Mittwochsblatt
6.1.1841: Der Vaterlandsfreund
1833, 14.8. - 1835
1837 - 1841   528
(Beilage Thuringia mitverfilmt)
                                               Dm 11
1842, 1 - 180   30
Beilage(n):
Helios
1837 - 1841   528
                                               Dm 11

8828.
Rudolstädter Zeitung
1903 - 1919
1921, 25.1. - 30.12.
1929, 15.1. - 13.7.
1931, 16.7. - 30.9.
1935 - 1939, 29.4.   528
                                               Dm 11

8829.
Rudolstädtische wöchentliche Anzeigen und Nachrichten
1773: Fürstlich Schwarzburgisch-
Rudolstädtisches gnädigst privilegiertes Wochenblatt
1879: Schwarzburg-Rudolstädtische Landeszeitung
1918, 77: Landeszeitung für Schwarzburg-
Rudolstadt und angrenzende Gebiete
4.12.1934: Staatszeitung "Der Nationalsozialist und Landeszeitung Rudolstadt
9.1.1936: Thüringer Land, Landeszeitung Rudolstadt
10.2.1937: Thüringer Gauzeitung, Landeszeitung Rudolstadt
ab 23.5.1944 mit "Nachrichtenblatt"
1847 - 1850   46
1769, 21.2. - 1945, 10.4. (L)   528
                                               Dm 11

8830.
Schwarzburgischer Beobachter
Neue Folge
1865, 20.12. - 1868, 31.3.   528
                                               Dm 11

RÜBELAND

8831.
Aufwärts
Chemische Werke Buna, VHK Rübeland
1951 (L)   **B 479**
                                        B 479
1950, 9.12. - 1952, 31.7. (L)   3
(1 Ro)   3
                                        Dm 11

8832.
Kalk-Werker
VEB Harzer Kalk- und Zementwerk
1977, 15.12. - 1990, 31.7. (L)   3
(2 Ro)   3
                                        Dm 11

RÜDERSDORF

8833.
Baustoffe des Friedens
BPO Zementwerk
Verl. in Frankfurt/Oder
1978 - 1989 (MPF)   186

RÜMELINGEN (L)

8834.
De Biergmann
(15.9.1951 - 2.4.1960)
1951, 15.9. - 1960, 2.4.   **Lux-**
                                       AN
                                       Lux-AN

8835.
De Minettsdapp
Ortsname lux.: Rëmeleng
Ortsname frz.: Rumelange
1949, 15.10. - 12.12.   **Lux-**
                                       AN
                                       Lux-AN

RÜSSELSHEIM

8836.
Main-Spitze
1983, 1.6. ff.   **101b**
(ca. 8 Ro/Jg)   101b
1992 - 1997   101a

RÜTZOW (RUSOWO, PL)

8837.
Evangelisches Gemeindeblatt Rützow,
Alt- und Neu-Quetzin
Rützow (Rusowo, PL), Alt Quetzin (Kukinia,
PL), Neu Quetzin (Kukinka, PL)
Vlg.: Kolberger Tageblatt
1920 - 1941, März   9
                                        9

RUHLAND

8838.
Segment
BPO Metalleichtbaukombinat
Verl. in Cottbus
1978 - 1989 (MPF)   186

RUMBURG (RUMBURK, CZ)

8839.
Mandanpost
1933, 6.12. - 1934, 27.6.   **212**
(1 Ro)   212
                                       124

8840.
Rumburger Zeitung
1928, 21.7. - 1937, 6.2.   **212**
(14 Ro)   212

RUMMELSBURG (MIASTKO, PL)

8841.
Rummelsburger Kreisblatt
1845 - 1848
1876 - 1881 (L)
1888 - 1934, 12.12. (L)   **1w**
1876 - 1881 (L)
1888 - 1894 (L)
1895, 2.4. - 1932 (L)
1934, 3.1. - 12.12.   9
                                       9
1845 - 1848
1876 - 1881 (L)
1884 - 1885, 11.12 (L)
1886 - 1934, 12.12. (L)   1w

RYBNIK (RYBNIK, PL)

8842.
Rybniker Kreisblatt
Rybnik (Rybnik, PL), Gleiwitz (Gliwice, PL)
Vlg. anfangs in Gleiwitz
1842, 5.2. - 1846 (L)
1914	1w
(2 Ro)	1w
	Dm 11

SAALFELD / SAALE

8843.
Saalfelder Volksblatt
1.10.1904: Volksblatt
sozialdemokratisch, Kreise Saalfeld, Rudolstadt, Ziegenrück, Lobenstein
(1889 - 6.3.1933)
1891 - 1904 (L)	
1907 - 1933, 6.3. (L)	**Bo 133**
	Bo 133

SAARBRÜCKEN

8844.
Die Arbeit
1956: Saar-Echo
1957, 3.4. - 1962, 20.2.	**MFA**
(1 Ro)	
	Bo 153
1950 - 1951	Bo 133

8845.
Die Arbeiterzeitung AZ
1922 - 1935, 14.1. (L)	**B 479**
	B 479
1924 u. 1931 (tw. Film)	
1932	
1933 (tw. Film)	Sa 22

8846.
Der Bolschewik
KPD
1933, 3	**B 479**
	B 479

8847.
Deutsche Freiheit
Einzige unabhängige Tageszeitung
Deutschlands
(20.6.1933 - 17.1.1935)
1933 - 1935 (L)	**B 479**
	B 479

1933, 21.6. - 1935, 17.1.	**Dm 11**
(3 Ro)	Dm 11
	18
	5
	30
	34
	180
	291
	468
	715
	188/211
	Bo 133
	M 352
1933, 21.6. - 1934	
1935 (E)	46
1933 - 1934 (E)	6
Beilage(n):	
Völker in Sturmzeiten	**B 479**
1934, 23.8. - 1935, Nr. 12 (L)	**B 479**
	188/211
1934, 23.8. - 1935, Nr. 14 (L)	715

8848.
Deutsche Freiheit / Paris
Saarbrücken, Paris (F)
1934/35 (LL)	**B 479**
	B 479
1933 - 1934 (LL)	188/211
	715

8849.
Deutsche Saar
1955, 28.7. - 1964, 27.6.	**281**
(9 Ro)	

8850.
Deutsche Volks-Zeitung
Saarbrücken, Paris (F)
Edition de Paris
1934, 15.2. - 31.12.	**B 479**
	B 479
1934, 15.2. - 31.12.	**Dm 11**
(1 Ro)	Dm 11
	18
	739
	46
	715
	188/211
	M 352

8851.
Die Junge Garde / Saargebiet
1934, Nr. 5 u. 6	**B 479**
	B 479

8852.
Nachrichtenblatt der Synagogengemeinde des Saargebietes
1935, 1.3. - 1938, 18.3. (L)   479

8853.
Nassau-Saarbrückisches Wochenblatt
1794: Saarbrücker Wochenblatt
1810 - 1814 nachgew.: Saarbrücker Intelligenzblatt
bis Mai? 1816: Intelligenzblatt von Saarbrücken
Nr. 20, 1818: Intelligenzblatt des Kreises Saarbrücken
3.10.1836: Saarbrücker Anzeigen
22.9.1848: Saarzeitung
1.1.1861: Saarbrücker Zeitung
1906   26
1918 (L)
1919, 6.4. - 30.6.   GB-
1944, 13.3. - 4.8. (LL)   LO/N38
1767 - 1792 (E)
1802 - 1803 (E), 1810
1814, Nr. 7
1816 - 1847, 21.9. (L)
1848 - 1944 (L)   291

8854.
Neue Saar-Post
1934, 6.5. - 1935, 15.1.   Dm 11

8855.
Neue Zeit
1946, Nr. 19 - 1957, Nr. 95
1959, Nr. 1 - 15
1960 - 1962 (E)   **B 479**
                                      B 479

8856.
NSZ-Rheinfront
HA in Ludwigshafen
(nationalsoz. Zeitung)
(1.3.1935 - 30.11.1940)
1938, 1.3. - Apr.   **1w**
(1 Ro)   1w
1937 - 1939, Jan.   **GB-**
1939, 17. - 24.8. u. Okt.   **LO/N38**
(11 Ro)   GB-
                                      LO/N38

8857.
Das Reich
Wochenzeitung für deutsche Politik
(6.12.1934 - 5.1.1935)
1934, 6.12. - 1935, 5.1.   **Dm 11**
(1 Ro)   Dm 11
                                      18
                                      34
                                      35
                                      291
                                      468
                                      739
                                      188/211
                                      M 352

8858.
Die rote Wehr
1929, 7 - 8   **B 479**
                                      B 479

8859.
Die Rundschau
1961, 6.1. - 1964, 2.10.   **MFA**
(1 Ro)
                                      Bo 153

8860.
Saar-Bauern-Fahne
1934, 2   **B 479**
                                      B 479

8861.
Die Saar-Ente
Schutzverband Deutscher Schriftsteller
1935, 6.1.   **Dm 11**
(1 Ro)
                                      739
                                      M 352

8862.
Der Saar-Erwerbslose
1934, 2 - 3   **B 479**
                                      B 479

8863.
Saar-Volksstimme <1935>
1935, 1. - 5.1.   **GB-**
                                      LO/N38

8864.
Saararbeiter
1936, 1   **B 479**
                                      B 479

8865.
Der Saarbergknappe
1920 - 1932 **Bo 133**
Bo 133
B 479

8866.
Saarbrücker Allgemeine Zeitung
26.9.1959: Saarbrücker Allgemeine
3.10.1966: Südwestdeutsche Allgemeine
Zeitung
1955, 13.8. - 1967, 5.5. **MFA**
(38 Ro)
1967, 23.4. - 5.5. **Sa 22**

8867.
Saarbrücker Zeitung <1946>
bis 2.9.1946: Neue Saarbrücker Zeitung
(27.8.1945 ff.)
hier Ausg. A bzw. H (Saarbrücken)
1947 - 1968 **281**
(71 Ro)
1959, 21.9. - 1962, 23.5.
1962, 10.7. - 1966, 25.2.
1966, 16.4. - 1970, 15.2. **Dm 11**
1945, 14.9. u. 2.10.
1946, 23.1. - 31.12. (L)
1947 - 1948
1950 - 1955, 30.6.
1968, 21.9. ff. **101b**
(ca. 9 Ro/Jg, bis 1955 15 Ro)
1997 ff. (Saarbrücken-West) **1w**
1964, 2.10. - 27.11. **6**
1945, 14.9. - 1946, 4.6.
1946, 22.10. - 5.12. (L)
1947, 14.1. - 1948, 2.6. (L) **GB-**
1948, 9.3. - 1950, 1.4. (L) **LO/N38**
1987 - 1994, Sep. **12**
1992 - 1997 **101a**
1980 ff. **281**
1945, 27.8. ff. **291**
1945, 14.9. u. 2.10.
1946, 23.1. - 31.12. (L)
1947 - 1948
1950 - 1955, 30.6.
1967, 4.11. ff. **101b**
1945, 14.9. u. 2.10.
1946, 23.1. - 31.12. (L)
1947 - 1948
1950 - 1955 (LL)
1959, 21.9. ff. (L) **Dm 11**
1946 - 1947 (L)
1964, 2.10. - 27.11. **6/053**

8868.
Saarländische Gewerkschaftszeitung
1934 **479**
Bo 133

8869.
*Saarländische Volkszeitung für Christentum
und Demokratie*
1950 - 1958, Juli **281**
(22 Ro)
1948, 10.1. - 1949 (L) **MFA**
(3 Ro)
Dm 11
1946 - 1956, Nr. 77 (L) **291**

8870.
Sport-Welt
1951 - 1955 **479**

8871.
*St. Johanner Zeitung, Neue Saarbrücker
Zeitung*
1908 **5**
(1 Ro) **5**

8872.
St.-Johanner Volkszeitung
1900: St.-Johann Saarbrücker Volks-Zeitung
1.4.1909: Saarbrücker Volkszeitung
1.7.1920: Saarbrücker Landeszeitung
(Saarbrücken-) St. Johann
1922, 1.7. - 31.12.
1923, 1.6. - 28.12.
1924, 7.2. - 1927, 30.6.
1927, 1.10. - 1933, 28.11.
1934, 1.2. - 1937 (L) **5**
(44 Ro, Beilagen mitverfilmt) **5**
1890, Aug. - 1891
1894 - 1895 **1w**
Beilage(n):
Die Stimme der Heimat **5**
1925 - 1933 (L) **5**

8873.
TELE Bild und Funk
9.11.1951: Tele-Bild mit Radio
auch: Tele-Funk
(1951 - 11.11.1955)
1951, 23.10. - 1955, 11.11. **MFA**
(9 Ro)
1952 - 1955, 11.11. **Dm 11**

8874.
Tribunal der Saar
Rote Hilfe Saargebiet
1935, Feb./März   **B 479**
                                   B 479

8875.
Volksstimme / Auslandsausg.
1934, 16.10. - 20.10.
1935, 1.1. - 5.1.   **46**
(1 Ro)   46

8876.
Volksstimme <1908>
(30.9.1908 - 15.1.1935)
1934, 16.10. - 20.10.
1935, 1.1. - 5.1.   18
1934, 16.10. - 26.10.   188/211
                                   5
                                   715
1933, 30.3. - 1935, 15.1.   Bo 133

8877.
Volksstimme <1946>
25.12.1949: Saar-Volksstimme
(21.6.1946 - 28.4.1956)
1951, 28.11. - 1954   **GB-**
(14 Ro)   **LO/N38**

1946, 22.6. - 1949   **MFA**
(2 Ro)
                                   Dm 11
1951, 28.11. - 1956, 28.4.   **GB-**
                                   LO/N38
Beilage(n):
13.Januar
1934   188/211

8878.
Westland
2.12.1934: Grenzland
Unabhängige deutsche Wochenzeitung.
Bei Nr. 47 v. 1.12.1934 handelt es sich
um eine nationalsozialistische Ausg.
(11.11.1933 - 13.1.1935)
1933, Nov. - 1934   **ACRPP**
1933, 18.11. - 1935, 13.1.   **Dm 11**
(2 Ro, Beilagen mitverfilmt)   Dm 11
                                   739
                                   188/211
1933, 11.11. - 1935, 13.1.   18
                                   291
                                   Bo 133
1934, 2.12. - 1935, 13.1.   180
1934, 18.1. - 1935, 13.1.   M 352

8879.
Zeit im Bild
25.6.1948: Illus
(8.9.1946 - 1951, 4.7.?)
1946, 8.9. - 1951, 4.7.   **MFA**
(4 Ro)
                                   479

SAARLOUIS

8880.
Saarbrücker Zeitung
HA in Saarbrücken
1978 ff.   **101b**
(ca. 8 Ro/Jg)   101b
1992 - 1997   101a

8881.
Saarlouiser Wochenblatt
1948 (E)   479

SAAZ (ŽATEC, CZ)

8882.
Deutsche Volkszeitung
1936, Apr. - 1938, März   **212**
(1 Ro)

8883.
Heimat Tagblatt
1928, 23.5. - 1934, 31.5.   **212**
(3 Ro)   212

8884.
Nordwestböhmische Volks-Zeitung
1904
1906 - 1907
1909   **MFA**
(1 MF = 2 DF)
                                   Dm 11

8885.
Saazer Anzeiger
1938, 1.1. - 15.2.   **212**
(1 Ro)

BAD SÄCKINGEN

8886.
Der Alemanne
HA in Freiburg
1943, 1.4. - 1944, 26.11. (L)   31

8887.
Badische Zeitung
HA in Freiburg
1947 - 1957   **31**
    31

8888.
Säckinger Tagblatt und Laufenberger Beobachter
1942, 4.9. - 1943   31

8889.
Tagespost / SÄ
HA in Freiburg / Br.
1949, 17.10. - 31.10. (L)   **31**
    31

SAGAN (ZAGAN, PL)

8890.
Kreisblatt des Saganer Kreises
29.4.1903?: Saganer Kreisblatt
1849 - 1852
1903, 29.4. - 27.5.
1904 - 1905
1912
1915, 30.4. - 28.12.
1918
1925 - 1927   **1w**
(7 Ro)   1w
    Dm 11

8891.
Sagansches Wochenblatt
3.1.1838: Saganer Wochen-Blatt
20.7.1850: Saganer Wochenblatt
(1.1.1800 - 1902
1831 - 1835, Nov.
1836
1844 - 1846
1851 - 1852   **1w**
(3 Ro)   1w
1847 - 1848   **Dm 11**
(1 Ro)
    46
    Mb 50
1831 - 1935, Nov.
1836
1847 - 1848   Dm 11

SAGARD

8892.
Bote vom Inselland
1919, 25.7. - 10.12.   **Bo 133**
    Bo 133
    9

SAGINAW, MI (USA)

8893.
Saginaw Journal
1922, 24.3. - 1924, 26.12. (L)   **212**
(1 Ro)   212
    Dm 11

SALT LAKE CITY, UT (USA)

8894.
Salt-Lake-City Beobachter
1921, 6.1. - 1935, 19.9.   **212**
(6 Ro)   212
    Dm 11

SALZBURG (A)

8895.
Salzburger Nachrichten
1945, Juni - 1988   30

SALZGITTER

8896.
Salzgitter-Zeitung
BA d. Braunschweiger Zeitung
(25.4.1953 ff.)
1977 ff.   **101b**
(ca. 9 Ro/Jg)   101b
1992 - 1997   101a

BAD SALZSCHLIRF

8897.
Salzschlirfer Bade-Zeitung nebst Kurliste
Kassel
1900, 13.5. - 1906, 9.9. (LL)   **4**
(1 Ro)   4
    34
    Dm 11

BAD SALZUNGEN

8898.
Südthüringer Zeitung (STZ)
HA in Barchfeld
1993 ff.   **101b**
(4 Ro/Jg)   101b
1993 - 1997   101a

SALZWEDEL

8899.
Altmärkische Volkszeitung
1962, 8.3. - 1965, 22.12.   **Bo 174**
(1 Ro)

SAMADEN (CH)

8900.
Engadin Express & Alpine Post
1901, Juni - 1939, 24.8.   **GB-**
(56 Ro)   **LO/N38**

SAMTER (SZAMATOŁY, PL)

8901.
Kreisblatt für Samter ud Umgegend
1850, 11.1. - 1851   **1w**
(1 Ro)   1w
                                              Dm 11

8902.
Samter'sches Tageblatt
1892, 2.6. - 30.9. (L)   **1w**
(1 Ro)   1w
                                              Dm 11

SAN ANTONIO, TX (USA)

8903.
Freie Presse für Texas
1915, 12.5.
1919, 29.10. - 1929 (L)
1931 - 1935, 9.8. (L)
1937, 5.2. - 1938 (L)   **212**
(10 Ro)   212
                                              Dm 11

8904.
San Antonio-Zeitung
1853, 5.7. - 1856, 29.5.   **188/144**

SAN DIEGO, CA (USA)

8905.
Süd-California deutsche Zeitung
1922, 5.5. - 1940, 26.4.   **212**
(8 Ro)   212
                                              Dm 11

SAN FRANCISCO, CA (USA)

8906.
California Demokrat
1961, 7.3. - 26.7.   **212**
(1 Ro)   212

8907.
California Demokrat / Sonntags-Ausg.
1923, 7.1. - 1939, 15.12. (L)   **212**
(6 Ro)   212
                                              Dm 11

8908.
California Freie Presse
Forts.: Amerika-Woche, Chicago
(4.1.1949 ff.)
1951 - 1955, 8.4.
1959, 22.2. - 1960, 6.6.
1960, 29.8. - 1982   **212**
(14 Ro bis 1971)
1951 - 1955, 8.4.
1959, 22.2. - 1960, 6.6.
1960, 29.8. - 1971   212

8909.
California Journal
1920, 20.2. - 1940, 2.5. (LL)   **212**
(6 Ro)   212
                                              Dm 11

8910.
California Staats-Zeitung
1917, 3.5. - 1918, 4.4.   **212**

SANGERHAUSEN

8911.
Der Durchbruch
VEB Kupfererz
1952, 5.7. - 1958, 25.7. (L)   **3**
(1 Ro)   3
                                              Dm 11

8912.
Südharz-Rundschau
1963, 7.6. - 1967, 22.3.   **Bo 174**
(1 Ro)

8913.
Unser Kombinat
Wohnungsbaukombinat Halle, Betrieb IV
1965 - 1970 (L)
1976 - 1989, Nr. 13 (L)   3
(2 Ro)   3
                              Dm 11

8914.
Unstrut-Echo
1962, 1.2. - 1967, 23.3.   **Bo 174**
(1 Ro)

SANTA CRUZ (BR)

8915.
Kolonie
1907, 20.4. - 1939, 1.9. (L)   **212**
(21 Ro)   212
                                   Dm 11

SANTA ROSA (BR)

8916.
Der Anzeiger
1934 - 1939, 27.7.   **Dm 11**

SANTIAGO DE CHILE (RCH)

8917.
Condor
(Mai 1938 ff.)
1951, 16.5. - 1970, 27.6.
1971 - 2003
2005 - 2008   **212**
                     212

8918.
Deutsche Blätter
UT: Für ein europäisches Deutschland –
gegen ein deutsches Europa
(1943 - 1946)
1943 - 1946   **Dm 11**
(2 Ro)   Dm 11
                     739
                     188/211
                     35
                     715

1943 - 1946   468
                     5
                     Bo 133
                     M 352

8919.
Deutsche Zeitung für Chile
Valparaiso, ab. 7.9.1914 in Santiago
1914, 5.8. - 1918 (L)
1919, 1.7. - 31.12. (L)   **1w**
(7 Ro, tw. mit Beilage)   1w
1914, 5.8. - 1918 (L)
1919, 1.7. - 31.12. (L)
1920, 1.6. - 1930 (L)
1932, 13.1. - 9.4. (L)
1932, 24.10. - 1938, 31.1. (L)
1938, 22.11. - 1940, 9.1. (L)   212
(22 Ro)   212
                                    Dm 11
Beilage(n):
Der Sonntag   **212**
1931, 4.1. - 12.4.   212
                                    Dm 11

8920.
Freies Deutschland
1944, Apr. u. Aug.   **Dm 11**
                            Dm 11
                            M 352
                            739

8921.
Politische Briefe
1953: Wirtschaftspolitischer Konjunkturdienst
1944 - 1953 (LL)   **Dm 11**
                          Dm 11
1944 - 1952 (L)   **M 352**
                          M 352

8922.
Westküsten-Beobachter
1934, Nr. 51 u. 53
1938 - 1940 (L)   **M 352**
                         M 352

SÃO BENTO (BR)

8923.
Volks-Zeitung
1923, 29.9. - 1938, 8.10.   **Dm 11**

SÂO JOÂO DA RESERVA (BR)

8924.
Deutsche Post
Ausg. für Sâo Lourenço
1908, 15.8. - 1913, 20.5.   Dm 11

SÂO LEOPOLDO (BR)

8925.
Deutsche Post
1895
1920, 23.2. - 1928, 10.8.   Dm 11

SÂO PAULO (BR)

8926.
Brasil-Post
Semanario Brasiliero
(1.12.1950 ff.)
1950, 1.12. - 2003 (L)
2005 - 2008   212
     212

8927.
Deutsche Nachrichten
1948, 21.2. - 1951, 6.9.
1952, 19.8. - 1953, 12.7.
1953, 8.9. - 1954, 15.8.
1954, 21.9. - 1962
1963, 1.3. - 23.3.
1963, 1.5. - 1966, 23.10.
1966, 8.11. - 1968, 5.1.
1968, 3.3. - 21.12.
1969, 26.1. - 29.3.
1969, 4.5. - 14.12.
1970, 15.9. - 31.10.   212
     212

8928.
Deutsche Zeitung
1920, 26.1. - 1939, 20.10.
1974 - 1976
1982, 24.4. - 2001   212
     212
1920, 26.1. - 1939, 20.10.   Dm 11
(Beilage Germania mitverfilmt)

8929.
Deutscher Morgen
1937   1w
(1 Ro, Beilagen mitverfilmt)   1w
1934 - 1939, 25.8. (L)   212
(4 Ro)   212
     Dm 11

8930.
D.I.A. Radio
1936/37, Nr. 3: D.I.N. Radio
1935, Nr. 1 - 1939, Nr. 7   **101a**
(2 Ro)   101a

SARATA (UA)

8931.
Bessarabischer Beobachter
1932, 1.7. - 1934, 26.7.   **212**
(1 Ro)   212

SARATOV (RUS)

8932.
Wolgazeitung
1991, Nr. 5 - 10
1992 - 1996, Nov. (L)   **212**
     212

SASKATOON, SK (CDN)

8933.
Der Bote
Mennonitisches Familien- und Gemeindeblatt
(16.1.1924 ff.)
1951, 7.2. - 1976 (L)
1977 (L)   **212**
1951, 7.2. - 1971 (L)   212

SATHMAR (SATU-MARE, RO)

8934.
Sathmarer Schwabenpost
1936, 15.1. - 1937, 1.8.   **212**
(1 Ro)

BAD SAULGAU

8935.
Intelligenzblatt für den Oberamtsbezirk Saulgau
23.5.1845: Amts - und Intelligenzblatt für den Oberamtsbezirk Saulgau
11.3.1848: Amts- und Intelligenzblatt für den Oberamtsbezirk Saulgau und die Umgegend
8.12.1866: Der Oberländer

13.12.1933: VERBO - Der Oberländer
2.9.1935: VERBO - Saulgauer Zeitung Der
Oberländer
3.5.1940: VERBO - Saulgau
1.4.1941: Donau-Bodensee-Zeitung
8.12.1945: Schwäbische Zeitung / 08
HA in Leutkirch
(9.4.1833 - 12.4.1945 u. 4.12.1945 ff.)
1945, 4. - 28.12.
1947, 1.8. - 1958 (22 Ro)
1975 ff. (bis 1990 99 Ro)   24
1833, 9.4. - 1945, 12.4. (L)
1945, 4.12. - 28.12.
1947, 1.8. - 1958
1975 ff.   24
(Beilagen mitverfilmt)
     Sig 4

SAYDA

8936.
Anzeiger für Sayda und Umgegend
1895?: Saydaer Anzeiger
1.1.1920: Saydaer Anzeiger und Tageblatt
1870 - 1871 (E)
1895 - 1898 (E)
1902, 1.1. - 30.3.
1903 - 1910 (E)
1911, 1.1. - 30.6.
1918 - 1923 (L)
1924, 1.3. - 1932
1933 - 1940 (E)   14
(31 Ro)   14
     Say 1

SCHÄSSBURG (SEGESVÁR, RO)

8937.
Schäzburger Zeitung
später: Groß-Kokler Bote
1901, 3.2. - 1906, 18.3. (L)
1921, 3.4. - 1939, 17.12.   212
(8 Ro)   212

SCHANGHAI (VR)

8938.
Die Brücke
Deutsche Wochenzeitschrift für Ostasien
1925 - 1933, Juni   212
(3 Ro)

8939.
China-Dienst
Halbmonatsschrift für d. Förderung d.
deutsch-chinesischen Beziehungen
1932, Okt. - 1933   212
(1 Ro)

8940.
Deutsche Shanghai-Zeitung
1932, 4.12. - 9.12.
1933, 31.12. - 1935   212
(6 Ro)
1932, 4. - 9.12.
1933, 31.3. u. 11.4. - 1935   1w
Beilage(n):
Shanghai-Illustrierte
1935, 31.12.   1w

8941.
Deutsche Zeitung für China
1917, 2.1. - 21.5.   212
(1 Ro)
     1w

8942.
Die Gelbe Post
Ostasiatische Halbmonatsschrift
(1.5.1939 - 1.11.1939)
1939, 1.5. - 1.11.   **Dm 11**
(1 Ro)   Dm 11
     18
     715
     89
     468
     34
     35
     291
     468
     739
     188/211
     M 352
     Mar 1

8943.
The Jewish Voice Far East
(Die Juden in Europa)
1945, Nr. 51 - 1946, Nr. 24 (L)   **Dm 11**
     Dm 11

8944.
Ostasiatischer Lloyd
1891, Okt. - 1892, Sep.
1893, Okt. - 1915
1936, Jan. - Juni
1937, Jan. - Juni
1937, Nov. - 1941, Mai   **212**
(56 Ro)
1887, 22.12. - 1890, 27.12. (L)   **1w**
    Dm 11
1887, 22.12. - 1890, 27.12. (L)
1891, 2.10. - 1892, 30.9.
1893, 6.10. - 1897, 24.9.
1898, 3.10. - 1915
1936 - 1941, 31.5. (L)   1w
1891, Okt. - 1941, Mai (L)   706
1936, Jan. - Juni
1937, Jan. - Juni
1937, Nov. - 1941, Mai   16

SCHEESSEL

8945.
Scheeßeler Zeitung
(31.5.1905 Probe-Nr./ 3.6.1905 - 31.5.1941,
nicht erschienen 1.6.1915 - 31.12.1918)
1905, 31.5. - 1921
1923 - 1940   **Lün 4**
(26 Ro)   Lün 4
    495

SCHENECTADY, NY (USA)

8946.
Schenectady Herold-Journal
1923, 5.1. - 1929
1931 - 1939, 1.12. (L)
1951, 2.3. - 1956, 27.4.   **212**
(8 Ro)   212
1923, 5.1. - 1929
1931 - 1939, 1.12. (L)   Dm 11

SCHIVELBEIN (ŚWIDWIN, PL)

8947.
Schivelbeiner Kreisblatt
später: Schivelbeiner Kreis-Zeitung
1888 - 1904 (L)
1907, 1912
1913, 26.3. - 16.10.
1915 - 1920
1923 – 1924   **1w**
    Dm 11

1926, 1929
1932, Juli - Dez.   **1w**
    Dm 11
1888 - 1904 (L)
1907, 1912
1913, 26.3. - 16.10.
1915
1917 - 1920
1923 - 1924
1929
1932, Juli - Dez.   9
Beilage(n):
Für alle Stunden   **1w**
1926, 1931   1w
    Dm 11
    9
Volkstum und Freiheit   **1w**
1932   1w
    Dm 11
    9

SCHKOPAU

8948.
BSL aktuell
Buna-Werke
1998, 14.1. - 2000, Mai   **3**
(1 Ro)   3
    Dm 11

SCHLAWE (SŁAWNO, PL)

8949.
Die Grenz-Zeitung
Vlg. in Stolp
6.2.1936?: Schlawer Grenzzeitung
27.1.1937: Die Grenzzeitung
Vlg. in Stolp
Vbg.: Stolp, Schlawe, Bütow, Rummelsburg
1936/37 (E)   **Dm 11**
(1 Ro)
1934, 1.3. - 30.3.
1935, 11.8. - 13.9. (L)
1936 - 1937 (L)
1938, 14.1. - 7.4. (L) u. 1938,
1.7. - 31.8. (L)   **MFA**
(2 Ro)
1936, 1.7. - 30.10.
1939, 21.7. - 1940 (L)
1942   **1w**
    1w
1936, 1.7. - 30.10.
1936/1937 (E)
1939, 21.7. - 1940
1942   Dm 11

8950.
Schlawer Kreisblatt
1915 - 1916 (L)
1928, 7.2. - 19.10.
1929, 8.3. - 17.12. (L)   1w
                                          1w

8951.
Schlawer Zeitung
1906
1910, Jan. - Juni
1911 (L)
1913, Juli - 1914, Juni
1915 - 1916
1917, Juli - Dez.
1918, Juli - 1919, Juni
1920, 1923, 1926
1932 - 1933, Okt.   9
                                          9
1889, 4.10. - 1890, 30.6.
1891, 1.7. - 31.12.
1897, 1.7. - 30.9.
1898, 1.7. - 30.12.
1905, 1.7. - 30.12.
1907, 2.7. - 31.12.
1910, 1.7. - 31.12.
1912, 2.1. - 29.6.
1914, 1.7. - 31.12.
1917, 2.1. - 30.6.
1918, 2.1. - 29.6.   1w
(8 Ro)   1w
                                          Dm 11
Beilage(n):
Heimatbeilage
1924 - 1925   9
1927 - 1932   9
Der praktische Landwirt   9
1927 - 1932   9
Das Sonntagsblatt   9
1928 - 1932   9

SCHLEIDEN

8952.
Eifeler Volkszeitung
BA d. Aachener Volkszeitung
1957, 2.11. - 1959, 30.6.   **Dm 11**
                                          Dm 11
8953.
Gemünder Wochenblatt
1849 - 1854   Eus 2

8954.
Internationale Freiwirtschafts-Liga-IFL
1933, Nr. 1   46

8955.
Wochenblatt und Anzeiger des Kreises Euskirchen
1838 - 1927 (MPF)   Eus 2

8956.
Wochenblatt und Anzeiger für den Kreis Schleiden und Umgegend
5.1.1849: Unterhaltungsblatt und Anzeiger für
den Kreis Schleiden und Umgegend
1841 - 1847
1849 - 1866   **5**
(5 Ro)   5

SCHLEIZ

8957.
Thüringenpost
1994: Ausg. Schleiz/Lobenstein
1992 ff.   **101b**
(8 Ro/Jg)   101b
1990, 1.3. - 1995   **Hf 1**
(1990 nur Lokalseiten)   Hf 1
1992 - 1997   101a

SCHLESWIG

8958.
Bote der Gehörlosen Schleswig-Holsteins
1926, 15.12. - 1932, 1.12. (L)   Dm 11

8959.
Briefe über die Merkwürdigkeiten der Literatur
Schleswig, Leipzig, ab 1770: Hamburg,
Bremen
1766 - 1767 (MPF)
1770 (MPF)   46

8960.
Königlich privilegirtes Intelligenzblatt
6.1.1841: Königlich privilegirtes Schleswiger
Intelligenzblatt
1.6.1864: Schleswiger Nachrichten
(1811 - 11.5.1945 u. 1.12.1949 ff.)
1978, 1.9. ff.   **101b**
(ca. 7 Ro/Jg)   101b
1864, 1.6. - 1945, 11.5.
1949, 1.12. ff.   68
1992 - 1997   101a
1988   Schl 3

8961.
Schleswiger Anzeigen
1946, 8.1. - 1949, 30.11.   **8**
(1 Ro)   8

8962.
Schleswiger Volkszeitung
16.10.1928: Volkszeitung
1925, 2.1. - 30.9.
1926, 1.2. - 1933, 18.2.   **68**
                                             68
                                          Bo 133
                                          Dm 11

8963.
Taubstummenbote für Schleswig-Holstein
1925, 15.5. - 1.12. (L)   Dm 11

8964.
Wegweiser für die Gehörlosen Mecklenburgs
1932, 1.4. - 15.12. (L)   Dm 11

8965.
Wegweiser für Taubstumme
1925 - 1932, 15.12.   Dm 11

SCHLETTSTADT (SÉLESTAT, F)

8966.
Elsässer Volkszeitung
Nr. 99, 1907: Schlettstadter Volksblatt
nach dem I. Weltkrieg: L' Echo de Sélestat
1899 - 1918 (L)
1919 - 1923
1925
1928 - 1940, 8.5.   ACRPP

8967.
Elsässische Nachrichten
Amtliche Bekanntmachungen für den Kreis
Schlettstadt
1879 - 1880
1883 - 1901, 28.9.   ACRPP

8968.
La Ménagère
Gratis-Beilage des Journal de Sélestat
1924 - 1939 (L)   ACRPP

8969.
Schlettstadter Unterhaltungsblatt
1923 - 1939 (L)   ACRPP

8970.
Schlettstadter Zeitung
15.9.1899: Schlettstadter Tageblatt
1896 - 1918 (L)   **ACRPP**

8971.
Straßburger Neueste Nachrichten
Ausg. Süd, Schlettstadt
1940, 16.9. - 1944, 1.11.   31

SCHLOPPE (CZŁOPA, PL)

8972.
Schlopper Wochenblatt
1925: Schlopper Tageblatt
1925, 1.1. - 31.3.   **1w**
(1 Ro)   1w
                                          Dm 11

SCHLÜCHTERN

8973.
Anzeiger für Stadt und Kreis Schlüchtern
15.11.1902: Schlüchterner Anzeiger für Stadt
und Kreis
1902, 11.1. - 1904, 30.11.   **4**
                                              4
                                             34
                                          Dm 11

8974.
Kinzigtal-Nachrichten
BA v. Frankfurter Neue Presse
1983, 1.6. ff.   **101b**
(ca. 6 Ro/Jg)   101b
1992 - 1997   101a

8975.
Kreis-Amtsblatt
1923, 3.4. - 30.8.   **4**
(1 Ro)   4
                                             34

8976.
*Kreisblatt für die Stadt und den Kreis
Schlüchtern*
1876 - 1885
1890 - 1915, 29.12.   **4**
(7 Ro)   4
                                             34
                                          Dm 11

8977.
Rhön-Spessart-Vogelsberger Bote
1904, 13.12. - 1912, Juni
1912, Okt. - 1915, 25.11.   4
(7 Ro)   4
                                            34
                                            Dm 11

8978.
Schlüchterner Tageblatt
Vlg. in Gelnhausen
1928, 1.11. - 1929, 30.3.   4
(1 Ro, Beilagen mitverfilmt)   4
                                            34

8979.
Schlüchterner Zeitung
1888, 4.1. - 1941, 31.5.   4
(32 Ro)   4
                                            34
                                            Dm 11

Beilage(n):
Unsere Heimat
1908, 1.4. - 1943, Juli (L)   4
(3 Ro)   4
                                            34
                                            Dm 11

SCHMALKALDEN

8980.
Kreis-Beobachter
2.5.1934: Beobachter
1931, 4.7. - 1935, 30.9. (L)   Shm 6

8981.
Schmalkalder Heimatzeitung
1961, 2.2. - 1965   Shm 6

8982.
Schmalkalder Kreisblatt
1876 - 1882
1886 - 1891
1894 - 1917   4
(18 Ro, Beilagen mitverfilmt)   4
                                            34
                                            Dm 11
                                            Shm 6

8983.
Schmalkalder Tageblatt
19.3.1919: Volksstimme
1888, 14.3. - 1924
1926 - 1933, Feb.   4
(62 Ro, Beilagen mitverfilmt)   4
                                            34
                                            Bo 133
                                            Dm 11
                                            Shm 6
Beilage(n):
Allgemeine Mitteilungen über
Land- und Hauswirtschaft
1924 (L) u. 1926 (L)
1928 - 1933, Feb. (L)   Bo 133
Feierstunden
1889 - 1897 (L)
1899 (L), 1902 (L), 1912 (L)   Bo 133
Landstimme
1930, 3.9.   Bo 133
Landwirtschaftliche Beilage
1893 - 1897 (L)
1899
1902 - 1903 (L)
1908 (L)   Bo 133
Neues Bauernland
1910 - 1911 (E)
1917 (E)
(Vlg. in Berlin)   7
1907   Bo 133
Der Spatz
1927, 31.12. - 1932, Feb. (L)
(ohne Ortsangabe)   Bo 133
1927, Nov. - Dez.   **B 479**
                                   B 479

Vergeßt es nicht!
1930, Nr. 1 - 4   Bo 133
Unterhaltungsbeilage
1923 - 1924 (L)
1926 - 1928 (L)   Bo 133

8984.
Schmalkaldischer Anzeiger
1842: Schmalkalder Anzeiger
1825 - 1826
1828
1842 - 1843
1846   4
(2 Ro)   4
                                            34
                                            Dm 11

1925 - 1826
1828
1842 - 1849, 31.3.   Shm 6

8985.
Südthüringer Zeitung (STZ)
Ausg. f. Schmalkalden, Rennsteig, Werra, [...]
HA in Barchfeld
1992 ff.   **101b**
(8 Ro/Jg)   101b
1992 - 1997   101a

8986.
Thüringer Hausfreund
2.5.1933: Thüringer Tageszeitung / E
1888, 30.4. - 1933, Aug.
1934 - 1939, Juli
1939, Sep. - Dez.
1940, 6.4. - 1944, 30.9. (L)   **4**
(87 Ro, Beilagen mitverfilmt) 4
                   34
             Dm 11
1878 - 1939, Juli
1939, Sep. - Dez.
1940, Mai - 1944, 30.9.
1945, Jan. - März   Shm 6

8987.
Thüringer Volkszeitung
1945, Sep. - Dez.   Shm 6

8988.
Volksnationale Nachrichten für Schmalkalden und Umgebung
1927, 1.6. - 1931, 31.10.   **4**
(2 Ro)   4
                   34
             Dm 11
             Shm 6

8989.
Wochenblatt für den Verwaltungsbezirk Schmalkalden
20.9.1851: Wochenblatt für den Regierungs-Kommissions-Bezirk Schmalkalden
3.10.1867: Wochenblatt für die Herrschaft Schmalkalden
1849, 7.4. - 1868, 24.12.   **4**
(9 Ro)   4
                   34
             Dm 11
              Shm 6

SCHMALLENBERG

8990.
Katholischer Bilderbogen
Schmallenberg, Hamm (Westf.)
1955: Neue Bildpost
1992: Die Neue Bildpost
1998: Neue Bildpost
Schmallenberg (-Bödefeld)
ab 1998 Vlg. in Hamm (Westf.)
1957 - 1958, 7.4.   **Dm 11**
1953 - 1956, 18.12.
1958, 5.1. - 1972, 2.4.
1976
1978 - 1992, 19.7.
1992, 27.12.
1995 - 1998
2001, 27.12. - 2009 (L)   **MFA**
(22 Ro)
1953 - 1972, 2.4.
1976
1978 - 1992, 19.7.
1992, 27.12.
1995 - 1998
2001, 27.12. ff.   Dm 11

SCHMIEDEBERG I.R. (KOWARY, PL)

8991.
Anzeiger für Schmiedeberg i.R. und Umgegend
1.2.1908?: Schmiedeberger Anzeiger
1907, 2.10. - 1908, 30.1.   **1w**
(1 Ro)   1w
             Dm 11

SCHMÖLLN/SACHSEN

8992.
Leipziger Volkszeitung
HA in Leipzig
1961 (E)   **B 479**
             B 479
1971 - 1990, 15.10.   14

SCHNAITTACH

8993.
Schnaittacher Anzeiger
BA v. Pegnitz-Zeitung
1932 - 1935   Laf 1

SCHNEEBERG, ERZGEB.

8994.
Volksstimme
HA in Chemnitz/Karl-Marx-Stadt
Ausg. Aue-Schneeberg
1952, 1.9. - 31.12. (MPF)   14
(nur Lokalseiten)

SCHNEIDEMÜHL (PIŁA, PL)

8995.
*Amtsblatt der Regierungsstelle zu Schneide-
mühl*
1919, 19.11. - 1941   1
                                         Dm 11

8996.
*Amtsblatt der Regierungsstelle zu Schneide-
mühl / Öffentlicher Anzeiger*
1920 - 1922   1
                                         Dm 11
Beilage(n):
Sonderbeilage
1920, 10.1.   1
                                         Dm 11

8997.
Die Grenzwacht
1924, Jan. - Juni   1w
(1 Ro)   1w
                                         Dm 11

8998.
Schneidemühler Tageblatt
(1890 - 1920)
1893, 1.7. - 31.12. (L)   1w
                                              1w

SCHNEPFENTHAL

8999.
Der Bote aus Thüringen
(Waltershausen)
1791 - 1793 (L)   46
(2 Ro)

SCHÖNAU (SWIERZAWA, PL)

9000.
*Kreisblatt des Königlichen Landrats-Amtes zu
Schönau*
1916   1w
(1 Ro)   1w
                                         Dm 11

9001.
Schönauer Anzeiger
1911, 1920
1922, 3.1. - 30.9.   1w
(3 Ro)   1w
                                         Dm 11

SCHÖNBERG (MECKL.)

9002.
Amtlicher Anzeiger für das Land Ratzeburg
1919, 3.6. - 31.12.   33
(1 Ro)   33

9003.
*Amtliches Kreisblatt für das bisherige Fürs-
tentum Ratzeburg jetzige Amt Schönberg*
1929 - 1932, 13.12.   1w
(1 Ro)   1w
                                         Dm 11

9004.
*Großherzoglich Mecklenburg-Strelitzscher
officieller Anzeiger für Gesetzgebung und
Staatsverwaltung für das Fürstenthum Ratzeburg*
1849, 19.1. - 1919, 31.5.   33
(22 Ro)   33
1831 - 1898, 30.9.
1907 - 1912
1914 - 1918   MFA
1849, 19.1. - 1919, 31.5. (L)   28
(20 Ro)   28
Beilage(n):
Officielle Beilage zu den Wö-
chentlichen Anzeigen für das
Fürstenthum Ratzeburg
1838, 7.2. - 1933 (L)   MFA
1838, 7.2. - 1841, 20.1.   33
(1 Ro)   33
1838, 7.2. - 1933
(40 Ro)   28

9005.
Schönberger Anzeiger
1897, 5.1. - 1932   33
                                              33
1897, 5.1. - 1899
1901 - 1921   MFA
(17 Ro)

9006.
Schönberger Anzeiger
1939 - 1942, 30.6.
1943, 2.1. - 30.4.   28
(7 Ro)   28

9007.
Schönberger Zeitung
27.3.1923: Schönberger Tageblatt
1920 - 1932   33
(18 Ro)   33
1938, 17.6. - 31.12.   28
(1 Ro)   28

9008.
Wöchentliche Anzeigen für das Fürstenthum Ratzeburg
1831 - 1918   33
(33 Ro)   33

SCHÖNBERG OL (SULIKÓW, PL)

9009.
Schönberger Stadtblatt
1927, 1.7. - 31.12.
1932 - 1933   14
(5 Ro)   14
                                        Lö 4

SCHÖNEBECK

9010.
Dieselecho
Dieselmotorenwerk
1961, 12.8. - 1977, Nov. (L)
1978 - 1984, 12.12.   3
(3 Ro)   3
                                        Dm 11

9011.
Die Friedenstat
Sprengstoffwerk Schönebeck
1967 - 1989, 23.11. (L)   3
(1 Ro)   3
                                        Dm 11

9012.
Der Gummiwerker
Nr. 7, 1966 - 1968: Begutex
1955, Aug. - 1990, 13.2. (L)   3
(5 Ro)   3
                                        Dm 11

9013.
Schrittmacher
Traktoren- und Dieselmotorenwerk
1985, 15.1. - 1990, 11.6.   3
(1 Ro)   3
                                        Dm 11

9014.
Traktoren vorwärts
Nr. 7, 1960: Der Traktorenwerker
Traktorenwerk
1957 - 1958, Nov. (L)
1959 - 1964, Nov. (L)
1965 - 1966, Nov. (L)
1967 - 1984, 18.12. (L)   3
(5 Ro)   3
                                        Dm 11

SCHÖNECK, VOGTL.

9015.
Gebirgsbote für Schöneck und Umgegend / illustrierte Blätter
Sonderausg.
1914 - 1915, 19.12.   1w
(1 Ro)   1w
                                        Dm 11

SCHÖNLANKE (TRZCIANKA, PL)

9016.
Schönlanker Tageblatt
1925, 1.1. - 31.3.   1w
(1 Ro)   1w
                                        Dm 11

9017.
Schönlanker Zeitung
1925, 1.1. - 31.3. (L)   1w
(1 Ro)   1w
                                        Dm 11
Beilage(n):
Von nah und fern
1912 - 15   1a
                                           1w

9018.
Stadt- und Landbote
Ausg. für den Netzekreis
BA v. Schönlanker Tageblatt
1925, 1.1. - 31.3.   1w
(1 Ro)   1w
                                        Dm 11

SCHONGAU

9019.
Schongauer Nachrichten
1978, 1.9. ff.   101b
(ca. 13 Ro/Jg)   101b
1992 - 1997   101a

SCHOPFHEIM

9020.
Markgräfler Tagblatt und Zeller Zeitung
Schopfheim, Lörrach
1942, 2.9. - 1943   31
    31
Beilage(n):
Feldbergs Töchterlein   31
1943   31

SCHORNDORF

9021.
NWZ Schorndorfer Nachrichten
BA v. Neue Württembergische Zeitung, Göppingen
1948, 3.8. - 1958   24
(11 Ro)   24

SCHRAMBERG

9022.
Schwäbische Zeitung / 93
HA in Leutkirch
1996   24
(9 Ro)   24

9023.
Schwäbisches Tagblatt
HA in Tübingen
1947, 3.6. - 1950, 31.7.   24
(3 Ro)   24

SCHRIMM (ŚREM, PL)

9024.
Schrimmer Kreisblatt
1888 - 1896
1905 u. 1910   1w
(4 Ro)   1w
    Dm 11

SCHUBIN (SZUBIN, PL)

9025.
Schubiner Zeitung und Kreisblatt
1907 - 1908 (L)
1910 - 1911   1w
(2 Ro)   1w
    Dm 11

SCHUSSENRIED

9026.
Schussen-Bote
Schussenried, Aulendorf
2.1.1934: Verbo / Schussen-Bote
1908, 19.9. - 31.12.
1910 - 1911
1914
1915, 1.7. - 1934
1935, 2.9. - 31.12.   MFA
(38 Ro)
1908, 19.9. - 1935   24

SCHWAAN

9027.
Schwaaner Zeitung
1938, 17.6. - 1942
1943, Juli - Dez.   28
(6 Ro)   28
1938, 17.6. - 1942   33

SCHWABACH

9028.
Der fränkische Volksfreund
1793, März - Aug.   46
(1 Ro)   46

9029.
Schwabacher Intelligenz-Zeitung
24.2.1810: Schwabacher Intelligenz-Blatt
[...]
25.12.1895: Schwabacher Tagblatt
1987 ff.   101b
(ca. 14 Ro/Jg?)   101b
1808 - 1942
1949, 1.8. ff.   12
1808 - 1942
1949, 1.8. - 1950, 30.9.   Dm 11
1808 - 1942
1949, 1.8. - 2001   Schb 1
1992 - 1997   101a

SCHWABMÜNCHEN

9030.
Schwabmünchner Allgemeine
1952 ff.   101b

SCHWÄBISCH GMÜND

9031.
Gemeinnütziges Wochenblatt
4.8.1840: Intelligenzblatt
6.12.1842: Der Bote vom Remsthale
2.1.1864: Der Remsthalbote
[...]
1873: Rems-Zeitung
1.7.1936: Schwäbische Rundschau
(2.7.1825 - 19.4.1945 u. 24.12.1949 ff.)
1825, 13.7. - 1944, 3.7.   24
(59 Ro)   24
1977 ff.   **101b**
(ca. 7 Ro/Jg)   101b
1992 - 1997   101a
Beilage(n):
  Allgemeine Mitteilungen über
  Land- und Hauswirtschaft
1925 - 1926 (L)
(wechselnde Verlagsorte)   Bo 133

9032.
Gmünder Tagespost
BA d. Südwest-Presse, Ulm
(1959 ff.)
1980 ff.   24
(79 Ro bis 1990)   24

9033.
National-Chronik der Teutschen
Schwäbisch Gmünd, Ellwangen
1807: Chronik der Teutschen
Schwäbisch Gmünd, Ellwangen
1801 - 1808   46
(3 Ro)   46

SCHWÄBISCH HALL

9034.
Amtliche Mitteilungen
1943, 1.7. - 1946, 30.3.   24
(1 Ro)   24

9035.
Hallisches Wochenblatt
4.1.1837: Haller Wochenblatt
1842: Schwäbischer Hausfreund
1848: Haller Tagblatt
1.8.1946?: Das Zeit-Echo
29.3.1947: Württembergisches Zeit-Echo
UT: Haller Nachrichten
28.8.1948: Haller Nachrichten
1.7.1949: Haller Tagblatt
(1.7.1788 ff.)
1788, 1.7. - 1945, 16.4.
1945, 1.8. - 1946, 30.3. (L)
1946, 28.9. - 1979   **24**
(122 Ro bis 1939)   24
1978 ff.   **101b**
(ca. 7 Ro/Jg)   101b
1948, 28.8. - 4.12.   **Dm 11**
1992 - 1997   101a
1948, 7.2. - 1952, 29.6. (L)   GB-
                                                      LO/N38
1948, 28.8. - 4.12.
1950 - 1979   Dm 11
1788, 1.7. - 1891
1893 - 1944, 20.11.
1944, 21.12. - 1945, 13.4.
1946, 1.8. ff.   357

9036.
Official notice for the county and city of
Schwaeb. Hall
6.4.1946: Amtsblatt für den Kreis und die
Stadt Schwäbisch Hall
7.2.1948: Amtsblatt für den Landkreis
Schwäbisch Hall
(23.4.1945 - 28.3.1950)
1945, 23.4. - 1950, 28.3.   24
(2 Ro)   24
                                                       357

SCHWANDORF

9037.
Bayerische Ostmark / G
Tageszeitung für Schwandorf, Nabburg,
Burglengenfeld, Neunburg v. Wald,
Oberviechtach, das Vils- und Naabtal
1934, Nov. - 1935, Okt.   Cha 1

9038.
Schwandorfer Tagblatt
BA v. Mittelbayerische Zeitung, Regensburg
1952, Juli - 1973, Juli   **101b**
(249 Ro)   101b

SCHWARZENBACH A.D. SAALE

9039.
Amtsblatt für die mittelbare Stadt Schwarzen-
bach a. Saale
31.12.1904: Amtsblatt für die Königlich bayerische Stadt Schwarzenbach a. Saale
1.7.1911: Schwarzenbacher Amts-Blatt
6.3.1929: Neues Schwarzenbacher Amts-Blatt
22.10.1949: Schwarzenbacher Amts-Blatt
1903, 18.7. - 1941, 31.5.
1949, 22.10. - 2001, 21.12.   **Hf 1**
                                               Hf 1

SCHWARZENBEK

9040.
Schwarzenbeker Nachrichten
1897 - 1940   68
                                               493
                                               Dm 11
                                               Lbg 1

SCHWARZENBERG

9041.
Freie Presse
HA in Chemnitz/Karl-Marx-Stadt
1971 ff. (L)   **14**
(nur Lokalteil)
1952, 1.2. - 14.8. (MPF)
1971 ff. (L)   **14**
(nur Lokalteil)

9042.
Freie Presse / Erzgebirge - Zwickau
Schwarzenberg, Johanngeorgenstadt
11.2.1952: Freie Presse / Schwarzenberg
tw. auch: Schwarzenberg u. Johanngeorgenstadt
15.8.1952: Volksstimme
UT: Heimatzeitung für die Kreise Schwarzenberg u. Johanngeorgenstadt
1.1.1963: Freie Presse / Schwarzenberg
HA in Zwickau
1952, 11.2. - 1980   **14**
(54 Ro)
                                               Anb 1

9043.
Schwarzenberger Tageblatt
1908, 15.4. - Dez.
1913 - 1915
1921 - 1932, Sep.
1933 - 1941, 30.5. (L)   **14**
(29 Ro)   14
                                               Anb 1

9044.
Volksstimme
HA in Chemnitz/Karl-Marx-Stadt
1961 - 1962   **14**
(nur Lokalteil)
1952, 1.9. - 31.12. (MPF)
1961 - 1962   **14**
(nur Lokalseiten)

SCHWARZENBURG (CH)

9045.
Freiwirtschaftliche Zeitung
1924, Nr. 20 - 1926   **46**

SCHWEDT

9046.
Junger Erbauer
BPO VEB Erdölverarbeitung
Verl. in Neustrelitz
1978 - 1990 (MPF)   186

9047.
Roter Treff
BPO Papier- und Zellstoffwerke
Verl. in Berlin
1979 - 1989 (MPF)   186
1960, 18.5. - 1963   11

SCHWEIDNITZ (ŚWIDNICA, PL)

9048.
Feierstunden
1826, 8.7. - 1828   **1w**
(1 Ro)   1w
                                               Dm 11

9049.
Gelehrte Neuigkeiten Schlesiens zum Ver-
gnügen allerhand Liebhaber gesammelt
ab 1739 in Liegnitz
1734 - 1741   46
                                               Gö 169

9050.
Kirchliches Wochenblatt
1908, 31.12. - 1910, 10.1.   1w
(1 Ro)   1w
                                   Dm 11

9051.
Kreisblatt
1839 - 1842
1909 u. 1911   1w
(2 Ro)   1w

9052.
*Nachrichtenblatt des Kreislandbundes
Trebnitz*
1924   1w
(1 Ro)   1w

9053.
Obrigkeitliche Bekanntmachungen
1848   1w
(1 Ro)   1w
                                   Dm 11

9054.
Schlesischer Anzeiger und Erzähler
1836: Der schlesische Erzähler und
allgemeiner Anzeiger
Juli 1838: Der schlesische Erzähler
1840: Der schlesische Erzähler und
allgemeiner Anzeiger
1841: Der schlesische Erzähler
1834
1837 - 1841   1w
(2 Ro)   1w
                                   Dm 11

9055.
Tägliche Rundschau für Mittelschlesien
1933, 7. u. 30.6.
1934
1937 - 1938
1940
1941, 1.7. - 31.12.   12
Beilage(n):
 Bauern-Rundschau
1933/34, 29 - 1934   12

9056.
*Tageblatt für den Landgerichtsbezirk
Schweidnitz*
1887: Tageblatt für den Kreis und
Landgerichtsbezirk Schweidnitz
1.3.1888: Schlesisches Tageblatt
1911, 1.1. - 31.3. (L)   1w
(1 Ro)   1w
                                   Dm 11
1881, 1.4. - 30.9.
1885, 1.4. - 1907, 30.6.
1909 (E)
1910 - 1913, 9.7. (LL)
1914
1915, 2.7. - 9.10.
1916, 4.7. - 31.12.
1918 (E), 1920, 1922 (E)
1926 - 1927
1929 - 1930
1931, 1.7. - 31.12.   12
Beilage(n):
 Wir Schlesier!
6.1925/26 - 1927/28 (L)
1936/37 - 1938/39   12
 Unterhaltungs-Beilage zur Täg-
lichen Rundschau für Mittelschlesien und zum Schlesischen
Tageblatt
1926 - 1927
1929 - 1930
1931, Juli - Dez.   12
 Das Blatt der Frau
1926 - 1927
1929 - 1930
1931, Juli - Dez.   12

SCHWEINFURT

9057.
Fränkischer Merkur
1794 - 1795   MFA
(1 Ro)
                                   Dm 11
                                      246

9058.
Schweinfurter Tagblatt <1856>
1.4.1943: Schweinfurter Zeitung
(15.3.1856 - 9.4.1945 ?)
1856, 15.3. - 1945, 9.4.   246

9059.
Schweinfurter Tagblatt <1949>
BA d. Main-Post, Würzburg
(1.10.1949 ff.)
1977 ff.   **101b**
(ca. 10 Ro/Jg)   101b
                                            246
1995 ff.   20
1992 - 1997   101a

9060.
Schweinfurter Volkszeitung
1959 - 1964   Bo 153

9061.
Schweinfurther wöchentliche Anzeige
6.12.1802: Wöchentliche Anzeige der
Kurpfalzbaierischen Stadt Schweinfurt
1804: Schweinfurter Wochenblatt
1815: Wochenblatt der Königlichen Baierischen Stadt Schweinfurt
1819: Schweinfurter Wochenblatt
16.10.1836: Intelligenzblatt der Stadt
Schweinfurt
1.7.1860: Amts- und Anzeigeblatt der Stadt
und des Landgerichts Schweinfurt
3.7.1862: Amts- und Anzeigeblatt für das
Königliche Bezirksamt Schweinfurt
1776 - 1814
1819 - 1862, 29.6.   246

9062.
Der Volkswille / Schweinfurt
(15.7.1946 - 30.9.1959)
1946, 15.7. - 1959, 30.9. (kl. L.)   **MFA**
(29 Ro)
1946, 15.7. - Dez.
1947, Feb. - Okt.
1948, Dez. - 1959, 30.9.   12
1946, 15.7. - 27.8. (L)   GB-
1948, 3.2. - 1950, 7.7. (L)   LO/N38
1946, 15.7. - 1949, 8.6.   Dm 11

SCHWELM

9063.
Hermann
1834?: Wochenblatt für den Land- und Stadt-
gerichtsbezirk Schwelm
1848: Der Beobachter an der Bergisch-
Märkischen Eisenbahn

4.10.1864: Schwelmer Zeitung
11.7.1972: WZ Schwelmer Zeitung
BA v. Westdeutsche Zeitung, Wuppertal
(2.7.1823 - 11./12.4.1945 u. 15.10.1949 -
31.12.1980)
1932, 2.1. - 30.6.
1933, 3.1. - 30.6.
1950, 15.3. - 1957   **MFA**
(21 Ro, L: Juli u. Aug. 1950)
1958 - 1959   **Dm 11**
1932, 2.1. - 30.6.
1933, 3.1. - 30.6.
1950, 15.3. - 1959 (L)   Dm 11
1823, 2.7. - 1832 (L, MPF)
1834 - 1876 (MPF)
1878 - 1945, 11./12.4. (L, MPF)
1949, 15.10. - 1980 (MPF)   Swm 1
1823, 2.7. - 30.9. (MPF)   Una 1

9064.
Rheinische Blätter für Erziehung und
Unterricht
Schwelm u. Essen
1827 - 1829
1831 - 1849   **MFA**
(8 Ro)
                                            Dm 11

9065.
Schwelmer Tageblatt
1897 - 1927
1929 - 1930   Swm 1

9066.
Westfälische Rundschau / EN
auch Ausg. ES oder ER
Vbg.: Schwelm/Gevelsberg/Ennepetal, ab
18.4.2000 auch Sprockhövel
HA in Dortmund
1951, 17.3. - 1970   6
(L, nur Lokalteil)
1990 ff.   **101b**
(ca. 10 Ro/Jg)   101b
1951, 17.3. - 1970 (L, nur Lokal-
teil)
1990 ff.   6
1992 - 1997   101a
1974
1976 - 1979   Gev 1

9067.
Westfalenpost / RE
UT: Ennepe-Ruhr-Zeitung
Vbg.: Schwelm/Gevelsberg/Ennepetal
HA in Hagen
1993 ff.   **101b**
                                            101b
1951, 5.7. - 1956, 29.2.   **6**
1951, 5.7. - 1956, 29.2.   6
1993 ff.   6
1993 - 1997   101a

SCHWERIN

9068.
*Allgemeines Journal für die Handlung
oder Gemeinnützige Aufsätze [...]*
Schwerin, Wismar, Bützow
1786 - 1787   46
                                               24

9069.
Bauern-Echo / B
1977 - 1983 (MPF)   1w

9070.
Demokratische Blätter
DDP Mecklenburg-Schwerin
1921 - 1925   **28**
(2 Ro)   28

9071.
Demokratische Zeitung <1849>
Mecklenburgischer Landtagsbote
1849, 1.7. - 23.8.   **28**
                                               28

9072.
Deutsches Christentum
1937 - 1939   **1a**
(1 Ro)

9073.
Die Einheit
SPD u. KPD Mecklenburg-Vorpommern
(1.2. - 6.4.1946)
1946, 1.2. - 6.4.   **B 479**
                                            B 479
1946, 1.2. - 25.4.   Bo 133

9074.
Freimüthiges Abendblatt
1818, 9.1. - 1849, 29.6.   **33**
(10 Ro)   33
                                               28
                                             Dm 11

9075.
*Führer- und Amtsblatt des Gaues
Mecklenburg-Lübeck*
1.4.1937: Führer- und Amtsblatt des Gaues
Mecklenburg
1935, 1.4. - 1945, Apr.   **MFA**
(4 Ro)
                                               33

9076.
*Herzoglich Mecklenburg-Schwerinsches
officielles Wochenblatt*
6.1.1816: Großherzoglich Mecklenburg-
Schwerinsches officielles Wochenblatt
5.1.1850: Regierungsblatt für das Großherzogtum Mecklenburg-Schwerin
1923: Regierungsblatt für Mecklenburg-
Schwerin
1934: Regierungsblatt für Mecklenburg
25.6.1946: Amtsblatt der Landesverwaltung
Mecklenburg-Vorpommern
12.3.1947: Regierungsblatt für Mecklenburg
auch: Amtsblatt der Landesregierung Mecklenburg-Vorpommern
(ab 4.1.1875 m. amtl. Beilage)
1812 - 1945, 23.4. (L)
1946, 25.6. - 1952, 4.8.   **33**
(53 Ro)   33
                                               28
                                             Dm 11

9077.
*Herzoglich-Mecklenburg-Schwerinscher-
Staatskalender*
1816: Großherzoglich-Mecklenburg-
Schwerinscher Staats-Kalender
1923: Mecklenburg-Schwerinsches Staatshandbuch
1937: Staatshandbuch für Mecklenburg
1776 - 1918
1920, 1923
1926 - 1927
1929 - 1930
1937 - 1939   **28**
(96 Ro)   28

9078.
*Der mecklenburgische Bote : ein Wochen-
blatt*
1791,1-37   **28**
(1 Ro)   28

9079.
Mecklenburgische Kirchenzeitung
1958, 4.5. - 1986   **Bo 174**
(5 Ro)

9080.
Mecklenburgische Landesnachrichten
Schwerin, Stavenhagen
1.9.1887: Mecklenburger Nachrichten
Stavenhagen, ab 1883 in Schwerin
1878 - 1929, 30.4.   **28**
(114 Ro)   **28**
       Dm 11
       33
       Shw 31
1919 - 1929, 30.4.   **46**
Beilage(n):
Amtliche Mecklenburgische
Anzeigen
1887, 1.10. - 1919, 30.9.
(13 Ro)   **33**
       Dm 11
       28
       28
       Shw 31

9081.
Der Mecklenburgische Landtagsbote :
Blätter für Reform
1848, 23.4. - 1849, 28.6.   **28**
(2 Ro)   **28**

9082.
Mecklenburgische Monatshefte
1925 - 1936,141
1939 - 1942/43   **28**
(11 Ro)   **28**

9083.
Mecklenburgische Nachrichten, Fragen und
Anzeigungen
3.1.1807: Mecklenburg-Schwerinsche Anzeigen
1749, 26.4. - 1867, 29.6.   **33**
(89 Ro)   **33**
       Dm 11
       28
Beilage(n):
Gelehrte Beyträge zu den Meck-
lenburg-Schwerinschen Nachrichten
1765 - 1782, Nov.
1784 (E) u. 1785
1786 - 1790 (L)
1791 (E)   **46**
(7 Ro)   **46**

9084.
Mecklenburgische Neueste Nachrichten :
Tageszeitung für wirtschaftlichen und
nationalen Wiederaufbau
1921, 19.5. - 1922, 16.11.   **28**
(4 Ro)   **28**

9085.
Mecklenburgische Wirtschafts-Zeitung
für Stadt und Land
1922, 22.11. - 1923, 1.5.   **28**
(1 Ro)   **28**

9086.
Mecklenburgisches Volksblatt
Schwerin, Rostock
(30.12.1848 - 29.9.1849)
1848, 30.12. - 1849, 29.9.   **28**
(1 Ro)   **28**
       30
       30

9087.
Meklenburgischer Bürgerfreund
1848, 2.7. - 1849, 27.3.   **33**
(1 Ro)   **33**
1848, 3 - 1849, 15 (L)   **B 479**
       B 479

9088.
Monatsschrift von und für Mecklenburg
1792: Neue Monatsschrift von und für
Mecklenburg
1788, Juli - 1799, Aug.
1800 - 1801, Juni   **46**
(7 Ro)   **46**

9089.
Niederdeutscher Beobachter
Schwerin, Rostock
UT: Kampfblatt der NSDAP Mecklenburg
Vlg.: Schmidt
1929, 4.1. - 1941, 30.9.
1942 - 1945, 28.4.   **33**
(54 Ro)   **33**
       28
       Dm 11
       R 75
1932, 12.11. - 1941, 30.9.
1942 - 1945, 28.4.   **Shw 31**
1929, 4.1. - 1936, 5.3.   **Shw 32**

9090.
Niederdeutscher Beobachter
UT: Nationalsozialistische Tageszeitung
für Niederdeutschland
Vlg.: Hildebrandt
9.1933,51-125   68

9091.
Norddeutsche Zeitung
UT: Organ der Liberal-Demokratischen Partei
Deutschlands für die Bezirke Schwerin, Rostock, Neubrandenburg
(4.3.1946 - 31.8.1991)
1947
1954, 1.7. - 1990   **Bo 174**
(68 Ro)
1946, 4.3. - 1953, 30.6.   **28**
1946, 4.3. - 1954, 30.6. (L)
1991, 2.1. - 31.8.   **MFA**
(11 Ro)
1947 (L)   **Bo 414**
(1 Ro)
1946, 4.3. - 1991, 31.8.   28
1946, 29.5. - 6.12.   GB-
1947, 17.1. - 12.7. (L)   LO/N38
1947
1989 - 1990   180
1954, Juli ff.   101b
1947 (L)
1954 - 1985   739
1954 - 1970
1972 - 1991, 31.8.   188/211
1947   M 352
1946, 4.3. - 1991, 31.8.
und vermischte Ausgaben Rostock, Schwerin, Neubrandenburg:
1946, 4.3. - 1991, 31.8.   33
Beilage(n):
 Norddeutscher Leuchtturm
1954, 1.7. - 1990   **Bo 174**

9092.
Norddeutsche Zeitung : Landeszeitung
für Mecklenburg, Lübeck und Holstein
1920 - 1921, 14.5.   **28**
(2 Ro)   28
                                 33

9093.
Norddeutscher Anzeiger
1923, 3.5. - 1925, 20.8.   **28**
(3 Ro)   28

9094.
Norddeutscher Correspondent
Schwerin, Rostock
1.7.1867: Mecklenburgische Anzeigen
1857 (L)   **1w**
(1 Ro)   1w
1867, 1.7. - 1887, 30.9.   33
(26 Ro)
1849, 15.7. - 1887, 30.9.   28
(48 Ro)   28
                                Dm 11
                                 33
                               Shw 31
1850, 2.7. - 31.12.   B 479

9095.
Der Obotrit
UT: Mecklenburgische Stahlhelm-Zeitung
1929 - 1934, 24.2.   **28**
(1 Ro)   28
                                 33

9096.
Schweriner Blick
25.10.1963: Blick
1963, 4.10. - 1968, 29.3.   **Bo 174**
(1 Ro)

9097.
Schweriner Volkszeitung
Ausg. Schwerin-Land
1952, 15.8. - 1990   **33**
(33 Ro, nur Kreisseiten)   33

9098.
Schweriner Zeitung
Organ der Volkspartei
(1.7.1849 - 31.12.1852)
1849, 1.7. - 1852   **28**
                                 28

9099.
Schwerinsche Zeitung von den
merkwürdigsten Staats=Geschichten
1798: Neue Schwerinsche politische Zeitung
2.10.1848: Mecklenburgische Zeitung
1757, 1775, 5.6., 1795
1847 - 1869
1871 - 1918
1919 - 1920 (L)
1921 - 1932   **46**
(203 Ro)   46
1758 - 1794 (L)
1811, 4.11. - 1943, 1.1.   **33**
                                 33

1757 - 1795, 3.4. (L)	
1811, 4.11. - 1943, 1.1.	28
1757 - 1762	
1775, 5.6.	
1783 - 1794 (L)	
1811, 4.11. - 1816	
1819	
1831 - 1869 (L)	
1871 - 1943, 1.1.	Dm 11
1847 - 1894, 26.1.	
1934, 17.3. - 1943, 1.1.	Shw 31

9100.
Sonntags-Blatt der Mecklenburger
Nachrichten

1900 - 1912	**28**
(2 Ro)	28

9101.
Theaterzettel des Mecklenburgischen
Landestheaters

1740, 19.9. - 1941, 29.6.	**33**
(61 Ro)	33

9102.
Volksstimme
Schwerin, Wismar
10.4.1946: Landes-Zeitung : Organ der Sozialistischen Einheitspartei Deutschland für
Mecklenburg-Vorpommern
14.8.1952: Schweriner Volkszeitung
UT bis 9.4.1946: Tageszeitung der SPD Mecklenburg-Vorpommern
(7./10.9.1945 ff.)

1991 (L)	
1992 ff.	**101b**
(6 Ro/Jg)	
1945, 7.9. - 1946, 9.4.	**28**
(1 Ro)	
1946, 10.4. - 1951, 31.3.	
1951, 2.7. - 1990, 29.12.	**Bo 174**
(80 Ro, bis 14.8.1952 MPF))	
1946, 10.4. - 1952, 14.8.	**MFA**
(9 Ro)	
1946, 10.4. - 1947	**Bo 414**
(2 Ro)	
1945, 7.9. - 1952, 14.8.	
1986, 1.7. - 1991	**33**
1945, 10.9. - 1946, 9.4. (L, teils	
MPF)	
1946, 10.4. - 1990, Nr. 14 (L)	**B 479**
	B 479

1945, 13.9. - 1951, März (L,	
MPF)	
1951, Juli - 1952, 14.8. (MPF)	1w
1946 - 1947 (L)	Bo 153
1945, 7.9. - 1952, 14.8.	28
1991 (L)	
1992 - 1997	101a
1945, 10.9. - 1954, 6.6. (L)	
1989 - 1990	180
1946, 4.4. ff.	101b
1946 - 1985	739
1946, 10.4. - 1996	188/211
1945, 10.9. - 1952, 14.8. (L)	Bo 133
1946 - 1947 (L)	
1989 - 1990	M 352
1945, 7.9. - 1952, 14.8.	
1952, 15.8. - 1986, 30.6. (Kreis-	
seiten)	
1986, 1.7. ff.	33
1946, 10.4. - 1952, 14.8.	Shw 32
1946, 10.4. - 1990	Shw 31
1946, 31.5. - 1947, 8.1.	GB-
	LO/N38

Beilage(n):
Der Ruf nach Einheit und ge-

rechtem Frieden	**B 479**
1948 - 1952, Nr. 33 (L)	B 479
	180
	Bo 133
1951 - 1952	739

Wochenend

1966 - 1967	**B 479**
1990, 8 - 11	B 479

Lachen und Lernen

1956, 10 - 1957, 7 (L)	**B 479**
1958, 4	B 479

Schwarz auf Weiß

1957, 1 - 7	**B 479**

Pionier-SVZ

1958, 8 - 1960, 4 (L)	**B 479**

Unsere Kunst

1950 - 1951, 7	**B 479**

Seid bereit

1953 - 1954	180
1953 - 1956, Nr. 8	**B 479**
	B 479

9103.
Volkszeitung
(13.7.1945 - 9.4.1946)

1945, 13.7. - 1946, 9.4.	**33**
	33
	28
(2 Ro)	28
1945, 10.7. - 1946, 9.4.	Bo 133
1945, 13.7. - 1946, 9.4. (L)	180

SCHWERIN/WARTHE (SKWIERZYNA, PL)

9104.
Kreis- und Wochenblatt des Kreises Schwerin an der Warthe
1927?: Schweriner Kreisblatt
1925
1927 - 1928, März
1928, Juli - Sep.
1929
1930, Sep. - Dez.
1931, Apr. - Dez.
1932, Apr. - Juni
1933 (L)
1934, Apr. - Juni
1934, Okt. - 1935, Juni
1935, Okt. - 1937, Sep.
1938, Jan. - Juni
1938, Okt. - 1941, Sep.
1942, Juli - Dez.
1943, Mai - 1944, 30.6.   1w
(24 Ro)   1w
                                           Dm 11

9105.
Neue Schwerinsche Zeitung
1849, 2.1. - 1.7.   **46**
                                           46
                                           Dm 11
                                           33

SCHWERTE

9106.
Ruhr-Nachrichten
HA in Dortmund
(2.1.1967 ff.)
1967, Juni - 1968, Apr.
1979, 1985, 1987
1989, 1991   Swr 1
1983 - 1992, Juni (MPF)   Una 1

9107.
Ruhrpost
30.11.1935: Volksblatt
Ausg. Ruhrpost
Vlg. in Dortmund
1929, 2.1. - 30.3.
1929, 1.7.- 1930, 31.3.
1930, 1.10. - 1931
1932, 1.4. - 31.12.
1933, (E) u. 1.4. - 12.7. (L)
1933, 2.10. - 1934, 31.3.   **MFA**
                                           Dm 11

1934, 2.7. - 1935, 30.3.
1935, 1.7. - 1936, 30.6.
1937 - 1939, 3.7. (L)
1939, 2.10. - 1940   **MFA**
(26 Ro)
                                           Dm 11

9108.
Schwerter Wochenblatt
1875: Schwerter Zeitung
18.1.1882: Dortmunder Kreisblatt
30.4.1887: Schwerter Zeitung
aufg. in Ruhr-Nachrichten
(22.7.1868 - 9.4.1945 u. 29.10.1949 -
31.5.1968)
1958 - 1964, 30.9.
1964, 12.10. - 1966   **Dm 11**
1869, 9.1. - 29.12.
1872
1875 - 1888
1891 - 1920
1921, Juli - 1945, 9.4.
1949, 28.10. - 1968, 29.4.   Dm 11
                                           Swr 1

9109.
Westfälische Rundschau / DS
HA in Dortmund
1951, 24.8. - 1970 (L)   **6**
(nur Lokalteil)
1990 ff.   **101b**
(ca. 12 Ro/Jg)   101b
1951, 28.8. - 1970
1990 ff.   **6**
1992 - 1997   101a
1967, Juni - 1968, Apr.
1979, 1985, 1987
1989, 1991   Swr 1

9110.
Westfälische Rundschau / SI
Ausg. Iserlohn, Schwerte, Hohenlimburg
HA in Dortmund
1961 - 1962   Dm 11

9111.
Westfalenpost / KS
UT: Schwerter Nachrichten
HA in Hagen
1951, 5.6. - 1956, 29./30.9.
1957 - 1966   **6**
                                           6

SCHWETZINGEN

9112.
Hakenkreuzbanner
HA in Mannheim
später: Ausg. Schwetzingen/Weinheim
1942, 2.9. - 1943, 23.9. (L)
1944, 2.2. - 31.12. (L)   31

9113.
Rhein-Neckar-Zeitung
HA in Heidelberg
1964 - 1981   31
(90 Ro)   31

9114.
Schwetzinger Zeitung
1983, 1.6. ff.   101b
(8 Ro/Jg)   101b
                                         31
1992 - 1997   101a

SCHWIEBUS (ŚWIEBODZIN, PL)

9115.
Schwiebuser Stadt- und Landbote
1.3.1938: Schwiebusser Stadt- und Landbote
Juli 1939?: Züllichau-Schwiebusser
Kreiszeitung / A
1925, 1.7. - 31.12.
1926, 1.4. - 30.9.
1927, 1.4. - 30.6.
1928, 1.4. - 30.6.
1928, 2.10. - 1929, 30.6.
1930, 1.7. - 31.12.
1931, 1.4. - 31.12.
1932, 1.4. - 30.6.
1934, 1.4. - 30.6.
1935, 1.1. - 31.3. u. 1.10. - 31.12.
1937, 1.4. - 1938, 31.3.
1938, 1.7. - 30.9.
1939, 2.1. - 30.6. u. 2.10. - 31.12.
1940, 1.4. - 30.6.
1940, 1.10. - 1941, Mai
1941, Okt. - Dez.
1943 - 1944, 30.6.   1w
(17 Ro)   1w
                                      Dm 11

9116.
Schwiebuser Wochen-Blatt
Vlg. in Grünberg
1845, 31.5. - 1847   1w
(1 Ro)   1w
                                      Dm 11

SEBNITZ

9117.
Sächsische Zeitung
HA in Dresden
1952, 15.8. - 31.12. (MPF)
1971 ff. (L)   14
(nur Lokalteil)

SEELAND

9118.
Der Kumpel ruft
VEB Braunkohlenkombinat
[Seeland-] Nachterstedt
1949, 15.2. - 1951, 29.11. (L)
1952, 6.3. - 31.5.
1954 - 1970, 21.9. (L)   3
(5 Ro)   3
                                      Dm 11

SEELOW

9119.
*Märkische Volksstimme : Heimatzeitung
für den Kreis Seelow*
1950, 1.7. - 1952, 10.8. (L)   MFA
(4 Ro, nur Kreisseiten)
                                        186

9120.
Seelower Tageblatt
1930, Jan. - Juni
1943, 2.1 - 30.6.   1w
(1 Ro)   1w

BAD SEGEBERG

9121.
Segeberger Kreis- und Wochenblatt
2.10.1905: Segeberger Kreis- und Tageblatt
1869, 17.4. - 1908
1909, 5.6. - 1933, 31.8.   68
                                        68
                                      Dm 11

9122.
Segeberger Zeitung
1976, Mai ff.   101b
(ca. 6 Ro/Jg)   101b
1922 - 1997   101a
1949, 1.10. - 1950
1976, 3.5. ff.   68

SEGUIN, TX (USA)

9123.
Seguiner Zeitung
1922, 6.1. - 1931, 24.12.   **212**
(4 Ro)   212
                                   Dm 11

SELB

9124.
Bayerische Ostmark
Vbg. bis 1.11.1935: Selb, Rehau, Wunsiedel,
Marktredwitz
UT 2.11.1935 - 3.2.1936: Selber Tagblatt
Vbg. 4.2.1936 - 30.11.1941: Kreis Selb
4.12.1948: Frankenpost
2.1.1984: Selber Tagblatt
BA d. Frankenpost, Hof
1978, 2.10. ff.   **101b**
(ca. 8 Ro/Jg)   101b
1934, 1.10. - 1935
1936, 1.2. - 1939, 31.5.
1939, 1.7. - 1941, 30.11.
1948, 4.12. - 1983 (tw. Lokalseiten)
1987, 1.4. - 1988
1990 - 1999, 19.2.   **Hf 1**
1992 - 1997   101a
1934, 1.10. - 1935, 30.3.
1935, 1.10. - 31.12.
1936, 1.2. - 1939, 31.5.
1939, 1.7. - 1941, 30.11.
1948, 4.12. - 1988 (tw. Lokalseiten)
1990 - 2002, 12.8.   Hf 1

9125.
Fichtelgebirgs-Warte
1943, 1.9. - 1944, 30.6.   **Hf 1**
(1 Ro)   Hf 1

SELM

9126.
Ruhr-Nachrichten
Ausg. Selm, Bork, Cappenberg
HA in Dortmund
1983 - 1992, Juni (MPF)   Una 1

9127.
Westfälische Rundschau
Ausg. Selm, Bork, Cappenberg
HA in Dortmund
1983 - 1992, Juni (MPF)   Una 1

SENFTENBERG

9128.
LAUBAG-Report
Lausitzer Braunkohle AG
(Aug. 1990 - Dez. 2002)
1990, 9 - 1992   **B 479**
                                   B 479

9129.
Der Plan
Senftenberg, Bad Liebenwerda
BKW Senftenberg / Bad Liebenwerda
1953, 11.3. - 1958, 18.9. (L)   **3**
(1 Ro)   3
                                   Dm 11

9130.
Senftenberger Anzeiger
1933, Jan. - März   **1w**
(1 Ro)   1w

9131.
Senftenberger Zeitung
1962, 18.1. - 1967, 30.3.   **Bo 174**
(1 Ro)

9132.
Das Signal
BPO Reichsbahnamt
1978 - 1989 (MPF)   186

9133.
Die Synthese
BPO Synthesewerk
1978 - 1988 (MPF)   186

SENSBURG (MRĄGOWO, PL)

9134.
Sensburger Kreis-Blatt
später: Amtliches Kreis-Blatt des Kreises
Sensburg
1885
1929 - 1936 (L)   **1w**
(2 Ro)   1w
                                   Dm 11

9135.
Sensburger Zeitung
1913
1915 - 1917
1923 1w
1w
Dm 11

SÈVRES (F)

9136.
Heute und Morgen
Wochenschrift für Politik, Wirtschaft und Kultur
(1.9.1934 - 3.10.1936)
Sèvres/Paris/Vanves
1934, 1.9. - 1936, 3.10. **Dm 11**
(2 Ro) Dm 11
739
M 352

SHAWANO, WI (USA)

9137.
Volksbote-Wochenblatt
1926, 1.4. - 1930, 25.12. 1w
1w
Dm 11

SHEBOYGAN, WI (USA)

9138.
National-Demokrat
1928, 12.9. - 5.10.
1931, 23.12. - 1939, 27.9. (L) **212**
(4 Ro) 212
Dm 11

9139.
Sheboygan Amerika
1932, 18.7. - 1939, 27.9. (L) **212**
(4 Ro) 212
Dm 11

9140.
Sheboygan Volksblatt
1898 (L) u. 1900 (E)
1903 (E) u. 1905 (LL) **46**
(1 Ro)
1898 - 1905, 10.5. 188/144

9141.
Sheboygan Zeitung
1922, 2.1. - 1923, 6.7. **212**
(1 Ro) 212
Dm 11

SIEGBURG

9142.
Amtlicher Anzeiger im Siegkreis
1946, 9.2. - 1950, 21.3. **Sie 8**
Sie 8
Sie 7

9143.
Anzeiger des Siegkreises
7.1.1863: Siegburger Kreisblatt
3.1.1866: Kreisblatt des Kreises Sieg
15.11.1868: Siegburger Zeitung / Siegburger Kreisblatt
1885: Siegburger Kreisblatt
1925: Siegburger Zeitung
1935: Neue Siegburger Zeitung
29.10.1949: Siegburger Zeitung
1958 - 1962, 12.12. **Dm 11**
1855, 31.12. - 1868
1871 - 1873
1874, 15.2. - 1875, 19.12.
1876 - 1937, 27.2.
1949, 29.10. - 1967, 13.8. **Sie 8**
Sie 8
1855, 31.12. - 1873, 31.5.
1929, 3.1. - 24./25.3. 5
1855, 31.12. - 1929, 13.4. Sie 7
1949, 29.10. - 1962, 12.12. Dm 11

9144.
General-Anzeiger / Siegburg
HA in Bonn
1974, 26.11. - 2003 Sie 8

9145.
Kölnische Rundschau
27.10.1949: Siegkreis Rundschau
2.1.1970: Rhein-Sieg-Rundschau
1949, 4.1. - 1977, 21.5. **Sie 8**
Sie 8
Sie 7
1950, 1.11. - 1952, 1.12. GB-
LO/N38

9146.
Mittelrheinische Landeszeitung
1935 - 1939, 29.8. **Sie 8**
Sie 8
Sie 7

9147.
Die neue Front
14.4.1929: Westdeutscher Beobachter
HA in Köln
1929, 4.1. - 1932
1934 - 1945, 16.1.   **Sie 8**
                                     Sie 8
                                     Sie 7

9148.
Rhein-Sieg-Anzeiger
BA v. Kölner Stadt-Anzeiger
1983, 1.6. ff.   **101b**
(ca. 15 Ro/Jg)   101b
1992 - 1997   101a

9149.
Sieg-Bote
1886, Jan. - Mai
1889, März - 1915 (L)   **38**
(26 MF))   38
                                     Sie 8

SIEGEN

9150.
Deutsches Bürgerblatt
1848   **48**

9151.
Siegener Volksblatt
1898, Juli - Dez.
1901   **1w**
(2 Ro)   1w
                                     Si 3

9152.
Siegenisches Wochenblatt
1816 - 1817   Si 3

9153.
Siegerländer Intelligenz-Blatt
1.7.1831: Siegen'sches Intelligenz-Blatt
2.1.1835: Intelligenz-Blatt für die Kreise Siegen und Wittgenstein
17.2.1843: Intelligenz-Blatt für die Kreise
Siegen, Wittgenstein und Altenkirchen
1.1.1867: Siegener Kreisblatt
1.1.1873: Siegener Zeitung
(10.1.1823 - 10.3.1945 u. 1.11.1949 ff.)
1949, 3.11. - 1957
1969 ff.   **101b**
(ca. 7 Ro/Jg, bis 1957 20 Ro)   101b
1958 - 1966 (L)   **Dm 11**

1923 - 1924 (E)
1927, 3.1. - 24.2.
1932, 30.7. - 29.9. (L)
1934, 3.4. - 30.6.
1935 - 1942
1958 - 1968   **MFA**
(63 Ro)
1992 - 1997   101a
1944, 14.7.   GB-
                                     LO/N38
1979 ff.   467
1823, 10.1. - 1945, 10.3.   Si 3
1958 - 1968
2000 ff.   6
1923 - 1924 (E)
1927, 3.1. - 24.2.
1932, 30.7. - 29.9. (L)
1934, 3.4. - 30.6.
1935 - 1942
1949, 3.11. - 1966 (L)
1989 ff.   Dm 11
Beilage(n):
Sonntag der Heimat
1958 - 1967   6
Heimatland
1926 - 1940   467

9154.
Siegerländer National-Zeitung
29.9.1934: National-Zeitung
Druck anfangs in Waldbröl
1933, 15.5. - 1943, 31.3.   **MFA**
(29 Ro)
                                     Si 3

9155.
Westfälische Rundschau / S-SO
Ausg. Siegen, Siegerland; Kreis Altenkirchen
anfangs: Westfälische Rundschau / S
HA in Dortmund
1951, 17.3. - 1970   **6**
(nur Lokalteil)
1990 ff.   **101b**
(ca. 10 Ro/Jg)   101b
1951, 17.3. - 1970 (nur Lokalteil)
1990 ff.   6
1992 - 1997   101a
1961 - 1962   Dm 11

9156.
Westfalenpost / H
Siegerländer Morgenzeitung
HA in Hagen
1993 ff.   **101b**
                                              101b
1951, 5.7. - 1967, 29.6.   **6**
1951, 5.7. - 1967, 29.6.
1993 ff.   6
1993 - 1997   101a

SIGMARINGEN

9157.
Der Erzähler aus Hohenzollern
4.7.1848: Der Sigmaringer Erzähler
1845, 3.10. - 1849   24
                                              Sig 4

9158.
La France
1944, 26.10. - 1945, 21.5.? (L)   **Bo 414**
(1 Ro)
                                              21
1944, 26.10. - 1945, 7.4.   12

9159.
Hohenzollerisches Heimatblatt
1.1928 - 6.1933, 1   25
(MPF)

9160.
Die Lichtspiel-Bühne
1917, 15.6., 15.7., 1.8., 15.8.,
1.9., 15.11.
1918, 15.2., 1.3., 15.3.
1919, Jan. - 15.6.   **MFA**

9161.
Schwäbische Zeitung / Sigmaringen
Sigmaringen, Meßkirch
1990 ff.   **24**
(bis 1994 36 Ro)   **24**
1997, 1.4. - 2002, 29.6.   Sig 4

9162.
Sigmaringer Tagblatt
1888, 15.9. - 1890
(Beilage Illustriertes Sonntags-   Sig 4
blatt mitverfilmt)

9163.
Volksblätter für Hohenzollern Sigmaringen
1850: Der Hochwächter
1.7.1868?: Der Donaubote
1.1.1870: Donaubote
1.1.1874: Der Donaubote
1.10.1874: Hohenzollern'sche Volkszeitung
7.2.1907: Hohenzollerische Volkszeitung
2.1.1934: VERBO Hohenzollerische Volkszeitung
1.5.1940: VERBO Sigmaringen
1.4.1942: Donau-Bodensee-Zeitung
4.12.1945: Schwäbische Zeitung 09
HA ab Dez. 1945 in Leutkirch
1975 - 1983   **24**
(55 Ro)
1977 ff.   **101b**
(ca. 6 Ro/Jg)   101b
1992 - 1997   101a
1848, 13.6.
1850, 4.1. - 7.12.
1868, 1.7. - 1945, 21.4.
1945, 4.12. - 1950   Sig 4
1975 ff.   24

9164.
Der Volksfreund aus Hohenzollern
1848, Nr. 1 - 1850, 29.3. (L)   Sig 4

9165.
Der Wächter
Juli 1836: Der Stoßseufzer am Grabe des
Wächters
1835, 5.8. - 1836, Juli   Sig 4

9166.
Wochenblatt für das Fürstenthum Sigmaringen
6.1.1822: Wochenblatt für das Fürstenthum
Hohenzollern-Sigmaringen
1835: Verordnungs- und Anzeigeblatt für das
Fürstenthum Hohenzollern-Sigmaringen
1850: Verordnungs- und Anzeigeblatt der Königlich Preußischen Regierung zu Sigmaringen
1852: Amtsblatt der Königlich Preußischen
Regierung zu Sigmaringen und Öffentlicher
Anzeiger zum Amtsblatt der Königlich Preußischen Regierung zu Sigmaringen
später: Amtsblatt der Preußischen Regierung
zu Sigmaringen
1918 - 1933   **24**
(6 Ro)   **24**
1809 - 1867   Sig 4
(Beilagen mitverfilmt)

SILBITZ

9167.
Stahlguß
Stahlwerk Silbitz
1949 - 1952, 30.10. (L)   3
(1 Ro)   3
                                          Dm 11

SIMFEROPOL (UA)

9168.
Deutsche Zeitung für die Krim und Taurien
1918, 1.9. - 27.10.   4
(1 Ro)   4
                                          Dm 11
1918, 1.9. - 8.9.   1w

SIMMERN

9169.
Der Hunnsrücken
3.1.1843: Intelligenzblatt für den Kreis
Simmern
1.1.1847: Intelligenzblatt für den Kreis
Simmern und dessen Umgegend
1839, 1.4. - 1862 (L)   5
(6 Ro)   5

9170.
Hunsrücker Zeitung
Ausg. J - Heimatblatt d. Rhein-Zeitung,
Koblenz
2.10.1995: Rhein-Hunsrück-Zeitung
1983, 1.6. ff.   **101b**
(ca. 7 Ro/Jg)   101b
1974 - 1977   77
1992 - 1997   101a
1992 ff.   929
1963 - 1987   Kob 1
(nur Lokalteil)
Beilage(n):
Hunsrücker Erzähler
1899 - 1901
1907 - 1911   929

9171.
Rhein-Zeitung / J
UT: Rhein-Hunsrück-Zeitung
HA in Koblenz
1974 - 1997   77
1992 ff.   929

SIMÖTZEL (SIEMYŚL, PL)

9172.
Evangelisches Gemeindeblatt für das
Kirchspiel Simötzel
1920 - 1940   9
                                             9

SINGEN

9173.
Badische Zeitung
HA in Freiburg
1947, 19.8. - 1950, 1.10.   **31**
                                            31

9174.
Singener Zeitung - Hegau Bote
BA v. Südkurier, Konstanz
1978, 1.9. ff.   **101b**
(ca. 8 Ro/Jg)   101b
                                            31
1992 - 1997   101a

9175.
Volkswille
1930 - 1932 (L)   **MFA**
(5 Ro)
1920 (E) u. 1923 (E)
1925 (E) u. 1928 (E)   Bo 133

SINZIG

9176.
Sinziger Volksfreund
1883 - 1884   Kob 1

SIPPENAEKEN (B)

9177.
Rex
Sippenaeken (B), Eupen (B)
Dt. Ausgabe
ab 2. Jg. in Eupen (B)
1935, 3.11. - 1939, 1.4.   **MFA**
(1 Ro)
                                          Dm 11

SKOKIE, IL (USA)

9178.
Eintracht
(Nov. 1922 ff.)
1927 - 1939 (2 Ro)
1972 ff.   **212**
                                           212
1926 - 1928 (E)
1931 - 1939, 5.10. (L)   Dm 11

SLAWGOROD (RUS)

9179.
Neue Zeit
1994 - 2000   **212**
                                 212

9180.
Zeitung für Dich
1991 - 1992, 24.6.
1993, 4.1. - 15.4.
1994, 6.7. - 2003
2005,5.1. - 17.8.   **212**
                                 212

SOBERNHEIM

9181.
Anzeiger für Sobernheim, Kirn und Umge-
gend <1859>
21.3.1860: Anzeiger für Sobernheim und Umgegend
27.3.1862: Anzeiger für Kirn und Umgegend
30.3.1862: Anzeiger für Sobernheim und Umgegend
2.4.1862: Anzeiger für Sobernheim, Kirn und
Umgegend
3.7.1862: Sobernheimer und Kirner Intelligenzblatt
3.7.1864: Sobernheim-Kirner Intelligenzblatt
1859 - 1860 (L)
1862, 7.1. - 1866 (L)
1867, 3.7. - 29.12.   **5**
                                      5
1914 - 1916
1934   Kob 1

9182.
Sobernheimer Anzeiger
1974 - 1977   77

SÖMMERDA

9183.
Sömmerdaer Zeitung
1887, Nr. 1 - 30.6.
1889 - 1890, 29.6.   1w

SOEST

9184.
The Beaver
[Kanadische Armee]
1957, 3.5. - 1970, 9.10.   **Dm 11**
                                Dm 11

9185.
Mitteilungsblatt
16.8.1945: Amtliche Bekanntmachungen
1945, 20.7. - 1949, 30.9.   278

9186.
Neuer Westfälischer Kurier / E
Soest, Lippstadt
E = Stadt und Kreis Soest, Stadt und Kreis
Lippstadt
HA in Werl
1946, 23.12. - 1947 (L)   **Dm 11**
(1 Ro)   Dm 11

9187.
Soester Anzeiger
1978, 1.9. ff.
(anfangs ca. 7 Ro, dann 10   **101b**
Ro/Jg)
1953, 20.4. - 1956 (L)   **MFA**
(10 Ro)
                                  Dm 11
1992 - 1997   101a
1848 - 1849
1853, 1.7. - 1860
1862 - 1942, Sep.
1943
1944, Juli - 1945, 29.3.
1949, 1.12. - 1995
(ab 23.10.1973 als MPF)   278
1943
1944, Juli - 1945, 29.3.
1949, 1.12. - 1973, 22.10.
1978, 1.9. ff.   101b

9188.
Soester Wochenblatt
1.1.1841: Soester Kreisblatt
1832, 25.8. - 29.12.
1843 - 1856, 26.9.   **Dm 11**
(2 Ro)
1832, 3.3.   **A 100**
                                      A 100
1848 - 1849   21
1843 - 1856   188
1819, 8.5. - 1935, 29.6.   278
1832, Nr. 34 - 1856, 26.9.   Dm 11

9189.
Der Tag des Herrn
Vbg.: bis Dortmund-Wickede
1851 (E) u. 1857 (E)
1861, 14.4. - 27.11.
1864, 3.7. - 7.8.
1865, 9.4. - 6.8.
1892, 11.9. - 1914
1916 - 1937
1941, 5.1. - 26.5.   278

9190.
Westdeutsche Frauenzeitung
1890 (MPF)   6

9191.
Der Westfälische Bürger- und Bauernfreund
1.1.1850: Stadt- und Landbote zunächst für
den Kreis Soest
(1.7.1848 - Sep. 1850)
1848, 1.7. - 1849, 29.12.   **Dm 11**
(1 Ro)
                                      188/211
                                      Mü 79
                                      Bm 3
                                      21/32c
                                      25

9192.
Westfälische Rundschau / SL
Ausg. Soest, Lippstadt
HA in Dortmund
1951, 17.3. - 1967, 31.7.   6
(nur Lokalteil)   6
1961 - 1962   Dm 11

9193.
Westfalenpost
Tageszeitung für Stadt und Kreis Soest
auch: Westfalenpost / A
Vlg. anfangs Soest, ab 29.4.1950 in Hagen
1946, 26.4. - 1967, 30.6.   6
1993 ff.   **101b**
                                      101b
1946, 26.4. - 1967, 30.6.   6
1993 ff.   Bo 153
1947   GB-
1946, 26.4. - 1949, 3.9.   LO/N38
(versch. Ausgaben)
1993 - 1997   101a
1946, 26.4. - 1949   278

SOFIA (BG)

9194.
Balkan-Nachrichten
1925, 11.4. - 11.7.   **212**
                                      212

9195.
Bulgarische Wochenschau
1940, 24.7. - 1943   **212**
(1 Ro)   212

9196.
Deutsche Balkan-Zeitung
1916, 15.11. - 1918, 30.9.   **1**
                                      1
1917, 2.3. u. 2.11. - 31.12.
1918, 19.6. - 23.9.   **MFA**
(1 Ro)
                                     Dm 11

9197.
Patriot
1959, Juli - 1964   **GB-**
(3 Ro)   **LO/N38**

9198.
Sofioter Nachrichten
1969 - 1970
1972 - 1985   **212**
1969 - 1970   212

SOHRAU (ZORY, PL)

9199.
Sohrauer Stadtblatt
1925, Aug. - Dez.
1927 - 1940, Okt.   **212**
(2 Ro)   212

SOLDAU (DZIAŁDOWO, PL)

9200.
Die Wacht im Osten
(1915, 19.8. u. 1916, 16.6. proj. b. 1w)

SOLDIN (MYŚLIBÓRZ, PL)

9201.
Soldiner Kreisblatt
Vlg. in Schwedt
1844, 6.1. - 1845   **1w**
(1 Ro)   1w
    Dm 11

9202.
Soldiner Tageblatt
1933, Jan. - Feb., Mai - Juni
1933, Nov. - 1934, Feb.
1934, Juli - Aug.
1934, Nov. - 1935, März
1935, Juli - 1936, Feb.
1936, Juli - Okt.
1937, Mai - Sep.
1938, Apr. - 1939, März
1939, Okt. - 1940, März
1940, Okt. - Dez.
1941, Apr. - Dez.   **1w**
    1w

SOLINGEN

9203.
Bergische Arbeiterstimme
Vbg.: Solingen u. Düsseldorf
(18.5.1890 - 27.2.1933)
1890 (L), 1894 (E), 1896 (E)
1922 (E)
1924 - 1929 (L)
1933 (L)   **B 479**
    B 479

1901 - 1920, Juni
1921 - 1933, 20.2.   **Bo 414**
(67 Ro)
    61
    188/211
    Bm 3
1901 - 1933, 27.2. (L)   180
    Bo 133
1901 - 1924   Dm 11
    Sol 1
Beilage(n):
Die Rote Streikfront
1931, Jan.   Bo 133
Mitteilungsblatt der Roten Hilfe
Rheinland-Westfalens   **B 479**
1924 - 1925   B 479
1925 - 1928 (L)   Bo 133
Rote Hilfe
1924 - 1925 (L)
1927, Okt. u. Dez.   **B 479**
(Bezirk Niederrhein)   B 479
1925 (L)   Bo 133
Kerkerstimmen   **B 479**
1927, Jan. - Sep. (L)   B 479
    Bo 133
Der Bolschewik   **B 479**
1924, Nr. 6   B 479
1924 (L)   Bo 133
Der Stern   **B 479**
1924 - 1925 (L)   B 479
1924 - 1925   Bo 133
Rotes Betriebsecho   **B 479**
1929, 2 - 7   B 479
Die Sturmglocke   **B 479**
1925, Werbe-Nr.   B 479

9204.
Bergische Post
HA in Opladen
(Leverkusen-) Opladen
1924, 2.1. - 1941, 27.3.   Dm 11
    Sol 1

9205.
Bergische Zeitung <1868>
1.7.1886: Walder Zeitung
1.4.1922: Bergische Zeitung
(Solingen-) Wald
1868, 1.10. - 1935, 24.12.   Dm 11
    Sol 1

Beilage(n):
Bergische Heimatblätter
1928 - 1934   **61**
(1 Ro)   61

9206.
Bergischer Beobachter
2.1.1934: Die Volksparole
HA in Düsseldorf
10.2.1935: Rheinische Landeszeitung
HA in Düsseldorf
1930, 14.6. - 1945, 15.4.	Dm 11
	Sol 1

9207.
Bergisches Volksblatt
1.7.1868: Solinger Zeitung
(29.6.1849 - 30.6.1921)
1851 - 1867 (L)	**5**
(6 Ro)	**5**
1849, 29.6. - 28.12.	**Dm 11**
(1 Ro)	
	21/32c
	34
	361
	468
	188/211
	Wit 2
	Bm 3
1849, 1.7. - 1919, 27.5.	
1919, 9.10. - 1921, 30.6.	Dm 11
	Sol 1

9208.
Der Freie Gewerkschafter
1924, Nr. 1 - 3	Bo 133

9209.
Freiheit
3.1.1949: Freies Volk / S
HA in Düsseldorf
1951 - 1956	Bo 133
1949, 5.1. - 1950, 21.12.	Dm 11
1946, 5.3. - 1948, 8.10.	
1949, 5.1. - 1956, 17.8.	Sol 1

9210.
Die Klinge
1941 - 1943, Nov.	Sol 1

9211.
Neue Rhein-Zeitung
HA in Düsseldorf
1954 - 1962	Dm 11
(nur Lokalteil)	
	Sol 1

9212.
Ohligser Anzeiger
[Solingen-] Ohligs
1901, 9.10. - 1902, 17.10. (L)	
1927, 20.6. - 29.8.	MFA
(2 Ro, Beilagen mitverfilmt)	
1876, 1.4. - 1882, 30.12.	
1884, 9.10. - 1941, 30.5.	Dm 11
	Sol 1

9213.
Ohligser Tageblatt
22.4.1902: Ohligser Zeitung
1.12.1902: BA v. Walder Zeitung, [Solingen-]
Wald
Vlg. anfangs in [Solingen-] Ohligs
1900
1903, 2.1. - 3.4.	
1904, 1.7. - 1905, 30.6.	
1906 - 1907, 30.3.	
1913 - 1920 (L)	MFA
(25 Ro)	
	Dm 11

9214.
Ohligser Volks-Zeitung
1.10.1888: Täglicher Anzeiger für Merscheid,
Ohligs und Umgegend
5.10.1888: Allgemeiner Anzeiger für Merscheid, Ohligs und Umgegend
1872, 4.4. - 31.12.	
1874 - 1876	
1878 - 1883	
1885 - 1886	
1888 (L)	MFA
(8 Ro)	
1872, 4.4. - 1876	
1878 - 1888	Dm 11
1873, 1884, 1887	Sol 1

9215.
Rhein-Echo / E
HA in Düsseldorf
2.1.1952: Westdeutsche Neue Presse
HA in Essen
25.4.1953: Neue Presse
BA d. NRZ, Essen
2.1.1954: NRZ Neue Presse
BA d. NRZ, Essen
1.2.1954: NRZ Neue Rhein-Zeitung
BA d. NRZ, Essen
1946, 13.3. - 1953	Dm 11
1946, 13.3. - 1951	
1954 - 1962	Sol 1

9216.
Rheinische Post
15.9.1971: Solinger Morgenpost
Ausg. B 1 v. Rheinische Post, Düsseldorf

1998 ff.	**61**
(ca. 11 Ro/Jg)	61
1946, 2.3. - 1951, 30.6.	Dm 11
1946, 2.3. - 1997, 30.6.	Sol 1
(nur Lokalteil)	

9217.
Solinger freie Presse
SPD
(2.12.1896 - 1.11.1897)

1896, 2.12. - 1897, Nr. 51 (E)	**B 479**
	B 479

9218.
Solinger Volksblatt
1926: Volksblatt
sozialdemokratisch
(15.9.1919 - 27.2.1933)

1919, 15.9. - 31.12.	
1926 - 1933, 27.2.	Bo 133
	Dm 11
	Sol 1

9219.
Stahlwarenarbeiter

1906, 15.6. - 1914, 21.7.	**Bo 133**
	Bo 133
	Dm 11
	Sol 1

9220.
Tages-Anzeiger
11.3.1909?: General-Anzeiger für Solingen
und Umgegend

1910, 4.1. - 30.3.	
1911, 1.3. - 1912, 29.6.	
1913, 2.1. - 30.6.	
1920, 2.1. - 30.6.	MFA
(5 Ro)	
1903, 2.1. - 30.6.	
1910, 4.1. - 30.3.	
1911, 1.3. - 1912, 29.6.	
1913, 2.1. - 22.12.	
1914, 2.1. - 27.6.	
1920, 2.1. - 30.6.	Dm 11
1913, 1.7. - 22.12.	
1914, 2.1. - 27.6.	Sol 1

9221.
Der Verkündiger
1.1.1822: Solinger Wochenblatt
9.1.1835: Solinger Kreis-Intelligenzblatt
1.10.1912: Solinger Tageblatt
(1.7.1809 - 14.4.1945 u. 29.10.1949 ff.)

1816 - 1826	
1828 - 1830	
1832 - 1835	**1w**
(5 Ro)	1w
1809, 1.7.	**A 100**
	A 100
1949, 29.10. - 1957	
1978 ff.	**101b**
(ca. 8 Ro/Jg, bis 1957 27 Ro)	101b
1848 - 1849 (1 Ro)	
1958 - 1960	**Dm 11**
1855, 4.7. - 1863	
1865	
1867 - 1894	
1895, 1.7. - 1899, 30.6.	
1900 - 1904	
1905, 1.7. - 1907,29.6.	
1908 - 1916, 30.6.	
1918, 3.7. - 31.12.	
1920 - 1921, 30.6.	
1927, 1.4. - 30.9.	
1928, 2.1. - 31.3.	
1929, 2.4. - 30.9.	
1934, 28.7.	
1960 - 1977 (L)	
(bis 1929 39 MF = 78 DF, dann	**MFA**
120 Ro)	
1857 - 1868, 25.12. (L)	**5**
(5 Ro)	
1848 - 1849	21
1848 - 1849	
1892, Juni	188/211
1998 ff.	61
1992 - 1997	101a
1848 - 1849	
1855, 4.7. - 1863	
1865	
1867 - 1894	
1895, 1.7. - 1899, 30.6.	
1900 - 1904	
1905, 1.7. - 1907,29.6.	
1908 - 1916, 30.6.	
1918, 3.7. - 31.12.	
1920 - 1921, 30.6.	
1927, 1.4. - 30.9.	
1928, 2.1. - 31.3.	
1929, 2.4. - 30.9.	
1934, 28.7.	
1949, 29.10. - 1960	Dm 11

1949, 29.10. ff.	Sol 1
1857 - 1868, 25.12. (L)	
1960 - 1977 (L)	5
Beilage(n):	
Die Heimat	
1925 - 1961 (L)	**61**
(2 Ro)	61
1960 - 1977, Mai/Juni	5

9222.
Der westdeutsche Mieter

1933, 1	**B 479**
	B 479

9223.
Westdeutsche Rundschau / F
Vbg.: Solingen, Remscheid, Rhein-
Wupper-Kreis
HA in Wuppertal

1946, 14.8. - 1949, 29.10.	Dm 11
	Sol 1

9224.
Westdeutsche Zeitung
HA in Düsseldorf

1948, 2.7. - 1949, 31.8.	Dm 11
	Sol 1

9225.
Der Zünder
KPD Niederrhein, revolutionäre Schupobeamte
1934, Aug. u. Nov.

1935, Jan. - Febr.	**B 479**
	B 479

SOLTAU

9226.
Böhme-Zeitung

1978 ff.	**101b**
(ca. 5 Ro/Jg)	101b
1992 - 1997	101a
1864, 19.10. - 1945, 14.4. (L)	
1949, 29.8. - 27.10.	Dm 11
	Lün 4

9227.
Soltauer Nachrichten
(1.4.1907 - 31.3.1936)

1908, 3.5. - 1935	**Lün 4**
(54 Ro)	Lün 4
	Dm 11

SOMBOR (SER)

9228.
Deutsche Bauernstimme

1938, 21.4. - 25.9.	**212**
(1 Ro)	

9229.
Deutsche Zeitung

1931, 1.1. - 28.6.	**212**
(1 Ro)	212

9230.
Handels- und Gewerbezeitung

1941, 5.1. - 12.10.	**212**
(1 Ro)	212

9231.
Lokalanzeiger

1939, 21.5. - 1940, 29.12.	**212**
(1 Ro)	212

SOMMERFELD (LUBSKO, PL)

9232.
Sommerfelder Anzeiger
1.9.1933: Nationalsozialistischer Anzeiger
1.10.1934: Sommerfelder Anzeiger

1923 - 1924 (E)	
1925, 1.1. - 31.3.	
1926	
1927, 1.4. - 1928, 30.9.	
1929, Jan. - Juni, Okt. - Dez.	
1931, Jan. - März, Juli - Sep.	
1932, Apr. - Juni	
1933, Jan. - Juni	
1933, Okt. - 1934	**1w**
	1w
	Dm 11

SONDERSHAUSEN

9233.
Der Deutsche

1850, 16.7. - 1885 (L)	
1887 - 1889 (L)	
1892 - 1943, 31.3. (L)	528
	Dm 11
1845	32

SONNEBERG

9234.
Freies Wort
HA in Suhl
1962 (E), 1964 (E), 1965 (E)   **B 479**
                             B 479

SONNENBURG (SŁONSK, PL)

9235.
Freie wissenschaftliche sozialistische Agrar-
korrespondenz
1921 - 1922 (L)   **B 479**
                             B 479

9236.
Sonnenburger Anzeiger
1927 - 1928
1930, 1932
1933, 1.7. - 1934, 30.7.
1935 - 1937, 30.6.
1938, 3.1. - 29.6.
1939, 1.7. - 30.12.
1940, 1.7. - 31.12.
1941, 2.7. - 1944, 3.5.   1w
(9 Ro)   1w
                      Dm 11

SONTRA

9237.
Sontraer Anzeiger
Rotenburg (a.d. Fulda)
1913, 28.8. - 1914, 31.3.   4
(1 Ro)   4
                      34

BAD SOODEN-ALLENDORF

9238.
Allgemeiner Anzeiger für Allendorf, Bad
Sooden und Umgegend
28.9.1912: Tageblatt und allgemeiner Anzeiger
für Allendorf, Bad Sooden, das Werratal und
Umgegend
1911, 3.1. - 1912, 31.8.
1912, 5.9. - 1920, 31.3.   4
(11 Ro)   4
                      34
                      Dm 11

9239.
Bade-Anzeiger für Sooden a.d. Werra
später: Kuranzeiger Bad Sooden-Werra
später: Kuranzeiger Bad Sooden-Allendorf
1883, 25.5. - 1886
1888 - 1915
1920 - 1921
1924 - 1940, 25.9.   4
(7 Ro)   4
                      34
                      Dm 11

9240.
Sontraer Zeitung
Bad Sooden-Allendorf, Sontra
1910 - 1913, 29.6. (L)   4
(2 Ro, Beilagen mitverfilmt)   4
                      34

9241.
Werra-Bote
30.1.1934: Niederhessische Nachrichten
1878, 10.4. - 1919 (L)
1920, 28.4. - 1921, 18.6.
1921, 4.10. - 1922, 15.4.
1922, 1.9. - 1930, 3.7.
1930, 16.8. - 1939
1940, 1.7. - 31.12.   4
(57 Ro, Beilagen mitverfilmt)   4
                      34
                      Dm 11

SORAU (ŻARY, PL)

9242.
Niederlausitzischer Anzeiger
4.1.1817: Sorauer Wochenblatt
1816 - 1819
1828 - 1830
1836
1845 - 1846   1w
(3 Ro)   1w
                      Dm 11

9243.
Sorauer Kreisblatt
1843, 23.10. - 1847   1w
(1 Ro)   1w
                      Dm 11

9244.
Sorauer Tageblatt
1923, 1.7. - 30.12.
1925, 3.6. - 30.6. u. 1.9. - 31.10.
1928, 1.11. - 1929, 1.1.
1930, 2.1. - 31.3.
1932, 2.4. - 30.6.
1934, 1.9. - 1935, 1.1.
1935, 1.11. - 1936, 1.1.
1936, 1.9. - 31.12.
1937, 1.3. - 30.4. u. 1.7. - 30.9.
1938, 1.7. - 30.9.
1939, 1.4. - 30.6.
1939, 3.10. - 1940, 29.6.
1940, 1.10., 2.10., 31.12.
1941, 1.4. - 30.9.
1943 - 1944, 30.6. (L)   1w
(13 Ro)   1w
                                            Dm 11

SPAICHINGEN

9245.
Heuberger Bote
ab 22.10.1949 BA v. Schwäbische Zeitung,
Leutkirch
1975 ff.   24
(bis 1990 116 MF)
1838 - 1839
1848, 30.6. - 1933
1949, 22.10. - 1953
1954, 1.7. ff.   24

9246.
Spaichinger neues Tagblatt
Spaichingen, Tuttlingen
2.11.1935: Spaichinger Tagblatt
NSDAP
(1933 - 31.8.1939?)
1934 - 1939, 31.8.   24

SPANGENBERG

9247.
Spangenberger Zeitung
1913 - 1940, 31.8.   4
(16 Ro)   4
                                              34
                                            Dm 11

SPEYER

9248.
Der christliche Pilger
1931   Kai 1
(16 mm-Film)

9249.
*Intelligenzblatt des königlich Baierischen
Rheinkreises*
1818 - 1848 (L)   Kai 1

9250.
Kreis-Amtsblatt für die Pfalz
1874 u. 1920   Kai 1

9251.
*Musikalische Korrespondenz der Teutschen
Philharmonischen Gesellschaft*
1790, 7.7. - 1792, Nr. 22   107
                                             107

9252.
Neue Speyerer Zeitung
(16.7.1816 - 31.3.1853)
1848, 13.1. - 1849, 30.12.   Dm 11
(1 Ro)
                                             385
                                           21/32c
                                            Kai 1
1816, 2.7. - 1845
1848 - 1853, 31.3.   12
                                           Dm 11
1816, Juli - 1831, Juli
1832 - 1845
1848 - 1853, 31.3. (L)   107
Beilage(n):
 Mitteilungen des landwirtschaftlichen Kreiscomitees der Pfalz
1845, 25.1. - 22.12.   Dm 11

9253.
NSZ-Westmark / N
Landau/Speyer/Ludwigshafen
HA in Ludwigshafen
1940, 1.12. - 1945, 18.3.   107
1945, 12.3. u. 14.3. - 18.3.   Dm 11

9254.
Pfälzer Anzeiger
1936, 1.4. - 1945, 15.3.   12
                                             107
                                           Dm 11

9255.
Pfälzer Zeitung
(1.10.1850 - 31.3.1936, aufgeg. in Pfälzer
Anzeiger, Ausg. Speyer)

1850, 1.10. - 1936, 31.3.	12
	Dm 11
1849, 1.4. - 31.12.	
1850, Nr. 158 - 1869	
1870, Juni - 1919	
1920, Juli - 1936, 31.3.	107
1853 - 1863	Ln 9

9256.
Die Rheinpfalz
Vlg. in Neustadt, H.
Vlg. ab 3.5.1949 in Ludwigshafen

1949, Jan. - Nr. 193	107
1947, 22.2. - 1967, 2.10.	107

9257.
Speyerer Anzeige-Blatt <1811>
1814 - 1838: Speyerer wöchentliches Anzeige-
Blatt
1839: Speyerer Anzeige-Blatt
30.12.1846: Anzeige-Blatt der Kreishauptstadt
Speyer
1.1.1867: Speyerer Anzeiger
12.6.1868: Speierer Anzeiger
2.1.1875: Speierer Zeitung
1929: Speyerer Zeitung
(1811 - 14.4.1936)

1848 - 1849	**Dm 11**
(1 Ro)	
	21/32c
1846, 30.12. - 1936, 14.4. (L)	12
1812 (E) u. 1814 (E)	
1815 - 1816, 4.6.	
1820 - 1825 (L)	
1827 - 1936, 14.4. (L)	107
	Dm 11

9258.
Speyerer Tagespost <1952>
27.1.1981: Tagespost
3.1.1994: Speyerer Tagespost
2.1.2003: Speyerer Morgenpost
(1.11.1952 ff.)

1981 ff.	**101b**
(ca. 7 Ro/Jg)	101b
1992 - 1997	101a

9259.
Stimme der Pfalz

1970 - 1980	Kai 1

SPREMBERG

9260.
*Märkische Volksstimme : Heimatzeitung für
den Kreis Spremberg*

1951, 1.9. - 1952, 10.8. (L)	**MFA**
(2 Ro, nur Kreisseiten)	
	186

9261.
Neue Spremberger
Vlg. in Cottbus

1964, 22.1. - 1965, 3.11.	**Bo 174**
(1 Ro)	

9262.
Sprela-Umschau
BPO Sprela-Werke

1986 - 1989 (MPF)	186

SPRINGE

9263.
Neue Deister-Zeitung

1981 ff.	**101b**
(6 Ro/Jg)	101b
1992 - 1997	101a

SPROCKHÖVEL

9264.
Sprockhöveler Zeitung
2.1.1934: Sprockhövel-Haßlinghauser Zeitung

1945, 2.1. - 13.4.	Hat 2
1898, 19.11. - 1913	
1915 - 1945, 13.4.	
1949, 22.10. - 31.12.	Sph 1

9265.
Westfälische Rundschau / HA-Sprockhövel
HA in Dortmund

1990 - 2000, 17.4.	**101b**
(ca. 10 Ro/Jg)	101b
	6
1992 - 1997	101a

SPROTTAU (SZPROTAWA, PL)

9266.
Sprottauer Wochenblatt
1839, 7.2. - 1840

1845 - 1846	**1w**
(2 Ro)	1w
	Dm 11

ST. BENEDICT, OR (USA)

9267.
St. Josephs-Blatt
St. Benedict, OR (USA), Mount Angel, OR
(USA)
1925
1927 - 1933
1935 - 1939, 4.9. (L)
1950, 11.9. - 1966   **212**
                                       212
1925
1927 - 1933
1935 - 1939, 4.9. (L)   Dm 11

ST. GALLEN (CH)

9268.
Neue Illustrirte Zeitschrift für die Schweiz
1849 - 1852   **46**
(2 Ro)

9269.
St. Galler Zeitung
(1.7.1851 - 31.12.1881)
1862, Nr. 186 - 208   B 479

ST. GOAR

9270.
Rhein-Zeitung / N
HA in Koblenz
1992 - 1995, 30.9.   929
1963 - 1987   Kob 1
(nur Lokalteil)

9271.
St. Goarer Kreisblatt
1839, 20.3.
1839, 1.5. - 1844, 22.11.
1845 - 1850 (L)   **5**
                                     5
1839 - 1842 (L)
1844, 1847, 1850
1858 - 1892
1894 - 1921
1925, 1927, 1930, 1933   Kob 1

ST. GOARSHAUSEN

9272.
Kreisblatt für den Kreis St. Goarshausen
Vlg. in Oberlahnstein
1886, 1.4. - 1893   43
1887 - 1893   929

9273.
Rhein-Zeitung
HA in Koblenz
1963 - 1981   Kob 1
(nur Lokalteil)

9274.
Rheinisch-nassauische Tageszeitung
1934: Rheinisch-nassauische Zeitung
1923, 16.6. - 1936, 17.10.   43
1924 - 1936, 17.10.   929

ST. INGBERT

9275.
Saarbrücker Zeitung
HA in Saarbrücken
1988 ff.   **101b**
(8 Ro/Jg)   101b
1992 - 1997   101a

ST. LOUIS, MO (USA)

9276.
Amerika
1922, 5.12. - 1924, 27.6.   **212**
(2 Ro)   212
                                    Dm 11

9277.
Anzeiger des Westens
22.10.1857: Wöchentlicher Anzeiger des
Westens
1839, Nr. 10 - 1863, 31.1. (L)   188/144
1844, 1.3. - 1863, 31.1. (L)   B 479
Beilage(n):
  Der Salon
1857, 8.11.   B 479

9278.
Arbeiter-Zeitung
1903 (LL)
1904, Nr. 279 - 1906, Nr. 405
1909 (E)   **B 479**
                                   B 479
1922, 1.4. - 1929, 28.12.   **212**
(3 Ro)   212
                                   Dm 11
1898, 27.8. - 1916, 4.11. (L)   46
                                  188/144

9279.
Deutsche Wochenschrift
1951, 11.1. - 1968, 28.3.   212
(9 Ro)   212

9280.
Herold des Glaubens
1922, 5.12. - 1924, 27.6.   212
(2 Ro)   212
                               Dm 11

9281.
Mississippi-Blätter
1923, 27.5. - 1932, 6.3. (L)   212
(9 Ro)   212
                               Dm 11

9282.
Parole
1884 (L), 1885, 1886 (L)   46
(1 Ro)
1884, März - 1886, 2.10.   188/144
1886 - 1890, Nr. 36 (L)   B 479

9283.
Volksstimme des Westens
1877, 1.9. - 1878   46
(3 Ro)
                               188/144

9284.
Die Westliche Post
1924, 21.2. - 1926, 29.4. (L)
1927 - 1928
1929, Juli - 1931, 30.6.
1932 - 1933, 30.6.
1934 - 1938, 11.9. (L)   212
(20 Ro)   212
                               Dm 11

ST. MORITZ (CH)

9285.
Alpine Post
1892, 29.10. - 1901, 30.3.   GB-
(9 Ro)   LO/N38

ST. PAUL, MN (USA)

9286.
Minnehaha
Sonntagsausg. v. Tägliche Volkszeitung
1927, 4.10. - 1931, 13.11. (L) 212
(1 Ro)   212
                               Dm 11

9287.
Tägliche Volkszeitung
(9.9.1877 - 2.9.1941)
1922, 3.3. - 1926, 30.6.   212
(11 Ro)   212
                               Dm 11

9288.
Der Wanderer
1923, 1.2. - 1940, 9.5. (L)
1952, 28.2. - 1957, 5.7.   212
(9 Ro)   212
1923, 1.2. - 1940, 9.5. (L)   Dm 11

ST. PETERSBURG (ST. PETERBURG, RUS)

9289.
Die Fackel
Petrograd
1917, 6. - 15.12.   B 479

9290.
Ha.kedem
(1907 - 1909)
1907 - 1909   19
                               517
                               30

9291.
Die rote Fahne / Sonderausgabe
Leningrad
1925, 16.2.   **B 479**
                               B 479

9292.
Der russische Invalide oder die Kriegszeitung
ab 1889 in russischer Sprache
1816
1818 - 1819
1889, 1.10. - 1895
1897
1900, 4.1. - 1901, 30.12.
1903 - 1911   **1w**
                               1w
                               Dm 11

9293.
St. Petersburger Zeitung / Montagsblatt
1914, 3.2. - 11.8.   5

9294.
St. Petersburgische Zeitung
17.5.1852: St. Petersburger Zeitung
20.8.1914: Petrograder Zeitung
Anfang 1915: als Ersatzausg. erschien als 189.
Jg. für 2 Nrn d. Nordische Zeitung, d. ebenfalls
aus Kriegsgründen eingestellt wurde
(3.1.1727 - 29.12.1916?)
St. Petersburg, Petrograd
1813, 1819, 1822
1826, 1833, 1836
1837, Juli - 1839
1861, Jan. - Juni
1862
1877 - 1888
1890 u. 1901
1902, Juni
1902, Dez. - 1905, Aug.
1905, Okt.
1906, März - 1907, Nov.
1908, Jan. - Apr.
1909, Aug. - 1911, März

1911, Sep. u. 1913	**1w**
(77 Ro)	
1888, Juli - 1913	**Bo 414**

(57 Ro, Filmregister mitverfilmt)
1728 - 1740, 7.10.
1741 - 1752
1756
1761 - 1770
1772 - 1777
1779
1783 - 1812
1813 (E)
1814 - 1818
1820 - 1821
1823 - 1825
1827 - 1832
1834 - 1835
1836 - 1839 (E)
1840 - 1860
1861 - 1862 (E)
1864 - 1876

1914	**MFA**

1728 - 1740, 7.10.
1741 - 1752
1756
1761 - 1770
1772 - 1779
1783 - 1812
1813 (E)
1814 - 1818
1820 - 1821
1823 - 1825

1827 – 1832	Dm 11

1834 - 1835
1836 - 1838 (E)
1840, 3.1. - 15.3.
1861 - 1862 (E)
1864 - 1876

1914	Dm 11
1731, Nr. 46 - 1829, Nr. 156 (LL,	
MPF)	4
1914	5
1904, 21.12. = 3.1.1905 - 1905,	
28.12. = 10.1.1906	25

1728 - 1740
1741 - 1752
1756
1761 - 1770
1772 - 1777
1779
1813, 1814 - 1836
1837, Jan. - Juni (E)
1837, Juli - 1862
1864 - 1888
1890 u. 1901
1902, Juni
1902, Dez. - 1905, Aug.
1905, Okt.
1906, März - 1907, Nov.
1908, Jan. - Apr.
1909, Aug. - 1911, März
1911, Sep.

1913 - 1914	1w
1840 - 1860	364

Beilage(n):
Intelligenzblatt
1830 - 1832

1834 - 1835	**MFA**
	Dm 11

Land- und hauswirtschaftliche
Beilage

1914, 28.4. - 30.6.	5

9295.
St. Petersburgische Zeitung
(Aug. 1991 ff.)

1998 - 2001	**212**
	212

9296.
Der Völkerfriede

1917, 8	**B 479**
	B 479

ST. VITH (B)

9297.
Die Rundschau
Vbg.: St. Vith (B), Malmedy (B)
1938, 1.1. - 29.6.
1939, 4.1. - 23.12.   **212**
1936, 5.12. - 1938
1940, 3.1. - 29.6.   **MFA**
(3 Ro)
1936, 5.12. - 1940, 29.6.   **Dm 11**

9298.
St. Vither Volkszeitung
1926, 3.7. - 1934
1935 (L)
1936, 1.1. - 1937, 23.10.
1939, 4.1. - 30.12.   **212**

ST. WENDEL

9299.
Saarbrücker Zeitung
HA in Saarbrücken
1978 ff.   **101b**
(ca. 8 Ro/Jg)   101b
1992 - 1997   101a

9300.
*Wochenblatt für die Kreise St. Wendel und
Ottweiler und die umliegende Gegend*
St. Wendel, Ottweiler
16.3.1842: Wochenblatt für die Kreise St.
Wendel und Ottweiler
2.7.1861: Nahe-Blies-Zeitung
1836, 15.6. - 1839
1842 - 1844
1854 - 1864 (L)
1865, 1.7. - 1867 (L)   **5**
(8 Ro)   5

ST.-LOUIS, ELSASS (F)

9301.
Arbeiter-Zeitung
1898
1899 - 1900 (L)
1901 - 1916   **46**
(6 Ro)
                                             Bo 133

9302.
Oberelsässischer Volksfreund
auch: Le Populaire du Sundgau
1894, 2.9. - 1939, 28.8. (L)   **ACRPP**

STADE

9303.
Intelligenz-Blatt des Nord-Departements
2.3.1811: Intelligenz-Blatt
3.4.1813: Intelligenz-Blatt der Herzogthümer
Bremen und Verden
3.1.1848: Intelligenz-Blatt der Herzogthümer
Bremen und Verden und des Landes Hadeln
1.6.1853: Anzeigen für die Herzogthümer
Bremen und Verden und für das Land Hadeln
1.1.1862: Anzeigen für den Landdrosteibezirk
Stade
(1.10.1810 - 30.12.1871, nicht erschienen v.
5.5. - 5.12.1813)
1852   **1w**
(1 Ro)   1w
1810, 1.10. - 1871   **Lün 4**
                                             35
                                             Dm 11

9304.
Nordwestdeutsche Allgemeine / Stader Zeitung
1949, Nr. 1 - 26   **Sta 4**

9305.
Stader Nachrichten
1950 - 1951, 30.6.   **Sta 4**

9306.
Stader Tageblatt
(2.1.1872 - 30.4.1945 u. 1.10.1949 ff., die bereits fertige Nr. v. 1.5.1945 wurde v. britischen
Militär beschlagnahmt)
1977 ff.   **101b**
(ca. 6 Ro/Jg)   101b
1872 - 1878
1880 - 1895, Juni
1896 - 1903
1904, Juli - 1913, Juni
1914 - 1938
1939, 1.7. - 1945, 30.4.   **Lün 4**
(84 Ro)   Lün 4
                                             35
                                             495
                                             Dm 11
1992 - 1997   101a
1949, 1.11. - 1979   Sta 4

9307.
Stader Wochenblatt
19.6.1860: Stader Wochenblatt und Anzeiger
2.1.1872: Stader Wochenblatt und Kreisblatt
für den Stader Geestkreis
3.1.1886: Stader Kreisblatt
(30.12.1853 - 30.9.1886)
1853, 30.12. - 1886, 30.9. (L)   **Lün 4**
(12 Ro)   Lün 4
    495

STADTHAGEN

9308.
Amtliche Bekanntmachungen der
Militärregierung
Stadthagen, Bückeburg
Nr. 16, 1947: Amtliche Bekanntmachungen
der Militärregierung und der deutschen
Behörden für das Land Schaumburg-Lippe
anfangs in Bückeburg
1946, 22.11. - 27.12. (L)
1947, 14.2. - 4.4. (L)   **MFA**
(1 Ro)
    Dm 11

9309.
General-Anzeiger für Schaumburg-Lippe
und die Umgegend von Hannover
1911 - 1941, ?   1811-
1949, ? - 1985   BU

STADTSTEINACH

9310.
Frankenpost
HA in Hof
1951, 3.1. - 1971   **Hf 1**
(3 Ro, nur Lokalseiten)   Hf 1

STAHNSDORF

9311.
Der Leistungselektroniker
BPO Mikroelektronik "Karl Liebknecht"
Verl. in Potsdam
1988 - 1990 (MPF)   186

STALLUPÖNEN (NESTEROW, RUS)

9312.
Stallupöner Kreisblatt
Ortsname ab 1938: Ebenrode
1844, 14.2. - 1846
1907 - 1912 (L)
1921   **1w**
(3 Ro)   1w
    Dm 11

STARGARD (STARGARD
SZCZECIŃSKI, PL)

9313.
Altes und Neues Pommerland
1721 - 1722   **46**
(1 Ro)
1721 - 1727, Stück 5   Gö 169

9314.
Amtsblatt der Königlichen Regierung von
Pommern / Amtsblatt
Stargard (Stargard Szczeciński, PL), Stettin
(Szczecin, PL)
29.1.1817: Amtsblatt der Königlichen
Regierung zu Stettin / Amtsblatt
16.11.1918: Amtsblatt der Preußischen
Regierung zu Stettin / Amtsblatt
ab 1818 in Stettin
1811 - 1945 (L)   **9**
    9
1811, 1.5. - 1942   1
    Dm 11

9315.
Amtsblatt der Königlichen Regierung von
Pommern / Öffentlicher Anzeiger
Stargard (Stargard Szczeciński, PL), Stettin
(Szczecin, PL)
Nr. 10, 1817: Amtsblatt der Königlichen
Regierung zu Stettin / Öffentlicher Anzeiger
16.11.1918?: Amtsblatt der Preußischen
Regierung zu Stettin / Öffentlicher Anzeiger
ab 1818 in Stettin
1811 - 1945 (L)   **9**
    9
1811, 10.7. - 1884
1887 - 1892
1895 - 1899
1901 - 1906
1920 - 1921
1922 (E), 1923 (L)
1924 – 1925   1
    Dm 11

1927 - 1935	
1938 - 1942	**1**
	Dm 11

9316.
Neues Pommersches Tageblatt

1927 (nur Festausg.)	**11**
	11
1934, 1.7. - 30.12.	1w
(1 Ro)	1w
	Dm 11

9317.
Saatziger Kreisblatt
Vbg.: Stargard, Freienwalde, Jacobshagen,
Nörenberg, Zachan u. 112 Ortschaften

1867, 9. - 11.3.	
1874, 4.4. - 1891 (L)	
1893 - 1905	
1913, 1915	1w
	1w
	Dm 11
1874 (L)	
1875 - 1891	
1893 - 1908	
1910	
1914 - 1921	
1923 - 1926	
1929 - 1932 (L)	9

9318.
Stargarder Zeitung

1868	
1889, Juli - 1893 (L)	
1896, Juli - 1897	
1898, Juli - Dez.	
1904, Jan. - Mai, Juli - Dez.	
1905, Juli - Dez.	
1908, Juli - Dez.	
1911, Jan. - Juni (L)	
1915 - 1921	
1923	
1924, Juli - Dez.	
1926	
1932, Jan. - Juni	**9**
	9
Beilage(n):	
Pommersche Heimatblätter	**9**
1907/1908 - 1914, Nr. 4	9

9319.
*Stargardter Wochenblatt zum Nutzen und
zur Unterhaltung*
1832: Stargarder Wochenblatt zum Nutzen
und zur Unterhaltung
1836: Stargarder Wochenblatt

1826 - 1829	
1831	
1834 - 1835 (L)	1w
(5 Ro)	1w
1823, 5.11. (Probe-Nr.)	
1823, 5.12. - 1824, 26.3.	
1847, 1.9. - 2.10. (E)	9
1823, 5.11. (Probe-Nr.)	
1823, 5.12. - 1824, 26.3.	
1826 - 1829	
1831	
1834 - 1837	
1839 - 1842	
1847, 1.9. - 2.10. (E)	Dm 11

9320.
Unser Pommerland
Vlg. später in Stettin

1912/13 - 1924	
1927 - 1937	12
Beilage(n):	
Jung-Pommern	
1919/1920 (L)	12
Familie und Volk	
1933 - 1937	12
Mitteilungen des Bundes Hei-	
matschutz	
1930 - 1931	12
Plattdütsch sprak un Ort	
1922, Apr. - 1923	12

STARNBERG

9321.
Land und Seebote

1949, 17.11. - 1950, 8.8.	GB- LO/N38

STASSFURT

9322.
Aktueller Bildschirm
Fernsehgerätewerk

1968 - 1971 (L)	
1975 - 1989, Okt. (L)	
1989, Dez. - 1990, 8.5.	**3**
(3 Ro)	**3**
	Dm 11

9323.
Der Kali-Bergmann
1968, Mai - 1979, Jan. (L)
1980, Juli - 1990, 6.3. (L)   3
(3 Ro)   3
                                 Dm 11

9324.
Der Sodawerker
VEB Sodawerke Karl Marx Bernburg, Werk
Staßfurt
1968, 3.4. - Dez.
1975 - 1990, 13.2. (L)   3
(2 Ro)   3
                                 Dm 11

STAVENHAGEN

9325.
Mecklenburgisches Sonntagsblatt
Stavenhagen, Schwerin
nur anfangs in Stavenhagen
1892 - 1941, 25.5. (L)   28
                                    28
                                 Dm 11

9326.
Stavenhagener Wochenblatt
1.10.1873: Mecklenburgisches Wochenblatt
1924: Stavenhagener Tageblatt
1938, 17.6. - 1941, 30.6.
1942   28
(7 Ro)   28
1873, 4.6. - 1940   33
                                    33

STEINAU A.D. ODER (SCINAWA, PL)

9327.
Steinauer Kreisblatt
1914: Amtliches Steinauer Kreisblatt
1854 - 1859
1863 - 1865
1914, 10.1. - 31.12.
1916 u. 1918
1923 - 1926, 25.11.
1927 - 1932, 27.9.   1w
(8 Ro)   1w
                                 Dm 11

STEINAU AN DER STRASSE

9328.
Steinauer Zeitung
1900, 4.7. - 1907, Okt. (L)
1913, Apr. - 1915, 2.10. (L)   4
(5 Ro, Beilagen mitverfilmt)   4
                                    34

STEINBACH, MB (CDN)

9329.
Die Post
Steinbach, MB (CDN), Winnipeg, MB (CDN)
1963, 14.5. - 1966, 29.3.
1966, 19.7. - 1969   212
(10 Ro)   212

STEINBACH-HALLENBERG

9330.
Steinbach-Hallenberger Anzeiger
1902 - 1927 (L)
1932 - 1933, 31.8. (L)   4
(18 Ro, Beilagen mitverfilmt)   4
                                    34
                                 Dm 11

9331.
Steinbach-Hallenberger Volksstimme
1927 (L)   Bo 133

STEINFURT

9332.
Münstersche Zeitung / 2 A
Steinfurter Volksblatt
1951 - 1953, 31.10.   6
                                     6

9333.
Steinfurter Wochenblatt
Steinfurt, Tecklenburg
26.6.1834: Wochenblatt der Kreise Steinfurt
und Tecklenburg
1927?: Steinfurter Kreisblatt
UT anfangs: zum Nutzen und zur Unterhaltung
Ersch.-O.: Burgsteinfurt
1836 - 1846   1w
(2 Ro)   1w

1832, 5.1. - 1833, 14.11. (L)
1834 (L)
1927, 1.10. - 31.12.
1931, 1.10. - 1932, 30.6.
1932, 1.10. - 1933, 30.6.
1933, 2.10. - 30.12.
1953, 1.10. - 31.12. (L) MFA
(5 Ro)
1927, 1.10. - 31.12.
1931, 1.10. - 1932, 30.6.
1932, 1.10. - 1933, 30.6.
1933, 2.10. - 30.12.
1953, 1.10. - 31.12. (L) Dm 11
1832 - 1833, 14.11. (L)
1934 (L) Bg 4
Bg 3

9334.
Tageblatt für den Kreis Steinfurt
1953, 5.2. - 1970 (L) 6
6

9335.
Der Unbefangene
[Steinfurt-] Burgsteinfurt
(6.6.1804 - 11.10.1811 nachgew.)
1804, 6.6. - 1805, 29.5. (L)
1806, 5.2. - 1811, 11.10. (L) MFA
(5 Ro, Beilagen mitverfilmt)
Bg 4
Bg 3

9336.
Westfälische Nachrichten
Ausg. Steinfurter Anzeiger
HA in Münster
1953, 5.2. - 1970, 2.1. 6
(nur Lokalteil) 6

STENDAL

9337.
Der Altmärker
1926, Juli - Aug.
1927, Juli - Aug. 1w
(2 Ro) 1w
Beilage(n):
Altmärkischer Hausfreund
1926, Juli - Aug. 1w
1927, Juli - Aug. 1w

9338.
Altmärker Volksfreund
(7.4.1919 - 10.11.1023)
1919, 7.4. - 1923, 10.11. (L) 3
3
MFA
(8 Ro)
Bo 133
Dm 11

9339.
Altmark Stimme
1962, 7.2. - 1967, 29.3. Bo 174
(1 Ro)

9340.
Amts- und Intelligenz-Blatt
15.4.1814: Altmärkisches Intelligenz-Blatt
1818: Altmärkisches Intelligenz- und Leseblatt
1.3.1919: Altmärkische Tageszeitung
(4.1.1814 - 30.11.1935)
1885 - 1900 3
3
1814 - 1907 (L) Ste 9

9341.
Elan
Erdöl - Erdgas
1976 - 1990, 6.6. 3
(3 Ro) 3
Dm 11

9342.
LDZ: Liberal-Demokratische Zeitung
LDPD
Ausg. Altmark/Stendal
HA in Halle/S.
1957, 2.1. - 30.6.
1963, 1.1. - 29.6.
1971, 1.1. - 31.3.
1971, 1.7. - 1972, 30.9.
1973, 1.1. - 29.9.
1974, 1.1. - 28.9.
1975 - 1984, 31.3.
1984, 2.7. - 1988 MFA
(30 Ro, Beilagen mitverfilmt)
Dm 11

9343.
Der Mitteldeutsche / Altmärker Anzeiger
1936: Der Mitteldeutsche / E
1.4.1943: Altmärkische Landeszeitung
HA in Magdeburg
1934 - 1940, 30.6.
1943, 1.4. - 30.6. 3
3

9344.
Unser KKW
Kernkraftwerk
1977, Jan. - Nov.
1978 - 1988, Nov. (L)
1989, Jan. - 24.11. (L)   3
(2 Ro)   3
                                         Dm 11

9345.
Unsere Lok
RAW Stendal
1967, 11.1. - 1993 (L)   3
(5 Ro)   3
                                         Dm 11

9346.
Volksstimme
1.9.1991: Stendaler Volksstimme
HA in Magdeburg
1992 ff.   **101b**
(7 Ro/Jg)   101b
1948 (E)   **B 479**
                                          B 479
1992 - 1997   101a
1992 - 1994   3

STERNBERG

9347.
Schweriner Volkszeitung
HA in Schwerin
1960, 1.9. - 1990, 29.12.   **33**
(25 Ro, nur Kreisseiten)   33

9348.
Sternberg-Brüel-Wariner Anzeiger
1888,65: Anzeiger für Sternberg, Brüel, Warin
und deren Umgegend
(Nachgew. 1877 - 31.5.1941)
1888, 2.6. - 11.7.
1938 - 1941, 31.5.   **28**
(3 Ro)   28
                                           33

STERNBERG (TORZYN, PL)

9349.
Sternberger Lokal-Anzeiger
1925, Juli - 1941, Juli   **1w**
(13 Ro)   1w
                                         Dm 11

STETTIN (SZCZECIN, PL)

9350.
Alt und Neu Schreibkalender
auch: Alter und Newer Schreib-Calender
Stettin, ab 1636 in Stettin u. Rostock
1646, 1685, 1694, 1697   **33**
                                          33
1627 - 1637
1639 - 1642
1645   Gö 169

9351.
Amtliches Blatt der Provinzialabteilung
Hrsg.: Bund der Landwirte für Pommern
1904 - 1905
1915 - 1920   **Bo 133**
                                         Bo 133
                                            9

9352.
Börsen-Nachrichten der Ostsee
3.4.1848: Ostsee-Zeitung und Börsen-
Nachrichten der Ostsee
1928: Stettiner Abendpost/Ostsee-Zeitung
auch: Ostsee-Zeitung und Neue Stettiner Zeitung
(14.8.1835 - 30.9.1934)
1842 - 1847
1849 - 1886
1888 - 1898   **46**
(74 Ro)
1836, 1839, 1841
1844, 1.1. - 29.7.
1848   **1w**
                                           1w
1838
1840, 3.1. - 30.11.
1900 - 1934, 31.8. (L)   **MFA**
(61 Ro)
1836, 1839, 1841
1844, 1.1. - 29.7.
1846, 2.10. - 1851, 30.9.   Dm 11
1842 - 1847
1849 - 1886
1887 (E)
1888 - 1898
1932, Jan. - Mai u. Nov. - Dez.
1933, Aug. u. Okt.   46
1842 - 1843 (L)
1854, 17.5. - 1856, 16.2. (L)   B 479
1842 - 1847   Tr 18
1835, 17.8. - 1838, 3.8.
1840 – 1841   12

1844 - 1850, 29.6.
1851, 1.7. - 1857
1858, 1.7. - 1885, 7.3.
1887, 4.7. - 6.10., 7.11. - 31.12.
1889, 1.1. - 30.9.
1890 - 1891, 20.6.
1892, 8.1. - 3.8., 11.9. - 28.12.
1893, 19.1. - 30.9.
1894, 2.7. - 1895
1897, 3.7. - 1898, 30.6.
1898, 5.8. - 31.12.
1900
1904, 1.7. - 30.9.
1905, 1.10. - 1906, 30.6.
1907, 1.1. - 30.6.
1908, 1.4. - 30.6.
1908, 1.10. - 1910, 31.3.
1914, 1.3. - 30.4.
1914, 27.6. - 1918, 30.6.
1918, 1.10. - 1919, 30.6.
1920, 2.4. - 30.6.
1921 - 1922, 31.3.
1922, 1.7. - 30.9.
1923, Jan. - März, Okt. - Dez.
1924, 1.7. - 30.9.
1926, 1.4. - 11.10.
1927, 1.1. - 31.3.
1928, 2.7. - 29.9.
1929 - 1931, 31.10.
1931, 1.12. - 1932, 31.5.
1932, 1.7. - 1934, 28.2.
1934, 3.4. - 29./30.9.

	12
1838, 1840, 1887	
1899, Mai - 1934 (L)	9

Beilage(n):
Stettiner Blätter für Unterhaltung
und Wissen
1920/21 - 1924, 28.9.   12

9353.
Bolschewik
KPD-Unterbezirksleitung
1935, 4 - 5   **B 479**
                                          B 479

9354.
Bürger-Blatt
(23.10.1919 - 1922)
1921, 1.10. - 1922, 23.9.   **1w**
(1 Ro)   1w
                                          Dm 11

9355.
General-Anzeiger für Stettin und die
Provinz Pommern
15.5.1933: Stettiner General-Anzeiger
1.10.1939: Ostsee-Zeitung. Stettiner
General-Anzeiger
1944, 1.7. - 16.8.   **46**
                                          46
1930, Juli u. 1931, März
1932, Mai - Juni
1933, Jan. - Feb.
1934, Sep. - Dez.
1936, März - Apr.
1937, Mai - Juni
1939, 31.8. - 30.12.
1941
1942, 1.4. - 30.6.
1943, 1.10. - 1944, 16.8.   **1w**
(8 Ro)   1w
                                          Dm 11
1944, 1.7. - 16.8.   Gö 169
1883, Jan. - Juli (L)
1884
1887, Jan. - Juni, Aug. - Dez. (L)
1888, Juli - Dez.
1891, Jan. - Juni (L)
1892, Jan. - Apr.
1893, Jan. - Apr.
1897, Juni - Aug. (L)
1901, Mai - Dez.
1902, Mai - Aug.
1903, Jan. - Apr.
1904, Jan. - Apr.
1905, Jan. - Aug.
1906, Mai - Aug.
1907, Sep. - Dez.
1908, Mai - Aug.
1909, Mai - Aug.
1912, Juli - Aug. (L)
1913, Mai - Juni (L)
1915 - 1921, Aug.
1923 - 1924, Juni
1924, Okt. - 1925, März
1925, Juli - Sep.
1926, Jan. - Mai, Juli - Sep.
1942, 2.10.   9
1935, 15.6.   12

Beilage(n):
Pommersche Hochschule
1931, Wintersem. - 1932, Som-
mersem.   9
Stettiner Illustrierte Zeitung
1925   9

Am pommerschen Herd
1929, 5.5. - 1935
1937
1939 - 1942, 12./13.12.   5

9356.
Hammer und Sichel
KPD Berlin, Unterbezirk Stettin
1934, 9
1935, 1 - 16 (L)   B 479

9357.
Der Herold in Nord-Deutschland
1832, 3.1. - 30.6.   1w
(1 Ro)   1w
                                        Dm 11

9358.
Der Kämpfer
USPD Pommern
1919, 1.5. - 1922, 4.6. (L)   **Bo 133**
                                        Bo 133
1919, 1.5. - 1922, 30.9.   9

9359.
Königlich Preußisch-Pommersches
Intelligenz-Blatt
anfangs: Stettinische Frag- und
Anzeigungs-Nachrichten
später: Stettiner Intelligenz-Blatt
1813   1w
(1 Ro)   1w
1766, 4.1. - 13.12. (L)   **MFA**
(1 Ro)
1811, 16.8. - 19.8.
1816 - 1847, 30.6.
1848 - 1849   9
                                          9
                                        Dm 11
1766, 4.1. - 13.12.   364

9360.
Königlich privilegirte Stettinische Zeitung
<1755>
5.11.1806: Stettiner Zeitung
1809: Königlich Preußisch Pommersche Zeitung
11.2.1814: Königliche Preußische Stettinische
Zeitung
18.1.1822: Königlich Preußische Stettiner Zeitung

1836: Königl. privil. Stettiner Zeitung
1.4.1848: Königlich privilegirte Stettinische
Zeitung
2.7.1852: Stettiner Zeitung
13.10.1856: Privilegirte Stettiner Zeitung
28.2.1860: Stettiner Zeitung
(1755 - 30.6.1860, 1.9.1865 - 30.6.1910)
1759, 27.1. - 1792, 24.9. (E)
1796 - 1797
1806 (E) u. 1809 (E)
1812 - 1814
1816 - 1834 (L)
1836, 1.7. - 1848, 31.3.
1849
1851, 2.7. - 31.12.
1852, 2.7. - 25.9.
1853, 1.7. - 1856, 30.6.
1857 - 1858, 30.6.
1860, 1.1. - 30.6.
1866, 5.1. - 31.12.
1868, 1.7. - 1869, 20.4.
1873 - 1875, 31.3.
1875, 1.7. - 1876
1878, 1.1. - 31.3.
1881, 1.1. - 30.6.
1888, 1.7. - 31.12.
1894, 1.7. - 31.12.
1895, 1.7. - 31.12.   1w
                                        1w
1849   **MFA**
(2 Ro)
1759 (E) u. 1761 - 1763 (E)
1769 (E), 1773 (E), 1780 (E)
1782
1783 (E) u. 1791 - 1792 (LL)
1796 - 1797
1806 (E) u. 1809 (E)
1812 - 1814
1816 - 1830
1832 - 1838
1839, 1.7. - 1848, 31.3. (L)   46
(51 Ro)   46
                                        Gö 169
1839, 1.7. - 1848, 31.3.   188/211
1759, 27.1. - 1792, 24.9. (E)
1796 - 1797
1806 (E), 1809 (E)
1812 - 1814
1816 - 1836
1837, 3.7. - 1848, 31.3.
1849
1851, 2.7. - 31.12.
1852, 2.7. - 25.9.
1853, 1.7. - 1856, 30.6.   Dm 11

1857 - 1858, 30.4.
1860, 28.2. - 30.6.
1866
1868, 1.7. - 1869, 20.4.
1873 - 1875, 31.3.
1875, 1.7. - 1876
1878, 1.1. - 30.6.
1880, 1.1. - 30.6.
1881, 1.1. - 30.6.
1888, 1.7. - 31.12.
1894, 1.7. - 31.12.
1895, 1.7. - 31.12.   Dm 11
1759, 27.1. - 1792, 24.9. (E)
1796 - 1797
1806 (E), 1809 (E)
1812 - 1814
1816 - 1830
1832 - 1848
1850, 1.7. - 5.11.
1851, 2.7. - 31.12.
1852, 2.7. - 25.9.
1853, 1.7. - Dez.
1855, Juli - 1856, 30.6.
1857, Juli - Dez.
1858, 1.5. - 30.6.
1859, Jan. - Juni (L)
1860, Jan. - 30.6.
1866
1868, 1.7. - 1869, 20.4.
1873 - 1874
1876
1878, 1.1. - 30.6.
1880, 1.1. - 30.6.
1881, 1.1. - 30.6.
1883 - 1885
1888, Jan. - Aug.
1889, Jan. - Apr. (L)
1890, Juli - Dez.
1894, Jan. - Juni
1895, Jan. - Juni
1900, Apr. - Dez. (L)
1904 - 1906
1908   9
1810 - 1812
1814 - 1815
1852, 27.9. - 31.12.
1857, 3.1. - 30.6.
1859, 4.1. - 31.3.
1860, 1.1. - 30.6.   12
1849   364

9361.
Nationalliberale Rundschau
1913 - 1917/18   12

9362.
Neue Stettiner Zeitung
(1.4.1859 - 31.3.1905)
1875, 1.7. - 31.12. (L)
1880, 1.1. - 30.6. (L)   1w
(2 Ro)   1w
                                    Dm 11
1860, Jan. - Juni
1865, Feb. - 1866, Juni
1867, Jan. - Juni
1870, Jan. - Juni
1873, Jan. - Juli (L)
1876, Juni - 1877, Juni
1878, Jan. - Juni
1881, Jan. - Juni
1887, März - Juli (L)
1888, Jan. - Juli
1893, Juli - Dez.
1900, Juli - Dez.
1902   9
1859, 1.4. - 30.6.
1860
1861, 2.7. - 1861, 30.11. (L)
1863, 1.4. - 1865
1867 - 1869, 31.3.
1869, 4.7. - 31.12.
1872, 2.7. - 1873, 30.6.
1874, 1.1. - 30.6.
1875 - 1876, 31.3.
1877, 2.1. - 30.6.
1878, 1.7. - 18.10.
1881, 1.7. - 31.12.
1884, 9.1. - 31.12.
1886 - 1888
1889, 1.7. - 1890, 29.4.
1893, 5.1. - 30.6.
1894, 1.7. - 1895
1896, 5.7. - 1897, 22.6.
1898, 24.1. - 20.6.
1903, 1.7. - 1905, 31.3.   12

9363.
Norddeutsche Zeitung für Politik, Handel und Gewerbe
1.10.1855: Norddeutsche Zeitung
(2.1.1848 - 27.12.1859)
1850, 2.1. - 29.6.
1851, 2.1. - 30.6. (L)
1852, 2.1. - 30.6.
1853, 1.1. - 30.6.
1854, 1.1. - 30.6.
1855   1w
(7 Ro)   1w

1848, 1.7. - 1850, 29.6.
1851, 2.1. - 30.6. (L)
1852, 2.1. - 30.6.
1853, 1.1. - 30.6.
1854, 1.1. - 30.6.
1855   Dm 11

9364.
Oder-Zeitung / Abend-Ausgabe
1864, 6.1. - 31.3.
1865, 1.4. - 31.8.
1866, 2.1. - 31.3.
1866, 1.10. - 1867
1868, 1.4. - 31.12.
1870, 3.1. - 30.6.
1871, 2.1. - 31.3.
1871, 3.7. - 1872, 30.9.
1873, 2.1. - 31.3.
1873, 1.7. - 27.9.   12

9365.
Oder-Zeitung / Morgen-Ausgabe
1864, 6.1. - 31.3.
1865, 1.4. - 31.8.
1866, 3.1. - 30.3.
1866, 1.10. - 1867
1868, 1.4. - 31.12.
1870, 1.1. - 30.6.
1871, 1.1. - 31.3.
1871, 4.7. - 1872, 29.9.
1873, 1.1. - 31.3.
1873, 1.7. - 28.9.   12

9366.
Physikalische Briefe
1750 (L, MPF)   46

9367.
Der Pommersche Arbeiterbund
1925, 1.1. - 29.11.   **Bo 133**
                              Bo 133
                              9

9368.
Pommersche Grenzland-Zeitung
1939, 1.3. - Juni, Sep. - Dez.
1940, 1.10. - 31.12.
1943 - 1944, 30.6.   1w
(4 Ro, Beilagen mitverfilmt)   1w
                              Dm 11

9369.
Pommersche Illustrierte Zeitung
1928 - 1929, 4   1
                              1

9370.
Der Pommersche Landbund
1919, 13.7. - 1923
1925 - 1928
1931 - 1932   9
                              9
1919, 13.7. - 1920
1925 - 1928
1931 - 1932   Dm 11

9371.
Pommersche Sonntagspost
Beilage zur pommerschen NS-Presse
1936, 15.3. - 1938, 14.8. (LL)   **MFA**
(1 Ro)

9372.
Der pommersche Volksfreund
1830, 9.1. - 11.12.   1w
(1 Ro)   1w
                            Dm 11

9373.
Pommersche Zeitung
1935, 1.7. - 31.8. u. 1.11. - 31.12.
1937, 1.1. - 30.4. u. 1.7. - 31.12.
1938, 1.3. - 31.5.
1938, Juli, Aug., Nov.
1939, 1.1. - 30.6.
1940, 2.1. - 31.3. u. 1.11. - 31.12.
1942, 1.10. - 1943, Apr.
1943, 1.10. - 1944, 30.6.   1w
(20 Ro)   1w
1935, 1.7. - 31.8. u. 1.11. - 31.12.
1937, 1.1. - 30.4. u. 1.7. - 31.12.
1938, 1.3. - 31.5.
1938, Nov.
1939, 1.1. - 30.6.
1940, 2.1. - 31.3.. u. 1.11. -
31.12.
1942, 1.10. - 1943, Apr.
1943, 1.10. - 1944, 30.6.   Dm 11
(20 Ro)

9374.
Pommerscher Landbote
1924 - 1930, Nr. 12   **101a**
(2 Ro)   101a
1924, 1.4. - 1925
1927 - 1928
1930, Jan. - 27.3.   **Bo 133**
                              Bo 133
                              9

9375.
Pommersches Archiv der Wissenschaften
und des Geschmacks
1783 - 1784   **46**
                                          Gö 169

9376.
Die Rundschau
(1911 - 1922?)
1919, 3.4. - 1921, 29.9.
1922, 2.4. - 10.9.   **1w**
(1 Ro)   1w
                                          Dm 11

9377.
Stettiner Abendpost
1902, 7.11. - 1903, 31.10.
1905, 17.8. - 22.10.
1906, 30.6. - 25.10.
1909, 10.8. - 31.12.
1910, 17.7. - 18.12.
1912, Jan. - Apr.
1912, 28.5. - 1.8.
1914, 1.5. - 30.8.
1915, 1.5. - 1916, Aug.
1917 - 1919
1920, Mai - Dez.
1924, Okt. - 1925
1926, Jan. - Feb.
1926, 18.4. - 24.9.   **9**
                                               9
1918, 5.1. - 1919, 30.3. (L)
1919, 11.4. - 3.8. (L)   **1w**
                                               1w
1904, 1.7. - 30.10.
1904, 1.12. - 1906, 31.8.
1906, 2.10. - 1907, 31.8.
1907, 1.11. - 1908, 30.4.
1908, 2.6. - 1910
1911, 1.4. - 30.6.
1911, 3.10. - 1912, 29.9.
1913, 1.1. - 29.6.
1914 - 1915, 31.3.
1915, 1.7. - 31.12.
1916, 1.2. - 30.6.
1916, 1.10. - 1917, 31.3.
1917, 1.7. - 30.12.
1918, 3.4. - 30.6. u. 1.10. - 31.12.
1919, 1.10. - 31.12.
1920, 2.4. - 1921, 31.3.
1921, 1.7. - 1922, 31.3.
1922, 1.7. - 30.9.
1923, 3.1. - 30.9.
1924, 1.1. - 29.6.   12

1924, 8.11. - 1925, 31.3.
1925, 1.7. - 30.9.
1927, 1.4. - 30.9.
1928, 1.1. - 31.3. u. 1.7.   12

9378.
Stettiner Beobachter und Pommersche Revue
1896 - 1899, 4.6.   **9**
                                               9

9379.
Stettiner Montagszeitung
Montagsausgabe der "Stettiner neueste
Nachrichten"
1905, 25.9. - 1906, 29.1.
1906, 5.3. - 26.11.
1907, 4. - 23.2.
1907, 8.4. - 1908, 29.6.
1908, 3.8. - 1909, 25.10.
1909, 6.12. - 1910, 28.11.
1911, 2.1. - 27.3., 3.7. - 25.9.
1912, 8.1. - 1914, 30.3.
1914, 6.7. - 28.9.
1915, 4.1. - 29.3.
1915, 5.8. - 1916, 27.3.
1916, 3.7. - 25.9.
1917, 2.7. - 24.9.   12

9380.
Stettiner neueste Nachrichten
1896, Juli u. Sep.
1896, Nov. - 1898, Feb.
1898, Apr. - 1899, Jan.
1899, März, Apr., Juni
1899, Aug. - 1900, Nov.
1901 - 1902, Feb.
1902, Apr. - 1903, Feb.
1903, Apr. u. 1.6. - 25.7.
1903, Sep. - 29.11.
1904
1905, Juni - 1906, Jan.
1906, März - Nov.
1907, Feb. u. Apr. - Juni
1907, Aug. - 1908, Juni
1908, Aug. - 1909, Okt.
1909, Dez. - 1910, Nov.
1911, Jan. - März, Juli - Sep.
1912, 4.1. - 31.3.
1912, Juli - 1914, März
1914, 2.7. - 30.9.
1915, Jan. - März
1915, Okt. - 1916, März
1916, Juli - Sep.
1917, Juli - Sep.   12

9381.
Stettiner Tageblatt
1877, 1.3. - 1878 (L)
1879, 1.7. - 28.12.
1881, 1.7. - 31.12.
1883
1886, 1.1. - 30.6.
1887, 4.1. - 29.6.
1888, 3.7. - 1889, 14.4.
1890, 1.1. - 29.6.
1891, 1.1. - 28.6.
1892
1894, 1.1. - 28.6.
1896, 1.7. - 31.12.
1900, 1.7. - 1901, 30.6.
1902, 1.1. - 28.6.
1903 - 1904, 30.6.
1905, 1.1. - 30.6.
1906, 1.1. - 17.6.
1906, 3.7. - 1908
1909, 1.7. - 1910, 30.6.   12

9382.
Stettiner Volksbote
1.7.1892: Volks-Bote
SPD Pommern
(1885 - 18.2.1933)
1885 - 1889 (L)
1896 - 1898 (L)
1901 - 1908 (L)
1911 - 1929 (L)
1931 - 1933, 28.2. (L)   **Bo 133**
                                    Bo 133
                                    9
Beilage(n):
Erwerbslosen-Volksbote
1933, 22.1.   Bo 133
Die Freie Gewerkschaft
1924, 1.10. - 1925 (L)   Bo 133
1924 - 1925 (L)   9
Für unsere Frauen
1911
1913 - 1914, 28.6.   Bo 133
Juristische und volkswirtschaft-
liche Rundschau
1919, 2.11. - 1920?   Bo 133
Nach Feierabend
1924   Bo 133
Wahlzeitung
1921, Nr. 1 - 7   Bo 133

9383.
Der Stürmer
Arbeiterjugend
1917, 5   **B 479**
                                    B 479

9384.
Vaterland und Freiheit
DDP
1925, 22.4. - 19.12.   **1w**
(1 Ro)   1w
                                    Dm 11
1927 - 1929 (L)   9

9385.
Wegweiser für Taubstumme
Stettin, Halle
1901, 6.1. - 1915, 1.12.   Dm 11

9386.
Zuverlässige Nachrichten von wichtigen
Landes- und Wirthschafts-Verbesserungen
(zeitweise ohne Datum)
1780 - 1784   **46**
                                    46
MPF: 1778, 1781, 1782   46
1780 - 1784 (L)   Gö 169

STOCKACH

9387.
Stockacher Tagblatt
Beilage(n):
Die Stockacher Woche
1912, 7.1. - 1918, 24.2.   **31**
(2 Ro)   31

9388.
Südwestdeutsche Volkszeitung für christliche
Politik und Kultur / ST
HA in Freiburg, Br.
1947, 6.9. - 1949, 28.10.   **31**
                                    31

STOCKHOLM (S)

9389.
Auslandsvertretungen der deutschen
Gewerkschaften in Stockholm
Rundbrief. Nach mehrmaligen geringfügigen
Titeländerungen ab Sep. 1944: Mitteilungs-
blatt/Landesgruppe deutscher Gewerkschafter
in Schweden
(Dez. 1942 - 31.12.1945)
1942, Dez. - 1945   **Dm 11**
(1 Ro)   Dm 11
                                    739
                                    M 352

9390.
Bote der russischen Revolution
1917, 15.9. - 28.11.   **B 479**
                              B 479

9391.
Freier deutscher Kulturbund in Schweden
Mitteilungsblatt des FDKB
(Feb. 1945 - Apr. 1946)
1945, Feb. - 1946, Apr.   **Dm 11**
(1 Ro)   Dm 11
                              18
                              468
                              715
                              188/211
                              Bo 133
                              M 352

9392.
Information
Der Vertreter des PV der SPD-Tyska social-
demokratiska partiets representant (Kurt Hei-
nig)
1933/44 zwischenzeitlich: Zur Information
(März 1943 - Sep. 1947)
1943, März - 1947, Sep.   **Dm 11**
(1 Ro)   Dm 11
                              739

9393.
Politische Information
Zeitschrift der deutschen Antifaschisten in
Schweden. Vorg.: Die Welt, Stockholm
(15.7.1943 - 15.11.1945)
1943, 15.7. - 1945, 15.11.   **Dm 11**
(1 Ro)   Dm 11
                              715
                              739
                              188/211
                              M 352

9394.
Russische Korrespondenz Prawda
1917, Nr. 4 - Nov.   **B 479**
                              B 479

9395.
Sozialistische Tribüne
SPD-Landesgruppe in Schweden
1945 - 1946, Mai/Juni   739
                              188/211
                              18
                              35
                              715

1945 - 1946, Mai/Juni   468
                              5
                              Bo 133

9396.
Tele
1944 - 1945 (L)   46
(1 Ro)

9397.
Die Welt
Zeitschrift für Politik, Wirtschaft und Arbeiterbewegung. Vorläufer: Rundschau über Politik, Wirtschaft und Arbeiterbewegung, Basel.
Forts.: Politische Information, Stockholm
(18.9.1939 - 28.5.1943)
1939, 18.9. - 1943, 28.5.   **Dm 11**
(8 Ro)   Dm 11
                              18
                              46
                              739
                              188/211
                              Bo 133
                              M 352
1939   468
1941, Okt. - 1943, Juli   180
1940, 5.1. - 1943, 28.5.   19
1939, 18.9. - 28.12.
1941 - 1943, Mai   1 w
1940, Nr. 6 - 27   Bm 3
1941 - 1943, 28.5.   101a

9398.
Das Wort
1945 - 1946 in Stockholm, vorher ohne
Ortsangabe
1937 - 1946, Aug.   **Dm 11**
(1 Ro)   Dm 11
                              739

STOLBERG/HARZ

9399.
Der Hohnsteinsche Erzähler
9.1.1817: Hohnsteinsche Interimsblätter
1816 - 1817, Apr.   46
(1 Ro)   46

9400.
*Stolbergische Sammlung Neuer und
Merckwürdiger Welt-Geschichte*
1735 - 1736
1738   46
(1 Ro)

STOLBERG/RHEINLAND

9401.
Stolberger Volkszeitung
BA v. Aachener Volkszeitung
1957, 16.8. - 1.10.
1958 - 1959, 30.6. (L)   **Dm 11**
                    Dm 11

STOLLBERG/ERZGEBIRGE

9402.
Freie Presse
HA in Chemnitz/Karl-Marx-Stadt
1971 - 1990, 31.8. (L)   14
(nur Lokalteil)

9403.
Volksstimme
HA in Chemnitz/Karl-Marx-Stadt
1990, 1.9. ff. (L, nur Lokalteil)   **14**
                          14
1946, 20.5. - 1950, 30.6. (MPF)   14
(nur Lokalseiten)

STOLP (SŁUPSK, PL)

9404.
Die Grenz-Zeitung
1936, 1.7. - 30.10.
1939, 21.7. - 1940 (L)
1942   **1w**
(5 Ro)   1w
           Dm 11

9405.
Kreisblatt des Stolpschen Kreises
später: Kreisblatt des Stolper Kreises
später: Kreisblatt des Landkreises Stolp
1882 - 1923
1925 - 1932   9
          9
1851 - 1852 (E)
1856 (E), 1860 (E)
1897, 1917, 1924   1w
          1w
          Dm 11

9406.
Der Landbote
1924 - 1932 (L)   **Bo 133**
          Bo 133
          9

9407.
Pommerscher Volks-Bote
Lauenburg, später Stolp
1849, 4.7. - 1850, 30.3. (L)   **Bo 133**
          Bo 133
          9

9408.
Stolper Beobachter
KPD
1931, Juli - Dez.   Bo 133
          9

9409.
Stolper Neueste Nachrichten
1912, 12.2. - 23.6.
1913, 28.8. - 9.12.
1915 - 1922, Nr. 28   9
          9

9410.
Stolper Post
1888
1889, 13.7. - 28.12.
1894 - 1896 (L)
1901, 3.2. - 8.12.
1903 - 1904, 12.11. (L)
1905, 3.1. - 20.12.
1908
1910, 16.3. - 25.12.
1915 - 1921
1923, Apr. - 1926, 12.10.
1928   9
          9

9411.
Wochenblatt für die Stadt Stolp
1832 - 1836 (L)   **1w**
(2 Ro)   1w
          Dm 11

9412.
Zeitung für Hinterpommern
1.1.1927: Zeitung für Ostpommern
(1870 - 1945, ?)
1893, 1.7. - 30.12.
1899, 2.1. - 30.6.
1903, 1.7. - 30.9.
1905, 2.4. - 30.6.
1906, 3.1. - 31.3.
1908, 1.4. - 30.6., 2.10. - 31.12.
1910, 1.1. - 31.3.
1911, 1.10. - 31.12.
1913, 1.4. - 29.6.
1914, 1.1. - 31.3.   **1w**

1915, 3.1. - 30.6.
1916, 1.7. - 31.12.
1920, 2.1. - 29.6.
1943, 1.6. - 1944, 1.1. (L)　　　1w
1893, 1.7. - 30.12.
1895, 2.4. - 29.6. u. 30.9. - 31.12.
1899, 2.1. - 30.6.
1903, 1.7. - 30.9.
1905, 2.4. - 30.6.
1906, 3.1. - 31.3.
1908, 1.4. - 30.6., 2.10. - 31.12.
1910, 1.1. - 31.3.
1911, 1.10. - 31.12.
1913, 1.4. - 29.6.
1914, 1.1. - 31.3.
1915, 3.1. - 30.6.
1916, 1.7. - 31.12.
1920, 2.1. - 29.6.
1943, 1.6. - 1944, 1.1. (L)　　　1w
1893, Juli - Dez.
1899, Jan. - Juni
1903, Juli - Sep.
1905, Apr. - Juni
1906, Jan. - März
1908, Apr. - Juni, Okt. - Dez.
1910, Jan. - März
1911, Okt. - Dez.
1913, Apr. - Juni
1914, Jan. - März
1915, Jan. - Juni
1916, Juli - Dez.
1920, Jan. - Juni
1943, 1.6. - 1944, 1.1. (L)　　　Dm 11
Beilage(n):
Ostpommersche Heimat
1928, 9.6. - 1929
1930, Nr. 5
1931, Nr. 1 - 50
1932, Nr. 1 - 37
1933, Nr. 1 - 40
1934 - 1939, Nr. 35
1940, Nr. 1 u. 2
(2 Ro)　　　　　　　　　　MFA
　　　　　　　　　　　　　Dm 11
1930,5 - 1940,2 (L)　　　　Mb 50
1928 - 1929, Nr. 13 (L)　　　9

STOLZENAU

9413.
Stolzenauer Wochenblatt
1884 - 1888 (MPF)
1890 - 1945, März (MPF)　　489

STORKOW/MARK

9414.
Die Lichtbildkunst
1912, Apr.? - 1914, 1.8.　　MFA

9415.
Lokal-Anzeiger für Storkow und Umgebung
1931, 1.7. - 30.9.　　　　1w
(1 Ro)　　　　　　　　　1w

STOROŠYNEZ (RO)

9416.
Bukowinaer Provinzbote
1931 - 1932　　　　　　　M 496

STRAELEN

9417.
Straelener Volksblatt
1898 - 1908
1910, 8.1. - 1911, 19.8.
1913, 5.7. - 1916, 29.3.
1917, 25.4. - 1923, 31.3.　　Ged 1
　　　　　　　　　　　　　Stl 1

STRALSUND

9418.
Amts-Blatt der Königlichen Regierung zu Stralsund / Amtsblatt
11.1.1919: Amts-Blatt der Regierung zu Stralsund / Amtsblatt
3.1.1920: Amts-Blatt der Preußischen Regierung zu Stralsund / Amtsblatt
1818 - 1932, 24.9. (L)　　　1
　　　　　　　　　　　　　Dm 11

9419.
Amts-Blatt der Königlichen Regierung zu Stralsund / Öffentlicher Anzeiger
11.1.1919?: Amts-Blatt der Regierung zu Stralsund / Öffentlicher Anzeiger
3.1.1920?: Amts-Blatt der Preußischen Regierung zu Stralsund / Öffentlicher Anzeiger
1818, 5.4. - 1889 (L)
1892 - 1894
1897
1900
1902 – 1905　　　　　　　1
　　　　　　　　　　　　　Dm 11

1907 - 1908	
1910	
1912 - 1915	
1917 - 1920, 20.11. (L)	
1923 - 1930	
1932, 2.1. - 24.9.	**1**
	Dm 11
Beilage(n):	
Sonderbeilage	
1913 - 1915	**1**
1917	1
	Dm 11

9420.
Auszug der neuesten Weltbegebenheiten
2.1.1772: Stralsundische Zeitung
(1760 - 28.6.1934)

1811	**1w**
(1 Ro)	1w
1799 - 1804	
1815 (E)	**46**
(6 Ro)	46
1760 - 1761	
1766 - 1769	
1771 - 1793	
1795 - 1796	
1798 - 1934, Juni	**9**
(Beilagen mitverfilmt)	9
1760 - 1934, 27.6.	Dm 11
Beilage(n):	
Mode und Heim	
1895 - 1909	Dm 11
Sonntags-Beilage	
1892, 2.10. - 1896	
1898 - 1929	Dm 11
Zick-Zack	
1889 - 1891	
1895 - 1900	
(Berlin/Schwerin)	Dm 11
1901 - 1903	**1w**
1905 - 1906, März (L)	1w

9421.
Insel-Rundschau
Vbg.: Rügen

1962, 2.8. - 1967, 30.3.	**Bo 174**
(1 Ro)	

9422.
Ostsee-Zeitung
HA in Rostock

1995, 1.9. ff.	**9**
(nur Lokalteil)	9

9423.
Stralsunder Rundschau

1962, 4.8. - 1965	**Bo 174**
(1 Ro)	

9424.
Stralsunder Volkszeitung
Apr. 1918?: Vorpommer

1912 (L)	
1914 - 1918, 31.3. (L)	
1920 - 1921 (L)	
1923 - 1926 (L)	
1928 (L)	
1930 - 1932 (L)	**Bo 133**
	Bo 133
	9

9425.
Stralsundischer Relations-Courier
(1.1.1689 - 1757)

1701 - 1702	
1710 (E), 1747 (L)	
1757 (E)	**46**
(3 Ro)	
1697 - 1702	Gö 169

9426.
Sundine

1827, Nr. 1 - 14	
1828 - 1834 (L)	
1836	
1838 - 1847 (L)	**1w**
(9 Ro)	1w
	Dm 11

STRASBURG (BRODNICA, PL)

9427.
*Kreisblatt des Königlichen Landraths-Amts
zu Strasburg*

1834 - 1847 (L)	**1w**
(3 Ro)	1w
1834, 25.7. - 1847 (L)	Dm 11

9428.
Der Preussische Grenzbote

1846 - 1847	**1w**
(1 Ro)	1w
	Dm 11

STRASSBURG (STRASBOURG, F)

9429.
Affiches de Strasbourg
später: Petites affiches de Strasbourg
23.9.1800: Feuille decadaire du Bas-Rhin
(zweisprachig)
1899 - 1904   30
(4 Ro)
1789 - 1792 (L)
1799, 23.9. - 1801, 23.8. (L)   ACRPP
1789 - 1792 (L)
1799, 25.12. - 1800, 26.3. (L)
1800, 22.8. - 1802, 9.6. (L)   25

9430.
*Affiches du Bas-Rhin. Niederrheinische An-
zeigen*
1797, 23.9. - 1798, 17.3.
1799, 1.2. - 21.2.
1808, 2.4. - 29.6. (L)   ACRPP
                                               12
                                               25

9431.
L' Alsacien / Der Elsässer
1848, 5.1. - 1849, 14.4. (L)   25

9432.
L' Ami du Peuple
Der Volksfreund
bilungual, überwiegend frz.
1956, 17.6. - 1961, 3.12.
1963 - 1969, 11.5.
1970
1971, 30.1. - 2003   212
                                             212

9433.
*Amtliche Nachrichten für das General-
Gouvernement Elsaß*
Nr. 12, 1870: Straßburger Zeitung und
Amtliche Nachrichten für das General-
Gouvernement Elsaß
(1870 - Nr. 287, 1879)
1870 - 1879, Nr. 287 (L)   30
                                               30
                                               31
                                          21/32c
Beilage(n):
  Straßburger Blätter
  1878   30
  Straßburger Handelsblatt
  1872 - 1875 (L)   30

9434.
Arbeiterpolitik
Organ der KPO, Elsass
1934 - 1939 (L)   46
(4 Ro)   46

9435.
Argos oder der Mann mit den hundert Augen
1792, 3.7. - 1794, 16.6.
1796, 20.4. - 30.6.   ACRPP
                                               12

9436.
*Beilage zum Niederrheinischen Kurier für
das konstitutionelle Deutschland*
Nr. 23, 1831: Das konstitutionelle Deutschland
1830, 9.12. - 1831   Dm 11
                                            Dm 11
                                               25
                                               25

9437.
Bonjour
1958, 1.11. - 1972, 30.9.   212
(11 Ro)   212

9438.
Der Bote aus der Heimat
18.10.1894: Die Heimat
1892   30
(1 Ro)
1893, 7.1. - 1899, 24.9.   ACRPP

9439.
*Bulletin oder Tägliche Nachrichten des
National Convents*
1792, 28.9. - 1793, 29.7. (L)   ACRPP
                                               25
                                             384

9440.
Central-Anzeiger für Elsaß
Indicateur central d'Alsace
1874, 28.11. - 1877, 2.6.   ACRPP

9441.
Le Cheminot unifié
Monats-Organ d. Einheitsverbandes d. elsaß-
lothr. Eisenbahner
1935, Aug. - 1940, Mai (L)   ACRPP

9442.
Chronik von Straßburg
1790, 6.1. - 13.11.   25

9443.
Dekaden-Blatt für den Landmann
o.J., Bd.1, Nr. 1 - 15
Bd. 2, Nr. 1 - 15   ACRPP

9444.
Echo von Elsaß-Lothringen
1885 - 1886, 1.2.   30
(1 Ro)

9445.
Eisenbahn-Zeitung
Zugleich Theater- und Konzertblatt für
Straßburg
1893, 9.7. - 1898, 29.8. (L)   ACRPP

9446.
Der Elsässer
bis 1893 mit dem Zusatz: L' Alsacien
1885 - 1904
1906 - 1918 (L)   30
(53 Ro)   30
1926, 2.1. - 1935
1936, 27.8. - 1937, 30.4.
1940, Jan. - 8.6.   212
1885, 2.4. - 1904
1906 - 1918   31
1885, 2.4. - 1904
1906 - 1918   21/32c
1936, 27.8. - 31.12.   212

9447.
Der Elsässer Bauer
1921, 3.2. - 1929, 23.9.
1934 - 1935 (L)   ACRPP

9448.
Elsässer Bote
1928, 25.12. - 1929, 30.3.
1932, 1.7. - 30.9.   212
(2 Ro)   212

9449.
Die Elsässer Hausfrau
La Ménagère alsacienne
1922 - 1929, 20.9. (L)   ACRPP

9450.
Der Elsässische Volksbote
1899, Okt. - 1906, Feb. (L)   ACRPP

9451.
Elsässisches Sonntagsblatt für
Unterhaltung und Belehrung
1929 - 1939, 27.8. (L)   ACRPP

9452.
Elsässisches Volksblatt
1868 - 1882 (L)   30
(3 Ro)

9453.
Das Elsaß
Nur 1940: L' Alsace
1940 - 1944   25

9454.
Elsaß-Lothringer Zeitung (Elz)
1932, 1.10. - 31.12.
1933, 2.1. - 1937, 30.4.
1938, 1.4. - 1939, 27.8.
1940, 2.1. - 8.6.   212
                                      21/32c

9455.
Elsaß-Lothringische Zeitung
1879, 9.12. - 1884, 30.9.   31

9456.
Feuille hebdomadaire patriotique
20.12.1789: Patriotisches Wochenblatt
1789, 6.12. - 1790, 8.5.   ACRPP
                                         25

9457.
Le Franciste d'Alsace et de Lorraine
Faschistisches Kampfblatt
1937, Juli - 1.8.
1938, Apr.   ACRPP

9458.
Der Francke
auch: Der Franke
1791   ACRPP
                                         25
                                        384
                                         36

9459.
Französische Staatsverwaltung in den
Rheinischen Departementern
1791, 3.5. - 13.7. (L)   ACRPP
                                         25
                                        384

9460.
Freie Presse für Elsaß-Lothringen
anfangs in Schittigheim
1917 - 1918 (L)   30
(3 Ro)   30
1898, 2.11. - 1916
1939, Jan. - 22.8.   ACRPP

9461.
Frühpost
1789, 13. - 30.8.   ACRPP
25
384

9462.
Geschichte der gegenwärtigen Zeit[...]
1790, 1.10. - 1793, 1.1.   ACRPP
12
25
384

9463.
Journal d' Alsace-Lorraine
1927?: Journal d' Alsace et de Lorraine
1927
1930 - 1931   **212**
(2 Ro)   212
1905 - 1913, 30.6.   **30**
30
21/32c

9464.
Journal d' Alsace/Elsässer Journal
Zweisprachige Tageszeitung
1873, Juni - Dez.   ACRPP

9465.
Journal der neuen Staatsverfassung von Frankreich
1791, 6.10. - 1792, 20.8.   ACRPP
12
25

9466.
Journal für das gesellige Vergnügen
1797, 23.2. - 20.3.   ACRPP

9467.
Das Konstitutionelle Deutschland
2.12.1831: Deutschland
1831, 13.5. - 1832, 30.3.   25
25

9468.
Kreuz-Zeitung
ab Nr. 4, 1884: Kreuz-Zeitung für Elsaß-Lothringen
1884 - 1885   **30**

9469.
Der Kriegsbote
1792, 7.8. - 7.11. (L)   ACRPP
25
36
384

9470.
Kronik der Menschheit
1798, 24.3. - 7.6. (L)
(Beilage Intelligenz Nachrichten   ACRPP
mitverfilmt)
25
384
36

9471.
Landes-Zeitung für Elsaß-Lothringen
1884, 1.10. - 1889, 30.9.   31

9472.
La Moselle Agricole
bilingual
1969, 31.12. - 1970   **212**
(1 Ro)   212

9473.
Nationalblatt für das niederrheinische Departement
1790, 2.7. - 1791, 29.7.   ACRPP
12
25

9474.
Das neue Straßburg
1875, Nr. 1 - 21   **30**
30
21/32c

9475.
Die Neue Welt
1929: L' Humanité de Strasbourg
1929 - 1934   **30**
1923 - 1928   ACRPP
1929, 9.7. - 1930, 30.6.
1931, 2.1. - 31.3.   **212**
(2 Ro)   212
1929, 9.7. - 1939, 1.1. (L)   Bo 133

9476.
Neuer Strassburger Anzeiger
1889, 7.2. - 1893, 30.6.   ACRPP

9477.
Niederrheinischer Kurier
auch: Le Courrier du Bas-
Rhin/Niederrheinischer Kurier
1873: Elsässer Jornal
1870
1872 - 1874 (L) 30
1817
1828 - 1832
1846 - 1847 ACRPP
1830, 9.12. - 1831, 6.5. 25
25
1870
1872 - 1913 (L) 30
1846 - 1847 385

9478.
Die Pariser deutsche Zeitung
1795, 22.12. - 1796, 19.3. ACRPP
25
384

9479.
Patriotisches Sonntagsblatt
1792, Nr. 1 - 26 ACRPP
25
384

9480.
Politisch-Litterarischer Kurier
1789, 2.12. - 1791, 1.1. ACRPP
12
25

9481.
Presse von Elsaß-Lothringen
1880 - 1881, Nr. 218 30
(2 Ro) 30

9482.
*Relation: aller Fürnemen und
Gedenckwürdigen Historien[...]*
1609 - 1612
1620 - 1627
1633 - 1637
1643 - 1647
1649
1662 - 1663
1665 - 1667 30

9483.
Republikanische Kronik
1796, 4.1. - 24.2. (L)
1796, 19.6. - 20.9. (L) ACRPP
12
25

9484.
*La Republique: Neueste Strassburger
Morgen-Zeitung*
1921 - 1931, 31.1. (L) 212
1919 - 1939 30

9485.
Der Rheinische Demokrat
Le Démocrate du Rhin
1849, 10.1. - 1851, 28.11. ACRPP
(F: Nr. v. 28.2.1849)

9486.
Rheinische Kronik
15.12.1798: Fränkischer Merkur
1796, 21.1. - 30.6.
1796, 23.9. - 1797, 22.12.
1798, 30.9. - 31.12. ACRPP
384
25
1796, 23.9 - 1797, 22.12.
1798, 30.9. - 31.12. 12

9487.
Rheinische Zeitung
1796, 21.1. - 30.6. (L) ACRPP

9488.
Sonntagsgruß
Ein Elsaß-Lothringisches evangelisches
Familienblatt
1895, 5.10. - 1900 ACRPP

9489.
Strasburger neue Zeitung
1798, 19.6. - 2.7. (L) ACRPP
25
384

9490.
Strasburger privilegirte Zeitung
1789: Privilegirte Strasburgische Zeitung
16.12.1789: Politische Strasburgische Zeitung
3.1.1791: Strassburgische Zeitung
1788, 4.1. - Juni
1789 - 1794, 12.9. ACRPP
1788 - 1794, 12.9. 12
1788, Jan. - Juni
1786 - 1790 384
1788 - 1794, 12.9. 25

9491.
Strasburgisches politisches Journal
1792 12

9492.
Straßburger Bürgerzeitung
1919: Straßburger Echo
auch: La République de Strasbourg
1892 - 1939, 1.9. (LL) 30
(95 Ro, Beilage mitverfilmt) 30
31
21/32c
Beilage(n):
Feierstunden 30
1894 - 1918 (L) 30

9493.
Straßburger Kurier
1793, 1.1. - 29.6.
1794, 19.6. - 1795, 21.12. ACRPP
12
384
25

9494.
Straßburger Land-Blatt
1901 - 1903 (L) ACRPP

9495.
Straßburger Monatshefte
1943 - 1944, Aug. Kai 1

9496.
Strassburger neue Zeitung
1909, 18.9. - 1939, 1.9.
1945 - 1947 30
30
31
1909, 18.9. - 1939, 1.9. 25

9497.
Straßburger Neueste Nachrichten
anfangs: Neueste Nachrichten
später zweisprachig als:
Les Dernières Nouvelles d' Alsace
(17.11.1877 Probe-Nr., 1.12.1877 ff.)
1938 - 1940, 14.6. (L)
1940, 8.7. - 30.12. 1w
1w
1960, März
1962, 1.2. - 1963, 31.8.
1963, 1.11. - 1964, 28.7.
1964, 1.9. - 1965, 31.1.
1966, 1.3. - 17.3.
1967, 18.1. - 28.2.
1967, 16.3. - 31.3.
1967, 19.5. - 16.6.
1967, 1.7. – 1968 212
212

1969, 19.1. - 1971
1972, 1.9. - 31.12.
1993 - 2003
2005 - 2007
212
212
1877, 17.11. - 1878, Juni ACRPP
1959 - 1999 25
1940, 16.9. - 1944, 22.11. 31
1938 - 1940 Dm 11
1938 - 1940, 31.8. 21/32c
Beilage(n):
Regierungs-Anzeiger für das
Elsaß
1940, 30.11. - 1944, 26.8. 31
1940, 23.11. - 28.12. 1w
1w

9498.
Straßburger Neueste Nachrichten / Nord
1940, 16.9. - 1941, 24.5. (L) 31

9499.
Straßburger Neueste Nachrichten / West
1941, 1.1. - 31.5. (L) 31

9500.
Straßburger Post
1916, 18.1. - 1918, 21.9. (L) GB-
(10 Ro) LO/N38

1882 - 1918, 21.11. (L) 30
(100 Ro) 30
31
21
1914, 24.7. - 30.9. 1w

9501.
Straßburger Rundschau
1901, 2.6. - 1914, 1.8. (L) ACRPP

9502.
Straßburger Tageblatt
1872 30
30
31

9503.
Straßburger Wochenblatt
1789 - 1791 (L) 25
1899 - 1904 30

9504.
Straßburger Zeitung
1890, März - 1900
1906 - 1908
(Beilagen: Für's Haus, Straßburger Kinderzeitung, Elsässische ACRPP
Frauen-Blätter mitverfilmt)
1901 - 1905 (L) 30
30
31

9505.
Strassburgische Chronik
1790, 6.1. - 13.11. ACRPP

9506.
Unabhängiger Zeitungsdienst (UZD)-Service de Presse Indépendant
(Frühj. 1933 - Sep. 1936)
1934, 17.3. - 1935, März
1936, März - Sep. (L) 46
Dm 11
(1 Ro) Dm 11
18
6
Bo 133
715
188/211
6/053

9507.
Union Elsass-Lothringen
1880 - 1884, Nr. 275 30
(6 Ro) 30

9508.
Der Volksfreund vom Niederrhein
1793, 15.1. - 15.3. (L) ACRPP
25
36
384

9509.
Volkstribüne
La Tribune du peuple
1926, Jan. - Apr. ACRPP

9510.
Der Wahlmann
1797, 20.2. - 19.5. ACRPP
25
384

9511.
Der Weltbote
13.9.1794: Strassburgische Zeitung und mit derselben vereinigt der Weltbote
22.9.1794: Strassburgische Zeitung oder der Weltbote
22.12.1795: Strassburgischer Weltbote
später: Strassburger Weltbote
1794, 13.9. - 1803, 16.12. ACRPP
1793 - 1803, 16.12. (L) 12
25
384

9512.
Wöchentliche Nachrichten
1790, 8.1. - 1791 ACRPP
25
384

9513.
Die Zukunft
1925, 9.5. - 1927, 12.11. (L) 30
30
1925, 16.5. - 1927, 3.12. 21/32c

STRAUBING

9514.
Niederbayerische Nachrichten
1948, 23.1. - 1949, 12.8. (L) GB-
LO/N38

9515.
Straubinger Beobachter
1932, 2.9. - 1933, 31.5. 12
Str 2

9516.
Straubinger Tagblatt
(12.8.1949 ff.)
1976 ff. 101b
(ca. 11 Ro/Jg)
1860, 1.10. - 1945, 18.4.
1949, 12.8. ff. 12
1992 - 1997 101a
1966 ff. 101b

9517.
Straubinger Volksblatt
1928 - 1933, 29.1. 12
1928 - 1931 Str 2

9518.
Straubinger Wacht
Vlg. in Regensburg
1932, 1.11. - 1933, 28.1.   12
                Str 2

STRAUSBERG

9519.
Strausberger Zeitung
1925, Jan. - Juni
                1w
                1w

STREHLEN (STRZELIN, PL)

9520.
Strehlener Stadtblatt
1844: Strehlener Kreis- und Stadtblatt
Vlg. in Brieg
1835 - 1846 (L)   1w
(3 Ro)
1835 - 1846 (L)   Dm 11
1835 - 1846 (L)
1909   1w

STRELNO (STRZELNO, PL)

9521.
Strelnoer Kreisblatt
1892, 28.4. - 1893 (L)   1w
(1 Ro)   1w
                Dm 11

STRIEGAU (STRZEGOM, PL)

9522.
Striegauer Kreisblatt
1848
1926 - 1931   1w
(7 Ro)   1w
1848   Dm 11

9523.
Striegauer Stadtblatt
1927
1933 - 1936 (L)   1w
(2 Ro)   1w

STUHM (SZTUM, PL)

9524.
Kreisblatt für den Kreis Stuhm
1918   1w
(1 Ro)   1w
                Dm 11

STUTTGART

9525.
Allgemeine Familien-Zeitung
1869 - 1872   46
(1 Ro)   46
1869 - 1874   17

9526.
Allgemeine Filder-Zeitung
1898, 29.9. - 1915
1917 - 1923   24
                Fil 1

9527.
Alt- und newer Schreib- wie auch
Samaritanischer Artzney- und
Traum-beschreibungs-Calender : auff
das Jahr ...
1673: Alt- und newer Samaritanischer-
wie auch Artzney- und Traum-
beschreibungs-Calender sampt der
astrologischen Practica
1670 - 1674   24
(2 Ro)   24

9528.
Das andere Deutschland
1946, Nr. 1 - 5   M 352

9529.
Anzeigenbote für die Filder
[Stuttgart-] Degerloch
(6.11.1948 - 31.12.1949)
1948, 6.11. - 1949 (L)   **MFA**
(2 Ro)
                Ess 6

9530.
Arbeiter-Tribüne
1930   46
(1 Ro)
1929, Nr. 4 - 1930   24
(2 Ro)   24
1929, 15.6. - 1930   **B 479**
                B 479
1929, Juli - Nov.
1930   Bm 3

9531.
Die Arbeiterin
Stuttgart, Berlin
1892: Die Gleichheit
ab 5.7.1919 in Berlin

1892 - 1918	1
	1
1892, 11.1. - 1922, 15.8.	**Bo 414**
(8 Ro)	
	46
	25
	Bo 133
	109
	361
	Bm 3
	Dm 11
	Lün 4
	19
1892 - 1904	
1909 - 1918	
1920	1w
Beilage(n):	
Für unsere Kinder	1
1908/09 - 1917/18	1
1906	
1908/09 - 1909/10	Bo 133
Kinderland	
1922 (L)	Bo 133

9532.
Das Ausland

1890, 20.10. - 3.11.	**B 479**
	B 479

9533.
Ausland und Heimat

1919 - 1920 (L)	30

9534.
Der Auslandsdeutsche

1937 - 1938	**M 352**

9535.
AZ Württembergische Abend-Zeitung
2.4.1951: Württembergische allgemeine Zeitung
1.8.1951: Allgemeine Zeitung für Württemberg

1949, 12.8. - 1952, 30.11. (L)	GB-LO/N38

9536.
Der Beobachter <1789>

1789, Jan. - Juni	
1790, Juli u. Dez.	**46**
(1 Ro)	46

9537.
Betriebsrätezeitschrift der Funktionäre der Metallindustrie

1920, 15.4. - 1923, 22.12.	**Bo 414**
(2 Ro)	
	Lün 4
1920 - 1921	46

9538.
Bibliographie des Monats

1952, Nr. 2 - 8	**18**
	18

9539.
Blätter für den häuslichen Kreis

1872	**46**
(1 Ro)	
1868 - 1872	17

9540.
Das Buch der Welt

1842 - 1844	
1848 - 1850	**46**

9541.
Das Buch für Alle
Stuttgart, Berlin, Leipzig

1895, 1899, 1900	
1904, 1909	**1a**
	1a
1872 u. 1877	
1897 - 1898	**46**
(2 Ro)	46
1893, 1894, 1896	
1911 - 1913	**Dm 11**
1893 - 1900	
1904 u. 1909	
1911 - 1913	Dm 11

9542.
Buchbinder-Zeitung

1885 - 1904, Okt.	
1905 - 1932	**46**
1895 - 1933, 22	Bo 133

9543.
Die Bücher-Kommentare
Vierteljahreshefte der Deutschen Kommentare,
Heidelberg
anfangs als Beilage zu Deutsche Kommentare
1952, 1.10. - 1967   **281**
(2 Ro)
1953 - 1959, 15.9. (L)   **MFA**
(1 Ro)
                                                    Dm 11
1955, III - 1956, III   **GB-**
                                                    LO/N38

9544.
Bürgerzeitung
Illustrirte Sonntagsausgabe
1884/85, 1 - 30   **B 479**
                                                    B 479

9545.
Cannstatter Zeitung <1896>
1.7.1949: Neue Cannstatter Zeitung
5.7.1952: Cannstatter Zeitung
1896 - 1914
1949, 1.7. - 2009   24

9546.
Christ und Welt
Stuttgart, Düsseldorf
2.4.1971: Deutsche Zeitung, Christ und Welt
Am 1.1.1980 fusioniert m. Rheinischer
Merkur, Koblenz/Bonn. Forts. s. dort u. Rheinischer Merkur, Christ und Welt
Stuttgart, ab 2.4.1971 i. Düsseldorf
(6.6.1948 - 21.12.1979)
1953 - 1956   **8**
(10 Ro)
1961 - 1969   **281**
(14 Ro)
1952 - 1957, Juni   **101b**
1975, 10.1. - 1979, 21.12.   **MFA**
(9 Ro)
1948, 6.6. - 1979, 21.12.   **Bo 414**
(2 Ro/Jg)
                                                    Dm 11
                                                    77
1948, 6.6. - Dez.   **GB-**
1953 - 1979 (L)   **LO/N38**
1948, 6.6. - 1975   **Ilm 1**
1948, 6.6. - 1979, 21.12.   **M 352**
                                                    352

1948, 6.6. - 1950
1952 - 1979, 21.12.   8
1948, 6.6. - 1969   21
1970 - 1979, 21.12.   25
                                                    464
                                                    706
                                                    739
                                                    35
                                                    43
1970 - 1979   109
1969 - 1971, 21.12.   260
1977 - 1979, 21.12.   294
1971, 2.4. - 1979 (L)   467
1952 - 1957, Juni   **Kn 168**
1977 - 1979   361

9547.
Der Christenbote
1836 - 1838   **B 479**
                                                    B 479
Beilage(n):
Christliches Intelligenz-Blatt   **B 479**
1836 - 1838, 6   B 479

9548.
Degerlocher Anzeiger
[Stuttgart-] Degerloch
1909, 20.11.
1910, 5.1 - 1917
1918, 21.9.
1924, 25.10. - 1933
1934, 13.1. - 1941, 28.2.   **MFA**
(39 Ro)
1910 - 1917
1924 - 1975, 29.3. (Kriegslücke)   **Stg 277**

9549.
Der Demokrat
Mitteilungsblatt d. Demokratischen
Volkspartei
1946, 14.6. - 1951   **Gub 1**
1946, 14.6. - 1950, 9.8.   **M 352**

9550.
Demokratische Correspondenz
1868 - 1869   **46**
(1 Ro)
1868 - 1870, 19.7. (L)   **B 479**
                                                    B 479

9551.
Deutsche allgemeine Zeitung
bis 19.11.1831: Stuttgarter allgemeine Zeitung
1831, 27.6. - 1832, 28.9.   **24**
(3 Ro)
1831, 27.6. - 1832   21

9552.
Deutsche Feuerwehrzeitung
1860, 12.10. - 1923, 1.9.   24
(11 Ro)   24

9553.
Die Deutsche Kellnerin
1908 - 1910   Bo 133

9554.
Deutsche Reichspost
Zentralorgan d. Konservativen Süddeutsch-
lands
1901 - 1911   21
                                          21

9555.
Deutsche Schriftstellerzeitung
1926 - 1929   46

9556.
Deutsches Volksblatt
(1.5.1848 - 31.10.1935 u. 1.7.1953 -
31.7.1965)
1863
1866, 1.7. - 30.12.
1911 - 1913
1915, 1.7. - 1922, 31.5.
1923 - 1930
1931, 1.7. - 1935, 31.10.
1953, 1.7. - 1965, 31.7.   24
(38 Ro)   24
1849   Dm 11
                                        Dm 11
                                           21
1863
1866, 1.7. - 30.12.
1911, 2.1. - 1935, 31.10.
1953, 1.7. - 1965, 31.7.   101b

9557.
Deutsches Volksblatt / Landesausg.
1953, 1.7. - 1965, 31.7.   24
(16 Ro)   24

9558.
Deutsches Volksblatt / Stadt
1954 - 1965, 31.7.   24
(16 Ro)   24

9559.
Durchbruch
Kampfblatt für deutschen Glauben, Rasse,
Volkstum
1934 - 1938   21
(4 Ro)   21

9560.
Eulenspiegel
Beilage(n):
Stuttgarter literarisches Wo-
chenblatt
1863   12

9561.
Der Evangelische Kinderfreund
1895, Jan. - Nov.
1896 - 1907   46

9562.
Feuerbacher Zeitung
[Stuttgart-] Feuerbach
[Stuttgart-] Zuffenhausen
1892 - 1894 (L)
1896 u. 1903 (L)
1915 - 1941, 31.5. (L)   MFA
(47 Ro, Beilagen mitverfilmt)
                                           24
                                       Stg 277

9563.
Filder-Bote
Stuttgart, Esslingen a. Neckar, Böblingen
1.9.1941: NS-Kreiszeitung
16.5.1949: Filder-Zeitung
Stuttgart-Plieningen, ab 1898 S-Möhringen, ab
1923 S-Vaihingen
(1879 - 1941 u. 12.5.1949 - 31.12.1998)
1897 - 1941
1949, 16.5. - 1998   24
1879 - 1941
1949, 15.5. - 1995   Fil 1
                                         Otf 1

9564.
Das Flügelrad
1911 - 1917   Bo 133

9565.
Frauen-Zeitung
1855 - 1858   46
(Beilage: Salon)   46

9566.
Der Freie Demokrat
1950, 16.8. - 1951, 12.12.　　　M 352
　　　　　　　　　　　　　　　188/211

9567.
Freiheit
Deutsche Föderation Revolutionärer Arbeiter
Stuttgart-Feuerbach
1900 - 1902 (L)　　　　　　　**B 479**
　　　　　　　　　　　　　　　B 479

9568.
Für alle Welt
1895 - 1896
1898 - 1902　　　　　　　　　1a
1881　　　　　　　　　　　　46

9569.
Gaisburger Zeitung
1881 - 1935　　　　　　　　　24

9570.
Gemeinde-Zeitung für die israelitischen Ge-
meinden Württembergs
2.5.1937: Jüdisches Gemeindeblatt für die
israelitischen Gemeinden Württembergs
1924, 15.4. - 1938, 1.11.　　　**Dm 11**
(2 Ro)　　　　　　　　　　　Dm 11
1937, 2.5. - 1938, 1.11. (L)　　**M 352**
1924, 15.4. - 1938, 1.11.　　　24
(2 Ro, F: 1925/26 u. 1936/37)　24
　　　　　　　　　　　　　　　30
　　　　　　　　　　　　　　　19
　　　　　　　　　　　　　　　824
　　　　　　　　　　　　　　　B 1539
　　　　　　　　　　　　　　　464
　　　　　　　　　　　　　　　517
1924, 15.4. - 1938, 1.11.　　　16
1937, 2.5. - 1938, 1.11. (L)　　H 227
　　　　　　　　　　　　　　　He 116
1924/25 - 1937/38 (L)　　　　46

9571.
Der Genossenschafter
1920 - 1928, Nr. 18　　　　　Bo 133

9572.
Der Hansjörgle aus Schwaben
1878 (L)　　　　　　　　　　24

9573.
Hier auf den Fildern
Stuttgart, Filderstadt, Vaihingen/Enz, Leinfel-
den, Esslingen a. Neckar
1999: Filder-Zeitung / F
2008: Filder-Zeitung / FIL
als Beilage zu Stuttgarter Zeitung und
Stuttgarter Nachrichten/Stadtausg.
(2.10.1998 ff.)
2008 ff.　　　　　　　　　　**24**
1998, 2.10. - 2000
2008 ff.　　　　　　　　　　24

9574.
Hier im Stuttgarter Norden
als Beilage zu Stuttgarter Zeitung u. Stuttgarter
Nachrichten, Stadtausg.
verfilmt m. Ausg. FW u. ZS
(2.1.1999 ff.)
1999 - 2000　　　　　　　　24

9575.
Der Hochwächter
1.1.1833: Der Beobachter
(1.2.1830 - 30.9.1920)
1831, 1.4. - 1876
1877, 4.7. - 1920, 30.9.　　　**24**
(42 Ro)　　　　　　　　　　24
1861 - 1868, 29.2. (LL)　　　**B 479**
　　　　　　　　　　　　　　　B 479
1849, 1.6. - 31.12.　　　　　**Dm 11**
(1 Ro)　　　　　　　　　　　Dm 11
　　　　　　　　　　　　　　　361
　　　　　　　　　　　　　　　468
1831, 1.4. - 1840
1847, 1.2. - 1850, 31.7.
1910, 11.7. - 1920, 30.9.　　21
1831, 1.4. - 1833　　　　　　451

9576.
Illustrierte Chronik der Zeit
1876 u. 1879　　　　　　　　**46**
1874, 1875, 1880 (MPF)
1891 - 1896 (MPF)　　　　　46

9577.
Illustrierter Neuer Welt-Kalender
1883 u. 1888/89
1891/92　　　　　　　　　　**Dm 11**
　　　　　　　　　　　　　　　Dm 11

9578.
Illustriertes Sonntags-Blatt
1895 - 1900　　　　　　　　**46**
(1 Ro)　　　　　　　　　　　46

9579.
Illustrirte Kreuzer-Blätter
1849 - 1850   **46**

9580.
Illustrirte Volkszeitung
1874 - 1875   **46**

9581.
Die Illustrirte Welt
1853 - 1865
1869 - 1870
1896 (L)   **46**
1868 (L)   **Dm 11**
(1 Ro)   Dm 11
1859 - 1860
1869 - 1870
1896   **46**

9582.
Illustrirtes Unterhaltungs-Blatt
1895 - 1906   **46**
(4 Ro)   46

9583.
Jugend-Blätter
1852
1853, Juli - Dez.
1854, Juli - 1855   **46**
(2 Ro)

9584.
Jugendfreude
1886
1895 - 1901   **46**

9585.
Junge Stimme
1959, 9.5. - 1971, 2.9.   **281**
(3 Ro)

9586.
Kleine Presse
1899   **24**
(1 Ro)   24

9587.
Der Kommunist
1921 (E)   B 479

9588.
Das Kränzchen
1890/1891   **46**

9589.
Kriegszeitung der vierten Armee
1918, 25.4. - 3.11.   **Dm 11**
(1 Ro)   Dm 11

9590.
Die Kultur
1952, 15.10. - 1962, Apr.   **Dm 11**
(2 Ro)   Dm 11

9591.
Kunst- und Unterhaltungsblatt für Stadt und Land
1952 - 1954   **46**
(1 Ro)   46

9592.
Laterne
1848, 20.8. - 1849   **46**

9593.
Die Literatur
1952, 15.3. - 16.11.   **18**
(1 Ro)   18

9594.
Merkur
Deutsche Zeitschrift für europäisches Denken
(10.1.1947 ff.)
1947 - 1956   **Bo 414**
(5 Ro)
1947 - 1956
1975 ff.   706

9595.
Morgenblatt für gebildete Stände
1837: Morgenblatt für gebildete Leser
Tübingen u. Stuttgart
1837 - 1841
1848 - 1852, 26.12. (L)   **Dm 11**
(16 Ro)
1836   **B 479**
    B 479
1807 - 1865 (L)   **Bo 414**
(44 Ro)
1807 - 1836 (L)
1842 - 1847
1853 - 1858   21
1807 - 1836 (L)
1842, Jan. - Juni
1843 - 1847
1853 - 1865   24
    180

1807 - 1836	
1841 (E)	
1842, Jan. - Juni	
1843 - 1855	46
1809	
1846 - 1865 (L)	Bo 133
1807 - 1858 (L)	Dm 11
1809	Bm 3
Beilage(n):	
Extra-Beylage	
1809 - 1811	
1814	24
Intelligenzblatt	
1834	
1842 - 1846	24
1820 - 1821	
1833 - 1838	
1840	30
1846 - 1847 (L)	Bo 133
Kunstblatt	
1817 - 1836	
1842 - 1846	24
1820 - 1821	
1833 - 1838	
1840	30
1846 - 1847 (L)	Bo 133
Literaturblatt	
1817 - 1836	
1842 - 1846	24
1820 - 1821	
1833 - 1838	
1840	30
1846 - 1847 (L)	Bo 133
Übersicht der neuesten Literatur	
1809 - 1815	24

9596.
Nachrichten zum Nuzen und Vergnügen

1775 - 1776 (MPF)	
1778 - 1781 (MPF)	**24**
(3 Ro)	24
	46

9597.
Neue Illustrierte Zeitschrift

1845 - 1851	**46**
	46

9598.
Neue Musik-Zeitung

1880 - 1887	
1891, 19 - 1893	
1900 - 1901	
1902/03 - 1908/09	
1910/11 - 1911/12	12

1912/13, Nr. 22	
1913/14	12

9599.
Neue Untertürkheimer Zeitung

1949, 11.6. - 1955, 30.4.	**24**
(11 Ro)	24

9600.
Das neue Vaterland

(10.5.1946 - 1950)	
1946, 10.5. - 1955, 25.3.	**24**
(2 Ro)	24
1946 - 1955	**Gub 1**
1946, Nr. 1 - 5	M 352
1946 - 1950	188/211
	B 1527

9601.
Die Neue Zeit <1883>
Stuttgart, Berlin
UT: Wochenschrift der deutschen
Sozialdemokratie
mit Karl Kautsky, Rosa Luxemburg,
August Bebel, Franz Mehring

(1883 - 25.8.1923)	
1883 - 1922, 22.9.	**Bo 414**
(24 Ro)	
	Bo 133
	12
	61
	180

9602.
Neuer Südfunk

1949, 30.1. - 25.12.	**MFA**
(1 Ro)	
	Dm 11
	F 228

9603.
Neues Tagblatt und Anzeiger für Zuffenhausen
[Stuttgart-] Zuffenhausen

1907, 13.7. - 15.7.	24

9604.
Neues Tageblatt
3.12.1844: Neues Tagblatt
1.4.1913: Stuttgarter Neues Tagblatt

(24.12.1843 - 31.3.1943)	
1844 - 1874	
1880 - 1932	
1933, 1.7. - 1943, 31.3.	**24**
(299 Ro)	24

1913, 25.4. - 1933, 1.1.
1933, 1.7. - 1943, 31.3.   Dm 11
1917, 1. - 15.12.
1919, 4.3. - 9.8.   GB-
1941, 1.5. - 1943, 13.2. (LL)   LO/N38

9605.
NS-Kurier
15.10.1934: Stuttgarter NS-Kurier
(1.1.1930 - 20.4.1945)
1934, März - Apr.
1939, Juli   **1w**
(2 Ro)   1w
1930, 7.12. - 1931, Sep.
1932 - 1939, Feb.
1939, 27.3. - 1944, Mai
1944, Juli
1945, Jan. u. 10.2. - 20.4.   **24**
(25 Ro)   24
    31
1941, 1.5. - 1945, 4.4. (LL)   GB-
    LO/N38
Beilage(n):
Besondere Beilage
1935 - 1939   31

9606.
*Organ für den deutschen Handels- und
Fabrikanten-Stand*
1821: Organ deutscher Kaufleute[...]
1819 - 1821 (L)   **46**
(1 Ro)   46

9607.
Physikalisch-Oeconomische Real-Zeitung
1755 - 1757   **46**

9608.
Polytechnisches Journal
1820 - 1823   **46**
(4 Ro)   46

9609.
*Protokolle der Generalversammlungen
des Deutschen Metallarbeiterverbandes*
1915 u. 1917
1919 u. 1921   **Bo 414**
(1 Ro)

9610.
Radio-Spiegel
1946, Feb. - 1948   **MFA**
(1 Ro)
    Dm 11
    F 228

9611.
Die rote Fahne
Spartakusbund
1918, 5. - 30.11.   **B 479**
    B 479

9612.
Der rote Sturm
KPD Württemberg
1929, 1   **B 479**
    B 479

9613.
Roter Morgen
1967 - 1986, Nr. 24 (MPF)   Bo 133

9614.
ru
1975   109

9615.
Rufer und Hörer
1949, Okt. - Dez.
1950, Feb. - Aug.
1950, Okt. - 1953, Sep.
1954, Jan. - Aug.   **MFA**
(2 Ro)
    Dm 11

9616.
Schlesische Rundschau
später in Wangen im Allgäu
1949, Juli - 1950   **1w**
(1 Ro)   1w
1949, Juli - 1950
1958 - 1962, 4.9.   **Dm 11**
1953, 5.5. - 1957   **MFA**
(2 Ro)
1949, Juli - 1950
1953, 5.5. - 1962, 4.9.   Dm 11

9617.
Der Schwabenspiegel
1900, Jan. - Mai (L)   **B 479**
    B 479

9618.
Der Schwäbische Humorist
1839 - 1840   **B 479**
    B 479

9619.
Schwäbischer Merkur
(3.10.1785 - 31.5.1941)

1926, März u. Apr.	1w
(1 Ro)	1w
1849 - 1899 (Chronik)	
1849 - 1899 (Merkur)	
1900 - 1941, 31.5. (Merkur +	
Chronik + Beilage)	24
(315 Ro)	
1799	
1801 - 1806	31
(5 Ro)	
1785 - 1848	46
(133 Ro)	
1848 - 1924	Dm 11
1925 - 1941, 31.5.	MFA
1897 - 1898	Bo 414
(4 Ro)	
1848 - 1899 (Chronik)	Dm 11
	Dm 11
	21
1915, 31.3. - Dez. (L)	GB-
1916, 1.4. - 1918, 9.8. (L)	LO/N38
1785, 3.10. - 1941, 31.5.	12
1785, 3.10. - 1941, 31.5.	24
1799	
1801 - 1806	
1900 - 1941, 31.5.	31
1848	468
	188/211
1897 - 1898	Bo 133
1848 - 1941, 31.5.	Dm 11
1785 - 1848	
1848 - 1899 (Chronik)	
1900 - 1941, 31.5.	Lg 4
1858, 25.4. - 1865, 1.4.	
1898, 1.10. - 1899	Kon 2
1785, 3.10. - 1848	U 13

9620.
Schwäbischer Volksfreund
UT: Sozialdemokratisches Wochenblatt
(1899 - 1907)

1900, Nr. 32	B 479
	B 479

9621.
Schwäbisches Echo
KPD

1932 - 1933 (E)	B 479
	B 479

9622.
Schwäbisches Wochenblatt
1.9.1890: Schwäbische Tagwacht
Organ der Sozialdemokraten Württembergs
(1.4.1882 - 28.2.1933)

1890, 30.1.	
1890, 1.9. - 1916	
1918, 10.11. - 1919, 20	
1926 - 1928, Apr.	
1930, Jan. - Apr., Sep. - Dez.	B 479
	B 479
1894, 2.1. - 30.6.	
1918, 9.11. - 27.12.	
1924, 26. - 29.4.	
1926 - 1928, 30.4.	
1928, 1.9. - 31.12.	
1930, 2.1. - 30.4. u. 1.9. - 30.12.	MFA
(11 Ro)	
1890, 1.9. - Dez.	
1891, Juli - 1916	
1918, 10.11. - 1921	
1923, Juli - Dez.	
1926 - 1928, Sep.	
1929 - 1931, März	
1931, Juli - Sep.	
1932, Apr. - Juni	Bo 414
(77 Ro)	
	24
1890, 1.9. - 1916	
1918 - 1921	
1923	
1928 - 1932 (L)	Bo 133
1892 - 1916	
1918, 9.11. - 1921	
1923, 2.7. - 31.12.	
1924, 26. - 29.4.	
1926 - 1930	
1931, 1.7. - 30.9.	
1932, 1.4. - 30.6.	Dm 11
1890, 1.9. - 31.12.	
1891, 3.7. - 1895, 31.7.	
1898 - 1899, 11.8.	
1900, 16.5. - 1901, 31.1.	
1903, 1.12. - 1907, 26.4.	
1908, 21.3. - 15.9.	
1911, 1.8. - 1913, 5.8.	
1914, 2.1. - 31.10.	21
1926, 12.2. - 1928, 31.3.	
1929, 16.10. - 31.12. (L)	
1930, 20.3. - 31.12. (L)	6
Beilage(n):	
Arbeit, Wirtschaft und	
Verbrauch	
1931, Juli - 1932, Juni (L)	Bo 133

Für die Jugend			**9626.**	
1914, Nr. 14 - 16	**B 479**		*Die Sozialistin*	
	B 479		auch: Spartakistin	
1928, Apr. - 1931, März (L)	Bo 133		Hrsg.: Clara Zetkin	
Für Feierstunden			1919 - 1920 (L)	**46**
1926 - 1928, Apr.	**B 479**		(1 Ro)	
1930, Jan.- Apr., Sep. - Dez	B 479		1919, 11.8.	B 479
1920 - 1921			1919, 1 - 10 (L)	Bo 133
1923				
1927 - 1932 (L)	Bo 133		**9627.**	
Aus dem Wirtschaftsleben			*Der Spartakist*	
1921 u. 1923 (L)			KPD Württemberg	
1928 - 1931 (L)	Bo 133		1919, 1 - 22 (L)	**B 479**
Aus Leben, Kunst und Wissen-				B 479
schaft				
1914 (L)	Bo 133		**9628.**	
Frauenleben, Frauenarbeit			*Der Spiegel*	
1931, Juli - 1932, Juni (L)	Bo 133		Zeitschrift für literarische Unterhaltung	
Für die Ferienzeit			und Kritik	
1927, Nr. 1 - 23			1837 - 1838, Nr. 59	**24**
1928, Nr. 1 - Apr.	**B 479**		(1 Ro)	24
1930, Jan. - Apr. u. Sep. - Dez.	B 479			
1928 u. 1930 (L)	Bo 133		**9629.**	
Für unsere Frauen	**B 479**		*Sportbericht*	
1914 (E)	B 479		1946, 4.11. - 1960, 28.12.	**24**
Gemeindezeitung			(11 Ro)	24
1921	Bo 133			
Kämpfende Jugend			**9630.**	
1931, Juli - 1932, Juni (L)	Bo 133		*Staatsanzeiger für Württemberg*	
Das Reich der Frau			1850 - 1934	**24**
1928, Mai - 1931, März (L)	Bo 133		(170 Ro)	24
Unterhaltungsblatt			Beilage(n):	
1895, Nr. 1 - 9	**B 479**		Besondere Beilage	
1906 (E)	B 479		1875	**24**
			(1 Ro)	24
9623.				
Sonntag aktuell			**9631.**	
1979, 20.5. - 2001	**Dm 11**		*Der Stürmer*	
2002 - 2009	**MFA**		Kommunistische Jugend Württemberg	
(13 Ro)			1924, 8.6.	**B 479**
1979, 20.5. ff.	Dm 11			B 479
9624.			**9632.**	
Sonntag aktuell / R			*Stuttgarter Nachrichten*	
Ausg. Zeitungsmarkt Pfalz			(12.11.1946 ff.)	
1990 - 1999, 26.9.	77		1948, 1.6. - 1973, 30.11.	
			1974 - 1975	**281**
9625.			(145 Ro)	
Der Sozialdemokrat			1976 ff.	**101b**
1914 - 1920 (E)	**B 479**		(ca. 11 Ro/Jg)	101b
	B 479		1946, 12.11. - 1966	
1918, 20.11. - 23.11.	24		1973, Dez.	
			1986, 2.1. - 19.10.	**MFA**
			(92 Ro)	

1992 - 1997	101a
1946, 21.11. - 1947, 2.10. (L)	GB-
1948, 20.1. - 1950, 23.12. (L)	LO/N38
1976 u. 1981 ff.	281
1947, 12.4. - 1948, 9.12.	Dm 11
1979 ff.	Ess 6
1946, 12.11. - 1948, 9.12.	
1957, 1.4. - 1959, März	
1960, Jan. - Aug.	
1967 - 1975	
1980, 6.11. - 1984	
1992 ff.	Stg 277
1946, 12.11. - 1975 (L)	24
1976 ff.	31

9633.
Stuttgarter Nachrichten / Landchronik [...]
Ausg. Landchronik aus Nordwürttemberg und
Nordbaden
1.11.1948: Ausg. Landchronik aus Württemberg und Baden
9.6.1951: Landesausg.
1.10.1955: Ausg. BW [Baden-Württemberg]
1947, 16.10. - 1958
1959, 1.4. - 30.6.   24
(19 Ro)   24

9634.
Stuttgarter Nachrichten / S
Stadtausgabe
1946, 12.11. ff.
(F: 16.10. - 30.11.1973 u. 26.8. -   24
2.12.1976)
1947, 12.4. - 31.12.
1948, 10.1. - 9.12.   Dm 11

9635.
Stuttgarter Nachrichten / Württemberger
Nachrichten
Ausg. f. d. Kreise Esslingen, Ludwigsburg,
Waiblingen, Böblingen, Leonberg, Vaihingen,
Backnang, Nürtingen
9.1.1954: Ausg. Waiblingen, Backnang
1953, 2.11. - 1956, 31.3.
1956, 2.7. - 1957, 30.3.
1958, 2.1. - 31.3.   24
     24

9636.
Stuttgarter Stimme
Hrsg. v. d. amerikanischen Armee f.d. deutsche Bevölkerung
(3.8. - 14.9.1945)
1945, 3.8. - 14.9.   1w
(1 Ro)
     Bo 414

1945, 3.8. - 14.9.	34
	B 1527
	B 479
	188/211
	M 352

9637.
Stuttgarter Zeitung / Degerloch, Plieningen
[südl. Stadtteile v. Stuttgart]
2008 ff.   24
     24

9638.
Stuttgarter Zeitung / F
Fernausgabe
1996, 1.2. - 2002   24

9639.
Stuttgarter Zeitung / Feuerbach, Weilimdorf
[nordwestl. Stadtteile Stuttgarts]
2008 ff.   24
     24

9640.
Stuttgarter Zeitung / Filder
2008 ff.   24
     24
Beilage(n):
Filder-Zeitung / V
1998, 2.10. - 2000
(Stadtteil S-Vaihingen)   24
Filder-Zeitung / FIV
2008 ff.
(Stadtteil S-Vaihingen / Filder-   24
stadt)   24

9641.
Stuttgarter Zeitung / N
N = Nah-Ausgabe
1996, 1.2. - 2002   24

9642.
Stuttgarter Zeitung / Zuffenhausen,
Stammheim
[nördl. Stadtteile Stuttgarts]
2008 ff.   24
     24

9643.
Stuttgarter Zeitung <Stadtausg.>
Stadtausg.
(Probe-Nr. 8.9.1945 / 18.9.1945 ff.)
1947   1w
(1 Ro)   1w
1959, 2.11. - 1995   **18**
     18

1945, 8.9. - 1967, 30.6.	
1970 - 1975	**24**
(172 Ro)	
1945, 8.9. - 1962, 30.6.	
1967 ff.	**101b**
(ca. 11 Ro/Jg)	
1963 - 1966	
1975, 2.1. - 1977, 8.12.	
1978, 19.8. - 1979	**MFA**
(27 Ro)	
1945, 18.9. - 1966	**Bo 414**
(111 Ro)	
1977, 14.1. ff.	5
1945, 18.9. - 1949	
1954 - 1959, 15.5.	**B 1527**
1966 - 1997	6
1945, 18.9. - 1966	
1995 - 2000	12
1980 - 1997	16
1986 ff.	20
1947, 2.8. - 1949	
1976, 4.12. - 1978, 14.1.	
1987 ff.	21
1945, 8.9. ff.	24
	281
	101b
1945, 18.9. - 2001	739
1945, 18.9. ff.	25
1975, 22.11. - 1995	
2002, Aug. - Dez.	30
1976, Mai ff.	31
1992 - 1997	101a
1989, 17.3. - 2001	180
1964 ff.	352
1970 - 2004	384
1967 - 1971	
1977 - 1982	706
1945, 18.9. ff. (L)	Dm 11
1945, 8.9. - 1955	Diz 1
1979 - 1997	Ess 6
1965, 29.12. ff.	6/053
1992 - 1993	
2008 ff.	Stg 277
1945, 29.9. - 1947, 1.10. (L)	
1948, 17.1. - 1952, 29.11. (L)	GB-
1985 - 1991	LO/N38
Beilage(n):	
City extra	
2007, 12.12. ff.	24
Die Brücke zur Welt	
1945, 18.9. - 1967, 24.6.	
(285 Ro)	**24**
1945, 18.9. ff.	**24**

Blick vom Fernsehturm		
2008 ff.	**24**	
(auch für Ausgaben Degerloch,	**24**	
Plieningen)		
Nord-Rundschau		
2008 ff.		
(auch b. Ausgaben Zuffenheim,		
Stammheim, Feuerbach, Weilim-	**24**	
dorf)	**24**	

9644.
Stuttgartische privilegirte Zeitung
auch: Stutgardische privilegirte Zeitung
auch: Stuttgardische privilegirte Zeitung
später: Churfürstlich privilegirte
Stuttgardische Zeitung
1806: Königlich privilegirte Stuttgarter
Zeitung
auch: Königlich privilegirte Stuttgartische
Zeitung
13.10.1831: Stuttgarter Zeitung

1763		
1765 - 1766 (L)		
1770, 20.2.		
1770, 23.10. - 1772 (L)		
1773, 20.7. - 1779 (L)		
1782		
1786 - 1787 (L)		
1789 - 1790, 29.6. (L)		
1791		
1794, 24.5. - 30.12. (L)		
1801, 4.4. - 28.4.		
1804		
1808, 17.3. u. 1809, 2.5.		
1811, 7.1. - 1816		
1818 - 1833		**MFA**
(40 Ro)		
		24
		Stg 277
1794, 24.5. - 30.12. (L)		
1801, 4.4. - 28.4. (L)		
1804, 2.1. - 30.8. (L)		355
1770, 20.2.		
1770, 23.10. - 1772 (L)		
1773, 20.7. - 1777 (L)		Zl 1
1770, 20.2.		
1770, 23.10. - 1772, 30.6. (L)		Ne 1
1831 - 1832, 29.2.		21

9645.
Süddeutsche Holzzeitung

1944, 26.5.	GB-
	LO/N38

9646.
Süddeutscher Postillon
Stuttgart, München
1884 - 1885 (L)
1891 - 1892 (E)
1896 - 1897 (E)
1898 - 1908, Nr. 26
1909, Nr. 1 - 14 u. 17   **B 479**
    B 479

9647.
Süddeutscher Rundfunk / B
Ausg. Württemberg u. Baden
1924, 28.9. - 1928, 23.12.   **MFA**
(10 Ro)
    F 228

9648.
Süddeutsches Sonntagsblatt
1866 - 1868, 5.4. (L)   **B 479**
    B 479

9649.
Südfunk
1927, 18.12. - 1935   **MFA**
(8 Ro)
    F 228

9650.
Teutscher Beobachter
1822, 10.8. - 1823, 12.6.   **Dm 11**
(1 Ro)
    Dm 11

9651.
Über Land und Meer
1858 - 1863
1866 - 1867
1870 - 1872
1885   **1a**
    1a
1858, 15.11. - 1916   **GB-**
(57 Ro)   **LO/N38**
    GB-
    LO/N38
1858, 15.11. - 1865, März
1866 - 1868, Juni
1869, Nr. 27 - 1870, Nr. 26
1874, Nr. 14 - 26
1875, Nr. 14 - 1887
1889 - 1901
1904 - 1913
1915 - 1916   **Dm 11**
(41 Ro)   Dm 11

1858, 15.11. - 1865, März
1866 - 1868, Juni
1869, Nr. 27 - 1872
1874, Nr. 14 - 26
1875, Nr. 14 - 1887
1889 - 1901
1904 - 1913
1915 - 1916   38/421
1881, Okt. - 1882, März
1885, Okt. - 1886, März
1887, Okt. - 1888, März
1896, Okt. - 1898, März   46

9652.
Union
Wochenblatt für Christliche Kultur u.
Politik in Württemberg
1949 - 1951, 24.6.   **24**
(1 Ro)   24

9653.
Volksstimme
1947 - 1950, 10.8.   **24**
(1 Ro)   24

9654.
Volkswille
(27.4.1946 - 13.8.1949)
1946, 27.4. - 1949, 13.8. (L)   **Bo 133**
    Bo 133
1947 - 1949, 13.8. (L)   1w

9655.
Vom Fels zum Meer
Stuttgart, Berlin
1882 - 1886
1888
1896, Apr. - Sep.
1897, Jan. u. Feb.
1897, Okt. - 1898, März   **46**
    46
1888/89, Nr. 2   1a
Beilage(n):
Die Welt der Frau
1918 u. 1920   5

9656.
Vom Kriegsschauplatz
1870 - 1871   **46**
(1 Ro)   46

9657.
Der wahre Jacob
Stuttgart, Berlin
von 1924 - 26.6.1927: Lachen links
Ill. Humoristisch-satirische Zeitschr. m.
einem Beiblatt f. Unterhaltung u. Belehrung
(1879 - 1933)

1889 - 1916	**46**
(8 Ro)	46
1931 - 1932	**1w**
	1w
1884 - 1892, Nr. 167	
1924 - 1927, Juni	**B 479**
	B 479
1888 - 1933, 25.2.	**Bo 414**
(7 Ro)	
1890, 6.6. - 1933, 25.2.	Lün 4
1890 - 1933 (L)	Bo 133

9658.
Wege zueinander

1955 - 1957, Sep., Heft 2	**Dm 11**
(1 Ro)	Dm 11

9659.
Wirtschafts-Zeitung
Stuttgart, Köln
1.9.1949: Deutsche Zeitung und Wirtschafts-
zeitung
1.9.1959: Deutsche Zeitung mit Wirtschafts-
zeitung
aufgeg. in Christ und Welt, Stuttgart
ab 1949 Stuttgart, Köln
(10.5.1946 - 31.3.1964)

1946, 10.5. - 1951, 29.12.	
1957, 3.7. - 1959, 16.5.	**8**
(13 Ro)	8
1963 - 1964, 28.3.	**Dm 11**
1946, 10.5. - 1964, 31.3.	**281**
(36 Ro)	
1946, 10.5. - 1964, März	30
1950, 21.6. - 29.11.	GB-
1951 - 1964, März	LO/N38
1946, 10.5. - 1964, 28.3.	Dm 11

9660.
Wochenblatt für Land- und Forstwirthschaft
1949: Württembergisches Wochenblatt für
Landwirtschaft

1875 - 1877, 30.6.	
1878 - 1881	**GB-**
1905 - 1907	**LO/N38**
1949 - 1968, 16.11.	GB-
(47 Ro ab 1949)	LO/N38

9661.
*Wochenschrift zum Besten der Erziehung
der Jugend*

1771 - 1772	**24**
(2 Ro)	24
	46

9662.
Württembergische Zeitung
11.9.1834: Deutscher Courier

1839 (E)	
1841, 7.2. - 26.12.	**B 479**
	B 479
1834, 1.1. - 10.9. (MPF)	24

9663.
Der Zeitgeist

1908, Mai - 1914	
(2 Ro = 1.Jg., Nr. 1 - 7.Jg., Nr.	**Bo 414**
12)	

9664.
*Zeitschrift für Rassenkunde und die
gesamte Forschung am Menschen*

1940 - 1941	**Bo 414**
(1 Ro)	

9665.
Zeitschrift für Xylographen

1874 - 1877 (L)	**46**
(1 Ro)	46
	101a

9666.
Zeitungen aus unterschiedlichen Orten

1619	**Dm 11**
	Dm 11

9667.
Zuffenhausener Rundschau
16.7.1907: Alltägliche Rundschau für
Zuffenhausen und Umgebung
28.10.1908: Alltägliche Rundschau
1.2.1919: Allgemeine Rundschau
[Stuttgart-] Zuffenhausen

1905, 11.8. - 1935 (L)	
1940 - 1941, 31.5. (L)	**MFA**
(46 Ro)	
	24
	Stg 277
Beilage(n):	
Sonderbeilage	
1941, 11.8.	Stg 277

9668.
Die Zukunft
1925 - 1926 (L)   30

SÜCHTELN

9669.
Süchtelner Zeitung
1909 - 1923   Vie 1

BAD SÜLZE

9670.
Sülzer Zeitung
1888, 18.1. - 1938, 24.12.   33
                                     33
1938, 18.6. - 1941, 30.5.   28
(3 Ro)   28

SUHL

9671.
Freies Wort
bis 8.3.1956: Das Freie Wort
(15.8.1952 ff.)
1992 ff.   101b
1954, 2.8. - 1990   Bo 174
(75 Ro)
1992 - 1997   101a
1989 - 1990   180
1954, 2.8. ff.   101b
1954 - 1985   739
1954, 2.8. - 1990, 31.5.   188/211
1952, 15.8. - 1980 (L)   B 479
1988 (L) - 1994   Ilm 1
1954 - 1955   27
1956 - 1982   32
Beilage(n):
FW-Wochenendbeilage
1964 - 1980   B 479
(ab 1966: Unser Leben)   B 479
Das neue Dorf
1955, Nr. 1 - 8
1956, Nr. 9 - 14   B 479
1957, Nr. 15   B 479

9672.
Suhler Tageszeitung
1944, 15./16.7.   GB-
                                 LO/N38

9673.
Volkswille / Süd-Thüringen
1924 (E) u. 1927 (E)
1928 - 1930   B 479
                                 B 479

SULZ

9674.
Schwarzwälder Bote
HA in Oberndorf
1959, 1.5. - 1960   24
                                     24

SULZBACH-ROSENBERG

9675.
Neue Allemania
Sulzbach
1816, Bd. 1, H. 1 - 3 u. Bd. 2, H.   Dm 11
1   Dm 11

SWAKOPMUND (NAM)

9676.
Swakopmunder Zeitung
1927, 22.1. - 28.6.
1936, 1.7. - 31.12.   212
(1 Ro)   212

SWINEMÜNDE (ŚWINOUJŚCIE, PL)

9677.
Swinemünder Badeanzeiger
1910
1915 - 1929
1932   9
                                      9

9678.
Swinemünder Tageblatt
1915 - 1921   9
                                      9

9679.
Swinemünder Volkswacht
1921, 1.12. - 1922, 30.4.   Bo 133
                                      9

9680.
Swinemünder Zeitung
1899 - 1900
1909, Jan. - Juni
1911, Jan. - Juni
1912, Jan. - Juni
1914, Jan. - Juni
1915 - 1920
1924 - 1925, 25.6.
1926
1927, 9.8. - 31.12.
1930, 2.1. - 13.2.
1930, Okt. - Dez.
1931, Okt. - 1932, Juni   **9**
                                                   9
1897 (E)
1899 - 1900
1904 (E)
1909, Jan. - Juni
1911, Jan. - Juni
1912, Jan. - Juni
1914, Jan. - Juni
1915 - 1920
1924, 1926 (E)
1927, 9.8. - 31.12.
1928 (E)
1930, 2.1. - 13.2.
1930, Juli - 1932, Juni
1935 (E)
1936, Jan., Feb., Juli, Aug., Nov.,
Dez.
1939, Juli - Aug.
1940
1941, 6.2. - 1942   **1w**
                                                   1w
                                                   Dm 11
Beilage(n):
Heimatblätter Usedom-Wollin
1915 (L)
1922 - 1932 (L)   **9**
1935 (L)   9
Scholle und Strom   **9**
1932/33, Nr. 1 - 12   9
Amtliche Bekanntmachungen   **9**
1923 - 1925   9

9681.
Usedom-Wolliner Wochenblatt
1863 - 1864 (L)   **1w**
(1 Ro)   1w
                                                   Dm 11

SYDNEY (AUS)

9682.
Der Anker
(9.6.1954 - 25.11.1966)
1954, 30.7. - 11.11.
1955, 6.7. - 26.10.
1956, 29.2. - 1963, 2.8.   **212**
                                                   212

9683.
Die Woche in Australien
Sydney-Bankstown
(6.1.1957 ff.)
1957, 22.8. - 1969
1970, 4.11. - 2005, 26.7.   **212**
                                                   212

SYKE

9684.
Kreiszeitung
Allgemeiner Anzeiger für die Grafschaft Hoya
24.8.1977: Kreiszeitung für die Landkreise
Diepholz und Verden
22.5.1993: Kreiszeitung. Syker Zeitung
1976 ff.   **101b**
(ca. 11 Ro/Jg)   101b
1992 - 1997   101a

9685.
Regionale Umschau
1971, 1.11. ff.   46

9686.
Syker Zeitung
1944, 29. u. 31.7.   GB-
                                                   LO/N38

SYRACUSE, NY (USA)

9687.
Syracuse Union
1922, 8.12. - 1937   **212**
(6 Ro)   212
                                                   Dm 11

SZEGEDIN (SZEGED, H)

9688.
Ben-Chananja
1858 - 1867   **Dm 11**
(3 Ro)   Dm 11
                                                   46

TACHAU (TACHOV, CZ)

9689.
Deutsche Grenzstimmen
1938, 8.7. - 30.9.   212
(1 Ro)

TACOMA, WA (USA)

9690.
Wacht am Sunde
1922, 16.3. - 1929, 26.12. (L)   212
(2 Ro)   212
                                     Dm 11

TANGA (EAT)

9691.
Anzeigen für Tanga
später: Usambara-Post
1912, 6.1. - 23.11.   8
(1 Ro)   8
1901/02
1904 - 1916 (L)   30
                                      30

TANGERMÜNDE

9692.
FSW-Echo
Faser- und Spanplattenwerk
1974, 6.8. - 1990, Apr. (L)   3
(2 Ro)   3
                                     Dm 11

9693.
Tangermünder Anzeiger
15.6.1939: Tangermünder Anzeiger - Jerichower Zeitung
1939, 15.6. - 22.12. (L)
1940, Jan. u. 1.8. - 28.8. (L)
1940, 1.11. - 1941, 29./30. (L)   Gen 5
1890 - 1920   Ste 10

TARNOWITZ (TARNOWSKIE
GÓRY, PL)

9694.
Der Bergfreund
1839   1w
(1 Ro)   1w
                                     Dm 11

TARUTINO (RO)

9695.
Deutsche Zeitung Bessarabiens
1919, 6.11. - 1940, 3.2.   212
(7 Ro)   212

9696.
Deutsches Volksblatt
1935, 16.2. - 1940   212
(4 Ro)   212

TAUBERBISCHOFSHEIM

9697.
Fränkische Nachrichten
1977 ff.   101b
(ca. 8 Ro/Jg)   101b
                                      31
1946, 6.8. - 1947, 7.10.   GB-
1948, 20.1. - 1950, 16.2.   LO/N38
1992 - 1997   101a
1946, 30.7. - 1948, 31.8.
1953 - 1955
1993 - 1997   Wh 1

9698.
Tauber- und Frankenbote
1942, 2.9. - 1943, 30.4.   31

9699.
Wertheimer Tageblatt
1948, 1.9. - 1952   Wh 1

TAYLOR, TX (USA)

9700.
Taylor Herold
Aug. 1937: Texas-Herold
1932, 25.8. - 1937, 18.11.
1938, 6.1. - 1940, 6.6.   212
(3 Ro)   212
                                     Dm 11

TECKLENBURG

9701.
Westfälische Rundschau / T
Ausg. Tecklenburg u. Steinfurt
HA in Dortumd
1951, 17.3. - 1970   6
(nur Lokalteil)   6
1961 - 1962   Dm 11

TEL AVIV (IL)

9702.
Chug. Kreis der Bücherfreunde
Nov. 1944: Heute und Morgen
Jan. 1945: Heute und Morgen /
Antifaschistische Revue
(Apr. 1943 - Juni 1945)
Tel Aviv/Haifa/Jerusalem

1943 - 1945, Juni	**Dm 11**
(1 Ro)	Dm 11
	188/144
	188/211
	Bo 133
1943 - 1945, Mai	4
1943 - 1945	18
	180
	6/053
1943, Apr. - 1945, Mai/Juni	739
1944, Jan. - Okt.	
1945, Jan. - Juni	M 352
1943, Apr. - Mai/Juni	
1944, Jan. - Okt.	
1945, Jan. - Juni	5
1943 - 1945	6

9703.
Israel-Nachrichten

1978 ff.	30

9704.
Mitteilungsblatt

1933 - 1950 (L)	**M 352**
	46

9705.
Die Woche in Israel / Neueste Nachrichten
auch: Neueste Nachrichten
Paralleltitel: Jedioth Chadashoth

1956, 1.7. - 1972	**212**
1956, 1.7. - 1971	212

9706.
Yedioth Hayom
deutschspr.

1953, 10.1. - 1957 (L)	
1958, 1.7. - 1961	
1964, 1.1. - 30.6.	**212**
(10 Ro)	212

TELGTE

9707.
Rundblick
UT: Telgter Wochenspiegel

1976, 9.9. - 1984, 20.12. (L)	
1985, 24.1. - 1988	
1990, 26.1. - 1993, Jan. (L)	
1996, 3.4. - 2003, 30.1. (L)	**MFA**
(3 Ro)	
	Dm 11

9708.
Westfälische Nachrichten
Landkreis Münster: Telgte, Nottuln,
Wolbeck, Roxel, Greven, Saerbeck
ab 1974 Telgte mit Ortsteil Westbevern
HA in Münster

1947 - 1948	
1949, Aug. - 1951	
1953 - 1962, Juli	
1967 - 1973, 16.3.	
1982, Apr. - 1994	Tel 1
(nur Lokalteil)	

TELTOW

9709.
Impuls
GRW Teltow

1978 - 1990 (MPF)	186

9710.
Der Kontakt
BPO SED / Bauelemente der Nachrichten-
technik Carl von Ossietzky
Verl. in Potsdam

1971 - 1972	**B 479**
	B 479
1978 - 1990 (MPF)	186

9711.
Märkische Volksstimme / Teltow
Ausg. Teltow, Beeskow, Storkow,
Fürstenwalde
HA in Potsdam

1949, 1.2. - 1952, 10.8. (L)	**MFA**
(6 Ro)	

9712.
Teltower Kreisblatt
Teltow, Zossen
Vlg. in [Berlin-] Charlottenburg, später in
Teltow, dann Berlin
(1852 - 1944, Juni?)
1882, 1884, 1889
1891, Apr. - 1901
1902, Mai - 1917
1918, Juli - Dez.
1919, Juli - 1928, Juni
1929, Apr. - 1931, Juni
1931, Okt. - 1936
1937, Apr. - 1939, Sep.
1940, Jan. - Juni
1940, Okt. - 1941, März
1941, Juli - 1944, Juni   1w
(88 Ro, Beilagen mitverfilmt)
1856, 5.7. - 1876
1878 - 1920 (L)   109
1867 u. 1870
1876 - 1903   B 724
1856, 5.7. - 1857   Dm 11
1856, 5.7. - 1918, Mai
1918, Juli - Dez.
1919, Juli - 1928, Juni
1929, Apr. - 1931, Juni
1931, Okt. - 1936
1937, Apr. - 1939, Sep.
1940, Jan. - Juni
1940, Okt. - 1941, März
1941, Juli - 1944, Juni   1w
(Beilagen mitverfilmt)
Beilage(n):
Unser Teltow
1936   1w
1937, Apr. - 1939, Sep.   1w
Heimat und Ferne   1w
1928 - 1935 (L)   1w

9713.
Teltower Kreisblatt <1947>
Vlg. in Zossen
1948 - 1950, 29.9. (L)   1w
(1 Ro)   1w
      Dm 11

9714.
Teltower Zeitung
1922, Apr. - Dez.
1934, Jan. - Juni
1935, Jan. - Sep.
1936, Jan.   1w
(3 Ro)   1w

TEMESCHBURG (TIMISOARA, RO)

9715.
Arbeiterzeitung
1926, 3.11. - 1930, 11.12.   212
(4 Ro)   212
1919 - 1930   M 496

9716.
Banater Bauernblatt
Beilage(n):
Deutsches Bauernblatt
1921, 1.7. - 1922, 13.10.   212
(1 Ro)   212

9717.
Banater Schrifttum
1956: Neue Literatur
ab 1957 in Bukarest
1949 - 1957   M 496

9718.
Banater Schulbote
1923 - 1940   M 496

9719.
Banater Tagblatt
1920, 1.8. - 1934
1937 - 1938, 14.6.   212
(7 Ro)   212

9720.
Der Demokrat
1925 - 1927   M 496

9721.
Deutsch-Ungarischer Volksfreund
1903, 13.12. - 1916, 14.4. (L)   212

9722.
Deutsche Volkspost
1934, 26.7. - 1936, 5.11.   212
(1 Ro)   212

9723.
Deutsches Tageblatt
1900, 16.12. - 1903, 30.8.   212
(6 Ro)

9724.
Eisenring
1924, 16.3. - 1929, 25.10.   212
(1 Ro, L: 1924)   212

9725.
Extrapost
1937, 1.10. - 1943, 30.12.   212
(6 Ro, L: 1942 u. 1943)   212

9726.
Die Fackel
1924 - 1925
1929   M 496

9727.
Freie Presse
1930, 15.1. - 25.5.   212
(1 Ro)   212

9728.
Die Freiheit
1945 - 1948   M 496

9729.
Der Freimütige
1915, 9.12. - 1918, 18.7. (L)   212
(2 Ro)   212

9730.
Der Jugendfreund
1928 - 1932, Apr.
1933, Mai - Dez.   M 496

9731.
Der Landbote
1922, 29.1. - 1940, 8.9.   212
(5 Ro, F: 1937 u. 1939)   212

9732.
Neue Banater Zeitung
ab 1993 als "Banater Zeitung" Beilage v. "Allgemeine Deutsche Zeitung für Rumänien",
Bukarest, s. dort
(1.2.1957 - 1992)
1969, 3.9. - 28.10.
1970, 1.7. - 1971   212
(4 Ro)
1976 - 1992, 17.2.   Bo 414
(26 Ro)
1976 - 1992, 17.1. (L)   1w
1971 - 1972   30
1991 - 1992   101a
1969, 3.9. - 1992   212
1983 - 1992   101b
1976 - 1992   M 135

9733.
Neue Zeit / Uj Kor
1922 - 1940   M 496

9734.
Neue Zeitung
1933, 6.7. - 1934, 24.1.
1939, 7.4. - 1940, 1.9.   212
(2 Ro)   212
1933 - 1940   M 496

9735.
Der Ruf
1936 - 1944, Jan.   M 496

9736.
Rundschau für Handel und Gewerbe
1939, 1.1. - 1940, 1.4.   212
(1 Ro)   212

9737.
Schwäbische Volkspresse
15.5.1925: Banater Deutsche Zeitung
15.3.1941: Südostdeutsche Tageszeitung
Ausg. Banat
1920, 26.11. - 1944   212
(48 Ro)   212
1919 - 1944   M 496

9738.
Tagespost
1934, 1.11. - 1935, 1.2.   212
(1 Ro)   212

9739.
Temesvarer Volksblatt
1931, 17.6. - 10.11.   212
(1 Ro)   212

9740.
Temesvarer Zeitung
1922, 1.1. - 1931, 6.6.
(8 Ro, F: 1929, L: 1925, 1927/28,   212
1930/31)   212
1918 - 1940
1944 - 1949   M 496

9741.
Der Volksfreund
1925, 24.5. - 1930, 9.3.   212
(1 Ro)   212

9742.
Volkswehr
1937, 28.2. - 1938, 20.3.   212
(1 Ro)   212

9743.
Volkswille
1930, 13.12. - 1933, 25.6.	**212**
(2 Ro)	**212**
1893 - 1919	**M 496**
1931 u. 1933	**M 352**

9744.
Die Wahrheit
1933, 8.10. - 1934, 30.12.	**212**
(1 Ro)	**212**

9745.
Die Zeitung
1917, 13.6. - 3.10. (L)	**212**
	212

TEMPLIN

9746.
*Märkische Volksstimme : Heimatzeitung
für den Kreis Templin*
1951, 1.4. - 1952, 10.8. (L)	**MFA**
(3 Ro, nur Kreisseiten)	
	186

TEPLITZ-SCHÖNAU (TEPLICE, CZ)

9747.
Angestellten-Zeitung
1921 - 1924	**212**
(1 Ro)	

9748.
Bundesbote
1921, 15.12. - 1929	
1931, Jan. - 15.9.	**212**
(2 Ro)	**212**

9749.
Freiheit
1912 (E) u. 1927 (E)	**B 479**
	B 479

9750.
Der Land- und Forstarbeiter
1923 - 1924	
1929 - 1936, 5.7.	**Bo 133**
	Bo 133

9751.
Teplitz-Schönauer Anzeiger
1920 - 1938	**212**
(9 Ro)	
1920 - 1922, 10.10.	
1938, 4.10. - 31.12.	**212**

TESCHEN (CIESZYN, PL)

9752.
Deutscher Grenzbote für Polnisch-Schlesien
1922 - 1933	
1935	**212**
(2 Ro)	

9753.
Deutscher Volksrat
1919, Jan. u. Nov.	**212**
(1 Ro)	

9754.
Schlesischer Merkur
1928 - 1934	
1939	**212**
(4 Ro)	**212**

TESSIN

9755.
Tessiner Wochenblatt
(1.1860 - 31.5.1941)	
1938, 18.6. - 1941, 31.5.	**28**
(2 Ro)	**28**

TETEROW

9756.
Bürger-Zeitung für Teterow
1847: Teterower Zeitung	
Titel auch: Neue Teterower Zeitung	
1848 - 1862	
1864 - 1865	
1867 - 1869	
1898 - 1930	
1932 - 1933	
1938, 17.6. - 1941	
1942, Juli - 1943, 30.6.	**28**
(56 Ro)	**28**
1848, 15.4. - 1943, 30.6. (L)	**33**

9757.
Neueste Nachrichten für Teterow und Umge-
bung
3.1.1883: Teterower Nachrichten
1881 - 1932   **28**
(47 Ro)   28
                                                33

TETSCHEN (DEČIN, CZ)

9758.
Nordböhmischer Volksbote
1895 (L)   **B 479**
                                            B 479

9759.
Nordböhmisches Tageblatt
1.2.1939: Sudetendeutsche Tageszeitung
1938   **212**
(3 Ro)   212
1939, 1.10. - 31.12.
1940, 1.10. - 31.12.
1942, 2.1. - 31.8.
1943, 2.1. - 30.6.
1944, 3.1. - 30.6.   **1w**
                                              1w
                                            Dm 11

TETTNANG

9760.
Schwäbische Zeitung / 11
HA in Leutkirch
1945, 4.12. - 1958 (22 Ro)
1975 ff.   **24**
(97 Ro 1975 - 1990)   24
1945, Dez. u. 1998   Fh 1
2000   Sam 2

TEUTSCHENTHAL

9761.
Aus eigener Kraft
Kaliwerk
1951, 1.4. - 1956, 16.11. (L)   **3**
(2 Ro)   3
                                            Dm 11

9762.
TeutscHENThaler Kalikumpel
VEB Kali- und Steinsalzbetrieb "Saale"
1963, 30.1. - 1990, 2.4. (L)   **3**
(4 Ro)   3
                                            Dm 11

THALE

9763.
Der Hüttenarbeiter
Vlg. in Quedlinburg, später in Halle, S.
1949, 9.6. - 1960 (L)
1962 - 1985 (L)
1987 - 1990, 19.7. (L)   **3**
(13 Ro)   3
                                            Dm 11

THANN, ELSASS (F)

9764.
Mülhauser Tagblatt
Ausg. Thann
1942, 11.3. - 1944, 18./19.11.   **ACRPP**
1944, 1.7. - 31.10.   31

9765.
Thanner Kreis-Blatt
auch: Thanner Kreis-Blatt und Gennheimer
Bote
1879 - 1914, 25.7. (L)   **ACRPP**

9766.
Thanner Kurier
1883, 29.9. - 1888, 25.3.   **ACRPP**

THORN (TORUŃ, PL)

9767.
Das Gelahrte Preußen [...]
1722, Okt. - 1724, Sep.   **46**
1722 - 1725   Gö 169

9768.
Kreisblatt für den Land- und Stadtkreis
Thorn
1907 - 1916   **1w**
(4 Ro)   1w
                                            Dm 11

9769.
Thorner Freiheit
(1939 - 30.1.1945)
1939 - 1942, 20.9.   **212**
(6 Ro)   212

9770.
Thorner Ostdeutsche Zeitung
1900, 1.7. - 30.12. (L)   **1w**
(1 Ro)   1w
                                            Dm 11

9771.
Thorner Wochenblatt
1.10.1867: Thorner Zeitung
1834 - 1836
1842
1845, 6.9. - 1846
1879 - 1883, 30.6. (L)
1884 (L)
1885, 1.7. - 1886
1887, 1.7. - 1888, 30.6.
1889, 1.1. - 30.6.
1895, 1.1. - 30.6.
1918, 3.4. - 31.12. (L)   1w
(14 Ro)   1w
    Dm 11

9772.
Thorunia
UT: Die Erzählerin und Anzeigerin an
der Weichsel und Drewenz
1833 - 1834   1w
(1 Ro)   1w
    Dm 11

TIENTSIN (VR)

9773.
Deutsch-chinesische Nachrichten
2.10.1939: Deutsche Zeitung in Nordchina
1930, Okt. - 1941, 2.5.   212
(25 Ro)
1930, Okt. - 1933, 31.8. (L)
1933, Nov.
1934, 1.2. - 31.7., 1.9. - 31.10.
(L)
1935, 2.4. - 29.9.
1936 - 1939, 31.3. (L)   1w
(21 Ro)
1930, Okt. - 1933, 31.8. (L)
1933, Nov.
1934, 1.2. - 31.7., 1.9. - 31.10.
(L)
1935, 2.4. - 29.9.
1936 - 1939, 31.3. (L)
1939, 2.10. - 1941, 31.5./2.6.   1w

9774.
Tageblatt für Nord-China
1914, 19.7. - 1915, 28.10.   212
(1 Ro)
    1w

9775.
Wochenblatt für die Angehörigen der ostasia-
tischen Brigade
30.7.1904: Brigadezeitung
1904, 2.1. - 16.7.   8
(1 Ro)   8
1902 - 1906, 24.2. (L)   25
    25

TIFLIS (TBILISSI, GE)

9776.
Kaukasische Post
1908 - 1912 (L)
1918 - 1922 (L)   212
(4 Ro)
1913, 6.1. - 29.12.   1w
    1w
    Dm 11

TILSIT (SOWJETSK, RUS)

9777.
Bürger- und Bauernfreund
1860, 6.4. - 1875, Nr. 142   B 479
    B 479

9778.
Das Echo am Memelufer
1848: Echo am Memelufer
1.10.1860: Tilsiter Zeitung
1.9.1937: Memelwacht
1841, 1.4. - 1842, 29.12.
1845
1851 - 1852
1894, 1.5. - 31.8.
1914, 27.8. - 17.9.
1939, 1.10. - 1944, 30.6.   1w
    1w
    Dm 11

9779.
Gemeinnütziges Wochenblatt
1821: Gemeinnütziges Wochenblatt für die
Provinz Litthauen
1823: Das Tilsener gemeinnützige Wochenblatt
5.1.1847: Das Tilsiter gemeinnützige
Wochenblatt
1879: Tilsiter Tageblatt
1886: Tilsiter Volkszeitung
(1.5.1816 - 28.4.1889?)
1826 (L)   46
(1 Ro)

1818 - 1821
1823 - 1825, 4.11. (L)
1827 (L) u. 1830
1832 - 1834
1836 - 1840
1845 - 1847
1860 - 1861 (L)
1864 (L) u. 1884 (L)
1889, 1.1. - 28.4. (L)
(21 Ro, Intelligenznachrichten   **1w**
mitverfilmt)   1w
   Dm 11
1826, 6.1. - 30.6.   Gö 169
Beilage(n):
Intelligenznachrichten
1826, 6.1. - 30.6.   Gö 169

9780.
Kreisblatt des Königl[chen] Landraths-Amt
der Niederung
später: Amtliches Niederunger Kreisblatt
später: Niederunger Kreisblatt
Erster Titel in Tilsit, Folgetitel in
Heinrichswalde
1842, 8.11. - 1846 (L)
1909, 5.1. - 28.12. (L)
1915 - 1918 (L)   1w
(3 Ro)   1w
   Dm 11

9781.
Tilsiter Allgemeine Zeitung
1914, 26.8. - 13.9. (L)
1916, 1.7. - 1917, 30.6.   1w
(3 Ro)   1w
   Dm 11

9782.
Tilsiter Landbote und Kreis-Anzeiger
später: Ostpreußischer Landbote
1882, 7.1. - 30.12. (F: Nr. 1, 3, 4,
8)
1883, 3.4. - Nr. 104
1884, Nr. 1 - 29.6.   1w
   1w

9783.
Tilsiter Nachrichten
ab 1898 BA v. Tilsiter Zeitung
1900 (L)
1901, 2.7. - 31.12. (L)
1903, 1.7. - 31.12.
1906 - 1908, 30.6.
1912, 3.1. - 30.6.   1w
(10 Ro, Beilagen mitverfilmt)   1w
   Dm 11

TIRSCHENREUTH

9784.
Konnersreuther Zeitung
1.1927 - 2.1928 (L)   **25**
   25

9785.
Stiftlandbote
1.3.1988: Oberpfalzpost
BA v. Frankenpost, Hof
1983, 1.6. - 1997, 19.1.   **101b**
(7 Ro/Jg)   101b
1996, 1.7. - 1997, 19.1.   **Hf 1**
(5 Ro)
1992 - 1997, 19.1.   101a
1983, 1.6. - 1987, 31.3.
1988 - 1997, 19.1.   Hf 1

TITISEE-NEUSTADT

9786.
Der Alemanne
HA in Freiburg
1943, 1.3. - 1944, 26.11. (L)   31

9787.
Badische Zeitung
UT: Rund um den Hochfirst
später: Schwarzwälder Anzeiger
HA in Freiburg
1947, 8.1. - 1981   **31**
(89 MF = 177 DF)   31

9788.
Echo vom Hochfirst
Ortsname anfangs: Neustadt [Schwarzw.]
1909 - 1935   31
   Dm 11

9789.
Hochwächter auf dem Schwarzwald
1869, 3.1. - 21.2.   **25**
   25
1870, 5.5. - 1933   31
1870, 5.5. - 1911
1914 - 1933   Dm 11
   Tsn 1

9790.
Schwarzwälder Post / Hochschwarzwald-Bote
8.11.1948 - 21.10.1949: Ausg. Hochschwarz-
wald, Oberrhein
30.9.1950: Schwarzwälder Bote / B 2
HA in Oberndorf
Vbg.: Neustadt-Schwarzwald, Waldshut,
Säckingen, Lörrach, Freiburg
1947, 2.8. - 1953, 20.1. (L)

1973, 2.7. - 1979	**24**
(48 Ro)	24
1969 ff.	**101b**
(ca. 8 Ro/Jg)	101b
1992 - 1997	101a

9791.
*Südwestdeutsche Volkszeitung für christliche
Politik und Kultur*
Ausg. Neustadt
HA in Freiburg, Br.

1947, 19.11. - 1948, 30.8.	**31**
	31

9792.
Tagespost / S
HA in Freiburg, Br.
[Titisee-] Neustadt

1949, 16.11. - 1950, 31.3. (L)	**31**
	31

BAD TÖLZ

9793.
Tölzer Kurier
BA v. Münchner Kurier

1978, 1.9. ff.	**101b**
(ca. 14 Ro/Jg)	101b
1992 - 1997	101a

TOLEDO, OH (USA)

9794.
Toledo Express

1912, 1.7. - 1913, 31.1. (L)	
1929, 28.8. - 1939, 1.9. (L)	**212**
(mehr als 4 Ro)	
1929, 28.8. - 1939, 1.9. (L)	212
	Dm 11

9795.
Toledoer Sonntagszeitung

1930 (L)	**212**
(1 Ro)	212
	Dm 11

TONDERN (DK)

9796.
Süd-Tondernsche Zeitung
auch: Tondernsche Zeitung

1921, 1.7. - 1929, 31.1.	
1940 - 1945, 13.5.	68

TORGAU

9797.
Leipziger Volkszeitung
HA in Leipzig

1971 - 1991, 30.9. (L)	14
(nur Kreisseiten)	

9798.
Torgauer Allgemeine
2.1.2002: Torgauer Zeitung
BA v. Leipziger Volkszeitung

1993 ff.	**101b**
	101b
1993 - 1997	101a

9799.
Torgauer Kreisblatt

1884 (L) u. 1894	**1w**
(3 Ro)	1w

9800.
Der Tunnelofen
Apr. 1961 - Okt. 1962: BZ-Tunnelofen
VEB Steingutwerk

1953, Apr. - 1965 (L)	**3**
(1 Ro)	3
	Dm 11

TORONTO, ON (CDN)

9801.
Deutsche Presse

1982, 21.4. - 1993, 25.8.	
2001 - 2003	
2005, 16.2. - 2008	**212**
	212

9802.
Kanada Kurier
Toronto, ON (CDN), Winnipeg, MB (CDN)

1984, 5.1. - 2001	**212**
	212

9803.
Torontoer Courier
auch?: Toronto Courier
Vlg. in Winnipeg, MB?
1958 - 1968, 29.8.
1969 - 1972, 29.6.   **212**
                                             212

9804.
Torontoer Zeitung
1956, 17.4. - 1960, 24.6.
1960, 7.10. - 1964
1966 - 1967
1970, 3.7. - 1972, 30.7.   **212**
(11 Ro)   212
Beilage(n):
Unterhaltungsbeilage / Sportwoche
1958, 4.7. - 1960, 24.6.   **212**
(2 Ro)   212

9805.
Volksstimme
1944 - 1946 (E)
1948 (E)   **B 479**
                                             B 479
1944 - 1948 (L)   **M 352**
                                             30

TOULOUSE (F)

9806.
Volk und Vaterland
Ausg. für den Süd-Westen
1944/45 (E)   **B 479**
                                             B 479

TRABEN-TRABACH

9807.
Mittelmosel-Zeitung
BA v. "Trierischer Volksfreund"
(? - 17.2.2006)
1974 - 1997 (L)   77

TRAUNSTEIN

9808.
Chiemgau-Bote <1929>
1929, 2.11. - 1933   **12**
(4 Ro)   12
                                             Trn 1

9809.
Chiemgau-Bote <1934>
1934, 4.2. - 1936, 22.3.   **12**
                                             12
                                             Trn 1

9810.
Traunsteiner Nachrichten
1911: Oberbayerische Landeszeitung
1881, 3.12. - 1898
1910, 16.11. - 1925, 25.9.   **12**
                                             12
                                             Trn 1

9811.
Traunsteiner Tagblatt <1925>
2.1.1934 aufg. in Chiemgau-Bote, Traunstein
1925, 7.9. - 1933   **12**
                                             12
                                             Trn 1

9812.
Traunsteiner Wochenblatt
März 1936 - 11.?4.1945: Traunsteiner Zeitung
3.1.2000: Traunsteiner Tagblatt
(1.7.1855 - 11.?4.1945 u. 1.9.1949 ff.)
1978 ff.   **101b**
(ca. 7 Ro/Jg)   101b
1855, 1.7. - 1945, 11.4.   **12**
                                             Trn 1
1992 - 1997   101a

TRAUTENAU (TRUTNOV, CZ)

9813.
Trautenauer Echo
1920 - 1933, 16.3.   **212**
(9 Ro)   212

9814.
Trautenauer Tagblatt
1938, 28.8. - 31.12.   **212**
(1 Ro)   212

9815.
Volksbote
1938, 31.8. - 19.10.   **212**
(1 Ro)   212

TREBBIN

9816.
Trebbiner Zeitung
1933, Jan. - Apr.
1933, Sep. - 1934, März
1934, Okt. - Dez.
1935, Okt. - Dez.
1937, Okt. - Dez.
1938, Mai - Aug.
1939, Jan. - Aug.
1943, Jan. - Juni   1w
(10 Ro)   1w

TREBNITZ (TRZEBNICA, PL)

9817.
Trebnitzer Kreisblatt
1927 - 1931   1w
(1 Ro)   1w
      Dm 11

TREPTOW <REGA> (TRZEBIATÓW, PL)

9818.
Heimatklänge
UT: Zeitschrift des Vereins für Heimatkunde
und Heimatschutz
1924, 15.3. - 17.11.
1925, 16.1. - 1944, Juli/Aug. (L)   Mb 50

9819.
Rega-Zeitung
1915 (L)
1919 - 1921 (L)
1923 - 1925 (L)   9
      9

9820.
Treptower General-Anzeiger
1889, 9.1. - 10.7.
1892 (L)
1897 - 1898 (L)
1900 (L), 1903 (L)
1910 - 1911 (L)
1914 - 1921 (L)
1923 (L), 1932   9
      9

Beilage(n):
Landmanns Sonntagsblatt   9
1932 (L)   9
Landschaftlicher Ratgeber   9
1932 (L)   9

Kirchliches Wochenblatt   9
1911 (L), 1914 (L)   9
Wort und Bild
1911, Nr. 2 - 53   9
1914, Nr. 6   9

9821.
Treptower Neueste Nachrichten
Treptow <Rega> (Trzebiatów, PL),
Greifenberg (Gryfice, PL), Cammin
(KamieŃ Pomorski, PL)
1910, 10.4. - 12.11.   9
      9

9822.
Treptower Zeitung
1877 - 1885 (L)
1904 - 1905 (L)   9
      9

TREUEN

9823.
Wochenblatt für Treuen, Lengenfeld,
Elsterberg und Umgegend
später: Zeitung für Stadt und Land
1.9.1904: Treuener Zeitung für Stadt und Land
1.12.1906: Treuener Tageblatt und Anzeiger
1857 - 1860
1864 - 1865
1867 - 1869
1871 - 1882
1884 - 1934, Juni
1935 - 1943, 15.4.
1945, 2.6. - 26.7.   14
(80 Ro)   14

TREUENBRIETZEN

9824.
Der Streiter für Volk und Heimat
1935 - 1938, 30.6. (L)
1938, 1.10. - 1939, Sep.
1940 - 1944, 30.6.   1w
1935 - 1938, 30.6. (L)
1938, 1.10. - 31.12.   1w
      Dm 11

TREYSA

9825.
Schwalm-Bote
22.3.1937: Der Schwalmkreis
1900 - 1932, 30.6.
1933 - 1939, 30.6.

1940 - 1944	**4**
(39 Ro)	4
	34
	Dm 11

9826.
Treysaer Zeitung

1927, 3.12. - 1930, 29.4. (L)	**4**
(2 Ro)	4
	34
	Dm 11

TRIBERG

9827.
Triberger Bote
1900 - 1904
(als Ersatz wurde tw. das Villin-   Vil 5
ger Volksblatt verfilmt)

TRIER

9828.
Allgemeiner Anzeiger und Kunst-, Handels-
u. Gewerbezeitung für den Regierungsbezirk
Trier

1860 - 1861 (L)	**5**
(2 Ro)	5

9829.
Der Katholische Volksbote für Stadt und
Land
1.6.1849: Trier'scher Volksbote für Stadt und
Land
(25.8.1848 - 29.6.1850)

1848, 25.8. - 1850, 29.6.	**Dm 11**
(1 Ro)	Dm 11
	21/32c
	121
	188/211
	Kob 1
	Bm 3

9830.
Mosel-Zeitung
1.10.1874: Neue Mosel-Zeitung
1.4.1875: Katholische Volkszeitung
1.10.1875: Trierische Landeszeitung
(1.4.1873 - 28.2.1943 u. 1.11.1949 - 1.4.1974)

1893, Nr. 149 - 291	**1w**
	1w
1873, 1.4. - 1943, 27.2.	
1949, 29.10. - Dez.	
1951	**121**
(123 Ro)	
1873, 1.4. - 1943, 27.2. (L)	
1949, 29.10. - Dez.	Dm 11
1916, 12.1. - 1919, 30.6. (L)	
1949, 29.10. - 1951, 16.5. (L)	GB-
1951, 1.8. - 30.9.	LO/N38
1875, 1.4. - 1943, 28.2.	5
1873, 1.4. - 1943, 27.2.	
1949, 29.10. - Dez.	
1951	**121**

Beilage(n):
Der Sonntag

1947 - 1977? (L)	30
1951, 14.1. - 30.9. (LL)	GB-
	LO/N38

9831.
Trierer Nationalblatt
5.1.1934: Nationalblatt

1937, 1.12. - 1940 (L)	**Lux-**
	AN
	Lux-AN
1930, 2.6. - 1944, 21.12.	**121**
(35 Ro)	121
	Dm 11

9832.
Trierer Zeitung
Koblenz

1920, 31.5. - 1921	**121**
(2 Ro)	121
	Dm 11

9833.
Trierische Nachrichten

1946, 12.1. - 23.1.	**121**
	121

9834.
Trierische Staats- und gelehrte Zeitung

1744, 9.9. - 1745, 31.3.	121

9835.
Trierisches Anzeigenblatt
25.11.1878: Trierischer Volksfreund
10.4.1946: Trierische Volkszeitung
8.7.1949: Trierischer Volksfreund
(1.5.1875 - 30.4.1938 u. 10.4.1946 ff.)

1876 - 1878	
1892 - 1902	
1904 - 1905	
1907 - 1908	
1910 - 1937	
1946, 10.4. - 1967	**121**
(155 Ro)	
1968 ff.	**101b**
(ca. 8 Ro/Jg)	101b
1992 - 1997	101a
1970 - 1994	Kob 1
1949, 7.1. - 1.7. (LL)	
1949, 8.7. - 1952, 31.5.	GB-
1951, 1.8. - 30.9.	LO/N38
1876 - 1878	
1892 - 1902	
1904 - 1905	
1907 - 1908	
1910 - 1937	
1946, 10.4. ff.	121
1968 - 1991	
1996 ff.	385

9836.
Trierisches Wochen-Blättgen
6.1.1788: Trierisches Wochenblatt
8.4.1798: Saar-Departement Trierisches
Wochenblatt
30.12.1798: Der Trierische Ankündiger für
das Saardepartement
25.3.1803: Trierisches offizielles Blatt für
das Saar-Departement
5.1.1805: Journal des Saar-Departements
3.7.1814: Trierische Zeitung
5.9.1830: Trier'sche Zeitung
(1.1.1798 - 19.7.1851)

1758 - 1851, 19.7.	**121**
	121
1842 - 1850	**Bo 414**
(12 Ro)	
	46
	Tr 18
	Kob 1
	Wit 2
	Bm 3
	188/211
	Bo 133
1758 - 1851, 19.7.	Dm 11
1842 - 1850	25

1842 - 1844	
1846 - 1847 (LL)	
1849 (E), 1851 (E)	B 479
1842 - 1849 (L)	294
Beilage(n):	
Philantrop	**B 479**
1840 - 1848 (L)	B 479

9837.
Trier'sche Volks-Zeitung
1868: Trierische Volks-Zeitung
1875: Saar- und Moselzeitung

1854 - 1889 (L)	
1891 - 1896, 31.3. (L)	**121**
(43 Ro)	121
	Dm 11

9838.
Trier'sche Volksstimme
(7.4. - 30.6.1850)

1850, 7.4. - 30.6.	**5**
(1 Ro)	5
	B 479
	B 479

9839.
Trier'sches Intelligenzblatt
1.7.1848: Saar- und Mosel-Zeitung
2.8.1853: Neue Trier'sche Zeitung
17.3.1854: Trier'sche Zeitung
17.12.1867: Trierische Zeitung

1845, 1.10. - 1919, 30.6.	**121**
	121
1848, 1.7. - 27.9.	
1849	**Dm 11**
(2 Ro)	
	21/32c
	Kob 1
1842 - 1850	25
	294
	188/211
	Bo 133
	Tr 18
1845, 1.10. - 1919, 30.6.	Dm 11
	5

9840.
Volksblatt
(7.5.1848 - 1849, Nr. 191)

1848, 7.5. - 29.12.	**1w**
(1 Ro)	1w

9841.
Volkswacht
1919, 27.8. - 1933, 27.2. 121
(23 Ro) 121
  Dm 11

9842.
Triester Zeitung
1853, Nr. 110 - 117 B 479

TRINUM

9843.
Der Wegweiser
MTS
1956 - 1959 (L) 3
(1 Ro) 3
  Dm 11

TRITTAU

9844.
Trittauer Tageblatt
1910, 11.9. - 1922, 3.6. (L)
1927, 1.7. - 1929, 31.10. (L) 18
(26 Ro) 18

TRÖBITZ

9845.
Fortschritt
BPO Landmaschinen Tröbitz
Verl. in Bad Liebenwerda
1977 - 1990 (MPF) 186

TROGEN (CH)

9846.
*Beiträge zu den Mitteln der Volkserziehung
im Geiste der Menschenbildung*
1832 - 1833 46
(1 Ro) 46

TROISDORF

9847.
*Anzeiger für die Bürgermeistereien Troisdorf,
Sieglar, Menden, [...]*
1921, 13.8. - 1922, 31.5. Sie 8
  Sie 7

9848.
Sieglarer Zeitung
1918 - 1920, 24.4. Eit 1

TROMSÖ (N)

9849.
Deutsche Polar-Zeitung
1943 - 1944, 27.5. (L) 8
(2 Ro) 8

9850.
Polar-Kurier
1944, 22.11. - 31.12. (L) 8
(1 Ro) 8

TROPPAU (OPAVA, CZ)

9851.
Deutsche Post
1923 - 1933 212
(33 Ro)

9852.
Deutsche Woche
1938 212
(1 Ro)

9853.
Deutsche Zeitung
1921, Nov. - 1922, Nov. 212
(3 Ro)

9854.
Freie deutsche Jugend
Troppau, ab 1938, Nr. 5 in Paris
1937, Nr. 1 - 1939, Nr. 7 B 479
  B 479
1937, Juni/Juli - 1939, Jan./Feb. Dm 11
(1 Ro) Dm 11
  715
  Mar 1
  Bo 133
  739
  188/211
  M 352

9855.
Illustrierte Deutsche Woche
1928, Nr. 20 - 1937 (L) 1w
(3 Ro) 1w
  Dm 11

9856.
Neue Zeit
1927, 2.4. - 1933, 30.9.   212
(4 Ro)   212

9857.
Sudetenrundschau
1924, 16.4. - 1929, 29.6.   212
(8 Ro)   212

9858.
Volksbote
1927 - 1933   212

9859.
Volkspresse
1927, 1.2. - 1933, 20.6.   212
(6 Ro)   212

9860.
Volksruf
1925, 1.1. - 9.5.   212
(1 Ro)   212

TROSSINGEN

9861.
Trossinger Nachrichten
1970: Schwarzwälder Bote / Trossinger Nachrichten
BA v. Schwarzwälder Bote, Oberndorf
1973, 2.7. - 1979   24
(45 Ro)   24

9862.
Trossinger Zeitung
BA v. Schwäbische Zeitung, Leutkirch
1950, 28.1. ff.   24
(116 Ro 1975 - 1990)   24

9863.
Trossinger Zeitung
15.6.1907: Allgemeines Volksblatt
1934: Trossinger allgemeines Volksblatt
(19.3.1896 - 17.4.1945)
1896, 19.3. - 1945, 17.4.   24
                                           24

TROSTBERG

9864.
Der Traunbote
Trostberg, Traunstein
1869, 25: Traun-Alz-Bote
1873: Traun-Alz-Salzachbote
1892: Trostberger Wochenblatt
Nr. 177, 1931: Trostberger Tagblatt
ab 1877 in Trostberg u. Traunstein
1976 ff.   101b
(ca. 6 Ro/Jg)   101b
1868 - 1871
1873 - 1945, Mai   12
1992 - 1997   101a

TROY, NY (USA)

9865.
Troy Freie Presse
1930, 18.10. - 1939, 7.10. (L)   212
(4 Ro)   212
                                          Dm 11

TSELINOGRAD (CELINOGRAD, KZ)

9866.
Freundschaft
Tselinograd (Celinograd, KZ), Almaty (KZ)
Tageszeitung d. sowjetdeutschen
Bevölkerung Kasachstans
1.2.1991: Deutsche Allgemeine Zeitung
der Rußlanddeutschen
später: Deutsche Allgemeine Zeitung
Tselinograd u. Alma-Ata (Almaty)
1967 - 1990
1991, 1.2. ff.   212
                                           212
1967 - 1969
1972 - 1990
1991, 1.2. - 1998   547

TSINGTAU (TSINGTAO, VR)

9867.
Deutsch-asiatische Warte
1898, 21.11. - 1902, 19.12.   1w
                                           1w
                                          Dm 11
1899 - 1903 (L)   30

9868.
Tsingtauer Neueste Nachrichten
1904, 1.10.
1904, 1.11. - 1914, 11.6.   212
(25 Ro)
1904, 1.10. - 1914, 30.6.   1w

TÜBINGEN

9869.
Bote vom Heuberg
Tübingen, Tuttlingen, Spaichingen
1949, 22.10. - 1950   24

9870.
Deutsche Rechts-Schrift
1946 - 1950 (L)   M 352
                               M 352

9871.
Europäische Annalen
1795 - 1797   **46**
(4 Ro)   46

9872.
Katholische Sonntagsschule
1848   **21**
                               21

9873.
Die Mitteilungen der Militärregierung
für den Kreis Tübingen
später: Amtsblatt für den Kreis Tübingen
1945, 23.5. - 1948, 25.8.   21
1945, 23.5. - 1952, 25.9.   24
                               Rot 3

9874.
Neueste Weltkunde
Tübingen, Stuttgart, Ulm, Augsburg, München
anf. i. Tübingen als sog. Cotta'sche Zeitung, ab
9.9.1798 i. Stuttgart als Allgemeine Zeitung ,
dann i. Ulm mit mehreren Titeländerungen
16.1.1807 in Augsburg: Allgemeine Zeitung,
ab 1.10.1882 in München
2.3.1925: AZ am Abend
21.4.1925: AZ am Morgen
11.8.1926: AZ am Abend
(1.1.1798 - 29.7.1929)
1830, Sep. - Dez.
1845, Jan. - Juni
1851, Jan. - März
1862, Juli - Sep.
1866, Juli - Aug.   1w
                               1w

1883, Juli - Sep.
1891, Apr. - Dez.   1w
(13 Ro)   1w
1807, 7.1. - 12.7.
1811 - 1847, 30.6.
1847, 1.10. - Dez.
1849 - 1851, 30.6.
1852 - 1861, 30.9.
1862 - 1863
1865, Jan. - 30.6. u. Okt. - Dez.
1890 - 1907   **31**
(143 Ro)   31
1798 - 1809 (Beil. z.T. vorhanden)   **46**
1798 - 1847   **GB-**
1850 - 1929, Juli   **LO/N38**
(506 Ro)   GB-
                               LO/N38
1798 - 1929, 30.6.   **Dm 11**
(366 Ro u. 27 Ro Handelsbeil.) Dm 11
                               8
                               12
1798 - 1814 (Beil. z.T. vorhanden)   46
1798 - 1929, 29.7.   188
1807, 7.1. - 1907, 27.9. (L)   101b
1798 - 1812, 31.5.
1833 - 1837
1844 - 1847
1854 - 1860, 21.1.
1907, 7.12. - 1926, 30.6.
1926, 11.8. - 1929, 30.6.   384
(Handelsbeil. bis 1865)
                               739
1846, 7.11. - 1849, 30.4.
1849, 1.7. - Dez.   188/211
1839, Nr. 274 - 1848 (LL)
1850 - 1852 (LL)
1854 (LL), 1856 (E), 1858 (E)
1859 - 1860 (E)   B 479
1798 - 1842   38/421
1798 - 1929, 30.6.   16
1798 - 1807
1925 - 1926   18
Beilage(n):
 Außerordentliche Beilage
1842 - 1844 (LL)
1847 - 1848
1850 - 1851
1854 (LL)   B 479
1898, 11.1. - 6.3.   Dm 11
1825 - 1834, 29.6. (L)
1835 - 1837
1843, Juli - 1844   1w
(14 Ro)   1w

Beilage
1817
1824 - 1829 (L)
1833 - 1834, 29.6. (L)
1843 - 1846
1890, 2.1. - 28.2.   1w
1891, Apr. - Dez.   1w
1873 - 1908, 31.3.   12
1891 - 1907 (L)   31
1839 - 1869 (LL)   B 479
                                     B 479
1873, 29.1. - 1875, 30.4.
1878, 5.7. - 31.12.
1888, 1.11. - 1889, 30.6.
1890, 1.3. - 1908, 31.3.   Dm 11
Monatsblätter zur Ergänzung
1845 - 1847   Dm 11
                                      21
                                      12
                                      16
Handeslbeilage
1873 - 1882, 29.9.   16
1873 - 1879
1880, 1.9. - 1882, 29.9.   Dm 11
1874 - 1875   12

9875.
Schwäbisches Tagblatt
Dez. 1949: Tübinger Chronik und Steinlach-
Bote
2.1.1968: Südwest-Presse
Ausg. Schwäbisches Tagblatt, Rottenburger
Post, Steinlach-Bote
HA in Ulm
(1.1.1845 - 18.4.1945 u. 21.9.1945 ff.)
1948 - 1949   21
1947, 7.2. - 1949
1980 ff.   24
1978 ff.   101b
(ca. 8 Ro/Jg)   101b
1848, 18.6. - 31.12.   MFA
(1 Ro)
1845 - 1945, 18.4. (L)
1945, 21.9. - 1976   21
1945, 21.9. - 1947, 25.4. (LL)
1947, 9.5. - 1949, 19.10. (L)   GB-
1949, 16.11. - 1950 (L)   LO/N38
1991 - 2005   24
1992 - 1997   101a
1845 ff.   449
1848, 8.6. - 30.12.
1945, 21.9. - 1949   Dm 11
2002, 12.2. ff.   Rot 3

Beilage(n):
Jubiläumsausgabe
1845/1920   24
(1 Ro)   24

9876.
Schwäbisches Tagblatt / Donau
1947, 26.8. - 1949, 30.5.   24
(1 Ro)

9877.
Schwarzwälder Bote / N
HA in Oberndorf
Vbg.: Tübingen, Reutlingen, Münsingen, Sulz
1959, 1.5. - 1960   24
(3 Ro)   24

9878.
Tübinger Wochenblatt und Herrenberger
Zeitung
Mai 1898: Tübinger Tagblatt
1898, 1.5. - 1899
1914, 1.7. - 1923, 31.8.   21
                                     21

TURN (CZ)
9879.
Teplitzer Nachrichten
1930   212

TUTTLINGEN

9880.
Gewerkschafts-Zeitung für das Gebiet Süd-
württemberg und Hohenzollern
Feb. 1948: Die Schaffenden
Schwenningen u. Tuttlingen
1946, 15.9. - 1948, Jan.
1948, 18.2. - 1949   Bo 414
(1 Ro)
1946 - 1949   25
                                     34
                                   188/211
                                   Bo 133
1946, 15.9. - 1949   M 352

9881.
Der Gränz-Bote
1943 - 1945: Tuttlinger Zeitung
1946 - 1949: Schwäbisches Tagblatt
HA in Tübingen
ab 1961 BA v. Schwäbische Zeitung,
Leutkirch
1947 - 1958, 10.1.

1958, 9.10. - 1959	24
(21 Ro)	
1983 ff.	**101b**
(8 Ro/Jg)	101b
1831 - 1945, 21.4.	
1946, 5.2. ff.	24
1992 - 1997	101a
1986 ff.	31

9882.
Schwarzwälder Post / Tuttlinger Kreisbote
BA v. Schwarzwälder Post, Oberndorf
30.9.1950: Schwarzwälder Bote / Tuttlinger
Kreiszeitung
BA v. Schwarzwälder Bote, Oberndorf
1946, 15.10. - 1948, 30.12.

1973, 2.7. - 1979	24
(46 Ro)	

UDORA, ONTARIO (CDN)

9883.
Deutsche Rundschau
1999

2000, Feb. - 2006	**212**
(3 Ro)	212

ÜBERLINGEN

9884.
Badische Zeitung
HA in Freiburg

1947, 19.8. - 1949	**31**
	31

9885.
Südkurier
Überlingen, Pfullendorf
Ausg. Überlingen / Pfullendorf
HA in Konstanz

1945, 8.9. - 1950	Sig 4

9886.
*Südwestdeutsche Volkszeitung für
christliche Politik und Kultur / UE*
HA in Freiburg, Br.

1947, 8.3. - 1949, 31.10. (L)	**31**
	31

UEDEM

9887.
Uedemer Volkszeitung
1906, 6.1. - 1907, 30.5. (L)
1908 - 1909, 23.12.
1914, 11.7. - 1915, 24.6.
1916, 7.1. - 27.6.
1922, 2.1. - 18.5. u. 2.6. - 8.7.
1923, 15.3. - 25.6. u. 11.8. -
28.10.
1924, 8.1. - 14.6. u. 23.8. - 4.12.
1925, 6.7. - 31.12.
1926, 1.7. - 4.9.
1927, 7.2. - 30.6.
1928, 21.2. - 27.10.
1929, 5.1. - 4.5. (L)
1930, 2.1. - 30.6.
1931, 22.10. - 12.12.

1933, 11.8. - 30.12.	Gk 2

UELZEN

9888.
Nachrichten für Uelzen und die Umgegend
1.1.1855: Nachrichten
1867: Kreis-Blatt
1.4.1872: Kreis-Zeitung
1.4.1911: Allgemeine Zeitung der
Lüneburger Heide
(3.8.1869 - 7.4.1945 u. 1949? ff.)

1977 ff.	**101b**	
(ca. 7 Ro/Jg)	101b	
1857 - 1904 (E)		
1869		
1914, 5.6. - 1918, 30.9.		
1921, 3.1. - 1944, 30.6. (L)		
1945, 3.1. - 7.4. (L)		**Lün 4**
(70 Ro)		
1992 - 1997	101a	
1869		
1914, 5.6. - 1918, 30.9.		
1921, 3.1. - 1944, 30.6. (L)		
1945, 3.1. - 7.4. (L)		Dm 11
		Uel 1
1857 - 1904 (E)		
1869		
1914, 5.6. - 1918, 30.9.		
1921, 3.1. - 1944, 30.6.		
1945, 2.1. - 7.4.		
1967, 4.4.		Lün 4

9889.
Uelzen-Isenhagener Zeitung
1.7.1924: Niedersächsische Volkszeitung
1.7.1941: BA v. Cellesche Zeitung und
Anzeigen
(4.4.1907 - 30.6.1942, ab 21.3.1907 mehrere
Probe-Nr.)
1907, 21.3. - 1926, März (L)
1926, Juli - 1935, Sep.

1936 - 1942, 30.6. (L)	**Lün 4**
(22 Ro)	Lün 4
	Dm 11
	35

ULJANOWSK (RUS)

9890.
Rundschau

2000 ff.	**212**
	212

ULM

9891.
*Amtliches Anzeigeblatt der Staats- und
städtischen Behörden und des Oberamtsbe-
zirks Ulm*
11.8.1860: Ulmer Tagblatt
UT ab 2.5.1934: Nationale Rundschau,
ab 1.4.1935: Ulmer Sturm
1860 - 1872
1873 (L)
1874 - 1938
1939 - 1940 (L)
1941 - 1944

1945, Jan. - 21.4.	24
	46
	122
	Dm 11

Beilage(n):
Amtsblatt für Stadt und Bezirk
Ulm
1933, 13.7. - 30.12.

1934, 12.5. - 23.6. (L)	24
1926 - 1933	46

9892.
Donauwacht
1911, 23.9. - 30.12.

1912, 8.7. - 1933, 10.3.	24
	46
	122
	Dm 11

Beilage(n):
Für Feierstunden

1920 ff.	46
Der Spatz	
1928 - 1929	46
Unterhaltungsblatt	
1911 - 1912	46

9893.
Der Freimüthige

1808	31
	U 13

9894.
Der Landschullehrer

1798 - 1801	**46**
(1 Ro)	46

9895.
Die Schnellpost
1841: Ulmer Schnellpost

1837, 1.12. - 1912	24
	46
	122
	Dm 11

9896.
Schwäbische Donau-Zeitung
2.1.1968: Südwest-Presse
(10.11.1945)
1945, 1.12. - 1962

1963, Apr. ff.	**101b**
(bis 1967 66 Ro)	
1945, 1.12. - 1948, 26.11.	
1963, 2.1. - 30.3.	**MFA**
(4 Ro)	
1984 ff.	24
1945, 15.12. - 1947, 24.9.	GB-
1948, 17.1. - 1952, 29.11.	LO/N38
1946, 3.1. - 20.3. (L)	
1947, 10.12. - 31.12. (L)	
1948, 10.1. - 26.11. (L)	Dm 11
1945, Juli? - 1947	19
1945, 1.12. - 1947	19
1945, 10.11. - 1962	
1963, Apr. ff.	101b
1959, 1.4. ff.	U 13

9897.
Schwäbische Zeitung / 12
1.9.2003: Schwäbische Zeitung / Alb-Donau
HA in Leutkirch

1975 ff.	**24**
(244 Ro 1975 - 30.8.2003)	
	24

9898.
Südwest-Presse / ABC
Ausg. Zwischen Donau und Iller
1975 ff. **24**
24

9899.
Taschenbuch für teutsche Schulmeister
1786 - 1797 **46**
(2 Ro) **46**

9900.
Ulmer Abendpost
10.6.1924: Ulmer Abend-Post
1924, 3.4. - 1929 **24**
46
122
Dm 11

9901.
Ulmer Sturm
22.8.1931: Schwaben Sturm
5.9.1931: Ulmer Sturm
31.10.1931: Schwaben Sturm
7.11.1931: Ulmer Sturm
29.12.1933: Nationale Rundschau
1931, 17.1. - 1933 **24**
46
122
Dm 11

9902.
Ulmer Volksbote
1.4.1913: Schwäbischer Volksbote
1899 - 1937, 30.9. **24**
122
Dm 11
1899 - 1900
1902 - 1937 **46**

9903.
Ulmer Zeitung
1894 - 1922, 30.6. **24**
46
122
Dm 11

UNION CITY, NJ (USA)

9904.
New Jersey Post
1929, 24.8. - 1931, 18.4. (L) **212**
(1 Ro) **212**
Dm 11

UNNA

9905.
Hellweger Bote
27.6.1846: Hellweger Anzeiger für Mark
und das Münsterland
12.3.1851: Hellweger Anzeiger und Bote
26.10.1949: Hellweger Anzeiger
(15.2.1845 - 6.5.1945 u. 26.10.1949 ff.)
1958 - 1961, 23.9.
1962, 24.4. - 1963, 17.6.
1964, 31.5. - 1967, 16.4.
1967, 2.8. - 1980 **Dm 11**
1978, 1.9. ff. **101b**
(ca. 7 Ro/Jg)
1949, 26.10. - 1954, 15.6.
1954, 21.6. - 1957 **MFA**
(22 Ro)
1992 - 1997 101a
1949, 26.10. - 1961, 23.9.
1962, 24.4. - 1963, 17.6.
1964, 31.5. - 1967, 16.4.
1967, 2.8. ff. **Dm 11**
1845, 15.2. - 1846, Nov.
1847, Jan. - März
1847, Juli - 1945, 8.4.
1949, 27.10. ff. Una 1
1961, 24.9. - 1962, 23.4.
1963, 18.6. - 1964, 30.5.
1967, 17.4. - 1.8.
1978, 1.9. ff. 101b

9906.
*Monatsschrift des Unnaer Sport-Clubs 08
e.V.*
1931, Juli - Dez. **MFA**
(1 Ro)

9907.
Ruhr-Hellweg-Zeitung
1927, Apr. - 1928, Juni (MPF) Una 1

9908.
Ruhr-Nachrichten / Unna
Ausg. Unna, Holzwickede
1960, 1.7. - 1970 **6**
6

9909.
Westfälische Rundschau / U
Ausg. Unna
HA in Dortmund
1951, 17.3. - 1970 **6**
(nur Lokalteil) **6**
1961 - 1962 Dm 11

9910.
Westfälische Rundschau / UN
Ausg. Unna, Fröndenberg, Holzwickede
HA in Dortmund
1957, 10.4. - 1970   6
(nur Lokalteil)
1990 ff.   101b
(ca. 12 Ro/Jg)   101b
1957, 10.4. - 1970 (nur Lokalteil)
1990 ff.   6
1992 - 1997   101a

9911.
Westfalenpost / N
UT: Unnaer Kreiszeitung
HA in Soest/Hagen
1951, 5.7. - 1960, 30.6.   6
                                                     6
1946, 26.4. - 1948 (MPF)   Hmm 1

UNSEBURG

9912.
Braunkohlenkumpel
BKW Unseburg
1955, 19.10. - 1959, 20.8. (L)   3
(1 Ro)   3
                                                  Dm 11

UNTERWELLENBORN

9913.
Die Hütte
Maxhütte
Vlg. in Pößneck
1949 - 1952, 30.7. (L)   3
(1 Ro)   3
                                                  Dm 11

UPPSALA (S)

9914.
Freies Deutschland
Uppsala u. Stockholm (S)
1944, Mai   **Dm 11**
(1 Ro)   Dm 11
                                                   739
                                                  M 352

URACH

9915.
Uracher General-Anzeiger
2.11.1995: Metzinger-Uracher
General-Anzeiger
Reutlingen u. Urach
1987 ff.   101b
(9 Ro/Jg)   101b
1992 - 1997   101a

9916.
Uracher Zeitung
(23.10.1910 - 1912, 30.9.)
1910, 23.10. - 1912, 30.9.   24

USINGEN

9917.
Frankfurter Rundschau / West-Nord [V]
Ausg. West-Nord [V] = Lokalanzeiger für
die Kreise Maintaunus, Obertaunus, Usingen
HA in Frankfurt/M.
1969 - 1971, Nr. 23   30

USLAR

9918.
Sollinger Nachrichten
5.9.1945: Sollinger Anzeigen-Aushang
Nr. 79, 1946: Sollinger Anzeigenblatt
29.10.1949: Sollinger Nachrichten
1863, 2.12. - 1902
1904 - 1943, 27.2.
1945, 5.9. - 1968, 23.1. (L)   Dm 11
                                                  Usl 1
Beilage(n):
Haus und Hof
1922, Jan. - März   7
Heimat und Welt
1924, Nr. 14 - 45 (L)
1925 (E) u. 1928 (E)   7
Illustriertes Sonntagsblatt
1906, Nr. 12   7
Illustriertes Unterhaltungsblatt
1876, Nr. 10 - 12   7
Landwirtschaftliche Wochen-
schau
1936, Nr. 8 - 1941, Nr. 8 (L)   7

USTER (CH)

9919.
Der Bote aus den Bezirken von Uster, Hin-
weil und Pfäffikon
Hrsg. u.a.: Gottfried Keller, Robert Blum
1845, Juli - Aug.   **B 479**
     B 479

VADUZ (FL)

9920.
Die Zukunft
1938, 12.10. - 1940, 3.5.   31

VAIHINGEN/ENZ

9921.
Vaihinger Kreiszeitung
1983, 1.6. ff.   **101b**
(7 Ro/Jg)   101b
1992 - 1997   101a

VALLENDAR

9922.
Der Erwerbslose
1926 - 1927 (L)
1929 - 1930 (E)   **B 479**
     B 479

VALPARAISO (RCH)

9923.
Deutsche Nachrichten für Süd-Amerika
1894, 10.2. - 1895
1898 - 1900
1902   Dm 11

VANCOUVER, B.C. (CDN)

9924.
Dies und Das
1968, Nr. 2 - 1969   **212**
(2 Ro)   212

9925.
Pazifische Rundschau
(10.1.1965 ff.)
1970 - 1981
1983, 29.1. - 24.12.   **212**
1970 - 1971   212

9926.
Vancouver Courier
Vlg. in Winnipeg, MB
1968 - 1969
1970, 2.7. - 1971   **212**
(4 Ro)   212

VECHTA

9927.
Neue Zeitung für den katholischen Theil
Oldenburgs
1859 - 1882 (L)   490

9928.
Oldenburgische Volkszeitung
1976 ff.   **101b**
(ca. 9 Ro/Jg)   101b
1992 - 1997   101a
1944, 27.7.   GB-
     LO/N38
1897 - 1925   490
1933, 18.9. - 1943, 27.8.   Dph 1

9929.
Vechtaer Zeitung
1882 - 1896   490

VELBERT

9930.
Amtliches Anzeigenblatt für die Stadt
Langenberg
1924, Jan. - März   Dm 11
     Vel 1

9931.
Amtliches Kreisblatt für den Kreis
Mettmann
Langenberg, Vohwinkel
1873, 13.9. - 31.12.
1874, 7.7. - 1880, 25.11.
1897
1900 - 1917
1919 - 1927   Dm 11
     Vel 1

9932.
Amtliches Mitteilungsblatt für Velbert
1945, 1.5. - 16.6.   Dm 11
     Vel 1

9933.
Bergische Zeitung
21.1.1888: Velberter Zeitung
15.10.1949: Velberter Zeitung, Niederbergische Heimat
Vlg. in Velbert
(7.1.1882 - Nov. 1974, dann Verkauf an
d. Westdeutsche Allgemeine, Essen)

1998 ff.	**61**
(ca. 11 Ro/Jg)	61
1958 - 1960	**Dm 11**
1950 - 1975, 31.1. (L)	**MFA**
(114 Ro)	
1882, 7.1. - 1944 (L)	
1949, 15.10. - 1960	Dm 11
1882, 7.1. - 1944 (L)	
1949, 15.10. - 31.12.	
1958 - 1974, Juli	Vel 1
1974, 6.7. - 1975, 31.1.	5
Beilage(n):	
Niederbergische Heimat	
1930, 9.11. - 1931, 18.10.	**61**
(1 Ro, F: Nr. 6 - 8)	61

9934.
Neue Rheinische Zeitung / A 1
BA Düsseldorf/Mettmann
HA in Düsseldorf

1945, 1.8. - 1946, 27.2.	Dm 11
	Vel 1

9935.
Neviges-Hardenberger Volkszeitung
(Velbert-) Neviges
1879 u. 1885
1890 - 1891, 27.6.
1892
1896, 16.1. - 1898, 22.12. (L)
1902, 8.2. - 6.12.
1904 - 1905, 28.11.
1906 - 1911
1914
1916 - 1917
1922
1924 - 1925, 20.6.

1926, 1.7. - 1930, 30.6. (L)	Dm 11
	Vel 1

9936.
Rhein-Echo
Ausg. Mettmann, Velbert
HA in Düsseldorf

1947 - 1949, 30.7.	Dm 11
	Vel 1

9937.
Rheinische Post / A 1, D-Me
Ausg. Mettmann
HA in Düsseldorf

1946 - 1949	Dm 11
	Vel 1

9938.
Theater heute
Velbert, Hannover
(22.12.1960 ff.)

1960, Sep. - 1973	**Bo 414**
(13 Ro)	

9939.
Velberter Bürgermeisterei-Blatt
29.9.1881: Velberter Zeitung
(1.10.1878 - 31.12.1887)
(Velbert-) Langenberg

1880 - 1887 (L)	Dm 11
	Vel 1

9940.
Velberter Morgen-Zeitung
12.5.1925: Morgen-Zeitung
5.10.1949: Morgenzeitung
BA v. Rhein-Echo, Düsseldorf
3.12.1949: Morgen Zeitung
Vbg.: Heiligenhaus u. Velbert
1921, 18.10. - 1927
1928, 1.4. - 1933, 30.6. (L)
1949, 5.10. - 29.10. u. 3.12. -

14.12.	Dm 11
	Vel 1

9941.
Volksblatt für den Kreis Mettmann
4.4.1888: Langenberger Zeitung
1926: BA v. Hattinger Zeitung
2.1.1936: Heimat am Mittag / B
Velbert-Langenberg, ab 1926 in Hattingen

1937, 2.1. - 23.3.	**MFA**
1865, 27.6. - 30.12.	
1868	
1870 - 1873	
1875 - 1876	
1878 - 1886	
1888 - 1904	
1906 - 1912	
1913, 1.4. - 1922, 29.12. (L)	
1924, 2.4. - 1945, 11.4.	Dm 11

1865, 27.6. - 30.12.
1868
1870 - 1873
1875 - 1876
1878 - 1886
1888 - 1904
1906 - 1912
1913, 1.4. - 1922, 29.12. (L)
1924, 2.4. - 1945, 11.4.
1949, 8.10. - 1972
                                    Vel 1

9942.
Der Volksbote für den Kreis Mettmann
1865, 4.1. - 31.5.   Dm 11
                                      Vel 1

9943.
Volksparole
auch: Die Volksparole
Ausg. Mettmann
HA in Düsseldorf
10.2.1935: Rheinische Landeszeitung
Ausg. Velbert
HA in Düsseldorf
1934 - 1945, 15.4.   Dm 11
                                      Vel 1

9944.
Westdeutsche Allgemeine (WAZ)
HA in Essen
1991 - 1997   Vel 1

9945.
Westdeutsche Rundschau / K, WK, P, WI
Ausg. Niederberg, Leverkusen, Düssel-
dorf/Mettmann
HA in Wuppertal
1949   Dm 11
                                      Vel 1
1946, 4.12. - 1949 (L)
1950, Okt. - Dez. (L)   Hid 1

9946.
WZ. Westdeutsche Zeitung / W
HA in Wuppertal, ab 1.7.1971 in Düsseldorf
1992 - 1996   Vel 1
(nur Lokalteil Neviges)

9947.
Der Zeitungsbote
Vbg.: Kreise Elberfeld u. Mettmann
(Velbert-) Langenberg
1862
1864, 27.1. - 1866
1868 - 1871
1873 u. 1883
1887, 15.1. - 1896
1900 - 1905 (L)   Dm 11
                                        Vel 1
1862
1864, 27.1. - 1866
1868 - 1871
1873
1874, 7.7. - 1877, 25.12.
1879, 6.11. - 1880, 25.11.
1883 u. 1897
1900 - 1926   Wup 3

VERDEN

9948.
Verdener Aller-Zeitung
BA d. Kreiszeitung, Syke
1978 ff.   **101b**
(ca. 8 Ro/Jg)   101b
1992 - 1997   101a

9949.
Verdener Anzeigen
1945, 19.6. - 30.6.
(mitverfilmt b. Verdener Anzei-   **Lün 4**
genblatt)   Lün 4
                                      Dm 11

9950.
Verdener Anzeigenblatt
(4.4.1867 - 16.4.1945)
1867, 4.4. - 1870
1873 - 1881
1883 - 1899
1901 - 1945, 16.4.
(74 Ro, Verdener Anzeigen   **Lün 4**
(s.dort) u. Beilagen mitverfilmt)   Lün 4
                                      Dm 11
Beilage(n):
Die Heimat   **Lün 4**
1925, Okt. - 1935, Jan.   Lün 4
                                      Dm 11

9951.
Verdener Nachrichten
BA v. Bremer Nachrichten
1980, 28.2. ff.   46

VETSCHAU

9952.
Mitteilungen ORGREB-Institut
BPO ORGREB-Institut für Kraftwerke
1988 (MPF) 186

VEVEY (CH)

9953.
Blätter der Gegenwart für ein sociales Leben
1844, Probenr.
1845, 2 - 7 B 479
B 479

VIERNHEIM

9954.
Viernheimer Tageblatt
1988 ff. 101b
(5 Ro/Jg) 101b
1992 - 1997 101a

VIERSEN

9955.
Deutsche Volksblätter
1882 - 1897
1899 - 1900 Vie 1

9956.
Dreistädte-Bote
Amtliches Blatt für die Städte Viersen, Dülken,
Süchteln und Umgebung
1949, 9.7. - 26.10. 61
(1 Ro) 61
1948 - 1949 Vie 1

9957.
Dreistädte-Zeitung
1.4.1955: Grenzland-Kurier
1958, 2.1. - 31.7. 61
Dm 11
1950 - 1957 101b
(18 Ro) 101b
1950 - 1958, 31.7. Dm 11
1950, Juli - 1958, 31.7. 61
1949, 1.11. - 1969 Vie 1

9958.
Freiheit
1946, 1.3. - 1947 Vie 1

9959.
Neue Rheinische Zeitung
HA in Düsseldorf
1945, 18.7. - 1946, 27.2. Vie 1

9960.
Rhein-Echo
HA in Düsseldorf
(9.3.1946 - 31.12.1951)
1946, 9.3. - 1948 Vie 1

9961.
Rhein-Ruhr-Zeitung
HA in Essen
1946, 14.5. - 1948 Vie 1

9962.
Rheinische Post
HA in Düsseldorf
1946, 2.3. - 1954
1956 - 1958
1969 - 1977 Vie 1

9963.
Vereinigte Dreistädte-Zeitung
1924, 1.5. - 1941, 31.5. 61
(48 Ro) 61
1923 - 1941, 31.5. Vie 1
Beilage(n):
VDZ am Sonntag
1934, 4.11. - 30.12.
1935, 7.7. - 1938, 14.12. 61
(2 Ro) 61

9964.
Viersener Zeitung
1874 - 1933, Feb. Vie 1

9965.
Volksparole
10.2.1935: Rheinische Landeszeitung
Vlg. in Krefeld, ab 1931 in Düsseldorf
HA in Krefeld, Düsseldorf
1933 - 1939
1941 - 1944 Vie 1

9966.
Westdeutsche Zeitung
HA in Krefeld
1934 - 1939 Vie 1

VIETZ (WITNICA, PL)

9967.
Tagespost für's Warthebruch
1923, 1.4. - 1924, 29.6. (L)
1925, 1.1. - 31.3. (L)
1926 (L)
1927, Juli - 1928, März
1928, Juli - 1929, Apr. (L)
1930, Jan. - Juni, Okt. - Dez.
1931, Okt. - 22.12.   1w
(8 Ro)   1w
                                       Dm 11

9968.
Vietzer Tageblatt
1923, 1.7.
1925, Jan. - März
1926, Jan. - Sep.   1w
(1 Ro)   1w
                                       Dm 11

VILLINGEN-SCHWENNINGEN

9969.
Badische Zeitung
Ausg. Donau-Post
1.12.1967: Ausg. Donaueschingen/Villingen
1.4.1972: Badische Zeitung / DV: Bezirke
Donaueschingen/Villingen
HA in Freiburg
1966, 1.4. - 1981   31
                                       31
1990 - 1998, 28.2.   Vil 5
(nur Lokalteil)

9970.
Badische Zeitung
Ausg. Villingen: Schwarzwald und Baar
29.10.1949: Villinger Volksblatt
HA in Freiburg
1947, 8.1. - 1948, 31.10.
1949, 29.10. - 1966, 31.3.   31
                                       31
1949, 30.10. - 1955   Vil 5

9971.
*Kreis- und Amts-Verkündigungs-Blatt
für Triberg und Villingen*
1869/70   31
(1 Ro, Beilagen mitverfilmt)   31

9972.
Die Neckarquelle <1880>
15.7.1940: Schwenninger Tagblatt
1.3.1943: NS-Volkszeitung
7.2.1947: Schwäbisches Tagblatt
22.10.1949: Die Neckarquelle
BA v. Südwest-Prese, Ulm
1980 - 1982   24
(21 Ro)
1997 ff.   101b
(ca. 9 Ro/Jg)   101b
1981, 14.8. - 2.10.
1983 ff.   24
1992 - 1997   101a
1977, 3.1. ff.   31

9973.
*Schwarzwälder Post / Schwarzwald-Baar-
Bote*
BA v. Schwarzwälder Post, Oberndorf
30.9.1950: Schwarzwälder Bote / B 1
HA in Oberndorf
1947, 2.8. - 1960, 31.10.
1973, 2.7. - 1979   24
(78 Ro, 1960 tw. Ausg. B 5)   24
1947, 2.8. - 1960, 31.10.   Vil 1
1973, 2.7. - 1979
1990 - 1998, 30.9. (Lokalteil)   Vil 5

9974.
Schwarzwälder Tagblatt
Hauptausg.:
1944, 25.9. - 1945, 1.3.   31

9975.
Schwarzwälder Tagblatt / Villingen
1942, 2.9. - 1944, 30.6.   31

9976.
Schwarzwald-Baar-Anzeiger
Schwenningen
1953   Vil 5

9977.
Südkurier
später: Ausg. V
HA in Konstanz
1945, 8.9. - 1989   MFA
(221 Ro)
1945, 8.9. - 1998, 30.9.   Vil 5
(nur Lokalteil)

9978.
Südwestdeutsche Volkszeitung für christliche
Politik und Kultur
Ausg. Villingen
HA in Freiburg, Br.
1947, 1.3. - 26.4.
1948, 1.5. - 1949, 14.10.   31
                            31

9979.
Unsere Stimme
Vlg. in Schwenningen
KPD
1947, 12.12. - 1948, 23.1. (L)
1949, 18.1. u. Ostern   GB-
1949, 28.4. - 1950, 15.8. (L)   LO/N38

9980.
Villinger Volksblatt <1884>
1884 - 1897 (L)
1899 - 1900
1905 - 1936, 29.2.   Vil 5

VLOTHO

9981.
Vlothoer Wochenblatt
1.7.1977: Vlothoer Zeitung
3.8.1982: Vlothoer Anzeiger
1958 - 1960   Dm 11
1950, 29.3. - 1957
1961 - 1999   MFA
(76 Ro, Beilagen mitverfilmt)
1950, 29.3. - 1960   Dm 11
1961 - 1999   6

VOCKERODE

9982.
Der Kraftwerker
Energiewerke
1967, 6.1. - 1991, Apr. (L)   3
(5 Ro)   3
                               Dm 11

VÖLKLINGEN

9983.
Saarbrücker Zeitung
HA in Saarbrücken
1988 ff.   101b
(9 Ro/Jg)   101b
1992 - 1997   101a

WAGENFELD

9984.
Wagenfelder Zeitung
Ausg. Wagenfeld, Ströhen, Barve
1929 - 1930, 2.5.
1931, 8.8. - 1935, 31.7.   Dph 1

WAIBLINGEN

9985.
Stuttgarter Nachrichten / Waiblingen
Waiblingen, Backnang
HA in Stuttgart
1948, 2.10. - 1954, 31.3.   24
(15 Ro)   24

9986.
Stuttgarter Zeitung <Waiblingen>
Kreisausg. Waiblingen, Backnang
1.2.1996: Stuttgarter Zeitung / W
22.1.2002: Stuttgarter Zeitung / Rems-Murr-
Kreis
HA in Stuttgart
1947, 16.8. - 1957, 31.3.
2008 ff.   24
(15 Ro bis 1957)
1947, 16.8. - 1957, 31.3.
1996, 1.2. - 2002
2008 ff.   24

9987.
Waiblinger Kreiszeitung: Remstal-Bote
1987 ff.   101b
(7 Ro/Jg)   101b
1992 - 1997   101a

WALDBRÖL

9988.
Waldbröler Intelligenzblatt
25.2.1860: Waldbröler Kreis- und
Intelligenzblatt
4.1.1862: Waldbröler Kreisblatt
1859, 12.1. - 1862
1864 - 1866   5
(4 Ro)   5

9989.
Waldbröler Kreisblatt
Vlg. anfangs in [Köln-] Mülheim
1855 - 1858 (L)   5
(1 Ro)   5

WALDENBURG (WAŁBRZYCH, PL)

9990.
Der Beobachter am Eulenthal
Waldenburg (Wałbrzych, PL), Schweidnitz
(Świdnica, PL)
1843: Der Beobachter
1837 - 1846   1w
(3 Ro)   1w
                                Dm 11

9991.
Schlesische Bergwacht
1911, 29.10. - Dez.
1913 - 1914
1918 - 1919 (L)   Bo 133

9992.
Schlesische Gebirgs-Blüthen
1847   1w
(1 Ro)   1w
                                Dm 11

9993.
Waldenburger Kreisblatt
1926   1w
(1 Ro)   1w
                                Dm 11

9994.
Waldenburger Wochenblatt
1919: Waldenburger Zeitung
(3.1.1855 - 1930.6.1922)
1869 - 1872
1900
1906 - 1907, 29.6.
1909,Jan. - März, Juni - Dez.
1912, 1915, 1918   1w
                                1w
                                Dm 11
1855 - 1913
1914, 30.6. - 1922, 30.6.   12
Beilage(n):
  Gebirgs-Blüten
1903 - 1913   12
1914, 30.6. - 1922, 30.6.   12

WALDENBURG, SACHSEN

9995.
Schönburgische Geschichtsblätter
1894/95 - 1899/1900
1913 - 1917, Juni   14
(1 Ro)   14
                                 Ch 1

WALDKIRCH

9996.
Badische Zeitung
HA in Freiburg
1949, 15.10. - 1971, 30.9.   31
                                 31
1956, 2.7. - 1960, 31.1.   MFA
(8 MF=15 DF)
                                 Dm 11

9997.
Waldkircher Volkszeitung
1942, 2.9. - 1943   31

WALDMOHR

9998.
Waldmohrer Zeitung
später: Der Bote vom Höcherberg
1897 - 1939 (L)   Kai 1

BAD WALDSEE

9999.
Schwäbische Zeitung / 13
HA in Leutkirch
1975 ff.   24
(95 Ro 1975 - 1990)
1991 ff.   24

WALDSHUT

10000.
Alb-Bote
1942, 2.9. - 1945, 17.3. (L)   31

10001.
Der Alemanne
HA in Freiburg
1942, 2.9. - 1944, 26.11. (L)   31
                                 31

10002.
Amtliches Verkündigungsblatt für den Kreis Waldshut
1870 - 1872   31
                                 31

10003.
Badische Zeitung
HA in Freiburg
1948, 3.1. - 1951, 31.10.   31
                                 31

10004.
Südwestdeutsche Volkszeitung für christliche
Politik und Kultur
HA in Freiburg, Br.
1947, 30.4. - 1949, 31.10.   **31**
     31

10005.
Waldshuter Kreiszeitung
BA v. Südkurier, Konstanz
1978, 1.9. ff.   **101b**
(ca. 9 Ro/Jg)   101b
     31
1992 - 1997   101a

WALFERDINGEN (L)

10006.
Haut
(2.2.1981 - 2.7.1983)
1981, 2.2. - 1983, 2.7. (L)   **Lux-**
     AN
     Lux-AN

WALSRODE

10007.
Walsroder Wochenblatt
20.9.1881: Allgemeiner Anzeiger und Zeitung
a.d. Aller und Böhme
4.9.1891: Walsroder Zeitung
(7.2.1866 - 10.4.1945 u. 2.9.1949 ff.)
1987 ff.   **101b**
(6 Ro/Jg)   101b
1866, 24.2. - 1870
1874 - 1876
1878 - 1945, 10.4.   **Lün 4**
(95 Ro)   Lün 4
     Dm 11
1992 - 1997   101a
1886   1w

WANDLITZ

10008.
Holzarbeiter-Echo
(Wandlitz-) Klosterfelde
BPO Holzverarbeitung
Verl. in Berlin
1978 - 1990 (MPF)   186

WANFRIED

10009.
Der Werratal-Bote
1913 - 1914, 29.9. (L)   **4**
(1 Ro)   4
     34

WANGEN

10010.
Schwäbische Zeitung / 14
HA in Leutkirch
1975, 2.1. ff.   **24**
(100 Ro 1975 - 1990)   24

10011.
Wochenblatt
1825 - 1840
1854, 1859, 1864   **24**
(12 Ro)

WANNE-EICKEL S. HERNE

10012.

WANZLEBEN

10013.
Börde-Echo
später: MZ am Wochenende
auch: Magdeburger Zeitung am Wochenende
Vlg. in Magdeburg
1962, 2.8. - 1965, 9.10.   **Bo 174**
(1 Ro)

WARBURG

10014.
Freie Presse
HA in Bielefeld
1952, 3.6. - 1967, 1.7.   **6**
     6

10015.
Neue Westfälische
HA in Bielefeld
1992 - 2002, 30.6.   6

10016.
Warburger Kreisblatt
1848 - 1850   MFA
(1 Ro)
                               486
                               Pa 5
10017.
Westfalenzeitung
HA in Paderborn
15.2.1958: Westfalenblatt
HA in Bielefeld
1951 - 1970   6
                               6

WAREN

10018.
MZ in Wort und Bild
Waren, Röbel (Müritz)
SED
Vlg. in Neustrelitz
1970   B 479
                               B 479

10019.
Warener Tageblatt
(1.1886 - 31.5.1941)
1938, 17.6. - 1941, 31.5.   28
(7 Ro)   28

10020.
Warener Wochenblatt
6.1.1849: Waren-Röbel-Malchower
Wochenblatt
4.7.1866: Warener Zeitung
1841, 1.7. - 1862 (L)
1866, 4.7. - 29.12.
1870 - 1871, 25.10. (L)
1871, 9.12. - 30.12. (L)
1938, 17.6. - 1941 (L)
1942, 1.7. - 1943 (L)   33
                               28
                               Dm 11

WARENDORF

10021.
Die Glocke / F
HA in Oelde
1940, 11.6. - 26.6.
1951 - 1970 (L)   6
                               6
1929, Juli - 1944   810

10022.
Münstersche Zeitung / 4
Warendorfer Ems-Zeitung
HA in Münster
1958, 2.1. - 21.10.
1959, 2.1. - 30.6.   Dm 11
                               Dm 11
1951 - 1970   6
                               6

10023.
Neuer Emsbote
1953, 5.2. - 1970   6
                               6

10024.
Warendorfer Wochenblatt
1895, 21.12. - 1896   810

WARIN

10025.
Wariner Zeitung
1899 - 1900
1902, 1.1. - 18.1.
1902, 8.3. - 1913 (L)
1915 - 1921 (L)
1924
1926 - 1927 (L)
1929 - 1932 (L)
1938, 4.1. - 1.10.   33
(17 Ro)   33
                               Dm 11

WARNSDORF (VARNSDORF, CZ)

10026.
Die Abwehr
1926, 1.5. - 1938   212
(34 Ro)
1926, 1.5. - 1929, 21.4.   MFA
(7 Ro)
                              Dm 11

10027.
Nordböhmische Volksstimme
1902 u. 1904
1907 - 1908
1910   MFA
(3 Ro)
                              Dm 11

WARSCHAU (PL)

10028.
Die Brücke
Deutsche Kriegsgefangene in Polen
1948, Nr. 1 - 1949, Nr. 25
1975 (Sonderausg.)   M 352
(1 Ro)   M 352
1948 - 1949 (E)   B 479
                                          B 479

10029.
Deutsche Warschauer Zeitung
1915, 10.8. - 1916   212
(3 Ro)
1917, 2.1. - 30.6.
1917, 24.7. u. 16.9.
1918, 2.1. - 10.11.   MFA
(3 Ro)
1915, Sep. - Dez. (E)   1 w
1915, 10.8. - 1917, 30.6.
1917, 24.7. u. 16.9.
1918, 2.1. - 10.11.   Dm 11

10030.
Der Fraind
auch: Dos Leben
di erste teglike judise tsaitung in Rusland
1903 - 1913, 13.10. = 26.10. (L)   1 w
                                          25
                                          385

10031.
Di neie Welt
jiddisch, in hebr. Schrift
1910 (L)   25

10032.
Tagesbericht aus der polnischen und
jüdischen Presse
1917, 4.8. - 1918, 30.9.   4
                                          4
                                          Dm 11

10033.
Verordnungsblatt des Generalgouverneurs
für die Besetzten Polnischen Gebiete
1939, Nr. 1 - 15   M 352

10034.
Verordnungsblatt für das General-
gouvernement
1916, 13.11. - 1918, 30.10.   4
(3 Ro)   4
                                          Dm 11

10035.
Warschauer Mitteilungen
Berlin
1917, 28.6. - 1918, 17.4.   4
(1 Ro)   4
                                          Dm 11

10036.
Warschauer Zeitung
1939, 12./13.11. - 1940   212
(3 Ro)

WARSTEIN

10037.
Westfälische Rundschau / WR
Warstein und Umgebung
HA in Dortmund
1991 ff.   101b
(ca. 10 Ro/Jg)   101b
                                          6
1992 - 1997   101a

WASHINGTON, DC (USA)

10038.
Washington Journal
(31.3.1873 ff.)
1925, 19.6. - 1939, 22.12. (L)
1951, 23.2. - 1959, 4.9.
1970 - 1973, 2.3.
1976 - 2000, 24.4.   212
(6 Ro bis 1939)   212
1925, 19.6. - 1939, 22.12. (L)   Dm 11

10039.
Washington Staatszeitung
Seattle u. Washington
1921, 15.9. - 1935, 19.12. (L)   212
(5 Ro)   212
                                          Dm 11

WASSERBURG

10040.
Wasserburger Zeitung
BA v. Oberbayerisches Volksblatt, Rosenheim
1988 ff.   101b
(9 Ro/Jg)   101b
1992 - 1997   101a

10041.
Wochenblatt für die Landgerichte Wasser-
burg und Rosenheim
1851   Rhm 1

WATTENSCHEID S. BOCHUM

10042.

WEDEL

10043.
Wedel-Schulauer Zeitung
BA v. Norddeutsche Nachrichten
29.8.1932: Norddeutsche Nachrichten
UT: Wedel-Schulauer Zeitung
1.9.1934: Altonaer Tageblatt, Norddeutsche
Nachrichten
UT: Wedel-Schulauer Zeitung
1.2.1940: Norddeutsche Nachrichten / W
1903 (L)
1907 - 1912 (L)
1920 - 1943, 27.2. (L)
1951 - 1957, 19.7.   **18**
                                        18

WEHR

10044.
Wehrataler
1942, 1.9. - 1943, 31.3.   31

WEIDA

10045.
Sozialistische Einheit
SPD u. KPD Thüringens
(20.2. - 7.4.1946)
1946, 20.2. - 7.4.   **B 479**
                                        B 479

WEIDEN

10046.
Der Neue Tag
(31.5.1946 ff.)
1976 ff.   **101b**
(ca. 10 Ro/Jg)   101b

1946, 21.9. - 1947
1948, 10.1. - 30.10.
1948, 9.11. - 23.11. (L)   **Dm 11**
                                        Dm 11
1992 - 1997   101a
1946, 31.5. - 31.12. (L)   GB-
1948, 21.1. - 1949, 27.10. (L)   LO/N38
1988 ff.   703

WEILBURG

10047.
Weilburger Tageblatt
Weilburg, Wetzlar
anfangs: Weilburger Tagblatt
(1861 - 8.3.1945? u. 1950 ff.)
1983, 1.6. ff.   **101b**
(6 Ro/Jg)   101b
1933, 1.7. - 1945, 8.3.   **MFA**
(20 Ro)
                                        Dm 11
1933, 17. - 1945, 8.3.
2001 - 2004   43

WEILHEIM AN DER TECK

10048.
Neue Weilheimer Zeitung
(23.10.1892 - 31.5.1945)
1892, 23.10. - Dez. (L)
1894, Nr. 106 u. 1895, Nr. 59
1896 - 1913 (L)
1917 - 1920 (L)
1922 - 1941, 31.5. (L)   24
                                        Ess 6
                                        Whm 1

WEILHEIM (OBERBAYERN)

10049.
Weilheimer Tagblatt
BA v. Münchner Merkur
1988 ff.   **101b**
(14 Ro/Jg)   101b
1992 - 1997   101a

WEIMAR

10050.
Abendpost
(19.3.1946 - 31.3.1951)
1947, 7.7. - Dez.   Bo 174
(1 Ro)
1947 (F: Nr. 244 - 247)   Bo 414
(1 Ro)
1947, 7.2. - 31.12   M 352
1946, 19.3. - 31.12   Wim 24

10051.
Allgemeiner Monats-Bericht für Teutschland
1827, H. 10 - 11
1830, H. 1 - 2
1831, H. 11 - 12
1833, H. 1 - 9   Wit 2
1827 - 1829 (L)
1832 - 1838 (L)
1840, H. 1 - 2   30

10052.
Der deutsche Aar
Weimar, Ilmenau
auch: Deutscher Aar
21.3.1925: Der Nationalsozialist
1.4.1933: Thüringische Staatszeitung
18.1.1936: Thüringer Gauzeitung
2.1.1937: Thüringer Gauzeitung-Der
Nationalsozialist
Ilmenau, ab 28.3.1925 in Weimar
(15.3.1924 - 10.4.1945)
1935, 1.7. - 1940, 30.6.
1940, 1.10. - 1941, 31.3.
1941, 1.10. - 1944   MFA
(29 Ro)
1935, Juli - 1944   1w
                                           1w
1924, 15.3. - 1932 (L)
1933, 1.8. - 1945, 10.4.   M 352
(39 Ro)
                                           Dm 11
1933 - 1936   27

10053.
Der Deutsche Merkur
Aug. 1773: Der Teutsche Merkur
Frankfurt, Leipzig, Weimar
1773 - 1776   46
(5 Ro)   46
1773 - 1805   Bo 414
(446 MPF)

10054.
Deutsches Schrifttum
1909 - 1917   M 352

10055.
Deutschvölkisches Jahrbuch
1920 - 1922   46
                                           46
                                           M 352
                                           25

10056.
Oppositions-Blatt oder Weimarische Zeitung
1817   31
(3 Ro)   31

10057.
Die Revolution
11.4.1849: Deutschland
13.9.1911: Weimarische Landes-Zeitung
Deutschland
1.1.1921: Allgemeine Thüringische
Landeszeitung Deutschland
(3.1.1849 - 31.3.1943)
1849, 3.1. - 1943, 31.3.   27
                                           32
                                           Dm 11
                                           Wim 6
                                           Wim 24

10058.
Thüringer Neueste Nachrichten
(30.4.1951 - 12.5.?1990)
1966 - 1972   3
                                           3
1954, 2.8. - 1990, 12.5.   Bo 174
(65 Ro)
1989 - 1990, 12.5.   180
1954, Aug. - 1990, 12.5. (L)   101b
                                           188/211

10059.
Thüringer Tageblatt
(1.5.1946 - 31.1.1992)
1955, Jan. - Juni   1w
(1 Ro)   1w
1955 - 1990   Bo 174
(71 Ro)
1966 - 1972   3
1992, 2.1. - 31.1.   101b
                                           101a
1989 - 1990   180
1954, Aug. - 1992, 31.1.   101b
1955 - 1985   739
1954, Aug. - 1990, 31.1. (L)   188/211
1946, 1.5. - 1950, 29.12.   Dm 11

10060.
Thüringer Tageblatt <1946>
CDU

1955, Jan. - Juni	1w
(1 Ro)	1w
1946, 1.5. - 1950 (L)	63
	Dm 11
	Ef 31
1966 - 1972	3
1954, Aug. - 1969	
1971 - 1979	188/211
1955 - 1985	739
1989 - 1990	180
1957 - 1971	66
1946, 30.5. - 1947, 2.12. (LL)	GB-LO/N38

Beilage(n):
Zwischen Rhön und Thüringer-
wald

1957 - 1971	66

10061.
Thüringer Volkszeitung
9.4.1946: Thüringer Volk
Weimar u. Gera
14.4.1946: HA in Erfurt
6.4.1950: Das Volk
HA in Erfurt
(3.7.1945 - 13.1.1990)
1946 - 1950, Juni

1952	1w
(10 Ro)	1w
1945, 17.11. - 1947 (3 Ro)	**Bo 174**
1957, 1.7. - 1960	**MFA**
(6 Ro)	
1945, 17.11. - 1947 (L)	**Bo 414**
(3 Ro)	
	180
1945, 20. - 24.9.	
1946, 29.5. - 1948, 4.6. (L), ver-	GB-
schiedene Lokalausgaben	LO/N38
1945, 17.11. - 1947	M 352
1945, 3.7. - 1946	Wim 24
1946, 9.4. - 1947	Bo 153
	27
	39
1945, 17.11. - 1946, 6.4.	Ilm 1

10062.
Thüringer Wähler

1932, 27.7. - 30.7.	Bo 133

10063.
Thüringische Landeszeitung
UT: Weimarer Tagespost
ab 1990? zur WAZ-Mediengruppe gehörend
(24.9.1945 ff.)

1949, Jan. - Juni	
1951, Juli - Dez.	1w
(2 Ro)	1w
1992 ff.	**101b**
(6 Ro/Jg)	
1946, 7.1. - Dez.	
1954 - 1990	**Bo 174**
(65 Ro)	
1946 (L)	**Bo 414**
(1 Ro)	
1991 (L)	
1992 - 1997	101a
1946, 7. u. 9.1.	GB-
1946, 29.5. - 1947, 24.12. (LL)	LO/N38
1946 (L)	
1989 - 1990	180
1951, Apr. ff.	101b
1946 (L)	
1954 - 1985	739
1951 - 1990 (L)	188/211
1946 - 1950	
1995 ff.	Dm 11
1946, 7.1. - 31.12.	M 352
1945, 24.9. - 1946	Wim 24
2001 - 2007	547
1946 ff.	Bo 153
1966 - 1972	3
1946	Ilm 1

10064.
Tribüne
sozialdemokratisch
(15.9.1945 - 6.4.1946)

1945, 15.9. - 1946, 6.4. (L)	**B 479**
	B 479
	Bo 133

10065.
Weimarische Anzeigen
12.4.1755: Wöchentliche Weimarische Anzeigen
5,1,1760: Weimarische Wöchentliche Anzeigen
2.1.1764: Weimarische Wöchentliche Frag-
und Anzeigen
1775: Weimarische Wöchentliche Anzeigen
1.1.1801: Weimarisches Wochenblatt

4.4.1832: Weimarische Zeitung
1856 - 1863: Weimarer Zeitung
1.4.1919: Thüringer Tageszeitung für deutsche
Art und Arbeit in Stadt und Land
1.5.1921: Thüringer Tageszeitung
2.12.1923: Weimarische Zeitung
1.12.1927: Weimarische Tageszeitung
5.8.1928: Weimarische Zeitung
2.1.1934: Mitteldeutschland-Weimarische
Zeitung
BA v. Mitteldeutschland, Halle
(5.4.1755 - 1935)
1883
1885 - 1888
1898, 1904, 1907
1911 u. 1913   **1w**
(23 Ro)   1w
1812 - 1815
1817 - 1828
1830 - 1918   **Dm 11**
(106 Ro, Beilagen mitverfilmt)
1755, 5.4. - 1800, 27.12.
1832, 4.4. - 1922, 30.6.
1923, 2.12. - 1925, 31.8.
1927, 1.12. - 1928, 28.3.
1928, 5.8. - 1935   32
1755, 5.4. - 1935 (L)   27
         Wim 6
         Wim 24
         Dm 11

10066.
Zeitschrift für comprimirte und flüssige Gase
1897, Apr. - 1908   **GB-**
(2 Ro)   **LO/N38**
         GB-
         LO/N38

WEINHEIM

10067.
Hakenkreuzbanner
HA in Mannheim
1942, 2.9. - 1943, 4.9.   31

10068.
Weinheimer Anzeiger
(1863 - 29.2.1936)
1866, 1867, 1869
1879 - 1882
1887 - 1902
1904 - 1925   Wnh 1
         31

10069.
Weinheimer Nachrichten
(29.5.1925 - 30.4.1943 u. 1.7.1949 ff.)
1983, 1.6. ff.   **101b**
(9 Ro/Jg)   101b
1992 - 1997   101a
1925, 29.5. - 1943, 30.4.
1949, 1.7. ff.   31

WEINSBERG

10070.
Weinsberger Zeitung
1895 - 1913
1919, 22.11. - 1934, 26.2. (L)   **24**
(18 Ro)   24
         Wbg 1
Beilage(n):
Die Weibertreu
1895, 1907, 1908
1910 - 1913
und 2. Ex.: 1911 - 1914 (L)   **24**
(2 Ro)   24
         Wbg 1

WEISMAIN

10071.
Der Jura-Bote
1903, 12.3. (Probe-Nr.)
1903, 28.3. - 31.12.   22

WEISSANDT

10072.
Das Kollektiv
Orbitaplast Gölzau
1966, 5.2. - 1981, Nov. (L)
1982 - 1990, 8.1.   **3**
(4 Ro)   3
         Dm 11

WEISSENBURG (BAYERN)

10073.
Weißenburger Tagblatt
1977 ff.   **101b**
(ca. 13 Ro/Jg)   101b
1992 - 1997   101a

WEISSENBURG, ELSASS (WISSEMBOURG, F)

10074.
Straßburger Neueste Nachrichten / Nord II
Ausg. Weißenburg
1942, 1.5. - 1944, 1.11. (L)   31

10075.
Weissenburger politische und religiöse Anzeigen
später: Weissenburger patriotische Schildwacht
1795, 29.7. - 1796, 13.1.   **ACRPP**
                                    25
                                    384

10076.
Weissenburger Wochenblatt
später: Weissenburger Kreisblatt
1875 - 1906, Juni   **ACRPP**

WEISSENFELS

10077.
Allgemeines Deutsches Volksblatt
1795, Sep. - Okt. (MPF)   46

10078.
Freiheit / Weißenfels
17.3.1990: Mitteldeutsche Zeitung / Weißenfels
HA jeweils in Halle, S.
1946, 17.4. - 1972
1974 - 1982
1986   **Ws 8**

10079.
Mitteldeutsche National-Zeitung / Weißenfels
HA in Halle, S.
1936 - 1937   **Ws 8**

10080.
Wahrheit und Dichtung
1788, 1789, 1791
1794, 1800   **46**
1791 u. 1794   **46**

10081.
Weißenfelser Kreiszeitung
1961, 6.10. - 1966, 14.12.   **Bo 174**
(1 Ro)

10082.
Weißenfelser Wochen- und Intelligenzblatt
6.1.1827: Weißenfelser Kreis-Blatt
1841: Weißenfelser Kreis-Blatt mit Beiträgen zur Unterhaltung und Belehrung
1843: Weißenfelser Kreis-Blatt zugleich Intelligenzblatt für Weißenfels und Umgebung
1848: Weißenfelser Kreisblatt
1.1.1899: Weißenfelser Tageblatt
(9.1.1813 - 12.4.1945)
1836 - 1851, 30.6.
1851, 2.8. - 1873, 30.6.
1875 - 1876, 29.6.
1877 - 1907   **Z 5**
1900 - 1919, 24.12.
1920, 1.7. - 1944, 29.12.   **Ws 8**

WEISSENSEE

10083.
Erfurter Kreis-Blatt
Nr. 22, 1849: Kreis-Blatt des Erfurter Landrathsamtes
17.1.1874: Kreis-Blatt des Landkreises Erfurt
1.4.1885: Amtliche Verfügungen für die Behörden des Landkreises Erfurt
3.4.1889: Kreis-Blatt für den Kreis Erfurt
7.4.1933: Amtliche Bekanntmachungen des Kreises Weißensee/Thüringen
18.4.1941: Dienst-Blatt des Landrats des Kreises Weißensee
3.3.1947: Dienstblatt - Der Rat des Kreises Weißensee
26.6.1947: Amtliche Mitteilungen des Kreisrates des Landkreises Weißensee/Thüringen
31.5.1948: Mitteilungen des Kreisrates des Kreises Weißensee/Thüringen
6.7.1950: Mitteilungen des Kreisrates des Landkreises Erfurt
Erfurt u. Weißensee
(1819 - 19.12.1939, 18.4.1941 - 21.3.1945, 29.5.1946 - 29.9.1952)
1819 - 1939, 19.12. (L)
1941, 18.4. - 1945, 23.5.
1946, 29.5. - 1952, 29.9. (L)   Dm 11
                                       Sö 4

Beilage(n):
Register
1819 - 1841   Dm 11

10084.
Weißensee'r Kreisblatt
1.7.1863: Weißensee'r Zeitung
1.9.1929: Weißenseer Kreis-Zeitung
(2.7.1824 - 31.5.1941)
1824, 2.7. - 1826 (L)
1828 - 1835 (L)
1837 - 1838
1840 - 1941, 31.5.   Dm 11
                                      Sö 4

WEISSENSTADT

10085.
Weißenstadter Zeitung
Vlg. ab 17.12.1967 in Hof
1953, 2.9. - 1963, 31.3.
1963, 1.7. - 1967   **Hf 1**
(35 Ro)   **Hf 1**

WEISSKIRCHEN (BELA CRKVA, SER)

10086.
Bela Crkvaer Volksblatt
1940, 7.1. - 1941, 30.3.   **212**
(1 Ro)   212

10087.
Der Sonntag
1932, 17.1. - 31.12.
1938, 2.1. - 1940, 3.3.   **212**
(1 Ro)   212

WEISSWASSER

10088.
*Anzeiger für Weißwasser und den Kreis
Rothenburg*
Tw. auch: Rietschener Tageblatt
4.1.1914: Anzeiger für Weißwasser und
Umgebung
1904, 6.1. - 31.3. u. 1.10. - 25.12.
1909 - 1910, 30.3.
1913, 1.1. - 29.6.
1914, 3.1. - 31.3.   **14**
(3 Ro)   14
                                      Ww 4

10089.
Lausitzer Rundschau
HA in Cottbus
1946, 16.7. - 1948, 31.1. (MPF)   **14**
(nur Lokalseiten)

10090.
Neueste Nachrichten Weißwasser
10.11.1937: Neueste Nachrichten für
Weißwasser
1904 - 1905
1909 - 1924
1927 - 1931
1932, 1.4. - 1938, 2.1.
1938, 2.7. - 31.8.
1939, 1.3. - 28.4.
1940, 2.11. - 30.12.
1941, 23.6. - 1942, 1.1.
1942, 1.7. - 1943, 1.1. (L)   **14**
(37 Ro)   **14**
                                      Ww 4

10091.
Sächsische Zeitung
HA in Dresden
1990, Okt. ff.
(nur Lokalseiten, tw. Ausg. Nies-   **14**
ky, Weißwasser)
1996 - 1997   **Gl 2**
(nur Lokalseiten)

WELZOW

10092.
Arbeiterkraft
Ortsname sorb.: Wjelce
BPO VEB Braunkohlenbohrungen/Schachtbau
Vlg. in Kamenz
1974 - 1985 (MPF)   **186**

10093.
Profil
Ortsname sorb.: Wjelce
BPO VEB Baumechanisierung
Verl. in Cottbus
1982 - 1989 (MPF)   **186**

10094.
Welzower Betriebszeitung
Ortsname sorb.: Wjelce
BPO Braunkohlenwerk
1976 - 1977 (MPF)
1982 - 1990 (MPF)   **186**

WERDAU

10095.
Freie Presse / A-Crimmitschau
Ausg. Werdau A, Crimmitschau
v. 1.11.1947 - 6.2.1948 nur Ausg.
Crimmitschau
HA in Chemnitz/Karl-Marx-Stadt
1946, 20.5. - 1952, 14.8. (MPF)   14
(nur Lokalteil)

10096.
Freie Presse / A-Werdau
später Ausg. Werdauer Zeitung
HA in Chemnitz/Karl-Marx-Stadt
1971 - 1990, 31.8. (L)   14
(nur Lokalteil)

10097.
Sächsische Zeitung
Ausg. Werdau-Crimmitschau
HA in Dresden
1946, 18.4. - 18.5. (MPF)   14
(nur Lokalseiten)

10098.
Werdauer Tageblatt
1933 - 1941, 31.5.   **14**
(31 Ro)   14

10099.
Werdauer Zeitung für Stadt und Land
3.6.1941: Werdauer Zeitung und Tageblatt
1934 - 1944 (L)   **14**
(30 Ro)   14

WERDER

10100.
General-Anzeiger
1925, 18.7. - 1926, 31.3.
1927, 3.1. - 24.5.
1936, Juni - Sep.   **1w**
(2 Ro)   1w

10101.
Märkischer Anzeiger
UT: Zauch-Belziger Kreisblatt
Vbg.: Belzig, Werder
1943, 1.4. - 31.7.   **1w**
(1 Ro)   1w

10102.
Zauch-Belziger Kreisblatt
1943, 1.4. - 31.7.   **1w**
1w

WERDOHL

10103.
Süderländer Volksfreund
1951 - 1979 (L)   **6**
6
1941, 1.10. - 1943, 31.3.
1943, 25.6. - 1944
1958 - 1960, 27.8.   **Dm 11**
1949, 28.10. - 1957   **MFA**
(21 Ro)
1941, 1.10. - 1943, 31.3.
1943, 25.6. - 1944
1950, 3.10. - 1960, 27.8.   **Dm 11**
1950, Jan. - Sep.   **Wdo 1**

WERL

10104.
Beobachter an der Haar
UT: Werler Zeitung
Vlg. in Hamm (Westf.)
1953 - 1969 (L)   **6**
6
1957, 22.11. - 1959
1965, März (L)   **Dm 11**
Dm 11

10105.
Der Freimütige an der Haar
1849 - 1850   **Dm 11**
Dm 11

10106.
Westfalenpost / A - Werl
Vbg.: Werl u. [Ense-] Bremen
HA in Hagen
1951, 6.7. - 1956, 30.6.   **6**
6

WERMELSKIRCHEN

10107.
Wermelskircher Zeitung
Beilage(n):
  Bergische Heimat
1926, Nr. 1 - 15   **61**
(1 Ro)   61

WERMSDORF

10108.
Hubertusburger Festungs-Zeitung
1872, 19.5.   **B 479**
                               B 479

WERNE / LIPPE

10109.
Werner Nachrichten
1953, 5.2. - 1967, 31.1. (L)   6
                                6

10110.
Werner Volkszeitung
BA v. Westfälischer Anzeiger und Kurier,
Hamm
1957, 1.10. - 1960, 31.8.   Dm 11
                                Dm 11

10111.
Werner Zeitung
1905, 1.1. - 13.10. (MPF)
1910 u. 1914 (MPF)
1932 - 1940, Juni (MPF)   Una 1
                                Wrn 1

10112.
Westfälischer Anzeiger
HA in Hamm
1983 - 1992, Juni (MPF)   Una 1

WERNIGERODE

10113.
Der Feuerwachtturm
Forstwirtschaft
1955, 8.11. - 1959, 5.3. (L)   3
(1 Ro)   3
                                Dm 11

10114.
Die Grubenlampe
VEB Harzer Eisenerzgruben
1967, 12.1. - 1968, 15.7. (L)   3
(1 Ro)   3
                                Dm 11

10115.
Harz-Kurier
Vlg. in Magdeburg
1962, 20.4. - 1967, 27.9. (L)   **Bo 174**
(1 Ro)
1970 - 1971, 27.1.   **B 479**
                                B 479

10116.
Kokille
Metallgußwerk
1965, 21.3. - 1989, 6.12. (L)   3
(4 Ro)   3
                                Dm 11

10117.
Neue Wernigeröder Zeitung
10.4.1888: Wernigeröder Tageblatt
(1.6.1887 - 1.3.1935)
1887, 1.6. - 1924
1927   We 18

10118.
Unser Motor
1990: Motor
Elektromotorenwerk
1950, 1.5. - 1954, Sep. (L)
1955, 9.9.
1961 - 1964, Nov. (L)
1969 - 1975 (L)
1977 - 1990, 2.8. (L)   3
(5 Ro)   3
                                Dm 11

10119.
Volksstimme / Wernigerode
HA in Magdeburg
1963 - 1968
1969, Sep. - 1970   We 18

10120.
Wernigeröder Zeitung <1943>
(1.5.1943 - 9.4.1945 nachgew.)
1944   We 18

10121.
Wernigerödisches Intelligenz-Blatt
21.5.1887: Wernigeröder Zeitung und
Intelligenzblatt
(8.1.1816 - 30.4.1943)
1835 - 1869
1872 - 1873
1887 - 1905
1906, Juli - 1915, Juni
1916 – 1919   We 18

1920, Juli - 1921
1922, Juli - 1924
1926, Jan. - Juni
1931, Apr. - Juni   We 18

10122.
Zeitschrift des Harz-Vereins für Geschichte und Altertumskunde
1868 - 1887
(Register 1868 - 1879 mitver-   111
filmt)

WERSCHETZ (VRŠAC, SER)

10123.
Deutscher Volksfreund
1922 - 1923
1925 - 1927, 29.12.
1940, 4.1. - 22.12.   **212**
(2 Ro)   212

10124.
Werschetzer Gebirgsbote
1939, 30.4. - 1941, 21.3.   **212**
(1 Ro)   212

WERTHEIM

10125.
Wertheimer wöchentliche Anzeigen und Nachrichten zum Nutzen und Vergnügen
1781: Wertheimer Intelligenzblatt
1802: Wertheimer Intelligenz-Zeitung
1807: Wertheimer Regierungs- und Intelligenzblatt
1808: Löwenstein-Wertheimisches gemeinschaftliches Bezirks-Blatt
14.1.1814: Wertheimer Intelligenz-Blatt
6.1.1843: Der Main- und Tauberbote
1.4.1869: Wertheimer Zeitung
1772, 21.3. - 1805
1807 - 1940, 29.6.
1952, 1.10. - 1954   Wh 1
1772, 21.3. - 1784
1786 - 1805
1807 - 1940, 29.6.   31
Beilage(n):
Feierstunde
1859, 1.1. - 4.11.   **31**
(1 Ro)   31

WERTINGEN

10126.
Wertinger Zeitung
1952 ff.   101b

WESEL

10127.
General-Anzeiger für Wesel
1.4.1944: Volksfreund
1.9.1952: General-Anzeiger
(18.1.1880 - 15.2.1945, 1.9.1952 - 31.7.1964)
1958 - 1960   **Dm 11**
1952, 1.9. - 1957
1961 - 1964, 31.7.   **MFA**
(28 Ro)
1952, 1.9. - 1957   **101b**
(15 Ro)   101b
1952, 1.9. - 1960   Dm 11
1934, 10.9. - 1943, 31.3.
1944, 15. - 17.1.
1952, 1.9. - 1961, 30.3.
1961, 1.9. - 1964, 31.7.   Wes 3
Beilage(n):
Erzähler vom Niederrhein
1929 - 1933   Emr 1
Bulletin pour les prisonniers
français en Allemagne
1914, 23.9. - 1915, 6.2.   **61**
(1 Ro)   61

10128.
Intelligenzanzeiger für Wesel und die benachbarten Städte
1.4.1843: Kreisblatt für den Kreis Rees
1.4.1848: Der Volksfreund
1.7.1855: Allgemeiner Kreisanzeiger
3.4.1858: Kreisanzeiger
1869: Weseler Zeitung
1843, 1.4. - 1844
1855, Juli - Dez.
1865, 1868, 1870   **1w**
       1w
1848   **Dm 11**
(1 Ro)
1846 (L)
1852, 7.1. - 1865 (L)   **5**
1846 u. 1848
1857 - 1865   Emr 1
1929, 27.12. u. 1934, 18.8.   Wes 3
1846 (L) u. 1848
1852, 7.1. - 1865 (L)   5

Beilage(n):
Rheinischer Bote
1919, 20.4. - 1929, Sep. (L)
1930, Jan. - 29.3.   **61**
(1 Ro)   61

10129.
National-Zeitung
HA in Essen
1934, Jan., März, Apr.
1942, Juli - Sep.
1944, 15.3. u. 6.8.   Wes 3

10130.
Neue Rheinische Zeitung
Ausg. Wesel
1945, 29.8. - 1946, 27.2.   Wes 3

10131.
Neue Ruhr-Zeitung (NRZ)
HA in Essen
10.6.1995: Neue Rhein-Zeitung
1978, 1.9. ff.   **101b**
(ca. 10 Ro/Jg)   101b
1992 - 1997   101a

10132.
Niederrheinische Neueste Nachrichten
1906, 24.5. - 1908
1910 - 1912
1913, Juli - Dez.
1915, Jan. - Juni
1917, 1.7. - 1918
1920
1922, Juli - 1924, Juni
1925, 15.1. - 31.12.
1926, Apr. - 1927, Juni
1928, 1.7. - 1930, 31.3.   Wes 3

10133.
Öffentlicher Anzeiger
UT: Heimatzeitung für Wesel, Kreis Rees und
Niederrhein
1950, 6.1. - 1952, 29.8. (L)   **MFA**
(1 Ro)
                                         Dm 11

10134.
Rheinische Post
HA in Düsseldorf
1947 - 1949, 1.9.   Wes 3

10135.
Weseler Volkszeitung
1875, Nr. 65 - 1876   Wes 3

WESSELBUREN

10136.
Dithmarscher Bote
weiterer Titel: Wesselburener Marschbote
1865 u. 1872
1877 - 1940
1951 - 1956   **68**
                                          68

WESTERLAND

10137.
Sylter Intelligenzblatt
1898 u. 1900
1902 - 1905 (L)   **68**
                                          68
                                         Dm 11

10138.
Sylter Rundschau
1949, 29.9. - 1990   **68**
(MF nur tw. vorhanden)
1987 ff.   **101b**
(7 Ro/Jg)   101b
1992 - 1997   101a
1949, 29.9. ff.   68

10139.
Sylter Tageblatt
1953, 1.7. - 1970   **68**

10140.
Sylter Zeitung
1915 - 1940, 29.6. (L)   **68**
                                          68
                                         Dm 11

WETTER

10141.
Ruhrtalzeitung
1.4.1912: Wettersche Zeitung
1875 - 1941, 31.5. (L)   Wtr 1

10142.
Westfälische Rundschau / HW
Zeitung für das Ruhrtal (Wetter u. Herdecke)
HA in Dortmund
1990 ff.   **101b**
(ca. 8 Ro/Jg)   101b
                                           6
1992 - 1997   101a

WETTIN

10143.
Wettiner Zeitung
1892, 20.2. - 1916, 30.6.
1917, 4.1. - 1932 3
 3
Beilage(n):
Sonntagsblatt 3
1901 - 1917, 31.7. 3
Illustriertes Unterhaltungsblatt 3
1917, Nr. 1 u. 2 3
Unterhaltungs-Beilage 3
1917, 9.1. - 31.7. 3
Zick-Zack 3
1901 - 1916, 17.3. 3

WETZLAR

10144.
Bekanntmachungsblatt
1945, 25.7. - 20.12. Dm 11

10145.
Wetzlarer Neue Zeitung
(1.1.1946 ff.)
1969 ff. **101b**
(ca. 8 Ro/Jg)
1992 - 1997 101a
1946, 11.1. - 1947, 25.3. GB-
1948, 31.1. - 1952, 29.11. LO/N38
1946 - 1950 Dm 11
1951 ff. 101b
1946 ff. Wet 3
2001 - 2004 43

10146.
Wetzlarische Anzeigen
2.1.1794: Wetzlarisches Anzeig- und
oekonomisches Wochenblatt
2.2.1801: Wetzlarisches gemeinnütziges
Wochenblatt
3.1.1811: Wetzlarisches wöchentliches
Intelligenzblatt
1.1.1829: Wetzlarisches Intelligenzblatt
1845: Wetzlarer Intelligenzblatt

2.1.1846: Fürstlich Solms-Braunfelsisches
Regierungs- und Intelligenzblatt
7.1.1847: Regierungs-Blatt für das
Fürstenthum Solms-Braunfeld
27.4.1848: Kreis-Blatt für den Kreis Wetzlar
13.7.1848: Wetzlarer Kreis- und Intelligenzblatt
4.1.1850: Wetzlarer Kreis- und Anzeigeblatt
14.5.1861: Wetzlarer Kreisblatt
1.7.1873: Wetzlarer Kreis- und Anzeigeblatt
2.10.1873: Wetzlarer Anzeiger
1850, 4.1. - 1866, 29.12. (L) **5**
 5
1767, 22.7. - 1769, 27.8.
1794 - 1797, 7.9.
1797, 28.12.
1799, 16.5. - 19.12.
1801, 2.2. - 1875, 8.12.
1876 - 1902
1903, 31.1. - 1945, 27.3. Dm 11
1767, 22.7. - 1769, 27.8.
1789, 1.7. - 1797, 7.9.
1797, 28.12. - 1799, 19.12. (L)
1801, 2.2. - 1875, 8.12.
1876 - 1902
1903, 31.1. - 1945, 27.3. Wet 3

10147.
Wetzlars Wiederaufbau
1945, 9.7. Dm 11

WIEN (A)

10148.
Allgemeine Automobil-Zeitung
1900 - 1909 **GB-**
(19 Ro) **LO/N38**

10149.
Allgemeine Kunst-Chronik
Wien u. München
1888
1890 - 1891
1894 - 1895 **46**
(5 Ro) 46

10150.
Allgemeine österreichische Privat-
beamten-Zeitung
1902 - 1907 (L)
1909 **Bo 133**
 Bo 133
 B 479

10151.
Allgemeine österreichische Werkmeister-
Zeitung
1908: Allgemeine österreichische Werk-
meister- und Industriebeamten-Zeitung
1897 - 1898
1900 - 1905 (L)
1907 - 1909
1911, 1914 (L)   Bo 133
                                        Bo 133

10152.
Allgemeine österreichische Zeitung
1848, Nr. 31 - 1849, 18.3.   B 479
                                        B 479

10153.
Allgemeine Volks-Zeitung
1868, 1.8. - 1871, 2.4. (L)
1871, 9.7. - 1873, 16.11.
(teils Abendblatt, teils Morgen-   Bo 133
Ausg.)   Bo 133

10154.
Allgemeine Volks-Zeitung / Wochenausg.
1871, 9.4. - 2.7. (L)   Bo 133
                                        Bo 133

10155.
Almanach für das Jahr[...]
Almanach d. Psychoanalyse
1926 - 1938   ACRPP

10156.
Amtliches Kursblatt der Wiener Börse
1948, 15.11. - 1968, Okt.   GB-
(24 Ro)   LO/N38

10157.
Die Anarchie
1893, Nr. 1   B 479
                                        B 479

10158.
Der Anbruch
Wien (A), Berlin
Flugblätter aus der Zeit
Wien, ab 1919 Berlin
1917 - 1922   Dm 11
                                        Dm 11

10159.
Arbeiter-Blatt
1868, 2.7. - 4.12. (L)   Bo 133
                                        Bo 133

10160.
Arbeiter-Zeitung
16.10.1985: Neue AZ
12.12.1989: AZ
1931, 1.1. - 30.6.
1932 - 1935, 12.12. (9 Ro)
1945, 5.8. - 1989, 31.3.   281
(156 Ro)
1909, 1.1. - 30.9.
1927, 1.5. - 30.9.   1w
1889, 12.7. - 1895 (L)
1905 (E), 1909 (E), 1912 (E)
1914 - 1919 (L)
1920 (E), 1923
1924, Nr. 120 - 1925, Nr. 299
1928, Nr. 121 - 1932 (L)   B 479
                                        B 479
1889, 12.7. - 1934, 12.2.
1945, 5.8. - 1985, 15.10. (L)   Bo 133
                                        Bo 133
1963 - 1966   Dm 11
1909 - 1934, 12.2. (L)
1945, 5.8. - 1985, 15.10.
1985, 31.10. - 1988   1w
1909 - 1934, 11.2.
1958, 18.5. - 1966   Dm 11
Beilage(n):
Sonntags-Beilage
1895, Apr. - Dez.
1897, 3.10. u. 1898, 13.3.   B 479
1928 - 1929   B 479

10161.
Arbeiter-Zeitung / AZ am Abend
Abendausg.
1914 - 1922, 19.4. (L)   Bo 133

10162.
Arbeiterinnenzeitung
Sozialdemokratisches Organ für Frauen und
Mädchen
1892 (E), 1894 (E)
1902, Nr. 20 - 1903, Nr. 27
1904 (E)   B 479
                                        B 479

10163.
Der Betriebsrat
1921/22, Nr. 1 - 26   Bo 133
                                        Bo 133

10164.
B'nai B'rith Mitteilungen für Österreich
1924/25 - 1938, Nr. 1/2   M 352

10165.
Die Bombe
1889   **MFA**
(1 Ro)
      Dm 11

10166.
Central-Blatt für Glas-Industrie und Keramik
1897 - 1909   **GB-**
(4 Ro)   **LO/N38**

10167.
Centralblatt für die österr.-ungar.
Papierindustrie
1883, Okt. - 1909   **GB-**
(26 Ro)   **LO/N38**

10168.
Centralblatt für Maschinen-Industrie und
Eisengießerei
1902: Maschinen- und Metallindustrie-Zeitung
1905: Österreichische Eisenhändler-Zeitung
1896, 27.9. - 1912, 19.12.   **GB-**
(7 Ro)   **LO/N38**

10169.
Der Christliche Ständestaat
1934 - 1938 (L)   **M 352**
      M 352

10170.
Christlicher Textilarbeiter
1907, 11.7. - 1908   **Bo 133**
      Bo 133

10171.
Die Constitution
1848, 20.3. - 25.10.   **B 479**
      B 479

10172.
Conversationsblatt
1820 - 1821   30

10173.
Deutsch-österreichische Buchdrucker-
Zeitung
1919, Nr. 5 - 1920, Nr. 5   Bo 133

10174.
Deutsche Arbeiterpresse
Wien (A), München
1928, 28.7. - 1933, 2.12.   **Dm 11**
(1 Ro)   Dm 11

10175.
Der Deutsche Erzieher
1939 - 1942 (L)   **M 352**

10176.
Deutsche Hochschulstimmen aus der
Ostmark
1916: Deutsche Hochschulzeitung
1925, Nr. 27: Deutsche Akademiker-Zeitung
1914 - 1941   **25**
      25
1931 - 1936, 12.12.   **Dm 11**
(1 Ro)   Dm 11

10177.
Deutsche Wochenschrift
Wien (A), Leipzig
Organ für die gemeinsamen nationalen
Interessen Österreichs und Deutschlands
1886, 21.2.   **B 479**
      B 479

10178.
Deutsche Worte
1882 u. 1883
1888, Nr. 7
1891, Nr. 2 - 11   **Bm 3**

10179.
Deutsche Zeitung
1873, Apr. - Juni
1874, Jan. - März
1892, März - Apr. u. Sep. - Okt.
1894, Mai - Juni   **1w**
(6 Ro)
1871, 17.12. - 1907, 24.11. (L)   1w

10180.
Deutsches Volksblatt
1916, Juni - 1919, März (L)   **GB-**
(11 Ro)   **LO/N38**

10181.
Der Deutschösterreichische Tabak-Arbeiter
1915, Nr. 1 - 8   **Bo 133**
      Bo 133

10182.
Dramagraph-Woche
1912, 30.8. - 1913, 6.6.   MFA
(1 Ro)
1912, 1 - 3
1913, 22   706

10183.
Der Eisbär
1919, 1.8. - 1920, 1.10.   MFA
(1 Ro)

10184.
Extra Ordinari Mitwochs Post-Zeitungen
1668 (E)
1671 - 1673 (LL)   46

10185.
Der Filmbote
1918, Aug. - 1919, Juni
1919, Aug. - 1926   MFA
(19 Ro)

10186.
Die Filmwelt
1919, H. 1 - 3
1921, H. 6 - 25
1922, Nr. 1 - 1925, Nr. 11   MFA
(2 Ro)

10187.
Die Filmwoche
1913, 16.3. - 1918, 21.9.   MFA
(7 Ro)
                                  188
                                  706

10188.
Die Frau
1924 - 1933   361
                                  Bo 133

10189.
Freie jüdische Lehrerstimme
1912 - 1920   Dm 11
(1 Ro)   Dm 11
                                  46

10190.
Freie Schuhmacher-Zeitung
1.2.1896: Die Bekleidungs-Industrie
1888, 4.10. - 1890, 17 (L)   B 479
                                  B 479

10191.
Freies Blatt
antisemitisch
1892, Apr. - 1896, Juni   Dm 11
(1 Ro)   Dm 11
                                  16
                                  19
                                  824
                                  1
                                  517
                                  B 1539
                                  H 227
                                  30

10192.
Fremden-Blatt
1864, Apr. - Juni
1881, Apr. - Juni   1w
(3 Ro, Beilagen mitverfilmt)
1915, Juni - 1919, März (L)   GB-
(22 Ro)   LO/N38

1848 - 1919, 22.3.   1w

10193.
Für alle Welt
1895 - 1896
1898 - 1902   1w

10194.
Die Furche
1946, 19.1. - 1988   281
(32 Ro)

10195.
Gastgewerbliches Zentral-Organ
1911
1934 - 1937   Bo 133
                                  Bo 133

10196.
Der Geschäfts-Reisende
1901 - 1904
1906 - 1907   Bo 133
                                  Bo 133

10197.
Der Gewerkschafter
Beilage(n):
  Der Angestellte in den Banken,
Sparkassen und Versicherungsin-
stituten
1934, Mai - Juli   Bo 133
1934, Sep. - 1937   Bo 133
  Der Gastgewerbegehilfe   **Bo 133**
1934, Juni - 1937   Bo 133

Der Graphiker	**Bo 133**
1934, Juni - 1937	Bo 133
Der Artist	**Bo 133**
1934, Mai - 1936	Bo 133
Der Bekleidungsarbeiter	**Bo 133**
1936 (E)	Bo 133
Der gewerbliche Angestellte	
1934, Mai - Aug.	
1934, Okt. - 1937	
(ab Mai 1936: Monatsschrift der	**Bo 133**
Angestellten im Gewerbe)	Bo 133
Der Gewerbliche Metallarbeiter	
1934, Juli - 1936	Bo 133
Der Holzarbeiter	
1902, Nr. 2 - 36	
1903, Nr. 3	
1907 - 1908	
1912 - 1918	**Bo 133**
1921	Bo 133
Der Holzarbeiter im Gewerbe	**Bo 133**
1935, 1.5. - 1936	Bo 133
Der Industrieangestellte	
1928 - 1933	
1934, Juni - Sep.	**Bo 133**
1934, Nov. - 1936	Bo 133
Der Journalist	**Bo 133**
1934, Juli - 1936	Bo 133
Der Lebensmittelarbeiter in der	
Industrie	**Bo 133**
1934, Juni - 1936, Nr. 12 (L)	Bo 133
Der Nahrungsmittelarbeiter im	
Gewerbe	**Bo 133**
1934, Juni - 1937	Bo 133
Der österreichische Musiker	**Bo 133**
1934, Okt. - 1936	Bo 133
Der österreichische Textilarbei-	
ter	**Bo 133**
1934, Mai - 1936	Bo 133

10198.
Gewerkschaftsjugend

1937	**Bo 133**
	Bo 133

10199.
Der Gießerei-Arbeiter

1904	**Bo 133**
	Bo 133

10200.
Gleichheit
Sozialdemokratisches Wochenblatt

1874 - 1875	
1877 (L)	**46**
(1 Ro)	

1886, 11.12. - 1889, 14.6.	**B 479**
	B 479
1870 - 1877 (L)	
1886, 11.12. - 1889, 14.6.	**Bo 133**
	Bo 133

10201.
Der Graveur

1905, 1.11. - 1907, 1.10.	**Bo 133**
	Bo 133

10202.
Habt acht! Gerad' aus

1848	30

10203.
Illustrierte Gemeindezeitung

1885 - 1886	19
	1
	517
	B 1539
	30
Beilage(n):	
Die Laubhütte	
1885	1
	30
	B 1539

10204.
Illustrierte Neue Welt

1981, Nr. 4 - 1991 (L)	
1994 - 2001, Nr. 8/9 (L)	**MFA**
(4 Ro)	
	Dm 11

10205.
Illustrierter Filmkurier

1919 - 1944	**MFA**
(14 Ro)	
	Dm 11

10206.
Illustrirte Monatshefte für die gesammten Interessen des Judenthums

1865, Apr. - 1866, März	19
	30
	B 1539

10207.
Imago
Zeitschrift für Psychoanalytische Psychologie, ihre Grenzgebiete und Anwendungen
Hrsg.: S. Freud

1912 - 1937	**ACRPP**

10208.
Internationale Zeitschrift für Individual-
psychologie
Wien (A), Leipzig
Wien, ab 1927 in Leipzig
1923/24 - 1937, Nr. 6   **101a**
(9 Ro)   101a

10209.
Internationale Zeitschrift für Psychoanalyse
Offizielles Organ der internationalen Psycho-
analytischen Vereinigung (S. Freud)
1938/39: Internationale Zeitschrift und Imago,
Paris
1913 - 1937
1939 - 1941   **ACRPP**

10210.
Jährlicher Bericht von dem Waisenhause
Unser Lieben Frau am Rennwege zu Wien
in Oesterreich
1772 (MPF)   25

10211.
Jahrbuch für Psychoanalytische und Psycho-
pathologische Forschungen
1914: Jahrbuch der Psychoanalyse
1909 - 1914   **ACRPP**

10212.
Journal des Oesterreichischen Lloyd
1848, 14.7. - 24.12. (L)   **B 479**

10213.
Jüdische Front
1932 - 1938 (L)   **M 352**
     46

10214.
Jüdische Presse
1921 (L)
1930 - 1934 (L)   **M 352**

10215.
Jüdisches Archiv
Zeitschrift für jüdisches Museal- und
Buchwesen[...]
1927 - 1929   **Dm 11**
(1 Ro)   Dm 11
     46

10216.
Jüdisches Nachrichtenblatt
1938 - 1943 (L)   **M 352**
1942 - 1943, Jan.   M 352

10217.
Der junge Holzarbeiter
1930   **Bo 133**
     Bo 133

10218.
Der Kampf
1907 - 1934, Jan.   **Bo 414**
(7 Ro)
     46
1934, Mai - Juni   5
     Dm 11
1918   Bm 3
1934, 7   30

10219.
Kastalia
1912, Juli - 1915, Juli   **MFA**
(2 Ro)

10220.
Kikeriki
1918, 7.7. - 1920   **MFA**
(1 Ro)
     Dm 11

10221.
Kinematographische Rundschau
1907, Feb. - Dez.
1914, Jan - März, Juli - Dez.
1916, Jan. - Juni   **MFA**
(4 Ro)
1914, Jan - März, Juli - Dez.
1916, Jan. - Juni   **B 1528**

10222.
Kino-Kalender
1918   **MFA**

10223.
Der Kinobesitzer
1917, 8.9. - 1919, 31.3.   **MFA**
(1 Ro)

10224.
Kinomusik
1919   **MFA**
(1 Ro, Juli fehlt)

10225.
Die Kinowoche
1919, 8.6. - 1922, 21.2.   **MFA**
(1 Ro)

10226.
Kongresszeitung
1925, Nr. 1 - 12   M 352

10227.
Kürschner-Rundschau
1907   Bo 133
                                          Bo 133

10228.
Die Laterne
1848, 1.7. - 8.7.   30

10229.
Der Lautsprecher
Offiziöses Organ des Reichssenders Wien
1939, Nr. 1 - 1944, Nr. 1   101a
(1 Ro)   101a

10230.
Der Liberale
1848   30

10231.
Licht-Bild-Theater
1911, 3.8. - 1912, 26.12.   MFA
(1 Ro)

10232.
Das Lichtbild-Theater
1911, 3.8. - 28.12.   MFA
(1 Ro)
                                          706

10233.
Der Lloyd / A
Morgen-Ausg.
Juli 1852 - Juni 1854: Wiener LLoyd
1848, 26.12. - 1849, 31.5. (L)
1853, Nr. 145 - 154   B 479
Beilage(n):
 Abendbeilage des Wiener Lloyd
1853, 1.7.   B 479

10234.
Der Lloyd / B
Abend-Ausg.
1848, 26.12. - 1849, 31.5. (L)   B 479

10235.
Maschinenbauer- und Mechaniker-Zeitung
1927 - 1928, Nr. 25 (L)   Bo 133
                                          Bo 133

10236.
Mein Film
1926 - 1939, 8.12.
1945, 26.10. - 1957, 4.7.   MFA
(23 Ro)
                                          Dm 11
1937 - 1939, 8.12.   101a

10237.
*Mitteilungen der Gewerkschaft der
Arbeiter in den graphischen Gewerben*
Juni 1934: Der Graphiker
1934, 5.4. - 1937   Bo 133
                                          Bo 133

10238.
Mitteilungen der Österr.-Ung. Kinoindustrie
1911, 27.3. - 30.12.   MFA
(1 Ro)

10239.
Mitteilungen des Ledergewerbes
1936: Mitteilungen der Landesfachausschüsse
der lederverarbeitenden Gewerbe Österreichs
1934, 1.6. - 1937, 15.10.   Bo 133
                                          Bo 133

10240.
*Mitteilungen für die Gehilfenschaft des
Buch-, Kunst- und Musikalienhandels*
1906 - 1907   Bo 133
                                          Bo 133

10241.
*Mitteilungsblatt der Arbeiterschaft der
Mode-Innung Österreichs*
1936 - 1937   Bo 133
                                          Bo 133

10242.
*Mittheilungen des Vereins österreichischer
Taubstummenlehrer in Wien*
1892, März - 1894, Feb.   Dm 11

10243.
Die Monarchie
1919: Das neue Reich
1918, 1.10. - 1932, 24.9.   Bo 414
(13 Ro)
                                          25
                                          Dm 11
                                          M 352

10244.
Musikerziehung
1973, März
1974, Jan.   109

10245.
Die Muskete
UT: Humoristische Wochenschrift
1910 (L)
1912, 4.4. - 26.9.
1913, 3.4. - 25.9.
1915, 1.4. - 1916, 30.3.
1917, 5.4. - 27.9.
1918, 4.4. - 26.9.
1919, 3.4. - 1920, 30.9. (L)   **MFA**
(4 Ro, Beilagen mitverfilmt)
                                    Dm 11

10246.
Nachrichten des Komitees zur
Bekämpfung des Weißen Terrors auf
dem Balkan und in anderen Ländern
1927, 21 - 1928, 61 (L)   **B 479**
                                    B 479

10247.
Nation und Staat
1927/28 - 1932/33 (L)
1936/37 - 1942/43   **M 352**

10248.
Nationalblatt
(3.7. - 8./9. Juli 1848)
1848, 3.7. - 8./9.7.   30

10249.
Der Neue Film
1920, Nr. 1 - 1921   **MFA**

10250.
Die Neue Filmwoche
1919, 18.1. - 2.11.   **MFA**
(1 Ro)

10251.
Neue freie Presse
(1810 - 26.1.1939)
1868, Apr. - Juni
1869, Jan. - März
1899, Apr. u. 1902, Aug.
1906, Apr.
1908, Feb. u. Apr.   1w
(9 Ro)
1885 - 1939, 20.1.   **GB-**
(530 Ro)   **LO/N38**

1871 - 1873 (E, L)
1887 (E) u. 1889 (L)
1893 (L) u. 1905 (E)   **B 479**
                                    B 479
1902, 30.3.
1914, 2.6. - 1916, 30.9.
1918 - 1919
1923 - 1939 (E)   **MFA**
(30 Ro)
                                    Dm 11
1864 - 1918 (Abendblatt)   21/32c
1864, 1.9. - 1938, 30.9.   1w

10252.
Neue Kinorundschau
1918, Aug. - 1921, Sep.   **MFA**
(7 Ro)

10253.
Der neue Mahnruf
1929, Mai - 1934, Feb.   Bo 133

10254.
Neue National Zeitung
Jüdischpolitische Wochenschrift
1907, 1.3. - 1915, 22.9. (L)   **Dm 11**
(2 Ro)   Dm 11
                                   16
                                   464
                                   19
                                   B 1539
                                   H 227
                                   30
1899 - 1915   824
                                   517

10255.
Der neue Tag
1919, Juni   **1w**
(1 Ro)   1w

10256.
Der Neue Vorwärts
(5.12.1948 - 22.7.1956)
1948, 5.12. - 1955
1956, 12.2. - 22.7.   **MFA**
(3 Ro)
                                   Dm 11

10257.
Der Neue Vorwärts
(5.12.1948 - 22.7.1956)
1948, 5.12. - 1956, 22.7.   Dm 11

10258.
Die Neue Welt
Zionistisch-revisionistische Zeitschrift
1927, 23.9. - 1937 (L) **Dm 11**
(3 Ro) Dm 11
16
19
824
517
H 227
30
464

10259.
Neues Österreich
1945, 28.4. - 1950, Juni **GB-**
(13 Ro) **LO/N38**

10260.
Neues Wiener Journal
1913, Juli u. 1914, Mai
1920, Apr., 1922, März, 1923,
Juni
1925, Feb. u. Juli
1930, Apr. u. 1936, Apr. **1w**
(8 Ro) 1w
1925, 1.3. - 31.8. u. 18.10.
1925, 1.11. - 31.12.
1928, 25.5. u. 1939, 29.1. **MFA**
(4 Ro)
Dm 11

10261.
Die Neuzeit
1861 - 1864
1868 - 1901 **Dm 11**
(8 Ro) Dm 11
1887 **M 352**
1861 - 1903 (L) 46
16
824
517
B 1539
H 227
30
1861, Aug. - 1864 (L)
1868 - 1903 (L) Dm 11
464
1861 - 1899 (L) 19
Beilage(n):
Beilage
1883 464
1864, 1868, 1883
1891 - 1891
1893 30

10262.
Der Öffentlich Bedienstete
1953 - 1972 **281**
(4 Ro)

10263.
*Oesterreichisch-Ungarische Montan- und
Metallindustrie-Zeitung*
1886, Okt. - 1910 **GB-**
(10 Ro) **LO/N38**

10264.
Oesterreichisch-Ungarische Müller-Zeitung
1886, Okt. - 1890 **GB-**
1897 - 1908 **LO/N38**
(6 Ro)

10265.
Der Österreichische Arbeiter und Angestellte
Solidarität
1945, 8.6. - 1958, 1.9. **GB-**
(4 Ro) **LO/N38**

10266.
Oesterreichische Correspondenz
1853, 20.2. - 23.3. (L)
1953, 31.10.
1854, Dez. - 1855 **B 479**

10267.
Der Österreichische Komet
1919: Kino-Journal
1908, 1.9. - 1939, 10.7. **MFA**
(16 Ro)
706

10268.
Österreichische Schlosser-Zeitung
1927 - 1929
1932 - 1935
1936 (L)
1937 **Bo 133**
Bo 133

10269.
Österreichische Volksstimme
22.2.1957: Volksstimme / Wien
KPÖ
1949, Nr. 41 - 1957, Nr. 43
1972, 1.9. - 1973, 31.5. **B 479**
B 479

10270.
Der Oesterreichische Volkswirt
1916, 7.10. - 1919, 26.7.   **GB-**
(4 Ro)   **LO/N38**

10271.
Österreichische Zeitung
Zeitung d. Sowjetarmee f. d. Bevölkerung
Österreichs
1945, 15.7. - 1948, 15.2.   **GB-**
(9 Ro)   **LO/N38**

10272.
Ordinari Reichs Zeitungen
1668 (E)
1671 - 1673 (LL)
1674 (E)   46

10273.
Ostdeutsche Post
1849 (L)
1853 - 1855 (L)
1859 (L)   B 479

10274.
Paimann's Filmlisten
1916, 13.1. - 1943, 30.3.
1946, 7.2. - 1965   **MFA**
(8 Ro)
   Dm 11

10275.
Pathé-Woche
1913, Nr. 31 - 1914, 21.8.   **MFA**
(1 Ro)

10276.
Die Pause
1919, 9.3. - 1924, Juli   **MFA**
(1 Ro)

10277.
Die Peitsche
Handels-, Transport- und Verkehrsarbeiter
1899, 17.6. - 1901, 28   **B 479**
   B 479

10278.
Der Pelzarbeiter
1921/23 - 1925, 1.5.   **Bo 133**
   Bo 133

10279.
Der Pionier
1868, 1 - 3   B 479

10280.
Die Praxis
1933, Jan. - Sep.   Bm 3

10281.
Die Presse <1848>
(3.7.1848 - 31.10.1896)
1860 - 1862   **Bo 414**
(8 Ro)
1848, 3.7. - 30.11.
1856 - 1859
1864, 1.2. - 1868, Sep.
1875 - 1889 (E)   **MFA**
(15 MF = 30 DF)
1849, 2.1. - 30.6.   **Dm 11**
   21
   468
   188/211
   Bm 3
1848, 3.7. - 30.11.
1849, 2.1. - 30.6.
1856 - 1862
1864, 1.2. - 1868, 30.9.
1875 - 1889 (E)   Dm 11
Beilage(n):
An der schönen blauen Donau
1886 - 1890 (L, MPF)
1892 (MPF)   Mar 1

10282.
Die Presse <1946>
(Feb. 1946 ff., davon bis 18.10.1948 als
Wochenausg.)
1974, 31.12. - 1978   **8**
(18 Ro)
1998, 18.6. - 2002, 22.2.   **Dm 11**
1953, 1.9. - 1969, 28.2.
1969, 13.9. - 1972, 2.6.
1972, 1.7. - 1984, 18.7.
1984, 1.8. - 1998, 17.6. (L)
2002, 23.2. - 2008 (L)   **MFA**
1974, 31.12. - 1978
1979 - 1994 (MPF)   **8**
1995, 25.11. ff.   **12**
1976 ff.   **30**
1953, 1.9. - 1972, 2.6. (L)
1972, 1.7. - 1984, 18.7. (L)
1984, 1.8. ff. (L)   Dm 11
1948, 19.10. - 1960, 18.6.   1w

Beilage(n):
Das Schaufenster
1979 - 1982 (MPF) 30
1987, 30.4. - 1990, 18.1. (L) **Dm 11**
Dm 11

10283.
Proletarierjugend
1936 - 1937 (E) **B 479**
B 479

10284.
Psychoanalytische Bewegung
1929 - 1933 **ACRPP**

10285.
Der Radikale
1848, 31.8. - 1.9. **B 479**

10286.
Rady-Maller-Revue
1911, 23.11. - 1912 **MFA**
(1 Ro)

10287.
Die rote Fahne
KPÖ
Vbg.: Prag, Brünn, Wien, Paris?
1918 - 1941, Jan. (E) **B 479**
B 479
1919, Nr. 18 12
Beilage(n):
Die kommunistische Jugend **B 479**
1919, Nr. 11 **B 479**
Der Kommunist **B 479**
1919, 29.1. u. Nr. 2 u. 4 **B 479**
Die revolutionäre Proletarierin **B 479**
1919, 25.1. - Nr. 14 **B 479**

10288.
Die rote Front
1941 (L) **B 479**
B 479

10289.
Rote Hilfe
Österreichische Rote Hilfe
1931, 8 - 9 **B 479**
B 479

10290.
Rote Post
SPÖ
1934, 41 - 52 (L) **B 479**
B 479

10291.
Der rote Soldat
KPÖ revolutionäre Soldaten
1919 (E) u. 1921 (E)
1926 - 1927 (E)
1937, 7 **B 479**
B 479

10292.
Der Schutzbund
Monatsschrift d. Republikanischen
Schutzbundes
1924, Juni - 1931 **Bo 414**
(1 Ro)

10293.
Der schwarze Sender
Wien u. Berlin
1933, 2.4. **Dm 11**
Dm 11

10294.
Sittlich-gemeinnütziges Sonntagsblatt
für Jedermann[...]
1795 46

10295.
Solidarität
Fachverein der Zeitungsarbeiter
1910 **Bo 133**
Bo 133

10296.
Sozialdemokratische Monatsschrift
1890 Bm 3

10297.
Der Sozialist
1877, 4.10. - 1879, 31.7. (L) Bo 133

10298.
Die sozialistische Erziehung
1933, Nr. 1 - 11 Bm 3

10299.
Der Spiegel
(1828 - 1851)
1837 - 1838, Nr. 59 **24**

10300.
Der Standard
1994 - 1995 30

10301.
Die Stimme
UT: Jüdische Zeitung
1928, 12.1.
1929, 25.7. - 27.12.
1930, 2.1. - 17.7.
1936, 9.6. - 31.12.
1937, 5.1. - 30.7.   **Dm 11**
(1 Ro)   Dm 11
        16
        12
        824
       Bo 133
       B 1539
       H 250
       109
       464
       H 227

Beilage(n):
Bilderbeilage
1930, Nr. 1   464
Die Stimme der Frau
1930 (L)   464
1930, 28.1.   12
Die Stimme der Jugend
1929 - 1930 (L)   464
1929, 5.12. - 1930, 6.3. (E) 12

10302.
Die Tagespresse
(17.10.1869 - 10.8.1878)
1870, Nr. 271 - 361 B 479

10303.
Der Textilarbeiter
1901 - 1907 (E)
1921 - 1922, Nr. 32
1923, 23.3.   **Bo 133**
       Bo 133

10304.
Theater- und Kinowoche
1919, 12.1. - Nr. 34 **MFA**
(1 Ro)

10305.
Theater- und Musikwoche
1920, Nr. 1 - 7   **MFA**

10306.
Ukrainische Blätter
1928, 21.6. - 10.8. (E) 1w

10307.
Ukrainisches Korrespondezblatt
10.1.1917: Ukrainische Korrepondenz
1914, 17.9. - 31.12. **1w**
       1w
1917, 11.3. - 1918, 22.1. (E) 1

10308.
Unsere Hoffnung
1904 - 1905   **M 352**

10309.
Die Unzufriedene
1931 - 1934, Nr. 16 361

10310.
Das Vaterland
(1.9.1860 - 31.12.1911)
1860, 1.9. - 1911 21
1863 (E)
1881   B 479

10311.
Verbands-Zeitung
1933   **Bo 133**
      Bo 133

10312.
Veste Kreta
deutsche Soldatenzeitung / Luftwaffe Kreta
Vlg. in Wien
Vbg. Kreta (GR)
(28.5.1942 - 1944?)
1942, 18.7. - 1943, 7.2. (L) **25**
       25

10313.
Völkischer Beobachter / Wien
Vlg. in München
1938, 19.5. - 29.9. (L)
1939, 1.3. - 1940, 27.5. (L)
1943, Okt.   GB-
1943, 1.12. - 1945, 30.3. (LL) LO/N38

10314.
Das Volk
1925: Der Vertrauensmann
1911, Nov. - 1912
1922   **B 479**
      B 479
1925 - 1926 (L)
1928 - 1933, Nr. 2 (L) **Bo 133**
      Bo 133

10315.
Der Volksfreund
(20.3. - 19.10.1848)
1848, 20.3. - 19.10. (L)   **B 479**
                                           B 479
Beilage(n):
  Der Landwirth   **B 479**
  1848, 1 - 5   B 479

10316.
Die Volkspresse
1889 - 1892, 13.6. (L)   Bo 133

10317.
Volksstimme
1869, 11.4. - 5.12. (L)   Bo 133

10318.
Volkstribüne
(1891/92 - 30.6.1919)
1891/92, Nr. 6 - 1893, Nr. 5 (L)   B 479

10319.
Volkswille
1870, Nr. 3 - 1872, Nr. 64   **B 479**
                                           B 479
1870, 30.1. - 1874, 27.6. (L)   **Bo 133**
                                           Bo 133

10320.
Vorwärts!
UT: Zeitschrift für Buchdrucker- und verwandte Interessen
1937, Feb./März u. 8   **B 479**
                                           B 479
1901, 4.1. - 1902, 26.12.   **MFA**
(1 Ro)
                                           Dm 11

10321.
Die Wahrheit
1928: Jüdische Wochenschrift Die Wahrheit
Union deutschösterr. Juden
1904, 1.1. - 8.1.
1907, 4.10. - 8.10.
1913, 3.1. - 7.11.
1914, 20.2. u. 4.9.
1915, 9.4. - 31.12.
1916, 14.1. - 29.12.
1917, 12.1. - 1.6.
1918, 3.5. u. 1922, 21.9.
1925 - 1929 (L)   **Dm 11**
                                           Dm 11

1931
1933 (L), 1937 (L)
1938, 7.1. - 11.3.   **Dm 11**
                                           Dm 11
                                           16
                                           H 227
                                           19
                                           824
                                           1
                                           B 1539
                                           30
                                           464
1885 - 1938   517
Beilage(n):
  Österreichisch-ungarische Cantoren-Zeitung
  1904 (E) u. 1907 (E)   30
  1904 (L) u. 1907 (L)   464

10322.
Wahrheit <1881>
1881 - 1882
1884 - 1885, Nr. 4   Bo 133

10323.
Wahrheit <1977>
1977, 29.11. - 1985
(21 Ro, anfangs Steirische Ausg.   **MFA**
d. Volksstimme, Wien)

10324.
Der Wanderer / Abendblatt
1853, Nr. 297 - 602
1854, Nr. 553 - 601
1855 (L)   B 479
(Beilagen mitverfilmt)

10325.
Der Wanderer / Morgenblatt
1853, Nr. 297 - 602
1854, Nr. 553 - 601
1855 (L)   B 479
(Beilagen mitverfilmt)

10326.
Die Welt
1897 - 1907   46

10327.
Welt am Montag
Hrsg. v. französischen Informationsdienst
1946, 18.2. - 1948, 9.2.   **GB-**
(3 Ro)   **LO/N38**

10328.
Weltpresse
Hrsg. v. britischen Weltnachrichtendienst
1945, 18.9. - 1950, Aug. (L)   **GB-**
(18 Ro)   **LO/N38**

1945, 18.9. - 19.9.   1 w

10329.
Das Welttheater
1912, 16.2. - 28.6.   **MFA**
(1 Ro)

10330.
Wiener allgemeine Literatur-Zeitung
1813 - 1816 (MPF)   6
                                       24
                                       25
                                       30

10331.
Wiener allgemeine Zeitung
1917, 2.4. - 1919, 5.8. (L)   **GB-**
(5 Ro)   **LO/N38**

10332.
Wiener Gassenzeitung zur Belehrung des
Volkes
1848, 3.6. - 26.10.   30

10333.
Wiener Kurier
1945, 27.8. - 1948, 14.2.   **GB-**
(9 Ro)   **LO/N38**

10334.
Wiener Luftschiffer-Zeitung
1902 - 1914 (MPF)   12
                                       24
                                       Kn 41

10335.
Der Wiener Patriot
1782   46

10336.
Wiener Tageszeitung
auch: Neue Wiener Tageszeitung
1947, 22.6. - 1950, Juni   **GB-**
(9 Ro)   **LO/N38**

10337.
Die Wiener Weltbühne
Österreichische Ausg. v. Die Weltbühne
1933, 5.1. - 30.3.   468
                                       188/211
                                       Dm 11

10338.
Wiener Zeitung
8.8.1703 - 1779: Wienerisches Diarium
weitere Titel u.a.: Kaiserlich-Königliche
privilegirte Wiener Zeitung
Oesterreichische-Kaiserlich privilegirte
Wiener Zeitung
(Gegr. 1703)
1703 - 1848, 7.2. (L)   **46**
1916, 13.2. - 24.9.
1945, 21.9. - 1960
1964, Apr. - 1970   **GB-**
1972 - 1976   **LO/N38**
(138 Ro)
1846 - 1850
1934 - 1935, 31.7.   **Dm 11**
(39 Ro)   Dm 11
1840, Okt.
1846, 12.3. - 29.4. (E)
1848 (E), 1849 (LL), 1852, Juni
1853, 5. - 22.2.
1854 (E) u. 1859 (E)   **B 479**
                                       B 479
1703, 8.8. - 1940, 29.2. (L)
1945, 21.9. - 1951, 24.2.
1951, 1.7. - 1974 (L)   1 w
1703 - 1779   7
1848 - 1849   21
1703 - 1940, 28.2.
1945, 22.9. - 1984   706
1848 (E), 1849 (LL), 1859 (E)   B 479
1784, Apr. - 1792, Sep.
1800 - 1830, Aug.   Bo 59
1703   12
Beilage(n):
Wiener Abendpost
1863, 1.7. - 1921   1 w
Amtsblatt zur Wiener Zeitung   **Dm 11**
1848 - 1850   Dm 11

10339.
Der Wienerbot
Ein Volksbuch für Oestreichs Staaten
1786   46

10340.
Wistnik
Nachrichten des Bundes zur Befreiung der
Ukraine
1914, 31.12. - 1918, 25.12.   **4**
                                       4
                                       Dm 11

10341.
Wöchentliche Sontags Ordinari- und Extra-
Ordinari Post-Zeitungen
1675 (L)
1678 - 1679 (L)   30

10342.
Die Zeit <1874>
1874 - 1875   **Bo 133**

10343.
Die Zeit <1894>
1894, Okt. - 1900 (MPF)   **Mar 1**

10344.
Die Zeit <1902>
(27.9.1902 - 31.8.1919)
1915, Juli - 1919, 6.8. (L)   **GB-**
(24 Ro)   **LO/N38**

1908, 1.2. - 20.12.
1909, 1.12. - 31.12.   **1w**
(2 Ro)   1w

10345.
Zeitrad
1904, 1.7. - 1907
1909 - 1913
1932   **Bo 133**
                                       Bo 133

10346.
Zeitschrift für Elektrotechnik
1893 - 1897   **GB-**
(4 Ro)   **LO/N38**

10347.
Zeitschrift für Psychoanalytische Pädagogik
1926/27 - 1937   **ACRPP**

10348.
Zeitung aus der Vorwelt
1805 (L)   46

10349.
Zionistische Rundschau
1938, Mai - Nov.   **M 352**

10350.
Die Zone. Querschnitt[...]
1933 - 1934, 31.7.   **Dm 11**
(1 Ro)
                                       4
                                       18
                                       180
                                       468
                                       188/211
                                       Bo 133

10351.
Die Zukunft <1879>
(1.10.1879 - 24.1.1884)
1880, 24.1. - 1884, 24.1. (L)   **Bo 133**
(Beilage mitverfilmt)   Bo 133
1879, 1.10. - 1883, 95 (L)   **B 479**
                                       B 479

10352.
Die Zukunft <1892>
sozialistisch
(27.8.1892 - 1.5.1896)
1892, 27.8. - 1895, 15 (L)   **B 479**
                                       B 479

10353.
Die Zukunft <1949>
Sozial. Monatsschrift f. Politik, Wissenschaft
u. Kultur
1949 - 1951   **Bo 414**

WIESBADEN

10354.
Biebricher Tagespost
auch: Biebrich-Mosbacher Tagespost
1862 (MPF)
1864 - 1941 (MPF)   Wi 26

10355.
Die deutsche Berufs- und Fachschule
1975, Okt.   109

10356.
Deutschkatholisches Sonntags-Blatt
1865 - 1870, 25.9. (L)   **B 479**
                                       B 479

10357.
Film-Echo
1962, 9/10: Film-Echo, Filmwoche
1960, 6.1. - 1999, 25.9. (L)　　　**MFA**
(51 Ro)
　　　　　　　　　　　　　　　Dm 11

10358.
Frankfurter Rundschau / Main-Taunus,
Wiesbaden
Vlg. in Frankfurt/M.
2004 - 2008　　　　　　　　　**MFA**
(11 Ro)

10359.
Freie Zeitung
15.12.1851: Mittelrheinische Zeitung
1848, 3.3. - 1851 (L)　　　　　　30
1848 - 1874, Nr. 149　　　　　　43
1848, 3.3. - 1874, 30.6. (MPF)　Wi 26

10360.
Gewerkschaftliche Monatshefte
1976　　　　　　　　　　　　109

10361.
Jüdische Wochenzeitung für Wiesbaden und
Umgebung
1927 - 1933 (MPF)　　　　　　Wi 26

10362.
Kreis-Blatt für den Main-Kreis
1886, 12.1. - 30.3.　　　　　　Dm 11
1886, Nr. 3 - 30.3.　　　　　　43
　　　　　　　　　　　　　　　Esb 1

10363.
Lahn-Kurier
Wiesbaden, Limburg (Lahn)
1948, 13.9. - 1949, 30.9. (L)　**101b**
(2 Ro)　　　　　　　　　　　101b
　　　　　　　　　　　　　　　43

10364.
Magdeburgische Zeitung <1954>
Exilzeitung
(19.2.1954 - 4.9.1956)
1954, 19.2. - 1956, 4.9.　　　**MFA**
(1 Ro)
　　　　　　　　　　　　　　　77

10365.
Mainzer Beobachter
aufgeg. in: Hessenhammer
(1.1929,1-[6])
1929,1-[6]　　　　　　　　　**36**
(1 Ro)　　　　　　　　　　　36

10366.
Die Menschheit
1927 - 1930　　　　　　　　**1a**
(4 Ro)　　　　　　　　　　　1a
1919, 22.6. - 1920
1922 - 1923, 6.10.
1924, 5.3. - 1930, 30.3.　　**46**
(3 Ro)　　　　　　　　　　　46

10367.
Nassauische Allgemeine Zeitung
1848, 1.4. - 1854　　　　　　460
1848, 1.4. - 1854 (MPF)　　Wi 26

10368.
Nassauische Zeitung <1848>
1848, 13.3. - 28.12. (MPF)　Wi 26

10369.
Nassauische Zeitung <1856>
1856, Dez. - 1858　　　　　460
1856, Dez. - 1858 (MPF)　　Wi 26

10370.
Der neue Film
1947, 21.5. - 1949
1950, Feb. - 1960, 31.3.　　**MFA**
(7 MF)
　　　　　　　　　　　　　　　Dm 11

10371.
Neue Solidarität
1980, 27.11. - 1987, 30.4.
1988, 26.5. ff.　　　　　　　**MFA**
　　　　　　　　　　　　　　　Dm 11

10372.
Politische Vierteljahresschrift
1973, Nr. 2 - 4　　　　　　　109

10373.
Rheinischer Kurier
1.4.1908: Wiesbadener Zeitung
1923 - 1929: Neue Wiesbadener Zeitung
1870, 9.7. - 1871, 3.3.　　　**Dm 11**
　　　　　　　　　　　　　　　Dm 11
1866, 20.11. - 1922　　　　　43
1866, 20.11. - 1922 (MPF)　Wi 26

10374.
TV-Archiv
1978, 27.2. - 1986, 25.8.
1988, 30.9.   Dm 11

10375.
Der Volksfreund
(10.3. - 5.7.1848)
1848, 20 - 84 (L)   **B 479**
                                   B 479

10376.
Volksstimme
HA in Frankfurt/M.
1914, 24.7. - 1916, 3.10.
1919, 25.6. - 31.12.   30

10377.
Wiesbadener Anzeiger
1949, 12.3. - 31.5. (L)   GB-
                                   LO/N38

10378.
Wiesbadener Kurier / Bezirk
1948, 31.7. - 1953 (L)   **MFA**
(15 Ro)
                                   43

10379.
Wiesbadener Kurier / Deutschland
1947, 3.5. - 1948, 31.1.   **MFA**
(1 Ro)
                                   43

10380.
Wiesbadener Kurier / Stadt
1969 ff.   **101b**
(ca. 9 Ro/Jg)   101b
1945, 2.10. - 1969, 1.1.   **MFA**
(97 Ro)
1945, 2.10. - 1946
1954 - 1972   46
1945, 2.10. - 1947, 19.4. (L)   GB-
1948, 7.2. - 1949, 22.10. (L)   LO/N38
1992 - 1997   101a
1945, 2.10. - 1999   43
1946, 7.9. - 1949, 6.1.   Dm 11

10381.
Wiesbadener Tagblatt
(16.9.1852 - 30.6.1943 u. 17.9.1949 ff.)
1964, Mai - Juni
1978, 1.9. ff.   **101b**
(ca. 9 Ro/Jg)   101b
1992 - 1997   101a

1852, 16.9. - 1943, Juni (MPF)
1949, 17.9. - 1964 (MPF)   Wi 26
1978, 1.9. - 1999   43
Beilage(n):
Alt-Nassau
1897 - 1920, Nr. 6 (MPF)   5

10382.
Wiesbadener Volksblatt
2.7.1903: Rheinische Volkszeitung
1888, 2.12. - 1933, 31.7.   43
1895 - 1899 (MPF)
1902 - 1903, Juni (MPF)   Wi 26

10383.
WZ am Abend
1948, 16.12. - 1949, 11.3. (L)   GB-
                                   LO/N38

10384.
*Zentralblatt für Psychoanalyse und Psycho-
therapie*
1910 - 1913   **ACRPP**

WIESENBURG (MARK)

10385.
Belzig-Reetz-Wiesenburger Zeitung
1924, 1.1. - 28.6.
1925 - 1926
1928
1930 - 1942   **1w**
                                   1w
                                   Dm 11

WILDAU B. KÖNIGS WUSTERHAUSEN

10386.
Das Schwungrad
BPO Schwermaschinenbau
Verl. in Potsdam
1978 - 1989 (MPF)   186

WILDBAD

10387.
Wildbader Tagblatt
ab Okt. 1955 BA d. Südwest-Presse, Ulm
am 2.12.1992 aufgeg. in: Der Enztäler, Wildbader Tagblatt, s. dort
1980 - 1982
1983, 1.2. - 1991, 30.11.   **24**
(61 Ro)   24

WILDECK

10388.
Hessische Dorfzeitung
(Wildeck-) Obersuhl
1922, 1.4. - 1923, 31.3. (L)   4
(1 Ro)   4
     34

10389.
Werra-Zeitung
(Wildeck-) Obersuhl
1923, 5.4. - 1927, 1.10. (L)   4
(4 Ro, Beilagen mitverfilmt)   4
     34

WILDENFELS

10390.
Wildenfelser Anzeiger
1932   14
     14

BAD WILDUNGEN

10391.
Waldecksche Zeitung
1881, 25.1. - 30.12. (L)
1885 - 1889 (L)
1891, 6.1. - 1894 (L)
1897 - 1898 (L)
1901 - 1902
1903, 29.8. - 31.12.
1905 - 1912 (L)
1914 - 1932 (L)   **MFA**
(29 Ro, Beilagen mitverfilmt)
     Wdg 1

WILHELMSHAVEN

10392.
Auf Vorposten
Arbeiter- und Soldatenrat
1918, 10.11.   **B 479**
     B 479

10393.
Die Nord-Wacht
(Wilhelmshaven-) Bant
1888 - 1894   **B 479**
     B 479
1888 - 1890   46
1888 - 1900   Wil 7

10394.
Norddeutsches Wochenblatt
3.6.1887: Norddeutsches Volksblatt
20.11.1918: Republik
30.8.1930: Volksblatt
anfangs in Bremen, dann in (Wilhelmshaven-)
Bant
(6.8.1882 - 1.5.1933)
1882 - 1886 (L)   **Bo 414**
(2 Ro)
1916 - 1918   **Bo 133**
(2 Ro)   Bo 133
1882 (E)
1883, 8.7. - 1886
1887, Juli - 1895   46
1888 - 1933   490
1882, 6.8. - 1886   Bre 1
1883 - 1895   Wil 7
Beilage(n):
Illustrirte Sonntags-Beilage   **B 479**
1886   B 479

10395.
Nordwestdeutsche Rundschau
1947, 25.11. - 1949, 15.9.
1959, 4.2.   **Dm 11**
(2 Ro)   Dm 11
1948, 3.1. - 1951, 15.6. (L)   GB-
     LO/N38

10396.
Wilhelmshavener Courier
1.1.1874: Wilhelmshavener Zeitung
1869, 17.6. - 1871
1873 - 1883, 31.3.   Wil 7

10397.
Wilhelmshavener Tageblatt
1876 - 1900   Wil 7

10398.
Wilhelmshavener Volksblatt
20.10.1878: Wilhelmshavener Volksfreund
1877 - 1878, 14.11. (L)   46
     490
     Wil 7

10399.
Wilhelmshavener Zeitung <1949>
(24.9.1949 ff.)
1960 ff.   **101b**
(ca. 9 Ro/Jg, bis 1968 36 Ro)   101b
1914, 25.7. - 1918, 9.10. (E)   **Bo 133**
     Bo 133
1960 - 1968   35
1992 - 1997   101a

WILLICH

10400.
Willicher Volkszeitung
1949, 29.10. - 1955, 19.11. (L)
1956, 7.1. - 1958 (L)   **Dm 11**
    Dm 11

WILNA (VILNIUS, LT)

10401.
Baltische Rundschau
1998, Nov. - 2004   **212**
    212

10402.
Folks-tzaitung
jidd., in hebr. Schrift
1906 (L)   25

10403.
Der weker
jidd., in hebr. Schrift
1905/06   25

10404.
Wilnaer Zeitung
1916, 20.1. - 1918, 18.12. (L)   **4**
(1 Ro)   4
    1w
    Dm 11
    Lün 5
Beilage(n):
Amtliche Beilage
1916, 24.9. - 1917, 31.1.
1917, 5.5. - 1918, 25.7.   1w
    Lün 5
Bilderschau
1916, 3.4. - 1918, 18.11. (L)   1w
    Lün 5

10405.
Zeitung der 10. Armee
1917 - 1918 (L)   **212**
(1 Ro)
1915, 9.12. - 1918, 25.2.   **4**
(4 Ro)   4
1915, 9.12. - 1918/19   **25**
    25
1915, 9.12. - 1918, 28.2.   1w
    Dm 11
1915, 9.12. - 1918, 25.2.   Lün 5
Beilage(n):
Der Beobachter
1916, 25.4. - 1918, 17.2.   1w
    Lün 5

Nußknacker-Beilage
1916, 28.6.
1917, 10.1. - 27.10.   1w
    Lün 5
Seelenachse
1916, 23.4. - 1.8.   1w
    Lün 5
    25
Bilderbogen   **25**
1916 - 1918   25
    Lün 5
Liebesgabe zur Armee-Zeitung   **25**
1916, 11.1. - 1918, 26.2.   25
    Lün 5
1915, 25.12. - 1918, 26.2. (L)   1w
Scheinwerfer
1916 - 1918, 23.2.   1w
    Lün 5
    25

WILSDRUFF

10406.
Wilsdruffer Tageblatt
Beilage(n):
Unsere Heimat
1930 - 1935 (MPF)   14

WILSTER

10407.
General-Anzeiger für Wilster, St. Margare-
then, Brokdorf, Wewelsfleth, Beidenfleth,
Neuenkirchen, Kremperheide
17.3.1893: Tageblatt für Glückstadt und Umgegend
1892 - 1894 (L)   **18**
(3 Ro)   18

10408.
Wilstersche Zeitung
1890, 2.4. - 1944
1949, 1.10. ff.   68
1890 - 1944
1949, 1.10. - 1950   Dm 11

WINDAU (VENTSPILS, LV)

10409.
Windausche Zeitung
1924, 28.10. - 1930, 22.3. (L)   **212**
(1 Ro)

WINDHUK (WINDHOEK, NAM)

10410.
Allgemeine Zeitung
1949, 14.10. - 1979 (L)
1982 - 1996
2001   212
1997, 6.1. - 2000
2001, 20.12. - 2005, 9.9.
2006, 1.3. - 2008 (L)   MFA
1959   30
1949, 14.10. - 1979 (L)
1982 - 2004
2006, 1.3. - 2007 (L)   212
1972 - 1975   706

10411.
Deutsch-Südwestafrikanische Zeitung
Swakopmund, Windhuk
1900, 13.9. - 1914, 23.9.   4
(9 Ro)   4
1902 - 1908, 4.7.
1909 - 1911
1913, 4.1. - 1914, 29.7.   1w
                                          1w
                                        Dm 11

10412.
Südwest
Swakopmund, Windhuk
1910, 2.12. - 1914, 28.7. (L)   1w
                                          1w
                                        Dm 11
1911 (L)
1914 - 1915 (L)   30
Beilage(n):
Illustriertes Sonntags-Blatt
1912 - 1913   1w
(Vlg. in Berlin)   1w

10413.
Volksblatt
1928 - 1929   212
(1 Ro)   212

WINNIPEG, MB (CDN)

10414.
Der Bote
1971/72 - 1993, 26.8.   212
                                        212

10415.
Deutsche Zeitung für Canada
1935, 12.6. - 1939, 31.5.   1w
                                         1w
                                       Dm 11

10416.
Kanada-Kurier
1980, 18.9. ff.   212
                                        212

10417.
Mennonitische Rundschau
(17.10.1923 ff.)
1939, 15.2. - 16.8.
1951, 14.3. - 1959
1960, 6.7. - 27.12.
1962 - 1970
1971, 3.3. ff.   212
1939, 15.2. - 16.8.
1951, 14.3. ff.   212

10418.
Der Nordwesten
1950, 30.8. - 1969   212
(20 Ro)   212
1952 - 1953 (E)
1954, 13.1. - 1955, 3.3. (LL)
1957 - 1958 (E)   MFA
                                       Dm 11

WINONA, MN (USA)

10419.
America-Herold
Winona, MN (USA), Omaha, NE (USA)
1929: America-Herold und Lincoln freie
Presse
(1877 ff.)
1924, 2.12. - 1926
1929 - 1935
1937 - 1939, 29.11. (L)
1950, 9.8. - 1951
1952, 2.4. - 1964, 4.3.
1964, 1.7. - 1982, 9.4.   212
1924, 2.12. - 1926
1929 - 1935
1937 - 1939, 29.11. (L)   Dm 11
1924, 2.12. - 1926
1929 - 1935
1937 - 1939, 29.11. (L)
1950, 9.8. - 1951
1952, 2.4. - 1964, 4.3.
1964, 1.7. - 1972, 28.6.   212

10420.
Haus- und Bauernfreund
(12.11.1873 - 17.4.1939)
1920, 3.12. - 1923, 21.9.
1926, 1.1. - 27.8.
1927, 7.1. - 8.4.   212
(3 Ro)   212
     Dm 11

10421.
Heimat-Bote
Winona u. Chicago
1929, 2.1. - 23.10.
1931, 7.1. - 1932, 31.5.   212
(2 Ro)   212
     Dm 11

10422.
National Farmer
1920, 1.9. - 1921
1927   212
(1 Ro)   212
     Dm 11

10423.
Rundschau
1928, 1.5. - 1935, 22.1. (L)
1937, 8.6. - 21.12.
1939, 4.1. - 9.8.   212
(4 Ro)   212
     Dm 11

10424.
Westlicher Herold
1920, 31.8. - 1921, 27.12.   212
(1 Ro)   212
     Dm 11

WINSEN

10425.
Neue Winsener Zeitung
7.3.1913: Winsener Zeitung
(10.9.1912 - 1.2.1942)
1912, 10.9. - 1922, 28.12.
1924 - 1931, 30.6.
1932 - 1942, 1.2.   **Lün 4**
(44 Ro)   Lün 4
     Dm 11

10426.
Winsener Anzeiger
1988 ff.   **101b**
(6 Ro/Jg)   101b
1992 - 1997   101a

10427.
*Wochen-Blatt für Stadt und Amt Winsen
an der Luhe und Elbe*
1.1.1870: Winsener Nachrichten
1869, 19.6. - 1871 (L)
1872, 20.1.
1873 (L)
1876 - 1879 (L)
1880, 3.3.
1882 - 1883 (L)
1885, 25.12. - 1902
1904 - 1913
1919 - 1944   **Lün 4**
(72 Ro)   Lün 4
     Dm 11

WINTERTHUR (CH)

10428.
Neues helvetisches Volksblatt
1800 - 1801   **46**
(1 Ro)   46

10429.
Der Republikaner
1877 - 1882   **46**
(1 Ro)

WINZIG (WIŃSKO, PL)

10430.
Winzig-Herrnstädter Stadtblatt
1899 - 1902
1915 - 1916   **1w**
(5 Ro)   1w
     Dm 11

WIPPERFÜRTH

10431.
Wipperfürther Kreis-Intelligenzblatt
1857 - 1866 (L)   **5**
(4 Ro)   5

WIPPRA

10432.
Wippraer Zeitung
NA v. "Hettstedter Wochenblatt"
1906 - 1914, Nr. 27 (E)   Het 5

WIRSITZ (WYRZYSK, PL)

10433.
Grenzland-Bote
Wyrzysker Zeitung
1932, 19.1. - 23.4.
1935, 2.5. - 1939, 29.6.   212
(2 Ro)

WISMAR

10434.
Der freymüthige Erdbürger
1746   28
(1 Ro)   28
1746 (MPF)   46

10435.
Kompass
Mathias-Thesen-Werft
1970 - 1989   B 479
                                B 479

10436.
Mecklenburger Tagesblatt
1943 - 1944, 29.6.   28
(2 Ro)   28

10437.
Mecklenburger Warte
Wismar, Rostock
Nebentitel ab Okt. 1921: Rostocker Zeitung
Vlg. ab 1.10.1920 in Rostock, später in Berlin
1907, 1.9. - 1933, 1.9. (L)   28
(44 Ro)   28
                                Dm 11
                                33

10438.
Mecklenburgische Schulzeitung
1909 - 1938, 18.12.   28
(17 Ro)   28

10439.
Mecklenburgische Volkszeitung
6.5.1849: Mecklenburgische Dorfzeitung
(1849 - 27.7.1851)
1849 - 1851, 27.7.   28
(1 Ro)   28

10440.
Neue Rundschau
Wismar, Grevesmühlen
Vlg. in Rostock
1966 - 1967, 30.3.   Bo 174
(1 Ro)

10441.
*Öffentlicher Anzeiger für die Großher-
zoglichen Ämter Mecklenburg-Redentin--
Poel zu Wismar und Warin-Tempzin-
Sternberg-Neukloster zu Warin*
Wismar, Warin
33.1899 - 40.1906   28
(3 Ro)   28

10442.
*Vermischte Neben-Stunden, Darinnen
allerhand Observationes*
1724   46
(1 Ro)
                                Wis 2

10443.
Wismarer Rundschau
Vlg. in Rostock
1962, 18.8. - 1965   Bo 174
(1 Ro)

10444.
Wismarsches Wochenblatt
1795, 3.1. - 19.12.   28
(1 Ro)   28

WITTEN

10445.
Annener Zeitung
(26.9.1885 - 31.3.1943 u. 22.10.1949 -
30.6.1960)
1958, 8.1. - 1960, 30.6.   Dm 11
1885, 26.9. - 1941, 30.7.
1942 - 1943, 31.3.
1949, 22.10. - 1960, 12.4.
1960, 1.7. - 1961, 4.2.   Wit 2
(85 Ro)   Wit 2
1950 - 1957   MFA
(11 Ro)
1950 - 1960, 30.6.   Dm 11
1949, 22.10. - 1960, 30.6. (L) 101b

10446.
Der Bommeraner
1985, Aug. - 1997   Wit 2
(2 Ro)   Wit 2

10447.
Freiheit / L
Gevelsberg, Ennepe-Ruhr-Kreis
HA in Düsseldorf
1948, 23.8. - 13.9.   Wit 2

10448.
Der Herbeder
1993, Sep. - 1997   **Wit 2**
(1 Ro)   **Wit 2**

10449.
Märkisches Tageblatt
1886, 30.11. - 1896, 27.11.   **Wit 2**
(12 Ro)   **Wit 2**

10450.
Ruhr-Nachrichten / Witten
HA in Dortmund
1958, 1.4. - 1966
1996 - 1997   **Dm 11**
     Dm 11
1998 - 2009, 1.12.   **MFA**
(103 Ro)
1949, 1.3. - 1995   **Wit 2**
(215 Ro)
1949, 1.3. ff.   **Wit 2**

10451.
Ruhr-Zeitung / B
HA in Essen, Dortmund
1945, 2.6. - 1946, 4.5.   **Wit 2**
(1 Ro)   **Wit 2**

10452.
Sonntags-Kurier
Witten-Annen
1982, 7.11. ff.   **Wit 2**
(12 Ro)   **Wit 2**

10453.
Täglicher Anzeiger
7.9.1899: Wittener Lokal-Anzeiger
BA v. Westdeutsche Volkszeitung, Hagen
Witten und [Bochum-] Langendreer
1896, 28.3. - 1899   **Wit 2**
(5 Ro)   **Wit 2**
1896, 11.5. - 1899, 30.9.   **Bm 53**

10454.
Westdeutsche Allgemeine Zeitung
27.6.1948: Westdeutsche Allgemeine (WAZ) /
WI
HA in Essen
1948, 3.4. - 1995   **Wit 2**
(247 Ro)
1991 ff.   **101b**
(ca. 10 Ro/Jg)   **101b**
     6
1992 - 1997   **101a**
1948, 2.10. ff.   **Wit 2**

10455.
Westfälische Landeszeitung - Rote Erde
HA in Dortmund
Vorg.: General-Anzeiger / Rote Erde / Witten,
Ennepe-Ruhr
1936, 1.12. - 31.12.
1937, Mai, Juli, Aug., Nov.
1938, 1.2. - 30.4.
1939, 1.8. - 1942
(3 Ro, nur Lokalteil, bis
15.8.1939 überwiegend Ausg.   **MFA**
Witten/Mittleres Ruhrtal)
     Dm 11

10456.
Westfälische Rundschau / WN
HA in Dortmund
1951, 17.3. - 1970   **6**
(nur Lokalteil)
1991 ff.   **101b**
(ca 10 Ro/Jg)   **101b**
1946, 20.3. - 1980, 21.12.   **Wit 2**
(126 Ro)   **Wit 2**
1974, 1.8. - 30.9.   **MFA**
1951, 17.3. - 1970 (nur Lokalteil)
1991 ff.   **6**
1992 - 1997   **101a**
1961 - 1962
1974, 1.8. - 30.9.   **Dm 11**

10457.
Westfalenpost
HA in Soest, später Hagen
1946, 30.4. - 1949, 26.2.   **Wit 2**
(2 Ro)   **Wit 2**

10458.
Wittekind oder der Sprecher an der Ruhr
(1.7.1848 - Okt. 1850)
1848, 1.7. - 1849, 22.12.
1850, 20.7.   **Wit 2**
     Wit 2
     Dm 11

10459.
Witten Aktuell
1984, 20.9. ff.   **Wit 2**
     Wit 2

10460.
Witten am Samstag
1987, 4.4. - 1988, 23.7.   **Wit 2**
(1 Ro)   **Wit 2**

10461.
Wittener Anzeiger
22.5.1883: Wittener Tageblatt
1869
1888, 2.7. - 1896, 30.6.
1896, 1.11. - 30.12.
1897, 1.7. - 1912, 30.4.
1912, 1.10. - 1913
1914, 1.5. - 1944   **Wit 2**
(96 Ro)   Wit 2

10462.
Wittener Nachrichten
Nr. 12, 1945: Amtliche Bekanntmachungen
der Stadt Witten
1945, 23.6. - 1949, 14.10.   **Wit 2**
(1 Ro)   Wit 2
       Dm 11

10463.
Wittener Volkswacht
Kopfblatt v. Volksblatt für den Wahlkreis Bochum und Umgegend
1929, 1.11. - 1933, 27.2.   **Wit 2**
(10 Ro)   Wit 2
       Bo 133

10464.
Wittener Volkszeitung
3.6.1941: Tremonia
HA in Dortmund
1891, 1.5. - 1893
1896, 29.3. - 1903
1905 - 1909, 6.6.
1910 - 1924, 1.1.
1924, 18.11. - 1943
(73 Ro, enth. 1922/24 Ersatzausg.   **Wit 2**
v. Der Volksfreund, Hörde)   Wit 2

10465.
Wittener Wochenspiegel
1955 - 1967   **Wit 2**
(6 Ro)   Wit 2

10466.
Wittener Zeitung
1868, 4.1. - 1870
1872 - 1900, 31.8.   **Wit 2**
(24 Ro)   Wit 2

10467.
Wochen-Kurier
1985, 31.3. - 1986, 31.7.   **Wit 2**
(1 Ro)   Wit 2

WITTENBERG

10468.
Allgemeine Zeitung
1.7.1909: Wittenberger Allgemeine Zeitung
9.1.1923: Wittenberger Zeitung
1934?: Wittenberger Zeitung und Neues
Zahnaer Tageblatt
(1878 nachgew. - Sep. 1935)
1883 - 1888
1894, 30.11. - 1895, 9.1.
1895, 26.12. - 1896, 29.8.
1902 - 1929, 29.6.
1930, 2.1. - 30.9.
1931, 2.1. - 30.6.
1932, 1.4. - 30.9.
1933   3
1902 - 1929, 29.6.
1930, 2.1. - 30.9.
1931, 2.1. - 30.6.
1932, 1.4. - 30.9.
1933   Dm 11
1923- 1929, 29.6.
1930, 2.1. - 30.9.
1931, 2.1. - 30.6.
1932, 1.4. - 30.9.
1933   Wb 14

10469.
Der Ansporn
Stickstoffwerk Piesteritz
1955, 8.10. - 1993, Juli (L)   3
(5 Ro)   3
1977 - 1990, 8 (L)   **B 479**
       B 479
1951, 1.4. - 1965   Dm 11

10470.
Beyträge zur Belehrung und Unterhaltung
in vermischten Aufsätzen
1791 (MPF)   46

10471.
Elbit-Rundblick
Gummiwerke Piesteritz
1961, 7.5. - 1991, 18.2. (L)   3
(5 Ro)   3
       Dm 11

10472.
Kursächsische Tageszeitung
1937
1938, 1.4. - 30.6.
1939   3
       Dm 11
       Wb 14

10473.
Unser Taktband
Gummiwerke Piesteritz
1956, 6.4. - 1960, 6.8. (L)   3
(1 Ro)   3
                 Dm 11

10474.
Wittenberger Anzeiger <1821>
1829: Wittenberger Kreisblatt
17.4.1888: Wittenberger Tageblatt
(30.6.1821 - 31.12.1944)
1821, 30.6. - 1936
1938
1940 - 1944   3
                 Dm 11
                 Wb 14
Beilage(n):
Chronik der Stadt Wittenberg
1937, 12.1. - 1939, 1.5.   3
                 Dm 11
                 Wb 14
Wittenberger Kreisblatt
1917 - 1918, 6.11.
1919, 21.1. - 1924
1926 - 1939   3
                 Dm 11
                 Wb 14

10475.
Wittenberger Anzeiger <1849>
1849, 3.10. - 1850   3
                 Dm 11
                 Wb 14

10476.
Wittenberger Anzeiger für Stadt und Land
1874, 1.7. - 31.12.   3
                 Dm 11
                 Wb 14

10477.
Wittenberger Rundblick
1962, 17.2. - 1964, 11.12.   **Bo 174**
(1 Ro)

10478.
Wittenberger Wochenblatt
1863, 11.12. - 1870
1872 - 1874, 30.6.   3
                 Dm 11
                 Wb 14

10479.
Wittenberger Zeitung <1880>
9.6.1898: Neue Wittenberger Zeitung
(3.6.1880 - 30.3.1902)
1880, 3.6. - 1882
1889 - 1894, 29.11.
1895, 10.1. - 1896, 23.6. (L)   3
                 Dm 11
                 Wb 14

10480.
Wittenbergsches Wochenblatt
4.1.1793: Neues Wittenbergisches
Wochenblatt zum Aufnehmen der
Naturkunde und des ökonomischen Gewerbes
1805: Neues Wittenbergisches Wochenblatt
1772 (E)
1784 - 1790
1795 - 1797   **46**
(4 Ro)   46
1768 - 1792 (MPF)   1
                 15
                 16
                 28
1768, 8.1. - 1812, 26.12.   3
                 Dm 11
                 Wb 14
1793 - 1799 (MPF)   7
1768 - 1769 (MPF)   66
                 473

WITTENBERGE

10481.
Volks-Zeitung
Wittenberge, Havelberg
SPD Ost- und Westprignitz
1925, 1.4. - 1928
1929, 2.4. - 1930, 30.9.
1931 - 1933, 25.2.   **1w**
(18 Ro, Beilagen mitverfilmt)   1w

WITTICHENAU

10482.
Wittichenauer Wochenblatt für Stadt und Land
1878, 27.4. - 28.12. (L)
1881 - 1882 (L)
1884
1886 (L) u. 1888   **14**
                 14

1890 - 1897 (L)
1899 - 1901 (L)
1903 - 1910 (L)
1911, 4.8.
1913, 8.2. - 1914 (L)
1915 (E)
1916, 4.8. - 1922, 14.10. (L)
1924 - 1936, 17.6. (L)   **14**
    14

WITTINGEN

10483.
Altmärkisch Niedersächsische Rundschau
Wittingen, Beetzendorf
2.5.1929: Niedersächsisch-Altmärkische
Rundschau
9.8.1932: Rundschau
(4.8.1928 - 31.10.1933)
1928/29   **1w**
    1w
1928, 4.8. - 1931, 30.4.
1932, 9.8. - 31.12.   **Lün 4**
(8 Ro)   Lün 4

10484.
Der Jungdeutsche
1965, Jan. - Okt.   **MFA**
(1 Ro)
    Dm 11

10485.
Wittinger Zeitung
2.7.1898: Isenhagener Kreisblatt
(3.10.1888 - 30.4.1943 u. 8.10.1949 ff.)
1988 ff.   **101b**
(6 Ro/Jg)   101b
1894, 4.1. - 1933
1934, 2.5. - 1943, 30.4.   **Lün 4**
(56 Ro)   Lün 4
    Dm 11
1992 - 1997   101a

WITTLICH

10486.
Wittlicher Intelligenzblatt
1861 - 1866   **5**
    5

WITTMUND

10487.
Anzeiger für Harlingerland
Wittmund, Esens
Vbg.: Esens, Friedeburg, Wittmund, Holtriem,
Langeoog, Spiekeroog
BA v. Nordwest-Zeitung
1988 ff.   **101b**
(7 Ro/Jg)   101b
1992 - 1997   101a

10488.
Anzeiger für Harlingerland
57.1918, 2.7. - 24.10. (L)   **GB-**
1919, 1.1. - 31.7. (L)   LO/N38

WITTSTOCK

10489.
Kreisblatt für die Ost-Prignitz
1851 - 1875   Ner 2
Beilage(n):
Amtlicher Theil des Kreisblatts
des Kreises Ost-Prignitz
1890 - 1891
1893 - 1894
1896 - 1897
1899 - 1906   Ner 2

10490.
Märkische Volksstimme
HA in Potsdam
1963 - 1986, 19.12.
1987, 3.1. - 1990, 2.10.   **MFA**
(14 Ro, nur Kreisseiten)
    186

WITZENHAUSEN

10491.
Witzenhäuser Kreisanzeiger
1901, 1.10. - 1902, 28.12.   **4**
(1 Ro)   4
    34
    Dm 11

10492.
Witzenhäuser Kreisblatt
1.10.1908: Witzenhäuser Kreisblatt und
Tageblatt
1.7.1941: Niederhessische Zeitung
1870 - 1924
1925, 11.9. - 1943
1945, 2.1. - 1.3.
1949, 28.8. - 1963, 22.3.   **4**
(107 Ro, Beilagen mitverfilmt)   4
                                                   34
                                                   Dm 11

BAD WÖRISHOFEN

10493.
Die Anklage
1953, Nr. 1 - 15
1954 - 1957, Nr. 3   **M 352**

WOHLAU (WOLÓW, PL)

10494.
Schlesische Dorfzeitung
enthält 1936: Heimatblätter des Kreises Woh-
lau
1886 - 1891, 1.1.
1899 - 1904
1936 (nur Jub.-Ausg.)   **1w**
                                                 1w
                                                 Dm 11

WOLDEGK

10495.
*Neubrandenburger Zeitung für Woldegk und
Umgebung*
UT: Ausgabe B / Woldegker Zeitung
1938, 17.6. - 1940
1941, 12.2. - 31.12.
1942, 1.2. - 1943, 31.3.   **28**
(9 Ro)   28

WOLDENBERG (DOBIEGNIEW, PL)

10496.
Ostmärkische Zeitung
1.2.1934: Woldenbergische Ostmärkische Zeitung
auch: Woldenberger Ostmärkische Zeitung
1933, 1.4. - 30.6.
1933, 2.10. - 1934, März
1935, Okt. - Dez.
1936, 1.4. - 1937, 31.3.
1937, 1.7. - 30.9.   **1w**
1938, 3.1. - 30.4.   1w

1934, Jan. - März
1935, Okt. - Dez.
1936, 1.4. - 30.9.
1937, 1.7. - 30.9.
1938, 3.1. - 30.4.   Dm 11

WOLFACH

10497.
Schwarwälder Bote
HA in Oberndorf
1973, 2.7. - 1979   **24**

10498.
Schwarzwälder Tagblatt
HA in Villingen
1942, 2.9. - 1944, 31.8.   31

WOLFENBÜTTEL

10499.
Aviso
1618 - 1619 (E)
1620
1621 - 1622 (E)
1623 (LL)
1624 (E), 1625 (L)   **46**
(1 Ro)   46

10500.
Braunschweigische Tageszeitung
Wolfenbüttel, Braunschweig
ab Nov. 1912 in Braunschweig
1911, 3.10. - 1913, 25.3.   **Bs 92**
(4 Ro)   Bs 92

10501.
Wolfenbütteler Zeitung
(1.11.1949 ff.)
1981, 2.2. - 1993, 30.4.   **101b**
(76 Ro)   101b
1949, 7.10. - 1974   **MFA**
(86 Ro)
                                                Bo 133
1992 - 1997   101a

10502.
*Die Zeichen der Zeit, am Ende des achtzehn-
ten Jahrhunderts*
1798 (MPF)   46

10503.
Zeitung für Städte, Flecken und Dörfer,
besonders für den deutschen Landmann
1848, 4.1. - 1849, 28.12.   21/32c
                                   Dm 11

WOLFHAGEN

10504.
Wolfhager Kreisblatt
1.1.1879 - ?: Wolfhager Zeitung?
1877, 11.4. - 1878
1885, 11.11. - 1941, 31.5.
1949, 6.9. - 1975, 19.12.   4
(67 Ro)   4
                                   34
                                   Dm 11

WOLFISHEIM (F)

10505.
Der internationale Klassenkampf
1936, Feb. - 1939, Apr.   Dm 11
(1 Ro)
1936 - 1938 (L)
1939 (E)   46
1936, Feb. - 1939, Juni   M 352

WOLFRATSHAUSEN

10506.
Isar-Loisach-Bote
BA v. Münchner Merkur, München
1988 ff.   101b
(14 Ro/Jg)   101b
1992 - 1997   101a

10507.
Wolfratshauser Beobachter
1932, 2.5. - 1934   Wof 1

10508.
Wolfratshauser Tagblatt
(10.4.1924 - 14./15.4.1945)
1928 - 1934
1944, 21.4. - 1945, 14./15.4.   12
                                  Wof 1

10509.
Wolfratshauser Wochenblatt
1.10.1886: Loisach- und Isarbote
1887: Wolfratshauser Wochenblatt zugleich
   Loisach-Isarbote
1869
1872 - 1878
1880 - 1887
1889 - 1933, 29.4.   Wof 1

WOLFSBURG

10510.
Wolfsburger Nachrichten
BA d. Braunschweiger Zeitung
1977 ff.   101b
(ca. 9 Ro/Jg)   101b
1992 - 1997   101a

WOLGAST

10511.
Der Arbeitslose
1931, 3 - 1933, 8   B 479

10512.
Wolgaster Anzeiger
1841, 16.1. - 1869, 27.12. (L)
1895, 29.1. - 1898
1901 - 1902
1906 u. 1912
1915 - 1921
1925 - 1926
1932   9
                                  Dm 11

10513.
Wolgaster Leuchtfeuer
Vlg. in Rostock
1962, 15.9. - 1967, 31.3.   Bo 174
(1 Ro)

WOLLSTEIN (WOLSZTYN, PL)

10514.
Kreisblatt des Bomster Kreises
1899 - 1901, 27.9. (L)
1902 - 1903, 29.9. (L)
1904, 5.1. - 30.5. (L)   1w
(2 Ro)   1w
                                  Dm 11

10515.
Kreisblatt zur Unterhaltung und Belehrung
für Stadt und Land
Text dt. u. poln.
1844, 1.10. - 1846 (L)   **1w**
(1 Ro)   1w
     Dm 11

10516.
Wollsteiner Tageblatt
1889, 1.10. - 1890, 30.3.   **1w**
(1 Ro)   1w
     Dm 11

WOLMIRSTEDT

10517.
Allgemeiner Anzeiger für die Kreise
Wolmirstedt und Neuhaldensleben
1870 - 1875 (L)
1878 - 1879   **1w**
     1w

10518.
Amtliches Kreisblatt für den Kreis
Wolmirstedt
1875   **1w**
     1w

10519.
Wolmirstedter Volkszeitung
1962, 18.1. - 1964, 12.11.   **Bo 174**
(1 Ro)

WORMS

10520.
Deutsche Volkswacht
1894, 15.3. - 1907, 11.12.   Dm 11

10521.
Die Neue Zeit
1848, 15.3. - 1849   **Dm 11**
(2 Ro)   Dm 11
     21
     385

10522.
Rheinischer Herold
1858 - 1860
1867, Nr. 92   17

10523.
Wormser Zeitung
ab 1956 BA v. Allgemeine Zeitung, Mainz
(17.2.1814 - 31.5.1941 u. 15.6.1956 ff.)
1978 ff.   **101b**
(ca. 8 Ro/Jg)   101b
1848 - 1849, 9.12.   **Dm 11**
(2 Ro)   Dm 11
     21
     468
     Wit 2
1992 - 1997   101a

WORTHINGTON, OH (USA)

10524.
Ohio Waisenfreund
1951, 17.2. - 1953, 26.9.   **212**
(1 Ro)   212

WRESCHEN (WRZEŚNIA, PL)

10525.
Wreschener Stadt- und Kreisblatt
1892 - 1895 (L)   **1w**
(2 Ro)   1w
     Dm 11

WÜLFRATH

10526.
General-Anzeiger der Stadt Wuppertal / N
16.8.1971: General-Anzeiger / N
2.1.1973: WZ. Westdeutsche Zeitung / N, WV
1956 - 1989   Wlf 1
(nur Lokalteil)

10527.
Rheinische Post
HA in Düsseldorf
1981 - 1989   Wlf 1
(nur Lokalteil)

10528.
Wülfrather Anzeiger
1884, Nr. 1 - 115
1885, Nr. 2 - 154   Wlf 1

10529.
Wülfrather Zeitung <1875>
1875, Nr. 1 - 1885, Nr. 114   Wlf 1

10530.
Wülfrather Zeitung <1890>
1890, Nr. 2 - 1891
1893
1895 - 1897
1903 - 1904
1906 - 1907
1909 - 1912 (L)
1915 - 1016
1920
1922 - 1932
1933, 4.7. - 1936   Wlf 1

WÜRZBURG

10531.
Augsburger Tagespost
12.12.1948: Die Tagespost
1.1.950: Deutsche Tagespost
3.4.1999: Die Tagespost
Augsburg, ab 1.3.1951 in Regensburg,
ab 1.7.1955 in Würzburg
(20.8.1948 ff,)
1953, 1.6. - 1983   **281**
(43 Ro)
1967 - 2002, 19.3. (L)   **Dm 11**
(ca. 2 Ro/Jg)
1948, 28.8. - 30.12.
1952 - 1954
2002, 21.3. - 2008   **MFA**
1995 ff.   **20**
1948, 28.9. - 1949, 13.10.   **GB-**
1949, 3. - 31.12.   **LO/N38**
1987, 17.4. ff.   **281**
1948, 28.8. - 30.12.
1953, Nr. 6 - 1954   **Bo 153**
1988 ff.   **Kn 28**
1952 - 1953
1954, 2.6. ff. (L)   **Dm 11**
Beilage(n):
Römische Warte   **Dm 11**
1960, 23.8. - 1971, 28.9.   **Dm 11**
Völker im Aufbruch
1961, 27.1. - 1981, 25.5.   **Dm 11**
(2 Ro)   **Dm 11**

10532.
Die Bayerische Presse
(1.12.1849 - 8.2.1851)
1849, 1.12. - 1851, 8.2.   **Dm 11**
(2 Ro)   **Dm 11**
      361
      188/211
      Wit 2

10533.
Bayersches Volksblatt
1830: Bayerisches Volksblatt
1829 - 1832   **46**
(2 Ro)   **46**

10534.
Fränkischer Volksfreund
sozialdemokratisch
(26.9.1908 - 14.3.1933 u. 5.2.1949 -
31.12.1963)
1908, 26.9. - 1931   **W 92**
1908, 1.10. - 1931 (L)
1949, 5.2. - 1962, 22.1. (L)   **Bo 133**

10535.
Fränkisches Volksblatt
28.1.1909 - 30.9.1919: Fränkisches Volksblatt
und Kilians-Blatt
16.3.1994: Volksblatt
(13.6.1868 - 31.3.1943 u. 2.4.1952 ff.)
1952, 2.4. ff.
(ca. 10 Ro/Jg, bis 31.8.1978 110   **101b**
Ro)   **101b**
1952, 5.4. - 1971, 22.6.   **MFA**
(67 Ro)
1868, 13.6. - 1943, 31.3.
1952, 2.4. - 1978, 31.8.   **12**
1978, 1.9. ff.   **20**
1992 - 1997   **101a**
1870, 13.6. - 1890
1909, 28.1. - 1919, 30.9.
1952, 2.4. - 1978, 31.8.
2003 - 2006   **W 92**

10536.
Magazin zur Beförderung des Schulwesens
im katholischen Teutschlande
1791 (MPF)   **46**

10537.
Main-Post
(24.11.1945 ff.)
1945, 24.11. ff.
(bis 1968 78 Ro, dann ca. 10   **101b**
Ro/Jg)   **101b**
1945, 24.11. - 1968, 29.6.   **12**
(Beilagen mitverfilmt)
1946, 5.12. - 1947, 4.2. (L)   **GB-**
1948, 16.3. - 1951, 7.8. (L)   **LO/N38**
1992 - 1997   **101a**
1945, 24.11. - 1980   **W 92**

10538.
Main-Tauber-Post
1953 - 1954   **Wh 1**

10539.
Mainfränkische Zeitung
1934, 3.4. - 1939, Sep.
1940 - 1941, Juni
1944, 21.4. - 1945, 7.3.   12
1934, 3.4. - 1945, 31.3.   W 92

10540.
Neue Fränkische Zeitung
(23.12.1848 - 31.5.1850)
1848, 23.12. - 1850, 31.5.   **Dm 11**
(2 Ro)   Dm 11
    188/211

10541.
Neue Würzburger Zeitung
(1.1.1826 - 15.2.1916)
1848 - 1849   **Dm 11**
(2 Ro)   Dm 11
    468
    188/211
    W 92

10542.
Die Synagoge
1837 (L)   **M 352**

10543.
Unterfränkische Volkstribüne
1.4.1897: Fränkische Volkstribüne
1893, 1. - 3.3.   **B 479**
    B 479
1891, 22.12. - 1900   W 92
1892 - 1900 (L)   Bo 133

10544.
Würzburger Abendblatt
(1841 - 9.10.1874)
1848, 1.2. - 1849   **Dm 11**
(2 Ro)   Dm 11
    468
    481
    188/211
    W 92

10545.
Würzburger General-Anzeiger
(26.5.1883 - 14.6.1941)
1890
1891, Mai - 1892
1894 - 1897, Juli
1897, Sep. - 1900, Apr.
1901 - 1941, 14.6.   12
    481
    Dm 11
    W 92

1918 - 1919, 11.8.   GB-
    LO/N38

10546.
Würzburger Journal
(1.1. - 30.11.1849)
1849, 1.1. - 30.11.   **Dm 11**
(1 Ro)   Dm 11
    468
    188/211
    W 92

10547.
Würzburger Stadt- und Landbote
(1.7.1848 - 1901)
1848, 25.9. - 1849   **Dm 11**
(1 Ro)   Dm 11
    188/211
    W 92

WUNSIEDEL

10548.
Der Bote aus den sechs Ämtern
1.6.1904: Bote aus den sechs Ämtern
1.11.1971: Sechsämterbote
1.1.1988: aufgeg. in Frankenpost / Sechsämterbote, s. dort
1880 - 1886
1888 - 1889
1891 - 1895
1897 - 1945, 19.4.
1949, 1.9. - 1987   **Hf 1**
    Hf 1

10549.
Frankenpost
1.1.1988: Frankenpost / Sechsämterbote
BA d. Frankenpost, Hof
1949, 2.7. - 1973 (Lokalseiten)
1988, 1.3. - 5.8.
1991 - 1996, 7.10.
1997 - 2000   **Hf 1**
1949, 2.7. - 1973 (Lokalseiten)
1989 - 1990 (Lokalseiten)
1991 - 1996, 7.10.
1997 - 2000   Hf 1

WUNSTORF

10550.
Leine-Zeitung
Vlg. anf. in Neustadt a. Rübenberge
später in Hannover
1882 - 1941, Juni
1942 - 1943
1949 - 1982   Wun 1

10551.
Wunstorfer Stadt- und Landbote
1.4.1891: Wunstorfer Zeitung
16.7.1949: Wunstorfer Stadt- und
Landanzeiger
3.1.1950: Wunstorfer Zeitung
1890, 6.8. - 1892
1895, 6.1. - 1896, 13.12.
1901 - 1902, 3.9.
1903 - 1904
1906 - 1908
1909, 21.2. - 1912 (L)
1914 - 1918
1919, 28.1. - 1930
1932 - 1937
1939 - 1942
1949, 16.7. - 1975   Wun 1
(bis 1950 MPF)

WUPPERTAL

10552.
Die Arbeit
Wuppertal, Bochum, Duisburg
1919, Nr. 27: Die Wacht
Bochum, Duisburg, (Wuppertal-) Barmen
1902 - 1904
1906 - 1922   1
1907, 14.4. - 1917, 22.12.   Bo 414
(4 Ro)
                                     Bm 3
1907, 14.4. - 1921, 28.5.   61
1911, 7.1. - 1912, 21.9.
1913, 4.1. - 1917, 22.12.   Wit 2
1907, 14.4. - 1920, 24.12.   Wup 3

10553.
Barmer Anzeiger <1864>
2.1.1880: Tägliches Neues Haupt-
Annoncenblatt
23.11.1897: Barmer Tageblatt
15.3.1899: Lokal-Anzeiger
8.7.1903: Barmer Anzeiger
(2.4.1864 - 31.10.1897 u. 23.11.1897 -
31.3.1930)
1864, 24.3. (Probe-Nr.) - 1880,
30.6.
1911, 1.7. - 1919
1927   Wup 3

10554.
Barmer Wochenblatt
[Wuppertal-] Barmen
(1829 - 31.3.1859)
1838, 17.1. - 1854 (L)
1855, 3.4. - 1859, 31.3. (L)   5
(9 Ro)   5
1840, Nr. 1 - 105   B 479
                                     B 479

10555.
Barmer Zeitung <1833>
1852?: Barmer Bürgerblatt
4.11.1860: Barmer Zeitung
1.4.1922: Deutsches Tageblatt
1.1.1924: Westdeutsche Allgemeine Zeitung
16.9.1927: Barmer Zeitung
(1.1.1833 - 31.5.1941)
1836, 1.10. - 1841 (L)
1861, Nr. 217 - 1865 (L)
1867 (LL)   B 479
                                     B 479
1847 - 1850, 30.6.
1855 - 1860   Dm 11
(10 Ro)   Dm 11
                                     61
                                     188/211
                                     Wit 2
                                     361
1833 - 1834, 30.3.
1836, 1.10. - 1845
1847 - 1850, 30.6.
1855 - 1864, 30.6.
1865
1867 - 1871, 21.12.
1872 - 1924, 30.6.
1925 - 1932, Juni
1933 - 1941, 31.5.   Wup 3
Beilage(n):
    Wupperthaler Lesekreis   B 479
1837 - 1840 (L)   B 479

10556.
Bergische Tageszeitung
Vbg.: Wuppertal u. Bergisches Land
Vlg. in Gelsenkirchen-Buer
1921, 24.12. (Jub.-Ausg.)
1953, 1.10. - 1954, 31.3.　　　**MFA**
　　　　　　　　　　　　　　Dm 11

10557.
Bergische Volksstimme
(14.3.1876 - 1.11.1878)
1877 - 1878, 1.11. (L)　　　**B 479**
　　　　　　　　　　　　　　B 479
1877 - 1878, 1.11.　　　　**Dm 11**
(4 Ro)　　　　　　　　　　Dm 11
　　　　　　　　　　　　　　34
　　　　　　　　　　　　　　61
　　　　　　　　　　　　Bo 133

10558.
Bergische Wochenpost
Umlandausg. v. Wuppertaler Stadt-Anzeiger
1953, 4.7. - 1954, 25.9.　　**Dm 11**
　　　　　　　　　　　　　　Dm 11

10559.
Bergisches Archiv
1810: Großherzoglich Bergisches Archiv
1809 - 1811, Juni　　　　　**61**
(2 Ro)　　　　　　　　　　61

10560.
Cronenberger Anzeiger
1891, 2.12. - 1937　　　　Wup 3

10561.
Cronenberger Zeitung
1869, 1.7. - 1929, 15.8.　　Wup 3

10562.
Deutsche Gewerkschaft
Wuppertal, Berlin
[Wuppertal-] Elberfeld
Ausg. B = Berlin
1923 - 1925 (L)
1927 - 1930 (L)　　　　　**MFA**
(1 Ro, Ausg. B)
　　　　　　　　　　　　　　Dm 11
1922 - 1933, Nr. 13 (L)　　Bo 133
(teils Ausg. B)

10563.
Elberfelder Intelligenzblatt
1841: Elberfelder Kreisblatt
2.6.1861: Kreisblatt für die Kreise Elberfeld,
Barmen und Mettmann
16.10.1864: Unterhaltungsblatt für Stadt und
Land
(Wuppertal-) Elberfeld
1835, Jan. - Juni
1837, Jan. - Juni
1845
1846, Juli - Dez.
1851　　　　　　　　　　　　**1w**
　　　　　　　　　　　　　　1w
1838 - 1839 (L)
1849 (L)　　　　　　　　　**B 479**
1827 - 1828
1838 - 1848, 29.6.
1849 - 1862　　　　　　　　**5**
(10 Ro)　　　　　　　　　　5
1835, 14.4.　　　　　　　**A 100**
　　　　　　　　　　　　　A 100

10564.
Evangelische Volksschule
1905　　　　　　　　　　　1a

10565.
Evangelisches Gemeindeblatt aus und für
Rheinland und Westphalen
(Wuppertal-) Elberfeld
1865 - 1867 (L)　　　　　　**61**
(1 Ro)　　　　　　　　　　61

10566.
Freie Presse
Vbg.: Elberfeld, Barmen, Bergisches Land
(1.12.1885 - 27.2.1933)
1889, Nr. 270 - 1890, Nr. 228 (L)
1898 (E)　　　　　　　　　**B 479**
　　　　　　　　　　　　　　B 479
1918
1925 - 1928　　　　　　　　61
　　　　　　　　　　　　Bo 133

10567.
Freiheit / B
HA in Düsseldorf
1946, 1.3. - 1948, 8.10.　　Wup 3

10568.
General-Anzeiger für Elberfeld-Barmen
1.1.1929: General-Anzeiger der Stadt
Wuppertal
2.10.1944: Wuppertaler Nachrichten
1.10.1949: General-Anzeiger der Stadt
Wuppertal / W, A
16.8.1971: General-Anzeiger / A
30.12.1972: WZ. General-Anzeiger / A
16.10.1978: WZ. Westdeutsche Zeitung
Vlg. in Wuppertal, ab 1.7.1971 in Düsseldorf
(1.10.1887 - 14.4.1945 u. 1.10.1949 ff.)

1969 ff.	**101b**
(ca. 10 Ro/Jg)	101b
1958 - 1966, 12.10.	
1967, 24.5. - 1969, 5.8.	
1969, 8.12. - 1980, 11.1.	
1980, 8.5. - 31.12.	**Dm 11**
(206 Ro)	
1949, 1.10. - 1957	**MFA**
(37 Ro)	
1992 - 1997	101a
1949, 1.10. ff.	468
	Dm 11
1949, 1.10. - 1981	706
1887, 1.10. (eine Seite)	
1888 - 1920, 30.6.	
1920, 1.10. - 1945, 15.4.	
1949, 1.10. ff.	Wup 3

10569.
Gesellschaftsspiegel
(Wuppertal-) Elberfeld
Red. u.a.: Friedrich Engels

1845 - 1846	**Dm 11**
(1 Ro)	Dm 11
1845 - 1846	**B 479**
	B 479

10570.
Großherzogliche Bergische Provinzial-Zeitung
1.1.1808: Provinzial-Zeitung
1.7.1834: Elberfelder Zeitung
27.12.1905: Bergisch-Märkische Zeitung
[Wuppertal-] Elberfeld
(31.3.1806 - 30.4.1938)

1834, 1.7. - 1849, Juni	
1850 - 1855	
1858 - 1864	
1865, Juli - 1866	
1868, Jan. - Juni	
1869, Jan. - Juni	
1870, Jan. – Juni	**1w**
	1w

1871 - 1872	
1873, Juli - 1874, März	
1874, Juli - 1876, Juni	
1876, Okt. - 1877, Juni	
1877, Okt. - 1884, Apr.	
1884, Sep. - 1886	**1w**
(112 Ro)	1w
1807, 14.8.	
1823, 23.5.	**A 100**
	A 100
1823	
1848 - 1849	**Dm 11**
(5 Ro)	
1920, 1.7. - 1938, 30.4.	**Wup 3**
(115 Ro)	
1924, 1.4. - 1934, Mai	**Hag 6**
	Hag 6
1848 - 1849	21
	468
	Wit 2
	188/211
1838 - 1839 (L)	
1843 (E), 1847 (E), 1849 (E)	
1865 - 1866 (LL), 1868 (L)	**B 479**
1823	
1848 - 1849	
1924, 1.4. - 1925, 30.9.	
1926 - 1933	
1934, 28.6. - 30.9.	
1936 - 1937, 30.9.	
1938, 2.1. - 30.4.	**Dm 11**
1834, 1.7. - 1864	
1865, 1.7. - 1866	
1868, 1.1. - 31.7.	
1869, 1.1. - 30.6.	
1870 - 1872	
1873, 1.7. - 1884, 30.4.	
1884, 1.9. - 1886	
1891 - 1938, 30.4.	Wup 3
1842 - 1848	Tr 18
1848 - 1849	Bm 3

Beilage(n):
Elberfelder Intelligenzblatt

1835, Jan. - Juni	
1837, Jan. - Juni	
1845	
1846, Juli - Dez.	
1851	
(ab 1841: Elberfelder Kreisblatt)	1w
1838 - 1839 (L)	
1849 (L)	**B 479**

10571.
Literarisches Unterhaltungsblatt

1892 - 1893	Wup 3

1315

10572.
Mitteilungen der Militärregierung für
den Stadtkreis Wuppertal
1945, 17.5. - 1947, 14.3.   Wup 3

10573.
Monatsschrift des Bergischen
Geschichtsvereins
(Wuppertal-) Elberfeld
1894 - 1920   **61**
(3 Ro)   61

10574.
Neue Rheinische Zeitung / B
HA in Düsseldorf
1945, 18.7. - 1946, 27.2.   Wup 3

10575.
Neueste Nachrichten
1879, 5.12. - 1913, 23.5.   Wup 3

10576.
Niederrheinisch-Westphälische Allgemeine
Zeitung f. Handlung und Politik
2.4.1806: Allgemeine Zeitung
[Wuppertal-] Elberfeld
1805, 24.5.
1815, 20.6. - 1823, 16.9. (E)   **A 100**
                                          A 100

10577.
Le Réveil
(Wuppertal-) Elberfeld
(21.10. - 17.12.1914)
1914, 21.10. - 17.12. (L)   **61**
(1 Ro)   61

10578.
Rhein-Echo / B
HA in Düsseldorf
1946, 9.3. - 1951, 29.12.   Wup 3

10579.
Rhein-Ruhr-Zeitung / D
HA in Essen
1946, 14.5. - 1949, 31.8.   Wup 3

10580.
Rheinisch-Westphälische Zeitung
(2.7.1849 - 30.3.1851)
1850 (LL)   **B 479**
                                          B 479
1849, 2.7. - 1850, 30.6.
1850, 1.10. - 1851, 30.3.   **Dm 11**
(3 Ro)   Dm 11
                                          61
                                          468
                                          25
                                          Wup 3
1849, 2.7. - 30.12.   21/32c
                                          188/211
1850 - 1851, 30.3.   Wit 2

10581.
Rheinische Post / B
HA in Düsseldorf
1946, 2.3. - 1949   Wup 3

10582.
Rheinisches conservatives Volksblatt
3.1.1866: Conservative Provinzial-Zeitung
für Rheinland und Westphalen
[Wuppertal-] Elberfeld
1865 - 1866, 9.9. (L)   **5**
(2 Ro)   5

10583.
Ronsdorfer Zeitung
1914, 31.7. - 1919, 1.7.   Wup 3

10584.
Die Rothe Fahne
[Wuppertal-] Barmen
(1.10.1876 - 30.9.1877)
1876, 1.10. - 1877, 30.9.   **B 479**
                                          B 479
                                          Dm 11

10585.
Stadt-Anzeiger für Barmen-Elberfeld
1929: Stadtanzeiger für Wuppertal und
Umgebung
1.10.1949: Stadt-Anzeiger für Wuppertal
und Umgebung
22.8.1953: Wuppertaler Stadt-Anzeiger
(1920 - 31.5.1941 u. 1.10.1949 - 27.9.1973)
1959 - 1960   **Dm 11**
1956, 7.1. - 1957   **MFA**
(3 Ro)
1956 - 1960   Dm 11
1923, 1.9. - 31.12.
1924, 11.4. - 1941, 31.5.   Wup 3

10586.
Täglicher Anzeiger
1842: Täglicher Anzeiger für Berg und Mark
(1.1.1835 - 31.3.1933)
1865	1w
(F: Nr. 302 - 307)	1w
1850 - 1868	
1872 - 1873 (L)	5
(23 Ro)	5
1848 - 1849	Dm 11
(2 Ro)	
	61
	188
	468
	188/211
	Wit 2
1835 - 1933, 31.3.	Wup 3

10587.
Vohwinkeler Lokal-Anzeiger
1931, 27.11. - 1935	Wup 3

10588.
Die Volkskanzel aus dem Wuppertal
1910 - 1915	1a
(1 Ro)	
	Wup 3

10589.
Die Volksparole
Ausg. Wuppertal
2.3.1931: Wuppertaler Zeitung
1.1.1934: Volksparole
10.2.1935: Rheinische Landeszeitung
Vlg. in Düsseldorf
(Juni 1930 - 14.4.1944)
1931, 14.2. - 1934, 31.10.	Wup 3
(16 Ro)	
1931, 14.2. - 1945, 13.4.	Wup 3

10590.
Die Volksstimme
Organ des Elberfelder politischen Klubb's
1848, 26.8.	B 479
1848, 30.4. - 18.11. (L)	Dm 11
(1 Ro)	Dm 11
	21/32c
	468
	Wit 2
	Wup 3

10591.
Volksstimme
Wuppertal, Gelsenkirchen
(Wuppertal-) Elberfeld, ab 1890 in
Gelsenkirchen
1889, 8.9. - 1891, 29.12.	
1892, 2.8. - 6.9.	MFA
(1 Ro)	
	Dm 11

10592.
Volkstribüne
Vlg. in Düsseldorf
1919, 22.2. - 25.11.	B 479
1918, 19.12. - 1922, 30.9.	Wup 3

10593.
Der Weg
Wuppertal, Düsseldorf
(30.6.1946 - 2003)
1946, 30.6. - 1980, 21.12.	61
(18 Ro)	61
1948, 26.9. - 1954, 17.1.	Dm 11
(1 Ro)	Dm 11
Beilage(n):	
Sonntagsspiegel	
1948 - 1970	61
(2 Ro, Vlg. in Essen)	61

10594.
Westdeutsche Nachrichten / D
Vlg. in Gelsenkirchen-Buer
1949, 3.9. - 1950, 31.3.	MFA
(1 Ro)	
	Wup 3

10595.
Westdeutsche Rundschau / W
(8.5.1946 - 14.8.1971)
1946, 8.5. - 1949	Bo 414
(4 Ro)	
1946, 8.5. - Dez.	
1948 - 1953, 30.5.	101b
(14 Ro)	101b
	Dm 11
1946, 8.5. - 1950 (L)	GB-
	LO/N38
1946, 8.5. - 1949	34
	61
1946, 8.5. - 1955	Wup 3

10596.
Westdeutsche Zeitung
(Wuppertal-) Barmen
1894 - 1896, 6.10.
1896, 7.11. - 1900, 30.7.   61
(8 Ro)   61
                                        Wup 3

10597.
Wupper-Nachrichten
1983 - 1993 (MPF)   61

10598.
Wuppertaler Anzeigen
1945, 15.7. - 1949, 31.3.   Wup 3

10599.
Wuppertaler Rundschau
1948, 11.12. - 1949, 12.2. (E)   GB-
                                        LO/N38

BAD WURZACH

10600.
Anzeiger von Wurzach
auch: Der Bote vom Allgäu
1896, 12.5. - 1907   24

WURZEN

10601.
Leipziger Volkszeitung <1902>
1902 - 1927, März
1932, 2.1. - 30.11.   15
(nur Lokalseiten)

10602.
Leipziger Volkszeitung <1958>
HA in Leipzig
durch Fusion am 1.2.2003 mit Ausg. Grimma
neue Ausg. Leipziger Volkszeitung, Ausg.
Muldentaler Kreiszeitung
Bestand ab Feb. 2003 s. u. Grimma
1993 - 2003, 31.1.   **101b**
                                        101b
1971 - 1994 (L, nur Lokalseiten)
1994 - 2003, 31.1.   14
1993 - 1997   101a

10603.
Wurzener Anzeiger
1945, 19.9. - 29.12.   15

10604.
Wurzener Tageblatt <1990>
1990, 20.7. - 1992, 31.1.   **14**

10605.
Wurzener Wochenblatt und Anzeiger
2.10.1883: Wurzener Tageblatt und Anzeiger
13.3.1940: Wurzener Tageblatt
1870 - 1945, 31.3. (L)   **14**
(112 Ro, nur tw. MF vorhanden)   14
                                        Wur 4
1870 - 1943
1944, Juli - 1945, Juli   15

10606.
*Wurzener Zeitung und Anzeiger für Stadt
und Land*
1.7.1894: Neue Wurzener Zeitung und
Anzeiger für Stadt und Land
19.7.1896: Neueste Nachrichten
2.10.1900: Wurzener neueste Nachrichten
1.7.1930: Neue Wurzener Zeitung
(1.7.1894 - 30.10.1935?)
1894, 1.7. - 1912
1914 - 1915
1924 - 1935, 30.10.   **14**
(33 Ro)
                                        Wur 4
1894, 1.7. - 1935, 30.10. (L)   15

WYK (FÖHR)

10607.
Föhrer Lokalanzeiger
weiterer Titel: Neue Föhrer Nachrichten
1909, 22.9. - 1910 (L)
1919, 30.7. - 1941, 30.8.   **68**
                                        68

10608.
Föhrer Nachrichten
weiterer Titel: Föhrer Zeitung
1892 - 1902
1904 - 1944   68

10609.
Der Insel-Bote
1885 - 1901
1950 - 1991, 10.7.   68

XANTEN

10610.
Bote für Stadt und Land
1862 - 1863
1865 - 1875
1877
1879 - 1881
1883 u. 1885
1887 - 1889   Wes 2
1862, 19.4. - 19.12.
1865, 20.5. - 1866, 6.10.
1867 - 1875
1877
1879 - 1881
1883 - 1885
1887, 1893, 1894, 1896
1902, 5.2. - 1903
1905 - 1911
1914 - 1917
1920 - 1922
1924 - 1925
1927 - 1936, 27.4.
1937, 1.7. - 29.12.
1938, 1.7. - 1939   X 1

10611.
Kreisblatt für den Kreis Geldern
Xanten, Geldern, Moers
2.1.1858: Kreisblatt für den Kreis Moers
1852 - 1860 (L)   5
(3 Ro)   5

YXTAHOLM/FLEN (S)

10612.
Der Weg ins Leben
Kameradschaftsbriefe junger Deutscher in
Schweden
(Aug. 1944 - Mai 1945)
ab 1945, Nr. 9 in Orrhammar/Flen
1944, Aug. - 1945, Mai   **Dm 11**
(1 Ro)   Dm 11
     4
     18
     180
     468
     739
     188/211

ZABERN (SAVERNE, F)

10613.
Straßburger Neueste Nachrichten
Ausg. West II, Zabern
1942, 1.5. - 1944, 1.11. (L)   31

10614.
Zaberner Tageblatt
1912 - 1914, Nr. 174   **30**
(2 Ro)   30
     31

10615.
Zaberner Wochenblatt
1834 u. 1841
1870 - 1903
1908 - 1918, 28.11. (L)   **ACRPP**

ZAGREB (AGRAM, HR)

10616.
Agramer Zeitung
1894?: Agramer Tagblatt
1909, 15.2. - 1912, Apr.
1913, Dez.
1914, 2.1. - 28.2. u. 27.6. - 27.7.   **GB-**
1919, 21.2. - 2.4. (L)   **LO/N38**
(6 Ro)
1848 - 1849 (L)
1853 - 1854 (LL)
1893 (LL)   **B 479**

10617.
Deutsche Nachrichten
1939, 4.3. - 16.12. u. 23.12.   **212**
(1 Ro)   212

10618.
Deutsche Zeitung in Kroatien
1942 - 1945, 22.3. (L)   **GB-**
(12 Ro)   **LO/N38**

1942, 1.11. - 1944, 19.8.   **212**
(3 Ro)   212
     M 352

10619.
Deutsches Volksblatt
1940, 12.5. - 1941, 17.3. (L)   **GB-**
(4 Ro)   **LO/N38**

10620.
Morgenblatt
1938, 1.10. - 31.12.   **212**
(1 Ro)   212

10621.
Neue Ordnung
1942, 19.4. - 1944, 23.7. (L)   **GB-**
(3 Ro)   **LO/N38**

1942 - 1944 (E u. L)   **Dm 11**
(1 Ro)   Dm 11

10622.
Slawonischer Volksbote
1941, 4.1. - 22.3.   **212**
(1 Ro)   212

ZEITZ

10623.
Analyse
Mineralölwerk Lützkendorf
Vlg. in Halle, S.
1950, 24.4. - 1951, Nov. (L)
1952 - 1960, März (L)
1960, Mai - Nov.
1961 - 1969, Nov. (L)
1970 - 1985, Nov. (L)
1986 - 1991   **3**
(11 Ro)   3
                                             Dm 11

10624.
Der Betriebs-Aktivist
Zeitz, Profen
BKK Zeitz: BKW Profen
1949 - 1953
1965 - 1966, 4.4.
1967, 16.1. - 1968, 25.3. (L)   **3**
(2 Ro)   3
                                             Dm 11

10625.
Das Bündnis
MTS
1957, 31.1. - 29.5.
1960, Feb. - 12.8. (L)   **3**
(1 Ro)   3
                                             Dm 11

10626.
Einheit
Nr. 25, 1990: Hyzet
Hydriewerk Zeitz
1948, 18.12. - 1991, 12.12.   **3**
(14 Ro)   3
                                             Dm 11

10627.
Die Fackel
1912, Nr. 1 - 8   **B 479**
                                            B 479

10628.
Freiheit / Zeitz
17.3.1990: Mitteldeutsche Zeitung / Zeitz
1946, 16.4. ff.   **Z 5**

10629.
Mitteldeutsche National-Zeitung / Zeitz
auch: Zeitzer National-Zeitung
(2.1.1933? - 31.3.1943)
1933 - 1942   **Z 5**

10630.
Der Neue Weg / Zeitz
CDU
Vlg. anfangs in Halle, S.
1950, 3.5. - 1992, 10.1.   **Z 5**

10631.
Nun erst recht
KPD
1933, Okt.   **B 479**
(Sondernr. zum Reichstagsbrand)   B 479

10632.
Sächsische Provinzial-Zeitung
1873 - 1900   **Z 5**

10633.
Der Volksbote <1890>
(6.4.1890 - 20.6.1896)
1890, 1.10. - 1891, März
1891, Juli - 1896, 20.6.   **3**

10634.
Volksbote <1910>
sozialdemokratisch
(11.9.1910 - 22.2.1933)
1923, 62   **B 479**
                                            B 479
1919 - 1933, 21.2.   **Z 5**

10635.
Werkspiegel
ZEKIWA
1967, 6.11. - 1990, 1.8. (L)   3
(4 Ro)   3
                                   Dm 11

10636.
Zeitzer Anzeiger für Stadt und Land
2.5.1919: Zeitzer Tageblatt
(1877 - 31.3.1921)
1891 - 1898
1899, 2.4. - 1921, 31.3.   Z 5

10637.
Zeitzer Kreis- und Verordnungsblatt
1862: Zeitzer amtliches Kreisblatt
1861, 3.4. - 1863   Z 5

10638.
Zeitzer Kreisblatt
(1.1.1826 - 1872)
1826 - 1872   Z 5

10639.
Zeitzer Neueste Nachrichten
(14.2.1900 - 31.3.1943)
1900, 14.2. - 1943, 31.3.   Z 5

10640.
Zeitzer Rundblick
Vlg. in Halle, S.
1962, 21.3. - 1966, 3.8.   Bo 174
(1 Ro)

10641.
Zeitzer Tageblatt <1943>
1943, 1.4. - 1944   Z 5

10642.
Zeitzer Tageblatt <1992>
1992, 15.2. - 30.4.   Z 5

10643.
Zeitzer Zeitung
(1826? - 30.9.1899)
1864 - 1899, 30.9.   Z 5

10644.
Zemag-Echo
Maschinenfabrik
1950, 25.5. - 1990, 12.9. (L)   3
(8 Ro)   3
                                   Dm 11

ZERBST

10645.
Zerbster Neueste Nachrichten
Vlg. i. Magdeburg
1962, 24.1. - 1966, 7.12.   Bo 174
(1 Ro)

ZERNIN (CZERNIN, PL)

10646.
Evangelisches Gemeindeblatt für das
Kirchspiel Zernin
1920 - 1941, März   9
                                      9

ZEULENRODA

10647.
Neue Zeulenrodaer Zeitung
1962, 25.1. - 1963, 31.10.   Bo 174
(1 Ro)

ZEVEN

10648.
Wochenblatt für das Amt Zeven und
Umgegend
1885?: Zevener Wochenblatt für das Amt
Zeven und Umgegend
1.7.1885: Zevener Kreisblatt
1.4.1890: Zevener Wochenblatt
1876, 10.6. u. 1885, 2.1.
1886, 5.2., 14.5., 10.8., 21.9.
1888, 6.1. - 21.12.   Dm 11
                                   Lün 4

10649.
Zevener Anzeigenaushang
auch: Zevener Mitteilungs- und Anzeigenblatt
1948, 5.3. - 1949, 28.7.   Dm 11

10650.
Zevener Zeitung <1890>
2.8.1949: Niederdeutsche Zeitung
23.9.1949: Zevener Zeitung
(1.4.1890 - 19.4.1945 u. 2.8.1949 ff.)
1981 ff.   **101b**
(5 Ro/Jg)   101b
1992 - 1997   101a
1890, 13.6. - 1945, 19.4.
1949, 2.8. - 1950, 9.1.   Dm 11
1876, 10.6. - 1954, 19.4.
1949, 2.8. - 1950, 9.1.   Lün 4

ZICHENAU (CZIECHANOW, PL)

10651.
Amtsblatt der Preußischen Regierung in Zichenau / Amtsblatt
13.1.1940: Amtsblatt des Regierungspräsidenten in Zichenau / Amtsblatt
1941: Amtsblatt der Regierung in Zichenau / Amtsblatt
Text tw. in poln. Sprache
1939, 18.12. - 1942, 19.12.   1
    1
    Dm 11

10652.
Amtsblatt der Regierung in Zichenau / Öffentlicher Anzeiger
Text tw. polnisch
1942, 24.1. - 19.12.   1
    1
    Dm 11

ZIEGENHAIN

10653.
Kreisblatt für den Kreis Ziegenhain
2.1.1889: Ziegenhainer Kreisblatt
1876 - 1890, 27.9.
1893 - 1895, 29.5.   4
(7 Ro)   4
    34
    Dm 11

10654.
Lagerzeitung
CI Camp 95 Ziegenhain
1945, Nr. 4 - 1946, Nr. 61 (L)   4

10655.
Ziegenhainer Zeitung
1896, 19.1. - 1937, 21.3.   4
(41 Ro, Beilagen mitverfilmt)   4
    34
1895, 19.6. - 1937, 21.3.   Dm 11

ZIELENZIG (SULECIN, PL)

10656.
Neumärkisches politisches Wochenblatt
1925 - 1926, Juni
1927, Jan. - Apr.
1927, Sep. - 1928, Juni
1929, Juli - Dez.
1930, Juli - 1933, Juni
1934
1935, Juli - Dez.
1936, Apr. - Dez.
1938, Sep. - 1939, Juni
1939, Okt. - 1941, März
1941, Okt. - Dez.
1943, Jan. - Juni   1w
(15 Ro)   1w
    Dm 11
Beilage(n):
  Wort und Bild   1w
1925 - 1928   1w
1924
1926 - 1928 (L)   Dm 11

ZIELITZ

10657.
Kalikristall
Kalibetrieb Zielitz
1987, Mai - 1989 (L)   3
(1 Ro)   3
    Dm 11

ZIERENBERG

10658.
Niederhessische Zeitung
1910, 24.4. - 1939, 29.6.   4
(11 Ro)   4
    34
    Dm 11

ZIRKE (SIERAKÓW, PL)

10659.
Zirker Stadt- und Landbote
Vlg. in Birnbaum
1901, 3.9. - 1902 (L)
1905 u. 1907 (L)
1912 - 1915   1w
(6 Ro)   1w
    Dm 11

ZITTAU

10660.
Allgemeiner Zittauer Anzeiger
1.1.1868: Zittauer Zeitung
1865, 4.1. - 1868, 28.6.   14
(3 Ro)   14
   124

10661.
Am Dreiländereck
6.6.1962: Dreiländereck
Vlg. in Dresden
1961, 18.8. - 1967, 28.3.   14
(3 Ro)   14
1962, 24.1. - 1966, 1.11.   Bo 174
(1 Ro)

10662.
Aus der Heimat
1899 - 1901, Nr. 13   14
(1 Ro)   14
   124

10663.
Freie Blätter
1848, 27.10. - 1849, 19.10.   14
(1 Ro)   14
   124

10664.
Der Landmann zum Nutzen und Vergnügen
1800 - 1801   46

10665.
Lausitzer Neueste Nachrichten
1896, 2.6. - 1901, 31.3.   14
   124
Beilage(n):
Aus der Heimat   14
1899, 1 - 1901, 13   14

10666.
Lausitzer Rundschau
18.8.1952: aufg. in Sächsische Zeitung, s. dort
HA in Bautzen, Dresden
1946, 20.5. - 1952, 30.9.   14
(7 Ro)   14
   124

10667.
Lausizisches Wochenblatt
1792: Lausizische Monatsschrift
1790 - 1792   14
(2 Ro)   14
   Gl 2

10668.
Lusatia <1856>
Zittau, Großschönau
[Lokal- und Amtsblatt]
1856, 2.10. - 1863   14
(6 Ro)   14
   Gl 2
   124

10669.
Lusatia <1885>
später: Gebirgsfreund
[Tourismus, Naturwissenschaft]
1885 - 1906   14
(5 Ro)   14
   124

10670.
Mitteilungen des Zittauer Geschichts- und Museumsvereins
1900 - 1944   14
(2 Ro)   14
   124

10671.
Oberlausitzer Illustrierte Wochenschau
1927, 24.9. - 1929, 28.9.   14
(1 Ro)
   124

10672.
Die Reklame
Zittau, Berlin
1892 - 1897
1900   46

10673.
Sächsische Zeitung
BA v. Sächsische Zeitung - Bautzener Ausg.
1952, 18.8. - 30.9.   14
   124
1952, 18.8. - 30.9.
1971 ff. (L)   14
1997   Gl 2
(nur Lokalseiten)

10674.
Sächsische Zeitung / Zittau, Oberlausitz
HA in Dresden
1946, 13.4. - 1990 (L)   14
(91 Ro)
                                124
                                Zit 7

10675.
Volk und Heimat
1934 - 1937   14
(1 Ro)   14
                                124

10676.
Volks-Zeitung
1924: Volks-Zeitung für die Oberlausitz
SPD
1909, 1.7. - 1910 (L)
1914 - 1929 (L)
1931 - 1932 (L)   14
(26 Ro)   14
                                124

10677.
Volksfreund aus der Oberlausitz
1874 - 1878 (L)
1880 - 1888 (L)
1891 - 1898 (L)
1900 (L)
1902 - 1905 (L)
1907 - 1913 (L)
1915 - 1916 (L)
1918 - 1929 (L)
1934 - 1938, 2.11. (L)   14
(33 Ro)   14
                                Ni 4

10678.
Wahrheit / Oberlausitz
USPD
1921, 11.6.   B 479
                                B 479

10679.
Zittauer Anzeiger
1875 - 1876   14
(1 Ro)   14
                                124

10680.
Zittauer Morgenzeitung
(1.4.1876 - 31.5.1941)
1875, 17.11. - 1876, 31.3.
1933 - 1941, 31.5.   14
(29 Ro)   14

Beilage(n):
Volk und Heimat   14
1934 - 1937, 1   14

10681.
Zittauer Rundschau
1919, 26.1. - 1920, 28.3.   14
(1 Ro)
                                124

10682.
Zittauer Stimmen
1904, 8.5. - 1914, 29.3.   14
(4 Ro)
                                124
Beilage(n):
Blätter für heimatliche
Geschichte
1907, 6.10. - Dez.
1909 - 1912
(1 Ro)   14
                                124

10683.
Zittauische Wöchentliche Nachrichten
1810: Privilegierte Zittauische Wöchentliche
Nachrichten
1860: Zittauer Wöchentliche Nachrichten
1.7.1863: Zittauer Nachrichten
1.10.1876: Zittauer Nachrichten und Anzeiger
(2.1.1800 - 30.3.1945)
1848 - 1945, 30.3. (L)   14
(220 Ro, Beilagen mitverfilmt) 14
1875 - 1945, 30.3.   124
(Beilagen mitverfilmt)

ZLÍN (CZ)

10684.
Der Pionier
Ortsname zwischenzeitlich: Gottwaldov
1938, 6.1. - 22.9.   212
(1 Ro)   212

ZNAIM (ZNOJMO, CZ)

10685.
Südmährische Rundschau
1938, 18.9. - 25.12.   212
(1 Ro)   212
                                Dm 11

10686.
Znaimer Tagblatt
1922, 24.11. - 1943, 30.9.   **212**
(13 Ro)   212

ZOSSEN

10687.
Märkische Volksstimme
1963 - 1973, 29.12.
1975, 25.3. - 1985, 19.9.   **MFA**
(10 Ro, nur Kreisseiten)
                                    186

10688.
Zossener Rundschau
1962, 2.2.   **Bo 174**
(1 Ro)

ZSCHOPAU

10689.
Freie Presse
HA in Chemnitz/Karl-Marx-Stadt
1971 - 1990, 31.8. (L)   14
(nur Lokalteil)

10690.
Neue Zschopauer Zeitung
Vlg. in Karl-Marx-Stadt (Chemnitz)
1962, 12.9. - 1963, 20.6.   **Bo 174**
(1 Ro)

10691.
Seite an Seite
1962, 5.9. - 1963, 31.10.   **Bo 174**
(1 Ro)

10692.
Volksstimme / Zschopau-Land
HA in Chemnitz/Karl-Marx-Stadt
1952, 15.8. - 31.12. (MPF)   14
(nur Lokalseiten)
1955 - 1962 (L)   188/211

ZÜLLICHAU (SULECHÓW, PL)

10693.
Ostmärkische Tageszeitung
Vlg. in Grünberg
1933, 2.1. - 31.3.
1933, 1.7. - 1934, 1.7.
1934, 1.10. - 1935, 30.6.
1935, 1.10. - 1938, 30.4.   **1w**
(11 Ro, Beilagen mitverfilmt)   1w
                                    Dm 11

10694.
Züllichauer Nachrichten
1925, Jan. - Mai
1925, Juli - 1926, 30.9.
1927 - 1928, März
1928, 2.7. - 29.9.
1929, 2.1. - 30.9.
1930, 2.1. - 31.3.
1931
1933 - 1934, 31.3.
1934, 2.7. - 31.12.
1936, 1.4. - 1937, 30.9.
1938, 3.1. - 30.6.
1938, 1.10. - 1939, 30.6.   **1w**
(20 Ro, Beilagen mitverfilmt)   1w
                                    Dm 11

10695.
Züllichauer wöchentliche Nachrichten
1834 - 1835
1837 - 1843, 25.2.   **1w**
(2 Ro)   1w
                                    Dm 11

10696.
Der Züllichower Bote
Vlg. in Stettin
1864 - 1866   12

ZÜLPICH

10697.
Anzeiger und Unterhaltungsblatt für Zülpich,
Lechenich und Umgegend
6.4.1867?: Zülpicher Anzeiger
1857, 5.7. - 1859, 25.6. (L)
1860, 14.1. - 1868 (L)   **5**
(4 Ro)   5

ZÜRICH (CH)

10698.
Der achtstündige Arbeitstag
(7.12.1889 - Nr. 3, 1891 nachgew.)
1889, 7.12. - 1891, Nr. 3   **B 479**
                                   B 479

10699.
Das Arbeiterwort
1961, Okt.
1962, Mai - 1969, Feb. (L)   **MFA**
(1 Ro)
                                    Dm 11

10700.
Bau + Holz
1965 - 1992 **Bo 133**
Bo 133

10701.
Bulletin der Sozialistischen Arbeiterinternationale
1924 - 1939 **Bo 133**
Bo 133

10702.
Der deutsche Bote aus der Schweiz
(5.1. - 1.10.1842)
1842, 5.1. - 1.10. **B 479**
B 479

10703.
Der deutsche Zuschauer
1785 - 1788
1789 (L) **46**
(4 Ro) 46

10704.
Dokumente und Diskussionen
Sozialistische Arbeiter-Internationale
1926, 15.3. - 1929, 8
1933 - 1935
1937 - 1939, 16 **B 479**
B 479
1926 - 1939, 16 **Bo 133**
Bo 133

10705.
Eidgenössische Zeitung
1860, Nr. 1 - 91 **B 479**

10706.
Einheitsfront
1933, 16.8. **Bo 133**

10707.
Der einzige Weg
Zeitschrift für die Vierte Internationale
Zürich, Fraumünster
1937, Dez. - 1939, Mai (L) **Dm 11**

10708.
Felleisen
1862
1863, Apr. - Juni
1863, Sep. - 1871, Okt. (L) **Dm 11**

10709.
Freie Jugend
Zürich (CH), Basel (CH)
sozialdemokratisch
1911 - 1918, 19.2. (L) **B 479**
B 479

10710.
Freie Jugend <1934>
Zürich (CH), Paris (F)
1934, Okt.
1937, 5/6 **B 479**
B 479

10711.
Freies Deutschland
Organ im Sinne des Nationalkomitees "Freies Deutschland"
(3.9.1943 - Jan. 1946)
1943, 3.9. - 1946, Jan. **Dm 11**
(1 Ro) Dm 11
18
468
739
188/211
M 352
1944 - 1945, Apr. GB-
LO/N38

10712.
Die Front
1934 - 1937 (L) **M 352**
M 352

10713.
Gazette de Santé: oder gemeinnütziges medicinisches Magazin[...]
1782 - 1786 **46**
(2 Ro) 46

10714.
Informations-Dienst
1945, 1946 (L)
1947 - 1950 **M 352**

10715.
Israelitisches Wochenblatt für die Schweiz
1901 - 1944 **30**

10716.
Der Kämpfer
1921, 11.1. - 1936, 28.8. (L) **Bo 133**

Beilage(n):
Die arbeitende Frau
1923 - 1931 (L)   **188**
1933 - 1936, Sep. (L)   **188**
1927
1930 - 1931   Bo 133

10717.
Kinema
1913, 5.7. - 1914
1915, 9.1. - 14.8.
1916, 29.7. - 7.10.
1918, 5.1. - 21.12.
1919, 4.1. - 25.10.   **MFA**
(4 Ro)
1913 - 1919   706
1913, 8.3. - 1919, 25.10.   Dm 11

10718.
Der Kommunist
KP der Schweiz
(1919 - 1922)
1919, Feb. - 1922, Juli (L)   **Dm 11**
(1 Ro)   Dm 11
1920 - 1922, März   Bo 133

10719.
Kongress-Tribüne
1937, Nr. 1 u. 3 - 7   **M 352**

10720.
Kongresszeitung
1929: Organ des 16. Zionisten-Kongresses
1937: Organ des XX. Zionisten-Kongresses
1929, Nr. 1 - 12
1937, Nr. 3 - 12   **M 352**

10721.
Maß und Wert
Zweimonatsschrift für freie deutsche Kultur
(Sep. 1937 - Nov. 1940)
1937, Sep. - 1939, Aug.
1939, Nov. - 1940, Juli
1940, Sep. - Nov.   **Dm 11**
(2 Ro)
                                 739
                                 M 352

10722.
Naturfreunde international
1977 - 1989, 2   **Bo 133**
                                 Bo 133

10723.
Die Neue Gesellschaft
1877, Okt. - 1879, Jan.   **46**
(1 Ro)

10724.
Neue Gewerkschaft
1993 - 2001, 9.10. (L)   **Bo 133**
                                 Bo 133

10725.
Neue israelitische Zeitung
1878 - 1880   1
                                 19
                                 30
                                 517
                                 B 1539

10726.
Neue Zürcher Zeitung
Bis 1.7.1821: Zürcher Zeitung
Komplettverfilmung von u. bei d. NZZ ab
1780
(1780 ff.)
1917, Sep. - Okt.   **1w**
(2 Ro)   1w
1945 - 1952
1956 ff.   5
1952 - 1955, Feb.
1982 ff.   6
                                 Ilm 1
                                 M 352
1954 - 1994   8
1933, 16.11. - 1938
1995 ff.   12
1996 ff.   15
1982, 4.1. ff.   16
1918
1933 - 1934, 6.1.
1939 - 1940, 10.2.
1948
1976 ff.   21
(z.T. m. Index)
1920 ff.   25
1949 - 1995, 5.3.   30
1990 ff.   46
                                 180
1969, Nr. 201 ff.   260
1945 ff.   352
1970 ff.   464
1953 ff.   467
1979 ff.   468
1945 - 1980   473

1930 ff.	706
1780 ff.	739
1953, Dez. ff.	188/211
1848 - 1849	
1853 (E)	
1864, Nov. - Dez.	
1892, Nr. 353 - 1894, Nr. 23	
1947 (E)	B 479
1780, 12.1.	
1914, 1.9. - 1919, 30.9.	
1923, 1.4. - 1924, 30.11.	
1925, 1.7. - 1929, 30.11.	
1930, 1.2. - 1945 (L)	
1946, 13.1. - 14.1.	
1947, 2.6. - 14.7.	
1947, 14.9. - 25.12. (E)	
1948, 3.1. - 23.3. u. 1.4. - 18.10. (L)	
1949, 1.2. - 28.2. u. 21.4. - 31.12.	
1951, 2.6. u. 14.7. - 31.8. (L)	
1952 - 1995	
1999, 4.1. ff.	Dm 11
1993	38/421

10727.
Neue Zürcher Zeitung / Schweizer Ausgabe

2000, 4.9. ff.	5

10728.
Neues Deutschland im neuen Europa
Union deutscher Sozialisten und
Gewerkschafter in der Schweiz
(Apr. 1945 - Apr. 1946)

1945, Apr. - 1946, März/Apr.	**Dm 11**
(1 Ro)	Dm 11
	739
	M 352

10729.
Nie wieder Krieg

1927 - 1931, Nr. 9 (L)	
1934 (L)	
1937, Nr. 1 - 3	Bm 3

10730.
Der öffentliche Dienst

1931 - 1939	Bo 133

10731.
Probleme des Völkerbundes

1928 - 1929, 7	
1933, 1 - 2	**B 479**
	B 479
1928 - 1933 (L)	**Bo 133**
	Bo 133

10732.
Der Revoluzzer

1915 - 1916	**12**
	12

10733.
Schweizerische Bauzeitung

1890 - 1894	**GB-**
(3 Ro)	**LO/N38**

10734.
Schweizerische Elektrotechnische Zeitschrift

1904 - 1909	**GB-**
(3 Ro)	**LO/N38**

10735.
Schweizerischer Israelitischer Gemeindebund

1943 - 1945 (L)	
1948 - 1953 (L)	
1957 - 1958 (L)	
1961	
1963 - 1965 (L)	
1967 - 1968 (L)	
1970 (L)	**M 352**

10736.
Schweizerischer Republikaner

1843, 3.1. - 27.6.	
1843, 21.7. - 29.12.	B 479

10737.
Der Sozialdemokrat
Internationales Organ der Sozialdemokratie
deutscher Zunge
Zürich, London
(28.9.1879 Probe-Nr., 5.10.1879 - 27.9.1890)

1880 - 1890, Sep.	**Bo 414**
(3 Ro)	
1879, 28.9. - 1890, 27.9.	46
1880 - 1882	25
1887	109
	H 250
1880, 4.1. - 1890, 27.9.	188/211
	Bo 133
	Dm 11
1883 - 1890, 27.9.	B 724
1883 - 1887, 15.7.	Lün 4
	14

Beilage(n):
Der Staats-Anzeiger

1885 (E)	46

10738.
Der Stadtbote
1887 - 1891 (LL)
1892 (E) u. 1895 (E)   **B 479**
     B 479

10739.
Süddeutsche Volksstimme
Zürich (CH), Basel (CH)
antifaschistisch
1938, März - 1939, 8
1941, Sep.
1944, Sep. - 1945, Apr.   **B 479**
     B 479

10740.
Tages-Anzeiger
1981 - 1998   30

10741.
Tages-Anzeiger für Stadt und Kanton Zürich
1893, 1. - 31.8.   B 479

10742.
Die Tagwacht
sozialdemokratisch
1869, 11.12. - 1880 (L)   **B 479**
     B 479

10743.
Tat
1945, 1.4. - 1978, 22.9.   **281**
(159 Ro)
1976 - 1977, 31.5.
1977, 2.8. ff.   30
1945, Okt. - 1976   706
1945, 1.4. - 1949
1957, 19.12. - 1959, 28.2.
1965, 3.1. - 1966, 4.3.   Dm 11

10744.
Der Taubstummenbote
1825, Nr. 1 - 11   Dm 11

10745.
Trotz alledem!
Schweizer Sektion der Vierten Internationale
Zürich, Fraumünster
1937, Feb. - Apr.   **Dm 11**

10746.
Volksrecht
1915 - 1917 (E)   **B 479**
     B 479
1939, Nr. 184 - 1951, Nr. 175   30
1898, 19.3. - 1979, Nr. 149   Bo 133

10747.
Welt im Film
1913, 5.11. - 3.12.   **MFA**

10748.
Der Weltbürger
1792, Jan. - Sep.   **46**
(1 Ro)   46
1781 - 1792 (MPF)   46

10749.
Die Weltwoche
1946, 22.11. - 1965   **8**
(33 Ro)
1966 - 1968
1969, 16.5. - 1987, 30.7.   **281**
(66 Ro)
1938, 4.2. - 1940 (L)
1941, 4.7. - 1942, 9.10.
1967 - 2001, 11.10.   **Dm 11**
2001, 18.10. - 2008   **MFA**
1991 ff.   5
1991 - 1999   6
1946, 22.11. - 1992   8
1996 ff.   12
1992 ff.   101a
1983 ff.   101b
1966 - 1993   352
1990 - 1994   715
1966 ff.   739
1938, 4.2. - 1940 (L)
1941, 4.7. - 1942, 9.10.
1967 ff.   Dm 11

10750.
Der Zeltweg
1919, Nov.   **ACRPP**

ZWEIBRÜCKEN

10751.
Gazette des Deux-Ponts
s.a. unter Mannheim
1774 - 1775
1796 - 1797, 30.9.   3
1771 - 1772   22
1774 - 1797   77
1776 - 1792   107
     385
     Dm 11
1770 - 1792
1796 - 1797   Zw 1

10752.
Pfälzer Wald
1900 - 1933
1987   Kai 1

10753.
Pfälzischer Merkur
(1.4.1885 - 25.10.1935 u. 1.7.1950 ff.)
1978 ff.   **101b**
(ca. 5 Ro/Jg)   101b
1992 - 1997   101a
1914 - 1935, 25.10. (L)   Kai 1

10754.
Zweybrückisches Wochenblatt
1796: Zweybrücker Wochenblatt
16.10.1798: Zweybrücker Anzeigeblatt
9.5.1806: Zweybrücker Intelligenzblatt
6.1.1816: Zweybrücker Wochenblatt
6.4.1816: Wochenblatt der Stadt Zweybrücken
4.1.1817: Anzeige-Blatt des Kreises
Zweybrücken
26.4.1917: Anzeige-Blatt des Bezirks
Zweybrücken
2.1.1818: Wochenblatt der Stadt Zweibrücken
1.1.1820: Zweibrücker Wochenblatt
1.1.1825: Wochenblatt für Zweibrücken
7.1.1826: Zweibrücker Wochenblatt
15.5.1832: Zweibrücker allgemeiner Anzeiger
30.6.1832: Zweibrücker Zeitung
3.1.1847: Wochenblatt für den Königlich-
Bayerischen Gerichtsbezirk Zweibrücken
19.4.1853: Zweibrücker Wochenblatt
2.7.1871: Zweibrücker Zeitung
(6.9.1763 - 1793 u. 28.9.1802 - 29.6.1927)
1763, 6.9. - 1773, 28.12.
1782
1784 - 1785, 27.12.
1796 - 1799, 21.10.
1806, 9.5. - 1809, 29.12.
1816, 6.1. - 1819, 25.12.
1820 - 1831
1832, 15.5. - 17.7.
1847, 3.1. - 1857, 20.2.
1857, 22.5. - 1868
1870, 2.7.
1871, 6.1. - 30.12.
1900 - 1927, 29.6. (L)   **107**
      107
      Dm 11
Beilage(n):
Unterhaltungsblatt zur Zweibrücker Zeitung   **107**
1881, 5.1. - 31.12. (L)   107
      Dm 11

ZWICKAU

10755.
Automobilbauer
1975 - 1991, 14.1.   **B 479**
      B 479

10756.
Die Biene : Volksblatt für Sachsen
1827 - 1833, 30.1.
[N.F.] 1848, 16.5. - 1849, 28.12.   **14**
(3 Ro)   14
      Pir 9

10757.
Bilderwelt
1849   46

10758.
Erzgebirgisch-Voigtländisches Kreisblatt
1856: Verordnungsblatt der Königlichen
Kreisdirection zu Zwickau
15.10.1874: Verordnungsblatt der Königlichen
Kreishauptmannschaft zu Zwickau
1837 - 1906, 13.3. (L)   **14**
(9 Ro)   14
      Anb 1

10759.
Freie Presse
anfangs HA, ab 1963 HA in Karl-Marx-
Stadt/Chemnitz
1952, 1.4. - 1962   **Bo 174**
(21 Ro)
1984, 2.1. - 21.3.
1984, 2.7. - 1988
1992, 1.6. - 1996   **MFA**
(48 Ro)
1946, 20.5. - 1952 (MPF)
1977 ff.   14
(nur Lokalteil)
1996 - 1997 (MPF)   Zwi 18

10760.
Freie Presse / Zwickau-Land
1971 - 1989
1990, 1.9. - 1991, 31.1.   **14**
(nur Lokalteil)
1946, 20.5. - 1948 (MPF)
1971 - 1989
1990, 1.9. - 1991, 31.1.   **14**
(nur Lokalteil)

10761.
Kommunistische Arbeiterzeitung
Bezirksausg.
Vlg. in Wilkau
1920/21 (L)   B 479
                                      B 479

10762.
Mittheilungen für das Erzgebirge und das
Voigtland
1836, 5.1. - 20.12.   14
(1 Ro)   14
                                      Anb 1

10763.
Planitzer Wahlzeitung der Sozialistischen
Einheitspartei
(Zwickau-) Planitz
1946, Nr. 1 - 3   B 479
                                      B 479

10764.
Sachsenpost
6.4.1992: Zwickauer Tageblatt
1990, 1.3. - 31.12. (Lokalseiten)
1991 - 1996, 11.9.   Hf 1
(6 Ro/Jg)   Hf 1
1992 - 1996, 11.9.   101a
                                      101b

10765.
Sächsische Zeitung
HA in Dresden
Chemnitzer Ausg.
1946, 6.5. - 18.5. (MPF)
1947, 23.8. - 1948, 28.5. (L)   14
(nur Lokalseiten)

10766.
Sächsische Zeitung / Landes-Ausgabe
1947, 167 - 1952   B 479
                                      B 479
1947, 2.9. - 1948, 21.5.   14
(1 Ro)
                                      Anb 1
                                      Sbg 1

10767.
Sächsisches Volksblatt
SPD
(2.7.1892 - 1.3.1933)
1900 (E) u. 1902 (E)
1913 - 1914 (E)
1921 (E)
1926 - 1927 (E)   B 479
                                      B 479

1900 - 1903
1908 - 1910
1912 - 1933, 1.3. (L)   Bo 133
Beilage(n):
Almanach
1927 - 1929   Bo 133
Arbeiter-Sänger
1929 - 1933   Bo 133
Der Arzt im Hause
1924 - 1926   Bo 133
Aus dem Reich der Technik
1929 - 1933   Bo 133
Blatt der Frau
1931 - 1933   Bo 133
Dichtung und Wahrheit
1923 - 1932   Bo 133
Die Fackel
1924, 29.3. - 6.12. (L)   Bo 133
Die Frau und die Wahl
1924, 1.12. - 5.12.   Bo 133
Frauen-Beilage
1921
1923 - 1931
(ab 1922?: Welt der Frau)   Bo 133
Frauen-Rundschau
1912 - 1914 (L)   Bo 133
Frauen-Weckruf
1924, 19.4. - 3.5.   Bo 133
Für unsere Frauen
1921   Bo 133
Für unsere Jugend
1921   Bo 133
Der Garten
1925 - 1928
1931 - 1933, Nr. 4 (L)   Bo 133
Der Gesellschafter
1900 - 1903 (L)
1908 - 1909 (L)
1911 - 1918 (L)
1921
(ab 1921?: Unterhaltungsblatt)   Bo 133
Hans und Grete
1924 - 1925
In Stadt und Gemeinde
1924 - 1932   Bo 133
Jugend
1925 - 1933, Feb.   Bo 133
Jugendbeilage
1921
1923 - 1925
(später: Jungvolk)
Kampfruf
1925, Nr. 1 - 17
1926, Nr. 1 - 7   Bo 133
Kinderfreund
1931 - 1933, Nr. 13 (L)   Bo 133

Kommunalpolitik
1923   Bo 133
Die Konsumgenossenschaft
1930, 15.4. - 1931, 16.2.   Bo 133
Die neue Schule
1924 - 1926   Bo 133
Örtliche Umschau
1930 - 1931   Bo 133
Proletarische Bildung
1924 - 1927
1930   Bo 133
Reisen und Wandern
1927   Bo 133
Das rote Sachsen
1929   Bo 133
Till Eulenspiegel
1924   Bo 133
Turnen, Sport und Spiel
1924 - 1929
1931 - 1932
(ab 1931?: Sport und Spiel)   Bo 133
Volksblatt-Illustrierte
1925 - 1928 (L)
1931 - 1933, 4.3. (L)   Bo 133
Vor der Leinwand
1925 - 1930
(ab 1927: Film und Funk)   Bo 133
Wahl-Beilage
1922, 16.10. - 4.11.   Bo 133
Wirtschaft und Handel
1922 - 1931
(ab 1924: Wirtschaft und Welt)   Bo 133

10768.
Unsere Heimat
Zwickau, Dresden
1.9.1906: Sachsen-Post
Vlg. anfangs in Zwickau
1901, Juni - 1914, 6.8.   14
(10 Ro)   14
                                          15

10769.
Volkszeitung
dann: Sächsische Volkszeitung / Sächsische
Zeitung / Zwickau
dann: Sächsische Zeitung / Zwickau
1945, 14.8. - 1946, 18.5. (L)   14
(1 Ro)
                                          Anb 1
                                          Sbg 1

10770.
Weltkampf
1920 (E), 1922 (LL), 1923 (E)   46
(1 Ro)

10771.
Zwickauer Neue Zeitung
Vlg. i. Karl-Marx-Stadt (Chemnitz)
1962, 14.6. - 1963, 1.11.   **Bo 174**
(1 Ro)

10772.
Zwickauer Wochenblatt
1.1.1903: Zwickauer Zeitung
(2.10.1802 - 31.3.1937)
1802, 2.10. - 1820 (LL, MPF)
1821 - 1912 (L, MPF)   Zwi 18

ZWILIPP (ŚWIELUBIE, PL)

10773.
Evangelisches Gemeindeblatt für das Kirch-
spiel Zwilipp
1920 - 1941, März   9
                                         9

ZWINGENBERG, BERGSTR.

10774.
Auerbacher Anzeiger
1906: Bergsträßer Bote
(alternierend m. Auerbacher Anzeiger, doch
fortlaufender Numerierung)
1902, Nr. 21   460
1905 - 1937   Be 2

10775.
Bergsträßer Fremdenblatt
1885 - 1888
1891 (L) u. 1908
1911 - 1914   17

ZWITTAU (SVITAVY, CZ)

10776.
Grenzpost
1929, 17.8. - 1938   **212**
(4 Ro)   212

10777.
Der Tabakarbeiter
1930 - 1933, Nr. 16   Bo 133

10778.
Textilarbeiter-Zeitung
1923 - 1929   Bo 133
Beilage(n):
Die Arbeiterin
1932 - 1938   Bo 133
Arbeiterjugend
1932 - 1938   Bo 133

10779.
Zwittauer Nachrichten
1937, 1.5. - 1938   212
(1 Ro)   212

ZWÖNITZ

10780.
Anzeiger für Zwönitz und Umgebung
1.10.1884: Zwönitztaler Anzeiger
auch: Zwönitzthaler Anzeiger
20.5.1876 - 1940(?)
1876, 20.5. - 1903 (L)
1904, 1.10. - 1940 (L)   14
      14

ZZ=O.O./S.L.

10781.
[Titellose Zeitung]
1618 - 1623
1626
1631 - 1634   24

10782.
Abermals erscheinende Pasquino[...]
(Cosmopoli)
1714   46

10783.
An die Laterne
[Berlin]
1919, Nr. 1 - 8   **B 479**
      B 479

10784.
Antifaschistische Aktion
Red.: Ernst Thälmann
1932, 1 - 3   **B 479**
      B 479

10785.
Antifaschistische Front
1933, Aug. u. Nov.   **B 479**
1933, 8/4 - 12/4   **B 479**

10786.
Antifaschistisches Studentenblatt
1935, Nov.
1936, Jan.   **B 479**
      B 479

10787.
Arbeiter-Zeitung
KPD Südwestdeutschland
1933, Dez.   **B 479**
      B 479

10788.
Der Ausweg
(Mittelmeerküste)
1944, Nr. 12   **B 479**
      B 479

10789.
Bauernstimme
Organ der werktätigen Bauern
1936, 3   **B 479**
      B 479

10790.
Bayrischer Tag
Hrsg.: 12. Amerikanische Heeresgruppe
1945, 19.5. - 23.10.   1w
1945, 19.5. - 15.11.   22
1945, Nr. 3 - 26 (E)   70
1945, 19.5. - 16.10.   **B 479**

10791.
Bergarbeiter-Zeitung
Freigewerkschaftliche Bergarbeiter
[in Illegalität verbreitet]
1937, Nr. 1 - 2
1938, Apr. u. Dez.   **B 479**
      B 479
1937, Nr. 1 - 2
1938, Apr.   Bo 133

10792.
Briefe des Gemeinschaftsdienstes
Kämpfender Katholiken und Protestanten
von Rhein und Saar
1939, Feb. - Pfingsten   **B 479**
      B 479

10793.
Bug-Zeitung
UT: Nachrichtenblatt des Großen Soldaten-
rates der Etappe Bug
1917, 17.9. - 1918, 12.11.   **MFA**
      Dm 11

10794.
Bulletin
(m. Sondernummern u. undatierten
Tarnschriften d. verbotenen KPD)
1957 - 1964   Dm 11

10795.
Champagne-Kriegszeitung
1915, 14.8. - 1917   **Dm 11**
(2 Ro)   Dm 11

10796.
Der Chemie-Arbeiter
Süddeutsche Chemiearbeiter für Wiederaufbau
freier Gewerkschaften
1936, 1   **B 479**
               B 479

10797.
Chronik der Francken[...]
1800, 29.9.   **ACRPP**

10798.
Deutsche Miscellen
1802, Feb. (MPF)   46

10799.
Deutsche Zeitung
teils in kyrill. Schrift
Hrsg. v. d. Roten Armee für die deutsche Bevölkerung
1945, Nr. 1 - 14 (L)
              B 479
(1945, Nr. 2 u. 5 (2.Film))   B 479

10800.
Europäischer Mercurius
1689 - 1690, Feb.   46

10801.
Extrablatt zum Courier und Staatsboten
1808, 5.1. - 27.12.   63
               Ef 31

10802.
Extraordinariae Relationes
1666 (E)   46

10803.
F.D. -Presseinformationen
Nationalkomitée Freies Deutschland
1944, Mai u. Aug.   **ACRPP**
               25
               GB-
               LO/N38

10804.
Die Frau im Kampf
KPD-Frauenabteilung
1932, 5   **B 479**
               B 479

10805.
Frauen-Wacht
antifaschistisch
(1926 - 1932)
1930, Nr. 5 - 1932, Aug. (L)   **B 479**
               B 479
1926 (L)
1928 - 1930, 7 (L)   Bo 133

10806.
Freies Deutschland
1944 - 1945, Apr,   **ACRPP**
               25

10807.
Der Friedensbote
Unpolitische Friedensbewegung
1944 (E)   **B 479**
               B 479
1944, Juli   25
               GB-
               LO/N38

10808.
Der Friedenskämpfer
1942, Feb. - Apr. u. Juni
1942, Sep. - Okt.   **B 479**
               B 479

10809.
Front-Illustrierte für den deutschen Soldaten
(Juli 1941 - Apr. 1945)
1941, Juli - 1945, 2 (E)   **B 479**
               B 479

10810.
Für die Abrüstung!
1931, Nr. 1 - 1932, Nr. 17   **Bo 133**
               Bo 133

10811.
Hammer und Sichel
KP Österreich
1940, Aug. - Dez.   **B 479**
               B 479

10812.
Der helvetische Volksfreund
1797, Jan. - Okt.   46

10813.
Informationsdienst
Einheitsverband Baugewerbe
1933 (E)   B 479
                                  B 479

10814.
Das jetztlebende Schweden
1715 (MPF)   46

10815.
Jüdische Blätter
Einzelnummern jüdischer Blätter 1842 bis
1899 aus d. Bestand d. Internationalen
Zeitungsmuseums d. Stadt Aachen
                                  Dm 11
(1 Ro)   Dm 11

10816.
Kampf-Signal
1931, Mitte Mai   B 479
                                  B 479

10817.
Die Klassengewerkschaft
Vbg.: Halle, S. u. Merseburg
1934, Nr. 2 u. 5   B 479
                                  B 479

10818.
Der Luxemburger Bauer
1905   Lux-
                                  AN
                                  Lux-AN

10819.
Luxemburger Landwirtschaftliche Zeitung
auch?: Luxemburger Landwirtschaftlicher
Generalanzeiger
1913, 7.1. - 31.12.   Lux-
                                  AN
                                  Lux-AN

10820.
Material aus der deutschsprachigen Presse
Presseabteilung d. EKKI, Inform-Sektor
1942, 28 - 1943, 10 (L)   B 479
                                  B 479

10821.
Material und Dokumente
1942, 5 - 28.12. (L)   B 479
                                  B 479

10822.
Metallarbeiter-Zeitung
Bezirke Sachsen u. Schlesien
1935, 2   B 479
                                  B 479

10823.
Metallarbeiter-Zeitung
Einheitsverbände Berlin u. Niederrhein
1933, 2   B 479
                                  B 479

10824.
Die Mitteilungen
1945, 15.4. - 16.5.   Bot 1

10825.
Die Mitteilungen
12. Amerikanische Armeegruppe für die
deutsche Zivilbevölkerung
1944, 27.11. - 1945, 21.4.   1w
                                  1w

10826.
Mitteilungen für die Truppe
Komitee der Bewegung Freies Deutschland
für den Westen
1944, Apr. - Mai   ACRPP
                                  25

10827.
Nachrichten aus aller Welt
1942/43, Nr. 8 - 21 (L)   B 479
                                  B 479

10828.
*Nachrichten der Norddeutschen
Volks-Zeitung*
In der Illegalität verbreitet
1939, Nr. 1   B 479
                                  B 479

10829.
*Nachrichten-Blatt der Deutschen
Demokratischen Partei*
DDP
1919, Nr. 2   12

10830.
*Nachrichtenblatt für die deutsche
Bevölkerung*
1945, 24.4. - 13.5.   B 479
                                  B 479

10831.
Neu-eröffnete Assemblee[...]
1717   46

10832.
Neue rheinische Zeitung
Illegal verbreitet
1939, Nr. 4 u. 5   **B 479**
                                       B 479

10833.
Neueste Staatsanzeigen
1796 - 1800   46
(3 Ro)   46

10834.
Newe Zeytungen
Konvolut
                                       Dm 11
                                       Dm 11

10835.
Ordinari Dienstags-Zeitung
1679
1686 - 1689 (L)   Gö 169

10836.
Ostpreußische Blätter
Verfilmung d. jeweils 1. Nr. o. Probe-Nr.
v. ostpreußischen Zeitungen u. Zeitschriften
aus d. Bestand d, Internationalen Zeitungsmuseums d. Stadt Aachen
                                       Dm 11
(1 Ro)   Dm 11

10837.
Presse revolutionnaire Alsacienne
Konvolut, u.a. deutschsprachige Nachrichten
18. Jhdt.   46
                                       46

10838.
Pressedienst der KG fr Sp.
1934, 16   **B 479**
                                       B 479

10839.
Pressefrühdrucke
1530 - 1563   **Dm 11**
                                       Dm 11

10840.
Rheinische Fama
1796, 3.7. u. 14.7.   **ACRPP**

10841.
Der rote Angriff
Revolutionäre SA-Männer der Brigade 32
1935, Nr. 3 u. Juli   **B 479**
                                       B 479

10842.
Die rote Bauernfahne
Revolutionäre Bauern Brandenburgs
1934, 1.5.   **B 479**
                                       B 479

10843.
Die rote Fahne
KPD Frankfurt-Hessen, Baden-Pfalz
1933, Mitte Apr. - 2. Juniwoche   **B 479**
(L)   B 479

10844.
Die rote Fahne / Auslandsausgabe
1934, Nov. - 1935, Feb.   **B 479**
                                       B 479

10845.
Rote Fahne des Westens
KPD Rheinland-Westfalen
1924, 19   **B 479**
                                       B 479

10846.
Der rote Funken
Bergarbeiter im Wurmrevier
Vbg.: Raum Heinsberg
1935, 6   **B 479**
                                       B 479

10847.
Das rote Kabel
Kabelwerk Oberspree
1935, Feb.   **B 479**
                                       B 479

10848.
Der rote Lederarbeiter
1933, Nov.   **B 479**
                                       B 479

10849.
Der rote Rebell
KPD
1924 (L)   **B 479**
                                       B 479

10850.
Der rote Stosstrupp
1935, Apr./Mai   **B 479**
     B 479

10851.
Roter Alarm
1931, 2   **B 479**
     B 479

10852.
Rundschreiben der Kommunistischen Partei Deutschlands, Bezirk Sachsen
1932, 17 - 19   **B 479**
     B 479

10853.
Russische Informationen
1942, 6 - 1944, 3 (L)   **B 479**
     B 479

10854.
Russische Rundschau
1921 (L)   **B 479**
     B 479
1920 - 1921 (L)   Bm 3

10855.
Sächsische Ortsbauernschaftsbriefe
KPD Mitte
1938, 1   **B 479**
     B 479

10856.
Schlagwetter
1933, 1   **B 479**

10857.
Schütz: Stichtagssammlung
Deutsche Tagespresse
1954 (47 Ro)
1964 (89 Ro)
1967 (92 Ro)
1976 (106 Ro)
1989 (226 Ro)
1994 (280 Ro)
2004 (298 Ro)   **MFA**

10858.
Schütz: Stichtagssammlung
Zeitungsähnliche Periodika 2004
2004   **MFA**
(8 Ro)

10859.
Soldat am Mittelmeer
Organ der Soldatenorganisation in Frankreich
1944, März   **ACRPP**
     25

10860.
Soldaten-Zeitung
1941, 48 - 54 (L)   **B 479**
     B 479

10861.
Soldatenwahrheit
1941, 23.6. - 11.8. (L)   **B 479**
     B 479

10862.
Spartakus
Revolutionäre Kommunisten Deutschlands
1943, 1 - 3   **B 479**
     B 479
1943, 1.5. - 1943, Juni   **ACRPP**
     25
     GB-
     LO/N38

10863.
Spartakusbrief
1933, Nr. 1   **B 479**
     B 479

10864.
Sturm
KPD Saargebiet
1934, 1 - 1935, 8 (L)   **B 479**
     B 479

10865.
Sturmbanner
Revolutionäre Arbeiter der Wasserkante
1932, Jan. - Nr. 8 (L)   **B 479**
     B 479

10866.
Sturmfahne
UT: Von Arbeitern für Arbeiter
1933, 20   **B 479**
     B 479

10867.
Das Tribunal
Rote Hilfe, Bezirk Sachsen
1934, Juli   **B 479**
     B 479

10868.
Trotz alledem
1933, Juni   B 479
                             B 479

10869.
Unpartheiische Nachrichten[...]
1730 (MPF)   46

10870.
Unser Kampf
Arbeiterschaft Ruhrgebiet
1944, Nr. 11   B 479
                             B 479

10871.
Unser Vaterland
Komitée der Bewegung Freies Deutschland
in Süd-Frankreich
1944, Sep. - Okt.   ACRPP
                             25

10872.
Vom frohen Leben
1924 - 1932   46

10873.
Der Vormarsch
Internationale Arbeiterhilfe
Hrsg.: Willi Münzenberg
Vbg.: Basel u. Berlin
1931, 1 - 1933, März/Apr. (L) B 479
                             B 479

10874.
Die Wacht im Westen
1939, 19.9. - 10.11. (MPF)
1939, 18.11. - 1940, 14.5. (MPF)
1940, 27.6. - 19.9. (MPF)   18

10875.
Die Wahrheit
Nationalkomité Freies Deutschland in Belgien
1944, Aug.   ACRPP
                             25

10876.
Die Wahrheit
UT: Tägliche deutsche Zeitung
1941, 25 .7. - 11.8. (L)   B 479
                             B 479

10877.
Die Wahrheit
UT: Kampf-Blatt für Frieden, Freiheit und
Brot
1944, 30.1. u. Juni   B 479
                             B 479

10878.
Die Wahrheit siegt!
Frauenblatt der KPÖ
1940, Juni   B 479
                             B 479

10879.
Der Wecker
Antifaschistische Volksfront
1944 (E)   B 479
                             B 479

10880.
Die Weltkommune
Deutsche Gruppe der Ukrainischen KP
Nachrichten-Blatt für die deutschen Soldaten
Vbg.: Charkow, Kiew
(Sep. 1918 - Mai 1919)
1919, 7 - 23 (L)   B 479

10881.
Westdeutsche Kampfblätter Rhein-Ruhr-
Nordwest
KPD Abschnittsleitung Westen
(1936, 1.5. - 1937, Okt.)
1936, 1.5. - 1937, Okt.   B 479
                             B 479
1936, 2 - 1937, 8 (L)   Bo 133
                             Bo 133

10882.
Wocheninformation für alle Betriebs-,
Häuserblock- und Strassenzellen-Zeitungen
1933, Apr.   B 479
                             B 479

10883.
Zeitungen des 17. Jahrhunderts
Konvolut
1673 - 1675   Dm 11